OS SONÂMBULOS

CHRISTOPHER CLARK

Os sonâmbulos

Como eclodiu a Primeira Guerra Mundial

Tradução

Berilo Vargas

Laura Teixeira Motta

1ª reimpressão

COMPANHIA DAS LETRAS

Grafia atualizada segundo o Acordo Ortográfico da Língua Portuguesa de 1990, que entrou em vigor no Brasil em 2009.

Título original
The Sleepwalkers: How Europe Went to War in 1914

Capa
Claudia Espínola de Carvalho

Foto de capa
UIG / Getty Images

Preparação
Flavia Lago

Índice remissivo
Luciano Marchiori

Revisão
Huendel Viana
Jane Pessoa
Ana Maria Barbosa

Dados Internacionais de Catalogação na Publicação (CIP)
(Câmara Brasileira do Livro, SP, Brasil)

Clark, Christopher
Os sonâmbulos : Como eclodiu a Primeira Guerra Mundial / Christopher Clark ; tradução Berilo Vargas, Laura Teixeira Motta ; — 1ª ed.— São Paulo : Companhia das Letras, 2014.

Título original : The Sleepwalkers : How Europe Went to War in 1914

ISBN 978-85-359-2431-2

1. Europa — Política e governo — 1871-1918 2. Guerra Mundial, 1914-1918 — Causas 3. Guerra Mundial, 1914-1918 — História diplomática I. Título.

14-02655 CDD-940.311

Índice para catálogo sistemático:
1. Guerra Mundial : 1914-1918 : Europa : História 940.311

[2014]
Todos os direitos desta edição reservados à
EDITORA SCHWARCZ S.A.
Rua Bandeira Paulista, 702, cj. 32
04532-002 — São Paulo — SP
Telefone: (11) 3707-3500
Fax: (11) 3707-3501
www.companhiadasletras.com.br
www.blogdacompanhia.com.br

Para Josef e Alexander

Sumário

Lista das imagens

Lista dos mapas

Agradecimentos

Em 12 de maio de 1916, James Joseph O'Brien, invernador em Tallwood Station no norte de New South Wales, apresentou-se para o alistamento na Força Imperial Australiana (FIA). Depois de dois meses de instrução no centro de exposições de Sydney, o praça O'Brien foi designado para o 35º Batalhão da 3ª Divisão da FIA e embarcou no *Benalla* para a Inglaterra, onde continuou o treinamento. Por volta de 18 de agosto de 1917, ele se incorporou à sua unidade na França, a tempo de participar da Terceira Batalha de Ypres.

Jim era meu tio-avô. Já fazia vinte anos que ele tinha morrido quando minha tia Joan Pratt, Joan Munro quando solteira, deu-me o diário que ele escrevera durante a guerra, um caderninho marrom com muitas listas de bagagem, endereços, instruções e uma ou outra anotação lacônica sobre o dia a dia. Assim ele comentou sobre a batalha de Broodseinde Ridge de 4 de outubro de 1917: "Foi uma grande batalha, e não tenho vontade de ver outra". Eis seu relato da batalha de Passchendaele II, datado de 12 de outubro de 1917:

> Saímos do acampamento (que ficava perto de Ypres) rumo ao setor Passchendaele da linha. Levamos dez horas e no fim da marcha estávamos exaustos. Vinte e cinco minutos depois de chegar (eram 5h25 da manhã do dia 12), pulamos a trincheira. Tudo correu bem até encontrarmos um pântano que

deu um trabalho enorme para atravessar. Quando *finalmente* conseguimos, nossa barragem tinha mudado para cerca de uma milha mais à frente, e tivemos que nos apressar para alcançá-la. Por volta das onze horas da manhã chegamos ao nosso segundo objetivo, e lá permanecemos até as quatro horas, quando precisamos bater em retirada [...]. Só a vontade de Deus me fez escapar, pois voavam balas de metralhadora e estilhaços por toda parte.

Jim deixou a ativa às duas da madrugada de 30 de maio de 1918, quando, segundo seu diário, barrou "uma bomba da terra natal" e foi "ferido nas duas pernas". O projétil caiu a seus pés, explodiu seu corpo de baixo para cima e matou os homens à sua volta.

Quando o conheci, Jim era um idoso frágil e sardônico, de memória fraca. Esquivava-se de falar sobre o que vivenciou na guerra, mas me lembro de uma conversa que tivemos quando eu tinha uns nove anos. Perguntei se os homens que combateram sentiam medo de lutar ou estavam entusiasmados. Alguns tinham medo, outros estavam entusiasmados, ele respondeu. Perguntei então se os entusiasmados lutaram melhor que os medrosos. "Não", disse Jim. "Os entusiasmados foram os primeiros a se borrar." Essa resposta me impressionou profundamente e por algum tempo me intrigou, sobretudo a palavra "primeiros".

O horror desse conflito remoto ainda absorve nossa atenção. Mas seu mistério jaz em outra parte, nos obscuros e tortuosos acontecimentos que ensejaram tamanha carnificina. Para estudá-los, acumulei mais dívidas intelectuais do que jamais poderei saldar. Ajudaram-me a aguçar meus argumentos as conversas com Daniel Anders, Margaret Lavinia Anderson, Chris Bayly, Tim Blanning, Konstantin Bosch, Richard Bosworth, Annabel Brett, Mark Cornwall, Richard Drayton, Richard Evans, Robert Evans, Niall Ferguson, Isabel V. Hull, Alan Kramer, Günther Kronenbitter, Michael Ledger-Lomas, Dominic Lieven, James Mackenzie, Alois Maderspacher, Mark Migotti, Annika Mombauer, Frank Lorenz Müller, William Mulligan, Paul Munro, Paul Robinson, Ulinka Rublack, James Sheenan, Brendan Simms, Robert Tombs e Adam Tooze. Ira Katznelson deu-me subsídios sobre a teoria da decisão; Andrew Preston, sobre as estruturas adversárias na elaboração da política externa; Holger Afflerbach sobre os diários de Riezler, a Tríplice Aliança e detalhes mais sutis da política alemã na Crise de Julho; Keith Jeffery sobre Henry Wilson; John Röhl sobre o cáiser Guilherme II. Hartmut Pogge von Strandmann chamou-me a atenção para as pouco divulgadas mas informativas memórias de seu parente Basil Strandmann, que era o encarregado dos negócios da Rússia em Belgrado quando a guerra começou em 1914. Keith Neilson partilhou um estudo não publicado sobre os tomadores de decisão na cúpula do Ministério das Relações Exteriores britânico; Bruce Menning permitiu-me ler seu importante artigo sobre a Inteligência militar russa, a ser publicado no *Journal of Modern History*; Thomas Otte enviou-me um arquivo em PDF da pré-publicação de seu magistral novo estudo *The Foreign Office Mind* [A mente do Ministério das Relações Exteriores], e Jürgen Angelow fez o mesmo com seu *Der Weg in die Urkatastrophe* [O caminho para a catástrofe]; John Keiger e Gerd Krumeich enviaram-me separatas e referências sobre a política externa francesa; Andreas Rose mandou-me um exemplar recém-impresso de seu livro *Zwischen Empire und Kontinent* [Entre o Império e o Ocidente]; Zara Steiner, cujos livros são referência na área, generosamente me concedeu seu tempo e seus conhecimentos, e me franqueou um dossiê de artigos e anotações. Nos últimos cinco anos, Samuel R. Williamson, cujos estudos clássicos sobre a crise internacional e a política externa austro-húngara abriram várias das linhas de estudo exploradas neste livro, enviou capítulos não publicados, contatos e referências, e me permitiu vasculhar seu cérebro em busca de conhecimentos raros sobre a política austro-húngara. A amizade por e-mail resultante foi uma das recompensas de trabalhar neste livro.

Devo agradecer também aos que me ajudaram a transpor barreiras linguísticas: a Miroslav Došen pela orientação sobre as fontes impressas sérvias e a Srdjan Jovanović pela assistência com os documentos de Belgrado; a Rumen Cholakov pela assessoria nos textos secundários búlgaros e a Serguei Podbolotov, diligente lavrador das vinhas da história, cuja sabedoria, inteligência e humor irônico tornaram minhas pesquisas em Moscou tanto prazerosas e esclarecedoras como produtivas. Minha gratidão vai ainda para as almas generosas que leram partes do trabalho ou todo ele em vários estágios do processo: Jonathan Steinberg e John Thompson leram cada palavra e contribuíram com perspicazes comentários e sugestões. David Reynolds ajudou a vencer barreiras urgentes nos capítulos mais difíceis. Patrick Higgins fez a leitura crítica do primeiro capítulo e alertou sobre armadilhas. Amitar Ghosh deu-me feedback e recomendações inestimáveis. Sobre todos os erros que permanecem, aceito a responsabilidade.

É uma grande sorte ter como agente Andrew Wylie, a quem devo muito, e sou imensamente grato a Simon Winder, da Penguin, por seu incentivo, orientação e entusiasmo, e a Richard Duguid por supervisionar a produção deste livro com

1. Europa em 1914

FINLÂNDIA
São Petersburgo
Estocolmo
ESTÔNIA
LETÔNIA
COURLAND
Moscou
R Ú S S I A
Mar
ltico
LITUÂNIA
PRÚSSIA ORIENTAL
Nieman
Tannenberg
Posen
BIELORRÚSSIA
Don
Varsóvia
Carcóvia
Donets
POLÔNIA
Kiev
Dnieper
Vístula
GALÍCIA
U C R Â N I A
Á U S T R I A -
iena
Budapeste
Odessa
- H U N G R I A
Sebastopol
ROMÊNIA
Mar Negro
Bucareste
BÓSNIA
Belgrado
Sarajevo
RZEGÓVINA
SÉRVIA
BULGÁRIA
MONTENEGRO
Sófia
Constantinopla
I M P É R I O
ALBÂNIA
Mar Egeu
O T O M A N O
GRÉCIA
Atenas
CHIPRE
(Grã-Bretanha)
LÍBIA
(Itália)
EGITO
(Grã-Bretanha)

amável eficiência. A incansável editora de texto Bela Cunha procurou e corrigiu todos os erros, infelicidades, incoerências e "afídeos" (aspas supérfluas) que conseguiu encontrar, e permaneceu sorridente — por pouco — diante dos meus esforços para enlouquecê-la mexendo interminavelmente no texto. Nina Lübbren, cujo avô, Julius Lübbren, também lutou em Passchendaele em 1917 (do outro lado), tolerou meu trabalho com uma postura de benevolente neutralidade. Este livro é dedicado com amor e admiração aos nossos dois filhos, Josef e Alexander, na esperança de que nunca conheçam a guerra.

Introdução

O continente europeu estava em paz na manhã de domingo, 28 de junho de 1914, quando o arquiduque Francisco Ferdinando e sua mulher, Sophie Chotek, chegaram à estação de trem de Sarajevo. Trinta e sete dias depois, estava em guerra. O conflito que começou naquele verão mobilizou 65 milhões de soldados e deixou um saldo de três Impérios desbaratados, 20 milhões de militares e civis mortos e 21 milhões de feridos. Os horrores do século XX na Europa nasceram dessa catástrofe. Essa foi, nas palavras do historiador americano Fritz Stern, "a primeira calamidade do século XX, a calamidade da qual brotaram todas as outras".[1] O debate sobre suas causas principiou antes de se ouvirem os primeiros tiros e prossegue até hoje. Gerou uma literatura histórica de tamanho, refinamento e intensidade moral sem precedentes. Para os teóricos das relações internacionais, os acontecimentos de 1914 continuam a representar a crise política *par excellence*, tão complexos que admitem um sem-número de hipóteses.

O historiador que procura entender a gênese da Primeira Guerra Mundial confronta vários problemas. O primeiro e mais óbvio é a superabundância de fontes. Cada um dos Estados beligerantes produziu edições oficiais em muitos volumes de documentos diplomáticos, resultando num vastíssimo trabalho arquivístico coletivo. Correntes traiçoeiras percorrem esse oceano de fontes. A maioria das edições de documentos oficiais produzidas no período entreguerras tem um viés escusatório. A publicação alemã *Die Grosse Politik* [A grande política], em 57 volumes, contendo 15 889 documentos organizados em trezentas áreas temáticas, não foi preparada com objetivos puramente acadêmicos; esperava-se que a revelação dos registros pré-guerra bastasse para refutar a tese da "culpa pela guerra" cultuada nos termos do Tratado de Versalhes.[2] Também para o governo francês a publicação de documentos no pós-guerra foi uma iniciativa de "caráter essencialmente político", como declarou em maio de 1934 o ministro das Relações Exteriores, Jean Louis Barthou. Pretendia-se "contrabalançar a campanha iniciada pelos alemães na esteira do Tratado de Versalhes".[3] Em Viena, como salientou em 1926 Ludwig Bittner, coeditor da coleção em oito volumes Österreich-Ungarns Aussenpolitik [A política externa do Império Austro-Húngaro], o objetivo era produzir uma edição prestigiosa a ser usada como fonte de consulta, antes que algum organismo internacional — a Liga das Nações, talvez? — forçasse o governo austríaco a publicá-la em circunstâncias menos auspiciosas.[4] As primeiras publicações documentais soviéticas foram motivadas, em parte, pelo desejo de provar que a guerra fora iniciada pelo autocrático tsar e seu parceiro de aliança, o burguês Raymond Poincaré, na esperança de tirar a legitimidade das exigências francesas de quitação de empréstimos pré-guerra.[5] Mesmo na Grã-Bretanha, quando a obra *British Documents on the Origins of the War* [Documentos britânicos sobre as origens da guerra] foi lançada em meio a nobres apelos à erudição desinteressada, o registro documental resultante não deixou de ter omissões tendenciosas que produziram um quadro um tanto desequilibrado do lugar da Grã-Bretanha nos eventos que precederam a eclosão da guerra em 1914.[6] Em suma, apesar de seu inegável valor para os estudiosos, as grandes edições documentais europeias foram munição em uma "guerra mundial de documentos", como observou em 1929 o historiador militar alemão Bernhard Schwertfeger em um estudo crítico.[7]

As memórias de estadistas, comandantes e outros decisores do alto escalão, embora indispensáveis a todo aquele que tenta entender o que ocorreu no caminho para a guerra, não são menos problemáticas. Algumas se mostram frustrantemente reticentes em questões de intenso interesse. Para citar exemplos: *Reflections on the World War* [Reflexões sobre a Guerra Mundial], publicado em 1919 pelo chanceler alemão Theobald von Bethmann Hollweg, praticamente nada diz sobre o assunto de suas ações ou das ações de seus colegas durante a Crise de Julho de 1914; as memórias políticas do ministro russo das Relações Exteriores,

Serguei Sazonov, são fúteis, pomposas, intermitentemente falaciosas e nada informativas com respeito ao papel desse ministro em acontecimentos cruciais; as memórias em dez volumes do presidente francês Raymond Poincaré, que tratam de seus anos no poder, são propagandísticas e nada reveladoras, com notáveis discrepâncias entre suas "recordações" de acontecimentos durante a crise e as anotações contemporâneas em seu diário não publicado.[8] As simpáticas memórias do secretário britânico do Exterior, Sir Edward Grey, são superficiais na delicada questão dos compromissos que ele assumira com as potências da entente antes de agosto de 1914 e do papel que esses comprometimentos tiveram no modo como ele lidou com a crise.[9]

Quando o historiador americano Bernadotte Everly Schmitt, da Universidade de Chicago, viajou para a Europa em fins dos anos 1920 com cartas de apresentação para entrevistar ex-políticos que influenciaram os acontecimentos, surpreendeu-se com a aparente imunidade de seus interlocutores à dúvida sobre si mesmos. (A exceção foi Grey, ao "comentar espontaneamente" que cometera um erro tático quando procurou negociar com Viena através de Berlim durante a Crise de Julho; mas o erro de julgamento a que ele aludiu teve importância secundária, e o comentário refletia o característico estilo dos mandarins ingleses de se autodepreciar, e não uma genuína admissão de responsabilidade.)[10] Também houve problemas de memória. Schmitt descobriu o paradeiro de Peter Bark, ex-ministro das Finanças da Rússia e depois banqueiro londrino. Em 1914 Bark participara de reuniões nas quais foram tomadas decisões de importância crucial. No entanto, quando Schmitt o entrevistou, Bark asseverou que "tinha poucas lembranças dos acontecimentos daquela época".[11] Felizmente as anotações contemporâneas desse ex-ministro são mais informativas. Quando o pesquisador Luciano Magrini viajou a Belgrado no outono de 1937 para entrevistar todas as personalidades sobreviventes que tinham ligação conhecida com a conspiração de Sarajevo, descobriu que havia algumas testemunhas que depunham sobre assuntos que não poderiam conhecer, outras que "permaneceram mudas ou fizeram um relato falso do que sabem", e outras ainda que "acrescentaram detalhes às suas declarações ou estavam interessadas sobretudo em se justificar".[12]

Além disso, existem lacunas significativas em nossos conhecimentos. Muitas comunicações importantes entre os atores principais foram verbais e ninguém as registrou; só podem ser reconstituídas a partir de evidências indiretas ou testemunhos posteriores. As organizações sérvias ligadas ao assassínio em Sarajevo foram reservadas ao extremo e praticamente não deixaram vestígios escritos. Dragutin Dimitrijević, chefe da Inteligência militar sérvia e figura fundamental na trama para assassinar o arquiduque Francisco Ferdinando em Sarajevo, queimava regularmente seus papéis. Ainda se desconhece muita coisa sobre o conteúdo exato das primeiras conversas entre Viena e Berlim a respeito do que deveria ser feito em resposta aos assassinatos em Sarajevo. Nunca foram encontradas as atas das reuniões de cúpula realizadas entre os líderes políticos da França e da Rússia de 20 a 23 de junho em São Petersburgo. Elas são documentos de importância potencialmente enorme para entendermos a última fase da crise (os protocolos russos provavelmente se perderam; a equipe francesa incumbida de editar os *Documents Diplomatiques Français* [Documentos diplomáticos franceses] não encontrou a versão francesa). Os bolcheviques publicaram muitos documentos diplomáticos essenciais com o objetivo de aviltar as maquinações imperialistas das grandes potências, mas esses documentos vieram à luz em intervalos irregulares e sem uma ordem, além de se concentrarem geralmente em questões específicas, por exemplo, as intenções russas no Bósforo. Alguns documentos (ainda não se sabe exatamente o número) perderam-se em trânsito no caos da Guerra Civil, e a União Soviética nunca apresentou um registro documental sistematicamente compilado à altura das edições britânicas, francesas, alemãs e austríacas usadas como fontes.[13] O registro publicado do lado russo permanece bastante incompleto até hoje.

A estrutura altamente complexa dessa crise é outra característica marcante. A crise dos mísseis de Cuba, apesar de bastante intricada, envolveu apenas dois protagonistas (Estados Unidos e União Soviética), além de um grupo de participantes intermediários e subordinados. Em contraste, a história de como nasceu a Primeira Guerra Mundial precisa explicar as interações multilaterais entre cinco participantes autônomos de igual importância: Alemanha, Áustria-Hungria, França, Rússia e Grã-Bretanha; seis, se acrescentarmos a Itália; e ainda vários outros participantes soberanos estrategicamente significativos e igualmente autônomos, como o Império Otomano e os Estados da península balcânica, uma região de alta tensão e instabilidade política nos anos que precederam a eclosão da guerra.

Um elemento adicional de complexidade é o fato de muitos dos processos de elaboração das políticas dentro de cada Estado enredado na crise não serem nada transparentes. Poderíamos pensar em julho de 1914 como uma crise "internacional", um termo que sugere um conjunto de Estados-nações, concebidos como entidades compactas, autônomas e distintas, como bolas de bilhar numa mesa. Mas as estruturas soberanas que geraram as políticas durante a crise eram profundamente desunificadas. Havia incerteza (e continua a haver até hoje entre os historiadores) sobre onde, exatamente, se situava o poder de moldar as políticas entre os vários Executivos, e as "políticas" — ou pelo menos diversas iniciativas que impeliam as políticas — não necessariamente provinham da cúpula do sistema; podiam emanar de localizações bem periféricas na organização diplomática, de comandantes militares, de funcionários ministeriais e até de embaixadores, que frequentemente as elaboravam eles próprios.

Assim, as fontes sobreviventes oferecem um caos de promessas, ameaças, planos e prognósticos. E isso, por sua vez, ajuda a explicar por que a eclosão dessa guerra mostrou-se suscetível a uma variedade tão desnorteante de interpretações. Praticamente não existe nenhum ponto de vista sobre suas origens que não possa ser corroborado por uma seleção das fontes disponíveis. E isso, por sua vez, contribui para explicar por que a literatura sobre as "origens da Primeira Guerra Mundial" ganhou dimensões tão vastas e por que nenhum historiador isoladamente (nem mesmo um autor imaginário que fosse fluente em todas as línguas necessárias) poderia esperar ler tudo a respeito durante uma vida inteira; vinte anos atrás, um levantamento da literatura corrente indicou 25 mil livros e artigos.[14] Alguns relatos concentraram-se na culpabilidade de um Estado vilão (a Alemanha tem sido a mais cotada, mas nenhuma das grandes potências escapou de ser apontada como principal responsável); outros repartiram a culpa pelos participantes ou buscaram falhas no "sistema". Sempre havia complexidade suficiente para alimentar continuamente a discussão. E além dos debates dos historiadores, que tendem a enfocar questões de culpabilidade ou da relação entre ação individual e restrição estrutural, temos um alentado conjunto de interpretações sobre relações internacionais, nas quais ocupam o centro do palco categorias como intimidação, détente e inadvertência, ou mecanismos universalizáveis como equilibrar, barganhar e aderir por oportunismo. Embora o debate sobre esse tema agora beire um século de existência, não há razão para crer que ele esteja esgotado.[15]

Entretanto, se o debate é antigo, o tema ainda é atual. Na verdade, é ainda mais atual e mais relevante agora do que vinte ou trinta anos atrás. As mudanças no mundo alteraram nossa perspectiva sobre os acontecimentos de 1914. Nos anos 1960-80, uma espécie de encanto pelo período cresceu na percepção popular dos eventos de 1914. Era fácil imaginar o desastre do "último verão" europeu como um drama de costumes eduardiano. Os rituais rebuscados e uniformes vistosos, o "ornamentalismo" de um mundo em grande medida ainda organizado em torno da monarquia hereditária tinham um efeito de distanciamento sobre a recordação daqueles tempos. Pareciam indicar que os protagonistas eram gente de outro mundo já desaparecido. Insinuava-se a suposição de que, se os chapéus dos atores tinham berrantes penas verdes de avestruz, provavelmente os pensamentos e motivações daquelas figuras também tinham.[16]

Entretanto, o que sem dúvida surpreende o leitor do século XXI que acompanha os rumos da crise do verão de 1914 é sua gritante modernidade. O processo começou com um esquadrão de homens-bomba suicidas e um cortejo de automóveis. Por trás do ultraje de Sarajevo estava uma organização declaradamente terrorista com um culto de sacrifício, morte e vingança; mas essa organização era extraterritorial, sem uma localização geográfica ou política clara; estava dispersa em células que transpunham fronteiras políticas, não tinha como ser chamada à responsabilidade, suas ligações com qualquer governo soberano eram indiretas, ocultas e certamente dificílimas de discernir de fora da organização. Podemos até dizer que, hoje, julho de 1914 é menos distante de nós — menos ilegível — do que era nos anos 1980. Desde o fim da Guerra Fria, um sistema de estabilidade bipolar deu lugar a um conjunto de forças mais complexo e imprevisível, que inclui Impérios em declínio e potências emergentes — uma conjuntura que convida à comparação com a Europa de 1914. Essas mudanças de perspectiva nos impelem a repensar a história de como a guerra emergiu na Europa em 1914. Aceitar esse desafio não significa adotar um "presentismo" vulgar que refaz o passado para se amoldar às necessidades do presente; significa reconhecer as características do passado que nosso novo ponto de vista permite ver com mais clareza.

Entre essas características está o contexto nos Bálcãs ao eclodir a guerra. A Sérvia é um dos pontos cegos na historiografia da Crise de Julho. Em muitos estudos, o assassínio em Sarajevo é visto como mero pretexto, um evento que pouco influenciou as verdadeiras forças cuja interação provocou o conflito. Em um excelente estudo recente sobre a deflagração da guerra em 1914, os autores declaram que, em si, "as mortes [em Sarajevo] não causaram nada. Foi o uso que se deu a esse acontecimento que levou os países à guerra".[17] A marginalização dos sérvios e, com ela, da dimensão mais ampla dos Bálcãs na história começou durante a própria Crise de Julho, que surgiu como reação aos assassinatos em Sarajevo, mas depois mudou de marcha e entrou em uma fase geopolítica na qual a Sérvia e suas ações ocuparam um lugar subordinado.

Nossa bússola moral também mudou. O fato de a Iugoslávia dominada pela Sérvia emergir como um dos Estados vitoriosos na guerra pareceu justificar implicitamente o ato do homem que puxou o gatilho em 28 de junho — decerto foi esse o ângulo das autoridades iugoslavas, que marcaram o local do ato com pegadas em bronze e uma placa celebrando os "primeiros passos para a liberdade da Iugoslávia" dados pelo assassino. Em uma era na qual a ideia nacional ainda transbordava de promessas, houve uma simpatia intuitiva com o nacionalismo eslavo do sul e pouca com a ponderosa comunidade multinacional do Império Habsburgo. As guerras iugoslavas dos anos 1990 lembraram-nos da letalidade do nacionalismo balcânico. Depois de Srebrenica e do cerco de Sarajevo, ficou mais difícil pensar na Sérvia como mero objeto ou vítima da política de grandes potências e mais fácil conceber o nacionalismo sérvio como uma força histórica por si mesmo. Da perspectiva da União Europeia atual, somos inclinados a ver com mais simpatia do que antes — ou pelo menos não com tanto desprezo — a extinta colcha de retalhos da Áustria-Hungria habsburguiana.

Por fim, talvez hoje seja menos óbvio se devemos ou não descartar os dois assassinatos em Sarajevo como meros reveses, incapaz de realmente pesar como causa. O ataque ao World Trade Center em setembro de 2001 exemplificou o modo como um único acontecimento simbólico, por mais que possa estar enredado em processos históricos mais abrangentes, pode mudar irrevogavelmente os rumos das políticas, tornando obsoletas velhas opções e dotando novas de uma urgência imprevista. Pôr Sarajevo e os Bálcãs novamente no centro da história não significa demonizar os sérvios ou seus estadistas; tampouco nos exime da obrigação de entender as forças que influenciaram ou impeliram aqueles políticos, autoridades e ativistas sérvios cujo comportamento e decisões ajudaram a determinar que tipo de consequências teriam as mortes em Sarajevo.

Este livro procura, portanto, compreender a Crise de Julho de 1914 como um evento moderno, o mais complexo dos tempos modernos, talvez de qualquer época até hoje. Preocupa-se menos com o porquê da guerra e mais com o modo como ela veio a acontecer. As questões do "porquê" e do "como" são logicamente inseparáveis, mas nos levam em direções diferentes. A questão do "como" nos convida a examinar atentamente as sequências de interações que produziram determinados resultados. Em contraste, a questão do "porquê" nos convida a ir em busca de causas remotas e categóricas: imperialismo, nacionalismo, armamentos, alianças, altas finanças, ideias de honra nacional, mecânica da mobilização. A abordagem do "porquê" traz certa clareza analítica, mas também tem um efeito distorcedor, pois cria a ilusão de uma pressão causal a acumular-se constantemente; os fatores empilham-se uns sobre os outros, forçando o sobrevir dos acontecimentos; os atores políticos tornam-se meros executores de forças fora de seu controle, estabelecidas há muito tempo.

A história que este livro conta, em contraste, é saturada de atos. Os principais decisores — reis, imperadores, ministros das Relações Exteriores, embaixadores, comandantes militares e uma multidão de autoridades menores — caminharam em direção ao perigo em passos vigilantes, calculados. A eclosão da guerra foi a culminância de cadeias de decisões tomadas por agentes políticos com objetivos conscientes, que eram capazes de certo grau de autorreflexão, avaliaram um conjunto de opções e fizeram os melhores julgamentos ao seu alcance com base nas melhores informações de que dispunham. Nacionalismo, armamentos, alianças e finanças foram, todos, parte da história, mas só podemos dar-lhes um peso explicativo se for possível considerar que eles moldaram as decisões que — combinadas — fizeram a guerra eclodir.

Um historiador búlgaro da Guerra dos Bálcãs observou recentemente que, "assim que fazemos a pergunta 'por quê', a culpa torna-se o ponto de enfoque".[18] Questões de culpa e responsabilidade na eclosão da guerra entraram nessa história mesmo antes do conflito ter início. Todo o registro documental está repleto de imputações de culpa (era um mundo no qual sempre se atribuíam as intenções agressivas aos oponentes e as intenções defensivas a si mesmo), e o julgamento no Artigo 231 do Tratado de Versalhes assegurou a contínua proeminência da questão da "culpa pela guerra". Aqui também o enfoque do como sugere uma abordagem alternativa: uma jornada através dos acontecimentos que não é movida pela necessidade de traçar um gráfico de culpa contra este ou aquele Estado ou indivíduo, e procura, em vez disso, identificar as decisões que acarretaram a guerra e compreender o raciocínio ou as emoções por trás delas. Isso não significa excluir totalmente da discussão as questões de responsabilidade; o objetivo é permitir que as questões do *porquê* cresçam, por assim dizer, das questões do *como*, e não vice-versa.

Este livro conta a história de como a guerra veio a acontecer na Europa continental. Reconstitui os caminhos para a guerra em uma narrativa de múltiplas camadas que engloba os principais centros de decisão em Viena, Berlim, São Petersburgo, Paris, Londres e Belgrado, com breves excursões por Roma, Constantinopla e Sófia. O estudo divide-se em três partes. A primeira enfoca os dois antagonistas, Sérvia e Áustria-Hungria, cuja desavença acendeu o conflito, acompanhando sua interação até a véspera dos assassinatos em Sarajevo. A segunda interrompe a abordagem narrativa para fazer quatro perguntas em quatro capítulos: como surgiu a polarização da Europa em blocos opostos? Como os governos dos Estados europeus geravam a política externa? Como os Bálcãs — uma região periférica distante dos centros de poder e riqueza europeus — veio a ser o teatro de uma crise dessa magnitude? Como um sistema internacional que parecia estar entrando em uma era de détente produziu uma guerra geral? A terceira parte começa com os assassinatos em Sarajevo e contém uma narrativa da própria Crise de Julho, examinando as interações entre os principais centros decisórios e trazendo à luz os cálculos, equívocos e decisões que impeliram a crise de uma fase a outra.

Fundamental neste livro é o argumento de que os acontecimentos de julho de 1914 só fazem sentido quando esclarecemos as jornadas dos principais tomadores de decisão. Para isso, precisamos mais do que simplesmente recapitular a sequência de "crises" internacionais que precederam o início da guerra: precisamos entender como esses acontecimentos foram vivenciados e entremeados em narrativas que estruturaram as percepções e motivaram os comportamentos. Por que os homens cujas decisões levaram a Europa à guerra se comportaram e viram as coisas daquele modo? Como o receio e o pressentimento expressos em tantas das fontes se relacionam com a arrogância e as bravatas que encontramos, muitas vezes nos mesmos indivíduos? Por que são tão importantes as características exóticas do cenário pré-guerra, como a Questão Albanesa e o "empréstimo búlgaro", e como elas se combinaram na cabeça dos que exerciam o poder político? Quando os decisores falavam sobre a situação internacional ou as ameaças externas, estariam vendo algo real ou projetando seus medos e desejos sobre seus oponentes? Ou ambas as coisas? O objetivo é reconstituir o mais vividamente possível as "posições de decisão" altamente dinâmicas ocupadas pelos principais atores antes e durante o verão de 1914.

Alguns dos textos recentes mais interessantes a respeito dessa guerra argumentam que, longe de ser inevitável, ela era, na verdade, "improvável", pelo menos até acontecer.[19] Decorreria dessa visão que o conflito não foi consequência de uma deterioração de longo prazo, e sim de choques de curto prazo no sistema internacional. Essa interpretação, aceita ou não, tem o mérito de franquear a história para a contingência. E certamente é verdade que, embora algumas das tendências que examino neste livro pareçam apontar inequivocamente na direção do que de fato aconteceu em 1914, existem outros vetores da mudança no pré-guerra que sugerem resultados diferentes não concretizados. Tendo isso em mente, o livro procura mostrar como as peças de causalidade se combinaram e, uma vez encaixadas, permitiram que a guerra acontecesse — mas de modo a não determinar excessivamente o resultado. Tentei permanecer alerta para o fato de que as pessoas, acontecimentos e forças descritos neste livro levavam consigo as sementes de outros futuros, talvez menos terríveis.

PARTE I

CAMINHOS PARA SARAJEVO

I. Fantasmas sérvios

ASSASSINATO EM BELGRADO

Pouco depois das duas da manhã de 11 de junho de 1903, 28 oficiais do Exército sérvio aproximaram-se da entrada principal do palácio real em Belgrado.* Depois de uma troca de tiros, as sentinelas à porta foram detidas e desarmadas. Com as chaves tomadas do capitão em serviço, os conspiradores entraram no saguão da recepção e seguiram para o dormitório real, correndo pelas escadas e passagens. Encontraram os apartamentos do rei barrados por duas pesadas portas de carvalho. Explodiram-nas com uma caixa de dinamite. A carga fortíssima arrancou as portas dos gonzos e as arremessou para dentro da antecâmara, matando o ajudante real que estava atrás delas. A explosão queimou os fusíveis do palácio, que mergulhou na escuridão. Impassíveis, os intrusos descobriram velas em um aposento próximo e entraram no apartamento real. Quando chegaram ao quarto de dormir, o rei Alexandar e a rainha Draga já não estavam lá. Mas um romance francês jazia aberto com a capa para cima na mesinha de cabeceira da rainha. Alguém notou que a cama ainda estava quente: pelo jeito, tinham saído fazia pouco tempo. Depois de vasculharem o

* Hoje o edifício abriga a Assembleia Municipal de Belgrado em Dragoslava Jovanovića.

quarto em vão, os intrusos esquadrinharam o palácio à luz de velas, de revólver em punho.

Enquanto os oficiais irrompiam em cômodo após cômodo atirando nos armários, tapeçarias, sofás e outros possíveis esconderijos, o rei Alexandar e a rainha Draga comprimiam-se no andar superior, em um minúsculo anexo contíguo ao quarto de dormir onde as criadas da rainha passavam e cerziam roupas. Por quase duas horas a busca prosseguiu. O rei aproveitou esse intervalo para vestir o mais silenciosamente possível calças e uma camisa de seda vermelha. Não queria que os inimigos o encontrassem nu. A rainha deu um jeito de se cobrir com uma anágua, um espartilho de seda branca e um pé de meia amarela.

Em várias partes de Belgrado, outras vítimas acabaram por ser encontradas e mortas: os dois irmãos da rainha, suspeitos de cobiçar o trono sérvio, foram induzidos a deixar a casa da irmã em Belgrado e "levados para uma casa da guarda próxima do palácio, onde foram insultados e barbaramente apunhalados".[1] Os assassinos também invadiram os aposentos do primeiro-ministro, Dimitrije Cincar-Marković, e do ministro da Guerra, Milovan Pavlović. Executaram ambos; Pavlović, que se escondera num baú de madeira, com 25 tiros. O ministro do Interior, Belimir Theodorović, foi baleado e tido por morto, mas depois se recuperou dos ferimentos. Outros ministros foram detidos.

No palácio, o leal primeiro ajudante do rei, Lazar Petrović, que tinha sido desarmado e detido depois de uma troca de tiros, foi levado por corredores escuros e forçado a chamar pelo rei em cada porta. Os conspiradores retornaram à câmara real para uma segunda busca e por fim encontraram uma entrada oculta atrás das cortinas. Quando um dos atacantes propôs abrir a parede com um machado, Petrović viu que o jogo tinha terminado e concordou em pedir ao rei para sair. Por trás do painel, o rei indagou quem estava chamando, e o ajudante respondeu: "Sou eu, o seu Laza, abra a porta para seus oficiais!". O rei replicou: "Posso confiar no juramento dos meus oficiais?". Os conspiradores responderam que sim. Segundo um relato, o rei, descaído, de óculos e com sua incongruente camisa vermelha de seda, apareceu abraçando a rainha. O casal foi abatido por uma saraivada de tiros à queima-roupa. Petrović sacou um revólver que trazia escondido, em uma tentativa desesperada de proteger seu senhor (ou pelo menos isso foi alegado mais tarde), mas também foi morto. Seguiu-se uma orgia de violência gratuita. Os corpos foram golpeados por espadas, dilacerados por baionetas, parcialmente estripados e esquartejados com machados até ficarem irreconhecíveis, segundo o testemunho posterior do traumatizado barbeiro italiano do rei, que recebeu ordens de recolher os corpos e vesti-los para o sepultamento. O corpo da rainha foi içado até o parapeito da janela do quarto e jogado no jardim, praticamente despido e viscoso de sangue. Relatou-se que, quando os assassinos tentaram fazer o mesmo com Alexandar, uma das mãos do rei fechou-se momentaneamente ao redor do parapeito. Um oficial golpeou o punho com um sabre, e o corpo despencou e se estatelou lá embaixo, espalhando dedos decepados. Quando os assassinos se reuniram no jardim para fumar e inspecionar os resultados de sua obra, tinha começado a chover.[2]

Os acontecimentos de 11 de junho de 1903 marcaram uma guinada na história política da Sérvia. A dinastia Obrenović, que governara por boa parte da breve vida do país como um Estado independente moderno, não existia mais. Horas

1. *Petar I Karadjordjević.*

depois do assassínio, os conspiradores anunciaram o fim da linhagem Obrenović e a sucessão no trono por Petar Karadjordjević, então exilado na Suíça.

Por que um ajuste de contas tão brutal com a dinastia Obrenović? A monarquia nunca estabelecera uma existência institucional estável na Sérvia. A raiz do problema estava, em parte, na coexistência de famílias dinásticas rivais. Dois grandes clãs, os Obrenović e os Karadjordjević, tinham se destacado na luta para libertar a Sérvia do controle otomano. O ex-pastor de vacas "Jorge Negro" (em sérvio, "Kara Djordje") Petrović, fundador da linhagem Karadjordjević, liderou um levante em 1804 que conseguiu expulsar os otomanos da Sérvia por alguns anos. Mas ele fugiu para o exílio na Áustria em 1813, quando os otomanos armaram uma contraofensiva. Dois anos depois, um segundo levante contou com a liderança de Miloš Obrenović, um flexível maquinador político que conseguiu negociar com as autoridades otomanas o reconhecimento do principado sérvio. Quando Karadjordjević voltou do exílio para a Sérvia, foi assassinado por ordem de Obrenović, com a conivência dos otomanos. Depois de se livrar de seu principal rival político, Obrenović recebeu o título de príncipe da Sérvia. Membros do clã Obrenović governaram a Sérvia durante a maior parte da existência do principado no Império Otomano (1817-78).

O enfrentamento de dinastias rivais, a localização — exposta no meio dos Impérios Otomano e Austríaco — e uma cultura política acentuadamente irreverenciosa dominada por pequenos camponeses foram os fatores que se combinaram e asseguraram que a monarquia permanecesse uma instituição em pé de guerra. É notável que poucos dos regentes sérvios do século XIX tenham morrido no trono de causas naturais. O fundador do principado, príncipe Miloš Obrenović, foi um autocrata brutal com um reinado marcado por rebeliões frequentes. No verão de 1839, Miloš abdicou em favor de seu filho mais velho, Milan; o novo rei, combalido pelo sarampo, nem chegou a tomar consciência de sua ascensão ao trono, e morreu treze dias depois. O reinado do filho mais novo, Mihailo, encerrou-se prematuramente quando ele foi deposto por uma rebelião em 1842, abrindo caminho para a ascensão de um Karadjordjević — nada menos do que Alexandar, filho do "Negro Jorge". Mas em 1858, Alexandar também foi forçado a abdicar, para ser sucedido novamente por Mihailo, que voltou ao trono em 1860. Mihailo não foi mais popular nesse segundo reinado do que havia sido no primeiro; oito anos depois, acabou assassinado, juntamente com uma prima, em uma conspiração que pode ter contado com o apoio do clã Karadjordjević.

O longo reinado do sucessor de Mihailo, o príncipe Milan Obrenović (1868-89), proporcionou alguma continuidade política. Em 1882, quatro anos depois que o Congresso de Berlim concedeu à Sérvia a condição de Estado independente, Milan proclamou-a reino e a si mesmo, rei. No entanto, níveis elevados de turbulência política continuaram a ser um problema. Em 1883, o empenho do governo para tirar de circulação as armas de fogo de milícias camponesas no noroeste da Sérvia desencadeou uma grande rebelião provinciana, a revolta de Timok. Milan reagiu com represálias brutais aos rebeldes e uma caça às bruxas contra figuras do alto escalão político em Belgrado, suspeitas de ter fomentado a insurgência.

A cultura política sérvia transformou-se no começo dos anos 1880 com o surgimento de partidos políticos do tipo moderno, com jornais, assembleias, manifestos, estratégias de campanha e comitês regionais. A essa formidável nova força na vida pública o rei respondeu com medidas autocráticas. Quando as eleições de 1883 resultaram em uma maioria hostil no Parlamento sérvio (conhecido como Skupština), o rei se recusou a nomear um governo recrutado no Partido Radical, dominante, e escolheu, em vez disso, formar um gabinete de burocratas. A Skupština foi aberta por decreto e então fechada por decreto dez minutos depois. Uma desastrosa guerra contra a Bulgária em 1885, resultado de decisões executivas do rei tomadas sem consultar ministros nem Parlamento, e um amargo e escandaloso divórcio de sua mulher, a rainha Nathalie, solaparam ainda mais a posição do monarca. Quando Milan abdicou em 1889 (na esperança, entre outras coisas, de desposar a bela e jovem esposa de seu secretário pessoal), não deixou saudade.

A regência incumbida de gerir os assuntos da Sérvia durante a menoridade do filho de Milan, o príncipe herdeiro Alexandar, durou quatro anos. Em 1893, com apenas dezesseis anos, Alexandar derrubou a regência em um esdrúxulo golpe de Estado: os ministros do gabinete foram convidados para um jantar e cordialmente informados durante um brinde de que estavam todos presos; o jovem rei anunciou que pretendia assumir "todo o poder real"; os principais prédios ministeriais e a administração do telégrafo já estavam ocupados pelas Forças Armadas.[3] Os cidadãos de Belgrado acordaram na manhã seguinte com a cidade coberta de cartazes avisando que Alexandar tomara o poder.

Na verdade, o ex-rei Milan ainda controlava os acontecimentos nos bastidores. Ele próprio havia formado a regência e engendrado o golpe em benefício do filho. Em uma grotesca manobra de família para a qual é difícil encontrar paralelo na Europa contemporânea, o pai que abdicou serviu de principal conselheiro do filho real. Entre 1897 e 1900, essa combinação foi formalizada na "duarquia Milan--Alexandar". O "rei-pai Milan" foi nomeado supremo comandante do Exército sérvio, o primeiro civil a exercer esse cargo.

No reinado de Alexandar, a história da dinastia Obrenović entrou na sua fase terminal. Apoiado dos bastidores pelo pai, Alexandar rapidamente desperdiçou a esperançosa boa vontade que costuma acompanhar o início de um novo regime. Desconsiderou as cláusulas relativamente liberais da Constituição sérvia e impôs uma espécie de governo absolutista: eliminou o voto secreto, revogou a liberdade de imprensa, fechou jornais. Quando a liderança do Partido Radical protestou, foi excluída do poder. Alexandar aboliu, impôs e suspendeu Constituições como um ditador barato. Não mostrou respeito pela independência do Judiciário e chegou até a tramar contra a vida de políticos veteranos. O espetáculo do rei e do rei-pai acionando levianamente as alavancas do Estado lado a lado — sem falar na rainha--mãe, Nathalie, que continuava a ser uma figura importante nos bastidores, apesar do fim de seu casamento com Milan — teve um impacto devastador sobre o prestígio da dinastia.

A decisão de Alexandar de desposar a malfalada viúva de um obscuro engenheiro não favoreceu a situação. Ele conhecera Draga Mašin em 1897, quando ela era dama de honra da mãe dele. Draga tinha dez anos a mais do que o rei e era malquista na sociedade belgradina; muitos a julgavam infértil e a reputavam protagonista de numerosos amores ilícitos. Durante uma acalorada reunião do Conselho da Coroa, quando os ministros tentaram em vão dissuadir o rei de se casar com Mašin, o ministro do Interior, Djordje Genčić, ofereceu um argumento eloquente: "Meu senhor, não pode se casar com ela. Ela já foi amante de todo mundo — inclusive minha". A recompensa do ministro pela franqueza foi uma estrondosa bofetada. Genčić mais tarde aderiria às fileiras da conspiração regicida.[4] Entreveros semelhantes ocorreram com outras autoridades.[5] Em uma turbulenta reunião de gabinete, o primeiro-ministro em exercício chegou a propor que pusessem o rei em prisão domiciliar ou o tirassem à força do país, a fim de impedir a celebração do casamento.[6] Tamanha era a oposição a Mašin entre as classes políticas que, durante algum tempo, o rei não conseguiu recrutar candidatos adequados a cargos elevados; a notícia do noivado de Alexandar com Draga bastou para causar a renúncia de todo o gabinete, e o rei foi obrigado a se virar com um eclético "gabinete de núpcias" formado por figuras desconhecidas.

2. *Rei Alexandar e rainha Draga,* c. *1900.*

A polêmica sobre o casamento também perturbou as relações do rei com seu pai. De tão indignado com a perspectiva de ter Draga como nora, Milan renunciou ao cargo de comandante-chefe do Exército. Em carta ao filho escrita em junho de 1900, ele declarou que Alexandar estava "empurrando a Sérvia para um abismo" e encerrou sem rodeios com um alerta: "Serei o primeiro a dar vivas ao governo que expulsará você do país, depois de tamanha insensatez de sua parte".[7] Alexandar ainda assim levou seu plano adiante (casou-se com Draga em 23 de junho de 1900 em Belgrado) e aproveitou a oportunidade criada pela renúncia do pai para fortalecer seu controle sobre a oficialidade. Expurgou os amigos de Milan (e inimigos de Draga) dos altos cargos militares e civis; o rei-pai foi mantido sob vigilância constante, incitado a deixar a Sérvia e depois impedido de retornar. Foi um alívio para o casal real quando Milan, que tinha ido morar na Áustria, morreu, em janeiro de 1901.

A popularidade da monarquia reviveu brevemente em fins de 1900, com uma onda de simpatia do público quando o palácio anunciou que a rainha esperava um filho. Mas a indignação foi correspondentemente grande em abril de 1901, ao saberem que a gravidez de Draga tinha sido um logro destinado a aplacar a opinião pública (espalharam-se pela capital boatos sobre um plano frustrado de estabelecer um "falso infante" como herdeiro do trono sérvio). Sem fazer caso desses maus presságios, Alexandar iniciou um culto propagandístico à sua rainha, celebrando o aniversário dela com suntuosos eventos públicos e batizando regimentos, escolas e até povoações com seu nome. Ao mesmo tempo, suas contínuas manipulações constitucionais ganhavam em ousadia. Numa famosa ocasião em março de 1903, o rei suspendeu a Constituição sérvia na calada da noite, enquanto novas leis repressivas de imprensa e associação eram inserida às pressas nos estatutos, e então a restaurou 45 minutos depois.

Na primavera de 1903, Alexandar e Draga tinham conseguido unir a maior parte da sociedade sérvia contra eles. O Partido Radical, que conquistara a maioria absoluta de cadeiras na Skupština nas eleições de 1901, ressentia-se das manipulações autocráticas do rei. Entre as poderosas famílias de comerciantes e banqueiros (especialmente as envolvidas na exportação de gado e alimentos), muitos diziam que a parcialidade de Obrenović por Viena na política externa estava transformando a economia sérvia em um monopólio austríaco e privando os capitalistas do país do acesso a mercados mundiais.[8] Em 6 de abril de 1903, um protesto em Belgrado contra as manipulações constitucionais do rei foi brutalmente dispersado pela polícia e pelos gendarmes, que mataram dezoito manifestantes e feriram cerca de cinquenta.[9] Mais de cem pessoas, entre elas vários oficiais do Exército, foram detidas e encarceradas, embora a maioria tenha sido libertada depois de alguns dias.

No epicentro da oposição sempre crescente à Coroa estava o Exército, que era uma das mais dinâmicas instituições da sociedade sérvia na virada do século xx. Em uma economia ainda acentuadamente rural e atrasada, onde era raro encontrar carreiras que permitissem a ascensão social, uma patente de oficial constituía um caminho privilegiado para o status e a influência. Essa preeminência fora reforçada pelo rei Milan, que prodigalizou verbas às Forças Armadas e expandiu a oficialidade ao mesmo tempo que cortava os já míseros gastos do Estado com a educação superior. Mas os anos de vacas gordas chegaram abruptamente ao fim com a partida do rei-pai em 1900. Alexandar tornou a podar o orçamento das Forças Armadas, permitiu um atraso de meses nos salários dos oficiais e, com uma política de favoritismo na corte, assegurou que amigos ou parentes do rei e da rainha fossem promovidos a cargos importantes em detrimento de seus colegas. Esses ressentimentos aguçaram-se com a convicção disseminada — apesar de desmentidos oficiais — de que o rei, não tendo conseguido gerar um herdeiro de sangue, estava planejando nomear para sucedê-lo no trono sérvio o irmão da rainha Draga, Nikodije Lunjevica.[10]

No verão de 1901, uma conspiração militar cristalizou-se em torno de um talentoso jovem tenente do Exército sérvio que teria um papel importante nos acontecimentos de julho de 1914. Conhecido mais tarde como "Ápis", porque seu físico robusto lembrava seus admiradores do troncudo deus touro do Antigo Egito, Dragutin Dimitrijević tinha sido nomeado para um cargo no Estado-Maior imediatamente após sua formatura na Academia Militar da Sérvia, um sinal seguro da grande estima que lhe tinham seus superiores. Dimitrijević era feito para o mundo da conspiração política. Obsessivamente reservado, cem por cento dedicado ao seu trabalho militar e político, de métodos implacáveis e de uma impassibilidade glacial em momentos de crise, Ápis não era um homem capaz de manejar as rédeas de um grande movimento popular. Mas possuía em abundância a capacidade de, em pequenos grupos e círculos privados, conquistar e preparar discípulos, incutir um sentimento de importância em seus seguidores, silenciar dúvidas e motivar ações extremas.[11] Um colaborador descreveu-o como "uma força secreta à qual tenho de me pôr à disposição, embora minha razão não me dê justificativas para fazê-lo". Outro dos regicidas não entendia o porquê da influência de Ápis: nem sua inteligência nem sua eloquência ou a força de suas ideias pareciam suficientes para explicá-la. "No entanto ele era o único entre nós que, só com sua presença, podia direcionar meus pensamentos para sua corrente e, com algumas palavras ditas da maneira mais corriqueira, me tornar um obediente executor de sua vontade."[12] O meio em que Dimitrijević empregava esses dons era marcantemente masculino. As mulheres eram presença marginal na vida desse oficial, e ele nunca demonstrou interesse sexual por nenhuma. Seu hábitat natural, e o cenário de suas intrigas, era o mundo enfumaçado e exclusivamente masculino dos cafés de Belgrado, um espaço ao mesmo tempo privado e público onde as conversas podiam ser vistas sem necessariamente ser ouvidas. A mais conhecida fotografia dele que restou mostra um corpulento maquinador bigodudo com dois companheiros em uma pose caracteristicamente conspiratória.

De início, Dimitrijević planejara matar o casal real em um baile no centro de Belgrado em 11 de setembro (aniversário da rainha). Em um plano que parece tirado das páginas de uma aventura de James Bond, dois oficiais atacariam uma usina de energia no Danúbio que fornecia eletricidade a Belgrado, enquanto outro inutilizaria a usina menor que gerava energia para o prédio onde estava acontecendo o baile. Assim que as luzes se apagassem, os quatro assassinos de plantão no baile pretendiam pôr fogo nas cortinas, acionar os alarmes de incêndio e liquidar o rei e sua mulher forçando-os a ingerir veneno (método escolhido para escapar a uma possível revista em busca de armas de fogo). O veneno foi testado com êxito em um gato, mas em todos os outros aspectos o plano malogrou. Descobriram que a usina de energia estava fortemente guardada e, de qualquer modo, a rainha tinha decidido não ir ao baile.[13]

Sem se desencorajar com esse e outros fiascos, os conspiradores trabalharam duro nos dois anos seguintes para ampliar o alcance do golpe. Recrutaram mais de cem oficiais, incluindo muitos militares mais jovens. Em fins de 1901 também tinham feito contato com líderes políticos civis, entre eles o ex-ministro do Interior, Djordje Genčić, aquele que tinha sido esbofeteado por suas francas objeções ao plano de casamento do rei. No outono de 1902, a conspiração ganhou expressão formal com um juramento secreto. Redigido por Dimitrijević-Ápis, ele recapitulava sem rodeios o objetivo da empreitada: "Prevendo certo colapso do Estado [...] e culpando fundamentalmente por isso o rei e sua amásia Draga Mašin, juramos matá-los e, assim ajustados, assinamos abaixo".[14]

Na primavera de 1903, quando a trama envolvia entre 120 e 150 conspiradores, o plano para matar o casal real dentro do palácio já estava maduro. Executá-lo, porém, requeria muitos preparativos, pois o rei e sua mulher, acometidos por uma paranoia mais do que justificada, tinham intensificado suas medidas de segurança. O rei só aparecia na cidade em companhia de um grande séquito; Draga tinha tanto pavor de ser atacada que chegara a se confinar no palácio por seis semanas seguidas. Os destacamentos de guardas dentro e fora do prédio foram duplicados. Tão disseminados eram os rumores de um golpe iminente que em 27 de abril de 1903 o *Times* londrino informou, citando uma fonte "confidencial" de Belgrado: "Existe uma conspiração militar de tal magnitude contra o trono que nem o rei nem o governo ousam tomar providências para esmagá-la".[15]

O recrutamento de asseclas cruciais que tinham acesso ao interior do palácio, entre eles oficiais da Guarda do Palácio e o próprio ajudante de ordens do rei, deu aos assassinos um modo de abrir caminho pelas sucessivas linhas de sentinelas até chegarem aos aposentos reais. A data do ataque foi escolhida apenas três dias antes, quando se soube que todos os principais conspiradores estariam em

3. *Assassinato dos Obrenović, em* Le Petit Journal, *28 de junho de 1903.*

seus lugares e de prontidão nos respectivos postos. Ficou acertado que a coisa teria de ser feita o mais depressa possível e divulgada imediatamente, a fim de prevenir uma intervenção da polícia e dos regimentos que permaneciam leais ao rei.[16] O desejo de anunciar o sucesso da iniciativa assim que executada talvez ajude a explicar a decisão de atirar os corpos reais da sacada do quarto. Ápis juntou-se ao esquadrão de execução que invadiu o palácio, mas perdeu o último ato do drama: foi baleado e seriamente ferido numa troca de tiros com guardas na entrada principal. Ali ele caiu, perdeu a consciência e só por pouco escapou da morte por hemorragia.

"ELEMENTOS IRRESPONSÁVEIS"

"O pacato povo da cidade parece generalizadamente indiferente", observou Sir George Bonham, o ministro britânico em Belgrado, em um lapidar comunicado a Londres na noite de 11 de junho.[17] A "revolução sérvia", relatou Bonham, tinha sido "saudada com franca satisfação" pelos habitantes da capital; o dia seguinte ao dos assassinatos foi "vivido como um feriado, e as ruas, decoradas com bandeiras". Foi "total a ausência de um pesar decoroso".[18] A "característica mais extraordinária" da tragédia sérvia, declarou Sir Francis Plunkett, colega de Bonham em Viena, foi a "extraordinária calma com que se aceitou um crime tão atroz".[19]

Observadores hostis viram nessa fleuma indícios da impiedade de uma nação acostumada por longa tradição à violência e ao regicídio. Na realidade, os cidadãos de Belgrado tinham boas razões para aclamar os assassínios. Os conspiradores imediatamente entregaram o poder a um governo provisório formado por todos os partidos. O Parlamento foi logo reconstituído. O exilado Petar Karadjordjević foi chamado de volta ao país e eleito rei pelo Parlamento. A enfaticamente democrática Constituição de 1888, agora renomeada Constituição de 1903, foi reinstaurada com algumas modificações de pouca monta. O antigo problema da rivalidade entre duas dinastias sérvias subitamente virara coisa do passado. O fato de Karadjordjević, que passara boa parte da vida na França e na Suíça, ser um entusiasta de John Stuart Mill — na juventude, chegara a traduzir seu ensaio *Sobre a liberdade* para o sérvio — era alentador para os súditos de instinto liberal.

Ainda mais tranquilizadora foi a proclamação de Petar ao povo, pouco depois de seu retorno do exílio: ele declarou que tencionava reinar como "o verdadeiro rei constitucional da Sérvia".[20] Agora o reino se tornava um Estado genuinamente parlamentar no qual o monarca reinava mas não governava. O assassinato, durante o golpe, do repressor primeiro-ministro Cincar-Marković, um protegido de Alexandar, foi um sinal claro de que dali por diante o poder político dependeria do apoio popular e de redes partidárias, e não da boa vontade da Coroa. Os partidos políticos poderiam fazer seu trabalho sem medo de represália. A imprensa finalmente estava livre da censura que fora a regra sob os governantes Obrenović. Surgia a perspectiva de uma vida política nacional sensível às necessidades do povo e mais sintonizada com a opinião pública. A Sérvia estava no limar de uma nova era de sua existência política.[21]

Entretanto, se o golpe de 1903 resolveu algumas questões antigas, também criou novos problemas que teriam grande peso nos acontecimentos de 1914. Acima de tudo, a rede conspiratória que se juntara para assassinar a família real não se dissolveu, e permaneceu como uma força importante na política e na vida pública da Sérvia. O governo revolucionário provisório formado no dia seguinte ao dos assassinatos incluía quatro conspiradores (entre eles os ministros da Guerra, de Obras Públicas e da Economia) e seis políticos com filiação partidária. Ápis, ainda se recuperando de seus ferimentos, recebeu da Skupština os agradecimentos formais pelo que havia feito e se tornou herói nacional. O fato de a existência do novo regime depender do sangrento trabalho dos conspiradores, combinado ao medo do que a rede ainda poderia ser capaz, dificultava a crítica aberta. Um ministro do novo governo confidenciou ao correspondente de um jornal dez dias depois do acontecimento que achava "deploráveis" os atos dos assassinos, mas não podia "caracterizá-los abertamente nesses termos devido ao sentimento que isso poderia gerar no Exército, de cujo apoio dependiam o trono e o governo".[22]

A rede regicida era especialmente influente na corte. "Até agora", informou de Belgrado o enviado britânico Wilfred Thesiger em novembro de 1905, os oficiais conspiradores "formam o mais importante e mesmo o único apoio de sua Majestade"; sua remoção deixaria a Coroa "sem nenhum partidário cuja devoção e amizade sejam confiáveis".[23] Assim, não foi de surpreender que, no inverno de 1905, quando o rei Petar procurou alguém para acompanhar seu herdeiro Djordjie em uma viagem pela Europa, escolhesse justamente Ápis, recém-saído de uma longa convalescença e ainda carregando três das balas que haviam entrado em seu corpo na noite dos assassinatos. O principal arquiteto do regicídio, portanto, ficou incumbido de acompanhar o próximo rei Karadjordjević até a conclusão de sua educação principesca. No fim, Djordjie nunca se tornou rei; perdeu o direito à sucessão no trono sérvio em 1909 por matar seu criado pessoal a chutes.[24]

O ministro austríaco em Belgrado pôde, assim, informar com apenas um pouco de exagero que o rei, mesmo depois de eleito pelo Parlamento, permanecia "prisioneiro" dos que o haviam levado ao poder.[25] "O rei é uma nulidade", concluiu um alto funcionário do Ministério das Relações Exteriores da Áustria no fim de novembro. "O show é todo dirigido pelo pessoal do 11 de junho."[26] Os conspiradores usaram essa influência para se apossar dos cargos militares e governamentais mais desejáveis. Os ajudantes reais recém-nomeados eram todos conspiradores, assim como os oficiais de armamentos e o chefe do Departamento Postal do Ministério da Guerra, e desse modo os conspiradores podiam influenciar nomeações de militares, inclusive para o alto escalão. Usavam seu acesso privilegiado ao monarca para exercer influência também sobre questões políticas de importância nacional.[27]

As maquinações dos regicidas não ficaram sem oposição. Houve pressão externa para que o novo governo se afastasse da rede. A pressão veio especialmente da Grã-Bretanha, que retirou seu ministro plenipotenciário e deixou a legação nas mãos do encarregado de negócios, Thesiger. Ainda no outono de 1905, muitas funções de importância simbólica em Belgrado — sobretudo eventos na corte — continavam a ser boicotadas por representantes de grandes potências europeias. No próprio Exército surgiu uma "contraconspiração" militar concentrada na praça-forte de Niš, sob a liderança do capitão Milan Novaković, que elaborou um manifesto exigindo a exoneração de 68 destacados regicidas. Novaković foi logo preso e, depois de uma ardorosa defesa de suas ações, ele e seus cúmplices foram julgados, considerados culpados e sentenciados por uma corte militar a diversas temporadas na prisão. Solto dois anos depois, Novaković retomou suas críticas públicas aos regicidas e tornou a ser encarcerado. Em setembro de 1907, ele e um parente morreram em circunstâncias misteriosas durante uma alegada tentativa de fuga, e o escândalo causou indignação no Parlamento e na imprensa liberal.[28] Portanto, a questão do relacionamento entre o Exército e as autoridades civis permaneceu irresoluta depois dos assassinatos de 1903, e esse estado de coisas moldaria o modo como a Sérvia lidou com os eventos de 1914.

Quem arcou com a maior parte do trabalho de gerir essa complicada constelação foi o líder do Partido Radical, Nikola Pašić. Formado em engenharia com especialização em Zurique, Pašić foi o estadista dominante do reino após o regicídio. Entre 1904 e 1918, ele chefiou dez gabinetes em um total de nove anos. Como o homem que se situou no ápice da política sérvia antes, durante e depois dos assassínios de Sarajevo em 1914, Pašić seria um dos principais atores na crise que precedeu a eclosão da Primeira Guerra Mundial.

Pašić teve inquestionavelmente uma das mais notáveis carreiras políticas da história da Europa moderna, não só pela longevidade (foi ativo na política sérvia por mais de quarenta anos), mas também pela alternância de momentos de inebriante triunfo com situações de perigo extremo. Embora nominalmente fosse um engenheiro, a política consumiu toda a sua existência. Em parte foi por isso que permaneceu solteiro até os 45 anos.[29] Desde o princípio, ele se empenhou intensamente na luta para libertar a Sérvia da soberania estrangeira. Em 1875, quando ocorreu uma revolta contra o domínio turco na Bósnia, o jovem Pašić viajou para lá como correspondente do jornal irredentista *Narodno Oslobodjenje* [Libertação Nacional], com a missão de enviar comunicados da linha de frente da luta nacional sérvia. No começo dos anos 1880, ele supervisionou a modernização do Partido Radical, que permaneceria como a mais poderosa força individual na política sérvia até o começo da Primeira Guerra Mundial.

Os radicais encarnavam uma política eclética que combinava ideias constitucionais liberais com clamores pela expansão sérvia e pela unificação territorial de todos os sérvios da península balcânica. A base popular do partido — e a chave para seu duradouro sucesso eleitoral — eram os pequenos camponeses que compunham o grosso da população do país. Como um partido camponês, os radicais recorriam a uma variedade do populismo que os ligava a grupos pan-eslavistas da Rússia. Desconfiavam do Exército profissional, não só porque se ressentiam das cargas fiscais impostas para mantê-lo, mas também porque permaneciam fiéis à ideia da milícia camponesa como a melhor e mais natural forma de organização armada. Durante a rebelião de Timok em 1883, os radicais ficaram do lado dos camponeses que pegaram em armas contra o governo, e a supressão da revolta foi seguida por represálias contra líderes radicais. Pašić estava entre os suspeitos; fugiu para o exílio bem a tempo de escapar de ser preso e foi sentenciado à morte *in absentia*. Durante seus anos de exílio, ele estabeleceu duradouros contatos em São Petersburgo e se tornou queridinho dos círculos pan-eslávicos; a partir de então, suas políticas sempre andaram estreitamente ligadas à política russa.[30] Depois da abdicação de Milan em 1889, Pašić, cujo exílio fizera dele um herói do movimento radical, foi perdoado. Voltou para Belgrado em meio à adulação popular e foi eleito presidente da Skupština, e em seguida prefeito da capital. Mas seu primeiro mandato como primeiro-ministro (fevereiro de 1891-agosto de 1892) terminou com sua renúncia em protesto pelas contínuas manipulações extraconstitucionais de Milan e dos regentes.

Em 1893, em seguida a seu golpe contra a regência, Alexandar despachou Pašić para São Petersburgo como enviado extraordinário da Sérvia. O objetivo era aplacar a ambição política de Pašić e ao mesmo tempo tirá-lo de Belgrado. Pašic se esforçou para aprofundar as relações entre a Rússia e a Sérvia, não fazendo segredo de sua convicção de que a futura emancipação nacional dependeria essencialmente da ajuda russa.[31] Mas seu trabalho foi interrompido pelo retorno do rei-pai Milan à cena política de Belgrado. Os radicais foram perseguidos e expurgados do serviço civil, e Pašić foi chamado de volta. Nos anos do reinado Milan-Alexandar, Pašić foi vigiado de perto e mantido longe do poder. Em 1898 sentenciaram-no a nove meses de prisão sob o pretexto de ter insultado Milan em uma publicação do partido. Pašić continuava preso em 1889 quando o país sofreu uma comoção com um malogrado atentado contra a vida do rei-pai. Mais uma vez, os radicais eram suspeitos de cumplicidade na trama, embora sua ligação com o jovem bósnio que atirou continue desconhecida. O rei Alexandar exigiu que Pašić fosse executado por suspeita de cumplicidade na tentativa de assassinato, mas a vida do líder radical foi salva — ironicamente, tendo em vista o que aconteceria mais tarde — por exortações urgentes do governo austro-húngaro. Em artimanha característica do reinado de Alexandar, Pašić foi informado de que seria executado em companhia de uma dúzia de colegas radicais, a menos que assinasse uma admissão de corresponsabilidade moral pela tentativa de assassinato. Ignorando que sua vida já fora salva pela intervenção de Viena, Pašić aquiesceu; o documento foi publicado e ele saiu da prisão sob a suspeita popular de ter incriminado seu partido para salvar a própria pele. Estava biologicamente vivo, mas, pelo menos por ora, politicamente morto. Durante os conturbados últimos anos do reinado de Alexandar, ele se retirou quase inteiramente da vida pública.

A mudança de regime inaugurou uma era dourada na carreira política de Pašić. Ele e seu partido eram agora a força dominante na vida pública sérvia. O poder condizia com aquele homem que por tanto tempo lutara para obtê-lo, e ele logo assumiu o papel de pai da nação. Pašić era malquisto pela elite intelectual de Belgrado, mas imensamente popular entre os camponeses. Falava no carregado e rústico dialeto de Zaječar, que os belgradinos estranhavam. Sua dicção era hesitante, cheia de apartes e interjeições que se prestavam a caçoadas. Quando lhe disseram que o famoso autor satírico Branislav Nušić havia protestado contra a anexação da Bósnia-Herzegóvina em 1908 liderando uma passeata pela cidade e depois entrando a cavalo no Ministério das Relações Exteriores, Pašić teria respondido: "Hã... pois é... eu sabia que ele era bom em escrever livros, mas, hã... que cavalgava tão bem, isso eu não sabia...".[32] Pašić era mau orador, mas um excelente comunicador, especialmente para os camponeses que formavam a esmagadora maioria do eleitorado sérvio. Aos olhos deles, o modo de falar simples de Pašić, sua agudeza pachorrenta, sem falar na sua luxuriante barba patriarcal, eram marcas de uma prudência, presciência e sabedoria quase sobrenaturais. Entre os amigos e partidários, ele tinha o apelido de "Baja" — palavra que denota um homem de prestígio que não só é respeitado, mas também amado por seus contemporâneos.[33]

Uma sentança de morte, longos anos no exílio, a paranoia de uma vida sob constante vigilância, tudo isso deixou marcas profundas na prática e na mentalidade de Pašić como político. Ele se tornou por hábito um homem cauteloso, reservado e evasivo. Muitos anos depois, um ex-secretário recordou que ele não costumava registrar ideias e decisões no papel, nem mesmo verbalmente. Tinha o hábito de queimar seus papéis, tanto os oficiais como os privados. Adquiriu a tendência de fingir passividade em situações de potencial conflito, uma aversão a mostrar suas cartas até o último momento. Era pragmático a ponto de parecer totalmente destituído de princípios aos olhos de seus oponentes. Tudo isso vinha entremeado com imensa sensibilidade à opinião pública, com a necessidade de sentir-se em sintonia com a nação sérvia pela qual ele sofrera e trabalhara.[34] Pašić foi informado de antemão sobre a conspiração regicida e manteve segredo, mas recusou se envolver na ação. Quando os detalhes da operação planejada lhe foram informados na véspera do ataque ao palácio, sua reação, bem característica, foi levar a família de trem até a costa do Adriático, adentrar os domínios austríacos e lá aguardar as consequências.

Pašić entendia que seu êxito dependeria de obter a independência para ele e para o governo, estabelecendo ao mesmo tempo uma relação estável e durável com o Exército e a rede regicida nele infriltrada. Não era simplesmente uma questão dos cento e tantos homens que haviam participado da trama, mas dos muitos oficiais mais jovens — e cada vez mais numerosos — que viam nos conspiradores a encarnação de uma vontade nacional sérvia. A situação complicava-se pelo fato de que os mais formidáveis adversários políticos de Pašić, os radicais independentes, uma facção dissidente que se desligara de seu partido em 1901, estavam dispostos a colaborar com os regicidas se isso os ajudasse a arruinar o governo de Pašić.

Pašić enfrentou essa situação delicada com inteligência. Pessoalmente, fez propostas a conspiradores individuais, procurando tolher a formação de uma coalizão antigoverno. Apesar de protestos de colegas do Partido Radical, ele apoiou uma generosa alocação de verbas para o Exército que ressarcia parte dos recursos perdidos desde a saída do rei-pai Milan; reconheceu publicamente a legitimidade do golpe de 1903 (uma questão de grande importância simbólica para os conspiradores) e se opôs a tentativas de levar os regicidas a julgamento. Ao mesmo tempo, contudo, ele se empenhou para restringir a presença deles na vida pública. Quando se soube que os conspiradores planejavam dar um baile em comemoração do primeiro aniversário dos assassinatos, Pašić (então ministro das Relações Exteriores) interveio para que as festividades fossem adiadas para 15 de junho, o aniversário da eleição do novo rei. Em 1905, quando a influência política dos regicidas era um assunto mencionado com frequência na imprensa e no Parlamento, Pašić alertou a Skupština da ameaça à ordem democrática por "agentes não responsáveis" que operam fora das estruturas da autoridade constitucional.

Essa era uma postura bem-vista pelas massas radicais, que detestavam o que identificavam como o espírito pretoriano da oficialidade. Em 1906 ele aproveitou astuciosamente a renovação das relações normais com a Grã-Bretanha para assegurar a aposentadoria de vários oficiais regicidas veteranos.[35]

Essas hábeis manobras tiveram efeito ambivalente. Os regicidas mais proeminentes foram removidos de posições de grande visibilidade, e a influência de sua rede sobre a política nacional acabou reduzida no curto prazo. Por outro lado, Pašić pouco pôde fazer para barrar o crescimento da rede no seio do Exército e entre civis simpatizantes, os chamados zaveritelji — convertidos depois do ato à causa da conspiração —, dados a atitudes mais extremistas do que os cúmplices originais.[36] Acima de tudo, tirar os regicidas mais antigos da vida pública deixou o infatigável Ápis em posição de incontestável dominância na rede. Ele sempre era uma figura de destaque nas celebrações de aniversário do regicídio, quando oficiais conspiradores se reuniam para beber cerveja e festejar no restaurante Kolarac, em um pequeno parque próximo do Teatro Nacional, no centro de Belgrado. E se empenhava mais do que qualquer outro conspirador para recrutar um núcleo de oficiais ultranacionalistas dispostos a apoiar a luta pela união de todos os sérvios por quaisquer meios possíveis.

MAPAS MENTAIS

Na base da ideia da "unificação de todos os sérvios" estava uma imagem mental da Sérvia desvinculada do mapa político dos Bálcãs na virada do século XX. Sua expressão política mais influente era um memorando secreto redigido em 1844 pelo ministro do Interior da Sérvia, Ilija Garašanin, para o príncipe Alexandar Karadjordjević. Conhecida a partir de sua publicação em 1906 como *Načertanije* (do sérvio antigo *náčrt*, "esboço"), a proposta de Garašanin delineava um "Programa para a Política Nacional e Externa da Sérvia". É difícil exagerar a influência desse documento sobre gerações de políticos e patriotas sérvios; com o tempo, ele se tornou a Carta Magna de seu nacionalismo.* Garašanin iniciou seu

* O autor do texto em que se baseou a Načertanije foi o tcheco František Zach, que propôs uma organização federal dos povos eslavos do sul. Mas onde Zach havia escrito "eslavos do sul", Garašanin escreveu "sérvio" ou "de etnia sérvia". Essas e outras mudanças transformaram a visão cosmopolita de Zach em um manifesto nacionalista sérvio de enfoque mais restrito.

memorando com a observação de que a Sérvia é "pequena, mas não deve permanecer nessa condição".[37] O primeiro mandamento da política sérvia, ele argumentou, deve ser o "princípio da unidade nacional", e com isso ele queria dizer a unificação de todos os sérvios dentro das fronteiras de um Estado sérvio: "Onde mora um sérvio é a Sérvia". O padrão histórico para essa visão expansiva de um Estado sérvio era o Império medieval de Stepan Dušan, uma vasta faixa de território que englobava boa parte da atual República da Sérvia, toda a Albânia atual, a maior parte da Macedônia e todo o centro e o norte da Grécia, mas, curiosamente, não a Bósnia.

O Império do tsar Dušan supostamente ruíra após uma derrota para os turcos no Campo de Kosovo em 28 de junho de 1389. Mas esse revés, afirmou Garašanin, não solapara a legitimidade do Estado sérvio; apenas interrompera sua existência histórica. Portanto, a "restauração" de uma Grande Sérvia que unificasse todos os sérvios não era uma inovação, mas a expressão de um direito histórico antigo.

> Não podem [nos] acusar de buscar algo novo, infundado, de constituir uma revolução ou uma insurgência; todos devem reconhecer que isso é politicamente necessário, que se fundamenta em tempos muito antigos e tem raízes na vida política e nacional anterior dos sérvios.[38]

O argumento de Garašanin, portanto, representa aquela dramática condensação do tempo histórico que às vezes observamos nos discursos do nacionalismo integrador; além disso, baseava-se na ficção de que o Estado concebido pelo tsar Dušan — medieval, composto, multiétnico e disperso — podia ser combinado com a ideia moderna de um Estado-nação cultural e linguisticamente homogêneo. Os patriotas sérvios não viam nisso uma incoerência, pois para eles praticamente todos os habitantes daquelas terras eram, em essência, sérvios. Vuk Karadžic, o arquiteto da linguagem literária servo-croata moderna e autor de um célebre tratado nacionalista, "Srbi svi i svuda" [Sérvios todos e de toda parte, publicado em 1836], discorreu sobre uma nação de 5 milhões de sérvios falando a "língua sérvia" e espalhados desde a Bósnia-Herzegóvina até o Banato de Temesvar (leste da Hungria, atual oeste da Romênia), a Bačka (uma região que vai do norte da Sérvia até o sul da Hungria), a Croácia, a Dalmácia e a costa do Adriático de Trieste ao norte da Albânia. Obviamente havia alguns nessas terras, admitiu

Karadžić (ele se referia especialmente aos croatas), "que ainda acham difícil chamar a si mesmos de sérvios, mas parece provável que gradualmente se acostumem com isso".[39]

O programa de unificação comprometia o Estado sérvio, como Garašanin o concebia, com uma longa luta contra os dois grandes Impérios terrestres, o otomano e o austríaco, cujos domínios invadiam a Grande Sérvia da imaginação nacionalista. Em 1844, o Império Otomano ainda controlava a maior parte da península balcânica.

> A Sérvia deve se empenhar constantemente para quebrar pedra após pedra da fachada do Estado turco e absorvê-las, de modo a poder usar esse bom material nas boas e velhas fundações do Império Sérvio e assim construir e estabelecer um grande e novo Estado sérvio.[40]

A Áustria também estava destinada a ser um inimigo.[41] Na Hungria, Croácia-Eslavônia e Istria-Dalmácia havia sérvios (sem falar nos muitos croatas que ainda não se consideravam incluídos na nação sérvia) que supostamente aguardavam ser libertados do domínio habsburguiano e unificados sob o Estado de Belgrado.

Até 1918, quando muitos de seus objetivos foram atingidos, o memorando de Garašanin continuou a ser a principal diretriz das políticas dos governantes da Sérvia, enquanto seus preceitos eram incutidos a conta-gotas na população através de uma propaganda nacionalista coordenada de Belgrado e parcialmente veiculada por redes patrióticas infiltradas na imprensa.[42] Mas a visão da Grande Sérvia não era só uma questão de política governamental, ou mesmo de propaganda. Ela estava fortemente imbricada na cultura e na identidade dos sérvios. A memória do grande Império de Dušan ecoava na extraordinariamente vívida tradição das canções épicas sérvias: longas baladas, muitas delas cantadas com o melancólico acompanhamento da gusla, um instrumento musical de uma só corda, nas quais os cantores e os ouvintes reviviam os grandes momentos arquetípicos da história sérvia. Em vilarejos e mercados por todas as terras sérvias, essas canções estabeleciam uma ligação notavelmente íntima entre poesia, história e identidade. Um dos primeiros a observar esse fato foi o historiador alemão Leopold von Ranke. Ele comentou em sua história da Sérvia, publicada em 1829, que "a história da nação, narrada por sua poesia, converteu-se através dela em propriedade nacional, e assim se preserva na memória do povo".[43]

O que principalmente se preservou nessa tradição foi a memória da luta sérvia contra o domínio estrangeiro. Uma obsessão recorrente era a derrota dos sérvios para os turcos no Campo de Kosovo em 28 de junho de 1389. Enfeitada no decorrer dos séculos, essa batalha medieval bastante inconclusiva adquiriu vulto como uma simbólica operação militar planejada entre a nação sérvia e seu inimigo infiel. Em torno dela entrelaçou-se uma crônica povoada não só por garbosos heróis que haviam unido os sérvios em tempos difíceis, mas também por traiçoeiros vilões que tinham negado apoio à causa comum ou traído os sérvios em favor do inimigo. O panteão mítico incluía o decantado assassino Miloš Obilić, que nas canções infiltra-se no quartel-general dos turcos no dia da batalha e corta a garganta do sultão, antes de ser capturado e decapitado pelos guardas otomanos. Assassínio, martírio, imolação e sede de vingança em nome dos mortos eram temas centrais.[44]

Uma Sérvia imaginária, projetada sobre um passado mítico, ganhou uma vida brilhante nessa cultura musical. Observando apresentações de canções épicas entre os sérvios da Bósnia durante o levante de 1875 contra os turcos, o arqueólogo britânico Sir Arthur Evans admirou-se com a capacidade daquelas composições de "fazer o servo-bósnio esquecer as tradições mais restritas de seu [...] reino por essas lendas mais gloriosas", de fundir suas experiências com a de seus "irmãos" de todas as terras sérvias e assim "não fazer caso da discurseira de geógrafos e diplomatas".[45] É verdade que essa cultura de epopeias orais entrou numa era de declínio gradual no século XIX, quando começou a ser substituída pela imprensa popular. Mas o diplomata britânico Sir Charles Eliot ouviu as epopeias cantadas por músicos itinerantes nos mercados do vale do rio Drina quando viajou pela Sérvia em 1897. "Essas rapsódias", ele observou, "são apresentadas em uma entoação monótona com o acompanhamento de um violão de uma só corda, mas com tanto sentimento genuíno e com tanta expressão que o efeito geral não é desagradável."[46] De qualquer modo, as coletâneas impressas imensamente influentes de poesia épica sérvia compiladas e publicadas por Vuk Karadžić asseguraram que as rapsódias continuassem em circulação entre a crescente elite literária. Além disso, o corpus épico continuou a se avolumar. *A grinalda da montanha*, um clássico do gênero publicado em 1847 pelo príncipe-bispo de Montenegro, Petar II Petrović-Njegos, glorificava o mítico matador de tirano e mártir nacional Miloš Obilić e clamava pelo reavivamento da luta contra o domínio estrangeiro. *A grinalda da montanha* entrou para o cânone nacional sérvio e dele não saiu até hoje.[47]

O comprometimento com a redenção das terras sérvias "perdidas" combinado às agruras de uma localização exposta em meio a dois Impérios terrestres dotou a política externa do Estado sérvio de várias características notáveis. A primeira foi a indeterminação do foco geográfico. Comprometer-se em princípio com uma Grande Sérvia era uma coisa, mas onde exatamente deveria começar esse processo de redenção? Na Vojvodina, dentro do reino da Hungria? Na Kosovo otomana, conhecida como "Velha Sérvia"? Na Bósnia, que nunca fizera parte do Império de Dušan, mas continha uma substancial população de sérvios? Ou na Macedônia, ao sul, ainda sob domínio otomano? Diante do descompasso entre o visionário objetivo da "unificação" e dos parcos recursos financeiros e militares disponíveis para o Estado sérvio, os dirigentes em Belgrado não tiveram escolha; precisaram responder com oportunismo às rápidas mudanças nas condições da península balcânica. Em consequência, a orientação da política externa sérvia entre 1844 e 1914 oscilou como uma agulha de bússola de um ponto a outro da periferia do Estado. A lógica dessas oscilações, o mais das vezes, foi reativa. Em 1848, quando os sérvios da Vojvodina se insurgiram contra as políticas magiarizantes do governo revolucionário húngaro, Garašanin ajudou-os com suprimentos e forças voluntárias do principado da Sérvia. Em 1875 todos os olhos se voltaram para a Herzegóvina, onde os sérvios se sublevavam contra os otomanos. Entre os que acorreram ao local da luta estavam Pašić e o comandante militar e futuro rei Petar Karadjordjević, que lutou sob pseudônimo. Depois de 1903, em seguida a uma rebelião local fracassada contra os turcos, intensificou-se o interesse pela libertação dos sérvios da Macedônia otomana. Em 1908, quando os austríacos anexaram formalmente a Bósnia e a Herzegóvina (que ocupavam militarmente desde 1878), as áreas anexadas foram para o topo da lista. Em 1912-3, porém, a Macedônia era de novo a prioridade.

A política externa sérvia tinha de lutar com a discrepância entre o nacionalismo visionário que permeava a cultura política do país e as complexas realidades etnopolíticas dos Bálcãs. Kosovo era o centro da mítica terra sérvia, mas no aspecto étnico não era inequivocamente território sérvio. Muçulmanos falantes do albanês compunham a maioria na região no mínimo desde o século XVIII.[48] Muitos dos sérvios que Vuk Karadžic computou na Dalmácia e Ístria eram, na verdade, croatas, que não desejavam ser parte de um grande Estado sérvio. A Bósnia, que historicamente nunca fora parte da Sérvia, continha muitos sérvios (eles compunham 43% da população da Bósnia-Herzegóvina em 1878, quando as duas províncias foram ocupadas pela Áustria-Hungria), mas também croatas católicos (cerca de 20%) e bósnios muçulmanos (por volta de 33%). (A sobrevivência de uma substancial minoria muçulmana foi uma das características distintivas da Bósnia; na Sérvia propriamente dita, boa parte das comunidades muçulmanas tinham sido perseguidas até emigrarem, deportadas ou mortas durante a longa luta pela independência.)[49]

Mais complicado ainda era o caso da Macedônia. Sobreposta ao mapa político atual dos Bálcãs, a região geográfica conhecida como Macedônia abrange, além da ex-República Iugoslava de mesmo nome, áreas fronteiriças na orla sul da Sérvia e leste da Albânia, uma grande porção do sudoeste da Bulgária e uma grande faixa do norte da Grécia.[50] As fronteiras históricas exatas da Macedônia até hoje são polêmicas (veja-se o ainda latente conflito entre Atenas e Skopje pelo uso do nome "Macedônia" para a República de Skopje), e o mesmo se pode dizer sobre se essa região possuir ou não, e em que grau, uma identidade cultural, linguística ou nacional (até hoje a existência de uma língua macedônia é reconhecida por linguistas de todo o mundo, exceto na Sérvia, Bulgária e Grécia).[51] Em 1897, quando Sir Charles Eliot viajou pela Sérvia, descobriu surpreso que seus companheiros sérvios "não admitiam que existissem búlgaros na Macedônia" e "garantiam que os habitantes eslavônicos daquela região eram todos sérvios".[52] Dezesseis anos depois, quando a Fundação Carnegie enviou uma comissão para a área com a missão de investigar as atrocidades cometidas durante a Segunda Guerra dos Bálcãs, os comissários descobriram que era impossível chegar a um consenso entre os moradores sobre a etnia das pessoas que viviam na Macedônia, tamanha a polarização da atmosfera em que essas questões eram debatidas, inclusive nas universidades. O relatório publicado naquele ano pela comissão incluía não um, mas dois mapas étnicos da região, refletindo respectivamente a perspectiva de Belgrado e a de Sófia. Em um, o oeste e o norte da Macedônia pululavam de sérvios não libertados aguardando a unificação com sua pátria; do outro, a região aparecia como o coração da zona de colonização búlgara.[53] Nas últimas décadas do século XIX, sérvios, gregos e búlgaros tinham ativas agências de propaganda na Macedônia, com o fito de fazer proselitismo de suas respectivas causas nacionais junto aos eslavos locais.

A discrepância entre as visões nacionais e as realidades étnicas tornava muito provável que a realização dos objetivos sérvios viesse a ser um processo violento, não só no âmbito regional, onde potências maiores e menores se empenhavam por seus interesses, mas também nas cidades e vilarejos das áreas contestadas. Alguns estadistas defrontaram esse desafio tentando embalar os objetivos nacionais sérvios em uma visão política "servo-croata" mais generosa que englobasse a ideia da colaboração multiétnica. Entre eles estava Nikola Pašić, que nos anos 1890 escreveu extensivamente sobre a necessidade de servos e croatas se unirem em um mundo onde as nações pequenas estavam fadadas ao jugo. No entanto, na base dessa teoria havia duas hipóteses. A primeira, de que sérvios e croatas eram em essência o mesmo povo; a segunda, de que os sérvios teriam de liderar o processo porque eram um povo mais autenticamente eslavo do que os católicos croatas, que por tanto tempo tinham ficado expostos à "influência de cultura estrangeira".[54]

A Sérvia não podia dar-se ao luxo de se empenhar por seus objetivos à vista do resto do mundo. Por isso, um grau de clandestinidade estava pré-programado na luta pela "liberdade" dos sérvios que ainda eram súditos de Estados ou Impérios vizinhos. Garašanin articulou esse imperativo em 1848 durante a revolta da Vojvodina. "Os sérvios da Vojvodina", ele escreveu, "esperam de todo o mundo sérvio uma mão amiga, para que possam triunfar sobre seu inimigo tradicional. [...] Mas devido a fatores políticos, não podemos ajudá-los publicamente. Só nos resta ajudá-los em segredo."[55] A preferência por operações ocultas também pode ser observada na Macedônia. Depois de uma insurreição abortada contra os turcos em agosto de 1903, o novo regime de Karadjordjević começou a dedicar-se ativamente à política na região. Estabeleceram-se comitês para promover a guerrilha sérvia na Macedônia, e organizaram-se reuniões em Belgrado para recrutar e abastecer bandos de combatentes. Interpelado pelo ministro otomano em Belgrado, o ministro das Relações Exteriores sérvio, Kaljević, negou qualquer envolvimento do governo e argumentou que, de qualquer modo, as reuniões não eram ilegais, pois haviam sido convocadas "não para formar bandos, mas para angariar fundos e expressar simpatia por correligionários além da fronteira".[56]

Os regicidas estavam profundamente envolvidos nessa atividade transfronteiriça. Os oficiais conspiradores e seus simpatizantes no Exército formaram um comitê nacional informal em Belgrado, coordenaram a campanha e comandaram muitas das unidades voluntárias. Estas não eram, rigorosamente falando, unidades do Exército sérvio, mas o fato de oficiais voluntários receberem imediatamente licença do serviço sugere um generoso grau de respaldo oficial.[57] A atividade da milícia expandiu-se constantemente, e houve numerosas escaramuças violentas entre os četniks [guerrilheiros] sérvios e bandos de voluntários búlgaros. Em fevereiro de 1907, o governo britânico requereu que Belgrado providenciasse a cessação dessas atividades, que pareciam trazer a possibilidade de desencadear uma guerra entre a Sérvia e a Bulgária. Mais uma vez, Belgrado se eximiu de responsabilidade. Negou que estivesse financiando a atividade dos četniks e declarou que "não podia impedir [seu povo] de se defender de bandos estrangeiros". Mas a plausibilidade dessa postura era refutada pelo contínuo apoio do governo à luta. Em novembro de 1906, a Skupština já aprovara a concessão de 300 mil dinares em ajuda a sérvios em dificuldades na Velha Sérvia e na Macedônia, e a essa verba seguiu-se um "crédito secreto" para "despesas extraordinárias e a defesa de interesses nacionais".[58]

Esse tipo de irredentismo trazia muitos riscos. Era fácil mandar chefes guerrilheiros para o campo de batalha, mas difícil controlá-los quando eles estavam lá. No inverno de 1907 já estava claro que bandos de četniks atuavam na Macedônia sem nenhuma supervisão; foi com dificuldade que um emissário de Belgrado conseguiu impor novamente o controle. Assim, o "imbróglio macedônico" trouxe uma lição equivocada, com implicações fatídicas para os acontecimentos de 1914. Por um lado, a devolução de funções de comando a células ativistas dominadas por membros da rede de conspiradores embutia o perigo de que o controle da política nacional sérvia pudesse passar do centro político a elementos irresponsáveis da periferia. Por outro, a diplomacia de 1906-7 demonstrou que as nebulosas relações informais entre o governo sérvio e as redes incumbidas de implementar a política irredentista podiam ser exploradas de modo a desviar a responsabilidade política de Belgrado e maximizar o espaço de manobra do governo. A elite política belgradina acostumou-se a uma espécie de "duplipensar" baseado no intermitente fingimento de que a política externa da Sérvia oficial e o trabalho de libertação nacional além das fronteiras do Estado eram fenômenos separados.

SEPARAÇÃO

"Entendimento e harmonia com a Áustria são uma impossibilidade política para a Sérvia", escreveu Garašanin em 1844.[59] Até 1903 era limitada a possibilidade de um conflito aberto entre Belgrado e Viena. Os dois países partilhavam uma longa fronteira que, da perspectiva de Belgrado, era mais ou menos indefensável.

Uma curta viagem de carro levava da capital sérvia, situada na bela região da confluência dos rios Danúbio e Sava, até a fronteira da Áustria-Hungria. As exportações sérvias seguiam principalmente para o Império, e grande parte de suas importações vinham de lá. Aos imperativos da geografia somava-se a política russa na região. No Congresso de Berlim em 1878, a Rússia ajudara a esculpir uma grande entidade búlgara na Europa otomana, na esperança de que a Bulgária permanecesse cliente russa. Como era previsível que um dia Bulgária e Sérvia seriam rivais por território na Macedônia, o príncipe (e mais tarde rei) Milan procurou equilibrar essa ameaça buscando uma relação mais próxima com Viena. Assim o apoio da Rússia a Sófia empurrou a Sérvia para os braços de Viena. Enquanto a Rússia continuasse a jogar com cartas búlgaras na política dos Bálcãs, as relações entre Viena e Belgrado provavelmente tenderiam a permanecer harmoniosas.

Em junho de 1881, a Áustria-Hungria e a Sérvia assinaram um tratado comercial. Três semanas depois, suplementaram-no com uma Convenção Secreta, negociada e assinada pelo príncipe Milan em pessoa, estipulando que a Áustria-Hungria não só auxiliaria a Sérvia em seus esforços para conseguir o reconhecimento como reino, mas também apoiaria as reivindicações sérvias por anexações territoriais na Macedônia. A Sérvia, por sua vez, concordou em não solapar a posição da monarquia na Bósnia-Herzegóvina. O Artigo 2º determinava que a Sérvia "não permitirá nenhuma conspiração de ordem política, religiosa ou outro tipo dirigida de seu território contra a monarquia austro-húngara, incluindo Bósnia, Herzegóvina e o Sanjak* de Novi Pazar". Milan reforçou esse acordo com um compromisso pessoal por escrito de não firmar "nenhum tipo de tratado" com um terceiro Estado sem primeiro consultar Viena.[60]

Esses argumentos certamente eram um alicerce frágil para as boas relações austro-sérvias. Não se baseavam nos sentimentos do público sérvio, que eram ardentemente antiaustríacos; simbolizavam uma relação de dependência econômica cada vez mais inaceitável para a opinião nacionalista sérvia, e dependiam da cooperação do instável e cada vez mais impopular monarca sérvio. Mas, enquanto Milan Obrenović permanecesse no trono, eles pelo menos asseguravam que a Sérvia não se aliaria à Rússia contra a Áustria, e que a ponta afiada da política externa de Belgrado continuaria voltada para a Macedônia e a vindoura disputa com a Bulgária, em vez da Bósnia-Herzegóvina.[61] Um novo tratado foi assinado

* Divisão administrativa do Império Otomano. (N. T.)

em 1892, e a Convenção Secreta foi renovada por dez anos em 1889; permitiu-se que ela expirasse depois dessa data, embora continuasse a ser a plataforma de operação da política sérvia em relação a Viena.

A mudança de dinastia em 1903 sinalizou um importante realinhamento. A Áustria apressou-se a reconhecer o golpe de Karadjordjević, em parte porque Petar havia assegurado a Viena de antemão que tencionava manter a Sérvia em um rumo pró-austríaco.[62] Mas logo se evidenciou que os novos líderes da Sérvia pretendiam empenhar-se por maior independência econômica e política. Em 1905-6 surgiu uma crise na qual se entrelaçavam intimamente a política de comércio, as encomendas de armamentos, as altas finanças e a geopolítica. Viena buscava um triplo objetivo: conseguir um tratado de comércio com a Sérvia, assegurar que as encomendas de armamentos da Sérvia continuassem a ser feitas a firmas austríacas e fazer um vultoso empréstimo a Belgrado.[63]

O fracasso em se chegar a um acordo em todas as três metas gerou um drástico esfriamento das relações entre os dois vizinhos, e o resultado foi um retumbante desastre para Viena. As encomendas sérvias de armamentos foram feitas à firma francesa Schnider-Creusot em vez de à rival austríaca, a Škoda da Boêmia. Os austríacos reagiram fechando a fronteira para a carne de porco sérvia, provocando assim um conflito aduaneiro que ficou conhecido como a Guerra do Porco (1906-9). Mas foi uma medida contraproducente, pois a Sérvia não tardou a encontrar outros mercados exportadores (especialmente na Alemanha, França e Bélgica) e por fim começou a construir abatedouros em uma escala substancial, emancipando-se de sua prolongada dependência das instalações de beneficiamento austro-húngaras. Finalmente, Belgrado obteve um grande empréstimo, também não de Viena, mas de Paris (oferecido em troca da encomenda de armamentos a firmas francesas).

Vale a pena fazer uma digressão para analisar a importância mais abrangente desse empréstimo francês. Como todos os Estados emergentes nos Bálcãs, a Sérvia era uma tomadora de empréstimos inveterada, totalmente dependente de crédito internacional, a maioria do qual era usada para financiar a expansão militar e projetos de infraestrutura. Durante todo o reinado de Milan, os austríacos foram ávidos credores de Belgrado. Mas depois que esses empréstimos ultrapassaram em valor os recursos financeiros do Estado devedor, foi preciso hipotecá-los: para cada empréstimo dava-se como caução alguma receita efetiva, ou hipotecava-se alguma propriedade ferroviária. Decidiu-se que as receitas caucionadas de ferrovias, selos e impostos sobre bebidas alcoólicas seriam recolhidas por uma tesouraria especial controlada conjuntamente pelos representantes do governo sérvio e dos credores. Esse acordo manteve a solvência do Estado sérvio nos anos 1880 e 1890, mas não fez nada para restringir o desregramento financeiro do governo de Belgrado, que em 1895 havia acumulado uma dívida de mais de 350 milhões de francos. Com a falência à porta, Belgrado negociou novo empréstimo através do qual quase todas as dívidas antigas foram consolidadas a uma taxa de juros menor. As receitas caucionadas foram postas sob uma administração separada, parcialmente a cargo de representantes dos credores.

Em outras palavras, devedores frágeis como a Sérvia (o mesmo se aplicava a outros Estados dos Bálcãs e ao Império Otomano) só conseguiam contrair empréstimos em condições razoáveis se concordassem com concessões de controle fiscal que implicavam hipotecar parcialmente funções do Estado soberano. Por essa razão, entre outras, os empréstimos internacionais eram uma questão política de máxima importância, indissociável da diplomacia e da política do poder. Os empréstimos internacionais franceses, em especial, eram altamente politizados. Paris vetava empréstimos a governos cujas políticas considerava inamistosas aos interesses franceses, e facilitava empréstimos em troca de concessões econômicas ou políticas; ocasionalmente, concedia com relutância empréstimos a clientes não confiáveis mas de importância estratégica, a fim de impedi-los de procurar ajuda em outra parte. Era implacável na captação de clientes em potencial — no caso da Sérvia, no verão de 1905, Paris deu a entender ao governo de Belgrado que se a França não tivesse o direito de preferência no empréstimo, os mercados financeiros parisienses se fechariam completamente para a Sérvia.[64] Reconhecendo esse nexo entre estratégia e finanças, o Ministério das Relações Exteriores francês fundiu suas divisões comercial e política em 1907.[65]

Visto nesse contexto, o empréstimo sérvio de 1906 marcou um momento decisivo. As relações financeiras da França com Belgrado tornaram-se "mais íntimas e dominantes", nas palavras de um analista americano pioneiro das altas finanças pré-guerra.[66] Os franceses acabaram sendo credores de mais de três quartos da dívida sérvia total.[67] Era um compromisso vultoso para o Estado sérvio — os cronogramas de amortização estendiam-se até 1967 (na verdade, Belgrado deixou de pagar a maior parte de suas obrigações depois de 1918). Parte desse dinheiro foi para compras militares (especialmente artilharia de tiro rápido), a maioria encomendada à França, para grande contrariedade não só dos austríacos, mas também de diplomatas e fornecedores de armamentos britânicos. O empréstimo de 1906 também permitiu à Sérvia resistir às pressões comerciais de Viena e travar uma prolongada guerra tarifária. "O indubitável sucesso da resistência do sr. Pašić às exigências [da Áustria] assinala um nítido passo em direção à emancipação econômica e política da Sérvia", relatou em 1906 o enviado britânico em Belgrado.[68]

Esses êxitos na área das altas finanças não devem desviar nossa atenção da periclitante condição da economia sérvia como um todo. Isso tinha muito menos relação com a política tarifária austríaca do que com um processo de declínio econômico profundamente arraigado na história e na estrutura agrária do país. A emergência e subsequente expansão da Sérvia foi acompanhada por um processo de drástico esvaziamento urbano, à medida que as cidades de maioria muçulmana foram se despovoando nas décadas de perseguições e deportações.[69] O que se instalou no lugar das estruturas imperiais relativamente urbanizadas e cosmopolitas da periferia otomana foi uma sociedade e uma economia dominadas por pequenos camponeses cristãos. Isso, por sua vez, decorreu em parte da ausência de uma aristocracia sérvia nativa e em parte de esforços da dinastia governante que, para impedir o florescimento desse tipo de classe dominante, bloqueou a consolidação de propriedades latifundiárias.[70] Enquanto as cidades encolhiam, a população aumentava a taxas assombrosas; jovens famílias iniciaram a exploração de centenas de milhares de hectares de terras marginais, afrouxando as restrições sociais sobre casamento e fertilidade. Mas esse crescimento desenfreado na produção de pessoas nada fez para reverter o ciclo de mau desempenho e declínio que tolheu a economia sérvia entre meados do século XIX e a eclosão da Primeira Guerra Mundial em 1914.[71] A produção agrícola per capita despencou 27,5% entre o começo dos anos 1870 e 1910-2, em parte porque a expansão de terras aráveis levou ao desmatamento em grande escala e, com isso, ao declínio das terras de pastagens necessárias para sustentar a criação de porcos em grande escala, tradicionalmente o setor mais lucrativo e eficiente da agricultura sérvia. Nos anos 1880, as belas florestas da Šumadija, pastagens ideais para suínos, tinham praticamente desaparecido.[72]

Talvez esses números não importassem tanto na presença de um crescimento notável nos setores comercial e industrial; mas também aqui o quadro era desalentador, até pelos padrões dos Bálcãs. A população rural tinha pouco acesso a mercados, e faltavam carros-chefe na indústria, como as tecelagens que ajudaram a impulsionar o crescimento industrial na vizinha Bulgária.[73] Nessas condições, o desenvolvimento econômico da Sérvia dependia do investimento interno. A primeira iniciativa de embalar e exportar geleia de ameixa em bases industriais partiu de empregados de uma companhia de processamento de frutas de Budapeste; o surto de prosperidade do comércio de seda e vinho em fins do século XIX também se deu graças a empreendedores estrangeiros. Mas o investimento interno permanecia anêmico, em parte porque as empresas estrangeiras se desencorajavam com a xenofobia, a corrupção entre as autoridades e a ética de negócios subdesenvolvida que encontravam quando tentavam estabelecer-se na Sérvia. Mesmo em áreas onde o governo tinha políticas para incentivar o investimento, a hostilidade das autoridades locais contra empresas estrangeiras permanecia um grave problema.[74]

O investimento no capital humano da Sérvia era igualmente inexpressivo: em 1900, ainda existiam apenas quatro escolas de pedagogia em toda a Sérvia, metade dos professores do ensino fundamental não tinha treinamento pedagógico, a maioria das aulas não era dada em prédios apropriados e apenas cerca de um terço das crianças frequentava a escola. Todas essas deficiências refletiam as preferências culturais de uma população rural pouco preocupada com a educação, que via as escolas como instituições intrusas impostas pelo governo. Em 1905, pressionada a ratificar uma nova fonte de receitas, a assembleia da Skupština, dominada por camponeses, escolheu tributar os livros escolares em vez da destilação caseira de bebidas. O resultado foi uma baixíssima taxa de letramento, que ia de 27% nos distritos setentrionais do reino a irrisórios 12% no sudoeste.[75]

Essa triste paisagem de "crescimento sem desenvolvimento" influencia nossa história de vários modos. Por causa dela, a sociedade sérvia permaneceu incomumente homogênea tanto na esfera socioeconômica como na cultural. A ligação entre a vida urbana e as maneiras da cultura oral camponesa, com suas eloquentes narrativas míticas, nunca foi cortada. Até Belgrado — onde a taxa de letramento em 1900 era de apenas 21% — permanecia uma cidade de imigrantes rurais, um mundo de "citadinos camponeses" profundamente influenciados pela cultura e pelas estruturas de parentesco da sociedade rural tradicional.[76] Nesse meio-tempo, o desenvolvimento da consciência moderna era vivenciado não como a evolução de um modo anterior de ver o mundo, mas como uma dissonante sobreposição de atitudes modernas a um modo de ser ainda encantado por crenças e valores tradicionais.[77]

A conjuntura econômica e cultural singular ajuda a explicar várias características notáveis da Sérvia pré-guerra. Em uma economia tão carente de oportunidades para homens jovens ambiciosos e talentosos, o Exército era a melhor das opções. E isso, por sua vez, ajuda a explicar a fragilidade das autoridades civis perante a estrutura de comando militar — um fator crucial na crise que engolfou a Sérvia no verão de 1914. No entanto, também era verdade que a luta armada de milícias irregulares e bandos guerrilheiros, um aspecto tão central na história da emergência da Sérvia como país independente, deveu sua durabilidade à persistência de uma cultura camponesa que permaneceu desconfiada do Exército regular. Para um governo confrontado por uma cultura militar cada vez mais arrogante e desprovido de uma ligação orgânica com uma classe instruída numerosa e próspera que fundamentava outros sistemas parlamentares do século XIX, o nacionalismo representava o mais poderoso instrumento político e força cultural. O entusiasmo quase universal pela anexação de terras sérvias ainda não incorporadas ao país era alimentado não só pelas paixões míticas integradas à cultura popular, mas também pela fome de terras de um campesinato cujos lotes estavam se tornando cada vez menores e menos produtivos. Nessas condições, o argumento, embora dúbio, de que os problemas econômicos da Sérvia se deviam às tarifas punitivas de Viena e ao sufocamento pela capital austro-húngara não poderia deixar de contar com a mais ardorosa aprovação. Essas restrições também fomentavam a obsessão de Belgrado por conseguir uma saída para o mar que supostamente permitiria à Sérvia sair do atraso. A relativa debilidade do desenvolvimento comercial e industrial assegurava que os governantes sérvios permanecessem dependentes das finanças internacionais para os gastos militares de que eles precisavam para empreender sua política externa. E isso, por sua vez, ajuda a explicar a integração cada vez maior da Sérvia à rede francesa de alianças após 1905, uma rede que se baseava em imperativos financeiros e geopolíticos.

ESCALADA

Depois de 1903, a atenção dos nacionalistas sérvios concentrou-se sobretudo na tríplice luta entre sérvios, búlgaros e turcos na Macedônia. Tudo isso mudou em 1908 com a anexação da Bósnia-Herzegóvina pela Áustria-Hungria. Como essas duas províncias formalmente otomanas tinham estado sob ocupação austríaca por trinta anos e nunca se pensara em alterar a situação, poderia parecer que a mudança nominal, de ocupação para franca anexação, seria recebida com indiferença. Mas o público sérvio não pensou assim. O anúncio gerou um "surto sem precedentes de ressentimento e entusiasmo nacional" em Belgrado e nas províncias. Houve "muitas reuniões" nas quais os oradores "clamaram pela guerra contra a Áustria".[78] Mais de 20 mil pessoas compareceram a uma manifestação antiaustríaca no Teatro Nacional de Belgrado, onde Ljuba Davidović, líder dos radicais independentes, fez um discurso declarando que os sérvios deviam lutar até a morte contra a anexação. "Lutaremos até a vitória, mas, se formos derrotados, o seremos sabendo que fizemos o máximo de esforço e que temos o respeito não só de todos os sérvios mas também de toda a raça eslava."[79] Poucos dias depois, o impetuoso príncipe herdeiro Djordjie falou para um público de aproximadamente 10 mil pessoas na capital e propôs liderar o povo sérvio em uma cruzada armada para resgatar as províncias anexadas: "Tenho imenso orgulho de ser soldado e teria orgulho de ser aquele que liderará o povo sérvio nessa luta desesperada de vida e morte, por nossa nação e nossa honra".[80] Até Nikola Pašić, presidente do Partido Radical Sérvio, que na época não ocupava o cargo de ministro e por isso podia dizer o que pensava, afirmou que se a anexação não fosse revogada, a Sérvia devia se preparar para uma guerra de libertação.[81] O liberal russo Pável Milyukov, que esteve na Sérvia em 1908, assombrou-se com a intensidade da emoção do povo. A expectativa de uma guerra com a Áustria, ele recordou, transformou-se em "uma disposição para lutar, e a vitória parecia fácil e certa". Tais ideias eram universais e tão inquestionáveis que "começar uma discussão a respeito seria absolutamente inútil".[82]

Mais uma vez se evidenciavam os mapas mentais que fundamentavam a visão da elite e da massa sobre a política e os propósitos sérvios. O único modo de entender a intensidade dos sentimentos despertados na Sérvia pela anexação, explicou o ministro britânico em Belgrado em um relatório de 27 de abril de 1909, era lembrar que

> Todo patriota sérvio que tem algum interesse ou papel ativo na política concebe a nação sérvia não meramente como a que inclui os súditos do rei Petar, mas a que se compõe de todos os que são afins a eles na raça e na língua. Em consequência, ele anseia por ver um dia formar-se a Grande Sérvia, que reunirá em uma só congregação todas as diferentes partes da nação, atualmente dividida sob o domínio austríaco,

húngaro e turco. [...] Desse ponto de vista, a Bósnia é o coração geográfico e étnico da Grande Sérvia.[83]

Em um tratado quase contemporâneo sobre a crise, o renomado etnógrafo Jovan Cvijić, o mais influente conselheiro de Nikola Pašić na questão da nacionalidade, observou: "É evidente que a Bósnia-Herzegóvina, por [...] sua posição central na massa etnográfica da raça servo-croata, [...] possui a chave para o problema sérvio. Sem ela, não haverá o Estado da Grande Sérvia".[84] Da perspectiva dos divulgadores da Pan-Sérvia, a Bósnia-Herzegóvina pertencia às "terras sérvias sob domínio estrangeiro"; sua população era "inteiramente sérvia na raça e na língua", composta de sérvios, servo-croatas e "servo-maometanos", exceto, obviamente, a minoria de "habitantes temporários" e "exploradores" instalados pelos austríacos nos trinta anos anteriores.[85]

Impelida por essa onda de indignação, nasceu uma nova organização de massa para lutar por objetivos nacionalistas. Conhecido como Srpska Narodna Odbrana (Defesa Nacional Sérvia), o grupo recrutou milhares de membros dispersos por mais de 220 comitês em cidades e vilarejos da Sérvia, além de uma rede de auxiliares na Bósnia-Herzegóvina.[86] A campanha irredentista que vinha ganhando ímpeto na Macedônia agora se voltava para as províncias anexadas: o Narodna Odbrana organizou bandos guerrilheiros, recrutou voluntários, estabeleceu redes de espionagem na Bósnia e pressionou o governo por uma política nacional mais agressiva. Veteranos da luta na Macedônia, como o major Voja Tankosić, colaborador próximo de Ápis, foram despachados para a fronteira Bósnia e lá treinaram milhares de novos recrutas para a luta iminente na região. Por um tempo, pareceu que a Sérvia estava prestes a desferir um ataque suicida contra seu vizinho.[87]

De início, os líderes em Belgrado encorajaram essa agitação, mas também logo perceberam que a Sérvia não teria chance de reverter a anexação. A chave para esse arrefecimento foi a Rússia, que pouco fez para incentivar a resistência sérvia. Isso não era de surpreender, pois fora o ministro das Relações Exteriores da Rússia, Alexander Izvolsky, quem propusera a anexação — pelo menos em princípio — a seu colega austríaco Alois Aehrenthal. Izvolsky tinha até alertado o ministro das Relações Exteriores sérvio, Milovan Milovanović, sobre a anexação iminente. Em uma reunião em Marienbad, onde Izvolsky estava se tratando na estação de águas, o ministro das Relações Exteriores russo informara a seu colega sérvio que, embora São Petersburgo considerasse os Estados balcânicos "filhos da Rússia", nem a própria Rússia nem qualquer outra das grandes potências faria nada para contestar a anexação. (Izvolsky deixou de mencionar a seu interlocutor sérvio o fato de que ele próprio havia proposto a anexação das províncias aos austríacos como parte de um acordo para assegurar aos navios russos melhor acesso aos estreitos da Turquia.) O ministro sérvio em São Petersburgo foi avisado mais tarde de que em nenhuma circunstância Belgrado deveria se mobilizar contra a Áustria, "pois ninguém poderá nos ajudar, o mundo todo quer paz".[88]

O ministro das Relações Exteriores, Milovanović, um político moderado que criticara o modo como Pašić lidara com a crise austro-sérvia de 1905-6 e se horrorizara ao vê-lo clamando por guerra em 1908, ficou em uma posição muito delicada. Depois de conversar diretamente com Izvolsky, ele se deu conta de que não havia futuro para a ideia de arregimentar as potências europeias contra a anexação. Mas ele também precisava refrear a histeria nacionalista na Sérvia e ao mesmo tempo unificar a Skupština e a elite política no apoio a uma política nacional "moderada" — dois objetivos praticamente incompatíveis, pois o público sérvio interpretaria qualquer insinuação de concessão a Viena como "traição" do interesse nacional.[89] As dificuldades de Milovanović eram agravadas pela hostilidade entre os radicais e seus ex-companheiros de partido, os radicais independentes, que propunham um nacionalismo pan-sérvio inflexível. Rivalidades entre facções na liderança dos radicais, por exemplo entre o "grupo de Pašić" e os "radicais da corte" em torno de Milovanović, aprofundavam a confusão e a incerteza. Nos bastidores, Milovanović se empenhou arduamente para seguir uma política moderada visando assegurar uma limitada compensação territorial para a Sérvia, e suportou com resignação as difamações da imprensa pan-sérvia. Em público, porém, ele adotou uma retórica intransigente destinada a despertar o entusiasmo no país e provocar fúria nos jornais austríacos. "O programa nacional sérvio", ele anunciou sob arrebatados aplausos em um discurso na Skupština em outubro de 1908, "exige que a Bósnia-Herzegóvina seja emancipada"; a Áustria-Hungria, ao interferir na concretização desse plano, ele declarou, tornara inevitável que "um dia no futuro próximo ou distante a Sérvia e todo o mundo sérvio combatam em uma luta de vida ou morte".[90]

Os apuros de Milovanović nos dão um vislumbre das tensões a que os responsáveis pela política sérvia estiveram expostos naquela época. Esse homem inteligente e cauteloso compreendia muito claramente as limitações impostas pela localização e pela situação da Sérvia. No inverno de 1908-9, todas as potências exortaram Belgrado a ceder e aceitar o inevitável.[91] Mas ele também sabia que nenhum ministro responsável poderia dar-se ao luxo de renegar o programa de unificação dos sérvios. Além disso, Milovanović também era um ardoroso e sincero proponente de tal programa. A Sérvia nunca poderia se permitir abandonar a causa da nação sérvia, ele disse uma ocasião. "Do ponto de vista do sérvio, não há diferença entre os interesses do Estado e os interesse dos cidadãos sérvios."[92] Eis novamente as projeções do mapa mental sérvio, no qual se fundiam imperativos políticos e étnicos. O crucial era: os moderados como Milovanović e até mesmo Pašić (que acabou recuando de seu clamor pela guerra) diferiam fundamentalmente dos nacionalistas extremistas apenas no aspecto de *como* lidar com as dificuldades do Estado. Eles não podiam se permitir (nem queriam) renegar o programa nacionalista em si. Assim, dentro do país os extremistas estavam sempre em vantagem retórica, pois eram eles quem estipulavam os termos do debate. Em um ambiente como esse, os moderados tinham dificuldade para se fazer ouvir, a menos que adotassem a linguagem extremista. E isso, por sua vez, dificultava aos observadores externos discernir qualquer variação nas posições adotadas em todo o espectro da elite política, que poderia, enganosamente, parecer uma frente sólida de unanimidade. A perigosa dinâmica dessa cultura política assombraria Belgrado em junho e julho de 1914.

Por fim, como seria de esperar, a Áustria-Hungria prevaleceu, e Belgrado foi forçada a renunciar formalmente às suas pretensões em 31 de março de 1919. Com muita dificuldade, o governo conseguiu acalmar a agitação. Belgrado prometeu a Viena que desarmaria e dissiparia seus "voluntários e bandos".[93] O Narodna Odbrana foi destituído de suas funções insurrecionais e belicosas e transformado — pelo menos na fachada — em uma pacífica agência de propaganda e informação pan-sérvia atuando em estreita colaboração com outras associações nacionalistas, como as sociedades ginásticas Soko e grupos como Prosveta e Prirednik, cuja tarefa era fortalecer a identidade cultural sérvia por meio da literatura, da educação pública e do trabalho com jovens.

Apesar de ter fracassado em reverter a anexação e obter as concessões territoriais que Milovanović exigira como compensação, a Sérvia conseguiu duas mudanças importantes. Primeiro, a crise introduziu um período de colaboração mais estreita entre Belgrado e as duas grandes potências amigas. A ligação com São Petersburgo fortaleceu-se com a chegada do novo ministro russo, o barão

Nikolai Hartwig, servófilo e pan-eslavista fervoroso que teria um papel central na vida política de Belgrado até sua morte súbita pouco antes de eclodir a guerra em 1914. Os laços políticos e financeiros com a França também se fortaleceram, manifestados no vultoso empréstimo de Paris com o objetivo de expandir o Exército sérvio e aumentar seu poder de ataque.

Segundo, a raiva e a decepção de 1908-9 tiveram o efeito de radicalizar os grupos nacionalistas. Embora temporariamente desalentados por causa da capitulação do governo na questão da anexação, eles não renunciaram às suas ambições. Um abismo abriu-se entre o governo e os círculos nacionalistas. Bogdan Radenković, um ativista civil do movimento nacionalista na Macedônia, onde continuava a luta contra os búlgaros, reuniu-se com oficiais veteranos da frente macedônica, alguns deles conspiradores de 1903, para conversar sobre a criação de uma nova entidade secreta. O resultado foi a formação, em 3 de março de 1911 num apartamento de Belgrado, da Ujedinjenje ili smrt! (União ou morte!), popularmente conhecida como "Mão Negra". Ápis, agora professor de tática na Academia Militar, estava entre os sete homens — cinco oficiais regicidas e dois civis — presentes no evento da fundação; levou com ele a rede de regicidas e simpatizantes mais jovens sobre os quais ele passara a exercer uma liderança incontestável.[94] A Constituição da Mão Negra começava com uma declaração, nada surpreendente, de que o objetivo da nova associação era a "unificação da nação sérvia". Outros artigos determinavam que os membros deviam se empenhar para influenciar o governo a adotar a ideia de que a Sérvia era o Piemonte dos sérvios; aliás, de todos os povos eslavos do sul — o jornal fundado para divulgar as ideias da Mão Negra intitulava-se *Pijemont*. O novo movimento adotou uma concepção abrangente e hegemônica da nação sérvia — a propaganda da organização não reconhecia a identidade distinta dos bósnios muçulmanos e negava terminantemente a existência de croatas.[95] Para preparar a nação sérvia para o que sem dúvida seria uma luta violenta pela unidade, a sociedade se dedicaria ao trabalho revolucionário em todos os territórios habitados por sérvios. Fora das fronteiras do Estado sérvio, a sociedade também combateria com todos os meios os inimigos da ideia sérvia.[96]

Em seu trabalho pela "causa nacional", cada vez mais esses homens se viam como inimigos do sistema democrático parlamentar da Sérvia e especialmente do Partido Radical, cujos líderes eles criticavam como traidores da nação.[97] Dentro da Mão Negra, o velho ódio dos militares sérvios pelo Partido Radical perdurava.

Havia também afinidades com a ideologia protofascista: o objetivo não era meramente uma troca da pessoa do soberano do Estado — isso fora feito em 1903, sem nenhum benefício perceptível para a nação sérvia —, e sim uma renovação total da política e da sociedade sérvia, uma "regeneração da nossa raça degenerada".[98]

O movimento prosperou graças ao culto do segredo. Os membros eram iniciados em uma cerimônia concebida por Jovanović-Čupa, um membro do conselho fundador e da maçonaria. Os novos recrutas faziam um juramento perante uma figura encapuzada em uma sala escura, prometendo obediência absoluta à organização sob pena de morte.

> Eu [nome], ingressando na organização Mão Negra, juro pelo sol que me aquece, pela terra que me nutre, perante Deus, pelo sangue dos meus ancestrais, por minha honra e pela minha vida, que a partir deste momento até minha morte serei fiel às leis desta organização e que sempre estarei pronto a fazer por ela qualquer sacrifício.
>
> Juro perante Deus, por minha honra e pela minha vida que executarei todas as missões e ordens sem questionar.
>
> Juro perante Deus, por minha honra e pela minha vida que levarei comigo para o túmulo todos os segredos desta organização.
>
> Que Deus e meus companheiros da organização sejam meus juízes se, conscientemente ou não, eu vier a descumprir este juramento.[99]

Os registros escritos foram poucos. Não havia um assentamento central de membros, apenas uma rede dispersa de células, nenhuma das quais com acesso a uma visão geral do alcance e das atividades da organização. Por isso, até hoje não há certeza quanto ao tamanho da entidade. Em fins de 1911, o número de membros aumentara para cerca de 2 mil ou 2500; durante a Guerra dos Bálcãs, a Mão Negra cresceu drasticamente, mas uma estimativa retrospectiva de 100 mil a 150 mil membros, feita com base em dados fornecidos por um desertor que se tornou informante, com certeza é exagerada.[100] Seja qual for o número exato, a entidade se espalhou depressa pelas estruturas da Sérvia oficial, aproveitando sua base entre os militares para infiltrar-se nos quadros de guardas e funcionários da alfândega, especialmente na fronteira servo-bósnia. Havia também numerosos recrutas entre os agentes de espionagem que ainda atuavam na Bósnia para o Narodna Odbrana, apesar do encerramento ostensivo do grupo em 1909. Uma de suas atividades era manter um campo de treinamento de terroristas, onde os recrutas aprendiam a atirar com armas de fogo, lançar bombas, explodir pontes e espionar.[101]

Era uma estrutura sob medida para um conspirador experiente como Ápis. O culto do segredo condizia com seu temperamento. E o mesmo se pode dizer da insígnia oficial da organização, um logotipo circular com um crânio, ossos cruzados, uma faca, um frasco de veneno e uma bomba. Quando lhe perguntaram, tempos depois, por que ele e seus colegas tinham adotado aqueles símbolos, Ápis respondeu que, para ele, "aqueles emblemas não [tinham] um aspecto assustador ou negativo". Afinal de contas, era tarefa de todos os sérvios com ideais nacionalistas "salvar a nação sérvia com bombas, facas e fuzis". E lembrou:

> No meu trabalho [na Macedônia] se usava veneno, e todos os guerrilheiros o levavam consigo, tanto para fins de ataque como para ajudar alguém que caísse em mãos inimigas. É por isso que esses emblemas entraram no selo da organização, e ele era um sinal de que as pessoas estavam dispostas a morrer.[102]

A Mão Negra tinha, em sua clandestinidade, uma qualidade paradoxalmente pública.[103] Conversas descuidadas logo asseguraram que o governo e a imprensa ficassem sabendo sobre a existência do movimento, e existem inclusive indícios de que o príncipe Alexandar, sucessor no trono depois da abdicação de seu irmão mais velho, Djordjie, foi informado de antemão sobre a nova entidade e apoiou suas atividades. (O príncipe fez parte de um pequeno círculo de patronos que ajudaram a financiar a fundação do *Pijemont*.) Os processos de recrutamento eram informais e com frequência semipúblicos; bastava que os recrutadores mencionassem o trabalho patriótico da organização para que muitos oficiais aderissem sem mais esforço.[104] Havia jantares e banquetes nos cafés de Belgrado, onde Ápis presidia uma longa mesa apinhada de estudantes nacionalistas.[105] Quando o comandante de Belgrado, Miloš Bozanović, pediu a seu subordinado, major Kostić, informações sobre a Mão Negra, Kostić não acreditou. "O senhor não sabe? Não é nenhum segredo. Estão falando sobre isso nos cafés e estabelecimentos públicos." Talvez tudo isso fosse inevitável em uma cidade como Belgrado, onde todos se conheciam e a vida social acontecia nos cafés, e não nas residências privadas. Mas o secretismo aparatoso da Mão Negra presumivelmente também supria uma necessidade emocional, pois que sentido havia em pertencer a uma organização secreta se ninguém sabia o que o integrante fazia? Ser visto à mesa de sempre comendo e bebendo com outros conspiradores produzia uma sensação de importância, além de criar um eletrizante sentimento de cumplicidade nos que não pertenciam formalmente à rede mas sabiam sobre ela — e isso era importante para um movimento que se dizia representante da maioria da nação sérvia.

Entretanto, se sua existência era de conhecimento geral, havia muita margem para incerteza quanto aos seus objetivos. Como muitos líderes do Partido Radical, Pašić via a Mão Negra como um movimento dedicado principalmente a derrubar o Estado sérvio de dentro. Ele parecia considerar o ultranacionalismo da organização mera camuflagem para a subversão doméstica. Esse erro de interpretação transparece em muitos relatórios diplomáticos. Por exemplo, em novembro de 1911 o geralmente bem informado ministro austríaco em Belgrado declarou que a alegação da Mão Negra de ser um grupo patriótico que atuava fora da Sérvia para unir todos os sérvios era "na verdade um disfarce; seu propósito real é intervir em assuntos internos".[106] Tal equívoco continuaria a desnortear as autoridades austríacas durante a Crise de Julho de 1914.

Na Bósnia-Herzegóvina, as redes da Mão Negra e do Narodna Odbrana entrelaçaram-se a grupos locais de ativistas pan-sérvios, dos quais o mais importante foi o Mlada Bosna [Jovem Bósnia]. Essa não era uma organização unificada, e sim um agregado de grupos e células de jovens revolucionários, em atividade por toda a província aproximadamente desde 1904; seu enfoque não era tão estreitamente sérvio quanto o da Mão Negra ou o do Narodna Odbrana.[107] Como atuavam sob as vistas da polícia austríaca, o Jovem Bósnia adotava uma estrutura descentralizada e flexível baseada em pequenos "círculos" (*kruzki*), ligados apenas por intermediários designados. O grande momento do grupo chegou em 1910, quando um de seus membros cometeu um atentado suicida contra o governador austríaco da Bósnia. Em 3 de junho de 1910, no evento da abertura do Parlamento bósnio, Bogdan Žerajić, um estudante sérvio da Herzegóvina, disparou cinco tiros contra o governador Marijan Varešanin. Depois de errar os cinco, ele deu o sexto e último tiro na própria cabeça. Foi sepultado anonimamente em um setor do cemitério de Sarajevo reservado a criminosos e suicidas, mas seu túmulo logo se transformou em santuário para o movimento clandestino sérvio e seu feito foi louvado pela imprensa nacionalista em Belgrado.[108]

Ninguém fez mais para engrandecer a memória de Žerajić do que seu colega Vladimir Gačinović, do Jovem Bósnia. Gačinović deixou a Bósnia para cursar o ensino médio em Belgrado, lá permaneceu até concluir um ano na universidade e então ganhou uma bolsa de estudos do governo para a Universidade de Viena. Em 1911, ele se filiou à Mão Negra e ao Narodna Odbrana; depois de voltar para Sarajevo, estabeleceu uma rede de células ativistas na cidade. Mas Gačinović era mais conhecido por um ensaio que escreveu celebrando a vida e a morte de Žerajić. "A morte de um herói" descrevia o atirador suicida como "um homem de ação, força, vida e virtude, do tipo que inaugura uma era"; e concluía com um desafio incendiário: "Jovens sérvios, vocês produziriam um homem assim?". O panfleto de Gačinović circulou na clandestinidade por toda a Bósnia e se tornou um dos principais textos cultuados do meio terrorista pan-sérvio, pois combinava os temas do assassínio e sacrifício de um modo que lembrava os épicos de Kosovo.[109] O atentado de Žerajic marcou o começo do uso sistemático do terrorismo político contra a elite política do Império Habsburgo; houve outros sete incidentes semelhantes, e mais de uma dúzia de outras tramas abortadas foram detectadas nas províncias eslavas do sul do Império durante os três anos decorridos entre a morte de Žerajić e os disparos fatais de 28 de junho de 1914 em Sarajevo.[110]

TRÊS GUERRAS TURCAS

No fim de setembro de 1911, apenas seis meses depois da fundação da Mão Negra, a Itália invadiu a Líbia. Esse assalto sem provocação a uma das províncias do Império Otomano desencadeou uma sucessão de ataques oportunistas a territórios controlados pelos otomanos nos Bálcãs. Uma imprecisa coalizão de Estados balcânicos — Sérvia, Montenegro, Bulgária e Grécia — desferiu ataques paralelos a territórios otomanos, e assim teve início a Primeira Guerra dos Bálcãs (outubro de 1912-maio de 1913). O resultado foi uma importante vitória dos aliados balcânicos sobre as forças otomanas, que foram expulsas de Albânia, Macedônia e Trácia. Na Segunda Guerra dos Bálcãs (junho-julho de 1913), os combatentes lutaram pelos despojos da primeira: Sérvia, Grécia, Montenegro e Romênia lutaram contra a Bulgária por territórios em Macedônia, Trácia e Dobrudja.

Trataremos mais detalhadamente do impacto dessas duas guerras no capítulo 5. Por ora, basta mencionar que seu mais evidente beneficiário foi a Sérvia, que adquiriu a parte central da bacia do Vardar, incluindo as cidades de Ohrid, Bitola, Kosovo, Štip e Kočani, além da metade leste do Sanjak de Novi Pazar (a metade oeste foi para Montenegro). A extensão territorial do reino aumentou de 48 303 para 87 777 quilômetros quadrados, e sua população cresceu em mais de 1,5 milhão de pessoas. Os sérvios exultaram com a aquisição de Kosovo, a mítica terra de sua poesia nacional, e como agora o reino fazia fronteira com Montenegro a oeste, havia a perspectiva de que a Sérvia conseguisse, através de uma união política com seu vizinho, obter um acesso permanente à costa do Adriático. Além disso, o desempenho sérvio na guerra parecia mostrar que os anos de investimentos militares financiados por empréstimos franceses (houve outro grande empréstimo feito por um consórcio de bancos franceses em setembro de 1913) não tinham sido em vão. Trezentos mil soldados foram postos no campo de batalha em três semanas a partir da primeira ordem de mobilização. O Exército sérvio, nas palavras de um observador estrangeiro, agora era "um fator a ser levado em conta", e a Sérvia, uma potência regional.[111] Dayrell Crackanthorpe, o ministro britânico em Belgrado, descreveu o clima de júbilo do povo: "A Sérvia sente que atingiu a maioridade, digamos assim, e [...] pode se empenhar em uma política nacional própria". As elites políticas do reino estavam então "passando por uma fase de extrema satisfação consigo mesmas"; por toda parte, na imprensa e nos debates públicos, os êxitos da Sérvia em batalha contrastavam com "os fracassos da diplomacia austríaca".[112]

Para muitos nos territórios recém-conquistados por Belgrado, a imposição do governo sérvio trouxe hostilidade e opressão. A liberdade de associação, reunião e imprensa garantida pela Constituição sérvia de 1903 (Artigos 24, 25 e 22) não foi introduzida nos novos territórios; também não valia o Artigo 13, que revogava a pena de morte para crimes políticos. Negou-se aos habitantes das novas áreas os direitos de voto ativo ou passivo. Em outras palavras, as áreas conquistadas adquiriram, naquele momento, o caráter de colônias. O governo justificou essa decisão argumentando que o nível cultural dos novos territórios era tão baixo que conceder-lhes liberdade poria o país em perigo. Na realidade, a principal preocupação era manter fora da política nacional os não sérvios que compunham a maioria da população em muitas daquelas áreas. Jornais oposicionistas, como o *Radičke Novine* e o *Pravda*, logo salientaram que, antes, com os turcos, os "novos sérvios" desfrutavam de melhores direitos políticos do que agora sob o governo sérvio.[113]

Do lado sérvio, essa foi uma guerra de dois tipos, na qual combatiam não só as unidades regulares do Exército, mas também, como tantas outras vezes no passado, bandos de guerrilheiros, *comitatjis* e outros guerreiros autônomos. Nas áreas recém-conquistadas, o conluio entre autoridades e grupos informais teve consequências lamentáveis. Houve muita destruição arbitrária de prédios turcos, como escolas, banhos públicos e mesquitas. Os cônsules britânicos conseguiram, em alguns casos, limitar os danos persuadindo os comandantes militares sérvios locais de que esse ou aquele prédio era da época do Império de Stepan Dušan e, portanto, fazia parte do patrimônio nacional sérvio; esse foi um ardil bem-sucedido, por exemplo, para salvar a bela ponte turca do século XVI na Skopje macedônica (Üsküb).[114]

Em outubro e novembro de 1913, os vice-cônsules britânicos em Skopje e Monastir relataram sistematicamente casos de intimidação, detenções arbitrárias, espancamentos, estupros, incêndios propositais de povoações e massacres pelos sérvios nas áreas anexadas.[115] O vice-cônsul Greig informou de Monastir: "Já é mais do que evidente que os muçulmanos sob o domínio sérvio não têm absolutamente nada a esperar além de massacres periódicos, certa exploração e a ruína final". Onze dias depois ele redigiu um relatório alertando que "as populações búlgaras e especialmente as muçulmanas nos distritos de Perlepe, Krchevo e Krushevo [corriam] perigo de extermínio pelos massacres e saques muito frequentes e bárbaros perpetrados contra eles por bandos sérvios".[116] No final do mês, "saques, assassinatos e outros tipos de agressões por bandos de *comitatjis* sérvios e pessoas a eles associadas" haviam criado condições para uma semianarquia.[117] Albaneses e outros muçulmanos, búlgaros, valáquios e judeus, informou o vice-cônsul em dezembro, temiam a perspectiva da sujeição a "um Estado sem vintém" que parecia decidido a "drenar cada comunidade de seus meios de existência a um nível desconhecido até nos dias mais negros do regime turco".[118] De Bitola, no sul, próximo à fronteira grega, o vice-cônsul britânico informou que antigos altos funcionários municipais haviam sido substituídos por uma nova corte de corruptos "ex-propagandistas sérvios", cujos cabecilhas eram "(1) um ex-barbeiro, espião e agente sérvio [...] e (2) um assecla sérvio local de profissão impublicável chamado Maxim". E concluiu: "Nada poderia ser mais favorável aos inimigos da Sérvia do que o reino de terror estabelecido por essa gangue".[119]

O interessante nesses relatórios não é apenas seu conteúdo preocupante, mas o ceticismo com que foram recebidos pelo ministro britânico Crackanthorpe, um homem de acentuados sentimentos servófilos. Crackanthorpe, cuja fonte mais importante de informações sobre os acontecimentos nas áreas anexadas era "um oficial sérvio seu conhecido",[120] aceitou ao pé da letra as negações oficiais do governo de Belgrado; tentou anular o impacto dos comunicados que Greig enviou de Monastir sugerindo ao Ministério das Relações Exteriores britânico que o vice-cônsul estava sendo enganado por refugiados histéricos e suas histórias exageradas. Poderíamos pensar que os acontecimentos nos Bálcãs já estavam sendo vistos pelo prisma geopolítico do sistema de alianças no qual a Sérvia figurava como um Estado amigo mergulhado em uma corajosa luta contra seu temível inimigo, a Áustria-Hungria. Foram os detalhes acumulativos dos relatórios que chegavam das áreas anexadas, combinados a informes confirmadores de autoridades romenas, suíças e francesas, que persuadiram o Ministério das Relações Exteriores britânico de que as notícias sobre as atrocidades na Macedônia não deviam ser descartadas como propaganda austríaca.

Nesse meio-tempo, o governo sérvio não demonstrou o menor interesse em impedir outras agressões ou incentivar uma investigação das que já tinham ocorrido. Quando Pašić foi alertado pelos britânicos sobre os acontecimentos em Bitola, limitou-se a responder que não conhecia pessoalmente o prefeito daquela cidade e por isso não podia comentar. Sua oferta de enviar um comissário ao sul para examinar melhor a questão nunca se concretizou. Informado pelo ministro sérvio em Constantinopla sobre as queixas de uma delegação de dignitários muçulmanos, ele declarou que aquelas histórias provinham de imigrantes que haviam exagerado seus sofrimentos para assegurar uma acolhida mais cordial entre seus novos compatriotas.[121] Quando a Comissão Carnegie — composta de uma equipe de especialistas internacionais escolhida a dedo por sua imparcialidade — chegou aos Bálcãs para fazer sua famosa investigação das atrocidades cometidas nas áreas em disputa, não recebeu praticamente nenhuma assistência de Belgrado.[122]

Aparentemente, por algum tempo as guerras eliminaram as tensões na estrutura executiva de Belgrado. Por um breve intervalo, as redes secretas, o Exército regular, os bandos guerrilheiros e os ministros do gabinete uniram-se pela causa nacional. Ápis foi enviado para dirigir operações sigilosas para o Exército na Macedônia antes da invasão sérvia em 1912; a Mão Negra, em seu trabalho de negociar com os líderes de grupos albaneses em 1913, funcionou essencialmente como uma extensão do Ministério das Relações Exteriores em Belgrado. A pacificação das áreas recém-conquistadas no sul envolveu não só unidades do Exército regular, mas também bandos voluntários ligados a agentes da Mão Negra como Voja Tankosić, um ex-conspirador regicida que chefiara o assassinato dos dois irmãos da rainha Draga.[123] O ganho de prestígio da Mão Negra evidenciou-se quando Ápis foi promovido a tenente-coronel em janeiro de 1913 e nomeado chefe da divisão de Inteligência do Estado-Maior em agosto, cargo que lhe deu o controle da vasta rede de agentes sérvios do Narodna Odbrana na Áustria-Hungria.[124]

O espírito de união começou a dissipar-se assim que as Guerras dos Bálcãs chegaram ao fim. Disputas pela gestão das áreas recém-adquiridas desencadearam uma deterioração catastrófica das relações entre civis e militares. De um lado estavam o ministro da Guerra, o Exército sérvio e vários simpatizantes das fileiras da oposição Radical Independente; do outro lado, os líderes do Partido Radical que compunham a maior parte do restante do gabinete.[125] A disputa teve como eixo o caráter da administração a ser introduzida nas novas terras. O gabinete de Pašić pretendia instituir um sistema provisório de administração civil por decretos. Já o Exército preferia a continuidade do governo militar. Estimulada por seus sucessos recentes, a liderança militar recusou-se a ceder o controle na zona anexada. Não era apenas uma questão de poder, mas também de política, pois os linhas-duras achavam que só uma administração firme e não liberal seria adequada para consolidar o controle sérvio em áreas de etnia mista. Quando o ministro do Interior, o radical Stojan Protić, baixou um decreto de prioridade em abril de 1914 subordinando formalmente o Exército às autoridades civis, a crise veio à tona de vez. Os oficiais nas áreas novas recusaram-se a obedecer ao decreto, a facção militar aliou-se ao oposicionista Radical Independente na Skupština, como haviam feito os conspiradores depois de 1903. Falou-se até em um golpe iminente, a ser coordenado por Ápis, que poderia liderar soldados da guarnição de Belgrado ao palácio real, forçar o rei Petar a abdicar em favor de seu filho, o príncipe Alexandar, e assassinar os membros radicais do gabinete.[126]

Em fins de maio de 1914, a situação em Belgrado estava à beira do desequilíbrio, e requereu a intervenção de potências estrangeiras para impedir o colapso do governo de Pašić. Em uma iniciativa insólita, o ministro russo em Belgrado declarou publicamente que as políticas da Rússia nos Bálcãs exigiam a manutenção de Pašić no cargo. Os franceses apoiaram-no, insinuando que um governo pós-Pašić dominado pelos Independentes e membros da fação militar poderia deixar de receber o generoso apoio financeiro que vinha sustentando os investimentos estatais da Sérvia desde 1905. Foi uma reprise imperfeita de 1899, quando o astuto líder radical se salvou da execução graças à intervenção do ministro austríaco. Ápis, vencido, retirou-se da briga.[127] Evitada temporariamente a ameaça de uma tomada do poder imediata, Pašić ansiava pelas eleições que se aproximavam, em junho de 1914, para consolidar sua posição.

Não havia nada nessas lutas políticas opacas que tranquilizasse os observadores dos assuntos sérvios em Viena. Como salientou Dayrell Crackanthorpe em março de 1914, tanto o "setor mais moderado e prudente da opinião pública", representado no gabinete radical, como a "facção militar" influenciada pela Mão Negra acreditavam na dissolução mais ou menos iminente da Áustria-Hungria e na subsequente tomada de posse pela Sérvia das vastas terras do Império que ainda aguardavam a redenção pan-sérvia. A diferença era apenas no método: enquanto a facção militar acreditava em "uma guerra de agressão quando chegar o momento e o país estiver preparado", os moderados julgavam que "o sinal para o desmantelamento do Império Austro-Húngaro chegará não de fora, mas de dentro", por isso defendiam a postura de estar preparados para todas as eventualidades. Em termos institucionais, permanecia a acentuada imbricação da Sérvia oficial moderada com as redes irredentistas linhas-duras. Os altos escalões das Forças Armadas e seu serviço de Inteligência, com suas teias de agentes na Bósnia-Herzegóvina, a alfândega, partes do Ministério do Interior e outros órgãos do governo estavam profundamente infiltrados pelas redes, da mesma forma que estas estavam infiltradas pelo Estado.

A CONSPIRAÇÃO

Reconstituir os detalhes do plano para assassinar o arquiduque Francisco Ferdinando em Sarajevo é difícil. Os assassinos fizeram todo o possível para encobrir as pistas que os ligavam a Belgrado. Muitos dos participantes sobreviventes recusaram-se a falar sobre seu envolvimento; outros minimizaram seus papéis ou dissimularam vestígios com especulações desnorteantes, produzindo um caos de testemunhos conflitantes. O plano propriamente dito não gerou nenhuma documentação que tenha sobrevivido: praticamente todos os que participaram estavam habituados a um meio onde o sigilo era uma obsessão. O conluio entre o Estado sérvio e as redes implicadas no plano foi deliberadamente furtivo e informal, e não houve evidências documentais. Assim, a historiografia da conspiração fez o que pôde recorrendo a uma dúbia combinação de recordações do pós-guerra, depoimentos e declarações feitas em situações de coerção, afirmações supostamente baseadas em fontes que desde então foram destruídas e retalhos de evidências documentais, a maioria apenas indiretamente relacionada ao planejamento e implementação do plano. No entanto, há tanta informação no pano de fundo dessa trama que os historiadores vasculharam cada detalhe com atenção forense. Assim, é possível traçar uma linha de máxima plausibilidade através do caos das fontes e das distorções tendenciosas de boa parte da literatura secundária.

Ápis foi o principal arquiteto do plano, mas a ideia em si provavelmente partiu de seu colega Rade Malobabić, um sérvio nascido na Áustria-Hungria que trabalhara durante alguns anos como espião do Narodna Odbrana. Ele coletava informações sobre fortificações e movimentos de tropas austríacos e as entregava aos funcionários da fronteira sérvia que eram também agentes da Mão Negra e, por intermédio deles, à inteligência militar sérvia.[128] Malobabić era um superagente, um homem extraordinariamente dedicado e astuto que conhecia bem as fronteiras e escapara muitas vezes de ser capturado pelas autoridades austríacas. Dizem que uma ocasião ele atravessou a nado o rio Drina praticamente congelado e emergiu da água coberto de lascas de gelo, para se encontrar com seus contatos do lado sérvio da fronteira.[129] Provavelmente foi Malobabić quem primeiro falou a Ápis sobre a visita a Sarajevo de Francisco Ferdinando, o herdeiro do trono austríaco, em junho de 1914.[130]

Por que, exatamente, Ápis insistiu no assassinato do arquiduque é difícil saber, pois ele não deixou nenhum relato direto sobre suas motivações. No começo de 1914, a hostilidade dos ativistas locais na Bósnia estava mais voltada para Oskar Potiorek, o governador austríaco da Bósnia, sucessor de Varešanin, que escapara de ser morto por Žerajić em junho de 1910. Ao direcionar seus esforços para o arquiduque Francisco Ferdinando, Ápis aumentou a parada política. O assassinato de um governador causaria agitação, mas poderia facilmente ser interpretado como um assunto local, motivado por questões de governança regional. Em contraste, um ataque ao herdeiro do trono Habsburgo, em uma época em que o imperador reinante já beirava os 84 anos, fatalmente seria visto como um ataque à própria existência do Império.

É preciso ressaltar que o arquiduque não foi escolhido em razão de uma alegada hostilidade contra as minorias eslavas do Império Austro-Húngaro, mas, ao contrário, porque, nas palavras de seu assassino, Gavrilo Princip, "como futuro soberano ele teria impedido nossa união, realizando certas reformas".[131] Princip aludia ao suposto apoio do arquiduque a reformas estruturais da monarquia que dariam mais autonomia às terras eslavas. Muitos no círculo irredentista sérvio reconheciam essa ideia como uma ameaça potencialmente catastrófica ao projeto de reunificação. Se a monarquia Habsburgo conseguisse se transformar em uma entidade tripartida governada de Viena em linhas federais, tendo, por exemplo, Zagreb como capital com status igual ao de Budapeste, havia o perigo de que a Sérvia perdesse seu papel de vanguarda como o Piemonte dos eslavos do sul.[132] Assim, a escolha do arquiduque para alvo exemplificou uma duradoura vertente da lógica dos movimentos terroristas: a de que é preciso temer mais os reformistas e os moderados do que os inimigos declarados e os linhas-duras.

Todos os selecionados para perpetrar o assassinato do arquiduque tinham se formado no mundo das redes irredentistas. Foi o ex-*comitatji* Voja Tankosić quem recrutou os três jovens servo-bósnios que compuseram o núcleo da unidade assassina a ser enviada a Sarajevo. Trifko Grabež, Nedeljko Čabrinović e Gavrilo Princip tinham dezenove anos quando Tankosić os alistou na conspiração. Eram grandes amigos e passavam bastante tempo juntos. Grabež, que fora a Belgrado para continuar seus estudos no ensino médio, era filho de um padre ortodoxo de Pale, uma cidade cerca de dezenove quilômetros a leste de Sarajevo. Čabrinović abandonara os estudos aos catorze anos e mais tarde fora parar em Belgrado, onde arrumou emprego como linotipista em uma firma especializada em literatura anarquista. Princip, como Grabež, deixara Sarajevo para estudar em Belgrado. Os três vinham de família pobre e infeliz. Gabrez e Čabrinović tinham sofrido sob a autoridade masculina e se rebelado contra isso ainda bem jovens. Durante seu julgamento, Čabrinović contou à corte que seu pai o maltratava em casa porque ele ia muito mal nos estudos em Sarajevo; o rapaz acabou sendo expulso da escola por agredir um professor. Em casa, as tensões se agravaram porque o pai trabalhava como informante da polícia para os odiados austríacos — um estigma de que o filho esperava se livrar trabalhando pela causa nacional. Grabež também fora expulso do colégio em Tuzla por agredir um professor.[133] O dinheiro era escasso. Só Princip tinha uma renda regular, uma modestíssima mesada recebida de seus pais, mas costumava partilhá-la com os amigos ou emprestar a conhecidos sem vintém.[134] Čabrinović recordou depois que em seus primeiros dias em Belgrado carregava consigo tudo o que possuía em uma pequena mala, presumivelmente porque não tinha onde ficar.[135] Como seria de esperar, a saúde dos rapazes não andava boa. Princip, em especial, estava magro e enfermiço, provavelmente já tuberculoso. A doença forçara-o a deixar a escola precocemente em Sarajevo. O protocolo de seu julgamento descreve-o como "um jovem miúdo e frágil".[136]

4. *O jovem Gavrilo Princip.*

5. *Nedeljko Čabrinović.*

Os três rapazes não eram dados a maus hábitos. Eram o tipo de jovem sério, rico em ideais e pobre em experiência que alimenta os movimentos terroristas da época. O álcool não lhes dava prazer. Embora fossem heterossexuais por inclinação romântica, não procuravam a companhia de mulheres. Liam poesia nacionalista, jornais e panfletos irredentistas. Viviam ruminando o sofrimento da nação sérvia, pelo qual culpavam a todos menos aos próprios sérvios, e se doíam com o desrespeito e a humilhação contra o mais humilde de seus conterrâneos como se fossem eles próprios os injuriados. Um tema recorrente era a degradação econômica de seus compatriotas bósnios pelas autoridades austríacas (uma queixa que não levava em conta o fato de que a Bósnia era, na verdade, mais industrializada e mais próspera em termos da renda per capita do que a maior parte da Sérvia central).[137] O sacrifício era uma preocupação central, quase uma obsessão. Princip até conseguira achar tempo para decorar todo o texto de *A grinalda da montanha,* o instigante épico de Petrović-Njego que celebrava o altruísta tiranicida Miloš Obilić.[138] Princip declarou ao tribunal durante seu julgamento que nos dias anteriores ao assassinato teve por hábito visitar o túmulo do assassino suicida Bogdan Žerajić: "Passei noites inteiras lá, pensando em nossa situação, em nossas condições miseráveis e em [Žerajić], e foi assim que resolvi cometer o assassinato".[139] Čabrinović também mencionou que fora ao túmulo de Žerajić assim que chegara a Sarajevo. Encontrou a sepultura sem cuidados e colocou flores nela (uma nota de rodapé da transcrição austríaca do julgamento informa ironicamente que as flores foram roubadas de túmulos próximos). Foi durante suas estadas à beira desse túmulo, declarou Čabrinović, que ele decidiu morrer como Žerajić. "Eu sabia que não viveria muito mesmo. A ideia do suicídio esteve sempre comigo; tudo me era indiferente."[140]

Tais visitas ao jazigo de um suicida são interessantes e sugestivas porque refletem a fascinação pela figura do assassino suicida, tão fundamental no mito de Kosovo e, mais amplamente, na consciência do círculo pan-sérvio, cujos jornais, diários e correspondências são permeados com alusões ao sacrifício. O próprio ataque deveria conter uma referência codificada ao ato anterior de Žerajić, pois Princip originalmente planejara postar-se na Ponte do Imperador, no lugar exato onde Žerajić se posicionara: "Eu queria atirar do mesmo local que o falecido Žerajić".[141]

Para todos os assassinos, Belgrado foi o cadinho que radicalizou sua política e os alinhou com a causa da unificação sérvia. Em uma reveladora passagem do protocolo do julgamento, Čabrinović lembrou que, em 1912, ele ficara muito doente, não pudera continuar a trabalhar na Sérvia e decidira voltar para casa; fora então ao escritório do Narodna Odbrana em Belgrado, e ali lhe disseram que um servo-bósnio sempre poderia conseguir dinheiro para voltar a Sarajevo. Foi recebido no escritório pelo major Vasić, secretário da filial local da entidade, que lhe deu dinheiro e textos patrióticos, confiscou seu livro de contos de Maupassant dizendo que não era leitura digna para um patriota sérvio e exortou-o a ser sempre "um bom sérvio".[142] Encontros desse tipo foram cruciais para a formação daqueles jovens, cuja relação com figuras masculinas de autoridade haviam sido tão tensas. Nas redes nacionalistas eles encontravam homens mais velhos dispostos não só a ajudá-los com dinheiro e conselhos, mas também a mostrar-lhes afeição e respeito e incutir neles um sentimento, tão notavelmente ausente em suas vidas até então, de que sua existência tinha sentido, de que eles pertenciam a um momento histórico e eram parte de um empreendimento grandioso e florescente.

Esse cultivo dos moços pelos mais velhos com a intenção de alistá-los nas redes foi um elemento crucial para o êxito do movimento irredentista. Quando Čabrinović voltou de Belgrado para Sarajevo, não conseguiu se reajustar a seu antigo círculo socialista; sentindo que sua visão de mundo havia mudado, os companheiros de partido tacharam-no de agitador e espião sérvio, expulsando-o do partido. Quando retornou a Belgrado em 1913, Čabrinović não era mais um esquerdista revolucionário, e sim um "anarquista contaminado pelo nacionalismo".[143] Princip também passou por esse meio energizante: depois de deixar Sarajevo em maio de 1912 para concluir a educação secundária em Belgrado, ele encontrou pelo caminho o incansável major Vasić. Ao eclodir a Primeira Guerra dos Bálcãs, Vasić ajudou-o a ir até a fronteira turca para alistar-se como combatente voluntário, mas o comandante local — nada menos que Voja Tankosić — recusou-o porque ele era "fraco e pequeno demais".

No mínimo tão importante quanto o contato com ativistas como Vasić ou com a propaganda escrita do Narodna Odbrana era o círculo social dos cafés, que dava aos jovens servo-bósnios em Belgrado o sentimento de pertencer a um grupo. Čabrinović frequentava o Guirlanda de Bolotas, o Guirlanda Verde e o Peixinho Dourado, onde, como ele recordou depois, ouvia "diversos modos de falar" e se misturava a "estudantes, linotipistas" e "militantes", mas especialmente a servo-bósnios. Os rapazes comiam, fumavam, falavam sobre política ou debatiam as notícias dos jornais.[144] Foi no Guirlanda de Bolotas e no Guirlanda Verde que Čabrinović e Princip pensaram pela primeira vez na possibilidade de assassinar o herdeiro do trono austríaco. O veterano agente da Mão Negra que forneceu revólveres Browning e caixas de munição aos rapazes também era "uma figura popular no circuito dos cafés de Belgrado".[145] O clima político prevalecente naqueles lugares era ultranacionalista e antiaustríaco. Em uma passagem reveladora da transcrição do julgamento, o juiz perguntou a Princip onde Grabež adquirira suas ideias políticas ultranacionalistas. Princip respondeu singelamente: "Depois que [Grabež] veio para Belgrado, ele adotou os mesmos princípios". Aproveitando a insinuação, o juiz pressionou: "Então, em outras palavras, basta ir para Belgrado para que uma pessoa seja incutida com ideias como as suas?".[146] Mas Princip, sentindo que estava sendo atraído para terreno escorregadio, recusou-se a fazer mais comentários.

Assim que o planejamento do assassinato começou de fato, cuidou-se para que não houvesse nenhuma ligação ostensiva com a célula dos assassinos e as autoridades em Belgrado. O contato dos assassinos era um homem chamado Milan Ciganović, um servo-bósnio integrante da Mão Negra que havia lutado com os guerrilheiros contra os búlgaros sob o comando de Tankosić e agora era funcionário da ferrovia estatal da Sérvia. Ciganović era subordinado de Tankosić, que por sua vez era subordinado de Ápis. Todas as ordens eram apenas verbais.

6. Milan Ciganović.

O treinamento para o assassinato foi feito na capital sérvia. Princip já tivera aulas de tiro na Academia dos Militantes e era o melhor atirador dos três. Em 27 de maio, eles receberam as armas que deveriam usar. Quatro revólveres e seis pequenas bombas, pesando em torno de um quilo cada uma, do Arsenal do Estado Sérvio em Kragujevac. Também foram munidos de pequenos frascos de veneno, contendo cianureto embebido em algodão. Suas instruções eram para se matarem com um tiro logo em seguida ao assassinato ou, se não fosse possível, ingerir o cianureto. Era uma precaução adicional contra alguma imprudência ou uma confissão forçada que pudesse incriminar Belgrado. Além disso, agradava aos rapazes, que se empolgavam com a ideia de abrir mão da vida, vendo seu ato como um martírio.

Os três assassinos entraram na Bósnia com a assistência da rede da Mão Negra e seus contatos na alfândega sérvia. Čabrinović atravessou a fronteira no posto de Mali Zvornik em 30 de maio, ajudado por agentes da "ferrovia subterrânea" da Mão Negra — professores, um guarda de fronteira, o secretário do prefeito de uma cidade e outros — e foi para Tuzla, onde ficou à espera dos amigos. Princip e Grabež foram guiados por funcionários da fronteira sérvia ao ponto de entrada de Ljeŝnica e levados em 31 de maio a uma ilha coberta de mata no rio Drina, que naquele trecho passava entre território sérvio e bósnio. Esse esconderijo, muito usado por contrabandistas, ocultou-os da polícia na fronteira austríaca. No dia seguinte, foram conduzidos depois de anoitecer a território austríaco por um contrabandista que estava a serviço da ferrovia subterrânea.

Embora tomassem muito cuidado para não serem vistos pela polícia ou autoridades austríacas, os três assassinos foram de uma indiscrição extrema em seus contatos com outros sérvios. Princip e Grabež, por exemplo, foram levados por um professor que trabalhava para a ferrovia subterrânea até a casa de um agricultor servo-bósnio chamado Mitar Kerović. O professor, que pelo caminho tomara vários copos de conhaque de ameixa, tentou impressionar os camponeses: "Sabem quem é este pessoal aqui? Eles estão indo a Sarajevo para lançar umas bombas e matar o arquiduque que vai para lá".[147] Sucumbindo à fanfarronice juvenil (agora já tinham atravessado o Drina e estavam em sua terra natal), Princip entrou no jogo, empunhando o revólver e mostrando a seus anfitriões como as bombas funcionavam. Por essa imprudência, a família Kerović — pessoas analfabetas e apolíticas que só entenderam muito vagamente o que os rapazes pretendiam — pagaria um preço terrível. Nedjo Kerović, que deu uma carona até Tuzla aos rapazes em sua carroça, foi depois considerado culpado de traição e cumplicidade em assassinato, sendo condenado à morte (pena comutada para vinte anos de prisão). Seu pai, Mitar, foi condenado à prisão perpétua. O testemunho dos Kerović no julgamento dos assassinos em outubro de 1914 trouxe um dos raros momentos de humor negro no processo. Quando o juiz presidente perguntou a idade a Nedjo Kerović, ele, que era pai de cinco filhos, respondeu que não sabia, deviam perguntar ao pai dele. Kerović pai, diante da pergunta sobre quanto ele havia bebido na noite em que os rapazes chegaram, replicou: "Quando bebo, não conto; só trato de beber tanto quanto puder".[148]

Juntou-se aos rapazes em Sarajevo outra célula de quatro homens, recrutados pelo servo-bósnio e membro da Mão Negra Danilo Ilić. Ele tinha 23 anos e era o mais velho de todos. Formara-se mestre-escola com uma bolsa de estudos do governo austríaco, mas pedira demissão depois de adoecer. Era membro do Jovem Bósnia e grande amigo de Gačinović, o trovador de Žerajić. Como os demais, Ilić estivera em Belgrado em 1913, passara pelos costumeiros cafés, fora recrutado pela Mão Negra e ganhara a confiança de Ápis. Depois voltou para Sarajevo em março de 1914, onde trabalhava como revisor e editor de um jornal local.

O primeiro recruta de Ilić para a brigada de assassinos foi Muhamed Mehmedbašić, carpinteiro muçulmano e esquerdista revolucionário natural da Herzegóvina. Os dois se conheciam bem. Em janeiro de 1914, tinham se reunido na França com Voja Tankosić para planejar um atentado contra Potiorek. O plano fracassou. Quando voltava de trem para casa, Mehmedbašić entrara em pânico ao ver policiais fardados e jogara seu frasco de veneno no vaso sanitário (a adaga que ele deveria molhar no frasco foi jogada pela janela). Os outros dois recrutas de Sarajevo eram Cvijetko Popović, estudante academicamente brilhante de dezoito anos, e Vaso Čubrilović, irmão do jovem mestre-escola que levara os rapazes à casa da família Kerović. Com dezessete anos de idade, Čubrilović, outro estudante rebelde, era o mais jovem do grupo. Só conheceu Ilić quando a célula foi formada, e os dois rapazes só encontraram Princip, Mehmedbašić, Čabrinović e Grabež depois do assassinato.[149]

A escolha de colaboradores por Ilić — um homem de inépcia comprovada para missões de alto risco e dois estudantes totalmente inexperientes — parece estranha à primeira vista, mas não deixa de ter certa lógica. O verdadeiro propósito da segunda célula de sarajevanos era encobrir os vestígios da conspiração. Para esse fim, Mehmedbašić foi uma escolha inspirada, pois era um assassino disposto apesar de incompetente, portanto um útil apoio para a célula de Belgrado, mas não era sérvio. Como membros da Mão Negra, Ilić e Princip eram (teoricamente) confiáveis para cometer suicídio ou pelo menos permanecer em silêncio depois do evento. Os rapazes de Sarajevo não poderiam testemunhar, pela simples razão de que não sabiam nada sobre as bases mais amplas do plano. Desse modo, a impressão seria de que tudo não passara de um ato puramente local, sem ligação com Belgrado.

NIKOLA PAŠIĆ REAGE

Quanto Nikola Pašić sabia sobre o plano para matar Francisco Ferdinando e que medidas tomou para impedi-lo? É praticamente certo que Pašić estava informado da trama com algum grau de detalhamento. Existem vários indícios disso, mas o testemunho mais eloquente é o de Ljuba Jovanović, ministro da Educação no governo Pašić. Jovanović recordou (em um trecho de suas memórias publicado em 1924, mas provavelmente escrito bem antes) que Pašić dissera ao gabinete sérvio no fim de maio ou começo de junho que "havia pessoas se preparando para ir a Sarajevo matar Francisco Ferdinando". Todo o gabinete, incluindo Pašić, concordou que o primeiro-ministro deveria enviar instruções às autoridades da fronteira ao longo do rio Drina para impedir que ela fosse transposta.[150] Outros documentos e trechos de testemunhos, somados ao estranho e desnorteante comportamento do próprio Pašić depois de 1918, corroboram adicionalmente o argumento de que Pašić sabia do plano.[151] Mas *como* ele ficou sabendo? É provável que seu informante — embora esta suposição se baseie em evidências indiretas — tenha sido nada menos que o funcionário da ferrovia sérvia e agente da Mão Negra Milan Ciganović, que aparentemente era agente pessoal do primeiro-ministro e encarregado de vigiar as atividades da sociedade secreta. Se isso for verdade, Pašić teve informações minuciosas e a tempo, não só sobre o plano, mas também sobre as pessoas e a organização responsáveis.[152]

Os três assassinos que entraram na Bósnia no fim de maio rumo a Sarajevo praticamente não deixaram vestígios nos registros oficiais sérvios. De qualquer modo, não foram os únicos a atravessar a fronteira ilegalmente com armas no verão de 1914. Informes de autoridades da fronteira sérvia na primeira metade de junho revelam uma densa rede de atividades ocultas transfronteiriças. Em 4 de junho, o chefe do distrito de Podrinje em Sabac alertou o ministro do Interior, Protić, sobre um plano de oficiais que trabalhavam no controle da fronteira para "transferir certa quantidade de bombas e armas usando alguns dos nossos na Bósnia". O chefe do distrito pensou em apreender as armas, mas, como elas se encontravam em uma mala que já estava no lado bósnio da fronteira, ele temeu que a tentativa de recuperá-la pudesse incriminar ou expor as operações das forças de fronteira. Uma investigação adicional revelou que o agente que deveria receber as armas do lado bósnio era nada menos que Rade Malobabić.[153]

O preocupante nessas operações, reclamou uma autoridade local, não era simplesmente o fato de serem feitas sem o conhecimento das autoridades civis pertinentes, mas de serem executadas "publicamente e em plena luz do dia". E como os perpetradores eram "funcionários públicos", poderia facilmente surgir a impressão de que "víamos com bons olhos essas ações". Pašić e o ministro do Interior entenderam o recado. Se é verdade que àquela altura Pašić já sabia da existência do plano, seria de esperar que ele fizesse todo o possível para barrar as atividades que pudessem incriminar o governo em Belgrado. Com efeito, em 10 de junho as autoridades civis dos distritos de fronteira receberam o aviso de que "todas [aquelas] atividades [deveriam] ser impedidas".[154]

Mas outra questão era: os comandantes *civis* das áreas afetadas tinham alguma condição de interditar as operações dos Guardas da Fronteira? Quando Raiko Stepanović, sargento dos Guardas da Fronteira que contrabandeara uma mala cheia de bombas e armas de fogo pela fronteira, foi convocado a prestar contas sobre seus atos ao chefe do distrito, simplesmente se recusou a comparecer.[155] Depois de uma reunião de gabinete em meados de junho, foi dada a autoridades civis a ordem de fazer uma investigação oficial sobre a entrada ilegal de armas e pessoas na Bósnia, e em 16 de junho enviou-se um aviso lacônico ao capitão da unidade 4 dos Guardas da Fronteira "recomendando" que ele "cessasse seu tráfico de armas, munições e outros explosivos da Sérvia para a Bósnia". Não houve resposta. Mais tarde descobriu-se que comandantes militares na fronteira tinham ordens estritas para desconsiderar tais intervenções civis sem consultar seus superiores.[156]

Em outras palavras, a fronteira sérvia não estava mais sob o controle do governo em Belgrado. Quando o ministro da Guerra, Stepanović, escreveu ao chefe do Estado-Maior pedindo uma declaração que deixasse clara a posição oficial das Forças Armadas nas operações secretas na Bósnia, a solicitação foi entregue primeiro ao chefe do Departamento de Operações, que afirmou nada saber do assunto, e depois ao chefe da Inteligência militar, ninguém menos que Ápis. Em uma longa, insolente e totalmente insincera resposta ao chefe do Departamento de Operações, Ápis defendeu a conduta e a reputação do agente Malobabić e garantiu que as armas que porventura passassem pelas mãos dele destinavam-se puramente à defesa pessoal de agentes sérvios que trabalhavam na Bósnia. Sobre bombas ele afirmou não saber nada (três anos depois declararia sob juramento que havia pessoalmente incumbido Malobabić de cuidar do suprimento e da coordenação do assassinato de Francisco Ferdinando).[157] Se um risco para a segurança surgia na fronteira, ele declarou, não era por causa das prudentes e necessárias operações dos militares, mas da insolência de funcionários civis que se arrogavam o direito de policiar a fronteira. Em suma, a culpa era dos civis, por tentar interferir nas delicadas operações militares que estavam além de sua competência e de seu entendimento.[158] Essa resposta foi entregue a Putnik, o chefe do Estado-Maior sérvio, que a resumiu e endossou em uma carta de 23 de junho ao ministro da Guerra. A fissura entre as estruturas da autoridade civil e um comando militar substancialmente infiltrado pela Mão Negra agora corria pelas margens do Drina até o bairro dos Ministérios em Belgrado.

Irritado com o tom petulante da resposta de Ápis e do chefe do Estado-Maior, em 24 de junho Pašić ordenou uma investigação minuciosa das atividades dos guardas da fronteira. Soubera por "muitas fontes", escreveu em uma carta ultrassecreta ao ministro da Guerra, que "os oficiais" não só estavam envolvidos em atividade perigosa, mas também em traição, "porque visam criar conflito entre a Sérvia e a Áustria-Hungria".

> Todos os aliados e amigos da Sérvia, se soubessem o que nossos oficiais e sargentos estão fazendo, não só nos abandonariam, mas também se poriam do lado da Áustria-Hungria, permitindo que esta punisse seu vizinho descontente e desleal que prepara revoltas e assassinatos em seu território. Os interesses vitais da Sérvia impõem-lhe a obrigação de acautelar-se com tudo que possa provocar um conflito armado com a Áustria-Hungria em uma época na qual precisamos da paz para nos recuperar e nos preparar para os acontecimentos que nos aguardam no futuro.[159]

A carta terminava com uma ordem para uma "severa investigação" a fim de determinar exatamente quantos oficiais eram culpados daquela atividade "imprudente e insensata", com o objetivo de "extirpar e suprimir" os grupos transgressores.

Em certo sentido, obviamente, era como se a porta do estábulo se fechasse após o cavalo ter fugido, pois os rapazes já tinham atravessado a fronteira no fim de maio. Mais de duas semanas haviam decorrido quando Pašić tomou providências para fechar as fronteiras, e quase quatro quando ele se dispôs a ordenar uma investigação sobre os perpetradores responsáveis pelo planejamento. É difícil saber por que o primeiro-ministro demorou tanto a agir diante da notícia da conspiração. Ele devia saber que de nada adiantaria dar instruções aos guardas da fronteira, já que tantos deles eram afiliados à Mão Negra. Talvez temesse as consequências de antagonizar seu poderoso inimigo Ápis. É notável que, apesar das exigências de uma "severa investigação", Ápis tenha permanecido no cargo de chefe da Inteligência militar sérvia durante toda a crise. Ele não foi demitido nem ao menos suspenso do posto, aguardando o resultado da investigação. Devemos lembrar, nesse contexto, quanto fora extrema a crise política que paralisara a Sérvia em maio de 1914. Pašić prevalecera na disputa, mas por um triz, e só com a ajuda dos embaixadores das duas grandes potências que mais tinham influência sobre os assuntos sérvios. Portanto, há certa dúvida sobre se ele possuía ou não meios para coibir as atividades de Ápis, mesmo se estivesse inclinado a fazê-lo.

Talvez Pašić até receasse que um confronto aberto pudesse provocar seu assassinato por agentes da Mão Negra, embora isso parecesse improvável, considerando que ele já saíra ileso da crise de maio. Por outro lado, é bom lembrar que, apesar de tudo, o primeiro-ministro sérvio continuava a ser o homem mais poderoso do país, um estadista de habilidade ímpar no comando de um partido de massa cujos delegados ainda dominavam a legislatura nacional. É mais provável que, naquelas semanas, Pašić tenha voltado a adotar os hábitos de longos anos no turbulento clímax da vida política sérvia: "Seja discreto, não entorne o caldo, deixe que os conflitos se resolvam por si mesmos, espere a tempestade passar".

Entretanto, Pašić ainda tinha uma carta importante nas mãos: ele poderia ter frustrado a conspiração com pouco risco para si mesmo alertando Viena confidencialmente sobre o plano para matar o arquiduque. Existe uma acirrada polêmica em torno da questão de esse alerta ter sido dado ou não. A situação comprobatória é especialmente difícil nesse caso, pois não era do interesse de ninguém reconhecer, em retrospectiva, que fora oferecido ou recebido um aviso formal. O próprio Pašić, em uma entrevista concedida ao jornal húngaro *Az Est* em 7 de julho de 1914, negou expressamente ter procurado alertar Viena.[160] Não poderia ter feito outra coisa, pois, se admitisse que sabia de antemão, exporia a si mesmo e aos seus colegas à acusação de cumplicidade na conspiração. Os apologistas da Sérvia nos anos pós-guerra seguiriam essa mesma linha, pois seu argumento sobre a inocência de Belgrado como corresponsável pela eclosão da guerra baseou-se na tese de que o governo sérvio ignorava completamente que houvesse um plano. As autoridades austríacas também não tenderiam a admitir o alerta, pois isso suscitaria a questão de por que não haviam tomado medidas melhores para proteger a vida do herdeiro do trono — em 2 de julho, o jornal vienense semioficial *Fremdenblatt* publicou uma declaração negando que houvesse qualquer verdade no rumor de que o Ministério das Relações Exteriores austríaco tinha recebido algum aviso sobre o ataque iminente.[161]

No entanto, há indícios eloquentes de que algum tipo de aviso foi dado. A fonte mais irrepreensível é o subsecretário francês das Relações Exteriores, Abel Ferry. Ele anotou em seu diário de trabalho em 1º de julho que acabara de receber a visita de um velho amigo, Milenko Vesnić, o ministro sérvio em Paris. Durante a conversa, Vesnić disse, entre outras coisas, que o governo sérvio tinha "alertado o governo austríaco de que tomara conhecimento do plano".[162] Entre os que confirmam isso está o adido militar sérvio em Viena. Ele contou ao historiador italiano Magrini em 1915 que Pašić enviara um telegrama à legação sérvia em Viena alertando que, "devido a um vazamento de informação, o governo sérvio tinha razões para suspeitar que estava sendo tramado um plano contra a vida do arquiduque por ocasião de sua viagem à Bósnia", portanto seria aconselhável o governo austro-húngaro adiar a visita.[163]

É possível reconstituir, com base em recordações e no testemunho de terceiros, o que fez em seguida o ministro sérvio em Viena, Jovan Jovanović. Ao meio-dia de 21 de junho, ele se encontrou com Leon Biliński, ministro conjunto das Finanças da Áustria-Hungria, para dar ao governo austríaco um aviso sobre as consequências prováveis de uma visita do arquiduque à Bósnia. Só que o aviso foi dado de um modo extremamente indireto. Jovanović aventou que uma visita do herdeiro do trono no aniversário da derrota de Kosovo certamente seria vista como provocação. Entre os jovens sérvios que serviam nas forças austro-húngaras "podia haver um que pusesse em seu fuzil ou revólver um cartucho com bala em vez de um cartucho sem bala...". Biliński não se abalou com esses augúrios e "não deu sinal de que considerasse importante o comunicado"; limitou-se a responder: "Vamos torcer para que nada aconteça".[164] Anos mais tarde, Biliński recusou-se a falar sobre esse episódio com jornalistas ou historiadores, clamando que era preciso cobrir aqueles momentos pavorosos da história recente com o véu do esquecimento. É evidente que na época ele não estava inclinado a levar o aviso a sério; a mensagem foi expressa em termos tão gerais que poderia até ser interpretada como um gesto de mera intimidação, uma tentativa desautorizada, por parte do ministro sérvio, de interferir nos assuntos internos da monarquia insinuando ameaças vagas contra os altos escalões. Por isso, Biliński não viu razão para transmitir a mensagem ao ministro austríaco das Relações Exteriores, o conde Berchtold.

Em resumo: foi dado uma espécie de alerta, porém não adequado à situação. Em retrospectiva, ele dá a impressão de ser uma manobra de encobrimento. Jovanović poderia ter dado um aviso mais específico e direto, fornecendo aos austríacos as melhores informações disponíveis em Belgrado. Pašić também poderia ter prevenido os austríacos diretamente sobre o perigo, em vez de usar Jovanović como intermediário. Ele poderia ter ordenado uma investigação de verdade sobre a conspiração e arriscado seu cargo em vez de arriscar a paz e a segurança de seu país. Porém, como sempre, havia restrições e complicações. Jovanović, para começar, não era apenas um membro do serviço diplomático sérvio, mas também um veterano ativista pan-sérvio com o clássico currículo ultranacionalista. Era um ex-*comitadji* que se dedicara a fomentar a agitação na Bósnia após a anexação de 1908, e dizia-se até que comandara bandos de guerrilheiros. Além de tudo, no verão de 1914 ele era o candidato da Mão Negra a ministro das Relações Exteriores caso o governo de Pašić fosse removido do poder.[165] De fato, as ideias do enviado sérvio sobre a Pan-Sérvia eram tão famosas que Viena tratara de comunicar a Belgrado que sua substituição por uma figura menos hostil seria bem-vinda. Essa é uma das razões por que Jovanović preferiu procurar Biliński em vez do conde Berchtold, que não o via com bons olhos.[166]

Também Pašić estava agindo com motivações complexas. Por um lado, havia sua preocupação, a mesma de muitos na liderança Radical, com o modo como as redes afiliadas à Mão Negra poderiam reagir ao que certamente veriam como uma flagrante traição.[167] Talvez ele torcesse pelo fracasso do atentado em Sarajevo. O mais importante, sem dúvida, era sua noção do quanto as estruturas do Estado e a própria lógica de sua existência histórica estavam profundamente imbricadas com as redes irredentistas. Pašić podia lamentar aqueles excessos, mas não criticá-los abertamente. Na verdade, era até perigoso reconhecer em público que sabia de tais atividades. Não era só uma questão do legado da consolidação nacional sérvia, que sempre dependera da colaboração entre órgãos do Estado e redes voluntárias capazes de se infiltrar em Estados vizinhos. A questão era também o futuro. A Sérvia precisara das redes nacionalistas no passado e se serviria delas novamente quando chegasse o momento, e Pašić sabia que ele chegaria, de resgatar a Bósnia-Herzegóvina para a nação sérvia.

Tudo o que sabemos sobre esse homem refinado e interessante leva a crer que, na opinião dele, a Sérvia precisava sobretudo de paz para refazer-se da carnificina da Guerra dos Bálcãs. A integração das áreas recém-anexadas, em si um processo violento e traumático, havia apenas começado. Eleições forçadas eram iminentes.[168] Mas uma característica dos políticos mais habilidosos é serem capazes de raciocinar simultaneamente em diferentes níveis de condicionalidade. Pašić queria a paz, mas também, como nunca escondera, acreditava que a fase histórica final da expansão sérvia muito provavelmente não seria alcançada sem guerra. Só um importante conflito europeu no qual as grandes potências se digladiassem conseguiria remover os obstáculos no caminho da "reunificação" sérvia.

Talvez Pašić se lembrasse do aviso dado por Charles Hardinge, subsecretário permanente do Ministério das Relações Exteriores em Londres, a Grujic, o ministro sérvio na capital britânica, durante a crise da anexação em 1908-9. Hardinge alertara o ministro em janeiro de 1909 que o apoio da Rússia e das potências da entente somente seria dado se a Sérvia fosse atacada pela Áustria-Hungria; se a própria Sérvia tomasse a iniciativa, a ajuda estaria fora de questão.[169] A possibilidade de Pašić raciocinar nessas linhas é sugerida por um contato entre o primeiro-ministro sérvio e o tsar russo no começo da primavera de 1914, quando Pašić frisou ao tsar que necessitaria da ajuda russa em caso de um ataque pela Áustria-Hungria.[170] Obviamente esse cenário não aconteceria se o mundo interpretasse o plano de assassinato como um ato de agressão sérvia; mas Pašić estava certo de que os austríacos não conseguiriam estabelecer nenhuma ligação entre o assassínio (se de fato acontecesse) e o governo da Sérvia, porque, a seu ver, essa ligação não existia.[171] Assim, um ataque da Áustria-Hungria sem dúvida traria para a Sérvia o apoio da Rússia e seus aliados; a Sérvia não estaria sozinha.[172] Para Pašić, essa não era principalmente uma questão de estima da Rússia pela Sérvia, e sim uma consequência lógica dos imperativos que governavam a política russa nos Bálcãs.[173] A suposta confiança de Pašić nesse mecanismo redentor era tanta que até o *Pijemont* ocasionalmente o ridicularizou por sua "grande crença na Rússia".[174] A plausibilidade desse modo de pensar pode ter sido reforçada por informações que Pašić recebeu em meados de junho do ministro sérvio em São Petersburgo, dizendo que a Rússia reestruturara sua fronteira oriental a fim de mobilizar forças muito maiores para uma "ofensiva contra o Ocidente".[175]

Não se está dizendo aqui que Pašić buscou conscientemente um conflito mais amplo, ou que a ideia de provocar um ataque austríaco motivou sua conduta em algum sentido direto. Mas talvez a suspeita de que a guerra fosse a prova de fogo historicamente necessária para a nacionalidade sérvia tenha diminuído em Pašić a noção de urgência quando surgiu a oportunidade de deter os assassinos antes que fosse tarde demais. Essas ideias e cenários devem ter circulado por sua mente enquanto ele refletia — com ponderosa lentidão — sobre como lidar com a situação criada pela notícia do plano de Sarajevo.

O legado da história sérvia e em particular de sua trajetória desde 1903 pesou acentuadamente sobre Belgrado no verão de 1914. A Sérvia ainda era uma democracia incipiente e frágil cujos dirigentes civis estavam na defensiva — prosseguia a luta pelo poder entre as redes conspiratórias pretorianas nascidas do regicídio de 1903 e os líderes radicais que controlavam o Parlamento. O círculo irredentista havia emergido triunfante das duas Guerras dos Bálcãs, mais determinado do que nunca a lutar por seu objetivo. A profunda interpenetração entre o Estado e os movimentos irredentistas extraoficiais dentro e fora das fronteiras nacionais inutilizavam qualquer tentativa de policiar as atividades dessas organizações. Essas características da cultura política influenciaram acentuadamente os que governavam o país e também foram um fardo incalculável em suas relações com o Império Austro-Húngaro. "Para quem não é sérvio", observou mais tarde Miloš Bogičević, que foi ministro sérvio em Berlim, "é difícil se localizar em meio às diversas organizações nacionais empenhadas em concretizar o ideal da Grande Sérvia."[176] Essa opacidade da estrutura dos movimentos e suas relações com os órgãos do Estado tornavam praticamente impossível a tarefa de desenredar as formas oficiais e extraoficiais de irredentismo, até para um experiente observador estrangeiro do cenário de Belgrado. E esse também seria um perigoso fardo em julho de 1914.

Da perspectiva de Nikola Pašić, as pressões que se acumulavam no verão daquele ano — a exaustão financeira e militar depois de duas guerras terríveis, a ameaça de um golpe militar nos territórios recém-anexados, o fracasso em frustrar o plano de assassinato contra um vizinho poderoso e implacável — devem ter sido intoleráveis. Mas o homem que teria de gerir esse Estado complexo e instável ao longo de toda a crise desencadeada pelos acontecimentos de 28 de junho de 1914 era, ele próprio, um produto daquela cultura política: reservado, furtivo, cauteloso até quase a letargia. Essas eram as qualidades que Pašić adquirira no decorrer de mais de três décadas de vida pública na Sérvia. Elas o haviam ajudado a sobreviver no pequeno e turbulento mundo da política belgradina. Mas eram perigosamente impróprias para a crise que engolfaria a Sérvia depois que os terroristas cumprissem sua missão em Sarajevo.

2. O Império sem qualidades

CONFLITO E EQUILÍBRIO

Dois desastres militares definiram a trajetória do Império Habsburgo no último meio século de sua existência. Em Solferino, forças francesas e piemontesas prevaleceram sobre um exército de 100 mil soldados austríacos em 1859, abrindo caminho para a criação de um novo Estado-nação italiano. Em Königgrätz, os prussianos destruíram em 1866 um exército austríaco de 240 mil homens e ejetaram o Império do emergente Estado-nação germânico. O impacto acumulado desses choques transformou a vida nas terras austríacas.

Abalado pela derrota militar, o neoabsolutista Império Austríaco metamorfoseou-se no Império Austro-Húngaro. Sob o Compromisso arduamente estabelecido em 1867, as duas nacionalidades dominantes partilharam o poder, com os alemães no oeste e os húngaros no leste. O que emergiu foi um Estado inusitado, como um ovo com duas gemas, no qual o reino da Hungria e um território centralizado nas terras austríacas frequentemente chamado de Cisleitânia ("terras deste lado do rio Leithe") viviam lado a lado sob o translúcido véu de uma monarquia dual Habsburgo. Cada uma dessas entidades tinha seu próprio Parlamento, mas não havia um primeiro-ministro nem um gabinete comuns às duas. Apenas as Relações Exteriores, a Defesa e os aspectos financeiros a ela relacionados eram geridos por "ministros conjuntos", que prestavam contas diretamente ao imperador. As questões de interesse do Império como um todo não podiam ser debatidas em sessões parlamentares comuns, pois isso implicaria que o reino da Hungria era meramente a parte subordinada de uma entidade imperial maior. Em vez disso, era preciso trocar ideias entre as "delegações", grupos de trinta deputados de cada Parlamento, que se reuniam alternadamente em Viena e Budapeste.

Esse compromisso dualista teve muitos inimigos na época e encontrou vários críticos desde então. Aos olhos dos magiares nacionalistas radicais, tratava-se de uma traição que negava aos húngaros a independência nacional plena a que tinham direito. Alguns afirmavam que a Áustria continuava a explorar o reino da Hungria como uma colônia agrária. A recusa de Viena a abrir mão do controle das Forças Armadas e criar um exército húngaro separado e igual era motivo especial de disputa: uma crise constitucional em torno dessa questão paralisou a vida política do Império em 1905.[1] Por outro lado, os germano-austríacos diziam que os húngaros estavam pegando carona na economia mais avançada das terras austríacas e deviam pagar uma parte maior dos custos de administração do Império. O conflito estava programado no sistema, pois o Compromisso requeria que as duas "metades" imperiais renegociassem a cada dez anos a união aduaneira pela qual dividiam as receitas e a tributação. As reivindicações dos húngaros ficavam mais ousadas a cada revisão da união.[2] E no Compromisso pouco havia que agradasse às elites políticas das outras minorias nacionais, que na prática haviam sido postas sob a tutelagem das duas "raças superiores". O primeiro a assumir o cargo de primeiro-ministro húngaro no período pós-Compromisso, Gyula Andrássy, captou esse aspecto do acordo quando comentou a seu colega austríaco: "Você cuida dos seus eslavos e eu cuido dos nossos".[3] As últimas décadas antes da eclosão da guerra foram cada vez mais dominadas pela luta por direitos nacionais entre as onze nacionalidades oficiais do Império: alemães, húngaros, tchecos, eslovacos, eslovenos, croatas, sérvios, romenos, rutenos, poloneses e italianos.

O modo como essas dificuldades foram enfrentadas variou entre as duas metades imperiais. Os húngaros lidaram com o problema das nacionalidades principalmente agindo como se ele não existisse. O direito de voto nas eleições do reino só era dado a 6% do povo, pois dependia do grau de posse de bens, e isso favorecia os magiares, que compunham o grosso do estrato mais rico da população. O resultado era que os deputados magiares, embora representassem apenas

48,1% da população, controlavam mais de 90% das cadeiras no Parlamento. Os 3 milhões de romenos da Transilvânia, a mais numerosa minoria nacional do reino, compunham 15,4% da população, mas detinham apenas cinco das mais de quatrocentas cadeiras do Parlamento húngaro.[4] Além disso, a partir de fins dos anos 1870, o governo húngaro empreendeu uma incisiva campanha de "magiarização". Leis educacionais impuseram o uso da língua magiar a todas as escolas estatais e religiosas, inclusive na pré-escola. Os professores tinham de ser fluentes em magiar e podiam ser demitidos se fosse descoberto que eram "hostis ao Estado [húngaro]". Tal degradação dos direitos à língua foi auxiliada por rigorosas medidas contra os ativistas de minorias étnicas.[5] Sérvios da Vojvodina no sul do reino, eslovacos dos condados setentrionais e romenos do grão-ducado da Transilvânia ocasionalmente colaboraram entre si em prol de objetivos de minorias, mas pouco adiantou, pois eles só podiam reunir um pequeno número de representantes no Parlamento.

Na Cisleitânia, em contraste, sucessivos governos modificaram interminavelmente o sistema para acomodar reivindicações de minorias. Reformas no direito de voto em 1822 e 1907 (quando foi introduzido o direito de voto praticamente universal aos homens) permitiram algum avanço rumo à nivelação da arena política. Mas essas medidas democratizantes apenas intensificaram o potencial de conflito nacional, sobretudo na delicada questão do uso da língua em instituições públicas como escolas, tribunais e órgãos administrativos.

Onde mais se evidenciavam os atritos gerados pela política nacionalista era o Parlamento cisleitano, que a partir de 1883 passou a reunir-se em um belo prédio neoclássico na Ringstrasse de Viena. Nessa legislatura de 516 cadeiras, a maior da Europa, o conhecido espectro da diversidade ideológica político-partidária era entrecortado por afiliações nacionais, resultando em uma panóplia de grupos e grupelhos dissidentes. Entre os trinta e tantos partidos que elegeram representantes nas eleições de 1907, por exemplo, havia 28 Tchecos Agrários, dezoito Jovens Tchecos (radicais nacionalistas), dezessete Conservadores Tchecos, sete Antigos Tchecos (nacionalistas moderados), dois Progressistas Tchecos (tendência realista), um "extremista" (independente) tcheco e nove Nacional Socialistas Tchecos. Os poloneses, os alemães, os italianos e até os eslovenos e rutenos dividiam-se analogamente segundo linhas ideológicas.

Como não havia língua oficial na Cisleitânia (em contraste com o reino da Hungria), não havia língua oficial para as atividades parlamentares. Alemão, tcheco, polonês, ruteno, croata, sérvio, esloveno, italiano, romeno e russo eram todos permitidos. Mas não eram fornecidos intérpretes e não havia meios para registrar ou monitorar o conteúdo dos discursos que não fossem feitos em alemão, a menos que o próprio deputado escolhesse fornecer à casa uma tradução da sua fala. Deputados até das mais insignificantes facções podiam, assim, bloquear iniciativas indesejadas fazendo longos discursos em uma língua que apenas um pequeno grupo entendia. Era difícil saber se estavam realmente falando sobre assuntos ligados à proposta corrente ou simplesmente recitando longos poemas em seu idioma nacional. Os tchecos, em especial, eram célebres pelas mirabolantes extravagâncias de suas obstruções.[6] O Parlamento cisleitano tornou-se uma famosa atração turística, especialmente no inverno, quando vienenses a passeio lotavam as galerias de visitantes dotadas de aquecimento. Em contraste com os teatros e casas de ópera da cidade, observou ironicamente um jornalista berlinense, a entrada nas sessões parlamentares era gratuita.*

O conflito nacional intensificou-se a tal ponto que em 1912-4 uma crise parlamentar múltipla emperrou a vida legislativa da monarquia: a Dieta da Boêmia tornara-se tão turbulenta em 1913 que o primeiro-ministro austríaco, conde Karl Stürgkh, dissolveu-a e instalou em seu lugar uma comissão imperial incumbida de governar a província. Protestos tchecos contra essa medida subjugaram o Parlamento cisleitano em março de 1914. Em 16 de março, Stürgkh dissolveu essa assembleia também; ela continuava suspensa quando a Áustria-Hungria declarou guerra à Sérvia em julho; portanto a Cisleitânia, na prática, estava sendo dirigida por uma espécie de absolutismo administrativo quando a guerra eclodiu. Na Hungria as coisas não andavam muito melhores: em 1912, na esteira de protestos em Zagreb e outras cidades eslavas do sul contra um governador impopular, a Dieta e a Constituição da Croácia foram suspensas; na própria Budapeste, os últimos anos pré-guerra foram marcados pelo advento de um absolutismo parlamentar concentrado em proteger a hegemonia magiar contra os problemas trazidos pela oposição nacional das minorias e pela reivindicação da reforma do direito de voto.[7]

Pode parecer que esses espetaculares sintomas de disfunção corroboram a ideia de que o Império Austro-Húngaro era um Estado moribundo, cujo

* Entre os que iam assistir às travessuras dos parlamentares estava o jovem Adolf Hitler. Entre fevereiro de 1908 e o verão de 1909, quando o obstrucionismo tcheco estava no auge, ele foi visto com frequência na galeria dos visitantes. Mais, tarde, Hitler diria que essa experiência o havia "curado" de sua admiração juvenil pelo sistema parlamentarista.

desaparecimento do mapa político era apenas questão de tempo — um argumento usado por contemporâneos hostis com a intenção de sugerir que, em certo sentido, os esforços do Império para defender sua integridade nos derradeiros anos antes da eclosão da guerra foram ilegítimos.[8] Na realidade, as raízes da turbulência política da Áustria-Hungria eram menos profundas do que as aparências sugeriam. É verdade que havia conflitos étnicos intermitentes, como as arruaças em Ljublana em 1908 ou as periódicas brigas entre tchecos e alemães em Praga, mas nunca chegavam perto dos níveis de violência vistos no Império russo contemporâneo ou na Belfast do século XX. Quanto à turbulência do Parlamento cisleitano, a doença era crônica, e não terminal. As atividades do governo sempre podiam ser executadas temporariamente com base nos poderes de emergência previstos no Artigo 14 da Constituição de 1867. Além disso, em certa medida, diferentes tipos de conflito político anulavam-se mutuamente. O conflito entre socialistas, liberais, conservadores clericais e outros agrupamentos políticos depois de 1907 era benéfico para a parte austríaca da monarquia, pois atravessava os campos nacionais e, assim, minava a virulência do nacionalismo como princípio político. Equilibrar o complexo conjunto de forças que resultavam na sustentação de uma maioria funcional era uma tarefa complexa que exigia tato, flexibilidade e imaginação estratégica, mas a carreira dos três últimos primeiros-ministros austríacos antes de 1914, Beck, Bienerth e Stürgkh, apesar de panes intermitentes no sistema, mostrou que era possível.[9]

As terras Habsburgo mostraram forte crescimento econômico na última década pré-guerra, com uma correspondente melhora na prosperidade geral. Esse aspecto importante contrasta com o Império Otomano contemporâneo, mas também com outro clássico Estado em colapso, a União Soviética dos anos 1980. Mercados livres e competição através das vastas uniões aduaneiras do Império estimularam o progresso técnico e a introdução de novos produtos. Com seu vasto território e sua diversidade, a dupla monarquia permitia que as novas fábricas se beneficiassem de refinadas redes de indústrias cooperativas, alicerçadas em uma estrutura de transporte eficaz e em serviços e apoios de alta qualidade. Os efeitos econômicos salutares evidenciavam-se particularmente no reino da Hungria. Nos anos 1840, aquele fora o celeiro do Império Austríaco — 90% de suas exportações para a Áustria foram de produtos agrícolas. Mas nos anos 1909-13 as exportações industriais húngaras haviam aumentado para 44%, e a demanda em constante crescimento por alimentos baratos na região industrial austro-boêmia assegurou que o setor agrícola húngaro sobrevivesse em excelentes condições, protegido da concorrência romena, russa e americana pelo mercado comum Habsburgo.[10] Para a monarquia como um todo, a maioria dos estudiosos da história econômica concorda que no período de 1887 a 1913 houve uma "revolução industrial", ou uma decolagem para o crescimento autossustentado, com os usuais indicadores de expansão: o consumo de ferro-gusa quadruplicou entre 1881 e 1911, a extensão da malha ferroviária fez o mesmo entre 1870 e 1900 e a mortalidade infantil declinou, enquanto o número de alunos no ensino fundamental ultrapassou os de Alemanha, França, Itália e Rússia.[11] Nos últimos anos antes da guerra, a Áustria-Hungria, em especial a Hungria (com um crescimento anual médio de 4,8%), foi uma das economias de crescimento mais rápido na Europa.[12]

Até um observador crítico como o correspondente do *Times* Henry Wickham Steed, veterano residente de Viena, reconheceu em 1913 que "a 'luta racial' na Áustria" era basicamente um conflito por fatias da estrutura clientelista dentro do sistema existente:

> A essência da luta pelo idioma é ser uma luta por influência burocrática. Analogamente, as reivindicações de novas universidades ou escolas secundárias feitas por tchecos, rutenos, eslovenos e italianos e combatidas por alemães, poloneses e outros, conforme o caso, são reivindicações de criação de novas máquinas produtoras de autoridades em potencial que confiavelmente usarão sua influência nos partidos parlamentares para avançar nomeações burocráticas.[13]

Além disso, houve um lento mas inconfundível progresso na direção de uma política que cuidasse melhor dos direitos nacionais (pelo menos na Cisleitânia). A igualdade de todas as nacionalidades e línguas súditas do Império na Cisleitânia foi reconhecida formalmente na Lei Básica de 1867, e compilou-se um corpo de precedentes legais para fornecer soluções a problemas que os redatores do Compromisso não haviam previsto, como cláusulas sobre o idioma para as minorias tchecas nas áreas alemãs da Boêmia. Nos últimos anos pacíficos do Império, as autoridades da Cisleitânia continuaram a ajustar o sistema em resposta às reivindicações das minorias nacionais. O Compromisso Galiciano firmado na Dieta Galiciana em Lemberg (atual Lviv) em 28 de janeiro de 1914, por exemplo, assegurou aos sub-representados rutenos (ucranianos) uma proporção fixa nos mandatos em uma legislatura regional aumentada e prometeu para breve a criação de uma universidade ucraniana.[14] Até o governo húngaro estava dando sinais de mudar de mentalidade no começo de 1914, quando o clima internacional piorou. Aos eslavos do sul da Croácia-Eslavônia foi prometida a abolição de poderes extraordinários e a garantia de liberdade de imprensa, enquanto para a Transilvânia mandou-se a mensagem de que o governo em Budapeste pretendia atender a muitas das reivindicações da maioria romena daquela região. O ministro das Relações Exteriores da Rússia, Serguei Sazonov, impressionou-se tanto com a ideia de que essas medidas pudessem estabilizar o governo Habsburgo e as áreas romenas que propôs ao tsar Nicolau II em janeiro de 1914 fazer concessões semelhantes aos milhões de poloneses do oeste da Rússia.[15]

Os ajustes caso a caso a reivindicações específicas sugeriam que talvez o sistema por fim viesse a produzir uma rede abrangente de garantias de direitos de nacionalidade dentro de uma estrutura consensual.[16] E havia sinais de que o governo estava melhorando seu atendimento às exigências materiais das regiões.[17] Era o Estado que se incumbia dessa tarefa, obviamente, e não os tumultuados Parlamentos das terras habsburguenses. A proliferação de juntas de educação, conselhos municipais, comissões de condado, eleições municipais e medidas afins assegurou que o Estado estivesse presente na vida dos cidadãos de um modo mais íntimo e regular do que só com os partidos políticos ou as assembleias legislativas.[18] O Estado não era (pelo menos não principalmente) um aparato de repressão, e sim uma entidade vibrante comandando laços fortes, um intermediário entre numerosos interesses sociais, econômicos e culturais.[19] Manter a burocracia Habsburgo era dispendioso — os gastos com a administração doméstica aumentaram 366% entre 1890 e 1911.[20] Mas a maioria dos habitantes do Império associava o Estado habsburguiano aos benefícios de um governo organizado: ensino público, políticas de bem-estar social, saneamento, imposição da lei e manutenção de uma complexa infraestrutura.[21] Essas características do Estado habsburguiano foram muito lembradas depois da extinção da monarquia. Em fins dos anos 1920, quando o escritor (e engenheiro formado) Robert Musil estudou o Império Austro-Húngaro nos últimos anos pacíficos de sua existência, o quadro que se formou em sua mente continha "ruas brancas, largas, prósperas [...] que se estendiam como rios de ordem, como fitas brilhantes de sarja militar, envolvendo as terras com o braço branco como papel da administração".[22]

Finalmente, a maior parte dos ativistas das minorias reconhecia o valor da commonwealth habsburguiana como um sistema de segurança coletiva. A violência dos conflitos *entre* nacionalidades minoritárias — croatas e sérvios na Croácia-Eslavônia, por exemplo, ou poloneses e rutenos na Galícia — e as muitas áreas de população etnicamente mista sugeriam que a criação de novas entidades nacionais separadas poderia aumentar os problemas em vez de resolvê-los.[23] E, pensando bem, como é que aqueles Estados nacionais principiantes iam se arrumar sem a carapaça protetora do Império? Em 1848, o historiador nacionalista tcheco František Palacky alertara que, longe de libertar os tchecos, o desmantelamento do Império Habsburgo meramente forneceria a base para a "monarquia universal russa". "Causas naturais e também históricas impelem-me a ver [em Viena] o centro chamado para garantir e proteger a paz, a liberdade e a justiça para meu povo."[24] Em 1891, o príncipe Charles Schwarzenberg defendeu esse mesmo argumento quando perguntou ao nacionalista Edward Grégr, dos Jovens Tchecos: "Se você e os seus odeiam este Estado, [...] como farão com sua terra, que é pequena demais para sobreviver sozinha? Vão dá-la à Alemanha, ou à Rússia? Porque não terão escolha se abandonarem a união austríaca".[25] Antes de 1914, os nacionalistas radicais que buscavam a separação total do Império ainda eram minoria. Em muitas áreas, grupos políticos nacionalistas eram contrabalançados por redes de associações — clubes de veteranos, grupos religiosos e beneficentes, associações de *bersaglieri* (atiradores de elite) — que cultivavam várias formas de patriotismo habsburguiano.[26]

A venerabilidade e a permanência da monarquia personificavam-se na figura imperturbável de bigode do imperador Francisco José. Coube a esse homem uma cota anormalmente grande de tragédias privadas na vida. Seu filho, Rudolf, suicidou-se com a amante na residência de caça da família; sua mulher, Elisabeth ("Sissi") foi morta a punhaladas por um anarquista italiano na margem do lago Genebra; seu irmão Maximiliano foi executado por insurgentes mexicanos em Queretaro; sua sobrinha favorita morreu queimada quando um cigarro incendiou suas roupas. O imperador suportara todos esses golpes com estoicismo glacial. Na vida pública, ele projetava uma fachada "demoníaca" em sua "impessoalidade", nas palavras do escritor Karl Kraus. Seu comentário padronizado em praticamente toda cerimônia oficial, "foi bom, apreciamos bastante", era uma frase corriqueira em todas as terras da monarquia.[27] O imperador demonstrou considerável habilidade no governo da complexa máquina de seu Estado, contrabalançando forças opostas a fim de manter todas em um equilíbrio de dosada insatisfação e envolvendo-se intimamente em todas as fases da reforma constitucional.[28]

No entanto, em 1914 ele se tornara um fator de inércia. Nos dois últimos anos antes da guerra, apoiou o autocrático premiê magiar István Tisza contra reivindicações da minoria húngara pela reforma do direito de voto. Contanto que o reino da Hungria continuasse a entregar os fundos e os votos de que Viena precisava, Francisco José estava disposto a aceitar a hegemonia da elite magiar, apesar da desconsideração desta pelos interesses das minorias nacionais nas terras do reino.[29] Havia indícios de que ele estava lentamente perdendo a sintonia com a vida contemporânea: "A vida que irrompe em vagalhões na nossa época", escreveu o político austro-germânico Joseph Maria Baernreither em 1913, quando Francisco José tinha 83 anos, "mal chega aos ouvidos do nosso imperador como um farfalhar distante. A ele é negada qualquer participação real nessa vida. Já não compreende a época, e o tempo lhe vai passando indiferente".[30]

No entanto, o imperador continuava a ser o foco de poderosas ligações políticas e emocionais. Muitos reconheciam que sua popularidade estava alicerçada não em seu papel constitucional, mas em emoções populares generalizadas.[31] Em 1914, seus anos no trono eram mais numerosos que os anos de vida da maioria dos seus súditos. Ele parecia, como descrito na obra-prima *A marcha de Radetzky*, de Joseph Roth, "encofrado em uma gélida e eterna velhice, como a armadura de um cristal venerável".[32] O imperador figurava frequentemente nos sonhos de seus súditos. Seus olhos azul-celeste continuavam a fitar tudo em retratos em dezenas de milhares de tavernas, salas de aula, escritórios e saguões de estações de trem, enquanto os jornais se admiravam com o andar firme e elástico com que o velho soberano saltava da carruagem em ocasiões de Estado. O Império, próspero e bem administrado, exibia como seu idoso soberano uma curiosa estabilidade em meio ao tumulto. Crises chegavam e partiam sem ameaçar a existência do sistema em si. A situação, como gracejou o escritor vienense Karl Kraus, era sempre "desesperadora, mas não grave".

Um caso especial e anômalo era o da Bósnia-Herzegóvina, que os austríacos "ocuparam" sob a suserania otomana em 1878 com autorização do Tratado de Berlim e anexaram formalmente trinta anos depois. A Bósnia de fins do século XIX era uma terra montanhosa com densa vegetação, limitada por picos de mais de 2 mil metros ao sul e pelo vale do rio Save ao norte. A Herzegóvina consistia principalmente em um platô inculto de relevo cárstico atravessado por rios velozes e circundado por cordilheiras — uma área de terreno inóspito e infraestrutura praticamente inexistente. A condição dessas duas províncias balcânicas sob o domínio Habsburgo havia muito tempo era alvo de debates. Os jovens terroristas servo-bósnios que viajaram para Sarajevo no verão de 1914 para matar o herdeiro do trono austríaco justificaram suas ações mencionando a opressão de seus irmãos da Bósnia e Herzegóvina, e alguns historiadores afirmaram que os próprios austríacos eram culpados, pois lançaram os servo-bósnios nos braços de Belgrado com uma combinação de opressão e governo deficiente.

Isso é verdade? Nos primeiros anos da ocupação houve protestos generalizados, especialmente contra o alistamento obrigatório. Mas não havia aí novidade nenhuma, pois as províncias tinham sofrido turbulências crônicas sob o domínio otomano. O excepcional foi a relativa serenidade do período de meados dos anos 1880 até 1914.[33] A condição do campesinato depois de 1878 foi um aspecto delicado. Os austríacos decidiram não abolir o *agaluk*, sistema otomano de posse da terra, sob o qual cerca de 90 mil servo-bósnios, ou *kmets*, ainda trabalhavam em 1914. Alguns historiadores consideraram esse fato um indício de uma política de "dividir para reinar", destinada a manter a submissão da população camponesa de maioria sérvia e ao mesmo tempo agradar aos croatas e muçulmanos das cidades. Mas essa é uma projeção retrospectiva. O conservadorismo cultural e institucional, e não uma filosofia de dominação colonial, alicerçou o governo austríaco nas novas províncias. "O gradualismo e a continuidade" caracterizaram o governo austríaco em todas as áreas da Bósnia-Herzegóvina onde depararam com instituições tradicionais.[34] Sempre que possível, as leis e instituições herdadas da era otomana foram harmonizadas e aclaradas, em vez de prontamente descartadas. Mas a administração habsburguiana realmente facilitou a emancipação de súditos camponeses por meio de um pagamento à vista; mais de 40 mil *kmets* bósnios compraram sua autonomia dessa forma entre a ocupação e o começo da guerra em 1914. De qualquer modo, os *kmets* sérvios que permaneciam no antigo sistema de uso da terra às vésperas da Primeira Guerra Mundial não estavam em condições especialmente ruins pelos padrões do campesinato europeu do começo do século XX; provavelmente eram mais prósperos do que seus congêneres da Dalmácia ou do sul da Itália.

O governo austríaco também se empenhou bastante para aumentar a produtividade da agricultura e da indústria na Bósnia-Herzegóvina. Criou fazendas-modelo, incluindo um vinhedo e um criadouro de peixes, introduziu um ensino rudimentar de agronomia para mestres-escolas e até estabeleceu um colégio agrícola em Ilidze, numa época em que não existia nenhuma instituição desse tipo na vizinha Sérvia. Se a absorção dos novos métodos continuava relativamente lenta, era mais em razão da resistência dos camponeses à inovação do que de qualquer negligência austríaca. Houve também um grande afluxo de capital. Surgiu uma rede rodoviária e ferroviária que incluía algumas das melhores estradas de montanha da Europa. Esses projetos de infraestrutura serviam a um propósito parcialmente militar, sem dúvida, mas também foram feitos vultosos investimentos em vários setores, incluindo mineração, metalurgia, silvicultura e química. O ritmo da industrialização chegou ao auge durante a administração do conde Benjamin Kállay (1882-1903), com uma alta na produção industrial (12,4% ao ano em média no período 1881-1913) sem precedentes em qualquer outra parte das terras balcânicas.[35] Em suma, o governo Habsburgo tratou as novas

2. Bósnia-Herzegóvina em 1914

províncias como uma vitrine para "demonstrar a humanidade e a eficiência habsburguianas". Em 1914, a Bósnia-Herzegóvina atingira um nível de desenvolvimento comparável ao do resto da dupla monarquia.[36]

A pior mácula no histórico do governo austríaco na Bósnia-Herzegóvina era a deploravelmente baixa taxa de analfabetismo e frequência escolar, pior até que a da Sérvia.[37] No entanto, isso não era consequência de uma política austríaca de estultificação das massas. Os austríacos construíram escolas de ensino fundamental — quase duzentas —, sem falar em três escolas de ensino médio, uma faculdade de especialização em magistério e uma escola técnica. Não foi um esforço espetacular, mas também não houve negligência total. O problema, em parte, era conseguir que os camponeses mandassem os filhos à escola.[38] Só em 1909, depois da anexação formal das províncias, foi introduzido o ensino fundamental compulsório.

Nem tudo eram flores na Bósnia-Herzegóvina, é claro. O governo Habsburgo reprimia duramente qualquer coisa que cheirasse a mobilização nacionalista contra o Império, às vezes de forma indiscriminada e com mão pesada. Em 1913, Oskar Potiorek, governador militar da Bósnia-Herzegóvina, suspendeu a maior parte da Constituição bósnia de 1910, intensificou os controles governamentais sobre o sistema de ensino, proibiu a circulação de jornais da Sérvia e fechou muitas organizações culturais sérvias, embora caiba mencionar que essas medidas foram tomadas em resposta a uma escalada da militância sérvia ultranacionalista.[39] Outro fator exasperante era a frustração política de sérvios e croatas do outro lado da fronteira, a oeste e a norte na Croácia-Eslavônia e a leste na Vojvodina, ambas governadas de Budapeste sob um restrito direito de voto dos húngaros. Mas, tudo sopesado, era um governo relativamente justo e eficiente, baseado em um respeito pragmático pelas diversas tradições dos grupos nacionais nas províncias. Theodore Roosevelt não errou muito o alvo quando observou, durante uma visita à Casa Branca de dois importantes políticos austríacos em junho de 1904, que a monarquia Habsburgo entendera "como tratar em pé de igualdade as diferentes nações e religiões daquele país e como alcançar assim grande sucesso"; ele ainda acrescentou, talvez intempestivamente, que o governo americano nas Filipinas poderia aprender muito com o exemplo austríaco.[40] Visitantes também se surpreendiam com a imparcialidade do regime Habsburgo: havia um tom de "respeito e tolerância mútuos" entre os grupos etnorreligiosos, observou um jornalista americano em 1902; os tribunais eram "administrados com sabedoria e honestidade", e a "justiça era feita a todo cidadão, independentemente de sua religião ou posição social".[41]

Ao avaliarmos a condição e as perspectivas do Império Austro-Húngaro às vésperas da Primeira Guerra Mundial, um problema que se destaca é o da perspectiva temporal. O colapso do Império em meio à guerra e à derrota em 1918 imprimiu-se na visão retrospectiva das terras Habsburgo, obscurecendo o cenário com augúrios de um declínio iminente e inelutável. O ativista nacional tcheco Edvard Beneš foi um exemplo. Durante a Primeira Guerra Mundial, Beneš organizou um movimento secreto pela independência tcheca; em 1918, foi um dos fundadores do novo Estado-nação da Tchecoslováquia. Mas em um estudo intitulado "O problema austríaco e a questão tcheca", publicado em 1908, ele havia expressado confiança no futuro da commonwealth habsburguiana. "Falam sobre a dissolução da Áustria. Não acredito nisso de modo algum. Os laços históricos e econômicos que ligam as nações austríacas umas às outras são demasiado fortes para permitir que tal coisa aconteça."[42] Um caso particularmente notável é o do correspondente temporário (e mais tarde editor) do *Times* Henry Wickham Steed. Em 1954, Steed declarou em uma carta ao *Times Literary Supplement* que, quando deixou o Império Austro-Húngaro em 1913, "foi com a sensação de escapar de um edifício condenado". Suas palavras confirmaram o que era então a opinião de muitos. Mas em 1913 ele via as coisas de outro modo. Embora fosse abertamente um crítico de muitos aspectos do governo Habsburgo, escreveu que durante dez anos de "constante observação e experiência" fora incapaz de perceber "qualquer razão suficiente" para que a monarquia Habsburgo "não conserve seu lugar de direito na comunidade europeia". E concluiu: "Suas crises internas são, em muitos casos, crises de crescimento, e não de decadência".[43] Foi só durante a Primeira Guerra Mundial que Steed se tornou propagandista da ideia do desmantelamento do Estado austro-húngaro e ardoroso defensor do acordo pós-guerra na Europa Central. Em 1927, na tradução inglesa das memórias do nacionalista tcheco Tomáš Masaryk, *The Making of a State* [Construindo um Estado], Steed escreveu no prefácio que o nome "Áustria" era sinônimo de "todo recurso capaz de matar a alma de um povo, corrompê-lo com um pouco de bem-estar social, privá-lo de liberdade de consciência e pensamento, minar seu vigor, abalar sua estabilidade e desviá-lo da busca por seu ideal".[44]

Tais inversões de polaridade podiam ocorrer também na outra direção. O intelectual húngaro Oszkár Jászi — um dos maiores especialistas em Império Habsburgo — criticou duramente o sistema dualista. Em 1929 ele concluiu um ambicioso estudo da dissolução da monarquia com a observação de que "a

Primeira Guerra Mundial não foi a causa, e sim a liquidação do profundo ódio e desconfiança das várias nações".[45] No entanto, em 1949, depois de mais uma guerra mundial e de um calamitoso período de ditadura e genocídio em seu país natal, Jászi, que vivera exilado nos Estados Unidos desde 1919, expressou-se em um tom diferente. Na antiga monarquia Habsburgo, ele escreveu,

> o Estado de direito era toleravelmente seguro, as liberdades individuais eram cada vez mais reconhecidas, os direitos políticos, continuamente estendidos, e o princípio da autonomia nacional, sempre mais respeitado. A livre movimentação de pessoas e mercadorias levava seus benefícios às mais remotas partes da monarquia.[46]

Enquanto a euforia da independência nacional inclinava alguns que haviam sido cidadãos habsburguenses a impugnar a monarquia dual, outros que antes de 1914 tinham sido dissidentes ferrenhos foram tomados pela nostalgia. Em 1939, refletindo sobre o colapso da monarquia, o escritor húngaro Mihály Babits escreveu: "Agora lamentamos a perda e choramos pela volta daquilo que antes odiávamos. Somos independentes, mas, em vez de exultar, só podemos estremecer".[47]

OS ENXADRISTAS

Depois da expulsão dos austríacos da Itália em 1859 e da Alemanha em 1866, a região dos Bálcãs tornou-se, por falta de alternativa, o foco da política externa austro-húngara. Infelizmente, esse estreitamento do escopo geopolítico coincidiu com uma era de crescente volatilidade em toda a península balcânica. O problema básico foi o declínio da autoridade otomana no sudeste europeu, que criou uma zona de tensão entre as duas grandes potências com interesse estratégico na região.[48] Tanto a Rússia como a Áustria-Hungria julgavam ter um direito histórico à hegemonia nas áreas desocupadas pelos otomanos. A Casa Habsburgo fora tradicionalmente a guardiã do portão oriental da Europa contra os turcos. Na Rússia, a ideologia do pan-eslavismo supunha uma comunhão natural de interesses entre as nações eslavas emergentes (especialmente ortodoxas) da península balcânica e o poder patrono em São Petersburgo. A retirada otomana também trouxe questões sobre o futuro controle dos estreitos turcos, um problema de profunda importância estratégica para os dirigentes russos. Ao mesmo tempo, emergiram nos Bálcãs ambiciosos Estados novos com objetivos próprios. Nesse terreno turbulento, Áustria e Rússia manobravam como enxadristas, torcendo para que cada movimento compensasse ou diminuísse a vantagem do oponente.

Até 1908, a cooperação, a autocontenção e a demarcação das esferas de influência informais asseguraram a contenção dos perigos implícitos naquele estado de coisas.[49] No tratado revisto da Liga dos Três Imperadores de 1881 entre Rússia, Áustria-Hungria e Alemanha, a Rússia comprometeu-se a "respeitar" a ocupação austro-húngara da Bósnia-Herzegóvina autorizada em 1878 pelo tratado de Berlim, e os três signatários concordaram em "levar em conta" os "interesses uns dos outros na península balcânica".[50] Entendimentos adicionais entre austro-húngaros e russos em 1897 e 1903 reafirmaram o compromisso conjunto com o status quo nos Bálcãs.

Mas tamanha era a complexidade da política nos Bálcãs que manter boas relações com a grande potência rival não bastava para assegurar a tranquilidade. Também era preciso aplacar e domar as pequenas feras da península. E a mais importante delas, da perspectiva de Viena, era o reino da Sérvia. Durante o longo reinado do austrófilo Milan Obrevnović, a Sérvia foi um parceiro dócil nos desígnios de Viena, aquiescendo com as pretensões do Império à hegemonia na região. Em troca, Viena apoiou o esforço de Belgrado pela elevação à condição de reino em 1882 e prometeu apoio diplomático caso a Sérvia procurasse expandir-se para o sul, em direção à Macedônia otomana. Como o ministro das Relações Exteriores da Áustria-Hungria, conde Gustav Kálnoky von Köröspatak, informou a seu colega russo no verão de 1883, as boas relações com a Sérvia eram a pedra angular da política do Império para os Bálcãs.[51]

Embora amistoso, o rei Milan da Sérvia podia ser um parceiro exasperante. Em 1855 ele causou um alvoroço em Viena quando propôs abdicar, enviar seu filho para estudar em Viena e permitir que o Império anexasse seu reino. Os austríacos não quiseram saber dessa bobagem. Em uma reunião em Viena, o desalentado monarca foi lembrado de seus deveres reais e mandado de volta para Belgrado. "Uma Sérvia próspera e independente atende melhor às nossas intenções [...] do que a posse de uma província ingovernável", Kálnoky explicou ao primeiro-ministro austríaco.[52] Mas em 14 de novembro, apenas quatro meses depois de parecer ter perdido a vontade de governar, Milan invadiu inesperadamente a vizinha Bulgária, Estado cliente da Rússia. O conflito durou pouco, pois o Exército sérvio logo foi rechaçado pelos búlgaros; no entanto, foram necessários assíduos esforços diplomáticos de grandes potências para impedir que aquela iniciativa intempestiva abalasse a détente austro-russa.

O filho revelou-se ainda mais caprichoso do que o pai: Alexandar gabava-se destemperadamente do apoio austro-húngaro ao seu reino, e em 1899 declarou em público que "os inimigos da Sérvia são inimigos da Áustria-Hungria" — uma gafe que ergueu sobrancelhas em São Petersburgo e causou considerável embaraço em Viena. Mas ele também foi tentado pelas vantagens de uma política russófila; em 1902, depois da morte do rei-pai Milan, o rei Alexandar cortejou sofregamente o apoio da Rússia; chegou a dizer a um jornalista em São Petersburgo que a monarquia Habsburgo era "o arqui-inimigo da Sérvia".[53] Por isso, pouco se lastimou em Viena a notícia da morte prematura de Alexandar, embora os políticos vienenses ficassem tão chocados quanto todo o resto com a brutalidade com que ele e sua linhagem foram exterminados.

Gradualmente, os austríacos tiveram clareza de que o regicídio de junho de 1903 marcara uma verdadeira ruptura. O ministro das Relações Exteriores em Viena apressou-se a estabelecer boas relações com o usurpador Petar Karadjorjević, que uma otimista suposição qualificava como dotado de um temperamento austrófilo. A Áustria-Hungria foi o primeiro Estado a reconhecer formalmente o novo regime sérvio. Mas logo ficou claro que já não existiam os alicerces para uma relação harmoniosa entre os dois vizinhos. A administração dos assuntos políticos passou para as mãos de homens abertamente hostis à monarquia dual, e os dirigentes em Viena observaram com crescente preocupação as expectorações nacionalistas da imprensa belgradina, agora livre de restrições governamentais. Em setembro de 1903, Konstantin Dumba, o ministro austríaco em Belgrado, informou que as relações entre os dois países estavam "tão ruins quanto possível". Viena redescobriu a indignação moral com o regicídio e juntou-se aos britânicos na imposição de sanções à corte de Karadjordjević. Esperando beneficiar-se desse afrouxamento dos laços austro-sérvios, os russos entraram na rinha, garantindo ao governo em Belgrado que o futuro da Sérvia estava no oeste, na costa do Adriático, e instingando-os a não renovar seu prolongado tratado comercial com Viena.[54]

Em fins de 1905 essas tensões desembocaram em um conflito aberto com a descoberta em Viena de que a Sérvia e a Bulgária tinham assinado uma união aduaneira "secreta". A exigência de Viena, no começo de 1906, de que Belgrado repudiasse a união revelou-se contraproducente; entre outras coisas, transformou a união com a Bulgária, que até então os sérvios tinham recebido com indiferença, no fetiche (pelo menos por algum tempo) da opinião nacional sérvia.[55] Expus no primeiro capítulo as linhas gerais da crise de 1906, mas devemos ter em mente mais um aspecto: o que preocupava os políticos em Viena não era tanto a ínfima importância comercial da união com a Bulgária, mas a lógica política que a fundamentava. E se a união aduaneira servo-búlgara fosse apenas o primeiro passo em direção a uma "liga" de Estados balcânicos hostis à Áustria-Hungria e receptivos a incitamentos de São Petersburgo?

É fácil descartar essa ideia como paranoia dos austríacos, mas na verdade os dirigentes em Viena não estavam tão errados assim: o acordo aduaneiro servo-búlgaro *era* realmente a terceira de uma série de alianças secretas entre a Sérvia e a Bulgária, sendo que as duas primeiras já tinham claramente uma orientação antiaustríaca. Já haviam sido assinados um Tratado de Amizade e um Tratado de Aliança em 12 de maio de 1904, em circunstâncias do mais estrito sigilo. Dumba fizera o possível para descobrir o que estava se passando entre os delegados búlgaros em visita à cidade e seus interlocutores sérvios, mas, apesar de suas suspeitas, não conseguiu penetrar na cortina de sigilo em torno das negociações. E o medo em Viena do envolvimento russo revelou-se fundamentado. São Petersburgo, apesar da détente austro-russa e do imenso esforço de uma guerra desastrosa contra o Japão, trabalhava realmente pela criação de uma aliança balcânica. Uma figura essencial nas negociações era o diplomata búlgaro Dimitar Rizov, um agente temporário no Departamento Asiático da Rússia. Em 15 de setembro de 1904, às onze da manhã, os embaixadores russos em Belgrado e Sófia receberam simultaneamente (e em segredo) cópias do Tratado de Aliança Servo-Búlgaro, entregues respectivamente pelos ministros das Relações Exteriores da Sérvia e da Bulgária.[56]

Uma característica problemática da política austro-húngara nos Bálcãs era a profunda interpenetração de questões externas e internas.[57] Por razões óbvias, era grande a probabilidade de a política interna e a internacional se enredarem quando se tratava das minorias para quem existia uma "pátria" independente fora das fronteiras do Império. Os tchecos, eslovenos, poloneses, eslovacos e croatas em terras habsburguianas não tinham um Estado-nação soberano externo. Os 3 milhões de romenos no Ducado da Transilvânia, por sua vez, tinham. Graças às complexidades do sistema dualista, não havia muito que Viena pudesse fazer para impedir que políticas culturais húngaras opressivas desagradassem ao reino vizinho da Romênia, um parceiro político de grande valor estratégico na região. No entanto, revelou-se possível, pelo menos até por volta de 1910, isolar as relações austro-romenas do impacto das tensões domésticas, principalmente porque o governo da Romênia, um aliado da Áustria e da Alemanha, não se esforçava para fomentar ou explorar a discórdia étnica na Transilvânia.

Mas não se pode dizer o mesmo sobre os sérvios e o reino da Sérvia depois de 1903. Pouco mais de 40% da população da Bósnia-Herzegóvina era de sérvios, e havia vastas áreas povoadas por sérvios na Vojvodina no sul da Hungria e áreas menores na Croácia-Eslavônia. Depois do regicídio de 1903, Belgrado acelerou o ritmo da atividade irredentista no Império, concentrando-se sobretudo na Bósnia-Herzegóvina. Em fevereiro de 1906, o adido militar austríaco em Belgrado, Pomiankowski, sintetizou o problema em uma carta ao chefe do Estado-Maior. Ele declarou que a Sérvia com certeza estaria entre os Impérios inimigos em caso de um futuro conflito militar. O problema não era tanto a atitude do governo em si, mas principalmente a orientação ultranacionalista da cultura política como um todo: mesmo se um governo "sensato" estivesse na direção, Pomiankowski alertou, não teria condições de impedir os "todo-poderosos chauvinistas radicais" de iniciar "uma aventura". No entanto, mais perigoso era o fato de a "inimizade aberta e o Exército miserável" da Sérvia serem a "quinta-coluna dos radicais [sérvios] em tempo de paz, o que sistematicamente envenena a atitude da nossa população de eslavos do sul e poderia, se acontecer o pior, criar dificuldades gravíssimas para o nosso Exército".[58]

O irredentismo "chauvinista" do Estado sérvio, ou, mais precisamente, das forças políticas mais influentes nele, acabou por ocupar um lugar central nas avaliações de Viena das relações com Belgrado. As instruções oficiais dadas no verão de 1908 pelo ministro das Relações Exteriores, conde Alois von Aehrenthal, para o novo enviado austríaco na Sérvia, nos oferecem um vislumbre de como as relações se deterioraram desde o regicídio. Sob o reinado de Milan, lembrou Aehrenthal, a Coroa sérvia fora suficientemente forte para contrabalançar qualquer "agitação pública bósnia", mas, desde os eventos de julho de 1903, tudo mudara. Além de o rei Petar ser politicamente fraco demais para opor-se às forças do nacionalismo chauvinista, ele próprio começara a explorar o movimento a fim de consolidar sua posição. Uma das "primeiras tarefas" do novo ministro austríaco em Belgrado, portanto, seria observar e analisar de perto a atividade nacionalista sérvia. Quando surgisse a oportunidade, o ministro deveria informar ao rei Petar e ao primeiro-ministro Pašić que estava totalmente ciente do alcance e do caráter da atividade nacionalista pan-sérvia; os líderes em Belgrado deveriam entender com absoluta clareza que a Áustria-Hungria considerava "definitiva" sua ocupação da Bósnia-Herzegóvina. Acima de tudo, o ministro não deveria se deixar lograr pelas costumeiras negações oficiais:

> É de esperar que eles respondam aos seus bem-intencionados avisos com o chavão repetitivo que os políticos sérvios sempre recitam quando são repreendidos por suas maquinações furtivas relacionadas às províncias ocupadas: "O governo sérvio se empenha em manter relações corretas e irrepreensíveis, mas não tem condições de refrear o sentimento da nação, que exige ação etc.".[59]

A instrução oficial de Aehrenthal capta as características destacadas da atitude de Viena para com Belgrado: uma crença no poder primordial no nacionalismo sérvio, uma desconfiança visceral dos estadistas no poder e uma crescente preocupação com o futuro da Bósnia, disfarçada com uma pose de arrogante e invulnerável superioridade.

Estava, pois, armado o cenário para a anexação da Bósnia-Herzegóvina em 1908. Nunca houvera dúvida, nem na Áustria nem nas Chancelarias das outras grandes potências, de que Viena considerava permanente a ocupação de 1878. Em um dos artigos secretos da renovada Liga dos Três Imperadores de 1881, a Áustria-Hungria explicitara o "direito de anexar essas províncias a qualquer momento que considerar oportuno", e tal afirmação repetiu-se em acordos diplomáticos austro-russos intercalados. Tampouco ela foi contestada em princípio pela Rússia, embora São Petersburgo se reservasse o direito de, quando chegasse o momento, impor condições para essa mudança. As vantagens de uma anexação formal pela Áustria-Hungria eram bem óbvias. Removeria quaisquer dúvidas sobre o futuro das províncias — uma questão de certa urgência, pois o estatuto de ocupação firmado no Congresso de Berlim expiraria em 1908. A anexação permitiria que a Bósnia-Herzegóvina fosse mais plenamente integrada à estrutura política do Império, por exemplo, através do estabelecimento de um Parlamento provincial; criaria também um ambiente mais estável para o investimento voltado para a região; e, o mais importante, indicaria a Belgrado (e aos sérvios da Bósnia-Herzegóvina) a permanência da posse pela Áustria-Hungria, removendo assim, pelo menos em teoria, o incentivo para mais agitação.

Aehrenthal, que se tornou ministro das Relações Exteriores em 1906, também tinha outras razões para prosseguir no plano. Até por volta da virada do século, ele fora um ferrenho defensor do sistema dualista. Mas sua fé no Compromisso sofreu um abalo em 1905 com a feroz luta interna entre as elites austríacas e húngaras pela administração das Forças Armadas conjuntas. Em 1907, ele passara a preferir uma solução tripartite para os problemas da monarquia; os dois centros de poder dominantes na monarquia seriam suplementados por uma terceira entidade que incorporasse os eslavos do sul (principalmente croatas, eslovenos e sérvios). Essa proposta contava com uma parcela considerável de seguidores entre as elites eslavas do sul, em especial os croatas, que se ressentiam de estar divididos entre a Cisleitânia, o reino da Hungria e a província da Croácia-Eslavônia, governada de Budapeste. Apenas se a Bósnia-Herzegóvina fosse plenamente anexada ao Império seria possível, por fim, incorporá-la à estrutura de uma monarquia trialista reformada. E isso, por sua vez, esperava ardentemente Aehrenthal, proporcionaria um contrapeso interno às atividades irredentistas de Belgrado. Longe de ser o Piemonte dos eslavos do sul nos Bálcãs, a Sérvia se tornaria o membro amputado de uma vasta entidade eslava do sul dominada pelos croatas dentro do Império.[60]

O argumento decisivo para a anexação foi a revolução dos Jovens Turcos que eclodiu na Macedônia otomana no verão de 1908. Eles forçaram o sultão em Constantinopla a proclamar uma Constituição e instituir um Parlamento. Pretendiam sujeitar o sistema imperial otomano a uma reforma total. Circulavam rumores de que em breve a nova liderança turca convocaria eleições gerais em todo o Império Otomano, inclusive nas áreas ocupadas pela Áustria-Hungria que ainda não possuíam órgãos representativos próprios. E se a nova administração turca, com sua legitimidade e confiança acentuadas pela revolução, exigisse a devolução de seu saliente ocidental perdido e seduzisse seus habitantes com a promessa de uma reforma constitucional?[61] Aproveitando-se dessas incertezas, surgiu na Bósnia uma coalizão muçulmano-sérvia oportunista, reivindicando a autonomia sob a suserania turca.[62] Agora havia o perigo de que uma aliança étnica dentro da província unisse forças com os turcos para expulsar os austríacos.

Para prevenir complicações desse tipo, Aehrenthal tratou logo de preparar o terreno para a anexação. Comprou por uma boa indenização a desistência dos otomanos à soberania nominal. Muito mais relevantes eram os russos, de cuja aquiescência dependia todo o projeto. Aehrenthal acreditava firmemente na importância das boas relações com a Rússia. Como embaixador da Áustria em São Petersburgo entre 1899 e 1906, ajudara a consolidar a aproximação austro-russa.

Conseguir a concordância do ministro russo das Relações Exteriores, Alexandr Izvolsky, era fácil. Os russos não objetavam à formalização da condição da Áustria-Hungria na Bósnia-Herzegóvina, contanto que São Petersburgo recebesse alguma coisa em troca. De fato, foi Izvolsky, com o apoio do tsar Nicolau II, quem propôs que a anexação da Bósnia-Herzegóvina fosse trocada pelo apoio austríaco a um melhor acesso da Rússia aos estreitos da Turquia. Em 16 de setembro de 1908, Izvolsky e Aehrenthal esclareceram as condições do tratado no Schloss Buchlau, o castelo na Morávia de Leopold von Berchtold, o embaixador austro-húngaro em São Petersburgo. Assim, em certo sentido, a anexação de 1908 nasceu do espírito da entente balcânica austro-russa. Além disso, houve uma nítida simetria nessa troca, pois Izvolsky e Aehrenthal buscavam essencialmente o mesmo: ganhos a serem obtidos por meio de negociações secretas às custas do Império Otomano e contrariando o Tratado de Berlim.[63]

Apesar desses preparativos, o anúncio da anexação por Aehrenthal em 5 de outubro de 1908 desencadeou uma crise europeia de vulto. Izvolsky negou ter feito um acordo com Aehrenthal. Depois negou até ter sabido de antemão sobre suas intenções e exigiu que fosse providenciada uma conferência internacional para esclarecer a condição da Bósnia-Herzegóvina.[64] A crise resultante arrastou-se por meses enquanto Sérvia, Rússia e Áustria se mobilizavam e contramobilizavam e Aehrenthal continuava a esquivar-se da exigência de Izvolsky para que se realizasse a conferência que não fora prevista no trato em Buchlau. A questão só foi resolvida com uma "nota a São Petersburgo" em março de 1909, na qual os alemães exigiam que os russos finalmente reconhecessem a anexação e instassem a Sérvia a fazer o mesmo. Do contrário, alertou o chanceler Bülow, as coisas iam "seguir seu curso". Tal formulação insinuava não só a possibilidade de uma guerra da Áustria contra a Sérvia, mas, o mais importante, a possibilidade de os alemães divulgarem os documentos provando a cumplicidade de Izvolsky no trato original sobre a anexação. Izvolsky recuou de imediato.

Tradicionalmente, atribui-se a Aehrenthal a maior parte da culpa pela crise da anexação. Isso é justo? Sem dúvida as manobras do ministro das Relações Exteriores careceram de transparência diplomática. Ele escolheu trabalhar com as ferramentas da velha diplomacia: reuniões confidenciais, troca de promessas e acordos bilaterais secretos, em vez de procurar resolver a questão da anexação por meio de uma conferência internacional que envolvesse todos os signatários do Tratado de Berlim. Essa preferência pelos tratos furtivos facilitou para Izvolsky alegar que ele, e por extensão a Rússia, tinha sido ludibriado pelo "ardiloso" ministro austríaco. Mas as evidências indicam que a crise tomou o rumo que tomou porque Izvolsky mentiu desbragadamente para salvar seu emprego e sua reputação. O ministro russo das Relações Exteriores cometera dois graves erros de julgamento. Primeiro, supôs que Londres apoiaria sua exigência de abrir os estreitos da Turquia para os navios de guerra russos. Segundo, subestimou o impacto da anexação sobre a opinião nacionalista russa. Um relato afirma que de início ele estava totalmente calmo quando a notícia da anexação chegou até ele em Paris no dia 8 de outubro de 1908. Foi só durante sua estada em Londres, alguns dias depois, quando os britânicos se mostraram avessos a cooperar e ele soube da reação da imprensa de São Petersburgo, que se deu conta de seu erro, assustou-se e começou a construir sua imagem de ludibriado por Aehrenthal.[65]

Independentemente dos erros e acertos da política de Aehrenthal, a crise da anexação da Bósnia foi um momento decisivo na geopolítica dos Bálcãs. Ela extinguiu o que restava da disposição austro-russa para colaborar na solução das questões balcânicas; a partir daquele momento, seria muito mais difícil conter as energias negativas geradas por conflitos entre Estados balcânicos. Além disso, a crise indispôs a Áustria com seu vizinho e aliado, o reino da Itália. Havia muito tempo existiam tensões latentes entre os dois Estados — os direitos da minoria italiana na Dalmácia e na Croácia-Eslavônia e a rivalidade pelo poder e pela política no Adriático eram os dois mais importantes motivos de desavença. Mas a crise da anexação desencadeou clamores por compensação à Itália e alçou os ressentimentos dos italianos a um novo patamar de intensidade. Nos anos pré-guerra, tornou-se cada vez mais difícil conciliar os objetivos italianos e austríacos na costa balcânica do Adriático.[66] Os alemães de início não tomaram partido na questão da anexação, mas logo passaram a apoiar energicamente a Áustria-Hungria, e nessa mudança de atitude também houve ambivalência. Ela teve o efeito desejado de dissuadir o governo russo de tentar capitalizar ainda mais com a crise da anexação, mas no longo prazo reforçou, tanto em São Petersburgo como em Londres, a sensação de que a Áustria era um satélite de Berlim. Essa percepção teria um perigoso papel na crise de 1914.

Na Rússia o impacto da crise foi especialmente profundo e duradouro. A derrota na guerra com o Japão em 1904-5 eliminara a perspectiva de expansão no Extremo Oriente num futuro previsível. A entente anglo-russa assinada por Izvolsky e pelo embaixador britânico Sir Arthur Nicholson em 31 de agosto de 1907 estabelecera os limites da influência russa na Pérsia, no Afeganistão e no Tibete. Os Bálcãs permaneceram (por ora) a única arena onde a Rússia ainda podia se dedicar a uma política voltada para a projeção do poder imperial.[67] O papel da Rússia como protetora dos povos eslavos menos favorecidos incendiava as emoções do público, e na mente dos principais decisores somava-se a uma crescente preocupação com a questão do acesso aos estreitos da Turquia. Enganados por Izvolsky e incitados pela emoção popular chauvinista, o governo e a opinião pública da Rússia interpretaram a anexação como uma traição brutal do entendimento entre as duas potências, uma humilhação imperdoável e uma provocação inaceitável em uma esfera de interesse vital. Nos anos que se seguiram à crise bósnia, os russos deram início a um programa de investimentos militares tão substancial que desencadeou uma corrida armamentista europeia.[68] Também havia sinais de um envolvimento político mais profundo da Rússia com a Sérvia. No outono de 1909, o ministro russo das Relações Exteriores nomeou para a embaixada russa em Belgrado Nikolai Hartwig, um "fanático feroz na velha tradição eslavófila". Assim que assumiu o cargo, Hartwig, um enviado enérgico e inteligente, esforçou-se para impelir Belgrado a assumir uma posição mais firme contra Viena. Pressionou tanto nessa direção que às vezes excedeu as instruções de seus superiores em São Petersburgo.[69]

MENTIRAS E FALSIFICAÇÕES

A crise da anexação também envenenou ainda mais as relações entre Viena e Belgrado. Como tantas outras vezes, a situação foi exacerbada pelas condições políticas no seio da monarquia dual. Por vários anos, as autoridades austro-húngaras vinham observando as atividades da coalizão servo-croata, uma facção política que emergiu em 1905 na Dieta Croata em Agram (atual Zagreb), capital da Croácia-Eslavônia governada pela Hungria. Depois das eleições da Dieta em 1906, a coalizão obteve o controle do governo de Agram, adotou um programa "iugoslavo" que buscava intensificar a união com os povos eslavos do sul no Império e travou longas batalhas com as autoridades húngaras por questões delicadas, como a exigência de que todos os funcionários das ferrovias estatais soubessem falar o magiar. Não havia nada de especial nisso. O que preocupava os austríacos era a suspeita de que alguns deputados da coalizão, ou todos eles, atuassem como quintas-colunas para Belgrado.[70]

Durante a crise de 1908-9, essas apreensões recrudesceram até a paranoia. Em março de 1909, quando a Rússia ainda recuava de um confronto pela Bósnia, o governo Habsburgo desferiu um ataque jurídico espantosamente inepto contra a coalizão servo-croata, acusando de traição 53 ativistas, a maioria sérvios, por tramar a separação das terras eslavas do sul da Áustria-Hungria e a união delas com a Sérvia. Mais ou menos na mesma época, o historiador e escritor residente em Viena dr. Heinrich Friedjung publicou um artigo no *Neue Freie Presse* acusando três destacados políticos da coalizão de receber subsídios de Belgrado em troca de atividades sediciosas em nome do reino da Sérvia. Friedjung afirmou que lhe haviam sido mostrados documentos confidenciais do governo que demonstravam, sem sombra de dúvida, a verdade daquelas acusações.

O julgamento dos traidores em Agram arrastou-se de 3 de março até 5 de novembro de 1909 e rapidamente descambou para um completo desastre de relações públicas para o governo. O tribunal ouviu 276 testemunhas de acusação, mas nenhuma indicada pela defesa. Todas as 31 condenações em Agram foram depois revogadas no recurso em Viena. Ao mesmo tempo, uma série de ações por difamação contra Friedjung e o editor do *Reichspost*, que havia publicado as acusações do historiador, revelou mais manipulações constrangedoras. Descobriu-se que os "documentos secretos" em que o bom doutor baseara suas acusações eram falsificações que tinham sido entregues à legação austríaca em Belgrado por um agente duplo sérvio de reputação duvidosa, e por sua vez passados a Friedjung pelo ministro das Relações Exteriores em Viena. O infeliz Friedjung, cuja excelente reputação como historiador fora usada vergonhosamente, desculpou-se e retirou suas acusações. Mas o incansável ativista nacional tcheco e advogado dos acusados, Tomáš Masaryk, levou o caso à mais alta instância, buscando por toda parte (inclusive em Belgrado) novas evidências, declarando em vários fóruns públicos que o embaixador austríaco em Belgrado providenciara conscientemente as falsificações em nome do conde Aehrenthal.[71]

É muito improvável que as autoridades em Viena soubessem desde o começo que os documentos eram falsos. A paranoia provavelmente engendrou a credulidade; os austríacos estavam preparados para acreditar naquilo que temiam descobrir. Mas os julgamentos de Agram e Friedjung impuseram um fardo duradouro às relações entre Viena e Belgrado. Particularmente incômodo foi o fato de que o escândalo logo passou a enfocar o representante austríaco na Sérvia, o conde Johann Forgách von Ghymes e Gács, com profundas consequências para as relações diplomáticas entre os dois países. Em 1910 e 1911, a campanha de Masaryk continuou a produzir novas e embaraçosas "revelações" sobre perfídias austríacas (nem todas verdadeiras). A imprensa sérvia exultou, e houve clamores para que Forgách fosse removido de Belgrado.[72] Mas Forgách, que depois de tudo já deixara fazia tempo de sentir prazer em seu cargo, negou com veemência todas as acusações (e provavelmente disse a verdade); Aehrenthal, ele próprio sob ataque, sentiu-se incapaz de remover o acossado representante austríaco enquanto aquilo pudesse implicar o reconhecimento por Viena de que as autoridades austríacas haviam deliberadamente enganado o público. "A situação não é agradável para mim", escreveu Forgách em uma carta privada ao chefe da seção do Ministério das Relações Exteriores em Viena em novembro de 1910, "mas hei de sobreviver às tempestades dos jornais vienenses — já sobrevivi a tantas outras coisas — contanto que o governo aqui se comporte com decência".[73]

O que mais enfurecia Forgách era o contínuo envolvimento de autoridades sérvias na campanha para desacreditá-lo, com destaque para o chefe de seção do Ministério das Relações Exteriores, Miroslav Spalajković. Spalajković forneceu provas contra o governo austríaco a Masaryk; chegou até a convocar um perito para depor em favor da coalizão servo-croata nos julgamentos de Friedjung. Depois de ajudar a explodir a credibilidade dos documentos forjados, Spalajković foi além e afirmou que Forgách havia *deliberadamente* obtido os documentos na esperança de fabricar acusações contra a coalizão servo-croata. No inverno de 1910-1, o enviado holandês em Belgrado, Vredenburch, informou que Spalajković continuava a espalhar rumores contra o representante austríaco pela comunidade diplomática.[74] Para piorar as coisas, Spalajković e sua mulher eram vistos constantemente em companhia de Hartwig, o novo ministro russo; dizia-se até que o casal praticamente morava na missão russa.[75] Forgách adquiriu uma obsessão doentia pelo homem que ele chamava de "nosso inimigo mortal"; uma troca de cartas entre o enviado e o chefe de seção envenenou ainda mais as relações entre eles, e em abril de 1911 Forgách ordenou a todo o pessoal da legação austríaca em Belgrado que evitasse qualquer tipo de contato com Spalajković. "Esse homem constantemente exaltado", ele informou a Aehrenthal, "em alguns aspectos não é totalmente são. Desde a anexação, seu ódio pela monarquia [austro-húngara] evoluiu quase para uma doença mental."[76]

A posição de Forgách em Belgrado tornou-se claramente insustentável, e ele foi chamado de volta no verão de 1911. Mas vale a pena lembrar o escândalo dos julgamentos de Agram-Friedjung e suas consequências na capital sérvia porque envolveram indivíduos que figurariam com destaque nos acontecimentos de 1914. Miroslav Spalajović era um alto funcionário da área da política externa com um interesse de longa data na Bósnia-Herzegóvina — sua mulher era bósnia, e ele havia defendido uma tese de doutorado na Universidade de Paris em 1897 argumentando que, como as duas províncias permaneciam entidades legais autônomas sob a suserania otomana, sua anexação pela Áustria-Hungria nunca poderia ser legítima.[77] Subsequentemente ele foi ministro sérvio em Sófia, onde teve um papel importante, em conluio com os russos, na formação da aliança servo-búlgara, o centro da Liga Balcânica que desencadeou a Primeira Guerra dos Bálcãs em 1912. Durante seu serviço em Sófia foi o amigo mais chegado de Nikolai Hartwig; visitava-o em Belgrado "até vinte vezes por mês".[78] Depois foi transferido para a ainda mais importante legação em São Petersburgo, onde sua tarefa era interpretar as intenções do tsar e de seus ministros com relação ao governo sérvio em Belgrado durante a Crise deJulho de 1914. Também Forgách, que deixara seu posto como um ferrenho servófobo, permaneceu em cena como uma das principais figuras em uma coorte de oficiais que ajudaram a moldar as políticas do Ministério das Relações Exteriores austro-húngaro depois da morte súbita de Aehrenthal por leucemia em 1912.[79] E não devemos esquecer a forte animosidade pessoal entre Izvolsky e Aehrenthal, que foi corretamente identificada pela imprensa séria de Viena na esteira da crise bósnia como um impedimento à melhora das relações entre Áustria-Hungria e Rússia.[80] Uma característica curiosa da Crise de Julho de 1914 é o fato de que muitos atores importantes que dela participaram conheciam uns aos outros havia bastante tempo. Sob a superfície de muitas das transações cruciais espreitavam antipatias pessoais e ofensas guardadas na memória por muito tempo.

Os austríacos não tinham condições de lidar isoladamente com o problema sérvio. Ele estava incrustado em um tremendo emaranhado de questões. Primeiro, havia a complicação urgente das relações da Sérvia com a Rússia, países que depois da crise da anexação se tornaram mais próximos. Viena suspeitava fortemente do ministro russo Hartwig, cuja austrofobia, pan-eslavismo e crescente influência em Belgrado eram maus presságios. Hartwig, informou o ministro francês em Sófia, era "o arquétipo do verdadeiro mujique", um adepto da "velha política russa para a Turquia", que estava disposto a "sacrificar o Extremo Oriente pelos Bálcãs".[81] Hartwig estabeleceu relações de extraordinária intimidade com o primeiro-ministro Nikola Pašić. Os dois encontravam-se quase diariamente — "o seu barbudo está reunido com o nosso barbudo", comentavam os funcionários do Ministério das Relações Exteriores da Sérvia com os diplomatas de escalão inferior da missão russa. "Ninguém acreditava na possibilidade de haver segredos ligados aos objetivos políticos compartilhados [por Rússia e Sérvia]", afirmou um funcionário da missão russa.[82] O ministro russo era saudado por toda parte em Belgrado como um herói conquistador: "Bastava verem sua cabeça inconfundível, e ele ganhava longos aplausos".[83]

Teoricamente, Viena poderia compensar a hostilidade sérvia empenhando-se para melhorar as relações com a Bulgária. Mas também essa opção continha dificuldades. Como ainda havia uma disputa feroz pela fronteira entre Bulgária e Romênia, aproximar-se de Sófia trazia o risco de se indispor com Bucareste. E a hostilidade de Bucareste era extremamente indesejável, considerando a substancial minoria romena na Transilvânia húngara. Se a Romênia se afastasse de Viena em favor de São Petersburgo, o problema da minoria poderia muito bem se transformar em uma questão de segurança regional. Diplomatas e líderes políticos húngaros, em especial, alertavam que a "Grande Romênia" era uma ameaça tão grave quanto a "Grande Sérvia" para a monarquia dual.

Outra preocupação era o pequeno principado de Montenegro, na costa do Adriático. Esse reino pitoresco e pobre deu a Franz Lehár o pano de fundo para a opereta *A viúva alegre*, disfarçado na obra como o "Grão-Ducado de Pontevedro" (o libreto alemão abria o jogo, determinando que os cantores deviam usar o "traje nacional montenegrino").[84] Montenegro era o menor Estado balcânico, com apenas 250 mil habitantes dispersos por uma bela mas inóspita paisagem de picos negros e ravinas vertiginosas. Era um país onde se podia ver o rei, em seu esplêndido uniforme dourado, prateado, vermelho e azul, fumando ao entardecer na frente do palácio, louco para bater papo com algum passante. Quando o jornalista de Praga Egon Erwin Kish foi a pé de Cetinje, então capital de Montenegro, até a bela cidade portuária de Rijeka (hoje na Croácia) no verão de 1913, estranhou ao ouvir tiros de canhão estrondeando pelo vale. De início pensou que poderia ser uma guerra balcânica começando, mas o guarda o tranquilizou: eram apenas jovens montenegrinos com seus fuzis russos atirando em peixinhos nas corredeiras das montanhas.[85]

Mesmo pobre e minúsculo, Montenegro tinha sua importância. Seus canhões de montanha no pico de Lovčen miravam de cima as indefensáveis instalações portuárias austríacas em Cattaro, no Adriático, para desespero dos planejadores navais habsburguenses. Nikola, o príncipe reinante desde 1861 — portanto, o monarca europeu de mais longo tempo no trono depois da rainha Vitória e de Francisco José —, era extraordinariamente ambicioso. Conseguira duplicar o território de seu reino no Congresso de Berlim em 1878 e expandi-lo ainda mais durante a crise da anexação em 1908; depois, ficou de olho em um pedaço do norte da Albânia. Tornou-se rei em 1910. Além disso, ele casava as mulheres de sua família com habilidade extraordinária. O rei sérvio Petar Karadjordjević era seu genro (embora sua esposa montenegrina já estivesse morta na época da coroação de Petar); outra filha de Nikola, Elena, casou-se com Vittorio Emanuele III da Itália (rei desde 1900); duas outras casaram-se com arquiduques russos em São Petersburgo e se tornaram figuras de destaque na alta sociedade russa. Nikola explorou sua posição estratégica para atrair fundos de seus poderosos patronos estrangeiros, sobretudo a Rússia. Em 1904 ele demonstrou solidariedade com o grande aliado eslavo declarando guerra contra o Japão. Os russos retribuíram com subsídios militares e uma missão militar incumbida da "reorganização do Exército montenegrino".[86]

A Itália, ligada a Montenegro por intermédio de sua casa real, era mais uma complicação: era membro da Tríplice Aliança com a Áustria e a Alemanha desde maio de 1882 e renovara sua participação em 1891, 1902 e 1912. Mas o sentimento público na questão das relações com a Áustria era profundamente dividido. Em termos gerais, a Itália liberal, secular e nacionalista tendia a favorecer uma política de confronto com os austríacos, especialmente no Adriático, que os nacionalistas consideravam uma avenida natural para a consolidação da influência italiana. A Itália católica, clerical e conservadora, em contraste, tendia a preferir uma política de aproximação e colaboração com Viena. Refletindo essas lealdades divididas, Roma praticava uma diplomacia elaborada, multifacetada e muitas vezes contraditória. Em 1900 e 1902, o governo italiano assinou acordos secretos com a França que neutralizavam a maior parte das obrigações assumidas pelo país em tratados com Viena e Berlim. Além disso, a partir de 1904 os italianos deixaram cada vez mais claro que, em sua opinião, a política austro-húngara nos Bálcãs prejudicava seus interesses na área. Montenegro era visto como um campo promissor para a expansão da influência comercial e cultural da Itália nos Bálcãs, e o ministro das

Relações Exteriores, Tomaso Tittoni, cultivava relações muito amistosas com Belgrado e Sófia.[87]

Os italianos enraiveceram-se com a anexação da Bósnia em 1908, não tanto porque objetassem em princípio à iniciativa da Áustria, mas principalmente porque Aehrenthal recusou-se a compensar Roma com a fundação de uma universidade italiana no porto habsburguiano de Trieste, onde a língua majoritária era o italiano.[88] Em outubro de 1909, o rei Vittorio Emanuele III rompeu com a Tríplice Aliança para assinar um acordo secreto com o tsar Nicolau II. O Trato de Racconigi, como se tornou conhecido depois, estipulou que a Itália e a Rússia não poderiam concluir acordos sobre o "Leste Europeu" sem o consentimento uma da outra e que as duas potências se comprometiam a "ver com benevolência, uma os interesses da Rússia na questão dos estreitos, a outra os interesses italianos em Trípoli e Cirenaica".[89] O acordo foi menos importante do que parecia, pois os italianos logo depois assinaram um pacto com Viena que anulava em grande medida o compromisso de Racconigi, mas indicou a determinação de Roma de seguir uma política mais assertiva e independente.

O mais provável futuro pomo da discórdia austro-italiana nos Bálcãs era a Albânia, ainda encerrada no Império Otomano, que tanto a Itália como a Áustria julgavam estar entrando em sua esfera de influência. Desde os anos 1850, a Áustria, por intermédio de seu vice-consulado em Skutari, representava uma espécie de protetorado religioso para os católicos do norte do país. Mas os italianos também tinham grande interesse na Albânia e em seu longo litoral no Adriático. Na virada do século, Roma e Viena haviam concordado que apoiariam a independência da Albânia no caso do colapso do poder otomano na região. A questão de como, exatamente, as duas potências adriáticas dividiriam a influência permaneceu sem solução.

CALMA ENGANOSA

Em março de 1909 a Sérvia comprometeu-se formalmente a desistir de executar operações secretas contra o território austríaco e a manter boas relações de vizinhança com o Império. Em 1910, Viena e Belgrado concordaram, depois de muita disputa, até mesmo em um tratado de comércio para dar fim ao conflito comercial austro-sérvio. Um aumento de 24% nas importações da Sérvia naquele ano atesta a melhora das condições econômicas. Mercadorias austro-húngaras começaram a reaparecer nas prateleiras das lojas belgradinas, e em 1912 a monarquia dual já era novamente a principal compradora e fornecedora da Sérvia.[90] Em reuniões entre Pašić e o representante austríaco houve garantias de boa vontade por ambas as partes. No entanto, nas relações entre os dois Estados instalara-se um profundo mal-estar que parecia impossível de dissipar. Embora se falasse em uma visita oficial do rei Petar a Viena, ela nunca se concretizou. Com a inicialmente genuína justificativa da enfermidade do monarca, o governo sérvio transferiu a visita de Viena para Budapeste, depois a postergou, e por fim, em abril de 1911, adiou-a indefinidamente. Mas, para despeito dos austríacos, houve uma visita real muito bem-sucedida a Paris no inverno de 1911. A visita à França foi considerada tão importante que o enviado sérvio em Paris retornou a Belgrado para ajudar a prepará-la. Um plano anterior para combinar a viagem à França com escalas em Viena e Roma foi descartado. Petar chegou a Paris em 16 de novembro e ficou hospedado na corte do Quai d'Orsay, onde o presidente da República deu-lhe as boas-vindas e o presenteou com uma medalha de ouro. Cunhada especialmente para a ocasião, a medalha comemorava o serviço voluntário do rei na guerra da França contra a Prússia em 1870, quando ele ainda era um jovem sérvio exilado. Em um jantar de gala na mesma noite — e para a indizível contrariedade dos austríacos — o presidente Fallières começou seu discurso saudando Petar como "o rei de todos os sérvios" (implicitamente incluindo aqueles que viviam no Império Austro-Húngaro) e "o homem que liderará seu país e seu povo para a liberdade". Petar respondeu, "visivelmente emocionado", que ele e seus compatriotas sérvios contariam com a França em sua luta pela liberdade.[91]

Além disso, prosseguia nos bastidores o trabalho para resgatar a Bósnia-Herzegóvina da Sérvia. O Narodna Obrana, ostensivamente convertido em organização puramente cultural, logo retomou suas velhas atividades; suas ramificações proliferaram depois de 1909 e transbordaram para a Bósnia-Herzegóvina. Os austríacos, até onde lhes era possível, monitoravam as atividades de espionagem de agentes sérvios que atravessavam a fronteira. Um exemplo característico foi um certo Dragomir Djordjević, tenente reservista do Exército sérvio que combinava seu trabalho cultural como "ator" na Bósnia com a administração de uma rede secreta de informantes sérvios; ele foi avistado retornando à Sérvia para treinamento com armas em outubro de 1910.[92] Representantes austríacos na Sérvia também souberam, desde cedo, da existência da Mão Negra, embora de início não conseguissem interpretar muito bem aquela recém-chegada misteriosa à cena de Belgrado. Em um relatório escrito em 12 de novembro de 1911, o novo ministro em Belgrado (sucessor de Forgách), Stephan von Ugron zu Abránfalva, notificou Viena sobre "uma associação supostamente existente em círculos de oficiais" que vinha sendo mencionada na imprensa sérvia. Àquela altura, não se tinha certeza de nada sobre o grupo, exceto que se intitulava Mão Negra e tinha como principal objetivo recuperar a influência sobre a política nacional que o Exército tivera na era Obrenović.

Outros relatórios de Ugron e do adido militar austríaco Otto Gellinek trazem um pouco mais de substância ao quadro. Ápis agora era identificado como a figura dominante na nova rede, cujos objetivos se mostravam mais elaborados: "O programa do movimento consiste na remoção de todas as personalidades do país que se ponham no caminho da ideia da Grande Sérvia" e da ascensão ao trono de um líder "que esteja disposto a lutar pela unificação de todos os sérvios".[93] Rumores na imprensa de que a Mão Negra fizera uma lista de políticos a serem assassinados em caso de golpe contra o governo radical vigente, alimentados pelos misteriosos assassinatos de dois proeminentes políticos da oposição no outono de 1911, foram descartados depois como falsos. Parecia, informou Gellinek em 22 de novembro de 1911, que os conspiradores planejavam recorrer a meios legais para remover "os inimigos internos da nação sérvia" e depois "voltar a força unificada contra seus inimigos externos".[94]

De início, os austríacos viram essas ocorrências com surpreendente tranquilidade. Era praticamente impossível, observou Gellinek, manter qualquer organização em segredo na Sérvia por muito tempo, "pois para cada cinco conspiradores existe um informante". Afinal de contas, conspirações não eram nenhuma novidade na Sérvia; portanto, a questão não tinha muita importância.[95] Mas a atitude dos observadores austríacos mudou quando passaram a se dar conta da extensão da influência da Mão Negra sobre partes do aparelho de Estado. Em dezembro de 1911, o adido militar informou que o ministro sérvio da Guerra pedira uma investigação do movimento "pois do contrário haveria problemas de amplo significado". No início de fevereiro de 1912, ele observou que a rede havia adquirido um caráter semioficial; parecia que o governo estava "plenamente informado sobre todos os membros [da Mão Negra] e suas atividades"; o fato de o ministro da Guerra, Stapenović, um protetor da organização, permanecer no cargo era um sinal da crescente influência política da entidade.[96]

Ganhou forma um quadro complexo que moldaria o comportamento austríaco no verão de 1914. Por um lado, estava claro que a Mão Negra era uma rede subversiva temida e combatida pelas autoridades civis do reino da Sérvia. Mas também era verdade que os objetivos da rede para a Grande Sérvia eram amplamente tolerados e apoiados, tanto por membros da liderança civil como pelo público da Sérvia em geral. Mais importante era o fato de que, em certas ocasiões, o movimento e o governo pareciam trabalhar lado a lado. Em fevereiro de 1912, Ugron alertou que as autoridades sérvias podiam colaborar com "um impetuoso movimento militar-patriótico", desde que suas energias se voltassem para fora, contra inimigos externos da Sérvia, e não para atividades subversivas dentro do reino.[97] O jornal irredentista *Pijemont* defendia abertamente os objetivos ultranacionalistas anti-habsburguianos. Assim, definindo-se com base em objetivos "nacionais", salientou Ugron, a Mão Negra dificultava as autoridades sérvias a tomar medidas contra a organização.[98] Em suma, os austríacos entendiam tanto o grau de influência da Mão Negra como a complexidade das amarras que impediam seu combate pelo governo de Pašić.

Essa análise permaneceu válida em suas linhas gerais até o verão de 1914. Os austríacos acompanharam tanto quanto puderam o crescimento colossal da rede durante as Guerras dos Bálcãs de 1912 e 1913. Em janeiro de 1914, as atenções voltaram-se para o julgamento de um oficial regicida chamado Vemić, que em 1903 ganhara má fama por carregar consigo em uma mala um pedaço de pele desidratada que havia cortado do seio da rainha Draga como lembrança da noite de 11 de junho. Em outubro de 1913, durante a Segunda Guerra dos Bálcãs, Vemić fuzilou um recruta sérvio por demorar demais a obedecer a uma ordem, e foi julgado por um tribunal militar. Sua absolvição por um tribunal composto inteiramente por altos oficiais provocou a indignação de partes da imprensa belgradina, e Vemić foi chamado para um novo julgamento pela Suprema Corte da Sérvia. Mas sua sentença — míseros dez meses de prisão — foi abreviada por um perdão real, arrancado do rei pela liderança militar em fins de dezembro de 1913.[99] O corpo de oficiais "é um fator político decisivo na Sérvia atual", observou Gellinek em maio de 1914. Esse crescimento do "elemento pretoriano" na vida pública sérvia, por sua vez, representava uma intensificação da ameaça à Áustria-Hungria, pois "o corpo de oficiais é também o baluarte da tendência extremamente austrofóbica e defensora da Grande Sérvia".[100]

O ingrediente mais enigmático nessa mistura era Nikola Pašić, o "rei sem coroa da Sérvia". Pašić conteve-se durante as tempestades políticas de 1913-4 e recusou as provocações para um confronto direto com a oficialidade. "Com sua habitual agilidade", observou Gellinek em 21 de maio de 1914, o primeiro-ministro contornou as interpelações hostis na Skupština garantindo que havia "total concordância" entre o governo e a oficialidade da Sérvia em todas as questões importantes.[101] Em um relatório redigido em 21 de junho — uma semana antes dos assassinatos em Sarajevo —, Gellinek resumiu a situação em quatro pontos principais. A Coroa caíra nas mãos dos conspiradores e estava quase impotente. O Exército continuava empenhado em seus próprios objetivos na política interna e externa. O ministro russo, Nikolai Hartwig, continuava a ser uma figura de excepcional influência em Belgrado. Mas nada disso significava que se podia descartar Pašić como um fator na política sérvia; pelo contrário, o fundador e líder por três décadas do "extremamente russófilo" Partido Radical ainda ocupava, apesar de tudo, uma "posição onipotente".[102]

Entretanto, revelou-se extraordinariamente difícil estabelecer uma comunicação direta com Nikola Pašić. Um curioso episódio no outono de 1913 ilustra essa afirmação. Em 3 de outubro, Pašić fez uma visita agendada a Viena. A viagem foi oportuna, pois Viena e Belgrado estavam engalfinhadas em um confronto em torno da ocupação de partes do norte da Albânia pela Sérvia. Em 1º de outubro, uma carta alertando Belgrado de que os sérvios deviam deixar a Albânia recebera uma resposta vaga. Pašić, acompanhado por seu embaixador, participou de reuniões com vários ministros austríacos, inclusive de um almoço com o ministro austríaco das Relações Exteriores, Berchtold, o primeiro-ministro húngaro, István Tisza, Forgách, Biliński e outros. Mas em nenhum momento houve uma discussão pormenorizada da questão em pauta. Biliński, ministro conjunto das Finanças com especial responsabilidade para com a Bósnia-Herzegóvina, lembrou em suas memórias que Pašić era um interlocutor excepcionalmente evasivo. Cheio de "fogo e frases", ele rebatia as perguntas dos austríacos com vazias promessas de que "tudo vai acabar bem". Biliński também censurou Berchtold por não pressionar mais o estadista sérvio. "Miúdo, com uma esvoaçante barba patriarcal, olhos fanáticos e porte humilde", Pašić fascinou o ministro austríaco das Relações Exteriores com sua combinação de jovialidade simpática e desnorteamento intencional.[103] No primeiro encontro com ele, antes do almoço, Berchtold desarmou-se a tal ponto com a cordialidade dos preâmbulos de Pašić que, quando chegaram ao tema da Albânia, deixou de frisar a gravidade das objeções da Áustria à ocupação sérvia. À tarde, depois da reunião, de repente lhe ocorreu que se "esquecera" de informar Pašić sobre a posição inflexível de Viena naquela questão. Ficou acertado que Berchtold mencionaria a questão albanesa em conversa com o líder sérvio naquela noite, quando os dois fossem à ópera. Mas quando o ministro das Relações Exteriores chegou um pouco atrasado à sua poltrona no camarote real, descobriu que Pašić já se recolhera a seu hotel e supostamente já dormia a sono solto. O primeiro-ministro sérvio deixou Viena cedo na manhã seguinte, sem que houvesse mais reunião alguma. Berchtold sentou-se e passou a madrugada redigindo uma carta que foi levada por mensageiro ao hotel para que Pašić a recebesse quando estivesse saindo da cidade. Mas como ela foi manuscrita em cursivo alemão (e ainda por cima na famigerada caligrafia ilegível de Berchtold), Pašić não conseguiu ler a mensagem. Mesmo quando o texto foi decifrado em Belgrado, Pašić supostamente teve dificuldade para entender o que Berchtold queria dizer.[104] E o pessoal do Ministério das Relações Exteriores austríaco também não fazia ideia, pois Berchtold não pensara em preservar um rascunho do texto. Essa comédia de erros — supondo que seja possível confiar na recordação de Biliński de uma década depois — sem dúvida é, em parte, prova da confusão em que se encontrava a Áustria, e talvez também da timidez e reserva quase dolorosamente gentis de Berchtold, mas além disso sinaliza a famosa habilidade evasiva de Pašić.[105] Acima de tudo, ela nos dá um vislumbre do constrangimento que pairava sobre as relações austro-sérvias às vésperas da Primeira Guerra Mundial.

Da observação da Sérvia pela Áustria nos últimos anos, meses e semanas antes do assassinato o que emergiu foi uma interpretação razoavelmente minuciosa das forças desestabilizadoras que atuavam sobre o Estado vizinho. Um quadro hostil e, portanto, tendencioso e parcial, é bem verdade. As observações austríacas dos acontecimentos na Sérvia estavam embutidas em uma matriz de atitudes negativas, baseadas em parte na experiência e em parte em estereótipos de longa data, sobre a cultura política sérvia e seus mais destacados atores. Má-fé, ardileza, inconstância, evasivas, violência e irascibilidade eram temas recorrentes nos relatórios de enviados em Belgrado. Notoriamente ausente é uma análise detalhada das relações operacionais entre grupos austrófobos na Sérvia e o terrorismo irredentista em terras Habsburgo. É possível que o fiasco dos julgamentos de Agram-Friedjung tenha posto freios na capacidade de atuar da Inteligência austríaca depois de 1909, do mesmo modo que os escândalos Irã-Contras da presidência de Ronald Reagan nos anos 1980 acarretaram um declínio temporário na atividade secreta das agências de Inteligência americanas.[106] Os austríacos reconheceram que o Narodna Odbrana visava à subversão do domínio Habsburgo na Bósnia e tinha redes de ativistas em terras habsburguenses. Presumiram que as raízes de toda atividade irredentista sérvia no Império remontavam à propaganda pan-sérvia das redes patrióticas sediadas em Belgrado. Mas a natureza exata das ligações e das relações entre o Narodna Odbrana e a Mão Negra não foram bem compreendidas. Não obstante, os principais pontos de referência que moldariam o pensamento e a ação austríacos depois dos acontecimentos em Sarajevo estavam todos em seu lugar na primavera de 1914.

FALCÕES E POMBOS

As guerras dos Bálcãs destruíram a posição segura da Áustria na península balcânica e forjaram uma Sérvia maior e mais forte. O território do reino expandiu-se mais de 80%. Durante a Segunda Guerra dos Bálcãs, as Forças Armadas da Sérvia, lideradas por seu supremo comandante, general Putnik, mostraram disciplina e iniciativa impressionantes. O governo Habsburgo frequentemente adotava um tom de menosprezo quando deliberava sobre a ameaça militar representada por Belgrado. Em uma metáfora reveladora, Aehrenthal uma ocasião descrevera a Sérvia como um "moleque travesso" que furtava maçãs do pomar austríaco. Essa displicência não era mais possível. Um relatório do Estado-Maior de 9 de novembro de 1912 expressou surpresa com o marcante crescimento do poder de ataque da Sérvia. Melhorias na rede ferroviária que vinham sendo feitas desde o início do ano, a modernização de armamentos e equipamentos e o grande aumento do número de unidades de linha de frente, tudo financiado por empréstimos franceses, haviam transformado a Sérvia em um combatente formidável.[107] Além disso, era bem provável que a força militar sérvia viesse a crescer com o passar do tempo; 1,6 milhão de pessoas viviam nos novos territórios conquistados pela Sérvia nas duas guerras dos Bálcãs. Em um relatório de outubro de 1913, o adido militar em Belgrado, Otto Gellinek, observou que embora não houvesse razão imediata para alarme, ninguém deveria subestimar a capacidade militar do reino. Dali por diante, seria necessário, quando se calculassem as necessidades de defesa da monarquia, equiparar todas as unidades de linha de frente sérvias, homem a homem, com soldados austríacos.[108]

A questão de como responder à deterioração da segurança nos Bálcãs dividia os principais dirigentes em Viena. A Áustria-Hungria devia procurar algum tipo de ajuste com a Sérvia ou contê-la por meios diplomáticos? Viena devia se esforçar para consertar a arruinada entente com São Petersburgo? Ou a solução estava no conflito militar? Era difícil extrair respostas inequívocas das multifacetadas redes do Estado austro-húngaro. A política externa do Império não emanava de uma célula executiva compacta no topo do sistema. Emergia de interações através de um arquipélago de centros de poder cujas relações entre si eram parcialmente informais e sempre mutáveis. O Estado-Maior era um desses centros; a Chancelaria Militar do herdeiro do trono, outro. O Ministério das Relações Exteriores na Ballhausplatz era obviamente um participante essencial, embora na verdade funcionasse como uma estrutura dentro da qual grupos políticos concorrentes se acotovelavam por influência. A Constituição dualista requeria que o primeiro-ministro húngaro fosse consultado em questões de política externa imperial, e a íntima ligação entre os problemas internos e externos assegurava que outros ministros e autoridades também reivindicassem um papel na solução de problemas específicos: por exemplo, Leon Biliński, o ministro conjunto das Finanças com responsabilidade pela administração da Bósnia-Herzegóvina, ou mesmo seu teoricamente subordinado, o governador Potiorek, *Landeschef* da Bósnia, cujas ideias nem sempre concordavam com as do ministro. A urdidura do sistema era tão aberta que até figuras subalternas — diplomatas, por exemplo, ou chefes de seção no Ministério das Relações Exteriores — podiam tentar moldar a política imperial apresentando memorandos não solicitados que podiam ocasionalmente ter um papel importante no enfoque das atitudes na elite dirigente. Presidindo tudo isso estava o imperador, cujo poder de aprovar ou vetar as iniciativa de seus ministros e assessores permanecia inconteste. Mas seu papel era passivo, e não proativo. Ele também respondia a iniciativas geradas pelos centros de poder vagamente ligados da elite política e atuava como mediador entre eles.[109]

Contra o pano de fundo desse sistema notavelmente policrático destacam-se três figuras especialmente influentes: o chefe do Estado-Maior austríaco, o tenente-marechal barão Franz Conrad von Hötzendorf; o herdeiro do trono Habsburgo, arquiduque Francisco Ferdinando da Áustria-Este; e o ministro conjunto das Relações Exteriores a partir de 1912, conde Leopold von Berchtold.

Conrad von Hötzendorf foi uma das figuras mais fascinantes do alto escalão militar europeu no começo do século XX. Tinha 54 anos ao ser nomeado chefe do

7. *Conde Leopold Berchtold.*

Estado-Maior em 1906, e por toda a carreira permaneceu um inabalável proponente da guerra contra os inimigos da monarquia. Sempre mostrou opiniões agressivas sobre as relações exteriores do Império. Além disso, tinha profundas e sinceras dúvidas quanto à sua adequação para o cargo, e frequentemente acalentava a ideia de renunciar. Era tímido em companhia refinada e adorava a solidão das caminhadas nas montanhas, onde fazia melancólicos esboços a lápis de encostas íngremes amortalhadas em coníferas escuras. Sua tendência a duvidar de si mesmo era reforçada por surtos periódicos de grave depressão, especialmente depois da morte de sua mulher em 1905. Ele procurava escapar do tumulto refugiando-se em seu relacionamento com Gina von Reninghaus, mulher de um industrial vienense.

O envolvimento de Conrad nessa ligação potencialmente escandalosa lança uma vívida luz sobre sua personalidade. Tudo começou em 1907, em um jantar em Viena, quando por acaso os dois ocuparam lugares vizinhos à mesa. Cerca de uma semana depois, Conrad apresentou-se à residência dos Reininghaus na rua Operngasse e declarou à dona da casa: "Estou perdidamente apaixonado pela

8. *Conrad von Hötzendorf.*

senhora, e na minha cabeça há somente um pensamento: fazê-la minha esposa". Estupefata, Gina respondeu que aquilo estava totalmente fora de questão; ela estava presa a um "sétuplo compromisso" composto por marido e seis filhos. "Ainda assim", Conrad insistiu, "jamais descansarei. Esse anseio será minha estrela-guia."[110] Mais ou menos um dia depois, um assessor bateu à porta e informou-a de que, dada a frágil condição mental do chefe do Estado-Maior, ela deveria pensar duas vezes antes de privá-lo de esperança. O próprio Conrad veio em pessoa oito dias depois e anunciou que, se ela o recusasse definitivamente, ele renunciaria ao cargo de chefe do Estado-Maior e desapareceria da vida pública. Chegaram a um acordo: ela permaneceria no futuro próximo com o marido e os filhos. Mas, se em algum momento parecesse oportuno separar-se do cônjuge, pensaria em Conrad. O atrevido lance de Conrad, uma triunfante aplicação do culto da ofensiva à arte de cortejar, havia compensado.

Gina permaneceu com o marido por mais oito anos. Não se sabe exatamente quando ela e Conrad começaram um caso amoroso. De qualquer modo, o marido de Gina, Hans von Reininghaus, era complacente com a traição. O abastado homem de negócios tinha outras mulheres para se divertir, e a ligação com Conrad proporcionava-lhe um conveniente acesso a lucrativos contratos de fornecimento para as Forças Armadas. Nesse meio-tempo, Conrad visitou sua amada sempre que pôde. Também escreveu cartas apaixonadas, às vezes várias por dia. Mas como era impossível remetê-las sem correr o risco de um escândalo, ele as colava em um álbum intitulado "Diário dos meus sofrimentos". Além de trechos com novidades, o tema se repetia: ela era sua única alegria, só o pensar nela podia tirá-lo do abismo do desespero, seu destino estava nas mãos dela, e assim por diante. Ao todo ele acumulou mais de 3 mil cartas entre 1907 e 1915, algumas com mais de sessenta páginas. Gina só veio a saber da existência do álbum depois da morte dele.[111]

Seria difícil exagerar a importância desse relacionamento. Ele foi o centro da vida de Conrad de 1907 até a eclosão da guerra, e eclipsou todas as outras preocupações, inclusive as questões militares e políticas que chegavam à sua mesa de trabalho. Sua natureza obsessiva poderia explicar algumas características da conduta profissional de Conrad, por exemplo, a disposição para arriscar seu prestígio profissional associando-se a posições extremistas e sua relativa imunidade ao medo de ser desmascarado ou desacreditado. Ele chegou a ponto de ver a guerra como um meio de conseguir a posse de Gina. Acreditava que só como um vitorioso herói de guerra poderia vencer os obstáculos sociais e o escândalo de um casamento com uma divorciada ilustre. Em uma carta a Gina ele devaneou sobre retornar de uma "guerra nos Bálcãs" coberto com os louros do triunfo, jogar a prudência pela janela e fazê-la sua esposa.[112] As fotos desse período mostram-no como um homem zeloso por manter uma aparência máscula, garbosa e jovem. Em seus papéis privados, hoje disponíveis no arquivo Haus-, Hof- und Staatsarchiv em Viena, há anúncios de cremes antirruga recortados de jornais. Em suma, Conrad exemplificava a masculinidade frágil e nervosa do europeu característica, em alguns aspectos, do fin-de-siècle.

Conrad enfrentava os problemas geopolíticos da monarquia Habsburgo com a mesma obsessão monomaníaca vista em sua vida amorosa. Até no contexto dos comandantes militares europeus pré-1914 ele sobressai pela agressividade. Sua resposta para qualquer dificuldade diplomática era: "Guerra". Nisso ele praticamente não mudou de 1906 a 1914. Recomendou repetidamente guerras preventivas contra Sérvia, Montenegro, Rússia, Romênia e até Itália, o desleal aliado e rival da Áustria nos Bálcãs.[113] Conrad não fazia segredo dessas convicções; pelo contrário, apregoava-as em jornais como o *Militärische Rundschau*, que era notoriamente chegado ao Estado-Maior.[114] Ele se orgulhava da irredutibilidade de suas opiniões, considerando-a um indicador da solidez e constância masculinas. "Estou defendendo aqui a posição que sempre tive" era uma frase repetida nas cartas e nos relatórios que ele enviava a ministros e colegas. Além disso, preferia um estilo de comunicação abrasivo, crítico e moralista que irritava seus colegas e superiores. Em 1912, quando o caso amoroso já era um fato, Gina recomendou a Conrad que, para se entender melhor com o imperador, talvez fosse bom falar ao velho com brandura e evitar o "método do porrete".[115]

Muitos eram os possíveis inimigos no horizonte de Conrad, mas os sérvios tornaram-se sua principal preocupação. Em um memorando de fins de 1907, ele recomendou a invasão e anexação da Sérvia, que, em suas palavras, era "um constante viveiro das aspirações e maquinações voltadas para a separação das áreas eslavas do sul [do Império]".[116] Em 1908-9, quando a crise da anexação estava no auge, ele repetidamente propôs uma guerra preventiva contra Belgrado. "É um crime não fazer nada", disse a Gina von Reininghaus na primavera de 1909. "A guerra contra a Sérvia poderia ter salvo a monarquia. Dentro de poucos anos vamos nos arrepender amargamente dessa omissão; serei escolhido como o total responsável e terei de beber desse cálice até a última gota."[117] Novamente ele clamou pela guerra contra a Sérvia durante a crise da Guerra dos Bálcãs em 1912-3. Nos doze meses de 1º de janeiro de 1913 a 1º de janeiro de 1914, ele a aconselhou nada menos que 25 vezes.[118] Tal busca obcecada pelo conflito baseava-se na filosofia do darwinismo social, que via a luta e a competição pela primazia como fatos inevitáveis e necessários da vida política entre Estados. A visão de Conrad ainda não era racista (embora certamente houvesse muitos oficiais habsburguianos mais jovens que farejavam um iminente embate entre os povos germânicos e eslavos); era uma desoladora visão hobbesiana da eterna luta entre Estados fadados a buscar sua segurança em detrimento de todos os demais.[119]

Até começarem as guerras dos Bálcãs, as intervenções de Conrad foram mais altas no volume do que no impacto. A própria imutabilidade de suas ideias solapava sua credibilidade entre a liderança civil. O imperador Francisco José rejeitou terminantemente suas propostas de guerra preventiva contra a Sérvia em 1908. Aehrenthal também permaneceu impermeável aos argumentos de Conrad e foi se mostrando cada vez mais impaciente com o ardor do chefe do Estado-Maior para intervir no processo de elaboração das políticas. Em outubro de 1911, quando Conrad pressionou para que se fizesse guerra contra a Itália, Aehrenthal, farto, apresentou uma queixa formal ao imperador. Escreveu que Conrad criara um "partido da guerra" no Estado-Maior. Se essa iniciativa não fosse refreada, ia "paralisar a capacidade de ação política da monarquia".[120] O conflito chegou ao auge durante uma tempestuosa audiência com o imperador em 15 de novembro. Irritado com o turbulento chefe do Estado-Maior, o imperador Francisco José chamou-o a Schönbrunn para uma descompostura: "Esses ataques incessantes a Aehrenthal, essas alfinetadas, eu as proíbo", ele disse a Conrad. "Essas censuras eternamente recorrentes a respeito da Itália e dos Bálcãs são dirigidas a *mim*. A política — sou *eu* quem a faz! Minha política é uma política de paz. Todos têm de aprender a viver com isso."[121] Vale a pena salientar esse embate entre o imperador Habsburgo e seu chefe do Estado-Maior. Uma colisão desse teor seria impensável sob os predecessores de Conrad.[122] Era um sinal de que as partes constituintes da estrutura de comando habsburguiana estavam se separando, adquirindo uma autonomia parcial que complicava gravemente o processo de tomada de decisão. Impassível diante das reprimendas do imperador, Conrad tratou de preparar uma réplica mordaz, mas Francisco José removeu-o do cargo antes que ele tivesse a chance de apresentá-la. Sua demissão foi anunciada oficialmente em 2 de dezembro de 1911.[123]

O mais constante e influente opositor de Conrad e sua política beligerante era Francisco Ferdinando, o herdeiro do trono Habsburgo, cuja morte em Sarajevo precipitaria a Crise de Julho de 1914. Ele ocupava uma posição complexa mas crucial na estrutura de liderança habsburguiana. Na corte, era uma figura isolada. Suas relações com o imperador não eram cordiais. Fora nomeado herdeiro do trono apenas porque o filho do imperador, príncipe Rudolf, suicidara-se em janeiro de 1889. A memória daquele príncipe talentoso e ensimesmado sem dúvida toldava a relação do imperador com o homem irritadiço e temperamental que o substituíra. Só depois de cinco anos da morte do filho o imperador se dispôs a nomear Francisco Ferdinando seu sucessor presuntivo, e foi preciso mais dois anos para que, em 1896, o arquiduque se tornasse definitivamente o herdeiro do trono. Mas mesmo então as reuniões do imperador com seu sobrinho tendiam a ser marcadas por um tom de ferina condescendência, e dizia-se que o arquiduque comparecia às audiências imperiais tremendo como um garoto chamado à sala do diretor da escola.

O escândalo do casamento de Francisco Ferdinando com a nobre tcheca

9. *Francisco Ferdinando, arquiduque da Áustria-Este.*

Sophie Chotek em julho de 1900 foi mais um entrave em seu relacionamento com o imperador. O casamento era fruto do amor e contrariava a vontade do imperador e da família real Habsburgo. Embora descendesse de uma ilustre linhagem boêmia, a condessa Sophie Chotek von Chotkova e Wognin não atendia aos exigentes critérios genealógicos da Casa Habsburgo. Francisco Ferdinando teve de empreender uma longa campanha, recrutando o apoio de arcebispos, ministros e por fim até do cáiser Guilherme II e do papa Leão XIII a fim de conseguir a permissão para a união. Francisco José cedeu por fim, mas permaneceu inconformado com esse casamento até a morte violenta do casal em 1914.[124] Seu herdeiro foi obrigado a prestar um juramento excluindo da linha de sucessão ao trono Habsburgo os filhos ainda não nascidos de seu casamento. Depois das núpcias, o casal continuou a sofrer o desdém de um protocolo da corte Habsburgo que regulava quase todas as facetas da vida pública dinástica: Sophie, proibida até de usar o título de arquiduquesa, foi intitulada primeira princesa e mais tarde duquesa de Hohenberg. Não lhe era permitido estar com o marido no camarote real na ópera, sentar-se perto dele em jantares de gala ou acompanhá-lo na esplêndida carruagem real de rodas douradas. Quem mais a atormentava, impondo as regras de etiqueta em todas as oportunidades com refinada precisão, era o camareiro do imperador, príncipe Montenuovo, ele próprio filho ilegítimo de uma das esposas de Napoleão.

Depois de 1906, quando o imperador instalou seu sobrinho no posto de inspetor-geral do Exército, Francisco Ferdinando compensou seus longos anos de isolamento na corte construindo uma base de poder para si dentro da frágil estrutura executiva da dupla monarquia. Além de conseguir algumas nomeações cruciais (Aehrenthal e Conrad, entre outros), o arquiduque expandiu as atividades de sua Chancelaria Militar, sediada nas proximidades de sua residência no Baixo Belvere. Sob a enérgica supervisão de um habilidoso chefe de Estado-Maior particular, major Alexander Brosch von Aarenau, a Chancelaria Militar foi reorganizada em linhas ministeriais; seus canais de informação ostensivamente militares serviam de cobertura para a coleta de dados políticos, e uma rede de jornalistas simpatizantes dirigidos de Belvedere promulgava as ideias do arquiduque, atacava os oponentes políticos e tentava moldar debates públicos. Processando mais de 10 mil itens de correspondência por ano, a Chancelaria evoluiu para um *think tank* imperial, um centro de poder dentro do sistema que alguns viam como um "governo paralelo".[125] Como todas as organizações, essa tinha seus interesses particulares. Um estudo interno de suas operações concluiu que seu principal objetivo político era impedir qualquer "possível contratempo" que pudesse acelerar a "fragmentação nacional-federal" do Império Habsburgo.[126]

No centro dessa preocupação com a fragmentação política estava uma arraigada hostilidade contra as elites húngaras que controlavam a metade leste do Império Austro-Húngaro.[127] O arquiduque e seus assessores eram críticos declarados do sistema político dualista forjado na esteira da derrota austríaca para a Prússia em 1866. Para Francisco Ferdinando, esse esquema tinha uma falha fatal: concentrava poder nas mãos de uma elite magiar arrogante e politicamente desleal, e ao mesmo tempo marginalizava e contrariava as outras nove nacionalidades oficiais habsburguianas. Assim que se instalou com seu Estado-Maior no Baixo Belvedere, o capitão Brosch von Aarenau formou uma rede de intelectuais e especialistas não magiares insatisfeitos, e a Chancelaria Militar tornou-se uma agência central para os eslavos e romenos que se opunham às opressivas políticas de minoria do reino da Hungria.[128]

O arquiduque não fazia segredo de sua intenção de reestruturar o sistema imperial quando assumisse o trono. O objetivo principal era romper ou diminuir a hegemonia húngara na parte oriental da monarquia. Por algum tempo, Francisco Ferdinando favoreceu o fortalecimento do elemento eslavo na monarquia mediante a criação de uma "Iugoslávia" dominada pelos croatas (portanto, católica) dentro do Império. Foi sua ligação com essa ideia que despertou tanto ódio em seus inimigos sérvios ortodoxos. No entanto, aparentemente em 1914 ele abandonara esse plano em favor de uma transformação abrangente que faria do Império uma espécie de "Estados Unidos da Grande Áustria", composto de quinze Estados-membros, muitos dos quais teriam maioria eslava.[129]

Diminuindo a proeminência dos húngaros, o arquiduque e seus assessores esperavam fortalecer a autoridade da dinastia Habsburgo e ao mesmo tempo reavivar a lealdade das nacionalidades menos privilegiadas. Independentemente da opinião que se tivesse a respeito desse programa, e com certeza a dos húngaros não era das melhores, ele identificava o arquiduque como um homem de intenções radicais cuja ascensão ao trono poria fim no hábito de avançar às tontas que pareceu paralisar a política austríaca nas últimas décadas antes de 1914. O plano também situava o herdeiro do trono em direta oposição política ao soberano reinante. O imperador recusava-se a aquiescer com qualquer modificação no Compromisso dualista de 1867, que ele considerava a mais duradoura realização de seus primeiros anos no trono.

O programa de reforma doméstica de Francisco Ferdinando também tinha implicações de longo alcance para suas ideias sobre a política externa. Ele acreditava que a debilidade estrutural da monarquia naquele período e a necessidade de uma reforma interna radical excluíam uma política externa baseada no confronto. Assim, Francisco Ferdinando opunha-se inflexivelmente ao aventureirismo agressivo de Conrad. Havia nisso uma ironia, pois fora Francisco Ferdinando, em seu papel de inspetor-chefe, quem alçara Conrad à chefia do Estado-Maior, promovendo-o em detrimento de muitos oficiais com melhores qualificações. Talvez tenha sido por isso que muitos, equivocadamente, viam o arquiduque como o cabeça do partido da guerra austríaco. Os dois homens concordavam em algumas questões, é verdade: o tratamento igualitário para as nacionalidades, por exemplo, e a reforma de altos oficiais veteranos que provavelmente decepcionariam em caso de guerra.[130] Francisco Ferdinando também gostava pessoalmente de Conrad, em parte, talvez, porque ele demonstrava respeito e simpatia por sua mulher (em geral o herdeiro do trono julgava as pessoas pelo modo como lidavam com seu constrangedor casamento, e Conrad, por motivos óbvios, era propenso a apoiar a heterodoxa escolha de parceira do arquiduque). Mas na esfera da segurança e diplomacia, os dois tinham opiniões diametralmente opostas.

Conrad via o Exército apenas como um instrumento da guerra moderna e estava totalmente disposto a modernizá-lo e prepará-lo para as condições reais do próximo grande conflito; para Francisco Ferdinando, em contraste, o Exército era sobretudo uma salvaguarda da estabilidade interna. Francisco Ferdinando era um navalista, decidido a consolidar o domínio austríaco no Adriático com a construção de uma frota de encouraçados; para Conrad, a Marinha era um escoadouro de recursos que poderiam ser mais bem investidos nas forças terrestres: "a mais bela vitória naval não compensaria uma derrota em terra", ele disse ao arquiduque.[131] Ao contrário de Conrad, Francisco Ferdinando opunha-se à anexação da Bósnia. "Tendo em vista nossa desoladora situação interna", ele disse a Aehrenthal em agosto de 1908, "sou, por princípio, contra todos esses abusos da força".[132] Em meados de outubro, perturbado com a furiosa reação na Sérvia à anexação, ele alertou Aehrenthal para que não deixasse a crise resvalar para a guerra: "Nada ganharíamos com isso, e parece até que esses sapos balcânicos, incitados pela Inglaterra e talvez pela Itália, querem nos aguilhoar até uma ação militar precipitada".[133] Não tinha problema dar uma surra nos sérvios e montenegrinos, ele confidenciou a Brosch, mas de que serviriam aqueles "louros baratos" se levassem o Império a uma escalada geral na Europa e a "uma luta em duas ou três frentes" impossível de sustentar? Conrad tinha de ser contido, ele avisou. O rompimento declarado veio em dezembro de 1911, quando Conrad propôs que a Áustria-Hungria aproveitasse a oportunidade criada pela Guerra da Líbia e atacasse a Itália. Foi em grande medida porque Francisco Ferdinando o abandonou que Conrad acabou demitido pelo imperador em dezembro de 1911.[134]

O mais influente aliado de Francisco Ferdinando era o novo ministro habsburguiano das Relações Exteriores, o conde Leopold Berchtold von und zu Ungarschitz, Frättling und Püllütz. Berchtold era um nobre de imensa riqueza e gosto exigente, um polido e aristocrático representante da classe de proprietários de terra que ainda predominava nos altos escalões do governo austro-húngaro. De temperamento cauteloso, temeroso até, ele não era um político instintivo. Suas verdadeiras paixões eram a arte, a literatura e as corridas de cavalo, e a todas elas dedicava-se com o máximo empenho que sua riqueza lhe permitia. Aceitara seguir a carreira diplomática mais por lealdade pessoal ao imperador e ao ministro das Relações Exteriores Aehrenthal do que em razão de algum apetite por renome ou poder pessoal. A relutância que ele demonstrava quando o convidavam a aceitar cargos cada vez mais elevados e de maior responsabilidade era inquestionavelmente genuína.

Depois de ser transferido do serviço civil para o Ministério das Relações Exteriores, Berchtold serviu nas embaixadas de Paris e Londres antes de assumir um cargo em São Petersburgo em 1903. Lá ele se tornou grande amigo e aliado de Aehrenthal, que desde 1899 era embaixador na Rússia. O posto em São Petersburgo agradava a Berchtold porque ele era um ardoroso defensor da entente austro-russa. Acreditava que relações harmoniosas com a Rússia, baseadas na cooperação em áreas de potencial conflito como os Bálcãs, eram cruciais tanto para a segurança do Império como para a paz na Europa. Dava-lhe grande satisfação profissional ser capaz, como colega de Aehrenthal em São Petersburgo, de ter um papel na consolidação das boas relações entre as duas potências. Quando Aehrenthal partiu para Viena, Berchtold aceitou de bom grado o posto de embaixador, confiante por saber que suas ideias a respeito das relações austro-húngaras eram totalmente condizentes com as do novo ministro em Viena.[135]

Foi um choque, portanto, descobrir-se na linha de frente quando as relações austro-russas deram uma guinada para pior em 1908. Os primeiros dezoito meses de Berchtold no cargo haviam sido relativamente harmoniosos, apesar de sinais de que Izvolsky estava se afastando da entente com a Áustria em direção a uma estratégia continental baseada na nova entente anglo-russa de 1907.[136] Mas a crise da anexação da Bósnia destruiu qualquer perspectiva de continuar a colaborar com o ministro russo das Relações Exteriores e solapou a política de détente que inspirara Berchtold a aceitar o cargo. Berchtold lamentou profundamente a disposição de Aehrenthal para arriscar a boa vontade dos russos em troca de prestígio austro-húngaro. Em carta ao ministro enviada em 19 de novembro de 1908, Berchtold fez uma crítica implícita à política de seu ex-mentor. Tendo em vista a "patológica escalada do sentimento nacional russo influenciado pelo pan-eslavismo", ele escreveu, a continuação da "ativa política para os Bálcãs que iniciamos" inevitavelmente teria "um impacto negativo adicional sobre nossas relações com a Rússia". Os eventos recentes haviam tornado "extremamente difícil" seu trabalho em São Petersburgo. Outro homem talvez conseguisse encontrar o carisma e a simpatia necessários para restaurar as boas relações, "mas para alguém com minhas modestas capacidades, isso parece equivalente a quadrar o círculo". Ele concluiu pedindo para ser removido do cargo assim que a situação voltasse ao normal.[137]

Berchtold permaneceria em São Petersburgo até abril de 1911, mas seu cargo passou a ser um fardo. A ostentação de riqueza que caracterizava a vida social das oligarquias da São Petersburgo do início do século XX começara a enfastiá-lo. Em janeiro de 1910 ele foi a um imenso baile no palácio da condessa Thekla Orlov-Davidov — uma construção projetada por Boulanger nos moldes de Versalhes, onde os salões de baile e as galerias estavam enfeitados com milhares de flores frescas vindas de estufas da Riviera Francesa, transportadas em um trem fretado em pleno inverno setentrional. Até para aquele riquíssimo conhecedor de arte e entusiasta dos cavalos de corrida era difícil digerir tamanha dissipação.[138] Foi com imenso alívio que Berchtold deixou São Petersburgo e voltou para sua propriedade em Buchlau. O período de recuperação duraria apenas dez meses. Em 19 de fevereiro de 1912, o imperador chamou-o a Viena e o nomeou sucessor de Aehrenthal no Ministério das Relações Exteriores.

Berchtold levou para seu novo cargo um desejo sincero de reparar as relações com a Rússia; aliás, fora a convicção de que ele seria capaz de concretizar esse objetivo que levara o imperador a nomeá-lo.[139] A busca pela détente tinha o apoio do novo embaixador austríaco em São Petersburgo, conde Duglas Thurn, e Berchtold logo descobriu que contava com um poderoso aliado: Francisco Ferdinando. O arquiduque imediatamente grudou no novo ministro das Relações Exteriores; cobriu-o de conselhos, assegurou-lhe que ele seria muito melhor do que seus "horrorosos predecessores, Goluchowski e Aehrenthal", e apoiou a política da détente nos Bálcãs.[140] Por enquanto não estava claro o que se poderia fazer para melhorar as coisas com a Rússia: Nikolai Hartwig estava encorajando o ultranacionalismo sérvio, inclusive a agitação irredentista na monarquia Habsburgo; mais importante, e ignorado pelos austríacos, era o fato de que agentes russos já se empenhavam vigorosamente para formar uma Liga Balcânica contra a Turquia e a Áustria. Ainda assim, a nova administração no Ministério Conjunto das Relações Exteriores estava disposta a buscar a troca de ideias. Sua política, anunciou Berchtold em um discurso à delegação húngara em 30 de abril de 1912, seria "de estabilidade e paz, buscando conservar o que existe e evitar complicações e choques".[141]

As guerras dos Bálcãs levariam esse comprometimento a um ponto crítico. O principal alvo de disputa era a Albânia. Os austríacos permaneciam comprometidos com a criação de uma Albânia independente, esperando que, com o tempo, ela pudesse tornar-se um satélite austríaco. O governo sérvio, por sua vez, estava decidido a conseguir uma faixa de território ligando o interior do país à costa do

Adriático. Durante os conflitos nos Bálcãs em 1912 e 1913, sucessivos ataques sérvios ao norte da Albânia provocaram uma série de crises internacionais. O resultado foi uma acentuada deterioração nas relações austro-sérvias. Esvaiu-se a disposição da Áustria para atender as exigências sérvias (ou mesmo para levá-las a sério), e a Sérvia, ganhando confiança com a aquisição de novas terras ao sul e sudeste, tornou-se uma presença cada vez mais ameaçadora.

A hostilidade austríaca ao triunfante progresso de Belgrado intensificou-se a partir do outono de 1913 com notícias medonhas vindas das áreas conquistadas por forças sérvias. De Jehlitschka, o cônsul-geral austríaco em Skopje, chegaram em outubro de 1913 informes sobre atrocidades contra os habitantes da região. Uma dessas notícias falava da destruição de dez vilarejos, com o extermínio de toda a população. Primeiro os homens foram forçados a sair da povoação, para ser enfileirados e fuzilados; depois as casas foram incendiadas e, quando as mulheres e crianças fugiram do fogo, foram mortas a baioneta. Em geral, relatou o cônsul, os oficiais mataram os homens, e as mulheres e crianças foram deixadas para os alistados. Outra fonte relatou a conduta de soldados sérvios após a tomada de Gostivar, cidade em uma área onde ocorrera um levante dos albaneses contra os invasores sérvios. Cerca de trezentos muçulmanos de Gostivar que não tinham participado do levante foram presos e levados à noite para fora da cidade em grupos de vinte ou trinta, espancados e mortos a coronhadas e golpes de baioneta (porque tiros acordariam os moradores da cidade), e por fim jogados em uma grande cova, aberta de antemão para esse propósito. Aqueles não eram atos espontâneos de brutalidade, Jehlitschka concluiu, e sim uma "operação de aniquilação ou eliminação sistemática, a sangue-frio, que parece ter sido executada por ordens superiores".[142]

Esses relatos, que como vimos condizem com os de funcionários britânicos na área, inevitavelmente afetaram os ânimos e a atitude da liderança política em Viena. Em maio de 1914, o enviado sérvio em Viena, Jovanović, comunicou que até o embaixador francês tinha reclamado com ele sobre o comportamento dos sérvios nas novas províncias; ele ouvira queixas semelhantes de colegas gregos, turcos, búlgaros e albaneses, e temia que o dano à reputação da Sérvia pudesse ter "péssimas consequências".[143] As desculpas despreocupadas de Pašić e seus ministros reforçaram a impressão de que o governo estava ele próprio por trás daquelas atrocidades, ou não tinha intenção de fazer coisa alguma para impedi-las ou investigá-las. O ministro austro-húngaro em Belgrado achou graça ao ver artigos na imprensa vienense aconselhando o governo sérvio a tratar com brandura as minorias e conquistá-las com uma política de conciliação. Uma recomendação dessas talvez fosse atendida em "Estados civilizados", ele observou em uma carta a Berchtold. Mas a Sérvia era um Estado onde "assassinatos e chacinas foram promovidos a sistema".[144] É difícil medir o impacto desses informes sobre a política austríaca; eles não surpreenderam aqueles em Viena que já tinham uma visão altamente estereotipada da Sérvia e seus cidadãos. No mínimo, realçaram aos olhos de Viena a ilegitimidade da expansão territorial sérvia.

Apesar de tudo, uma guerra entre Áustria e Sérvia não parecia provável na primavera e no verão de 1914. Os ânimos em Belgrado estavam relativamente calmos na primavera daquele ano, refletindo a exaustão e a saturação depois das Guerras dos Bálcãs. A instabilidade das áreas recém-conquistadas e a crise civil-militar que abalou a Sérvia em maio levavam a pensar que o governo de Belgrado se concentraria em tarefas de consolidação doméstica no futuro próximo. Em um relatório enviado em 24 de maio de 1914, o ministro austro-húngaro em Belgrado, barão Giesl, observou que, embora permanecesse elevado o número de soldados sérvios na fronteira albanesa, não parecia haver razão para temer futuras incursões.[145] E três semanas depois, em 16 de junho, um comunicado de Gellinek, o adido militar em Belgrado, mostrava o mesmo tom plácido. É verdade que oficiais em férias tinham sido chamados de volta ao serviço, que fora pedido aos reservistas para não deixarem seu atual endereço e que o Exército estava sendo mantido em acentuado estado de prontidão. Mas não havia sinais de intenções agressivas contra a Áustria-Hungria ou a Albânia.[146] Tudo estava tranquilo na frente sul.

Também não havia indícios de que os próprios austríacos andassem pensando em guerra. No começo de junho, Berchtold ordenou a um veterano chefe de seção do Ministério das Relações Exteriores, o barão Franz Matscheko, que preparasse um relatório secreto sobre a situação corrente, resumindo as principais preocupações do Império nos Bálcãs e propondo soluções. O Memorando Matscheko, que foi redigido depois de consulta a Forgách e Berchtold e posto sobre a mesa do ministro das Relações Exteriores em 24 de junho, é o quadro mais claro que temos do pensamento de Viena no verão de 1914. Não é um documento animador. Matscheko aponta apenas dois avanços nos Bálcãs: sinais de uma aproximação entre Áustria-Hungria e Bulgária, que haviam "finalmente acordado da hipnose russa", e a criação de uma Albânia independente.[147] Mas a Albânia não era exatamente um modelo bem-sucedido de formação de Estado: apresentava altos níveis de turbulência e ilegalidade, e entre os albaneses havia o consenso de que a ordem não seria alcançada sem ajuda externa.[148] Quase todo o resto era negativo. A Sérvia, aumentada e fortalecida pelas duas Guerras dos Bálcãs, representava uma ameaça maior do que nunca, e a opinião pública romena mudara a favor da Rússia, suscitando a questão de quando a Romênia se desligaria formalmente da Tríplice Aliança e se alinharia àquele país. A Áustria confrontava-se a cada momento com uma política russa — apoiada por Paris — que era "em último recurso agressiva e dirigida contra o status quo". Pois, agora que a Turquia da Europa fora destruída, o único propósito por trás de um apoio russo à Liga Balcânica só poderia ser o desmembramento, por fim, do próprio Império Austro-Húngaro, cujas terras a Rússia um dia daria aos seus famintos satélites.

Qual era o remédio? O memorando concentrava-se em quatro objetivos diplomáticos essenciais. Primeiro, era preciso conseguir que os alemães se alinhassem com a política austríaca para os Bálcãs; Berlim invariavelmente não entendia a gravidade dos problemas que Viena enfrentava na península balcânica e teria de ser educada para adotar uma atitude de maior apoio. Segundo, a Romênia devia ser pressionada para explicitar onde estava sua lealdade. Os russos vinham cortejando Bucareste na esperança de ganhar um novo saliente contra a Áustria-Hungria. Se os romenos tencionavam alinhar-se com a entente, Viena precisava saber o quanto antes, para providenciar a defesa da Transilvânia e do resto do leste da Hungria. Terceiro, era preciso um esforço para apressar a conclusão de uma aliança com a Bulgária a fim de contrabalançar os efeitos do estreitamento de relações entre Rússia e Belgrado. Finalmente, era hora de tentar atrair a Sérvia para longe de uma política de confronto usando concessões econômicas, embora Matscheko se mostrasse cético quanto à possibilidade de vencer com esse expediente a hostilidade de Belgrado.

Um tom nervoso, paranoico, marca o memorando de Matscheko, uma estranha combinação de estridência e fatalismo que muitos austríacos contemporâneos teriam reconhecido como característica do clima e do estilo cultural da Viena do começo do século XX. No entanto, não havia sinal de que Viena considerasse iminente, necessária ou desejável uma guerra, fosse ela limitada ou mais geral. Ao contrário, era firme o enfoque sobre métodos e objetivos diplomáticos, em consonância com a autoimagem de Viena como expoente de uma "política de paz conservadora".[149]

Conrad, por outro lado, que em dezembro de 1912 fora de novo chamado para chefiar o Estado-Maior, permanecia roboticamente favorável à política de guerra. Mas sua autoridade estava minguando. Em maio de 1913, descobriu-se que o coronel Alfred Redl, ex-chefe da contrainteligência militar e chefe do Estado-Maior do 8º Corpo de Exército em Praga, vinha rotineiramente entregando altos segredos militares austríacos a São Petersburgo, inclusive cronogramas inteiros de mobilização, cujas linhas gerais, por sua vez, foram passadas pelos russos a Belgrado. O escândalo lançou uma luz nada favorável sobre a habilidade de Conrad como administrador militar, para dizer o mínimo, pois ele era o responsável por todas as nomeações naquele nível. Redl era um homossexual extrovertido cujas ligações indiscretas e caras faziam dele um alvo fácil para os especialistas em chantagem da Inteligência russa. Como Conrad, o homem que fora o responsável por acompanhar o progresso de Redl desde 1906, podia ter deixado de perceber isso? Era notório o fato de que pouco se interessava por esse aspecto de seu trabalho e só conhecia por alto muitos dos militares nomeados mais antigos. Ele agravou seu erro mandando pressionar o coronel que caíra em desgraça a suicidar-se com uma pistola, entregue a ele em um quarto de hotel. Redl descarregou a pistola em si mesmo, um vergonhoso desfecho que aborreceu o herdeiro do trono, católico devoto, e, mais a propósito, privou o Estado-Maior da oportunidade de arrancar de Redl um relato completo do que fora entregue a São Petersburgo, e como isso fora feito.

Talvez essa tenha sido exatamente a intenção de Conrad, pois descobriu-se que entre os envolvidos no tráfico de segredos militares austríacos havia um oficial do Estado-Maior de descendência eslava do sul chamado Čedomil Jandrić, que era um grande amigo do filho de Conrad, Kurt. Čedomil e Kurt tinham sido colegas de classe na Academia Militar e costumavam sair juntos para beber e se divertir. Surgiram indícios de que Jandrić, juntamente com a amante italiana de Hötzendorf Júnior (nesse aspecto, pelo menos, Kurt saíra ao pai), e vários outros amigos tinham andado envolvidos na venda de segredos militares aos italianos, a maioria dos quais foi então passada pelos italianos a São Petersburgo. O próprio Kurt von Hötzendorf pode ter se envolvido diretamente em atividade de espionagem para os russos, se forem verdadeiras as afirmações do coronel Mikhail Alekseevich Svechin, que na época era o chefe da Inteligência militar do distrito militar de São Petersburgo. Svechin lembrou mais tarde que entre os agentes austríacos que abasteciam a Rússia de informações militares sigilosas de alta qualidade incluía-se o filho do chefe do Estado-Maior; dizia-se que o rapaz entrara furtivamente na sala de trabalho do pai e pegara os documentos de planejamento de guerra do Estado-Maior para copiar. É fácil imaginar o impacto sobre Conrad dessas bizarras complicações. O verdadeiro grau de culpabilidade de Kurt von Hötzendorf (se é que ele foi mesmo um agente) não foi revelado na época, mas em uma reunião de alto escalão presidida por Conrad em Viena em maio de 1913 anunciou-se que o jovem fora considerado culpado de omitir informações importantes sobre seus companheiros comprometidos. Depois de exortar os participantes a decidir pela penalidade mais severa, Conrad sentiu tontura, pediu licença e foi autorizado a deixar a sala temporariamente.[150] Apesar de toda a sua arrogância, o chefe do Estado-Maior ficou profundamente abatido com o desastre de Redl, e mostrou-se atipicamente quieto nos meses do verão de 1913.[151]

Francisco Ferdinando ainda era o maior obstáculo à política de guerra. O herdeiro do trono se empenhava mais do que qualquer um para neutralizar o impacto dos conselhos de Conrad sobre os principais decisores. No começo de fevereiro de 1913, apenas seis semanas depois de Conrad ser reconvocado para a chefia do Estado-Maior, Francisco Ferdinando lembrou-lhe durante uma reunião no Palácio de Schönbrunn de que era "dever do governo preservar a paz". Conrad replicou, com sua costumeira franqueza: "Mas certamente não a qualquer preço".[152] Francisco Ferdinando repetidamente aconselhou Berchtold a não dar atenção aos argumentos do chefe do Estado-Maior e enviou seu ajudante, coronel Carl Bardolff, para dizer a Conrad que não "impelisse" o ministro das Relações Exteriores "a uma ação". O arquiduque, Conrad foi informado, em nenhuma circunstância "aprovaria uma guerra com a Rússia"; ele não queria "uma só ameixeira, uma só ovelha da Sérvia; nada estava mais longe de sua mente".[153] As relações entre os dois homens andavam cada vez mais conflituosas. No outono de 1913 a hostilidade veio à tona. Francisco Ferdinando repreendeu asperamente o chefe do Estado-Maior diante de um grupo de altos oficiais por alterar a ordem das manobras sem consultá-lo. Só a mediação do ex-chefe do Estado-Maior de Francisco Ferdinando, Brosch von Aarenau, impediu Conrad de se demitir. Era apenas questão de tempo para que ele fosse forçado a deixar o cargo. "Desde o caso Redl", recordou um dos ajudantes do arquiduque, "o chefe era um homem morto [...] era só uma questão de marcar a data do funeral."[154] Depois de outras altercações nas manobras de verão na Bósnia, Francisco Ferdinando decidiu se livrar de seu encrenqueiro chefe do Estado-Maior. Se o arquiduque tivesse sobrevivido à sua visita a Sarajevo, Conrad teria sido demitido. Os falcões teriam perdido seu mais resoluto e inflexível porta-voz.

Nesse meio-tempo houve sinais de melhora, pelo menos na superfície, nas relações diplomáticas com Belgrado. O governo austro-húngaro possuía 51% das ações da Companhia Ferroviária Oriental, uma sociedade internacional que operava uma concessão inicialmente turca na Macedônia. Agora que a maior parte dos trilhos da companhia passara ao controle sérvio, Viena e Belgrado precisavam combinar quem era proprietário da ferrovia, quem seria responsável pelo custo de reparar danos de guerra e como e se o trabalho deveria continuar. Como Belgrado insistia na propriedade total na Sérvia, as negociações começaram na primavera de 1914 para chegar-se a um preço e às condições da transferência. As discussões foram complexas, difíceis e ocasionalmente rancorosas, em especial quando intervenções arbitrárias de Pašić em questões secundárias perturbaram o curso das negociações. Mas receberam alguma cobertura positiva da imprensa austríaca e sérvia, e ainda estavam em andamento quando o arquiduque viajou para Sarajevo.[155] Outro avanço alentador foi um acordo, no fim de maio de 1914, após meses de disputas oficiais, para a troca de alguns prisioneiros mantidos por ambos os Estados sob acusação de espionagem. Eram pequenas mas auspiciosas indicações de que, com o tempo, a Áustria-Hungria e a Sérvia poderiam aprender a viver como boas vizinhas.

PARTE II
UM CONTINENTE DIVIDIDO

3. A polarização da Europa, 1887-1907

Comparando um diagrama das alianças entre as grandes potências europeias em 1887 com um mapa semelhante para 1907, vemos os contornos de uma transformação. O primeiro diagrama revela um sistema multipolar no qual várias forças e interesses compensam-se mutuamente em equilíbrio precário. A Grã-Bretanha e a França eram rivais na África e no sul da Ásia; a Grã-Bretanha confrontava a Rússia e a Pérsia na Ásia Central. A França estava decidida a reverter o veredicto da vitória alemã de 1870. Interesses conflitantes nos Bálcãs geravam tensões entre a Rússia e a Áustria-Hungria. A Itália e a Áustria eram rivais no Adriático e intermitentemente disputavam o domínio sobre as comunidades italófonas do Império Austro-Húngaro, enquanto tensões grassavam entre a Itália e a França em torno da política francesa no norte da África. Todas essas pressões eram contidas pela colcha de retalhos do sistema de 1887. A Tríplice Aliança entre Alemanha, Áustria e Itália (20 de maio de 1882) impedia que as tensões entre Roma e Viena explodissem em um conflito aberto. O defensivo Tratado de Resseguro entre Alemanha e Rússia (18 de junho de 1887) continha artigos destinados a dissuadir cada uma dessas duas potências a tentar a sorte na guerra com outro Estado continental e isolava a relação russo-germânica contra efeitos colaterais das tensões austro-russas.* Essa relação também assegurava que a França seria

* Sob as condições do Tratado de Resseguro, as duas potências concordaram em manter a neutra-

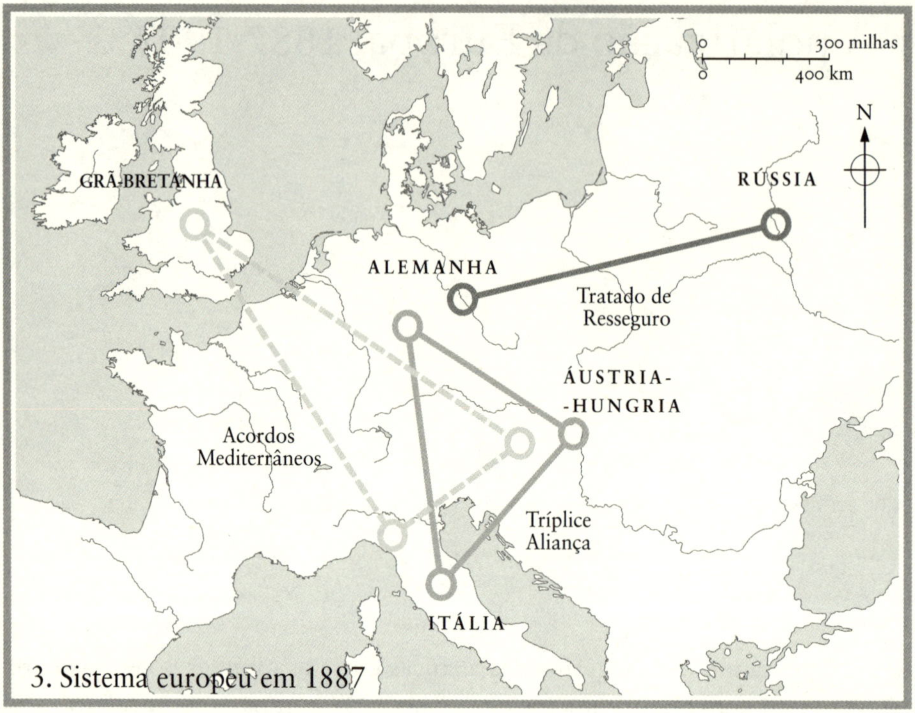

3. Sistema europeu em 1887

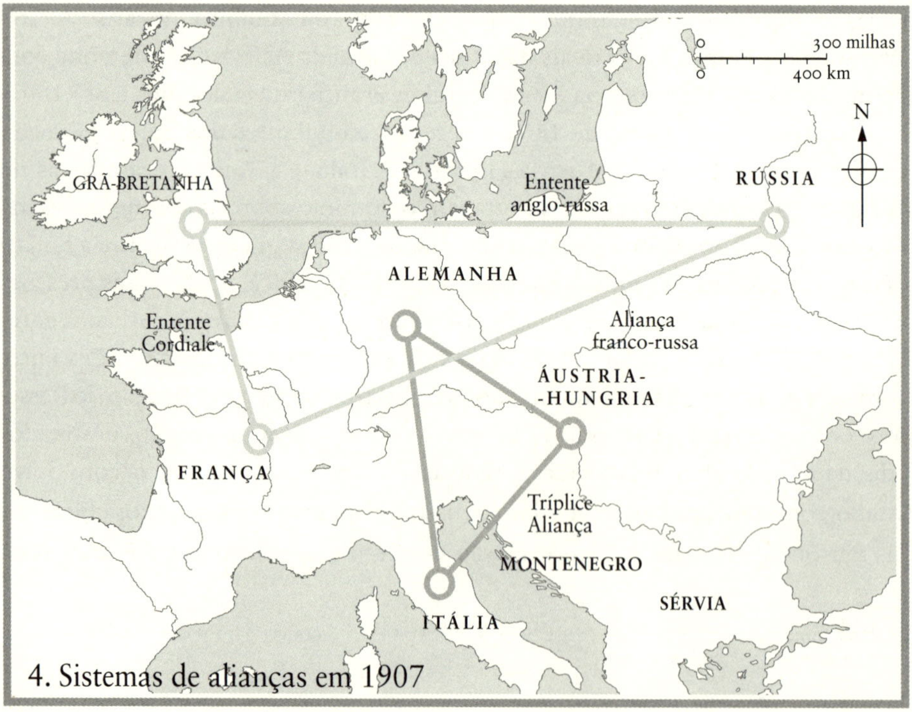

4. Sistemas de alianças em 1907

incapaz de formar uma coalizão antigermânica com a Rússia. E a Grã-Bretanha estava vagamente ligada ao sistema continental através do Acordo Mediterrâneo de 1887 com a Itália e a Áustria — uma troca de comunicados em vez de um tratado — cujo propósito era frustrar as pretensões da França no Mediterrâneo e as da Rússia nos Bálcãs e nos estreitos da Turquia.

Vinte anos depois, um diagrama das alianças europeias em 1907 mostra uma situação radicalmente distinta. Vemos uma Europa bipolar organizada com base em dois sistemas de alianças. A Tríplice Aliança continua em vigor (embora a lealdade da Itália a esse pacto seja cada vez mais questionável). França e Rússia associaram-se na aliança franco-russa (redigida em 1892 e ratificada em 1894), segundo a qual se algum membro da Tríplice Aliança se mobilizasse, os dois países signatários "a partir da primeira notícia sobre o acontecimento e sem necessidade de qualquer combinação prévia" mobilizariam imediatamente o total de suas forças e as usariam "com tal rapidez que a Alemanha seja forçada a combater simultaneamente no leste e no oeste".[1] A Grã-Bretanha está ligada à aliança franco-russa através da Entente Cordiale com a França (1904) e da entente anglo-russa de 1907. Alguns anos se passarão antes que esses frouxos alinhamentos se retesem nas coalizões que travarão a Primeira Guerra Mundial na Europa, mas os perfis dos dois campos armados já estão claramente visíveis.

A polarização do sistema geopolítico na Europa foi uma condição prévia essencial para a guerra que eclodiu em 1914. Era quase impossível prever que uma crise nas relações austro-sérvias, por mais grave que fosse, poderia arrastar a Europa para uma guerra continental. A bifurcação em dois blocos de alianças *não causou* a guerra; na verdade, contribuiu tanto para sofrear como para escalar os conflitos nos anos pré-guerra. Sem os dois blocos, porém, o conflito não teria começado como começou. O sistema bipolar estruturou o ambiente no qual as decisões cruciais foram tomadas. Para entender como se deu essa polarização, precisamos responder quatro questões interligadas. Por que a Rússia e a França firmaram uma aliança contra a Alemanha nos anos 1890? Por que a Grã-Bretanha optou por aderir a essa aliança? O que a Alemanha fez para ensejar seu cerco por uma coalizão hostil? E em que medida a transformação estrutural do sistema de alianças pode explicar os acontecimentos que trouxeram a guerra à Europa em 1914?

---

lidade caso uma delas se envolvesse em uma guerra contra um terceiro país; mas também concordaram que a neutralidade não se aplicaria se a Alemanha atacasse a França ou a Rússia atacasse a Áustria-Hungria.

LIGAÇÃO PERIGOSA: A ALIANÇA FRANCO-RUSSA

As raízes da aliança franco-russa provêm da situação criada na Europa pela formação do Império Germânico em 1870. Por séculos o centro germânico da Europa fora fragmentado e fraco; agora estava unido e forte. A guerra de 1870 trouxe uma precariedade permanente às relações entre a Alemanha e a França. A própria escala da vitória da Alemanha sobre a França, uma vitória que a maioria dos contemporâneos não previra, traumatizou as elites do país vencido, precipitou uma crise que calou fundo na cultura francesa, enquanto a anexação da Alsácia-Lorena — proposta insistentemente pelos militares e aceita com relutância pelo chanceler alemão Otto von Bismarck — impôs um fardo duradouro sobre as relações franco-alemãs.[2] A Alsácia-Lorena tornou-se o santo graal do culto francês da revanche e deu o foco a sucessivas ondas de agitação chauvinista. As províncias perdidas nunca foram a única força propulsora da política francesa. No entanto, periodicamente inflamaram a opinião pública e exerceram uma constante pressão sobre os dirigentes em Paris. Mesmo sem a anexação, porém, a própria existência do novo Império Germânico teria transformado a relação com a França, cuja segurança tradicionalmente se fiava na fragmentação política da Europa germânica.[3] Após 1871, a França estava destinada a buscar todas as oportunidades possíveis para conter a nova e formidável potência em sua fronteira oriental. Assim, uma duradoura inimizade entre França e Alemanha estava, de certa forma, programada no sistema internacional europeu.[4] É difícil mensurar o impacto dessa transformação sobre a história mundial. Dali por diante, as relações entre os Estados europeus seriam movidas por uma dinâmica nova e desconhecida.

Diante do tamanho e da potencial capacidade militar do novo Império Germânico, o principal objetivo da política francesa tinha de ser conter a Alemanha formando uma aliança antigermânica. O mais atraente candidato para essa parceria, apesar de seu sistema político muito diferente, era a Rússia. Como observou em 1897 o ex-embaixador americano em Paris J. B. Eustis, a França "tinha um entre dois caminhos a seguir: ser autoconfiante e independente, fiando-se em seus próprios recursos para enfrentar qualquer perigo [...] ou procurar forjar uma aliança com a Rússia, a única potência que lhe era acessível".[5] Se isso acontecesse, a Alemanha confrontaria a ameaça de uma aliança potencialmente hostil em duas frentes separadas.[6]

Berlim só poderia impedir essa situação atrelando a Rússia a um sistema de aliança próprio. Essa era a lógica da Liga dos Três Imperadores assinada pela Alemanha com a Áustria e a Rússia em 1873. Mas qualquer sistema de aliança que incorporasse a Rússia e a Áustria-Hungria era necessariamente instável, devido à convergência de interesses das duas potências nos Bálcãs. Se a contenção dessas tensões se mostrasse impossível, a Alemanha seria forçada a escolher entre a Áustria-Hungria e a Rússia. Se escolhesse a Áustria-Hungria, cairia a barreira para uma parceria franco-russa. O chanceler alemão Otto von Bismarck, principal arquiteto do Império e de sua política externa até deixar o cargo em março de 1890, tinha plena consciência do problema e moldou sua política de acordo com ele. Seu objetivo, como declarou no verão de 1877, era criar "uma situação política geral na qual todas as potências, exceto a França, precisem de nós e, em virtude de suas relações mútuas, sejam impedidas tanto quanto possível de formar coalizões contra nós".[7] Bismarck adotou uma política de duplo objetivo: de um lado, evitar confrontos diretos entre a Alemanha e outras grandes potências, e, de outro, explorar a discórdia entre as outras potências sempre que possível em proveito da Alemanha.

Bismarck teve um êxito considerável nesses dois objetivos. Reduziu o risco de se indispor com os britânicos mantendo-se fora da corrida por colônias na África e no Pacífico. Adotou uma postura de escrupuloso desinteresse nos assuntos balcânicos, declarando em um famoso discurso no Reichstag em dezembro de 1876 que a Questão Balcânica não valia "os sadios ossos de um único mosqueteiro pomerânio".[8] Quando a guerra da Rússia contra o Império Otomano em 1877-8 provocou uma importante crise internacional, Bismarck usou o Congresso de Berlim para persuadir as potências de que a Alemanha era capaz de agir como a guardiã desinteressada da paz continental. Fazendo a mediação no conflito em torno do acordo territorial pós-guerra sem buscar recompensa direta para a Alemanha, o chanceler procurou demonstrar que a paz europeia e a segurança alemã eram, na prática, a mesma coisa.[9] Em 1887, o auge do sistema de alianças bismarckiano, a Alemanha estava ligada por algum tipo de acordo a praticamente todas as potências do continente. A Tríplice Aliança com a Áustria e a Itália e o Tratado de Resseguro com a Rússia asseguraram que a França permanecesse excluída e incapaz de encontrar uma coalizão antigermânica. O Acordo Mediterrâneo entre Grã-Bretanha, Itália e Áustria, firmado com a mediação de Bismarck, indiretamente ligava Berlim (via Tríplice Aliança) até com Londres.

Mas havia limites para o que a diplomacia bismarckiana podia alcançar, especialmente no que se referia à Rússia, cujos interesses nos Bálcãs eram difíceis de conciliar com a frágil estrutura da Aliança dos Três Imperadores. A crise búlgara de meados dos anos 1880 é um exemplo. Em 1885, um movimento irredentista búlgaro apoderou-se da Rumélia Oriental, governada pelo Império Otomano vizinho, e anunciou a criação da Grande Bulgária.[10] O governo russo opôs-se à anexação porque deixava os búlgaros preocupantemente próximos do Bósforo e de Constantinopla, a estratégica menina dos olhos da Rússia. Em contraste, o governo britânico, irritado por recentes provocações russas na Ásia Central, ordenou a seus cônsules que reconhecessem o novo regime búlgaro. Foi então que o rei Milan, da Sérvia, tumultuou ainda mais as coisas invadindo a Bulgária em novembro de 1885. Os sérvios foram rechaçados, e a Áustria teve de intervir para impedir que os búlgaros ocupassem Belgrado. No acordo de paz que se seguiu, os russos conseguiram bloquear o reconhecimento total da Grande Bulgária, mas foram obrigados a aceitar uma forma de união pessoal entre as partes norte e sul (otomanas) do país. Outras intervenções russas, incluindo sequestro, intimidação e abdicação forçada do príncipe búlgaro, não conseguiram impingir ao governo búlgaro obediência a São Petersburgo. Na primavera de 1887, parecia totalmente possível uma invasão da Bulgária pelos russos com a imposição de um governo fantoche, algo a que a Áustria-Hungria e a Grã-Bretanha fatalmente se oporiam. Os russos, por fim, decidiram não correr os incalculáveis riscos de uma guerra pela Bulgária, mas uma onda de intenso sentimento antigermânico agitou a imprensa e o público da Rússia, pois agora a imprensa pan-eslava via a Alemanha como a guardiã dos interesses da Áustria nos Bálcãs e como o principal obstáculo ao exercício da custódia russa sobre os eslavos balcânicos.

Tudo isso foi uma lição para Berlim. O problema dos Bálcãs prosseguiu. A crise búlgara ressaltou por um momento o imenso perigo latente nas instabilidades daquela região, pois as atividades de um Estado de menor importância poderiam algum dia desencaminhar e empurrar duas grandes potências para uma linha de ação tendente à guerra. Como resolver esse problema? A resposta de Bismarck, mais uma vez, foi buscar boas relações com a Rússia e, com isso, emudecer os conflitos de interesses, manter São Petersburgo longe de Paris e exercer uma influência moderadora nos Bálcãs. O chanceler remendou as relações com o Império Russo assinando o Tratado de Resseguro de 1887 com o moderado e pró-germânico ministro russo das Relações Exteriores, Nikolai Giers. Pelos termos do tratado, Berlim prometeu apoiar os objetivos russos nos estreitos da Turquia e manter a neutralidade em caso de guerra da Rússia com alguma outra potência — exceto, é claro, em caso de um ataque russo sem provocação à Áustria-Hungria, que levaria a Alemanha a cumprir as obrigações assumidas no tratado da Dupla Aliança e ir em socorro da monarquia dual.

Nem todos em Berlim estavam convencidos do acerto dessa política. Diante do tom agressivo da imprensa russa e do crescente clima de confronto nas relações russo-germânicas, muitos andavam céticos quanto ao valor do Tratado de Resseguro. Até o filho de Bismarck, Herbert, secretário de Estado do Ministério das Relações Exteriores, duvidava da validade do recente tratado com a Rússia. "Se o pior acontecer", confidenciou Bismarck filho a seu irmão, o Tratado de Resseguro poderia "manter os russos longe dos nossos pescoços por seis a oito semanas".[11] Outros, especialmente nas Forças Armadas, sucumbiram a um clima de paranoia e passaram a clamar por uma guerra preventiva contra o Império Russo. Surgiu uma facção contra Bismarck nos altos escalões do governo, impelida, entre outras coisas, por uma crescente frustração com a indizível complexidade e as contradições internas da diplomacia do chanceler. Por que, indagavam os críticos, os alemães deveriam se incumbir de proteger a Áustria-Hungria contra a Rússia e a Rússia contra a Áustria-Hungria? Nenhuma outra potência se comportava dessa maneira; por que a Alemanha deveria estar sempre garantindo e contrabalançando, por que só a Alemanha, entre as grandes potências, não podia ter o direito a uma política independente baseada em seu próprio interesse? Aos olhos da fronde antibismarckiana, a impressionante rede de compromissos transcontinentais do chanceler parecia, em vez de um sistema, uma geringonça desconjuntada, um arcabouço raquítico de "emplastros e remendos" forjado para evitar as escolhas prementes que o Império Germânico defrontava em um mundo cada vez mais perigoso.[12] Foi em resposta a essa vertente de sentimentos que o sucessor de Bismarck, o chanceler Leo von Capivi, permitiu que o Tratado de Resseguro com a Rússia prescrevesse na primavera de 1890.

Sem a renovação do Tratado de Resseguro entre Alemanha e Rússia, abria-se a porta para uma aproximação franco-russa. Mas havia ainda muitos obstáculos. O autocrata Alexandre III era um parceiro político intragável para a elite política republicana da França, e o inverso valia igualmente. Também era duvidoso que a Rússia viesse a lucrar muito em uma aliança com a França. Afinal de contas, em um conflito grave com a Alemanha, de qualquer modo os russos provavelmente poderiam contar com o apoio francês; por que sacrificar sua liberdade de ação para assegurá-lo? Se eclodisse uma guerra entre Rússia e Alemanha, era praticamente inconcebível que o governo francês ficasse de braços cruzados. No mínimo, os alemães seriam obrigados a manter uma substancial força defensiva na fronteira francesa, uma providência que reduziria a pressão na frente russa — e essas vantagens podiam ser obtidas sem a inconveniência de um tratado formal. Embora a França e a Rússia tivessem um interesse comum na oposição aos desígnios imperiais da Grã-Bretanha, suas esferas de influência na periferia imperial eram muito distantes para permitir uma estreita cooperação. Os franceses não estavam em uma boa posição para apoiar os objetivos russos nos Bálcãs, e parecia duvidoso que a Rússia viesse a lucrar apoiando objetivos franceses, digamos, no norte da África. Em algumas questões, Russos e franceses tinham interesses totalmente opostos: por exemplo, a França se empenhava em bloquear os interesses da Rússia nos estreitos da Turquia que pudessem comprometer a influência francesa no leste do Mediterrâneo — nessa área, os interesses comuns agrupavam a França com a Grã-Bretanha, e não com a Rússia.[13]

Também era difícil ver por que os russos deveriam comprometer suas boas relações com a Alemanha. Havia tensões periódicas entre os dois Impérios, sobretudo em torno da questão das tarifas alemãs sobre a importação de grãos da Rússia, mas nada que pudesse descambar para confrontos diretos de interesse. As disputas da Rússia com Berlim surgiam, principalmente, por causa da rivalidade dos Bálcãs com Viena. E o próprio fato do poderio alemão parecia um argumento para ligar os dois vizinhos, especialmente na esfera da política para os Bálcãs, onde se esperava que um bom entendimento entre São Petersburgo e Berlim pudesse exercer um efeito de contenção sobre Viena. Essa era a fórmula que havia funcionado intermitentemente na era das Ligas dos Três Imperadores. Portanto, para a Rússia a neutralidade alemã era potencialmente mais útil do que o apoio francês. Os russos já haviam reconhecido isso fazia um bom tempo, e por essa razão decidiram basear sua política de segurança continental em pactos com a Alemanha antes de tudo. E era por isso que o tsar Alexandre III, embora não tivesse nenhuma simpatia pessoal pela Alemanha ou pelos alemães, desconsiderara os clamores da imprensa e fora adiante com o Tratado de Resseguro em 1887.

Então por que os russos receberam bem as propostas francesas no começo dos anos 1890? Os alemães certamente facilitaram a reorientação da política russa negando-se a renovar o tratado, apesar de o ministro russo das Relações Exteriores, o pró-germânico Nikolai Giers, oferecer uma melhora nas condições. Também teve seu papel o modesto projeto de lei alemão para o Exército, que aumentou em 18 574 homens o efetivo das Forças Armadas em tempo de paz, pois, surgindo na esteira da não renovação do tratado, gerou uma sensação de ameaça em São Petersburgo. A saída de Bismarck e a crescente proeminência política do excitável cáiser Guilherme II, que o tsar Alexandre descreveu como um "dândi ardiloso", suscitaram preocupações sobre a futura orientação da política externa alemã.[14] A perspectiva de vultosos empréstimos franceses sob condições camaradas também foi atraente. Mas o catalisador crucial residiu em outra parte: no medo russo de que a Grã-Bretanha estivesse prestes a ingressar na Tríplice Aliança.

No começo dos anos 1890 deu-se a culminância da aproximação anglo-germânica pré-guerra. O Tratado de Heligoland-Zanzibar de 1º de julho de 1890, pelo qual britânicos e alemães trocaram ou cederam vários territórios africanos e a Alemanha adquiriu a minúscula ilha de Heligoland no mar do Norte, disparou alarmes em São Petersburgo. A preocupação russa foi às alturas no verão de 1891, quando a renovação da Tríplice Aliança e uma visita do cáiser alemão ensejaram efusões germanófilas na imprensa britânica. A Grã-Bretanha, proclamou o *Morning Post*, havia "aderido à Tríplice, ou melhor, Quádrupla Aliança" na prática; a Inglaterra e a Alemanha, comentou o *Standard* em 11 de julho de 1891, eram "amigas e aliadas de longa data", e futuras ameaças à paz na Europa seriam enfrentadas "com a união do poder naval inglês e a força militar alemã".[15] Recortes de jornal desse teor engordavam os comunicados dos embaixadores francês e russo em Londres. Parecia que a Inglaterra, rival russa no Extremo Oriente e na Ásia Central, estava prestes a unir forças com sua poderosa vizinha ocidental e, por extensão, com a Áustria, sua rival na península balcânica. O resultado, alertou o embaixador francês em São Petersburgo, seria uma "aproximação continental entre os gabinetes de Londres e Berlim" com consequências potencialmente desastrosas para a Rússia.[16]

A intimidade que parecia aumentar entre a Grã-Bretanha e a Alemanha ameaçava somar o problema da Rússia nos Bálcãs às tensões geradas por sua intensa rivalidade global com a Grã-Bretanha, uma rivalidade que se materializava em várias arenas: Afeganistão, Pérsia, China e estreitos da Turquia. Para contrabalançar essa ameaça percebida, os russos deixaram suas reservas de lado e buscaram abertamente um acerto com a França. Em carta de 19 de agosto de 1891 a seu embaixador em Paris, Giers, que já havia pressionado pela renovação do Tratado de Resseguro com a Alemanha, delineou o raciocínio por trás da tentativa de entrar em acordo com a França: era a renovação da Tríplice Aliança em combinação com a "adesão mais ou menos provável da Grã-Bretanha aos objetivos da aliança" que havia motivado a Rússia e a França a buscar "uma troca de ideias para definir a atitude [...] dos nossos respectivos governos".[17] A Definição de Entendimento assinada entre os dois Estados no verão de 1891 incorporou a referência de Giers à ameaça representada pela acessão britânica à Tríplice Aliança. Uma convenção militar franco-russa foi marcada para 18 de agosto de 1892, e dois anos depois ambos os países assinaram a aliança completa.

Dois aspectos dessa sequência de acontecimentos merecem ênfase. Primeiro, os motivos para formar essa aliança foram complexos. Enquanto para Paris o principal fator foi a ânsia de conter a Alemanha, os russos estavam mais preocupados em bloquear a Áustria-Hungria nos Bálcãs. Mas ambas as potências também estavam muito apreensivas com o que viam como uma crescente intimidade entre a Grã-Bretanha e a Tríplice Aliança. Para os russos, em particular, cuja política externa na época era moderadamente germanófila, o que mais pesava era o confronto global com o Império Britânico, e não a hostilidade contra Berlim. É verdade que existia uma vívida tendência à germanofobia em setores da liderança russa — Nikolai Giers horrorizou-se quando o tsar Alexandre III lhe disse que, se viesse a acontecer uma guerra entre a Rússia e a Áustria, o objetivo da aliança franco-russa seria "destruir" a Alemanha em sua forma corrente e substituí-la por "diversos Estadozinhos fracos".[18] De modo geral, porém, a hostilidade russa contra a Alemanha ainda decorria principalmente da relação da Alemanha com a Áustria e de sua supostamente crescente ligação com a Grã-Bretanha. Já em 1900, provisões militares suplementares foram adicionadas ao tratado franco-russo estipulando que, se começasse uma guerra anglo-russa, a França mandaria 100 mil homens para a costa do Canal, enquanto, se eclodisse uma guerra anglo-francesa, a Rússia despacharia tropas para a fronteira indiana por ferrovias que os russos prometiam melhorar com ajuda financeira da França.[19]

Em segundo lugar, vale a pena ressaltar a novidade que havia na aliança franco-russa de 1894. Em contraste com as alianças anteriores do sistema europeu, como as alianças Dupla e Tríplice e a Liga dos Três Imperadores, esta surgiu como uma convenção militar, cujos termos estipulavam a mobilização combinada de forças terrestres contra um inimigo comum (uma convenção naval foi adicionada em 1912).[20] O objetivo não era mais "administrar relações antagônicas" *entre* os participantes da aliança, mas enfrentar e contrabalançar a ameaça de uma coalizão concorrente. Nesse sentido, a aliança franco-russa assinalou um "momento crucial no prelúdio da Grande Guerra".[21]

Em si, a formação da aliança franco-russa não tornou inevitável, ou mesmo provável, um embate com a Alemanha. A aliança logo adquiriu apoios na cultura popular dos dois países, por meio de festividades associadas a visitas reais e navais, de cartões-postais, cardápios, charges e merchandising.[22] Mas as divergência dos interesses franceses e russos continuou a ser um obstáculo para uma estreita colaboração: por toda a década de 1890, prevaleceu entre os ministros franceses das Relações Exteriores a opinião de que, como os russos não estavam dispostos a lutar pela devolução da Alsácia-Lorena, a aliança com São Petersburgo deveria impor obrigações mínimas à França.[23] Os russos, por sua vez, não tinham intenção de permitir que a aliança lhes trouxesse a hostilidade da Alemanha; pelo contrário, eles a viam como um instrumento para dar-lhes melhores condições de manter boas relações com Berlim. Como disse em 1895 Vladimir Lamzdorf, chefe dos assessores do ministro das Relações Exteriores da Rússia, o propósito da aliança era consolidar a independência de ação da Rússia e garantir a sobrevivência da França, ao mesmo tempo que restringia suas ambições antigermânicas.[24] Durante a primeira década da aliança, os planejadores russos, especialmente o tsar, preocuparam-se não com o centro ou o sudeste da Europa, mas com a penetração econômica e política do norte da China. Mais importante, a suspeita comum contra a Grã-Bretanha que ajudara a ensejar a aliança franco-russa também impediu — ao menos temporariamente — que a aliança adquirisse uma orientação exclusivamente antigermânica. O interesse da Rússia em assegurar o controle informal da Manchúria pôs São Petersburgo em conflito com a política britânica para a China e garantiu, no futuro previsível, que as relações com Londres permanecessem muito mais tensas do que com Berlim.

O JULGAMENTO DE PARIS

Também a França tinha decisões difíceis a tomar para contrabalançar os imperativos gerados pela rivalidade com a Grã-Bretanha com os derivados das relações com a Alemanha. Nos primeiros quatro anos da aliança franco-russa, o ministro das Relações Exteriores da França, Gabriel Hanotaux, adotou uma política firmemente antibritânica. Instigado pelos editoriais da imprensa colonialista francesa, Hanotaux organizou um desafio declarado à presença britânica no Egito, uma política que culminou em 1898 no surreal "incidente de Fachoda", quando uma força expedicionária francesa empreendeu uma épica jornada através da África para apossar-se do Alto Nilo, enquanto soldados britânicos marcharam para o sul a partir do Egito ocupado para ir ao encontro dos franceses em Fachoda, um posto avançado egípcio em ruínas nos pântanos sudaneses. A crise política resultante levou as duas potências ao limiar da guerra no verão de 1898. Só quando os franceses recuaram passou o perigo de conflito.

A política francesa para a Alemanha precisou levar em conta as prioridades impostas por essa luta colonial com a Grã-Bretanha. Em um memorando confidencial de junho de 1892, Hanotaux observou que a política francesa corrente só permitia uma colaboração muito limitada com Berlim. O problema dessa abordagem era que ela deixava aberta a possibilidade de um entendimento entre a Alemanha e a Grã-Bretanha — justamente a perspectiva que ajudara a motivar a formação da aliança franco-russa. Um modo de evitar o conluio anglo-germânico, aventou Hanotaux, poderia ser procurar um entendimento franco-germano-russo mais amplo. Isso, por sua vez, permitiria a Paris assegurar o apoio alemão contra a Grã-Bretanha no Egito e, assim, destruir "a harmonia que existe há tanto tempo entre Alemanha e Inglaterra". A ligação resultante com a vizinha do leste, evidentemente, seria temporária e instrumental: uma conciliação duradoura com a Alemanha, escreveu Hanotaux, só seria possível se Berlim cedesse permanentemente as províncias anexadas em 1870.[25]

As mesmas escolhas impuseram-se ao sucessor de Hanotaux, Théophile Delcassé, que assumiu o cargo no verão de 1898. Como a maioria dos franceses politicamente ativos, Delcassé desconfiava intensamente da Alemanha e abordava com frequência essa questão em seus escritos e pronunciamentos políticos. Tão intenso era seu ardor pelas províncias perdidas que os seus familiares não ousavam dizer "Alsácia" e "Lorena" na presença dele; "tínhamos uma sensação desnorteante de que era um assunto muito delicado para ser mencionado", lembrou sua filha tempos depois.[26] Mas a França, como potência imperial empenhada em expandir sua influência em várias frentes, tinha outras dificuldades que de vez em quando podiam eclipsar o confronto com a Alemanha. Em 1893, quando era subsecretário colonial, fora Delcassé quem pressionara para que as forças coloniais francesas se mobilizassem para enfrentar a Grã-Bretanha no Alto Nilo.[27] Quando ele assumiu o

10. *Théophile Delcassé.*

cargo no auge da crise de Fachoda, seu primeiro passo foi recuar, na esperança de conseguir concessões de Londres no sul do Sudão. Mas quando Londres se recusou terminantemente a ceder, Delcassé deu uma guinada, assumiu uma postura antibritânica e tentou (como fizera Hanotaux) combater a ocupação britânica do Egito. Seu objetivo final era a aquisição do Marrocos pela França.[28]

Para aumentar a pressão sobre a Grã-Bretanha, Delcassé tentou, exatamente como Hanotaux previra, levar os alemães a firmar um acordo com a França e a Rússia. Durante o outono, o inverno e a primavera de 1899-1900, o clima político pareceu auspicioso para essa iniciativa: em conversas com o embaixador francês em Berlim, o novo chanceler alemão, Bernhard von Bülow, aludiu a interesses comuns entre França e Alemanha fora da Europa. Sabia-se muito bem em Paris que a imprensa alemã (como a francesa) era hostil à guerra da Grã-Bretanha na República Bôer. Relatos sobre o cáiser alemão deblaterando contra os britânicos por causa dessa questão aumentaram as razões para otimismo. Em janeiro de 1900, editoriais inspiraram a assessoria de imprensa de Delcassé a exortar a Alemanha a unir forças com a França na questão egípcia, salientando que a Alemanha também se beneficiaria da neutralização do Canal de Suez, e que as forças navais combinadas das potências continentais seriam suficientes para assegurar o respeito britânico por qualquer acordo internacional. Na comunidade diplomática todos sabiam que aqueles artigos provinham do gabinete de Delcassé e representavam a política oficial do Ministério das Relações Exteriores da França.[29]

Enquanto aguardava a resposta alemã, Delcassé preparou seus colegas de Paris, com característica impetuosidade, para uma guerra contra a Grã-Bretanha que poderia ter um alcance global. "Alguns sugerem desembarcar na Inglaterra", ele disse ao gabinete francês em 28 de fevereiro de 1900; "outros, uma expedição ao Egito; outros ainda propõem um ataque à Birmânia por soldados vindos da Indochina, que coincidiria com uma marcha russa sobre a Índia".[30] Ficou acertado que seria convocada uma reunião ampliada do Conseil Supérieur de la Guerre para deliberar sobre a questão de onde, exatamente, a França deveria atacar o Império Britânico. A Grã-Bretanha representava uma ameaça à paz mundial, declarou Delcassé, e era hora de tomar uma providência "pelo bem da civilização", afirmou a um jornalista em março de 1900.[31] Os britânicos estavam trabalhando em todas as frentes para indispor a Itália e a Espanha contra a França, ele alegou; tinham seus olhinhos gulosos sobre o Marrocos (alguns anos depois, Delcassé se preocuparia com planos *americanos* de ocupar o Marrocos).[32] Por ora, a desconfiança visceral geralmente voltada para Berlim estava redirecionada para Londres.

Essas extraordinárias deliberações não deram em nada, pois os alemães se recusaram a aderir ao plano de Delcassé para uma liga continental contra a Grã-Bretanha. Berlim apresentou a exasperante proposta de consultar o governo britânico antes de fazer qualquer tipo de exigência a Londres. Parecia haver enorme discrepância entre as explosões verbais anti-inglesas do cáiser e o rumo hesitante de sua política externa: "Ele *diz* 'detesto os ingleses' [...]", queixou-se Delcassé, "mas paralisa tudo".[33] O que mais pesava era Berlim exigir algo em troca: em 15 de março de 1900, o embaixador francês em Berlim informou que os alemães só continuariam as negociações sobre a formação da coalizão antibritânica sob a condição prévia de que França, Rússia e Alemanha se comprometessem a "garantir o status quo em relação às suas possessões europeias". Era uma exigência codificada: requeria que a França afirmasse a soberania alemã na Alsácia e Lorena.[34]

A resposta de Berlim motivou uma profunda e duradoura reorientação no pensamento de Delcassé. A partir desse momento, o ministro francês das Relações Exteriores abandonou as ideias sobre a colaboração franco-alemã.[35] O projeto de uma manobra conjunta no Egito foi descartado sem a menor cerimônia.

Delcassé passou então a gravitar, através de uma série de posições intermediárias, em direção à ideia de que os objetivos franceses deviam ser buscados *em colaboração* com a Grã-Bretanha, por meio de uma barganha imperial: a consolidação do controle britânico sobre o Egito seria trocada pela aquiescência britânica no controle do Marrocos pelos franceses. Esse trato tinha a vantagem de prevenir a temida (embora na verdade muito improvável) perspectiva de uma iniciativa conjunta anglo-germânica no Marrocos.[36] Em 1903, o ministro francês das Relações Exteriores chegara à conclusão de que uma permuta Marrocos-Egito deveria servir de alicerce para uma entente de amplo alcance com a Grã-Bretanha.

Tal reorientação teve profundas implicações para as relações franco-alemãs, pois a decisão de apaziguar em vez de combater a Grã-Bretanha facilitou uma articulação mais incisiva do potencial antigermânico na política externa francesa. Podemos ver isso claramente nas mudanças da atitude de Delcassé com relação à aquisição do Marrocos. Em uma encarnação anterior de seu programa, Delcassé pretendia usar a questão do Egito para pressionar a Grã-Bretanha a aquiescer com as pretensões francesas ao Marrocos e subornar com concessões as outras potências interessadas. A Espanha receberia terras no norte do Marrocos, a Itália poderia contar com o apoio francês em suas ambições na Líbia, e os alemães seriam compensados com territórios da África Central francesa. A nova política pós-1900 para o Marrocos diferia em dois aspectos importantes: primeiramente, deveria ser implementada em conjunto com a Grã-Bretanha; e o mais importante era que agora Delcassé planejava tomar o Marrocos, um país cuja independência havia sido garantida por um tratado internacional, sem compensar nem mesmo consultar o governo alemão. Ao adotar esse programa provocador e mantê-lo apesar dos protestos de seus colegas franceses, Delcassé preparou uma armadilha diplomática no norte da África, que seria ativada em 1905, na crise do Marrocos.

O FIM DA NEUTRALIDADE BRITÂNICA

Em um discurso à Câmara dos Comuns em 9 de fevereiro de 1871, apenas três semanas depois da proclamação do Império Germânico na Galeria dos Espelhos em Versalhes, o estadista conservador Benjamin Disraeli refletiu sobre o significado da Guerra Franco-Prussiana para a história mundial. Disse aos membros da Câmara que aquela não fora "uma guerra comum", como a guerra entre a Prússia e a Áustria em 1866, ou as guerras francesas por causa da Itália, ou mesmo a Guerra da Crimeia. "A guerra representa a revolução alemã, um evento político maior do que a Revolução Francesa do século passado." Não havia uma única tradição diplomática que não tivesse sido transgredida, ele acrescentou. "O balanço de forças foi totalmente destruído, e o país que mais sofre e sente os efeitos dessa mudança é a Inglaterra."[37]

As palavras de Disraeli são frequentemente citadas como uma visão presciente do próximo conflito com a Alemanha. Mas interpretar o discurso desse modo — pelo prisma de 1914 e 1939 — é equivocar-se quanto às intenções do estadista britânico. O que mais importava a Disraeli na esteira da Guerra Franco-Prussiana não era a ascensão da Alemanha, mas a libertação da velha inimiga da Grã-Bretanha, a Rússia, do acordo a ela imposto depois da Guerra da Crimeia (1853-6). Sob as condições estipuladas pelos governos de Grã-Bretanha e França no Tratado de Paris de 1856, as águas do mar Negro ficavam "formalmente e perpetuamente interditadas" a navios de guerra, fossem eles dos países detentores de suas costas ou de quaisquer outros.[38] O propósito do tratado era impedir que a Rússia ameaçasse o leste do Mediterrâneo ou interrompesse as rotas terrestres e marítimas da Grã-Bretanha para a Índia. Mas as bases políticas do tratado de 1856 foram destruídas pela derrota da França. A nova República Francesa anulou o acordo da Crimeia, renunciando a opor-se à militarização russa do mar Negro. Sabendo que a Grã-Bretanha não seria capaz de impor sozinha as cláusulas sobre o mar Negro, a Rússia agora avançava num projeto de construção de uma frota de guerra para o mar Negro. Em 12 de dezembro de 1870, chegou a Londres a notícia de que a Rússia havia "repudiado" a paz de 1856 e estava construindo uma "nova Sebastopol" — um arsenal e porto de navios de guerra — na cidade de Poti, na costa leste do mar Negro, a poucos quilômetros da fronteira turca.[39]

Uma nova era de expansionismo russo parecia estar despontando, e foi essa possibilidade que mereceu a atenção de Disraeli no discurso de 9 de fevereiro de 1871. Por duzentos anos, Disraeli observou, a Rússia seguira uma política de expansão "legítima" enquanto "buscava seu caminho para a costa". Mas a militarização do mar Negro parecia prenunciar uma nova e inquietante fase de agressão russa, baseada no desejo de adquirir Constantinopla e controlar os estreitos da Turquia. Como a Rússia não tinha "direito moral a Constantinopla" e "nenhuma necessidade política de ir para lá", declarou Disraeli, aquela não era "uma política legítima, e sim perturbadora". A Rússia não era a única ameaça no horizonte de

Disraeli. Ele também se preocupava com o crescente poder e beligerância dos Estados Unidos. Mas o importante é que, quando ele falou em "revolução alemã", não se referia à ameaça representada pela nova Alemanha, mas às consequências globais e imperiais da guerra recente entre a Alemanha e a França, uma guerra que havia "desarticulado" todo o "maquinário dos Estados".[40]

O discurso de Disraeli anunciou um tema que permaneceria central na política externa britânica até 1914. Durante os anos 1894-1905, foi a Rússia, e não a Alemanha, quem representou "a mais significativa ameaça de longo prazo" aos interesses britânicos.[41] A Questão da China, que deu o que fazer aos dirigentes britânicos naqueles anos, é um exemplo.[42] Na China, como nos Bálcãs, o motor essencial da mudança foi a retirada do poder de um antigo Império. No começo dos anos 1890, a penetração russa no norte da China provocou uma cascata de conflitos locais e regionais que culminaram na Guerra Sino-Japonesa de 1894-5.[43] O Japão vitorioso emergiu como rival da Rússia pela influência sobre o norte da China. Enquanto isso, a derrota chinesa deu início a uma corrida das grandes potências por concessões, esperando explorar a decadência adicional do Estado chinês. As energias negativas geradas na corrida pela China, por sua vez, aumentaram as tensões na Europa.[44]

O cerne do problema, da perspectiva britânica, era o crescimento do poder e da influência da Rússia. Na China, uma região que em potencial de comércio era infinitamente mais importante do que a África para a Grã-Bretanha, a Rússia representava uma ameaça direta aos interesses britânicos. O problema acentuou-se ainda mais depois da intervenção internacional para suprimir o Levante dos Boxers (1898-1901), quando os russos se aproveitaram de seu papel na intervenção para reforçar sua posição no norte da China.[45] No entanto, dada a localização geográfica do Império Russo e a preponderância de suas forças terrestres, era difícil ver como seria possível resistir à sua penetração no Leste Asiático. Iniciava-se um novo Grande Jogo, e a Rússia parecia ser a provável vencedora.[46] A Índia era outra fronteira vulnerável: os dirigentes britânicos observaram, alarmados, que a constante penetração do sistema ferroviário russo na Ásia Central significava que a Rússia tinha "melhor acesso militar" ao subcontinente do que a própria Grã-Bretanha.[47]

Como a Rússia parecia estar seguindo uma política antibritânica na Ásia Central e no Extremo Oriente e a França era rival e oponente dos britânicos na África, a aliança franco-russa parecia, da perspectiva de Londres, ser sobretudo um projeto antibritânico. O problema foi mais premente durante a Guerra dos

Bôeres, quando a mobilização de grandes contingentes de soldados no sul da África deixou exposto o norte da Índia. Em agosto de 1901, um relatório do Departamento de Inteligência de Guerra intitulado "Necessidades militares do Império em uma guerra com a França e a Rússia" concluiu que o Exército indiano não tinha condições de defender suas principais fortificações contra um ataque russo.[48] Para piorar, os diplomatas russos não eram (aos olhos dos britânicos) meramente hostis, expansionistas e implacáveis, mas também propensos a ardis e trapaças. "Mentem em um grau sem precedentes até nos anais da diplomacia russa", observou Lord George Hamilton, secretário de Estado da Índia, em março de 1901, durante negociações para um acordo na China. "A diplomacia russa, como você sabe, é uma longa e multíplice mentira", disse em 1903 George Curzon, vice-rei da Índia, ao conde de Selborne, primeiro lorde do Almirantado.[49]

Os dirigentes britânicos reagiram à ameaça russa com uma política de duas vertentes. A primeira consistia em uma aproximação com o Japão e a França; a segunda, na busca de um acordo de divisão de poder com a própria Rússia que tirasse a pressão da periferia imperial da Grã-Bretanha. Na esteira da Guerra Sino-Japonesa de 1894-5, Grã-Bretanha e Japão tinham um interesse comum: opor-se à continuação da expansão russa. O Japão era o "aliado natural" da Grã-Bretanha no Extremo Oriente, como disse o secretário das Relações Exteriores Kimberley em uma carta de maio de 1895 ao ministro britânico em Tóquio.[50] A ameaça para a fronteira chinesa da Rússia representada pelas formidáveis forças terrestres do Japão — 200 mil soldados nipônicos haviam entrado na Manchúria em fins de 1895 — compensaria a vulnerabilidade da periferia imperial britânica no norte da Índia. O veloz crescimento da frota japonesa seria mais um "contrapeso para os russos" e, assim, aliviaria a pressão sobre as sobrecarregadas frotas da Grã-Bretanha.[51] Em 1901, depois de um longo perigo de cautelosa aproximação, começaram os entendimentos com vistas a uma aliança formal — primeiro um pacto de defesa naval, depois o acordo mais abrangente assinado em Londres no dia 30 de janeiro de 1902. Renovada (com acréscimo de condições) em 1905 e 1911, a aliança anglo-japonesa tornou-se um dado no sistema internacional pré-guerra.

A mesma lógica baseou a decisão britânica de procurar um entendimento com a França. Já em 1896 Lord Salisbury havia constatado que as concessões à França no vale do Mekong na fronteira entre a Birmânia britânica e a Indochina francesa produziam o bem-vindo efeito colateral de atrair os franceses e afrouxar temporariamente a coesão da aliança franco-russa.[52] A Entente Cordiale de 1904, analogamente, não era antes de tudo um acordo antigermânico (pelo menos não da perspectiva de Whitehall), e sim um pacto destinado a abrandar as tensões coloniais com a França e ao mesmo tempo gerar algum grau de influência indireta sobre a Rússia. Delcassé encorajara essa suposição sugerindo que, se viesse a ser firmado um acordo, a França exerceria uma influência refreadora sobre a Rússia, e até deixou claro a São Petersburgo que o apoio francês não aconteceria caso a Rússia começasse uma briga com a Grã-Bretanha.[53] Assim, havia boas razões para esperar, como disse Lord Lansdowne, que "um bom entendimento com a França provavelmente venha a ser o precursor de um melhor entendimento com a Rússia".[54]

Este último raciocínio é importante. Ao mesmo tempo que contrabalançavam a Rússia com o Japão, os dirigentes britânicos procuravam enfrentar o desafio russo atrelando São Petersburgo a um acordo de divisão do poder imperial. Não havia contradição nesse procedimento. Como observou Sir Thomas Sanderson, subsecretário permanente do Ministério das Relações Exteriores, em uma carta ao embaixador britânico em São Petersburgo em maio de 1902, a aliança com os japoneses era útil justamente porque "enquanto [os russos] não perceberem que podemos levar nossa mercadoria para outras freguesias, não será provável que consigamos fazê-los responder por seus atos"; assim, a aliança tenderia a "promover ao invés de diminuir a chance [britânica] de algum entendimento definitivo".[55] Os analistas de segurança britânicos continuavam a prever cenários catastróficos na Ásia Central: os russos, foi informado ao gabinete britânico em dezembro de 1901, eram capazes de despejar 200 mil soldados na Transcaspia e em Herat. Para prevalecer sobre uma força dessa magnitude, seria preciso aumentar permanentemente a guarnição britânica na Índia com 50 mil a 100 mil homens, a um custo enorme para o governo. E isso numa época em que o melhor conselho financeiro era um corte drástico nos gastos.[56] E o "ritmo frenético" da construção de ferrovias pelos russos até a fronteira afegã sugeria que a situação tomava rapidamente um rumo desvantajoso para a Grã-Bretanha.[57]

Essas preocupações intensificaram-se com a eclosão da guerra entre Rússia e Japão em fevereiro de 1904. O fato de as forças terrestres e marítimas russas se saírem mal contra o inimigo japonês inicialmente em nada contribuiu para reduzir a apreensão britânica. E se, aventou o visconde Kitchener, os russos fossem tentados a compensar suas perdas contra o Japão ameaçando a Índia? Nesse caso, seria preciso mandar para lá grandes reforços — em fevereiro de 1905, o cálculo era de 211 824 soldados, segundo estimativas do governo da Índia.[58] A consequente elevação nas despesas seria enorme. Kitchener estimou que contrabalançar "o ameaçador avanço da Rússia" custaria "20 milhões de libras, mais um encargo anual de 1,5 milhão de libras".[59] Esse era um problema substancial para o governo liberal que assumira o poder em 1905 prometendo cortar os gastos militares e expandir os programas domésticos. E, se a Grã-Bretanha não pudesse mais defender a fronteira noroeste da Índia pela força, seria preciso encontrar algum recurso não militar para proteger a Índia de um ataque russo.

A vitória do Japão contra a Rússia em 1905 decidiu o argumento em favor de um acordo. Diante da magnitude da derrota russa e da onda de turbulência interna que paralisou o país, a ideia de que a ameaça da Rússia justificava um imenso investimento na defesa da Índia não parecia mais tão convincente.[60] O novo secretário das Relações Exteriores, Edward Grey, assumiu o cargo em dezembro de 1905 resolvido a "ver a Rússia restabelecida nos conselhos da Europa e, espero, mais amistosa conosco do que jamais foi".[61] Em maio de 1906, Grey conseguiu que a opção de mandar reforços para a Índia fosse engavetada.

Um aspecto dessa intricada história de reajustamentos imperiais merece ênfase: nem a Entente Cordiale com a França nem o acordo com a Rússia foram concebidos pelos planejadores britânicos principalmente como um expediente antigermânico. A Alemanha, no grau em que figurava nos planos britânicos, era sobretudo uma função subordinada das tensões com a França e a Rússia. O governo alemão provocava ressentimento e raiva, acima de tudo, toda vez que parecia tomar o partido da Rússia e da França contra a Grã-Bretanha — como na primavera de 1895, por exemplo, quando a Alemanha juntou-se às duas potências vizinhas para pressionar Tóquio a devolver à China o território conquistado durante a Guerra Sino-Japonesa, ou em 1897, quando os alemães inesperadamente tomaram uma cabeça de ponte chinesa em Kiaochow (Jiaozhou) na península de Shantung — um ato que Londres julgou (com acerto) ter sido secretamente aprovado e encorajado pelos russos. Nos dois casos, as ações alemãs foram avaliadas no contexto da percepção que os britânicos tinham das intenções francesas e russas em relação a eles. Na arena chinesa, como em outras partes, a Alemanha era um irritante diplomático mais do que uma ameaça existencial. Em outras palavras, o "antagonismo anglo-germânico" não era o determinante principal da política britânica; de fato, por volta de 1904-5, ele estava apenas ligado a outras preocupações mais urgentes.[62]

O principal objetivo da política externa alemã na era Bismarck era impedir o surgimento de uma coalizão hostil de grandes potências. A tensão entre os Impérios mundiais, enquanto prosseguisse, tornava relativamente fácil conseguir esse intento. A rivalidade da França com a Grã-Bretanha distraía Paris intermitentemente de sua hostilidade contra a Alemanha; os problemas dos russos com os britânicos desviavam sua atenção dos Bálcãs e, assim, ajudavam a protelar um embate austro-russo. Como uma potência principalmente continental, a Alemanha, desde que não aspirasse a possuir um Império global, podia manter-se fora das grandes lutas por África, Ásia Central e China. E enquanto a Grã-Bretanha, a França e a Rússia permanecessem rivais imperiais, Berlim sempre teria condições de tirar proveito dos conflitos entre os três países. Essa situação fortalecia a segurança do Império e criava certa margem de manobra para os planejadores na Alemanha.

Mas a estratégia de Bismarck também tinha seu custo. Requeria que o país sempre atuasse abaixo de seu potencial, se abstivesse de participar do frenesi imperial na África, na Ásia e em outras partes e ficasse de fora quando as potências brigassem por fatias do poder global. Também requeria que Berlim firmasse compromissos contraditórios com potências vizinhas. A consequência era uma sensação de paralisia nacional que desagradava aos eleitores cujos votos determinavam a composição do Parlamento nacional alemão. A ideia de possessões coloniais — imaginadas como eldorados com mão de obra e matérias-primas baratas e crescentes populações de nativos ou colonos para comprar exportações nacionais — fascinava a classe média da Alemanha tanto quando as dos Impérios europeus estabelecidos.

Cabe ressaltar que até modestos esforços da Alemanha para superar as restrições à política do poder ou à expansão imperial deparavam com vigorosa resistência por parte das potências mundiais estabelecidas. Nesse contexto, vale a pena recordar uma óbvia mas importante diferença entre o tardio Império Germânico e seus rivais imperialistas mundiais. Dominando vastas porções da superfície habitada do planeta e com presença militar em extensas periferias imperiais, Grã-Bretanha, França e Rússia controlavam fichas que podiam ser trocadas e barganhadas a um custo relativamente baixo para a metrópole. A Grã-Bretanha podia oferecer à França concessões no delta do Mekong; a Rússia podia oferecer à Grã-Bretanha uma demarcação de zonas de influência na Pérsia; a França podia oferecer à Itália o acesso a cobiçados territórios no norte da África. A Alemanha não tinha como fazer propostas desse tipo com credibilidade, pois estava sempre na posição de um emergente sem nada para trocar, porfiando para conseguir um lugar à mesa já lotada. Suas tentativas de obter uma fatia das magras porções que ainda restavam costumavam enfrentar firme resistência do clube estabelecido.

Em 1884-5, por exemplo, quando o governo alemão tentou aplacar o apetite imperialista aprovando a aquisição de um modesto conjunto de possessões coloniais, deparou com uma reação de desdém da Grã-Bretanha. Em 1883, o comerciante de Bremen Heinrich Vogelsang havia comprado terras na costa de Angra Pequeña, no sul da atual Namíbia. No ano seguinte, Bismarck perguntou oficialmente ao governo britânico se pretendia reivindicar a posse daquela área. De Londres veio uma resposta lacônica: a Grã-Bretanha não estava disposta a permitir que nenhum outro país se estabelecesse em parte alguma na região entre a Angola portuguesa e a Colônia do Cabo britânica. Berlim retrucou com duas indagações exploratórias: em que se baseava a pretensão britânica? E as autoridades britânicas se encarregariam de proteger os colonos alemães na área?[63] Passaram-se meses até que Whitehall se dignasse a enviar uma resposta. Bismarck irritou-se com esse estilo arrogante, mas não precisava levar a situação para o lado pessoal. Londres adotara esses mesmos modos bruscos e arrogantes ao lidar com os americanos na disputa pela fronteira da Venezuela em 1895-6.[64] E, quando os alemães não deram atenção, seguiram em frente e anunciaram sua aquisição formal da área, o governo britânico prontamente reagiu com uma declaração de posse. A temperatura em Berlim subiu. Era intolerável, esbravejou Bismarck, que a Grã-Bretanha se arrogasse o privilégio de uma "Doutrina Monroe africana".[65] O chanceler aumentou a pressão política. Seu filho Herbert foi mandado a Londres para chefiar as negociações. Os britânicos, preocupados com problemas mais graves (pretensões da Rússia ao Afeganistão, tensões com a França na África) acabou cedendo e a crise passou. Mas esse foi um salutar lembrete de que havia pouquíssimo lugar à mesa para a mais recente grande potência europeia.

Foi em parte para escapar das restrições autoimpostas da política bismarckiana que a Alemanha abandonou o Tratado de Resseguro com a Rússia em 1890. A mudança da guarda nesse ano — a saída de Bismarck, a nomeação de Leo von Caprivi para o cargo de chanceler e a emergência do cáiser Guilherme II como participante de vulto na política imperial — inaugurou uma nova fase nas relações exteriores da Alemanha. O "novo curso" do começo dos anos 1890 foi, de início, marcado não tanto pela intenção e pelo planejamento, mas pela irresolução e deriva. O vácuo criado pela súbita partida de Bismarck permaneceu desocupado. A iniciativa passou para Friedrich von Holstein, chefe do Departamento Político do Ministério das Relações Exteriores. Seu plano era reforçar os laços com a Áustria-Hungria enquanto contrabalançava possíveis riscos nos Bálcãs por meio de um acordo com Londres, embora não quisesse uma aliança declarada com a Grã-Bretanha. A ideia no cerne de seu pensamento era a independência. Uma Alemanha aliada à Grã-Bretanha arriscava-se a virar o bode expiatório de Londres no continente. Nessa ideia, a memória da Guerra dos Sete Anos teve grande peso, quando Frederico da Prússia, como aliado britânico, se vira cercado por uma poderosa coalizão continental. Era crucial que a Alemanha "não se tornasse dependente de nenhuma potência estrangeira", observou em março de 1890 Bernhard von Bülow, colaborador de Holstein.[66] O preço de um acordo com a Grã-Bretanha seria a Alemanha renunciar a aquisições coloniais, e esse preço Caprivi não gostaria de pagar.

A política da liberdade para decidir parecia bem inócua, mas encerrava riscos consideráveis. No verão de 1891, os alemães ficaram sabendo que a Itália, sua aliada, andava metida em conversas secretas com a França, na esperança de conseguir o apoio dos franceses para futuras aquisições italianas no norte da África. Ao mesmo tempo, chegou a Berlim a notícia da visita oficial de uma flotilha francesa ao porto russo de Kronstadt, onde os oficiais franceses foram recebidos com efusividade pela imprensa e pelo público. A convenção militar franco-russa que se seguiu em 1892 revelou que até a aparência de alguma colaboração estreita com a Grã-Bretanha trazia o risco de deixar a Alemanha mais exposta no continente sem nenhum benefício para sua segurança em compensação. E o mais alarmante era que a intimidade crescente entre a França e a Rússia não parecia pressionar a Grã-Bretanha a buscar uma aproximação maior com a Alemanha; ao contrário, levou os dirigentes britânicos a começar a pensar nos méritos do apaziguamento, primeiro da França e depois da Rússia. O fato de a flotilha francesa fazer uma visita simbólica a Portsmouth na volta da Rússia em 1891 também teve um efeito arrefecedor nos ânimos de Berlim.[67]

Seria a Alemanha suficientemente forte para abrir caminho sem apoio de aliados poderosos? A resposta de Caprivi a essa questão foi expandir a capacidade defensiva do Império. A aprovação da lei para o Exército em 1893 resultou em um efetivo de 552 200 homens — 150 mil a mais em relação à década anterior

— e o gasto militar naquele ano foi o dobro do de 1886. No entanto, esses aumentos não se integraram a uma estratégia política mais abrangente visavam apenas à dissuasão.

As implicações diplomáticas dessa busca pela autossuficiência militar eram uma questão polêmica entre os principais planejadores em Berlim. Uma vez que era praticamente impossível alcançar melhores relações com a França, deveria a Alemanha persistir em conseguir um acordo com a Grã-Bretanha, ou a salvação estaria em melhores relações com a Rússia? Empenhar-se pelas duas opções trouxe resultados frustrantes. Os planejadores alemães tinham grande esperança em relação ao Tratado de Comércio Russo-Germânico, assinado na primavera de 1894. Ratificado pelo Reichstag sob veementes protestos do lobby agrícola, o tratado foi um marco nas relações comerciais que trouxe imensos benefícios econômicos aos dois países. Mas nada fez para afrouxar a ligação dos russos com a França; ao contrário, os russos viam o tratado como uma confirmação de sua política e um indicador do que poderia ser alcançado se os alemães fossem mantidos em posição diplomaticamente inferior.[68]

A opção pela Grã-Bretanha foi igualmente difícil. A principal razão era simplesmente que a política da "liberdade para agir" adotada por Caprivi deixava Londres com muito mais liberdade do que Berlim. O surgimento da aliança franco-russa permitiu à Grã-Bretanha oscilar entre campos continentais e reduziu o incentivo para buscar um entendimento firme com Berlim. Só em momentos de crise na periferia imperial Londres se empenhava em buscar um estreitamento dos laços, porém isso não chegava, e jamais poderia chegar, à oferta de uma aliança plena com condições que Berlim pudesse razoavelmente aceitar. Em 1901, por exemplo, com forças britânicas empatadas na África do Sul e os russos aumentando a pressão sobre a China, o secretário das Relações Exteriores, Lansdowne, estava tão ansioso para conseguir o apoio alemão contra a Rússia que fez circular pelo gabinete o esboço de uma proposta para um tratado secreto de aliança com a Alemanha que, em certas condições, comprometeria a Grã-Bretanha e a Alemanha a guerrear contra a Rússia em apoio ao Japão. Antenas exploratórias foram direcionadas para Berlim, mas os alemães relutaram em ser arrastados para qualquer tipo de combinação contra a Rússia, temendo ficar perigosamente expostos em um conflito continental no qual o apoio da Marinha britânica não faria diferença.[69] A questão que preocupava Bülow era: o que os britânicos podiam oferecer aos alemães para compensar o aumento de inimizade com franceses e russos que uma aliança da Alemanha com a Grã-Bretanha inevitavelmente traria? Esse foi o problema estrutural que sempre pairou sobre as tentativas de formalizar uma aproximação anglo-germânica.

Um problema adicional, e mais óbvio, era que os esforços de Berlim para promover os interesses alemães fora da Europa sempre arrancavam protestos da Grã-Bretanha. Quando o sultão turco Abdul Hamid encomendou à companhia alemã Deutsche Bahn-Gesellschaft a construção de um ramal ferroviário da estrada de ferro de Anatólia até Konya, em direção a Bagdá, o governo britânico reclamou veementemente que o projeto com financiamento alemão era uma "penetração não autorizada na esfera inglesa", pois diminuiria a lucratividade da Ferrovia Smyrna, financiada pela Grã-Bretanha. Nessa disputa, como em muitas outras, os planejadores britânicos partiam do pressuposto de que, enquanto os interesses imperiais britânicos eram "vitais" e "essenciais", os alemães eram mero "luxo", e um empenho vigoroso para concretizá-los só podia ser interpretado como uma provocação pelas outras potências.[70] A disputa em torno do Tratado Anglo-Congolês de 12 de maio de 1894, pelo qual a Grã-Bretanha adquiriu um corredor de 25 quilômetros de largura ligando Uganda à Rodésia, foi mais um exemplo. Concebido essencialmente para tolher os desígnios franceses no Alto Nilo, também teve o efeito de fechar o sudeste da África alemã com um cordão de território britânico. Londres só recuou depois de a Alemanha pressionar. Esse resultado trouxe júbilo à imprensa germânica, desesperada por sinais de autoafirmação nacional. Também reforçou entre os planejadores alemães a convicção de que fazer frente à Inglaterra era o único modo de defender com sucesso os interesses do país.[71]

A tensão anglo-germânica chegou ao auge durante a crise do Transvaal em 1894-5. Por muito tempo houve problemas locais entre a Colônia do Cabo, controlada pelos britânicos, e a vizinha República Bôer sul-africana, também conhecida como Transvaal. Embora a independência do Transvaal tivesse o reconhecimento internacional (inclusive da Grã-Bretanha), Cecil Rhodes, a figura dominante na Colônia do Cabo, fez pressão pela anexação da vizinha do norte, atraído pelas grandes jazidas de ouro descobertas na região nos anos 1880. Mas os colonos alemães tinham papel importante na economia do Transvaal e um quinto do capital estrangeiro lá investido era alemão, por isso o governo de Berlim tinha interesse em manter a independência da República. Em 1894, o envolvimento de Berlim em planos para construir uma ferrovia financiada pela Alemanha ligando o Transvaal, que não tinha saída para o mar, à baía da Lagoa em Moçambique provocou protestos de Londres. Enquanto o governo britânico pensava em adquirir o controle da incômoda ferrovia através da anexação da baía da Lagoa e rejeitava qualquer solução que diluísse sua predominância política e econômica na região, os alemães se empenhavam pela continuidade da independência política e econômica do Transvaal.[72] Houve mais atritos no outono de 1895, quando o embaixador britânico em Berlim, Sir Edward Malet, declarou que o Transvaal era uma área problemática nas relações anglo-germânicas e fez ameaçadoras insinuações sobre a possibilidade de uma guerra entre os dois países se a Alemanha não recuasse.

Por isso, o governo alemão estava de péssimo humor quando um ataque britânico malogrado ao Transvaal em dezembro de 1895 provocou uma crise internacional. O governo britânico não havia sancionado formalmente o ataque do dr. Leander Starr Jameson à República, embora no mínimo um ministro do governo britânico, Joseph Chamberlain, soubesse de antemão que ele aconteceria. E o ataque em si foi um fiasco: os homens de Jameson foram rapidamente derrotados e capturados por soldados da República do Transvaal. Em Berlim, assim como em Paris e São Petersburgo, todos acreditavam, apesar de negações oficiais de Whitehall, que Londres estava por trás da tentativa de invasão. Decidido a expressar sua indignação, o governo alemão enviou um telegrama pessoal do cáiser a Paul Kruger, presidente da República do Transvaal. O "telegrama Kruger", como passou a ser conhecido, desejava ao presidente um feliz Ano-Novo e o parabenizava por ter defendido "a independência de seu país contra um ataque externo" sem "pedir ajuda a potências amigas".[73]

Essa mensagem comedida provocou uma torrente de ira na imprensa britânica e uma correspondente onda de júbilo na Alemanha, que a recebeu como um sinal de que finalmente alguma coisa estava sendo feita em defesa dos interesses alemães no ultramar. Mas o telegrama Kruger não passava de uma encenação politiqueira. A Alemanha logo recuou do confronto com a Grã-Bretanha por causa do sul da África. Não tinha recursos para proteger sua vontade, ou mesmo para assegurar o respeito devido a um parceiro em pé de igualdade em conflitos daquele tipo. Berlim acabou aceitando um acordo de conciliação no qual, em troca de concessões irrisórias da Grã-Bretanha, a Alemanha se abstinha de interferir no futuro político do sul da África.[74] Para a consternação da imprensa nacionalista alemã, Berlim recusou-se a intervir em favor do Transvaal antes ou durante a

Guerra dos Bôeres de 1899-1902, que resultou na derrota do Transvaal e em sua conversão em colônia britânica.

Portanto, nos anos 1890 o isolamento da Alemanha aumentou. Continuou difícil conseguir algum compromisso da Grã-Bretanha, e a aliança franco-russa pareceu reduzir consideravelmente o espaço de manobra no continente. Mas os estadistas alemães se mostraram extraordinariamente lerdos para enxergar a escala do problema, sobretudo por acreditar que a contínua tensão entre os Impérios mundiais era, ela própria, uma garantia de que nunca se uniriam contra a Alemanha. Longe de compensar seu isolamento com uma política de aproximação, os dirigentes alemães elevaram à condição de princípio condutor os esforços pela autonomia.[75] A manifestação de maiores consequências dessa tendência foi a decisão de construir uma grande armada.

Em meados dos anos 1890, depois de um longo período de estagnação e relativo declínio, a construção e a estratégia naval vieram ocupar um lugar central na política alemã nas áreas de segurança e relações exteriores.[76] Nisso a opinião pública teve seu papel. Na Alemanha, como na Grã-Bretanha, navios grandes eram o fetiche da imprensa séria e de seus leitores instruídos da classe média.[77] O "navalismo", tão na moda graças aos escritos do americano Alfred Thayer Mahan, também foi um fator nessa tendência. Mahan previu em seu livro de 1890 *The Influence of Sea Power upon History* [A influência do poder marítimo na história] uma luta pelo poder global que seria decidida por grandes frotas de pesados navios de guerra e cruzadores. O cáiser Guilherme II, que apoiava o programa naval, era um aficionado da náutica e ávido leitor de Mahan; nos cadernos de desenho do jovem Guilherme encontramos muitos navios de guerra: fortalezas flutuantes amorosamente desenhadas a lápis, eriçadas de canhões enormes. Mas a dimensão internacional também era crucial: foi sobretudo a sequência de embates periféricos com a Grã-Bretanha que levou à decisão de adquirir um armamento naval mais potente. Depois do episódio do Transvaal, o cáiser tornou-se obcecado pela necessidade de navios, a ponto de começar a ver praticamente toda crise internacional como uma lição sobre a primazia do poderio naval.[78]

A crescente absorção do cáiser em questões navais coincidiu com uma acirrada luta de facções nos altos escalões da administração naval alemã. O chefe do gabinete naval, almirante barão Gustav von Senden Bibran, e seu ambicioso pupilo Alfred von Tirpitz fizeram campanha pela construção em grande escala de navios de guerra pesados. Do outro lado da luta estava o cauteloso almirante

Friedrich Hollmann, secretário de Estado da Marinha e responsável pela redação de projetos de lei navais para o Reichstag. Hollmann continuava a defender a construção de uma força de cruzadores velozes, do tipo preferido pela ainda em voga escola francesa. Enquanto Tirpitz via a estratégia naval alemã com base em uma futura luta pela paridade com a Grã-Bretanha em águas próximas de casa, Hollmann queria uma arma de longa distância, mais flexível, que pudesse ser usada em favor das pretensões alemãs e protegesse os interesses germânicos na periferia. Entre 1893 e 1896, Tirpitz e seus aliados empreenderam uma campanha de guerrilha contra Hollmann, questionando abertamente sua competência e bombardeando o cáiser com memorandos que esboçavam suas próprias propostas estratégicas. Depois de oscilar entre os dois campos, Guilherme II retirou seu apoio a Hollmann em 1897 e nomeou Tirpitz seu substituto no cargo.[79] Em 26 de março de 1898, depois de intensa campanha de propaganda, o Reichstag aprovou uma nova lei naval. Em vez das ecléticas e difusas propostas de meados dos anos 1890, o Departamento Naval do almirante Von Tirpitz iniciou um abrangente programa de construção de longa duração, que predominaria nos gastos alemães com a defesa até 1912. Seu objetivo básico era permitir à Alemanha confrontar a Marinha britânica em pé de igualdade.[80]

A decisão alemã de iniciar um ambicioso programa naval ocupa uma posição de destaque na literatura sobre as origens da Primeira Guerra Mundial. Em uma análise retrospectiva, pode parecer que ela prenuncia, ou talvez até explique, o conflito que eclodiu em 1914. Pois não foi a decisão de desafiar a hegemonia naval britânica uma provocação desnecessária que azedou permanentemente as relações entre os dois Estados e aumentou a polarização do sistema europeu?

Há muitas críticas possíveis à estratégia naval alemã, e a mais séria é a de que ela não se baseou na concepção de uma política mais abrangente, e sim apenas na ânsia pela liberdade de influir em assuntos mundiais. No entanto, o novo programa naval não foi uma iniciativa afrontosa ou injustificada. Os alemães tinham razões de sobra para acreditar que só seriam levados a sério se adquirissem um poderio naval digno de crédito. Não devemos esquecer que os britânicos estavam acostumados a carregar no tom senhorial quando falavam com os alemães. Em março de 1887, por exemplo, houve uma reunião entre o subsecretário assistente do Ministério das Relações Exteriores britânico, Sir Francis Bertie, conhecido como "o Touro" por seus modos agressivos, e o encarregado dos negócios e embaixador alemão interino em Londres, barão Hermann von Eckardstein. Durante a conversa, Eckardstein, notório anglófilo que se vestia inspirado em Eduardo VII e adorava ser visto em clubes londrinos, mencionou a questão dos interesses alemães no sul da África. A resposta de Bertie foi chocante: se os alemães encostassem um dedo no Transvaal, o governo britânico não descartaria nenhuma medida, "nem mesmo a final" (uma inconfundível alusão à guerra), para "rechaçar qualquer intervenção alemã". "Em caso de uma guerra contra a Alemanha", Bertie prosseguiu, "toda a nação inglesa apoiaria, e bloquear Hamburgo e Bremen e aniquilar o comércio alemão em alto-mar seriam brincadeiras de criança para a frota inglesa."[81]

A política naval alemã deve ser vista nesse contexto de atrito e ameaça. Evidentemente não pode haver dúvida quanto à orientação anti-inglesa da nova arma: o próprio Tirpitz deixou isso mais do que claro. O memorando de junho de 1897 que delineava ao cáiser seu plano para a frota começou com uma observação lapidar: "Para a Alemanha, o inimigo naval mais poderoso atualmente é a Inglaterra", e essa mesma afirmação apareceu sob várias formas nos esboços de propostas e memorandos dos anos seguintes.[82] Mas nisso não havia nada de surpreendente: os programas de armamentos costumavam basear-se em uma comparação com o oponente em potencial mais temível; até a assinatura da Entente Cordiale em 1904, os documentos programáticos dos estrategistas navais da escola francesa propunham, em caso de guerra, o uso sistemático de velozes cruzadores armados para atacar embarcações comerciais e forçar as Ilhas Britânicas à submissão pela fome. Até 1898 essa perspectiva parecera suficientemente real nos círculos navais britânicos para gerar um temeroso clamor por mais cruzadores e pela consolidação da produção nacional de alimentos.[83]

De qualquer modo, não foi a construção de navios alemães após 1898 que impeliu a Grã-Bretanha a aproximar-se da França e da Rússia. As decisões de entrar em uma entente com a França e buscar um acordo com a Rússia foram tomadas principalmente em consequência de pressões sobre a periferia do Império. Os planejadores britânicos estavam menos obcecados e assustados com a construção de navios alemães do que muitos supõem.[84] A estratégia naval britânica nunca se concentrou apenas na Alemanha, e sim na necessidade de permanecer dominante em um mundo de grandes potências navais que incluía a França, a Rússia e os Estados Unidos. Tampouco a construção naval germânica teve o efeito hipnotizante sobre os estrategistas britânicos que alguns supuseram.[85] Em 1905, o diretor da Inteligência naval britânica pôde qualificar confiantemente como "esmagadora" a preponderância naval da Grã-Bretanha sobre a Alemanha.[86] Em outubro de 1906, Charles Hardinge, subsecretário permanente do Ministério das Relações Exteriores, declarou que a Alemanha não representava um perigo naval imediato para a Grã-Bretanha. No ano seguinte, o almirante Sir A. K. Wilson observou em um relatório sobre planos de guerra do Almirantado que era improvável ocorrer um conflito anglo-germânico, que nenhuma das potências estava em condições de causar um "dano vital" e que era "difícil imaginar como um conflito desse teor poderia surgir". O secretário das Relações Exteriores, Edward Grey, também foi otimista: "Poremos sete encouraçados na água antes que eles ponham um", ele observou em novembro de 1907. "Em 1910 eles terão quatro para sete dos nossos, mas até lá teremos tempo de sobra para fabricar outros se eles o fizerem."[87] Até o primeiro lorde do mar, Sir John ("Jackie") Fisher, escreveu ao rei Eduardo VII em 1907 se gabando da superioridade britânica sobre os alemães: "A Inglaterra tem sete encouraçados e três cruzadores invencíveis, enquanto a Alemanha ainda não começou nenhum!". Havia boas razões para tamanha confiança, pois os alemães perdiam feio a corrida naval: enquanto o número de navios de guerra germânicos aumentou de treze para dezesseis entre 1898 e 1905, a frota de guerra britânica cresceu de 29 para 44 navios. Tirpitz planejara atingir a proporção de um navio de guerra alemão para cada 1,5 da Grã-Bretanha, mas nunca chegou nem perto disso. Em 1913, o comando naval alemão renunciou formal e unilateralmente à corrida armamentista anglo-germânica, e Tirpitz declarou-se satisfeito com a proporção exigida pela Grã-Bretanha. Em 1914 a vantagem britânica novamente estava aumentando. O pânico naval que periodicamente atacava a imprensa e os círculos políticos britânicos era bem real, mas cada caso foi, em grande medida, impelido por campanhas da Marinha para esvaziar a demanda por verbas do Exército britânico tão carente de fundos.[88]

Portanto, era grande a discrepância entre a tempestade retórica conjurada por Tirpitz e seus colegas para justificar os gastos navais e os resultados relativamente pobres alcançados. A construção naval alemã destinava-se a dar apoio ao que, a partir de 1900, passou a ser conhecido como Weltpolitik — literalmente, "política global". Esse termo denotava uma política externa que visava aumentar a influência da Alemanha como potência global e, desse modo, alinhá-la aos outros grandes atores da cena mundial. "Fenomenais massas de terra serão divididas em todos os cantos do mundo no decorrer das próximas décadas", alertou em um importante ensaio de 1897 o historiador e jornalista político Hans Delbrück. "E a nação que permanecer de mãos vazias ficará por gerações excluída da classe dos grandes povos que definem os contornos do espírito humano."[89] Em um discurso popular e influente proferido em 6 de dezembro de 1897, o secretário de Estado das Relações Exteriores, Bernhard von Bülow, expressou o exaltado espírito da época: "O tempo em que os alemães deixavam a terra para um de seus vizinhos, o mar para outro e reservavam para si o céu onde reina a filosofia pura — esse tempo passou. [...] Não queremos pôr ninguém na sombra, mas também exigimos nosso lugar ao sol".[90]

Por uns tempos, a palavra "Weltpolitik" pareceu refletir o ânimo da classe média alemã e da imprensa nacionalista séria. Era um termo expressivo, pois reunia muitas das aspirações contemporâneas. Weltpolitik significava o esforço para expandir os mercados de exportação (em uma época de exportações declinantes); significava escapar das restrições do sistema de alianças continentais para atuar em uma arena mundial mais ampla. Expressava o apetite por projetos genuinamente nacionais que ajudassem a unir as regiões díspares do Império Germânico e refletissem a quase universal convicção de que a Alemanha, que chegara tarde ao banquete imperial, teria de se apressar para alcançar as outras grandes potências se quisesse ganhar o respeito delas. No entanto, embora conotasse todas essas coisas, o termo "Weltpolitik" nunca adquiriu um significado estável ou preciso.[91] Até Bernhard von Bülow, que muitos consideravam o responsável por estabelecer a Weltpolitik como princípio norteador da política externa alemã, nunca fez uma descrição definitiva desse conceito. Seus pronunciamentos contraditórios sobre o assunto sugerem que a Weltpolitik não era muito mais do que a velha política da "liberdade de ação" com uma marinha de guerra maior e uma música de fundo mais ameaçadora. "Devemos aplicar a Weltpolitik", anotou com irritação o ex-chefe do Estado-Maior Alfred von Waldersee em seu diário em janeiro de 1900. "Quem me dera saber o que é isso."[92]

As realizações concretas da Weltpolitik depois de 1897 foram correspondentemente modestas, ainda mais se comparadas às predações imperialistas dos Estados Unidos na mesma época: enquanto a Alemanha se apoderou das ilhas Marianas e Carolinas, uma parte de Samoa e a pequena cabeça de ponte em Kiaochow na costa chinesa, os Estados Unidos guerrearam com a Espanha por Cuba e, no processo, adquiriram as Filipinas, Porto Rico e Guam em 1898, formalizaram sua posse do Havaí no mesmo ano, travaram uma pavorosa guerra colonial nas Filipinas (1899-1902) que custou entre meio milhão e 750 mil vidas filipinas, adquiriram algumas das ilhas Samoa em 1899 e depois construíram um canal através do istmo centro-americano sob a proteção de uma Zona do Canal sob seu controle, de acordo com a opinião expressa de seu secretário de Estado de que o país era "praticamente soberano" no continente sul-americano.[93] Quando Bülow escreveu exultante ao cáiser Guilherme II que "esse ganho estimulará o povo e a Marinha a seguir Sua Majestade pelo caminho que conduz ao poder mundial, à grandeza e à glória eterna", estava se referindo à aquisição, pela Alemanha, de uma nulidade econômica e estratégica: as ilhas Carolinas![94] Não é de admirar a conclusão de alguns historiadores de que a Weltpolitik alemã foi concebida tendo em mente sobretudo os consumidores internos: como um meio para fortalecer a solidariedade nacional, sobrecarregar o Parlamento com comprometimentos orçamentários de longo prazo, ofuscar a atratividade de credos políticos dissidentes como a social-democracia e, assim, consolidar a dominância das elites industriais e políticas.[95]

Talvez a mais notável deficiência da política alemã nos anos ao redor de 1900 tenha sido não perceber como o ambiente internacional estava mudando depressa e desvantajosamente para a Alemanha. Os dirigentes em Berlim no despontar do século XX permaneceram confiantes em que a tensão global entre o Império Britânico e a Rússia continuaria a garantir certa liberdade de manobra para a Alemanha. No curto prazo, concentraram-se a manter boas relações com São Petersburgo. No longo prazo, acreditavam, o ônus de opor-se à Rússia e o crescimento da frota alemã forçariam a Grã-Bretanha a buscar melhores relações com Berlim.

O MOMENTO DECISIVO?

Na noite de 8-9 de fevereiro de 1904, a frota do almirante Togo Heiachiro atacou e afundou navios de guerra russos ancorados em Porto Arthur, na costa chinesa, dando início à Guerra Russo-Japonesa. Os nipônicos começaram o conflito, mas quem o provocou foram os russos. Na década anterior, o tsar e seus conselheiros mais poderosos andaram hipnotizados pela perspectiva de adquirir um vasto Império no leste da Ásia. Os russos haviam avançado constantemente pelo norte da China, península de Liaodong e norte da Coreia, invadindo a esfera de interesse japonesa. Usaram o Levante dos Boxers de 1898-1901 (também parcialmente uma consequência de incursões russas na China) como pretexto para enviar 177 mil soldados à Manchúria, supostamente para proteger suas ferrovias. Depois que a rebelião se aquietou, a Rússia desconsiderou as exigências de outras potências para retirar suas tropas. No começo de 1903, estava claro que os russos pretendiam ocupar a Manchúria indefinidamente. Os vários pedidos dos japoneses para uma demarcação formal das esferas de influência russa e nipônica na Manchúria e na Coreia, respectivamente, foram desprezados por São Petersburgo.

Fortalecidos por sua aliança de 1902 com a Grã-Bretanha, os japoneses sentiram-se suficientemente confiantes para tomar a iniciativa. A guerra que se seguiu trouxe para a Rússia uma derrota numa escala que ninguém previra. Duas de suas três frotas foram destruídas (a terceira, a frota do mar Negro, salvou-se, ironicamente, graças às restrições que ainda impediam os navios de guerra russos de passar pelos estreitos da Turquia). Forças russas foram abordadas e derrotadas na Manchúria em 1904, os japoneses cercaram Porto Arthur e o exército enviado para romper o cerco foi forçado a bater em retirada. Em janeiro de 1905, após uma luta prolongada e sangrenta, Porto Arthur rendeu-se. Dois meses depois, um exército japonês de 270 mil homens desbaratou uma força russa ligeiramente maior perto de Mukden, na Manchúria. Enquanto esses desastres aconteciam, uma onda de violência interétnica, greves colossais, protestos políticos e rebeliões varreu o Império Russo e expôs a fragilidade interna da autocracia tsarista; em dado momento, um exército de quase 300 mil soldados — maior do que a força que enfrentava os japoneses na Manchúria — precisou ser enviado à Polônia para restaurar a ordem.

O impacto do conflito russo-japonês foi profundo e ambivalente. No curto prazo, a guerra pareceu oferecer à Alemanha oportunidades inesperadas de romper as restrições impostas pela aliança franco-russa e pela entente anglo-francesa. Mas no longo prazo o efeito foi oposto: fortaleceu o sistema de alianças que redirecionou as tensões antes periféricas para o continente europeu e reduziu drasticamente a liberdade de movimento da Alemanha. Como esses dois aspectos influenciaram os acontecimentos de 1914, vale a pena fazer um breve exame de cada um deles.

No verão de 1904, a posição diplomática da Alemanha estava bem pior do que em 1890, quando Bismarck deixara o cargo. Os líderes políticos alemães não davam importância a essa tendência, principalmente por acreditarem que as tensões entre a Grã-Bretanha e as potências continentais manteriam sempre abertas as portas para uma aproximação da Alemanha com a Grã-Bretanha. Nesse contexto, a notícia da entente anglo-francesa foi um golpe duro. Em carta a Bülow em abril de 1904, o cáiser Guilherme informou ao chanceler que a entente dava-lhe "muito o que pensar", pois o fato de a Inglaterra e a França não precisarem mais temer uma à outra significava que "a necessidade de levarem em conta a nossa posição torna-se ainda menos premente".[96]

Como a Alemanha poderia se safar dessa situação inconveniente? Havia duas opções. A primeira era comprometer o Reich em um acordo com a Rússia e, assim, enfraquecer ou neutralizar a aliança franco-russa. A segunda era encontrar algum meio de minar a nova entente entre Grã-Bretanha e França. A Guerra Russo-Japonesa trouxe a oportunidade de testar ambas as opções. O cáiser alemão vinha preconizando sem êxito, fazia já algum tempo, uma aproximação diplomática com a Rússia, e logo percebeu as vantagens que poderiam advir das dificuldades deles. Em uma carta ao tsar de fevereiro de 1904, observou que os franceses estavam fornecendo matérias-primas aos japoneses, portanto não agiam como aliados confiáveis.[97] Em junho o cáiser disse a Nicolau que, em sua opinião, a entente francesa com a Grã-Bretanha, aliada do Japão, estava "impedindo os franceses de vir em seu socorro!". Outras cartas continham menções solidárias à má sorte do Exército russo e expressavam confiança em futuros êxitos.[98] Os alemães também deram ajuda prática, por exemplo, abastecendo de carvão os navios russos em postos alemães na rota para o Oriente. Essas iniciativas culminaram em duas ofertas formais de aliança. A primeira, apresentada em 30 de outubro de 1904, propôs uma aliança estipulando que cada uma das duas signatárias viria em socorro se a outra fosse atacada na Europa ou em qualquer outra parte do mundo. Mas o tsar Nicolau não quis assinar um acordo formal sem antes consultar sua aliada, a França. Como era inconcebível que o país concordasse, isso equivalia a rejeitar a proposta.

Entretanto, no verão de 1905 a posição doméstica e militar da Rússia havia piorado drasticamente. Quando o cáiser renovou suas propostas ao tsar, Nicolau se mostrou mais inclinado a considerar uma oferta alemã. No verão de 1905, o iate real *Hohenzollern* seguiu para Björkö, um vilarejo de pescadores no golfo da Finlândia, para um encontro com o iate do tsar, o *Estrela Polar*. As duas embarcações atracaram lado a lado em 23 de julho, e o tsar subiu a bordo para um jantar. Seguiram-se conversas confidenciais durante as quais Guilherme tirou partido, com considerável êxito, das preocupações do tsar com respeito às intenções da Grã-Bretanha contra a Rússia e à inconfiabilidade dos franceses, agora coligados aos britânicos. O esgotado Nicolau caiu no choro, abraçou seu primo alemão e concordou. Mas o rascunho de tratado resultante não sobreviveu ao escrutínio dos assessores do tsar em São Petersburgo. Um compromisso com Berlim era impossível de conciliar com a aliança francesa que ainda constituía o alicerce da segurança russa, argumentaram. Informes de Paris confirmaram que os franceses jamais tolerariam qualquer alteração nas condições da aliança em benefício de uma aproximação russo-germânica. O tsar permaneceu favoravelmente disposto a algum tipo de acordo com a Alemanha, mas, sob pressão de seus consultores políticos e econômicos, gradualmente abandonou a ideia. Assim se fechou, ao menos em um futuro previsível, a estrada leste para a Alemanha sair do isolamento.

Ao mesmo tempo, a liderança alemã buscou modos de abrir a porta recentemente fechada pela entente anglo-francesa. Como parte do abrangente acordo que decidiu importantes disputas coloniais, negociado através da Entente Cordiale, os britânicos haviam concordado em reconhecer que o Marrocos pertencia à esfera de influência francesa; em troca, os franceses reconheceram a primazia dos britânicos no Egito. Decidido a tirar proveito desse trato enquanto o comprometimento britânico ainda era novidade, em janeiro de 1905 o governo francês enviou a Fez uma missão diplomática para organizar a consolidação do controle francês no Marrocos.

Considerando os termos do acordo anglo-francês, não havia nada de muito surpreendente na tentativa dos franceses de consolidar seu poder no Marrocos. Mas o ministro francês das Relações Exteriores escolheu dotar a política de um tom deliberadamente antigermânico. Possíveis desentendimentos com a Espanha haviam sido resolvidos com troca de territórios, e o acordo com a Itália sobre o norte da África em 1902 assegurava a aquiescência de Roma. O acordo britânico estava embutido nos termos da entente. Mas para os alemães não se ofereceu nada. Berlim nem ao menos foi informada de antemão sobre as intenções francesas. Era um afastamento em relação à política anterior de Delcassé, na qual se previa que a concordância dos alemães seria negociada em troca de compensação territorial "em outras partes da África onde [os alemães] possam ter ambições".[99] Optando por deixar os alemães de fora, Delcassé introduziu uma provocação totalmente desnecessária em sua política para o norte da África e se expôs às críticas de seus colegas franceses. Até Paul Revoil, seu colaborador mais próximo na questão marroquina, lamentou a intransigência do ministro; o "grande infortúnio", protestou Revoil, foi Delcassé achar "repugnante negociar com a Alemanha.

'Os alemães são embusteiros', ele diz. Mas, pelo amor de Deus, não estou pedindo juras de amor nem alianças de noivado, e sim uma conversa de negócios!".[100] Também Eugène Étienne, líder do Partido Colonial Francês, julgou "o cúmulo da imprudência" a recusa de Delcassé a negociar com os alemães pelo Marrocos.[101]

O Ministério das Relações Exteriores alemão, por sua vez, durante muito tempo vira com desconfiança os lances franceses no Marrocos, e estava decidido a não permitir que o governo francês agisse unilateralmente de modo a prejudicar os interesses germânicos na área. Juridicamente, o ponto de vista alemão era legítimo: um acordo internacional de 1881 reconhecera formalmente o Marrocos como uma área cuja situação legal só podia ser alterada multilateralmente, por um tratado internacional. Mas o objetivo fundamental da política alemã não era defender a lei internacional, e sim testar a força da entente. Informes de Londres haviam dado aos alemães razões para supor que o governo britânico não se sentiria na obrigação de intervir em uma disputa pelo Marrocos entre a França e outra potência.[102] Berlim esperava que isso, por sua vez, lembrasse aos franceses, na singular formulação do cáiser, que "uma Marinha não tem rodas", e desse modo eles abrandassem sua oposição a algum tipo de entendimento com a Alemanha.[103] Nesse sentido, a iniciativa do Marrocos pode ser vista como uma versão ocidental das propostas feitas à Rússia em 1904-5.

No começo de janeiro de 1905, uma delegação francesa viajou para Fez, no interior do Marrocos, e exigiu o controle do Exército e da polícia marroquinos. O sultão recusou. Em 31 de março de 1905, o cáiser Guilherme II fez uma visita surpresa à cidade de Tânger. Em meio à aclamação jubilosa da população da cidade, que via no soberano alemão um bem-vindo contrapeso aos franceses, Guilherme foi até a legação alemã, tratou com desdém o terceiro secretário da legação francesa, que lhe deu as boas-vindas ao Marrocos "em nome de Monsieur Delcassé", e fez um discurso afirmando que os interesses comerciais e econômicos alemães, juntamente com a independência e a integridade do Marrocos, deveriam ser mantidos.[104] Não faziam nem duas horas que ele tinha chegado à cidade, quando voltou para o navio e zarpou.

No curto prazo, essa espetacular aplicação da manobra política foi um tremendo sucesso. A visita provocou indignação na França, mas os britânicos não mostraram interesse em intervir, e, depois de uma fase de ameaças mútuas e blefes, o governo francês optou por buscar uma resolução pacífica. Théophile Delcassé foi demitido e sua política de provocação caiu temporariamente em descrédito. Suas responsabilidades passaram às mãos do novo e inexperiente premiê francês, Maurice Rouvier, que propôs negociações bilaterais sobre o futuro do Marrocos. Mas os alemães, imprudentemente, como podemos julgar em retrospectiva, tentaram pressionar para obter vantagem. Recusaram a proposta de Rouvier e insistiram para que a disputa fosse decidida em uma conferência internacional, como determinava o tratado de 1881. O pedido acabou sendo atendido, porém o triunfo alemão teve vida curta. Na conferência, realizada na cidade portuária espanhola de Algeciras em janeiro de 1906, a semi-independência do Marrocos foi confirmada em termos gerais, mas os negociadores alemães não conseguiram o apoio das outras grandes potências (exceto da Áustria) para suas propostas adicionais sobre a internacionalização da polícia e das instituições financeiras marroquinas. Grã-Bretanha, Itália e Espanha, que tinham todas sido subornadas com acordos de compensação, e a Rússia, a quem fora prometido mais um empréstimo francês em troca de apoio, tomaram firmemente o partido da França. Os delegados russos viajaram para Algeciras com instruções para apoiar "energicamente" todas as propostas francesas.[105] Evidenciava-se ali, aos olhos de todos, a utilidade da Tríplice Aliança. Fora, portanto, um erro crasso buscar a solução multilateral de uma questão que já tinha sido resolvida pela França bilateralmente com a maioria das potências interessadas. Os planejadores alemães tinham feito bobagem. Em 5 de abril de 1906, o chanceler Bernhard von Bülow, principal arquiteto da política alemã no Marrocos, empalideceu e perdeu os sentidos no Reichstag pouco depois de fazer um discurso sobre o resultado de Algeciras. Permaneceria em convalescença até outubro.[106]

Os esforços do governo alemão para explorar as opções orientais e ocidentais como um meio de vencer o isolamento alemão foram, portanto, um estrondoso fracasso. A entente anglo-francesa, em vez de enfraquecer, fortaleceu-se com o desafio alemão à França no Marrocos.[107] Também no leste as oportunidades criadas para a Alemanha pela Guerra Russo-Japonesa mostraram-se ilusórias. A opção oriental foi suspensa para o futuro previsível no verão de 1907, quando a Grã-Bretanha e a Rússia assinaram um tratado que decidiu todas as suas disputas em torno de Pérsia, Afeganistão e Tibete.

A entente de 1907 não foi motivada por hostilidade ou temor à Alemanha. Na verdade, foi o contrário: como a Rússia representava uma ameaça maior para a Grã-Bretanha em uma gama de pontos vulneráveis, convinha apaziguar a Rússia e opor-se à Alemanha. Essa ideia dominou a política britânica em relação à aproximação com a Rússia desde antes da virada do século e continuou válida depois da assinatura da entente. Em março de 1909, Sir Charles Hardinge sintetizou a questão: "Não temos problemas pendentes com a Alemanha, exceto o da construção naval", ele disse a Sir Arthur Nicolson, que logo o sucederia, "enquanto todo o nosso futuro na Ásia depende de mantermos as melhores e mais amistosas relações com a Rússia. Não podemos nos dar ao luxo de sacrificar em nenhum aspecto a nossa entente com a Rússia, ainda que em nome de uma redução no programa naval".[108] O mesmo se pode dizer sobre os dirigentes russos que concordaram com a entente: para eles, não era uma política contra a Alemanha, e sim uma tentativa de economizar a fim de assegurar uma margem de manobra para a consolidação interna ou (dependendo de a quem se perguntasse) garantir liberdade de ação externa. Particularmente interessante foi a ligação entre um acordo sobre a Pérsia e a perspectiva de apoio britânico a um melhor acesso russo aos estreitos da Turquia. Para Izvolsky e seu embaixador em Londres, o conde Benckendorff, a questão dos estreitos era "o cerne da entente" e a chave para conseguirem uma revisão favorável dos direitos de acesso da Rússia em uma "data adequada" no futuro próximo.[109]

Em outras palavras: embora em grande medida o novo sistema internacional que emergiu a partir de 1907 deixasse a Alemanha em desvantagem, não devemos supor que esse resultado refletiu fielmente os desígnios que o ocasionaram. Só no caso da França podemos falar em uma política que invariavelmente priorizou a contenção da Alemanha. Faz mais sentido pensar nesse conjunto de acordos como a consequência europeia de transições na história mundial — a Guerra Sino-Japonesa e a ascensão do Japão como potência regional, os fardos fiscais impostos por conflitos na África e pelo Grande Jogo na Ásia Central, o recuo do poder otomano na África e no sudoeste europeu e o surgimento da Questão da China, significando nesse caso não só a competição das grandes potências em território chinês, mas também os resultantes altos níveis de turbulência interna na China. A "impaciência" alemã e suas importunações de imperialista emergente foram parte do quadro, porém vistas de um ângulo que englobava preocupações mais amplas. A ideia antes generalizada de que a Alemanha causou seu próprio isolamento em decorrência de mau comportamento internacional não é corroborada por uma análise mais abrangente dos processos pelos quais ocorreram os realinhamentos dessa era.[110]

Na verdade, em certa medida foi na direção oposta que se deu a relação causal entre o antagonismo contra a Alemanha e o novo sistema de alianças: não foi isso que causou o isolamento do país, e sim o fato de que o novo sistema canalizou e intensificou a hostilidade contra o Império Germânico. No caso da Rússia, por exemplo, a vitória do Japão no leste e a solução provisória da briga imperial com a Grã-Bretanha na Ásia Central inevitavelmente redirecionaram a política externa para a única arena remanescente onde ainda se podia conceber um plano imperial: os Bálcãs, uma área onde era difícil evitar o conflito com a Áustria-Hungria e, por extensão, com a Alemanha. A antiga divisão de facções na comunidade da política externa russa entre "asianistas" e "europeístas" foi resolvida em favor dos últimos. Sob Izvolsky e Sazonov, os europeístas, que tendiam a desconfiar da Alemanha e a favorecer as boas relações com a Grã-Bretanha e a França, sempre ocuparam a maioria dos principais postos.[111] Analogamente, a entente anglo-francesa neutralizou o sentimento antibritânico que antes de 1904 diluíra de tempos em tempos a germanofobia dos estadistas franceses.

ENGENDRANDO UMA INIMIZADE

Particularmente notável foi o caso da Grã-Bretanha. É assombrosa a agressividade com que várias autoridades britânicas reagiram quando os alemães desafiaram a penetração francesa no Marrocos. Em 22 de abril de 1905, o secretário das Relações Exteriores, Lord Lansdowne, informou ao embaixador inglês em Paris que, em sua opinião, os alemães talvez procurassem apoderar-se de um porto na costa ocidental da África em compensação pela tomada do Marrocos pelos franceses; ele disse que a Inglaterra estava preparada para juntar-se à França "para uma forte oposição a essa proposta".[112] O embaixador britânico em Paris era nada menos que Sir Francis "o Touro" Bertie, visconde de Thame, ex-subsecretário parlamentar que intimidara o encarregado de negócios alemão Eckardstein com ameaças de guerra pelo Transvaal. Ao transmitir a mensagem de Lansdowne sobre o apoio a Delcassé, que não ouvira nada sobre as intenções germânicas de obter um porto mourisco, Bertie fez uso de uma linguagem bem mais firme, dando a impressão de um apoio categórico e incondicional às medidas francesas: "O governo de Sua Majestade britânica", foi dito ao Ministério das Relações Exteriores francês, "considera inaceitável a conduta da Alemanha na questão marroquina tendo em vista a atitude de Monsieur Delcassé, e deseja conceder a vossa excelência todo o apoio em seu poder".[113] Em conversa particular com Delcassé, Bertie encorajou o ministro das Relações Exteriores com uma conversa belicosa; um ou dois dias depois, o ministro informou a um colaborador próximo que a posição da França tinha se tornado inexpugnável usando uma linguagem que lembrava as ameaças de Bertie a Eckardstein:

> [A Alemanha] sabe que teria a oposição da Inglaterra. Repito que a Inglaterra nos apoiaria totalmente e não assinaria a paz sem nós. Acha que o imperador Guilherme pode imaginar calmamente a perspectiva de ver sua frota de guerra destruída, seu comércio naval arruinado e seus portos bombardeados pela frota inglesa?[114]

Havia sinais belicosos também de outras partes do establishment responsáveis pelas decisões da política britânica. O general Grierson, diretor de operações militares, acompanhado por seu suplente, fez uma inspeção pessoal da fronteira franco-belga em março de 1905 a fim de avaliar as condições para o desembarque de uma força expedicionária britânica. Em abril, o primeiro lorde do mar, Sir John "Jackie" Fisher, que desde o começo da crise andava "ansioso para pegar" os alemães, chegou a propor que a Marinha inglesa fosse para o canal de Kiel levando a bordo uma força expedicionária a ser desembarcada na costa de Schleswig-Holstein.[115] Essas reações assombrosamente beligerantes não tinham relação nenhuma com as correções ou incorreções da posição adotada pela Alemanha com respeito à penetração francesa no Marrocos; resultavam do receio de que a Alemanha estivesse testando a força da nova entente que, afinal de contas, baseava-se em um acordo para trocar a dominância britânica no Egito pela dominância francesa no Marrocos.

A posse de Sir Edward Grey no cargo de secretário das Relações Exteriores em dezembro de 1905 consolidou a influência de uma facção antigermânica que estava em ascensão no Ministério das Relações Exteriores britânico. Os colegas e subordinados de Grey abasteciam-no com um fluxo constante de comunicados e minutas alertando sobre a ameaça de Berlim.[116] As vozes dissidentes no Ministério das Relações Exteriores eram marginalizadas. Comunicações de enviados britânicos na Alemanha que contrariassem a visão dominante, como as enviadas de Berlim por Lasclelles, de Salis e Goschen, acabavam cobertas de notas céticas nas margens. Em contraste, os informes de Sir Fairfax Cartwright em Munique e mais tarde em Viena, que nunca deixavam de dar a interpretação mais negativa sobre os acontecimentos contemporâneos na Alemanha e na Áustria, ganhavam elogios: "Um relatório excelente e valioso em todos os aspectos"; "Interessantíssimo, vale a pena ler"; "Um comunicado interessante e sugestivo"; "Um comunicado extraordinariamente competente"; "O sr. Cartwight é um observador arguto"; "Uma análise ponderada da situação" etc.[117]

Na "mente oficial" da política externa britânica, a história das relações anglo-germânicas foi reconcebida como uma sinistra crônica das provocações alemãs. Um escriturário do Ministério das Relações Exteriores, G. S. Spicer, acabou por acreditar que a Alemanha vinha adotando "uma política invariavelmente hostil aos interesses da Grã-Bretanha" desde o tempo de Bismarck.[118] Analisando anos depois, Grey sentiu-se inclinado a ver as duas décadas entre 1884 e sua posse no cargo como uma era de concessões fundamentalmente equivocadas a um inimigo implacável.[119] "Planos nebulosos e indefinidos de expansão teutônica" foram atribuídos à liderança alemã.[120] Os alemães foram acusados de procurar instaurar uma ditadura no continente, de "visar deliberadamente à predominância mundial", de querer "nos jogar na água e roubar nossas roupas", como descreveu Bertie no seu linguajar prático de aluno de internato aristocrático.[121] Em novembro de 1909, Sir Charles Hardinge apontou a Alemanha como "a única potência agressiva da Europa".[122] Afirmações como essas, repetidas como um mantra a cada oportunidade em comunicados, cartas e minutas departamentais, fundiram-se até formar uma nova realidade virtual, um modo de interpretar o mundo.

Por que essas pessoas se tornaram tão hostis à Alemanha? Teriam os alemães se comportado "pior" do que as outras potências, intimidando e atropelando em situações nas quais outros países descobriam um modus operandi mais brando e controlável? Obviamente é difícil, em um meio no qual as impressões subjetivas influenciavam muito e as normas de comportamento aceitável eram tão variáveis, determinar exatamente quanto foram "provocativos" determinados estilos e iniciativas. O telegrama Kruger terá sido mais provocativo do que a mensagem em palavras triviais do presidente Grover Cleveland, enviada de Washington mais ou menos na mesma época para dissuadir incursões britânicas na Venezuela? A tomada de Kiaochow teria sido mais provocativa do que a aquisição da Zona do Canal pelos americanos ou a criação de um protetorado russo na Mongólia? O desastrado empenho da Alemanha por um triunfo diplomático em Agadir seria mais provocativo do que as medidas unilaterais da França quando rompeu o acordo franco-alemão sobre o Marrocos em 1911 (ver cap. 4)? Talvez essas não sejam as perguntas certas. Raramente os germanófobos especificavam seus argumentos contra os alemães. Falavam em termos gerais sobre a arrogante ambição e "pose" tirânica da Alemanha, da imprevisibilidade do cáiser e da ameaça que o poderio militar alemão representava para o equilíbrio de forças na Europa, mas se esquivavam de identificar verdadeiras transgressões da boa conduta internacional pela Alemanha.

O mais completo relato sobre as queixas britânicas está em um famoso documento intitulado "Memorando sobre o estado atual das relações britânicas com a França e a Alemanha", escrito em janeiro de 1907 por Eyre Crowe, na época escrivão do Departamento Ocidental do Ministério das Relações Exteriores. Crowe foi uma das figuras mais extraordinárias do mundo da política externa britânica. Seu pai trabalhara para o serviço consular britânico, mas a mãe e a mulher de Crowe eram alemãs, e ele próprio tinha nascido em Leipzig e chegara à Inglaterra com dezessete anos, sem fluência no inglês, a fim de estudar para o exame de admissão no Ministério das Relações Exteriores. A vida toda Crowe falou inglês com um sotaque "gutural", como descreveram seus contemporâneos. Um subordinado recorda-se de ter sido repreendido em palavras com tantos erres escarrados que teve vontade de rir. A percepção de que Crowe, embora admiravelmente eficiente e laborioso em seu trabalho no departamento, permanecia irremediavelmente germânico no estilo e na atitude nunca lhe permitiu subir na carreira tanto quanto deveria por sua competência. Apesar desses atributos pessoais, ou talvez em parte por causa deles, em Whitehall Crowe tornou-se um dos mais implacáveis oponentes de uma aproximação com a Alemanha.

O memorando de 1º de janeiro de 1907 começava com um breve levantamento da recente crise do Marrocos. Crowe deu à narrativa um tom de fábula moralista. A valentona Alemanha ameaçou a França pensando em "cortar pela raiz" sua "precoce amizade" com a Grã-Bretanha. Mas subestimou o denodo e a lealdade da colega britânica da França; "calculou mal a força do sentimento britânico e o caráter dos ministros de Sua Majestade". Como a maioria dos valentões, a Alemanha era covarde, e a perspectiva de uma "coalizão anglo-francesa em armas" foi suficiente para pô-la para correr. Mas, antes de se retirar, o país desmoralizou-se ainda mais, adulando grosseiramente a amiga britânica, "pintando em cores atraentes uma política de cooperação com a Alemanha". Como a Grã-Bretanha deveria responder a essa atitude censurável? Sendo a potência mundial preeminente, Crowe argumentou, a Grã-Bretanha estava fadada, por uma espécie de "lei da natureza", a resistir a qualquer Estado que aspirasse a criar uma coalizão que se opusesse à hegemonia britânica. E isso era exatamente o que a política alemã pretendia. O objetivo final da Alemanha era "a hegemonia germânica, primeiro na Europa, depois no mundo". Enquanto todos apreciavam e acolhiam e ninguém temia ou invejava a hegemonia britânica, por sua liberalidade política e seu livre-comércio, as vociferações do cáiser e da imprensa pan-germânica mostravam que a hegemonia alemã poderia se tornar uma "ditadura política", transformando-se "na ruína das liberdades da Europa".

Evidentemente, Crowe não tinha objeções, em princípio, ao crescimento do poder e da influência germânicos. O problema era a maneira insultuosa e provocativa como a Alemanha se empenhava por seus objetivos. Mas em que exatamente consistiam as provocações alemãs? Incluíam ultrajes como "procedimentos dúbios" em Zanzibar e a tomada de Camarões quando a Inglaterra já havia anunciado sua intenção de conceder um protetorado britânico aos habitantes da área. Onde estivessem — ou assim parecia a Grove — os britânicos tropeçavam nos alemães. A lista de afrontas continuava, do apoio financeiro para a República do Transvaal a queixas sobre a conduta de Londres na guerra do sul da África e à irritante ingerência na região do vale do Yang Tsé, "então considerado praticamente uma reserva britânica". E, para piorar, havia o "caso meio indigesto" dos esforços alemães para influenciar a imprensa internacional de Nova York, São Petersburgo, Viena, Madri, Lisboa, Roma, Cairo e até Londres, "onde a embaixada alemã mantém relações confidenciais e pouco divulgadas com vários jornais respeitáveis de grande circulação".[123]

Muito se poderia dizer a respeito desse fascinante documento, que Grey passou como leitura recomendada ao primeiro-ministro Sir Henry Campbell-Bannerman e a outros ministros importantes. Primeiro, temos a quase cômica tendência de Crowe a ver as guerras, protetorados, ocupações e anexações da Grã-Bretanha imperialista como um estado de coisas natural e desejável, e as manobras comparativamente ineficazes dos alemães como desrespeitos gratuitos e repugnantes à paz. Que audácia dos alemães, importunar a Grã-Bretanha na questão de Samoa quando Londres estava prestes a "submeter" sua disputa com o Transvaal "ao arbitramento da guerra!". Depois, a tendência a ver o longo braço da política alemã por trás de cada conflito imperial; assim, teriam sido os alemães que "fomentaram os problemas britânicos com a Rússia na Ásia Central" e "meticulosamente encorajaram" a oposição europeia à ocupação do Egito pela Grã-Bretanha. Onde quer que houvesse atrito entre a Grã-Bretanha e seus rivais imperiais, os alemães estavam supostamente mexendo os pauzinhos nos bastidores. Quanto às manipulações da imprensa desde o Cairo até Londres, havia mais do que uma pitada de paranoia no modo como Crowe abordou o assunto: o trabalho da imprensa alemã era ínfimo em comparação com as operações muito mais amplas e mais bem financiadas a mando de São Petersburgo e Paris.

No fundo, talvez os incidentes agressivos não fossem tão importantes; o cerne do argumento era o medonho psicograma do Estado-nação germânico, apresentado por Crowe como uma pessoa composta tramando para ganhar concessões por meio de "fanfarronadas ofensivas e persistentes importunações", um "chantagista profissional", "intimidando e ofendendo" em cada oportunidade, manifestando uma "negligente desconsideração pelas suscetibilidades de outro povo". Pouca diferença fazia se algum plano alicerçava todos aqueles erros ou se tudo não passava da "expressão de uma condução vaga, confusa e inepta do Estado, que não se dá conta de sua dispersão". O resultado era o mesmo: só a mais firme disciplina ensinaria os alemães a se comportar direito. Os franceses também já tinham sido muito irritantes no passado, Crowe lembrou, e desafiavam gratuitamente a Grã-Bretanha a todo momento. Mas a inflexível recusa britânica a ceder um centímetro que fosse no Egito e no Sudão, seguida pela ameaça de guerra na questão de Fachoda, tinha dado fim àquilo. Agora Grã-Bretanha e França eram grandes amigas. Portanto, apenas a mais "rígida determinação" em defender "os direitos e interesses britânicos em todas as partes do globo" conquistaria "o respeito do governo e da nação alemã". Um cenário que não deixava muito espaço para acomodar o poder crescente do Império mais jovem.

Espreitando sob essas apreensões, embora apenas indiretamente insinuado no texto de Crowe, estava o espetáculo do titânico crescimento econômico da Alemanha. Em 1862, quando Bismarck se tornara ministro-presidente da Prússia, as regiões manufatureiras dos Estados germânicos, responsáveis por 4,9% da produção industrial mundial, estavam em quinto lugar no globo. A Grã-Bretanha, com 19,9%, vinha muito à frente no primeiro lugar. Entre 1880 e 1890, a Alemanha galgou o terceiro lugar, atrás de Estados Unidos e Grã-Bretanha. Em 1913, estava atrás dos Estados Unidos, mas ultrapassara a Grã-Bretanha. Em outras palavras, no período 1860-1913, a fatia alemã da produção industrial do mundo quadruplicou, enquanto a britânica despencou em um terço. Ainda mais impressionante era a crescente parcela germânica no comércio mundial. Em 1880, a Grã-Bretanha controlava 22,4% do comércio no planeta; os alemães vinham em segundo lugar, com apenas 10,3%. Em 1913, porém, a Alemanha, com 12,3%, estava nos calcanhares da Grã-Bretanha, cuja parcela despencara para 14,2%. Por onde se olhasse, viam-se os contornos de um milagre econômico: entre 1895 e 1913, a produção industrial alemã aumentou em 150%, a produção de metais, em 300%, a de carvão, em 200%. Em 1913, a economia alemã gerava e consumia 20% mais eletricidade do que a Grã-Bretanha, a França e a Itália juntas.[124] Na Grã-Bretanha, as palavras "Made in Germany" passaram a conter fortes conotações de ameaça, não porque a prática comercial ou industrial alemã fosse mais agressiva ou expansionista do que a de qualquer outro país, mas porque aludia aos limites da dominância global britânica.[125]

O poder econômico germânico avultava nas preocupações políticas dos Executivos das grandes potências, como faz hoje o poder econômico chinês. Mas não havia nada de inevitável na predominância de atitudes germanófobas na política externa britânica.[126] Não eram atitudes universais, nem mesmo nos altos escalões do Ministério das Relações Exteriores, e existiam em grau ainda menor em todo o resto da elite política. Foi preciso um árduo trabalho nos bastidores para levar Bertie, Nicolson e Hardinge a postos graduados dos quais eles tinham condições de moldar o tom e o curso da política britânica. Bertie devia sua rápida ascensão, após anos de frustração em cargos subalternos, à sua vigorosa politicagem junto ao secretário particular do rei Eduardo VII. Hardinge também era um cortesão e conspirador experiente, que impulsionou a candidatura de Bertie à embaixada em Paris no ano de 1905. Hardinge usou seus contatos na corte para suplantar "alguma obstrução no topo do Ministério das Relações Exteriores".[127] Bertie e Hardinge, por sua vez, colaboraram para a ascensão de Arthur Nicholson a importantes cargos diplomáticos, apesar do rumor de que a mulher dele evitava a vida social e "se vestia como uma criada".[128] A política britânica poderia ter seguido um caminho diferente: se Grey e seus colegas não tivessem conseguido tantos cargos influentes, vozes menos intransigentes, como as de Goschen e Lascelles, ou a do subsecretário parlamentar Edmond Fitzmaurice, que deplorava o "vírus antigermânico" que atacava seus colegas, teriam sido mais ouvidas. Mas o grupo de Grey foi ganhando cada vez mais influência na política britânica e estabelecendo as linhas pelas quais as relações com a Alemanha eram vistas e entendidas.

A "invenção", usando aqui o termo de Keith Wilson,[129] da Alemanha como a principal ameaça à Grã-Bretanha refletiu e consolidou uma mudança estrutural mais ampla. O mundo policêntrico do Grande Jogo em África, China, Pérsia, Tibete e Afeganistão, um mundo no qual os dirigentes muitas vezes tinham a impressão de estar cambaleando de uma crise para outra e reagindo a desafios remotos em vez de seguir um plano de sua autoria, estava dando lugar a um cosmo mais simples no qual um inimigo dominava a cena. Essa não foi a *causa* do alinhamento da Grã-Bretanha com a Rússia e a França, e sim a consequência. Pois a reestruturação do sistema de alianças facilitou — ou melhor, tornou inevitável — o redirecionamento das preocupações e paranoia britânicas, que andavam nas alturas na época da Guerra dos Bôeres.[130] A política externa britânica, assim como a política externa americana no século XX,[131] sempre dependera de cenários de ameaça e invasão como ferramentas para seu norteamento. Em meados do século XIX, temores de uma invasão francesa galvanizaram periodicamente as elites políticas; nos anos 1890, a França já fora substituída na imaginação política e pública britânica pela Rússia, cujas hordas de cossacos logo invadiriam Índia e Essex.[132] Agora era a vez da Alemanha. O alvo era novo, mas o mecanismo era familiar.

Analisando hoje, é tentador divisar nas convulsões de 1904-7 o nascimento da Tríplice Entente que combateria em 1914. Sem dúvida essa foi a visão do diplomata francês Maurice Paléologue, que publicou seus diários daquela época três décadas mais tarde com o título de *Un Grand Tournant de la politique mondial* [Uma grande guinada na política mundial]. Recompostos para incorporar a sabedoria de quem analisa o passado, os "diários" de Paléologue dotam os responsáveis pela política francesa (e especialmente o próprio Paléologue) de uma presciência quase sobrenatural da guerra vindoura.[133] Nesse aspecto, seu texto exemplifica uma distorção da percepção comum às "memórias" do pós-guerra de muitos estadistas pré-guerra. Parece-nos que a tremenda culminância de 1914 comandou os horizontes da década precedente. Mas a realidade é que isso só acontece para nós agora, quando olhamos para o passado.

Ainda não estava nada claro em 1907 que as novas alianças levariam a Europa à guerra. A fraqueza da Rússia após o desastre de 1905 obrigou os dirigentes em São Petersburgo, de início, a buscar boas relações com a Alemanha, e, ao menos naquele momento, a maioria em São Petersburgo concordava que a fragilidade interna do país excluía qualquer forma de aventureirismo internacional.[134] Era difícil imaginar as circunstâncias que poderiam fazer a França arriscar suas forças de guerra pela Rússia nos Bálcãs, e ainda mais difícil imaginar os russos marchando para Berlim por causa da Alsácia-Lorena. Em 1909, Paris salientou sua independência assinando um acordo com a Alemanha sobre o Marrocos, um "notável exemplo de transgressão" entre os blocos de alianças.[135] E em novembro de 1910, líderes russos e alemães reuniram-se em Potsdam e Berlim para conciliar os interesses germânicos e russos na Turquia e na Pérsia. Não se pensava em afrouxar os laços franco-russos, certamente, mas esse foi um gesto significativo em direção à détente.[136] Quanto à entente anglo-russa de 1907, ela pode ter abrandado as tensões entre a Rússia e a Grã-Bretanha, mas não eliminou a causa, e até 1914 sempre houve vozes no Ministério das Relações Exteriores alertando para a ameaça russa ao vasto Império Britânico.

Em resumo: o futuro não estava preordenado. A Tríplice Entente que combateu em 1914 ainda estava além dos horizontes mentais da maioria dos estadistas. A grande guinada de 1904-7 ajuda a explicar o surgimento das *estruturas* nas quais uma guerra continental se tornou possível. Mas ela não pode explicar as razões específicas da eclosão desse conflito. Para isso, precisamos examinar como os processos de tomada de decisão moldaram os resultados das políticas e como a vaga rede de alianças continentais se entrelaçou aos conflitos em curso na península balcânica.

4. As muitas vozes da política externa europeia

Em uma charge publicada em fins dos anos 1890, um artista francês retratou a crise que fermentava às vésperas do Levante dos Boxers na China. Sob olhares desconfiados da Grã-Bretanha e da Rússia, a Alemanha começa a cortar uma fatia identificada como "Kiao-Tschaou" em uma torta chamada "China", enquanto a França dá apoio moral a seu aliado russo e o Japão olha para a torta com ar pensativo. Atrás de todos, um representante da dinastia Qing, impotente para detê-los, levanta os braços em desespero. Como frequentemente acontece com esse tipo de imagem, as potências são representadas por pessoas: Grã-Bretanha, Alemanha e Rússia por caricaturas de seus respectivos soberanos, França por Marianne, a personificação da República, e o Japão e a China por figuras exóticas estereotipadas. Personificar Estados como indivíduos era parte da comunicação telegráfica da caricatura política europeia, mas também refletia um hábito de pensamento arraigado: a tendência a conceituar Estados como indivíduos compostos, governados por uma força executiva compacta e animados por uma vontade invisível.

No entanto, até um exame superficial dos governos europeus do começo do século XX revela que as estruturas executivas das quais emergiam as políticas estavam longe de ser unificadas. O planejamento político não era prerrogativa do soberano. Iniciativas que influenciavam o curso das políticas de um país podiam emanar de partes periféricas da estrutura dirigente, e isso realmente acontecia.

11. *"A disputa pela China", por Henri Meyer,* Le Petit Journal, *1898.*

Alinhamentos de facções, atritos entre funções governamentais, restrições econômicas ou financeiras e a química volátil da opinião pública, tudo isso exercia uma pressão sempre variável sobre os processos de tomada de decisão. Conforme o poder de moldar as decisões passava de um núcleo a outro do Executivo, ocorriam oscilações correspondentes no tom e na orientação das políticas. Esse caos de vozes em disputa é crucial para entender as agitações periódicas do sistema europeu nos últimos anos pré-guerra. E também contribui para explicar por que a Crise de Julho de 1914 tornou-se a mais complexa e indecifrável crise política da era moderna.

SOBERANOS DECISORES

A Europa do começo do século XX era um continente de monarquias. Das seis potências mais importantes, cinco adotavam algum tipo de regime monárquico, e só uma, a França, era uma república. Os relativamente recentes Estados-nações da península balcânica — Grécia, Sérvia, Montenegro, Bulgária, Romênia e Albânia — eram todos monarquias. A Europa dos cruzadores velozes, do radiotelégrafo e dos isqueiros elétricos ainda trazia em seu cerne essa resplandecente instituição milenar que atrela Estados grandes e complexos aos caprichos da biologia humana. O Poder Executivo europeu ainda tinha como centro o trono e o homem ou a mulher que o ocupava. Os ministros eram nomeados pelo imperador na Alemanha, Áustria-Hungria e Rússia. Os três imperadores tinham acesso irrestrito aos papéis do Estado. Também exerciam a autoridade formal sobre suas respectivas Forças Armadas. Instituições e redes dinásticas estruturavam as comunicações entre os Estados. Os embaixadores apresentavam suas credenciais ao soberano em pessoa, e as comunicações e encontros diretos entre monarcas continuaram a ter lugar durante todos os anos pré-guerra; na verdade, sua importância até aumentou, criando um plano de interação paralelo cuja relação com a diplomacia oficial era às vezes difícil de determinar.

Os monarcas eram agentes simbólicos além de políticos, e nesse papel podiam captar e focalizar as emoções e associações coletivas. Quando os parisienses se fascinavam com a figura de Eduardo VII fumando charuto esparramado em uma poltrona na varanda do hotel, sentiam que estavam olhando para a Inglaterra na forma de um homem gordalhão, bem vestido e confiante. Sua ascensão triunfante

12. *Guilherme II e Nicolau II de uniformes nacionais trocados.*

na opinião pública parisiense em 1903 facilitou o caminho para a assinatura da entente com a França no ano seguinte. Até o polido déspota Nicolau II foi saudado como um herói conquistador pelos franceses quando visitou Paris em 1896, apesar de sua filosofia política autocrática e de seu carisma irrisório, pois foi visto como a personificação da aliança franco-russa.[1] E quem incorporava os mais inquietantes aspectos da política externa alemã — vacilações, falta de foco e ambição frustrada — melhor do que o febril, inconsequente, alarmista e autoritário cáiser Guilherme, o homem que ousou aconselhar Edvard Grieg sobre o modo de reger *Peer Gynt*?[2] Fosse ou não obra dele a política alemã, o fato é que a simbolizava para os oponentes da Alemanha.

No centro do clube monárquico que reinava na Europa pré-guerra estava o trio de primos imperiais: o tsar Nicolau II, o cáiser Guilherme II e George V. Na virada do século XX, a rede genealógica das famílias reinantes europeias adensara-se quase a ponto de fusão. O cáiser Guilherme II e o rei George V eram netos da rainha Vitória, e a esposa do tsar Nicolau II, Alexandra de Hesse-Darmstadt, era bisneta dela. A mãe de George V e a de Nicolau II eram irmãs, nascidas na casa real da Dinamarca. O cáiser Guilherme e o tsar Nicolau II eram tataranetos do tsar Paulo I. A tia-avó do cáiser, Carlota da Prússia, era avó do tsar. Dessa perspectiva, a eclosão da guerra em 1914 mais parece a culminância de uma briga de família.

É difícil avaliar quanta influência esses monarcas exerciam no Poder Executivo de seu país. Grã-Bretanha, Alemanha e Rússia representavam três tipos bem diferentes de monarquia. A Rússia era, ao menos em teoria, uma autocracia na qual as restrições parlamentares e constitucionais sobre a autoridade monárquica eram fracas. Eduardo VII e George V eram monarcas constitucionais e parlamentares sem acesso direto às alavancas do poder. O cáiser Guilherme II estava em posição intermediária — na Alemanha, um sistema constitucional e parlamentar foi enxertado em elementos da antiga monarquia militar prussiana que sobreviveram ao processo de unificação nacional. Mas as estruturas de governo formais não eram necessariamente os determinantes mais significativos da influência monárquica. Outras variáveis importantes incluíam a determinação, a competência e a bagagem intelectual do próprio monarca, a capacidade dos ministros de bloquear iniciativas indesejáveis e o grau de concordância entre o monarca e seu governo.

13. *Guilherme II.*

14. *Eduardo VII em seu uniforme de coronel do 12º Regimento de Hussardos austríacos.*

Uma das características mais interessantes da influência dos soberanos sobre a formulação da política externa é sua variação no tempo. Eduardo VII, que encabeçou os realinhamentos diplomáticos de 1904-7, tinha opiniões firmes sobre a política externa e se orgulhava de ser bem informado. Suas atitudes eram as de um imperialista "jingoísta": enfureceu-se com a oposição liberal à Guerra Afegã de 1878-9, por exemplo, e disse ao administrador colonial Sir Henry Bartle Frere: "Se dependesse de mim, não me contentaria até que tivéssemos conquistado e mantido todo o Afeganistão".[3] Ele exultou com a notícia do ataque à República do Transvaal em 1895, apoiou o envolvimento de Cecil Rhodes na operação e se irritou com o telegrama do cáiser a Kruger. Por toda a sua vida adulta, conservou uma resoluta hostilidade à Alemanha. As raízes dessa antipatia parecem dever-se, em parte, a uma oposição à sua mãe, a rainha Vitória, que ele considerava excessivamente amiga da Prússia, e em parte a seu medo e sua repulsa pelo barão Stockmar, o carrancudo pedagogo alemão nomeado por Vitória e Albert para manter o jovem Eduardo em um implacável regime de estudo. A guerra de 1864 entre Prússia e Dinamarca foi um episódio formativo no começo de sua vida política. As simpatias de Eduardo nesse conflito estavam firmemente do lado dos parentes dinamarqueses de sua noiva.[4] Depois de ascender ao trono, ele foi um importante patrocinador do grupo de autoridades antigermânicas do círculo de Sir Francis Bertie.[5]

A influência do rei chegou ao auge em 1903, quando uma visita oficial a Paris — "a visita real mais importante da história moderna", como foi chamada — abriu o caminho para a entente das duas rivais imperiais. As relações entre os dois Impérios ocidentais ainda estavam espinhosas na época devido à indignação francesa com a Guerra dos Bôeres. A visita, organizada por iniciativa do próprio Eduardo, foi um triunfo de relações públicas e contribuiu imensamente para desanuviar o clima.[6] Depois da assinatura da entente, Eduardo continuou empenhado em um acordo com a Rússia, ainda que, como muitos de seus compatriotas, ele detestasse o sistema político tsarista e continuasse desconfiado dos desígnios da Rússia sobre a Pérsia, o Afeganistão e o norte da Índia. Em 1906, quando ouviu que Izvolsky, o ministro russo das Relações Exteriores, estava em Paris, Eduardo partiu apressado da Escócia, na esperança de conseguir um encontro. Izvolsky respondeu à altura e fez a viagem até Londres, onde os dois se reuniram para conversas que, segundo Charles Hardinge, "ajudaram substancialmente a aplainar o caminho das negociações então em andamento para um acordo com a

Rússia".[7] Em ambos os casos, o rei não recorreu aos Poderes Executivos propriamente ditos; agiu como uma espécie de embaixador extranumerário. Pôde fazer isso porque suas prioridades correspondiam acentuadamente com as da facção imperialista liberal de Whitehall, cuja dominância na política externa ele próprio ajudara a reforçar.

George v foi um caso bem diferente. Até assumir o trono em 1910, ele pouco se interessou pelos assuntos externos e tinha apenas uma noção das mais superficiais sobre as relações da Grã-Bretanha com outras potências. O embaixador austríaco, conde Mensdorff, encantou-se com o novo rei, que, em contraste com seu pai, parecia não ter inclinações favoráveis ou contrárias a nenhum outro país.[8] Se Mensdorff esperava que a mudança da guarda atenuasse o teor antigermânico da política britânica, logo se decepcionou. Na política externa, a aparente neutralidade do novo monarca significava apenas que a política permanecia firmemente nas mãos dos imperialistas liberais em torno de Grey. O rei George v não formou uma rede política à altura daquela de seu pai, abstinha-se de intrigas de bastidores e evitava pronunciar-se sobre políticas sem permissão explícita de seus ministros.[9] Comunicava-se com certa frequência com Edward Grey e concedia audiências a seu secretário das Relações Exteriores sempre que estava em Londres. Buscava escrupulosamente a aprovação de Grey para o conteúdo de suas conversas políticas com representantes estrangeiros, em especial seus parentes alemães.[10] Assim, a ascensão de George v ao trono resultou em um drástico declínio da influência da Coroa sobre a orientação geral da política externa, embora os dois monarcas tivessem poderes constitucionais idênticos.

Mesmo no contexto autoritário da autocracia russa, a influência do tsar sobre a política externa, sujeita a grandes restrições, aumentou e diminuiu ao longo do tempo. Como George v, o novo tsar era uma folha de papel em branco quando assumiu o trono em 1894. Não formara uma rede política própria antes da coroação e, por respeito ao pai, evitava expressar-se sobre a política governamental. Na adolescência mostrara pouca aptidão para o estudo dos assuntos de Estado. Konstantin Pobedonostsev, o jurista conservador recrutado para dar ao adolescente Nicolau um curso sobre o funcionamento interno do Estado tsarista, recordou mais tarde: "Não pude deixar de observar que ele estava completamente absorto, futucando o nariz".[11] Mesmo depois de assumir o trono, sua timidez extrema e o pavor da perspectiva de ter de exercer a autoridade impediram-no, nos primeiros anos, de impor ao governo suas preferências políticas — na medida em que ele as tinha. Além disso, faltava-lhe o tipo de apoio executivo de que ele precisaria para moldar o curso da política de algum modo consistente. Ele não contava com um secretariado pessoal, por exemplo; nem secretário particular tinha. Podia exigir — e isso fazia — ser informado até sobre decisões ministeriais secundárias, mas, em um Estado tão vasto como a Rússia, isso apenas significava que o monarca se afogava em trivialidades enquanto questões verdadeiramente importantes ficavam de lado.[12]

Apesar de tudo isso, o tsar foi capaz, sobretudo a partir de 1900, aproximadamente, de impor certa direção à política externa russa. Em fins dos anos 1890, a Rússia estava profundamente envolvida na penetração econômica da China. Nem todos no governo aprovavam a política para o Extremo Oriente. Alguns censuravam o imenso custo com a infraestrutura e as Forças Armadas. Outros, como o ministro da Guerra, o general Aleksei A. Kuropatin, achavam que o Oriente Médio distraía a Rússia de problemas mais urgentes na periferia ocidental, em especial os Bálcãs e os estreitos da Turquia. Mas nessa época Nicolau II ainda acreditava firmemente que o futuro da Rússia estava na Sibéria e no Oriente Médio, e providenciou para que os expoentes da política oriental prevalecessem sobre seus oponentes. Apesar de algumas dúvidas iniciais, ele apoiou a política de tomar a cabeça de ponte chinesa em Porto Arthur (atual Lüshun) na península de Liaodong em 1898. Na Coreia, Nicolau acabou apoiando uma política de penetração russa que pôs São Petersburgo em rota de colisão com Tóquio.

As intervenções de Nicolau assumiram a forma de alinhamentos informais em vez de decisões executivas. Por exemplo, ele mantinha relações cordiais com os aristocratas empreendedores que exploravam a vasta concessão madeireira do rio Yalu, na Coreia. O magnata madeireiro do rio Yalu, A. M. Bezobrazov, ex-oficial da elite dos Cavaleiros da Guarda, usou sua ligação pessoal com o tsar para fazer do Yalu uma plataforma para estender o Império informal russo à península coreana. Em 1901, o ministro das Finanças Serguei Witte informou que Bezobrazov encontrava-se com o tsar "no mínimo duas vezes por semana — durante horas toda vez", e o aconselhava sobre a política para o Extremo Oriente.[13] Os ministros exasperavam-se com a presença desses forasteiros influentes na corte, mas pouco podiam fazer para contê-los. Essas ligações informais, por sua vez, impeliram o tsar para uma visão ainda mais agressiva da política russa na região. "Não quero me apoderar da Coreia", Nicolau disse ao príncipe Henrique da Prússia em 1901, "mas em nenhuma circunstância posso permitir que o Japão se estabeleça firmemente por lá. Isso seria um *casus belli*."[14]

Nicolau intensificou ainda mais seu controle sobre a política nomeando um vice-rei do Extremo Oriente com total responsabilidade não só nos assuntos civis e militares, mas também nas relações com Tóquio. O ocupante desse cargo, o almirante E. I. Alekseev, era diretamente subordinado ao tsar, portanto imune à supervisão ministerial. A nomeação fora engendrada pelo grupo encabeçado por Bezobrazov, que a via como um jeito de contornar a relativamente cautelosa política para o Extremo Oriente do Ministério das Relações Exteriores. Em consequência, a Rússia implementava o que, na prática, eram duas políticas imperiais paralelas, a oficial e a extraoficial. Assim, Nicolau II podia escolher entre as opções e jogar uma fação contra a outra.[15] O almirante Alekseev não tinha experiência nem conhecimento das formalidades diplomáticas e exibia um estilo descortês e intransigente que sem dúvida desagradaria e enfureceria seus interlocutores japoneses. Não se sabe se Nicolau II alguma vez adotou conscientemente uma política de guerra com o Japão, mas com certeza foi o maior responsável pela guerra que eclodiu em 1904, e portanto pelos desastres que se seguiram.[16]

Poderíamos dizer, portanto, que às vésperas da Guerra Russo-Japonesa a influência do tsar estava em alta, e a de seus ministros, em queda. Mas esse estado de coisas durou pouco, pois o catastrófico resultado da política do tsar diminuiu drasticamente sua capacidade de estipular as linhas de ação. Conforme as notícias das sucessivas derrotas iam sendo conhecidas e a agitação social engolfava a Rússia, um grupo de ministros liderado por Serguei Witte providenciou reformas destinadas a unificar o governo. O poder foi concentrado em um Conselho de Ministros, chefiado pela primeira vez por um "presidente" ou primeiro-ministro. Sob Witte e seu sucessor, P. A. Stolypin (1906-11), o Executivo foi, em certa medida, protegido contra intervenções arbitrárias do monarca. Stolypin, em particular, um homem de grande determinação, inteligência, carisma e incansável diligência, conseguiu impor sua autoridade pessoal à maioria dos ministros e alcançar um nível de coerência no governo inexistente antes de 1905. Durante os anos Stolypin, Nicolau pareceu "curiosamente ausente da atividade política".[17]

O tsar não aquiesceu por muito tempo com essa situação. Mesmo enquanto Stolypin estava no poder, encontrou modos de contornar seu controle fazendo tratos com ministros individualmente sem o conhecimento do premiê. Entre eles estava o ministro das Relações Exteriores, Izvolsky, cujos erros nas negociações com seu colega austro-húngaro desencadearam a crise da anexação da Bósnia em 1908-9. Em troca do apoio diplomático de Viena para o acesso da

Rússia aos estreitos da Turquia, Izvolsky aprovou a anexação austríaca da Bósnia--Herzegóvina. Nem o primeiro-ministro Stolypin nem seus colegas do Ministério haviam sido informados de antemão sobe essa ousada iniciativa, que foi decidida diretamente com o próprio tsar Nicolau. Na época do assassinato de Stolypin por terroristas no outono de 1911, Nicolau solapava sistematicamente a autoridade do primeiro-ministro apoiando seus oponentes políticos. Confrontado com um bloco ministerial que ameaçava restringir sua liberdade de ação, Nicolau retirou seu apoio e tramou contra os homens que ele próprio havia instalado no poder. Witte foi vitimado por esse comportamento autocrático em 1906; Stolypin também teria o mesmo destino caso não tivesse sido assassinado, e seu sucessor, o afável Vladimir Kokovtsov, foi deposto em fevereiro de 1914 por também se revelar um devoto da ideia do "governo unido". Adiante voltarei a discorrer sobre as consequências dessas conspirações para o rumo da política externa da Rússia. Por ora, o principal é que os anos 1911-4 viram um declínio no governo unido e a reafirmação do poder autocrático.[18]

Entretanto, esse poder autocrático *não* foi usado para apoiar uma visão política coerente. Deu-se a ele um uso negativo: salvaguardar a autonomia e o poder do monarca, rompendo quaisquer formações políticas que parecessem capazes de assegurar para si a iniciativa. A consequência da intervenção autocrática, portanto, não foi a imposição da vontade do tsar em si, mas uma prolongada incerteza quanto a quem tinha o poder de fazer o quê — um estado de coisas que alimentou os antagonismos faccionários e minou fundamentalmente a consistência da tomada de decisões na Rússia.

Dos três primos imperiais, Guilherme II foi e continua sendo o mais polêmico. O grau de seu poder no Executivo alemão ainda é ardorosamente debatido.[19] O cáiser sem dúvida assumiu o trono *pretendendo* ser o autor da política externa de seu país. "O Ministério das Relações Exteriores? Ora, eu sou o Ministério das Relações Exteriores!", ele exclamou uma ocasião.[20] "Sou o único senhor da política alemã", salientou em uma carta ao príncipe de Gales (o futuro Eduardo VII), "e meu país tem de me seguir aonde quer que eu vá".[21] Guilherme interessava-se pessoalmente pela nomeação de embaixadores, e às vezes apoiava seus favoritos, contrariando conselhos do chanceler e do Ministério das Relações Exteriores. Em maior grau do que seus dois primos imperiais, ele considerava as reuniões e a correspondência com seus colegas dinásticos que eram parte da comunicação regular entre monarquias um recurso diplomático ímpar, a ser explorado em benefício de seu país.[22] Como Nicolau II, Guilherme frequentemente — sobretudo nos primeiros anos de reinado — passou por cima de seus ministros responsáveis consultando-se com "favoritos", encorajou disputas faccionárias com o objetivo de erodir a unidade do governo e expressou ideias que não tinham sido debatidas com os ministros responsáveis ou que contradiziam a política prevalecente.

Essa última área — a exposição não autorizada de ideias políticas não sancionadas — é aquela em que o cáiser foi mais criticado, tanto por contemporâneos como por historiadores.[23] Não pode haver dúvidas quanto ao tom e ao conteúdo estapafúrdios de muitas das comunicações pessoais do cáiser em telegramas, cartas, anotações marginais, conversas, entrevistas e discursos sobre temas de política externa ou interna. Seu volume excepcional já é notável: o cáiser falou, escreveu, telegrafou, anotou e arengou mais ou menos continuamente durante os trinta anos de seu reinado, e uma gigantesca parcela dessas articulações foi registrada e preservada para a posteridade. Algumas eram de mau gosto ou impróprias. Dois exemplos, ambos ligados aos Estados Unidos, podem ilustrar essa afirmação. Em 4 de abril de 1906, o cáiser Guilherme II estava em um jantar como convidado da embaixada dos Estados Unidos em Berlim. Durante uma animada conversa com seus anfitriões americanos, ele falou sobre a necessidade de conseguir mais espaço para a população alemã, que crescia rapidamente; na época de sua ascensão ao trono, ele disse ao embaixador, a população andava pelos 40 milhões de pessoas, mas agora estava em torno de 60 milhões. Isso era bom, em si, mas a questão da alimentação se tornaria premente nos próximos vinte anos. Por outro lado, grandes porções da França pareciam subpovoadas, necessitando de desenvolvimento; talvez conviesse perguntar ao governo francês se ele se importaria de recuar sua fronteira para oeste a fim de acomodar o excesso de alemães. Essa tagarelice vazia (que, podemos presumir, era para ser engraçada), foi registrada a sério por um de seus interlocutores e comunicada a Washington no próximo malote diplomático.[24] O outro exemplo vem de novembro de 1908, quando houve ampla especulação na imprensa em torno de uma possível guerra entre os Estados Unidos e o Japão. Estimulado por essa perspectiva e ávido por cair nas graças da potência atlântica, o cáiser mais que depressa enviou uma carta ao presidente Roosevelt oferecendo-lhe — dessa vez a sério mesmo — um corpo do Exército prussiano para ficar a postos na costa californiana.[25]

Como, exatamente, essas iniciativas se relacionavam com o mundo dos verdadeiros resultados das políticas? Qualquer ministro das Relações Exteriores ou embaixador em uma democracia moderna que se permitisse fazer comentários gritantemente impróprios desse tipo seria demitido na hora. Mas qual era o peso das gafes do soberano no grande esquema das coisas? A extrema incoerência das palavras do cáiser dificulta avaliar seu impacto. Se Guilherme tivesse buscado implementar uma visão política clara e coerente, poderíamos simplesmente comparar as intenções com os resultados; no entanto, suas intenções eram sempre ambíguas, e o foco de sua atenção vivia mudando. Em fins dos anos 1890, o cáiser entusiasmou-se com um projeto para criar uma Neudeutschland (Nova Alemanha) no Brasil, e "exigiu impacientemente" que a migração para essa região fosse incentivada e aumentada o mais depressa possível. Nem é preciso dizer que isso não deu em nada. Em 1899, ele informou a Cecil Rhodes que pretendia fazer da Mesopotâmia uma colônia germânica. Em 1900, na época do Levante dos Boxers, o cáiser propôs que os alemães enviassem um corpo do Exército completo à China com o objetivo de repartir o país. Em 1903 ele declarava mais uma vez que a "América Latina é o nosso alvo!" e exortava o Estado-Maior do Almirantado — que pelo visto não tinha nada melhor para fazer — a elaborar planos para uma invasão de Cuba, Porto Rico e Nova York, os quais eram uma total perda de tempo, já que (entre outras coisas) o Estado-Maior jamais concordou em fornecer os soldados necessários.[26]

O cáiser absorvia ideias, entusiasmava-se, depois se entediava e as descartava. Zangava-se com o tsar russo uma semana, mas se deslumbrava com ele na seguinte.[27] Fazia incessantes projetos de alianças: *com* a Rússia e a França *contra* o Japão e a Grã-Bretanha; *com* a Rússia, a Grã-Bretanha e a França *contra* os Estados Unidos; *com* a China e os Estados Unidos *contra* o Japão e a Tríplice Entente; *com* o Japão e os Estados Unidos *contra* a entente etc.[28] No outono de 1896, em um momento no qual as relações entre a Grã-Bretanha e a Alemanha haviam esfriado após tensões por causa da questão do Transvaal, ele propôs uma liga continental com a França e a Rússia para a defesa conjunta de possessões coloniais contra a Grã-Bretanha. Mas praticamente ao mesmo tempo acalentou a ideia de eliminar qualquer causa de conflito com os britânicos simplesmente se livrando de todas as colônias germânicas com exceção do leste da África. E na primavera de 1897 Guilherme havia abandonado essa ideia e propunha que a Alemanha estreitasse seus laços com a França.[29]

Guilherme não só mandava bilhetes e anotações a seus ministros, mas também mencionava diretamente suas ideias a representantes de outras potências. Ora suas intervenções contrariavam a direção da política oficial, ora a endossavam; às vezes passavam dos limites e viravam uma paródia grosseiramente exagerada da posição oficial. Em 1890, quando o Ministério das Relações Exteriores esfriava as relações com os franceses, Guilherme tratava de reaquecê-las; fez a mesma coisa durante a crise do Marrocos de 1905 — enquanto o Ministério das Relações Exteriores aumentava a pressão sobre Paris, Guilherme assegurava a vários generais e jornalistas estrangeiros, e a um ex-ministro francês, que buscava a reconciliação com a França e não pretendia arriscar-se a uma guerra por causa do Marrocos. Em março, na véspera de sua partida para Tânger, o cáiser fez um discurso em Bremen anunciando que as lições da história haviam-no ensinado a "nunca se empenhar por um poder vazio sobre o mundo". O Império Germânico, acrescentou, teria de conquistar "a mais absoluta confiança como um vizinho calmo, honesto e pacífico". Várias figuras políticas de alto coturno — especialmente entre os falcões do comando militar — acharam que esse discurso frustrou a política oficial para o Marrocos.[30]

Em janeiro de 1904, o cáiser, sentado ao lado do rei Leopoldo da Bélgica (que fora a Berlim para celebrar o aniversário de Guilherme) em um jantar de gala, aproveitou a ocasião para informar o rei belga de que ele esperava que a Bélgica ficasse do lado da Alemanha em caso de uma guerra com a França. Se Leopoldo optasse por aliar-se à Alemanha, Guilherme prometeu, os belgas ganhariam novos territórios no norte da França, e Guilherme recompensaria o rei belga com "a coroa da velha Borgonha". Quando Leopoldo, confuso, replicou que seus ministros e o Parlamento belga dificilmente aceitariam um plano tão fantástico e audacioso, Guilherme retorquiu que não podia respeitar um monarca que achava que devia prestar contas a ministros e deputados em vez de a Deus nosso Senhor. Se o rei belga não fosse mais acessível, o cáiser seria obrigado a agir "segundo princípios puramente estratégicos" — em outras palavras, a invadir e ocupar a Bélgica. Dizem que Leopoldo irritou-se tanto com esses comentários que, ao levantar-se da cadeira no fim do jantar, pôs o capacete ao contrário.[31]

Era justamente por causa de episódios desse tipo que os ministros de Guilherme procuravam mantê-lo afastado do verdadeiro processo de tomada de decisões. É extraordinário que a mais importante decisão política do reinado de Guilherme — não renovar o Tratado de Resseguro com a Rússia em 1890 — tenha sido tomada sem a participação ou o conhecimento antecipado do cáiser.[32] No verão de 1905, o chanceler Bernhard von Bülow confiou a Guilherme a tarefa de fazer uma proposta de aliança a Nicolau II em Björkö, perto da costa finlandesa, mas descobriu, quando o cáiser retornou, que Guilherme se atrevera a fazer uma alteração na redação do tratado. A resposta do chanceler foi pedir demissão. Apavorado com a perspectiva de perder seu ministro mais poderoso, Guilherme imediatamente recuou; Bülow concordou em permanecer no cargo, e a emenda foi eliminada do tratado.[33]

O cáiser reclamava constantemente por ser deixado de fora, por lhe negarem acesso a documentos diplomáticos importantes. Zangava-se sobretudo quando autoridades da política externa insistiam em vetar sua correspondência pessoal com chefes de Estado estrangeiros. Protestou veementemente, por exemplo, quando o embaixador alemão em Washington, Speck von Sternburg, recusou-se a entregar uma carta dele ao presidente Roosevelt em 1908, na qual o cáiser expressava sua profunda admiração pelo presidente americano. Não era o conteúdo político da carta que preocupava os diplomatas, e sim a efusividade e imaturidade de seu tom. Sem dúvida era inaceitável, observou um funcionário, que o soberano do Império Germânico escrevesse ao presidente americano "como um escolar apaixonado escreveria a uma costureirinha bonita".[34]

Eram declarações preocupantes, de fato. E até potencialmente perigosas em um meio no qual os governos estavam sempre tentando adivinhar as intenções uns dos outros. Não obstante, temos de ter em mente três aspectos. O primeiro é que, nesses encontros, o cáiser estava desempenhando um papel de liderança e controle que era incapaz de exercer na prática. Segundo, essas ameaças retóricas eram sempre associadas a cenários imaginados nos quais a Alemanha era a parte *atacada*. A proposta indecente de Guilherme a Leopoldo da Bélgica não foi concebida como uma iniciativa ofensiva, mas como parte de uma reação alemã a um ataque francês. O que é estranho nas reflexões do cáiser sobre a possível necessidade de a Bélgica romper a neutralidade em um futuro conflito não é a *ideia* do rompimento em si — a opção de uma invasão belga foi debatida e sopesada também pelos Estados-Maiores francês e britânico —, mas o contexto em que as reflexões foram mencionadas e a identidade dos dois interlocutores. Uma das muitas peculiaridades do cáiser era ser totalmente incapaz de adaptar seu comportamento aos contextos nos quais seu posto elevado o obrigava a atuar. Frequentemente ele falava não como um monarca, mas como um adolescente arrebatado dando rédeas às suas obsessões do momento. Era um exemplo extremo daquela categoria social eduardiana, o chato do clube que vive explicando algum projeto favorito ao vizinho de mesa. Não admira que a perspectiva de ser obrigado a escutar o cáiser durante um almoço ou jantar, quando escapar era impossível, metesse medo no coração de tantos membros da realeza europeia.

As intervenções de Guilherme deixavam o pessoal do Ministério das Relações Exteriores de cabelo em pé, mas pouco faziam para mudar o curso da política alemã. De fato, talvez fosse, em parte, uma sensação crescente de impotência e desligamento das verdadeiras alavancas do poder que incendiava as recorrentes fantasias de Guilherme sobre futuras guerras mundiais entre Japão e Estados Unidos, invasões de Porto Rico, jihad global contra o Império Britânico, um protetorado alemão na China etc. Eram cenários fictícios de um fantasista geopolítico inveterado, e não políticas propriamente ditas. E toda vez que um conflito real parecia iminente, Guilherme baixava a crista e logo encontrava razões para que a Alemanha não pudesse ir à guerra. Quando as tensões com a França atingiram um pico em fins de 1905, Guilherme amedrontou-se e informou ao chanceler Bülow que a agitação socialista na Alemanha excluía absolutamente qualquer ação ofensiva no exterior; no ano seguinte, abalado com a notícia de que o rei Eduardo VII acabara de fazer uma visita não agendada ao demissionário ministro francês das Relações Exteriores Théophile Delcassé, ele alertou o chanceler de que a Artilharia e a Marinha alemãs não estavam em condições de resistir em um conflito.[35] Guilherme podia falar grosso, mas quando havia problemas à vista tendia a se encolher. E faria exatamente isso durante a Crise de Julho de 1914. "É muito curioso", observou Jules Cambon, embaixador francês em Berlim em uma carta a um alto funcionário do Ministério das Relações Exteriores da França em maio de 1912, "ver como esse homem, tão impetuoso, tão descuidado e impulsivo nas palavras, é todo cautela e paciência na ação."[36]

Um estudo dos monarcas do começo do século XX sugere um impacto variável e, em última análise, relativamente modesto sobre os verdadeiros resultados das políticas. O imperador Francisco José da Áustria-Hungria lia enorme quantidade de missivas e se reunia regularmente com seu ministro das Relações Exteriores. Mas, apesar de todo o seu estupendo trabalho como o "primeiro burocrata" de seu Império, Francisco José, como Nicolau II, achava impossível dominar o oceano de informações que vinham para sua mesa. Pouco esforço se fazia para assegurar que ele alocasse seu tempo segundo a importância relativa das questões que surgiam.[37] A política externa austro-húngara era moldada não pelos decretos executivos do imperador, mas pela interação de facções e lobbies dentro do Ministério e ao seu redor. O rei Vittorio Emanuele III da Itália (que reinou de 1900 a 1946) trabalhava muito menos arduamente do que Francisco José. Passava a maior parte do tempo no Piemonte ou em suas propriedades em Castelporziano e, embora se ocupasse um pouco em ler algumas mensagens diplomáticas, também gastava cerca de três horas por dia lendo jornais e anotando meticulosamente os erros que encontrava. O rei italiano cultivou relações próximas com seus ministros das Relações Exteriores e certamente apoiou a decisão de tomar a Líbia em 1911, mas as intervenções diretas dele foram esporádicas.[38] Nicolau II podia favorecer essa ou aquela facção ou ministro e assim erodir a coesão do governo, mas era incapaz de direcionar as políticas, especialmente depois do fiasco da Guerra Russo-Japonesa. Guilherme II era mais enérgico do que Nicolau, porém seus ministros também eram mais capazes do que seus colegas russos de proteger o processo de elaboração das políticas das intervenções do imperador. As iniciativas de Guilherme, de qualquer forma, eram demasiado díspares e descoordenadas para se constituir em algum tipo de plataforma operacional alternativa.

Independentemente de intervirem ou não de modo incisivo no processo político, os monarcas continentais ainda assim permaneciam, em virtude de sua própria existência, como um fator desestabilizante nas relações internacionais. Em sistemas apenas parcialmente democratizados, a presença de monarcas que se pressupunha serem o ponto focal de seus respectivos Executivos, com acesso a todos os papéis e funcionários do Estado e com a responsabilidade final por todas as decisões executivas, criava ambiguidade. Uma política externa puramente dinástica, na qual os monarcas se encontrassem para resolver os assuntos de Estado importantes, já não era apropriada, é claro — as inúteis reuniões em Björkö provavam isso. No entanto, a tentação de ver o monarca como o timoneiro e a personificação do Executivo continuava grande entre os diplomatas, estadistas e especialmente entre os próprios soberanos. A presença deles gerava uma persistente incerteza quanto a onde, exatamente, estava o pivô do processo de tomada de decisões. Nesse sentido, os reis e imperadores podiam tornar-se uma fonte de desnorteamento nas relações internacionais. A falta de clareza resultante frustrava os esforços para estabelecer relações seguras e transparentes entre os Estados.

As estruturas monárquicas também encobriam as relações de poder em cada Executivo. Na Itália, por exemplo, não se sabia com clareza quem de fato comandava o Exército — o rei, o ministro da Guerra ou o chefe do Estado-Maior. O chefe do Estado-Maior italiano fazia o possível para manter os civis fora de suas deliberações com os colegas alemães e austríacos, e as autoridades civis, correspondentemente, deixavam os oficiais militares fora do circuito político. Como resultado, por exemplo, o chefe do Estado-Maior da Itália não foi sequer informado sobre as cláusulas da Tríplice Aliança que definiam as condições nas quais a Itália poderia ser obrigada a entrar em uma guerra em defesa de seus aliados.[39]

Em uma situação como essa — e podemos encontrar condições análogas em todas as monarquias continentais —, o rei ou imperador era o único ponto para onde convergiam as várias cadeias de comando. Se ele falhasse em desempenhar sua função integradora, se a Coroa não compensasse as insuficiências, digamos assim, da Constituição, o sistema permaneceria irresoluto, potencialmente incoerente. E com frequência os monarcas continentais fracassaram nesse papel, ou melhor dizendo, recusaram-se a desempenhá-lo, pois esperavam, lidando separadamente com altos funcionários do Executivo, preservar o que restava de sua própria iniciativa e preeminência no sistema. Isso, por sua vez, tinha um efeito danoso sobre os processos de tomada de decisão. Em um meio em que a decisão tomada por um ministro responsável podia ser anulada ou solapada por um colega ou rival, os ministros muitas vezes tinham dificuldade para determinar "como suas atividades se encaixavam no quadro mais amplo".[40] A confusão resultante no ambiente encorajava ministros, altos funcionários, comandantes militares e especialistas em políticas a se julgarem no direito de defender suas ideias nos debates, porém não a se considerarem pessoalmente responsáveis pelos resultados das políticas. Ao mesmo tempo, a pressão para assegurar as graças do monarca estimulava um clima de competição e adulação que militava contra os tipos de troca de ideias interdepartamentais que poderiam ensejar um método mais equilibrado de tomada de decisões. A consequência era uma cultura faccionária e um excesso retórico que trariam frutos perigosos em julho de 1914.

QUEM GOVERNAVA EM SÃO PETERSBURGO?

Se os monarcas não determinavam o curso da política externa, quem determinava? A resposta óbvia deveria ser: os ministros das Relações Exteriores. Eles supervisionavam as atividades dos corpos diplomáticos e dos ministros plenipotenciários, liam e respondiam as mais importantes missivas do exterior e eram responsáveis por explicar e justificar as políticas ao Parlamento e ao público. Na realidade, porém, o poder dos ministros das Relações Exteriores para moldar as políticas era tão variável, em grau e abrangência, quanto a tração política dos soberanos. Sua influência dependia de uma gama de fatores: o poder e o favor de outros ministros, especialmente o primeiro-ministro, a atitude e o comportamento do monarca, a disposição dos altos funcionários do Ministério das Relações Exteriores e dos embaixadores para aceitar a liderança do ministro, além do nível de instabilidade faccionária dentro do sistema.

Na Rússia, o ministro das Relações Exteriores e sua família ocupavam apartamentos privados no Ministério, um espaçoso edifício vermelho-escuro na grande praça defronte ao Palácio de Inverno; então, a vida social do ministro, assim como a de sua mulher e filhos, era entrelaçada ao funcionamento do Ministério.[41] Sua capacidade para moldar a política era determinada pela dinâmica de um sistema político cujos parâmetros foram redefinidos na esteira da Guerra Russo-Japonesa e da Revolução de 1905. Um grupo de ministros poderosos empenhou-se em estabelecer uma estrutura mais concentrada para a tomada de decisões, que permitiria ao Executivo equilibrar os imperativos internos e externos do país e impor a disciplina aos funcionários mais graduados. Como exatamente isso deveria ser feito é um tema controverso. O mais ativo e talentoso dentre os reformadores foi Serguei Witte, um especialista em finanças e política econômica que se demitira do governo em 1903 porque se opunha à política de avanço na Coreia. Witte queria um "gabinete" chefiado por um "primeiro-ministro" com poder não só de disciplinar os demais ministros, mas também de controlar o acesso deles ao tsar. Vladimir Kokovtsov,* que de tempos em tempos foi o mais conservador ministro das Finanças, considerou essas propostas um ataque ao princípio da autocracia tsarista, que em sua opinião era a única forma de governo apropriada às condições russas. Chegou-se a um acordo: uma espécie de gabinete foi instituído na forma de um Conselho de Ministros, cujo presidente, ou primeiro-ministro, tinha o poder de demitir ministros não cooperativos. Manteve-se, porém, o "direito de consulta individual" — em outras

* Kokovtsov renunciou ao cargo de ministro das Finanças em 1905, mas reassumiu em novembro daquele mesmo ano e se manteve no posto até fevereiro de 1914. A partir de 1911 ele foi ao mesmo tempo ministro das Finanças e primeiro-ministro.

15. *Pyotr Stolypin.*

palavras, o direito de um ministro apresentar suas ideias ao tsar sem a intermediação do presidente do Conselho.

Resultou disso um sistema não totalmente estruturado no qual tudo dependia de contrabalançar as iniciativas dos sucessivos presidentes do Conselho, seus ministros e o tsar. Se o presidente fosse incisivo e forte, tinha grandes chances de conseguir impor sua vontade aos demais. Mas se um ministro confiante conseguisse o apoio do tsar, poderia dissentir de seus colegas e conseguir o que queria. Com a nomeação de Pyotr Stolypin para a presidência do Conselho no verão de 1906, o novo sistema ganhou um líder carismático e dominante. E o novo ministro das Relações Exteriores, Alexander Izvolsky, parecia ser o tipo de político capaz de fazer funcionar o novo sistema. Ele se considerava um homem da "nova política" e estabeleceu prontamente postos de ligação no Ministério das Relações Exteriores para administrar as relações com a Duma. Seu tom quando se dirigia ao tsar era respeitoso, porém menos submisso que o de seus predecessores. Seu objetivo era reformar e modernizar o Ministério, e ele era um franco entusiasta do "governo unificado".[42] O mais importante era que concordava com a maioria de seus colegas do Conselho de Ministros sobre a conveniência de um acordo com a Grã-Bretanha.

Logo se viu, porém, que Izvolsky divergia de seus colegas em aspectos fundamentais na visão da política externa russa. Stolypin e Kokovtsov achavam que a entente anglo-russa trazia a oportunidade de abandonar o aventureirismo dos anos anteriores à Guerra Russo-Japonesa e se concentrar nas tarefas de consolidação doméstica e crescimento econômico. Mas para Izvolsky o acordo com a Inglaterra era uma licença para implementar uma política mais assertiva. Izvolsky acreditava que as relações cordiais inauguradas pela entente lhe permitiriam conseguir a aceitação por Londres do livre acesso de navios de guerra russos aos estreitos da Turquia. Não era excesso de otimismo: o secretário britânico do Exterior, Sir Edward Grey, encorajara explicitamente Izvolsky a pensar nessas linhas. Em conversa com o embaixador russo em Londres em maio de 1907, Grey declarara que "se forem estabelecidas boas relações permanentes" entre os dois países, "a Inglaterra não mais terá como um objetivo fixo de sua política manter a situação existente" nos estreitos.[43]

Foi nesse contexto que, em 1908, Izvolsky iniciou suas malfadadas negociações com Aehrenthal, prometendo a aprovação da Rússia à anexação da Bósnia-Herzegóvina em troca do apoio austríaco a uma revisão do acordo sobre os estreitos. O acordo com Aehrenthal deveria ser o primeiro passo para uma revisão abrangente. Essa iniciativa teve o apoio do tsar; com efeito, talvez tenha sido Nicolau II quem impeliu Izvolsky a oferecer um trato aos austríacos. O tsar, que antes de 1904 preconizara veementemente a expansão no Extremo Oriente, agora concentrava sua atenção sobre os estreitos: "A ideia de tomar os Dardanelos e Constantinopla estava constantemente em seu pensamento", recordou um político russo.[44] Não querendo se arriscar à rejeição de Stolypin, Kokovtsov e outros ministros, Izvolsky explorou o direito da consulta individual com o tsar. Esse foi o ponto alto da independência política do ministro das Relações Exteriores — uma independência adquirida manobrando nas margens entre os diferentes centros de poder do sistema. Mas o triunfo foi efêmero. Como não se fez o acordo em Londres, a política para os estreitos fracassou. Izvolsky caiu em desgraça junto à opinião pública russa e voltou para enfrentar a ira de Stolypin e Kokovtsov.

Portanto, no curto prazo o desastre da crise da anexação da Bósnia (como o desastre da guerra com o Japão) levou à reafirmação da autoridade coletiva do Conselho de Ministros. O tsar perdeu a iniciativa, pelo menos temporariamente. Izvolsky foi forçado a recuar e submeter-se à disciplina do "governo unido". Stolypin, por outro lado, chegou ao auge de seu poder. Os conservadores partidários da autocracia, alarmados, começaram a vê-lo como um superpoderoso "senhor" ou "grão-vizir" que havia usurpado os poderes de seu senhor imperial. A escolha de Serguei Sazonov para substituir Izvolsky em setembro de 1910 pareceu reforçar a dominância de Stolypin. Sazonov era um diplomata relativamente novato, tinha pouca experiência em postos elevados na Chancelaria do Ministério das Relações Exteriores e carecia de contatos aristocráticos e imperiais. Conhecia pouco sobre a política de São Petersburgo e quase não tinha influência em círculos do governo. Suas principais qualificações para o posto, observaram críticos de fora, eram a reputação de "mediocridade e obediência" e o fato de ser cunhado de Stolypin.[45]

Depois da derrocada da política de Izvolsky e seu afastamento do cargo, a política externa russa passou a ter a marca registrada não do ministro das Relações Exteriores, mas do primeiro-ministro e presidente do Conselho de Ministros Pyotr Stolypin, em cuja opinião a Rússia precisava de paz a todo custo e devia seguir uma política de conciliação em todas as frentes. A consequência foi um período de pronunciada aproximação com Berlim, apesar das tensões recentes por causa da Bósnia. Em novembro de 1910, uma visita de Nicolau II e Sazonov a Potsdam pôs em marcha discussões que culminaram em um acordo marcando um ponto alto na détente russo-germânica.[46]

Inicialmente, o assassinato de Stolypin pouco alterou a orientação das políticas. Logo em seguida à morte de seu patrono, Sazonov lutou para encontrar sua própria voz. Mas a fraqueza de Sazonov, combinada à morte de Stolypin, amplificou outra potencial instabilidade no sistema; os agentes russos mais experientes e confiantes no exterior estavam livres para exercer um papel mais independente. Dois ministros em especial, N. V. Charykov, em Constantinopla, e Nikolai Hartwig, em Belgrado, sentindo o afrouxamento do controle de São Petersburgo, arriscaram-se em iniciativas independentes possivelmente perigosas, para aproveitar o agravamento da situação política nos Bálcãs.[47] Nesse meio-tempo, o embaixador russo na França era nada menos do que o ex-ministro das Relações Exteriores, Alexander Izvolsky, cuja determinação de moldar a política — especialmente para os Bálcãs — não diminuíra depois de ele ter sido chamado de volta ao serviço diplomático. Izvolsky preparava suas próprias tramas em Paris, o tempo todo "pressionando Sazonov por intermédio do malote diplomático".[48]

O eclipse de Sazonov não foi permanente. Com o tempo ele começou a dar suas cartas na política dos Bálcãs, explorando a fraqueza política de Kokovtsov, o sucessor de Stolypin na presidência do Conselho de Ministros. Foi fundamental que as influências que moldavam a política na Rússia estivessem em constante mudança. O poder fluía através do sistema e se concentrava em vários pontos: o monarca, o ministro das Relações Exteriores, o primeiro-ministro, os embaixadores. De fato, podemos falar em uma espécie de "hidráulica do poder", na qual o crescimento de um eixo do sistema produzia a diminuição de outros. E a dinâmica de antagonismos no sistema era adicionalmente energizada pela tensão entre opções de política opostas. Os nacionalistas liberais e os pan-eslavos da Rússia tendiam a favorecer uma política agressiva para os estreitos da Turquia e uma postura de solidariedade com os "pequenos irmãos" eslavos da península balcânica. Os conservadores, em contraste, em geral se preocupavam intensamente com as fraquezas políticas e financeiras internas da Rússia e com os perigos — como disse Kokovtsov — de seguir "uma política externa ativa em detrimento do estômago dos camponeses"; por isso, defendiam uma política de paz a todo custo.[49]

Quando se debateu na Duma a importância da crise da anexação da Bósnia na primavera de 1909, por exemplo, os representantes dos interesses conservadores no Conselho da Nobreza Unida argumentaram que a anexação não prejudicara de modo algum os interesses ou a segurança da Rússia, e que o país devia adotar uma política de não interferência nos assuntos balcânicos e ao mesmo tempo buscar a reconciliação com Berlim. O verdadeiro inimigo, afirmaram, era a Grã-Bretanha, que estava tentando impelir a Rússia para uma guerra com a Alemanha a fim de consolidar o controle britânico sobre os mercados mundiais. Contra essa posição, os liberais pró-franceses e pró-britânicos do Partido Constitucional Democrata (Cadetes) clamavam pela transformação da Tríplice Entente em uma Tríplice Aliança que permitiria à Rússia projetar seu poder na região dos Bálcãs e deter o declínio de seu status de grande potência.[50] Esse era um dos principais problemas para todos os executivos da política externa (e para os que tentam entendê-la hoje): o "interesse nacional" não era um objetivo imperativo a pressionar o governo a partir do mundo exterior, e sim a projeção de interesses particulares de dentro da própria elite.[51]

QUEM GOVERNAVA EM PARIS?

Na França a dinâmica era diferente, mas análoga em linhas gerais. Em um grau muito maior do que na Rússia, o Ministério das Relações Exteriores, ou Quai

16. *Joseph Caillaux.*

d'Orsay, como era conhecido em virtude de sua localização, tinha poder e autonomia formidáveis. Era uma organização socialmente coesa e relativamente estável, com um elevado sentimento de dedicação à sua missão. Uma rede densa de ligações familiares reforçava o *esprit de corps* no Ministério: os irmãos Jules e Paul Cambon eram os embaixadores em Berlim e Londres, respectivamente; o embaixador em São Petersburgo em 1914, Maurice Paléologue, era cunhado de Jules e Paul, e havia outras dinastias — os Herbette, os De Margerie e os De Courcel, para citar apenas alguns. O Ministério das Relações Exteriores protegia sua independência com o hábito do sigilo. As informações delicadas só raramente eram repassadas aos ministros do gabinete. Não era incomum altos funcionários omitirem informações a políticos mais graduados, e até ao próprio presidente da República. Em janeiro de 1895, por exemplo, quando Gabriel Hanotaux era o ministro das Relações Exteriores, o presidente Casimir Périer renunciou depois de apenas seis meses no cargo, protestando que o Ministério das Relações Exteriores não o mantinha informado nem mesmo dos acontecimentos mais importantes.

Documentos sobre as políticas eram tratados como informações secretas. Raymond Poincaré só foi informado sobre os detalhes da aliança franco-russa quando se tornou premiê e ministro das Relações Exteriores, em 1912.[52]

Mas a relativa independência do Ministério não trazia necessariamente poder e autonomia ao ministro. Os ministros franceses das Relações Exteriores tendiam a ser fracos, até mais fracos do que seu próprio grupo de assessores ministeriais. Uma razão disso era sua rotatividade relativamente alta, decorrente dos níveis sempre elevados de turbulência política na França pré-guerra. Entre 1º de janeiro de 1913 e a eclosão da guerra, por exemplo, o país teve nada menos que seis ministros das Relações Exteriores. A chefia desse Ministério era uma etapa mais transitória e menos importante no ciclo de vida dos políticos franceses do que na Grã-Bretanha, na Alemanha e na Áustria-Hungria. E na ausência de qualquer código de solidariedade no gabinete, as energias e ambições dos ministros tendiam a se enfraquecer na acirrada luta faccionária que fazia parte do cotidiano do governo na Terceira República.

Obviamente havia exceções a essa regra. Se um ministro permanecesse no cargo por tempo suficiente, fosse engenhoso e determinado o bastante, com certeza podia imprimir sua personalidade ao funcionamento do Ministério. Théophile Delcassé é um bom exemplo. Ele permaneceu no cargo por espantosos sete anos (de junho de 1898 a junho de 1905) e estabeleceu seu domínio sobre o Ministério não só graças a um trabalho incansável, mas também não dando ouvidos a seus funcionários permanentes em Paris e cultivando uma rede de embaixadores e funcionários em toda a organização que pensavam como ele. Na França, como em outras partes da Europa, os períodos de ascensão e decadência de cargos específicos no sistema produziam ajustes na distribuição do poder. Sob um ministro forte como Delcassé, a parcela de poder dos altos funcionários civis conhecidos coletivamente como a Centrale tendeu a encolher, ao passo que os embaixadores, libertos das restrições impostas pelo centro, prosperaram, exatamente como fizeram Izvolsky e Hartwig durante os anos iniciais de Sazonov no cargo. No longo período de Delcassé como ministro, um gabinete interno de embaixadores veteranos, encabeçado pelos irmãos Cambon (Londres e Berlim) e Camille Barrère (Roma), ganhou importância. Os embaixadores reuniam-se regularmente em Paris para conversar sobre política e fazer lobby junto a autoridades importantes. Comunicavam-se com o ministro por meio de cartas privadas, passando por cima dos funcionários da Centrale.

17. *Paul Cambon.*

Os embaixadores veteranos adquiriam uma noção extraordinariamente elevada de sua importância, em especial se compararmos com o etos profissional dos embaixadores atuais. Paul Cambon é um bom exemplo: ele comentou em uma carta de 1901 que toda a história diplomática da França era pouco mais do que uma longa lista de tentativas de agentes no exterior para obter alguma coisa em face da resistência de Paris. Quando discordava das instruções oficiais emanadas da capital, não era raro que ele as queimasse. Durante uma tensa conversa com Justin de Selves, ministro das Relações Exteriores de junho de 1911 a janeiro de 1912, Cambon, com certa falta de tato, informou seu interlocutor de que se considerava igual ao ministro.[53] Essa afirmação parece menos estapafúrdia se nos lembrarmos de que entre 1898, quando ele se tornou embaixador em Londres, e o verão de 1914, Cambon viu nove ministros entrarem e saírem do cargo — dois deles por duas vezes. Cambon não se considerava um funcionário subalterno do governo, mas um servidor da França, cujas habilidades davam-lhe o direito a um papel importante no processo de fazer política.

O exaltado sentimento de importância pessoal de Cambon fundamentava a crença, comum a muitos embaixadores de primeira linha, de que ele não meramente representava a França, mas a *personificava*. Embora tenha sido embaixador em Londres de 1898 até 1920, Cambon não falava uma só palavra em inglês. Durante suas reuniões com Edward Grey (que não falava francês), ele fazia questão de que cada palavra fosse traduzida para o francês, inclusive aquelas facilmente reconhecíveis, como "yes".[54] Tinha a certeza, como muitos membros da elite francesa, de que o francês era a única língua capaz de articular o pensamento racional, e era contra a fundação de escolas francesas na Grã-Bretanha com a justificativa excêntrica de que franceses criados na Grã-Bretanha tendiam a ser retardados mentais.[55] Cambon e Delcassé estabeleceram relações de trabalho muito próximas, cujo fruto foi a Entente Cordiale de 1904. Foi Cambon, mais do que ninguém, o responsável por assentar os alicerces da entente, trabalhando duro a partir de 1901 para persuadir seus interlocutores britânicos a consentir na questão do Marrocos e ao mesmo tempo exortando Delcassé a desistir dos supostos direitos da França ao Egito.[56]

As coisas mudaram depois da saída de Delcassé no auge da primeira crise do Marrocos. Seus sucessores foram figuras menos enérgicas e autoritárias. Maurice Rouvier e Léon Bourgeois exerceram o cargo de ministro por apenas dez e sete meses, respectivamente. Stéphen Pichon permaneceu por um período maior, de outubro de 1906 a março de 1911, mas abominava o trabalho árduo e frequentemente se ausentava de sua mesa no Quai d'Orsay. O resultado foi um crescimento constante da influência da Centrale.[57] Em 1911, dois grupos faccionários tinham se formado no mundo das relações exteriores francesas. De um lado estavam os embaixadores veteranos e seus aliados na administração, que tendiam a favorecer a détente com a Alemanha e uma atitude pragmática e flexível nas relações exteriores da França. Do outro lado estavam os "jovens turcos", como Jules Cambon os apelidou, da Centrale.

Os embaixadores tinham a autoridade da idade e da experiência adquirida nos muitos anos de serviço. Os homens da Centrale, por sua vez, contavam com formidáveis vantagens institucionais e estruturais. Podiam mandar comunicados à imprensa, controlavam a transmissão dos documentos oficiais e, sobretudo, tinham acesso ao gabinete noir do Ministério — um pequeno mas importante departamento responsável por abrir cartas, interceptar e decifrar o tráfego diplomático. E, tal como na Rússia, essas divisões estruturais e adversárias coincidiam com visões divergentes das relações exteriores. Assim, as agitações da luta interna por influência podiam ter impacto direto sobre a orientação das políticas.

A política francesa na questão marroquina é um bom exemplo. Depois do confronto franco-alemão pelo Marrocos em 1905 e da derrocada alemã em Algeciras no ano seguinte, Paris e Berlim se esforçaram arduamente para chegar a um acordo que lhes permitisse deixar o conflito do Marrocos para trás. Do lado francês, as opiniões dividiam-se a respeito de como lidar com as pretensões alemãs sobre aquela região. Paris devia atender os interesses alemães no Marrocos ou agir como se esses direitos simplesmente não existissem? O mais direto expoente da primeira dessas visões era Jules Cambon, irmão de Paul e embaixador francês em Berlim. Cambon tinha várias razões para buscar a détente com a Alemanha. Ele argumentava que os alemães tinham o direito de defender os interesses de seus industriais e investidores no estrangeiro. Também chegou à conclusão de que os mais graduados responsáveis pelas políticas na Alemanha — do cáiser e seu amigo, o conde Phillip zu Eulenburg ao chanceler Bernhard von Bülow, o secretário das Relações Exteriores Heinrich von Tschirschky e seu sucessor, Wilhelm von Schoen — desejavam sinceramente melhores relações com Paris. Era a França, ele dizia, com sua política faccionada e sua exaltada imprensa nacionalista, a principal responsável pelos mal-entendidos que haviam surgido entre as duas potências vizinhas. O fruto dos esforços de Cambon foi o acordo franco-alemão de 9 de fevereiro de 1909, que excluiu Berlim de qualquer iniciativa política no Marrocos e afirmou o valor da cooperação franco-germânica na esfera econômica.[58]

Do outro lado do argumento estavam os homens da Centrale, que se opunham a qualquer tipo de concessão. Nos bastidores, funcionários importantes, como o desvairadamente germanófobo Maurice Herbette, chefe de comunicações no Quai d'Orsay de 1907 a 1911, usavam seus numerosos contatos na imprensa para sabotar as negociações, vazando polêmicas propostas conciliatórias aos jornais franceses antes que fossem conhecidas pelos alemães e até insuflando campanhas da imprensa jingoísta contra o próprio Cambon.[59] Herbette foi um excelente exemplo de alto funcionário que conseguiu imprimir suas próprias ideias à elaboração das políticas na França. Em um memorando de 1908 que lembra o famoso memorando escrito no ano anterior por Eyre Crowe, do Ministério das Relações Exteriores britânico (com a diferença de que, enquanto o documento de Crowe ocupava 25 páginas impressas, o de Herbette se alongava por assombrosas trezentas páginas caoticamente manuscritas), Herbette pintou a história recente das relações franco-alemãs em cores sinistras, como um catálogo de "insinuações", ardis e ameaças. Os alemães, ele escreveu, eram insinceros, desconfiados, desleais, enganadores. Seus esforços pela conciliação eram tramas astutas destinadas a lograr e isolar a França; suas argumentações em favor de seus interesses no exterior eram meras provocações; sua política externa, uma alternância repelente de "ameaças e promessas". A França, ele concluiu, não tinha absolutamente nenhuma responsabilidade pelo péssimo estado das relações entre os dois países, pois sempre fora "conciliatória e digna" em seu trato com a Alemanha: "Um exame imparcial dos documentos prova que a França e seu governo não podem, de modo algum, ser responsabilizados por essa situação". Como o memorando de Crowe no ano anterior, o documento de Herbette concentrou-se em atribuir motivações e "sintomas" repreensíveis em vez de apontar verdadeiras transgressões.[60] Não há indícios de que Herbette tenha mudado de ideia a respeito da Alemanha. Ele e outros oficiais intransigentes da Centrale foram um formidável obstáculo à détente com Berlim.

Com o colapso do governo no começo de março de 1911 e a queda de Pichon no Ministério, a influência da Centrale chegou ao auge. O sucessor de Pichon como ministro das Relações Exteriores foi o consciencioso mas totalmente inexperiente Jean Cruppi, um ex-magistrado cuja principal qualificação para a pasta das Relações Exteriores era o fato de que muitos indivíduos mais bem preparados já haviam recusado o posto — indício da pouca valorização desse cargo no Ministério. No breve período de Cruppi como ministro — ele tomou posse em 2 de março de 1911 e saiu em 27 de junho —, a Centrale apoderou-se efetivamente do controle da política. Sob pressão do diretor político e comercial no Quai d'Orsay, Cruppi concordou em pôr fim a todas as ligações econômicas com a Alemanha no Marrocos, um inequívoco repúdio do acordo de 1909. Seguiu-se uma série de iniciativas unilaterais: as negociações para a administração conjunta franco-alemã de uma ferrovia de Fez a Tânger foram interrompidas sem aviso, e um novo acordo financeiro com o Marrocos foi redigido sem menção alguma à participação alemã. Cambon ficou horrorizado e alertou: os franceses estavam se comportando com "espírito de porco" em suas relações com a Alemanha.[61]

Finalmente, ao decidir, sem consultar outros países interessados, enviar uma força substancial de soldados da metrópole à cidade marroquina de Fez na primavera de 1911, a pretexto de reprimir um levante local e proteger os colonos franceses, Paris violou abrangentemente o acordo de Algeciras e o acordo franco-alemão de 1909. A alegação de que essa conduta era necessária para proteger a comunidade de europeus em Fez era espúria; a rebelião ocorrera no interior do território marroquino, e o perigo para os europeus era remoto. O apelo do sultão pela ajuda de Paris fora, na verdade, formulado pelo cônsul francês e entregue ao sultão para ser assinado depois que Paris já decidira intervir.[62] Retornaremos adiante à crise de Agadir que se seguiu a essas medidas. Por ora, o mais importante é que não foi o governo francês propriamente dito quem gerou a política agressiva no Marrocos, mas os falcões do Quai d'Orsay, cuja influência sobre as políticas não teve rivais na primavera e no começo do verão de 1911.[63] Aqui, como na Rússia, o fluxo do poder de uma parte a outra do Executivo produziu mudanças rápidas no tom e na direção da política.

QUEM GOVERNAVA EM BERLIM?

Também na Alemanha a política externa era moldada pela interação entre centros de poder dentro do sistema. Havia, porém, algumas diferenças estruturais. A mais importante era que, na complexa estrutura federal criada para acomodar o Império Germânico fundado em 1871, o papel de ministro das Relações Exteriores era, em grande medida, absorvido pelo cargo de chanceler do Império. Na verdade, esse posto central era um composto no qual vários cargos diferentes ligavam-se em uma pessoa. Geralmente, o chanceler do Império Germânico era, ao mesmo tempo, o ministro-presidente e o ministro das Relações Exteriores da Prússia, o Estado federal dominante que abrangia cerca de três quintos dos cidadãos e do território do novo Império. Não havia um ministro das Relações Exteriores, apenas um secretário de Estado do Exterior, diretamente subordinado ao chanceler. E a íntima ligação do chanceler com a elaboração da política externa manifestava-se fisicamente no fato de que seus apartamentos privados ficavam no pequeno e apinhado palácio no número 76 da Wilhelmstrasse, onde funcionava também o Ministério das Relações Exteriores alemão.

Esse foi o sistema que permitiu a Otto von Bismarck administrar sozinho os assuntos externos e dominar a singular estrutura constitucional que ele ajudara a criar em seguida às Guerras de Unificação da Alemanha. A saída de Bismarck no começo da primavera de 1890 deixou um vácuo de poder que ninguém pôde preencher.[64] Leo von Caprivi, o primeiro chanceler e ministro das Relações Exteriores da Prússia pós-bismarckiana, não tinha experiência em assuntos externos. Sua decisão de marcar época, não renovando o Tratado de Resseguro, foi, na verdade, impelida por uma facção no Ministério das Relações Exteriores alemão que por algum tempo fizera oposição à linha bismarckiana. Essa facção não encontrou dificuldade de conquistar o apoio do novo chanceler. Era liderada por Friedrich von Holstein, diretor do Departamento Político do Ministério das Relações Exteriores — um homem muito inteligente e bem falante, perverso na vida privada e socialmente recluso que despertava admiração mas pouco afeto em seus colegas. Portanto, assim como na França, a fraqueza do ministro das Relações Exteriores (ou, neste caso, do chanceler) permitiu que a iniciativa ficasse nas mãos dos funcionários permanentes da Wilhalmstrasse, os equivalentes berlinenses do pessoal da Centrale. Essa situação continuou sob o sucessor de Caprivi, o príncipe Chlodwig von Hohenlohe-Schillingsfürst, que assumiu a Chancelaria entre 1894 e 1899. Foi Holstein, e não o chanceler ou o secretário das Relações Exteriores do Império, quem determinou os contornos da política externa alemã no começo e em meados dos anos 1890.

Em parte, Holstein pôde fazer isso porque tinha excelentes laços tanto com os políticos responsáveis como com o círculo de conselheiros do cáiser Guilherme II.[65] Esses foram os anos em que Guilherme se empenhou mais vigorosamente em exercer influência, decidido a tornar-se "seu próprio Bismarck" e estabelecer seu "governo pessoal" sobre o desajeitado sistema alemão. Não conseguiu seu objetivo, mas, paradoxalmente, suas extravagâncias produziram uma concentração do Poder Executivo, pois os políticos e funcionários mais graduados aliaram-se para prevenir ameaças do soberano à integridade do processo de tomada de decisão. Friedrich von Holstein, o conde Phillip zu Eulenburg, amigo íntimo e influente conselheiro do cáiser, e até o ineficaz chanceler Hohenlohe tornaram-se hábeis em "manobrar o imperador".[66] Seu método consistia em não levá-lo demasiado a sério. Em uma carta de fevereiro de 1897 a Eulenburg, Holstein observou que estava vendo o "terceiro programa político" do soberano em três meses. Eulenburg aconselhou-o a se acalmar: os projetos do cáiser não eram "programas", ele assegurou a Holstein, e sim excêntricos "comentários marginais" de importância limitada para a condução política. O chanceler também não se preocupava. "Parece que Sua Majestade está recomendando outro novo programa", escreveu Hohenlohe, "mas não acho que seja uma grande tragédia; já vi programas demais irem e virem."[67]

Foram Eulenburg e Holstein que puseram o diplomata de carreira Bernhard von Bülow no caminho para a Chancelaria. Já como secretário das Relações Exteriores do Império sob o chanceler Hohenlohe (1897-1900), Bülow conseguira, com ajuda de amigos, obter o controle da política alemã. Sua posição ficou ainda mais forte depois de 1900, quando o cáiser, seguindo um conselho de Eulenburg, nomeou Bülow para a Chancelaria. Mais do que qualquer outro chanceler antes dele, Bülow recorreu a toda a arte de um cortesão experiente para ganhar a confiança de Guilherme. Apesar de rivalidades e desconfianças internas, o trio Bülow-Holstein-Eulenburg conseguiu por algum tempo exercer forte influência sobre os rumos das políticas.[68] O sistema funcionava bem contanto que três condições fossem atendidas: 1) os parceiros estivessem de acordo sobre seus objetivos finais; 2) suas políticas fossem bem-sucedidas; 3) o cáiser permanecesse sossegado.

Durante a crise do Marrocos em 1905-6, essas três condições prévias falharam. Primeiro, Holstein e Bülow discordaram sobre os objetivos alemães no Marrocos (Bülow queria a compensação; Holstein esperava, com irrealismo, explodir a entente anglo-francesa). Depois, na Conferência de Algeciras em 1906, onde a delegação alemã se viu isolada e suplantada pela França, ficou claro que a política para o Marrocos havia sido desastrosamente mal orientada. Uma consequência desse fiasco foi que o cáiser, que sempre se mostrara cético quanto às negociações marroquinas, dissociou-se de seu chanceler e ressurgiu como uma ameaça ao processo de elaboração das políticas.[69]

Foi o inverso do que aconteceu mais ou menos na mesma época na Rússia, onde o fiasco da política do tsar para o leste da Ásia enfraqueceu a posição do soberano e preparou o terreno para a preponderância do gabinete. Na Alemanha, em contraste, o fracasso dos altos funcionários restaurou temporariamente a liberdade de movimento do cáiser. Em janeiro de 1906, quando subitamente ficou vago o cargo de secretário das Relações Exteriores (porque seu ocupante morrera por excesso de trabalho), Guilherme II impôs um substituto que ele próprio escolheu, desconsiderando a recomendação de Bülow. Sabia-se que Heinrich von Tschirschky, grande amigo e frequente companheiro de viagem do cáiser, fora nomeado para substituir a política de Bülow-Holstein por algo mais conciliatório. No começo de 1907 falava-se em rixa entre o "campo de Bülow" e o "círculo de Tschirschky".

Nos últimos anos como chanceler, até 1909, Bülow lutou implacavelmente para reaver a supremacia. Tentou, como fizera Bismarck nos anos 1880, formar um novo bloco parlamentar definido pela lealdade à sua pessoa, na esperança de tornar-se politicamente indispensável ao cáiser. Ajudou a arquitetar o devastador escândalo do "Caso do *Daily Telegraph*" (novembro de 1908), no qual comentários imaturos de Guilherme em uma entrevista publicada em um jornal britânico provocaram uma onda de protestos do público alemão, farto de seus deslizes públicos. Bülow até se envolveu indiretamente na série de campanhas da imprensa em 1907-8 que expôs homossexuais do círculo íntimo do cáiser, entre eles Eulenburg, velho amigo e aliado do chanceler, agora vilipendiado por Bülow, que provavelmente também era homossexual, por ser um possível rival pela preferência do cáiser.[70] Apesar dessas manobras extravagantes, Bülow nunca recuperou sua antiga influência sobre a política externa.[71] A nomeação de Hollweg para a Chancelaria em 14 de julho de 1909 trouxe alguma estabilidade. Ele podia carecer de experiência em assuntos externos, mas era uma figura equilibrada, moderada e formidável que rapidamente impôs sua autoridade sobre os ministros e secretários imperiais.[72] Ajudou o fato de o cáiser, depois do choque e da humilhação dos escândalos do *Daily Telegraph* e Eulenburg, estar menos inclinado do que nos anos anteriores a desafiar em público a autoridade de seus ministros.

A ATRIBULADA SUPREMACIA DE SIR EDWARD GREY

A Grã-Bretanha apresenta um quadro bem diferente. Ao contrário de Stolypin e Kokovtsov ou de seus colegas alemães Bülow e Hollweg, o secretário das Relações Exteriores britânico, Sir Edward Grey, não tinha razão para temer intervenções inoportunas do soberano. George v estava plenamente satisfeito em ser conduzido por ele nos assuntos internacionais. E Grey também contava com o irrestrito apoio de seu primeiro-ministro, Herbert Asquith. Além disso, não precisava disputar, como seus colegas franceses, com funcionários superpoderosos no Ministério que ele comandava. A continuidade de Grey no cargo, por si só, já lhe assegurou uma influência mais consistente sobre a política do que a maioria dos seus colegas franceses jamais desfrutou. Enquanto Edward Grey permaneceu ininterruptamente no controle do Ministério das Relações Exteriores de dezembro de 1905 a dezembro de 1916, na França esse mesmo período viu entrar e sair quinze ministros. Além disso, a chegada de Grey ao Ministério consolidou a influência de uma rede de altos funcionários que tinham ideias muito semelhantes à dele sobre a política externa britânica. Ele foi, sem dúvida, o mais poderoso ministro das Relações Exteriores da Europa pré-guerra.

18. *Sir Edward Grey.*

Como a maioria de seus predecessores do século XIX, Sir Edward Grey nasceu na camada superior da sociedade britânica. Descendia de uma ilustre linhagem de whigs poderosos — seu tio-bisavô era o conde Grey da Lei da Reforma de 1832. De todos os políticos que subiram ao palco da política europeia antes de 1914, Grey é um dos mais desnorteantes. Seu estilo distante e altivo não era bem digerido pelas bases do Partido Liberal. Ele fora por muito tempo um parlamentar liberal, mas acreditava que a política externa era importante demais para estar sujeita às agitações do debate parlamentar. Foi um secretário das Relações Exteriores que sabia pouco sobre o mundo fora da Grã-Bretanha, nunca demonstrou muito interesse em viajar, não falava outras línguas e não se sentia à vontade na companhia de estrangeiros. Grey foi um político liberal cuja visão da política era combatida pela maioria dos liberais e apoiada pela maioria dos conservadores. Ele se tornou o membro mais poderoso da facção conhecida como "os imperialistas liberais", e no entanto parece não ter se preocupado muito como o Império Britânico — suas ideias sobre política externa e segurança nacional estavam rigorosamente centradas no continente europeu.

Havia uma curiosa dissonância entre a persona de Grey — privada e pública — e seu modus operandi na política. Na mocidade ele não dera muitos sinais de curiosidade intelectual, ambição política ou dinamismo. Viveu no ócio seus anos de estudante no Balliol College, em Oxford, vencendo campeonatos de tênis real na universidade até se formar com louvor em jurisprudência, uma disciplina que escolhera pela reputação de ser fácil. Seu primeiro cargo político (sem remuneração) foi conseguido por obra de seus contatos familiares nos círculos whig da política. Já adulto, Grey cultivou a imagem de um homem para quem a política era um dever enfadonho, e não uma vocação. Quando o Parlamento foi dissolvido em 1895 após uma derrota dos liberais em uma votação decisiva, ele, que na época era membro do Parlamento e subsecretário parlamentar de Estado das Relações Exteriores, declarou que não lamentava. "Nunca mais ocuparei nenhum cargo, e meus dias na Câmara dos Comuns provavelmente estão contados. Nós [ele e sua mulher, Doroty] estamos muito aliviados."[73] Grey era um naturalista, observador de pássaros e pescador apaixonado. Na virada do século já era conhecido como o autor de um merecidamente aclamado ensaio sobre pesca. Até como secretário das Relações Exteriores costumava deixar sua mesa sempre que a oportunidade se apresentava para ir passear no campo e detestava ser chamado de volta a Londres mais cedo que o absolutamente necessário. Alguns dos homens que trabalhavam com ele, por exemplo o diplomata Cecil Spring-Rice, achavam que aquelas excursões bucólicas estavam saindo de controle e que seria bom o secretário das Relações Exteriores "usar parte do seu tempo com os patos para aprender francês".[74] Os colegas achavam difícil perceber motivação política em Grey; ele lhes parecia "destituído de ambição pessoal, sendo altivo e arredio".[75]

No entanto, Grey acabou adquirindo um alentado apetite pelo poder e a disposição para recorrer a métodos conspiratórios a fim de obtê-lo e mantê-lo. Sua nomeação como secretário das Relações Exteriores foi fruto de um planejamento meticuloso junto a seus amigos de confiança e colegas imperialistas liberais Herbert Asquith e R. B. Haldane. No Pacto Relugas, um plano tramado no chalé de pesca de Grey no vilarejo escocês desse nome, os três homens concordaram em puxar o tapete do líder liberal, Sir Henry Campbell-Bannerman, e se estabelecer em postos-chave no gabinete. A preferência pelo segredo e pela ação nos bastidores permaneceu como marca registrada de seu estilo como secretário das Relações Exteriores. E sua postura de respeito cavalheiresco destoava de sua habilidade intuitiva nos métodos e nas táticas das disputas políticas.

Com rapidez e sem dificuldade, Grey obteve o controle do processo de elaboração das políticas e assegurou que elas se direcionassem principalmente para a "ameaça alemã". É claro que seria ir longe demais afirmar que essa reorientação da política britânica se deveu exclusivamente ao poder de Edward Grey. Ele não era um titereiro; os homens da nova política — Bertie, Hardinge, Nicolson, Mallet, Tyrrell e outros — não eram manipulados ou controlados por ele; trabalhavam em conjunto com Grey como membros de uma vaga coalizão movida por sentimentos comuns. Aliás, Grey era dependente de alguns desses colaboradores. Muitas de suas decisões e memorandos, por exemplo, basearam-se em relatórios de Hardinge.[76] A ascendência de seu grupo foi facilitada por reformas estruturais recentes no Ministério das Relações Exteriores, cujo objetivo não era fortalecer a autoridade do secretário, e sim distribuir mais amplamente a influência por um conjunto de funcionários do alto escalão.[77] Não obstante, era impressionante como Grey dedicava tanta energia e vigilância para manter sua ascendência. Ajudava, obviamente, o fato de ele contar com o firme apoio de seu ex-colega de maquinações Herbert Asquith, primeiro-ministro de 1908 até 1916. Além disso, o respaldo de grande parcela do bloco conservador na Câmara dos Comuns era outra vantagem importante, e Grey revelou-se hábil em manter seu atrativo para todos os partidos.

Entretanto, a plenitude de poder e a coerência da visão de Grey não protegiam totalmente a elaboração das políticas britânicas das agitações características dos Executivos europeus. A posição antigermânica adotada pelo grupo de Grey não tinha apoio fora do Ministério das Relações Exteriores, nem mesmo na maioria do gabinete britânico. O governo liberal, e o movimento liberal como um todo, estavam polarizados pela tensão entre seus elementos imperialistas e radicais. Muitos dos principais radicais, e neles se incluíam algumas das mais veneráveis figuras do partido, deploravam a política de alinhamento com a Rússia do secretário das Relações Exteriores. Acusavam Grey e seu grupo de adotar uma desnecessária atitude provocadora diante da Alemanha. Duvidavam que as vantagens de apaziguar a Rússia pudessem compensar os potenciais benefícios de uma amizade com o Império Germânico. Receavam que a criação de uma Tríplice Entente pudesse pressionar a Alemanha a adotar uma postura ainda mais agressiva e insistiam em uma détente com Berlim. Outro problema eram as tendências da opinião pública britânica, especialmente da elite cultural e política que, apesar de intermitentes "guerras de imprensa" anglo-germânicas, pendia para um sentimento mais pró-germânico nos últimos anos antes da eclosão da guerra.[78] Nas elites britânicas, o antagonismo contra a Alemanha coexistia com muitas camadas de laços culturais e uma profunda admiração pelas glórias culturais, econômicas e científicas da nação germânica.[79]

Grey enfrentou esses desafios blindando o processo de elaboração das políticas contra a vigilância de olhos inamistosos. Muitos documentos que emanavam de sua mesa eram classificados como de circulação restrita; uma típica anotação de seu secretário particular dizia: "Sir E. Grey considera esta circulação suficiente". As consultas sobre decisões políticas importantes — notavelmente as relacionadas com o maior comprometimento com a França — eram limitadas a contatos de confiança na administração. O gabinete não foi informado, por exemplo, sobre as discussões entre a França e a Grã-Bretanha em dezembro de 1905 e maio de 1906, nas quais representantes militares dos dois países concordaram, em princípio, sobre a forma que assumiria a intervenção militar britânica em apoio à França em caso de guerra. Tal modo de proceder convinha à visão elitista que Grey tinha da política e à sua declarada visão da entente, de que devia ser cultivada "em um espírito de lealdade e generosidade", assegurando que quaisquer perigos que surgissem viessem a "fortalecer" ao invés de enfraquecer o "acordo", e que o avanço gradual para um comprometimento maior devia ser sempre isolado de "controvérsias partidárias".[80] Em outras palavras, Grey fazia uma política de duas vias. Em público, negava repetidamente que a Grã-Bretanha tivesse qualquer obrigação de ir em socorro da França. As mãos de Londres permaneciam absolutamente livres. Se fosse pressionado por colegas hostis, ele sempre podia dizer que os cenários de mobilização interligada das Forças Armadas eram apenas planos contingenciais. Por meio dessas manobras complexas, conseguiu dar uma notável coerência interna à condução da política externa britânica.

No entanto, é fácil ver como esse estado de coisas — movido pelo mutável equilíbrio de poder entre facções do governo e a elite na Grã-Bretanha — ensejava confusão. Para os interlocutores franceses que lidavam diretamente com o secretário das Relações Exteriores e seu grupo, estava claro que "Sir Grey", como alguns o chamavam, ficaria do lado da França em caso de guerra, não obstante a afirmação oficial do caráter não vinculante da entente. Mas para os alemães, que não participavam das conversas, a impressão era de que a Grã-Bretanha poderia se afastar da coalizão continental, especialmente se a aliança franco-russa tomasse a iniciativa contra a Alemanha, e não vice-versa.

A flutuação do poder por diferentes pontos das estruturas decisórias amplificou a complexidade e a imprevisibilidade das interações no sistema internacional europeu, especialmente naqueles momentos de crise política em que dois ou mais Executivos interagiram entre si em um clima de pressão e ameaça crescentes. Podemos observar esse efeito com especial nitidez na disputa pelo Marrocos que eclodiu entre Alemanha e França no verão de 1911. O acordo franco-alemão sobre o Marrocos de 1909 foi desfeito, como já vimos, após uma série de medidas tomadas pelo Quai d'Orsai, culminando no envio de uma grande força francesa para o sultanato em abril de 1911. Em 5 de junho de 1911, alarmado com a perspectiva de uma tomada unilateral do poder no Marrocos pelos franceses, o governo espanhol mobilizou tropas para ocupar Larache e Ksar el-Kebir, no norte e noroeste do país. Uma intervenção alemã tornou-se então inevitável, e a canhoneira *Panther*, uma embarcação despretensiosa que já deveria ter sido mandada para o ferro-velho dois anos antes, deitou âncoras próximo à costa marroquina em 1º de julho de 1911.

A crise de Agadir foi um processo bem estranho. Permitiu-se que ela se agravasse a tal ponto que uma guerra na Europa Ocidental parecia estar iminente, e no entanto as pretensões das partes oponentes não eram incompatíveis e acabaram fornecendo a base para um acordo duradouro. Por que ocorreu o agravamento, então? Parte da razão foi a intransigência do Quai d'Orsay. A Centrale foi quem tomou e manteve a iniciativa na fase inicial da crise. A posição dos altos funcionários permanentes fortaleceu-se pelo fato de o ministro das Relações Exteriores, Jean Cruppi, deixar o cargo em 27 de junho, alguns dias antes de o *Panther* ancorar próximo a Agadir. Seu sucessor, Justin de Selves, escolhido, como Cruppi, por falta de outro melhor, imediatamente caiu na teia do *chef du cabinet* no Ministério das Relações Exteriores francês, Maurice Herbette. Como chefe de comunicações entre 1907 e 1911, Herbette construíra uma vasta rede de contatos na imprensa, e durante a crise de Agadir trabalhou arduamente para desacreditar a própria ideia de negociações com a Alemanha. Foi, em parte, por causa da intransigência de Herbette e outros poderosos funcionários permanentes que só em fins de julho de 1911 o embaixador francês em Berlim fora instruído a começar a deliberar com Berlim sobre como a Alemanha poderia ser compensada pela consolidação do domínio exclusivo do Marrocos pela França.

Essa iniciativa conciliatória só foi possível porque o embaixador Jules Cambon, sem consultar seu ministro das Relações Exteriores, fez um apelo de seu posto em Berlim ao enérgico e franco premiê Joseph Caillaux, que assumira o cargo em 27 de junho, pouco antes da eclosão da crise. Filho de um ministro das Finanças, o célebre Eugène Caillaux, que tão rapidamente pagara a indenização da França à Alemanha depois de 1870, tinha uma visão liberal da economia, defendia a modernização fiscal e via os assuntos externos com os olhos pragmáticos de um homem de negócios. Em sua opinião, não havia motivo para que os interesses comerciais alemães no Marrocos não recebessem exatamente o mesmo tratamento dispensado às outras nacionalidades, e ele criticava o estilo mercantilista da estratégia econômica que se tornara marca registrada do imperialismo europeu.[81] O gabinete dividia-se entre Caillaux, que defendia uma política conciliatória para o Marrocos, e Justin de Selves, que atuava como um porta-voz para os falcões do Quai d'Orsay. De Selves foi pressionado por seu Ministério para enviar cruzadores franceses a Agadir, uma medida que poderia ter desencadeado um agravamento ainda mais sério da crise. Depois que Caillaux vetou essa opção, os falcões começaram a se organizar contra ele e Jules Cambon. Comunicados à imprensa foram usados para desacreditar os defensores da conciliação. Caillaux exasperou-se tanto com o empenho de Herbette para sabotar sua política que o chamou a seu escritório e lhe disse, demonstrando fisicamente suas palavras: "Vou quebrar você como este lápis".[82] Caillaux por fim conseguiu que se fizesse um acordo com a Alemanha, mas só por meio de conversas confidenciais e extraoficiais com Berlim (por intermédio da embaixada alemã em Paris, de Jules Cambon em Berlim e da mediação de um empresário chamado Fondère) que passaram ao largo do ministro e seus funcionários.[83] Como resultado, no começo de agosto Caillaux havia secretamente aceitado um acordo de compensação com Berlim, ao qual seu ministro das Relações Exteriores, Justin de Selves, continuava a se opor inflexivelmente.[84]

Essa diplomacia de bastidores ajudou o premiê a desviar-se dos falcões germanófobos do Ministério das Relações Exteriores francês, mas trouxe seus próprios riscos adicionais. Na primeira semana de agosto de 1911, uma breve interrupção nas comunicações levou a uma escalada totalmente desnecessária que incluiu ameaças de enviar navios de guerra franceses e britânicos a Agadir, muito embora àquela altura Caillaux e o chanceler alemão estivessem ambos dispostos a entrar em acordo.[85] Caillaux culpou seu mediador, Fondère, pelo mal-entendido, mas não teria havido a necessidade de um intermediário como Fondère, nem de conversas de bastidores por parte de Caillaux, se os altos funcionários do Ministério não estivessem conspirando para tirá-lo do cargo e arruinar as negociações para um entendimento com a Alemanha. Inevitavelmente, isso também significava que Caillaux às vezes era forçado a voltar atrás nos compromissos assumidos, pois seus colegas de Ministério recusavam-se a aceitar as garantias que ele dera a Berlim. E essas manobras complexas aumentavam em Berlim a incerteza sobre como interpretar as ações francesas: era preciso sopesar tendências contraditórias, como fez um diplomata alemão de segundo escalão quando observou que, "apesar da gritaria da imprensa e do chauvinismo do Exército", a política de Caillaux provavelmente prevaleceria.[86]

Quanto à política alemã durante a crise, ela foi formulada não pelo chanceler Hollweg, e certamente não pelo cáiser, que não tinha o menor interesse pelo Marrocos, mas pelo enérgico secretário de Estado imperial das Relações Exteriores, o sábio Alfred von Kiderlen-Wächter. Kiderlen participara da redação do acordo franco-alemão para o Marrocos em fevereiro de 1909, e era natural que tivesse um papel importante na formulação da resposta alemã ao envio de tropas francesas. De um modo característico nos altos escalões do Executivo alemão, o secretário das Relações Exteriores assumiu pessoalmente o controle das medidas cabíveis para o caso do Marrocos, incumbindo-se das comunicações com Paris e mantendo o chanceler afastado da crise em curso.[87] Kiderlen não tinha interesse em assegurar uma parcela do Marrocos para a Alemanha, mas estava decidido a não permitir que a França impusesse unilateralmente seu controle exclusivo sobre a área. Esperava, respondendo aos avanços franceses com uma série incremental de gestos de protesto, obter o reconhecimento dos direitos alemães e alguma forma de compensação territorial no Congo francês. Tinha boas razões para crer que seu objetivo seria atingido sem conflito, pois em maio de 1911, Joseph Caillaux, na época ministro das Finanças, assegurara a diplomatas alemães em Paris que "a França estaria disposta, se nós [os alemães] reconhecêssemos seu interesse vital no Marrocos, a nos fazer concessões em outra parte".[88] Depois de Caillaux assumir como premiê em junho, portanto, Kiderlen supôs que essa seria a conduta da França. Ele rejeitou planos de enviar dois navios a Agadir; acreditava que o *Panther*, que não era equipado para organizar um desembarque efetivo e não tinha instruções para tentar isso, bastaria como demonstração simbólica.[89]

A evolução subsequente da crise revelou que Kiderlen estava totalmente equivocado em sua avaliação da reação francesa. Ele também administrou muito mal o clima interno na Alemanha. As relações pessoais de Kiderlen com o cáiser Guilherme II não eram especialmente cordiais, e em 1911 o imperador viu a política do governo para o norte da África com tanto ceticismo quanto em 1905.[90] Para proteger-se de uma possível oposição por esse lado, Kiderlen batalhou pelo apoio de políticos e jornalistas ultranacionalistas alemães. Mas, uma vez iniciada a campanha, ele foi incapaz de controlar seu tom ou conteúdo. Em consequência, uma política alemã que invariavelmente teve por objetivo manter a crise abaixo do limiar do confronto armado avançou contra o pano de fundo de uma trovejante agitação da imprensa nacionalista que fez soar alarmes em Paris e Londres. Manchetes nos jornais ultranacionalistas bradando "Oeste do Marrocos para a Alemanha!" foram muito bem aproveitadas pelos falcões em Paris. Elas também preocuparam o cáiser, que criticou tão asperamente a política do secretário das Relações Exteriores que em 17 de julho Kiderlen pediu demissão. Só com a mediação do chanceler Hollweg foi possível salvar a política e mantê-lo no cargo.[91]

Em 4 de novembro de 1911, um tratado franco-alemão finalmente definiu os termos do acordo. O Marrocos tornou-se um protetorado exclusivamente francês, um tratamento respeitoso aos interesses comerciais alemães foi garantido e partes do Congo foram concedidas à Alemanha. Mas a crise marroquina de 1911 havia exposto a perigosa incoerência da diplomacia francesa. Um comitê disciplinar interno formado em 18 de novembro de 1911 para investigar as ações de Maurice Herbette revelou as elaboradas maquinações dos altos funcionários permanentes em Paris. Caillaux também caiu em descrédito. Ele e seu gabinete estavam associados, aos olhos do público, a um tratado que, na opinião de muitos nacionalistas franceses, fizera concessões demais aos alemães, o que é surpreendente, considerando que o tratado concedeu menos do que Delcassé pensava em oferecer em troca do Marrocos no fim dos anos 1890. Revelações das negociações secretas do premiê com os alemães (que o gabinete noir obteve já decifradas e a Centrale taticamente vazou para a imprensa) selaram o destino dele, e Caillaux perdeu o cargo em 21 de janeiro de 1912, depois de ocupá-lo por apenas sete meses.

Também na Alemanha o tratado de novembro de 1911 foi criticado, mas por conceder muito pouco aos alemães. Kiderlen levou parte da culpa por isso. Havia uma enorme discrepância entre o que a Alemanha podia esperar obter desafiando os franceses na questão do Marrocos e os reluzentes prêmios — um "oeste do Marrocos alemão", por exemplo — vendido ao público pela imprensa ultranacionalista, cuja agitação Kiderlen insensatamente encorajara por algum tempo. Com essa ação, o secretário das Relações Exteriores contribuiu para alienar ainda mais o governo e aqueles que se diziam seus "defensores naturais" da extrema direita. No entanto, esse pacto faustiano com a mídia nacionalista só fora necessário porque Kiderlen não tinha outros meios para assegurar que o soberano não comprometesse seu controle da elaboração da política.

Talvez a mais importante consequência da oscilação da política alemã durante a crise tenha sido a crescente tendência, em Paris, de interpretar erroneamente as ações alemãs como movidas por uma estratégia de blefe. Quando leu os arquivos do Quai d'Orsay nos primeiros meses de 1912, o novo premiê e ministro das Relações Exteriores Raymond Poincaré espantou-se com a alternância de firmeza e concessões na política alemã: "Todas as vezes que procuramos adotar medidas conciliatórias com os alemães, eles as violaram", observou; "por outro lado, cederam em toda ocasião na qual demonstramos firmeza". Dessa tendência ele tirou a dura conclusão de que a Alemanha só entendia "a linguagem da força".[92]

O envolvimento da Grã-Bretanha na crise também teve a marca de profundas divisões na estrutura do Executivo. A reação do gabinete liberal em Londres inicialmente foi cautelosa, pois julgava-se que a França era a grande responsável por desencadear a crise e devia ser instada a ceder. Em 19 de julho, o gabinete até autorizou Grey a informar a Paris que havia circunstâncias nas quais a Grã-Bretanha poderia aceitar a presença alemã no Marrocos. O governo francês replicou com irritação que a aquiescência britânica significaria a violação do tratado anglo-francês de 1904.[93] Ao mesmo tempo, os antigermânicos do grupo de Grey adotaram uma posição fortemente pró-França. Nicolson, Buchanan, Haldane e o próprio Grey amplificaram a ameaça representada pela Alemanha e reviveram a ideia de que o que estava em jogo era a manutenção da entente. Em 19 de julho, o secretário de Estado da Guerra, Richard Haldane, pediu ao diretor de operações militares, Sir Henry Wilson, que postergasse sua partida para o continente a fim de passar uma manhã avaliando a força militar esperada para o caso de um conflito na fronteira franco-alemã.[94] Quando Justin de Selves expressou surpresa com o grau das exigências alemãs para a compensação no Congo, Sir Francis Bertie escreveu de Paris a Grey sobre as demandas "excessivas" dos alemães, que "eles sabem que não poderão ser aceitas e se destinam a fazer os franceses se resignarem com o estabelecimento da Alemanha na costa marroquina".[95] Essa foi uma interpretação equivocada da posição alemã, e calculada para insuflar o medo nos navalistas britânicos, para quem o estabelecimento de um reduto alemão no Atlântico teria sido inaceitável.

Foi a perspectiva de um porto alemão no Atlântico que permitiu a Grey conseguir a aprovação do gabinete para que se desse um aviso privado ao embaixador alemão, em 21 de julho: se a Alemanha pretendesse desembarcar em Agadir, a Grã-Bretanha seria obrigada a defender seus interesses no local; Grey queria dizer, com isso, que a Grã-Bretanha mandaria navios de guerra.[96] No mesmo dia, seu grupo elevou ainda mais a temperatura: na noite de 21 de julho de 1911, o ministro das Finanças David Lloyd George fez um discurso na Mansion House com um contundente alerta a Berlim. Disse que era imperativo a Grã-Bretanha manter "seu lugar e seu prestígio entre as grandes potências do mundo". O poder britânico mais de uma vez "livrara" países continentais do "desastre esmagador e até da extinção nacional". Se a Grã-Bretanha viesse a ser forçada a escolher entre a paz e a renúncia à sua preeminência internacional, ele prosseguiu, "digo enfaticamente que a paz a esse preço seria uma humilhação intolerável para uma nação grandiosa como a nossa".[97] Nos dias seguintes, Grey atiçou o fogo de um pânico naval em Londres, alertando Lloyd George e Churchill de que a frota britânica estava em risco de ataque iminente e informando Reginald McKenna, primeiro lorde do Almirantado, de que a frota alemã estava mobilizada e pronta para atacar. Na verdade, a frota de alto-mar estava dispersa, e os alemães não tinham intenção de concentrá-la.[98]

O discurso na Mansion House não foi uma improvisação impulsiva, e sim uma jogada cuidadosamente planejada por Grey, Asquith e Lloyd George. Assim como Caillaux desviou-se de seu Ministério das Relações Exteriores para impor seus planos pacíficos às negociações com Berlim, também os antigermânicos do círculo de Grey desviaram-se dos radicais pró-paz do gabinete liberal para mandar uma mensagem dura e potencialmente provocativa aos alemães. Lloyd George não discutira os trechos delicados de seu discurso com o gabinete, apenas com o primeiro-ministro Asquith e com o secretário das Relações Exteriores, Grey.[99] O discurso foi ainda mais importante por sinalizar que Lloyd George estava saindo do campo dos radicais pró-paz e indo para o dos imperialistas liberais. Suas palavras causaram consternação em Berlim, deixando a sensação de que o governo britânico estava perturbando desnecessariamente o andamento das negociações franco-alemãs. "Quem é Lloyd George para ditar a lei à Alemanha e impedir um rápido acordo franco-alemão?", perguntou Arthur Zimmermann, subsecretário de Estado para o Exterior ao embaixador britânico em Berlim.[100]

As palavras de Lloyd George também horrorizaram os ministros do gabinete britânico que não haviam aderido à linha de Grey. O visconde Morley, secretário de Estado para a Índia, criticou o pronunciamento — e a subsequente defesa do discurso por Grey em conversa com o embaixador alemão em Londres — como uma "provocação desautorizada e infeliz à Alemanha". O presidente da Câmara dos Pares, Lord Loreburn, consternou-se por ver a Grã-Bretanha apoiando a França tão agressivamente em uma disputa na qual (assim parecia a Loreburn) Paris não estava nem um pouco isenta de culpa. Ele exortou Grey a renegar seu discurso e deixar claro que a Grã-Bretanha não tinha intenção de interferir nas negociações entre a França e a Alemanha.[101]

O grupo de Grey prevaleceu. Em uma reunião do Comitê de Defesa Imperial convocada em 23 de agosto de 1911, ficou acertado que, se uma guerra franco-alemã eclodisse, a Grã-Bretanha organizaria uma rápida intervenção continental que incluiria o envio de uma força expedicionária britânica por mar e terra. Asquith, Grey, Haldane, Lloyd George e os chefes das Forças Armadas estavam presentes, mas radicais importantes, entre eles Morley, Crewe, Harcourt e Esher, não foram informados nem convidados. As semanas seguintes foram dedicadas (para horror dos radicais) a animados planos para a guerra. Até Asquith recuou das abrangentes "conversações militares" destinadas a coordenar os planos e a estratégia de mobilização com os franceses em setembro de 1911, mas Grey recusou-se a interrompê-las.[102] Em maior grau do que as duas partes que originaram a disputa, a Grã-Bretanha estava disposta a considerar a possibilidade de uma drástica escalada.[103] Em contraste com os franceses, que não haviam feito preparativos para a guerra nem mesmo no auge da crise, Hollweg observou em uma carta ao embaixador alemão em Londres que "a Grã-Bretanha parece ter estado pronta a atacar todos os dias".[104] O ministro das Relações Exteriores austríaco, conde Aehrenthal, chegou a conclusão semelhante, comentando em 3 de agosto que a Inglaterra por um momento parecera pronta para usar a disputa pelo Marrocos como pretexto para um direto "acerto de contas" com sua rival alemã.[105] Era notável o contraste com a posição relativamente reservada e conciliatória da Rússia.[106] Só depois dessa reação britânica é que Viena abandonou a política de neutralidade adotada até então na questão do Marrocos.[107]

A batalha entre falcões e pombos ainda não tinha terminado. Assim como os altos funcionários do Ministério das Relações Exteriores francês vingaram-se de Caillaux e do desafortunado Justin de Selvez tirando-os de seus cargos em janeiro de 1912, também na Grã-Bretanha os céticos liberais radicais retomaram seu ataque à política de Grey. Entre os ministros estavam muitos que nunca haviam avaliado a profundidade dos comprometimentos dele com a França antes de Agadir. Em dezembro de 1911 o segundo escalão do Parlamento revoltou-se contra Grey. Parte da animosidade contra ele resultava da frustração com sua tática sigilosa. Por que ninguém fora comunicado sobre as medidas que o governo supostamente estava tomando em nome do povo britânico? Arthur Ponsoby e Noel Buxton, ambos destacados ativistas liberais que se opunham a Grey, exigiram a formação de um comitê para melhorar as relações anglo-germânicas. A reação contra o secretário das Relações Exteriores agitou praticamente toda a imprensa liberal. Mas enquanto os reacionários em Paris conseguiram desacreditar Caillaux e sua abordagem conciliatória, o lobby "pró-germânico" na Grã-Bretanha fracassou em remover Grey ou sua política.

Havia três razões para isso. Primeiro, os ministros britânicos eram inerentemente menos vulneráveis a esse tipo de campanha, graças à robusta estrutura partidária da política parlamentar no país. Segundo, se a política de Grey fosse repudiada em massa, ele poderia renunciar, levando consigo Lloyd George, Haldane e possivelmente Churchill — esse seria o fim dos liberais no governo, uma ideia desalentadora para os liberais não intervencionistas. Terceiro, e não menos importante, os conservadores no Parlamento apoiavam a política de entente militar com a França defendida por Grey. Uma das coisas que ajudaram o secretário das Relações Exteriores a resistir às tempestades da crise de Agadir foi a garantia secreta de apoio de Arthur Balfour, líder do Partido Conservador até novembro de 1911.[108] Essa dependência da oposição parlamentar se revelaria uma desvantagem no verão de 1914, quando uma crise iminente por causa da Irlanda suscitou questões sobre a continuação do apoio conservador.

Mas se a essência da política ententista de Grey permanecia em vigor, a necessidade de defender sua posição contra uma oposição doméstica tão vociferante e influente o impediu de articular seus comprometimentos tanto quanto talvez desejasse. Depois de Agadir, Grey precisou andar numa corda bamba entre as exigências francesas de que ele deixasse claro seu comprometimento e a insistência dos não intervencionistas no gabinete (que ainda eram a maioria, afinal de contas) para que não fizesse nada disso. Em duas resoluções do gabinete em novembro de 1911, quinze de seus colegas ministros interpelaram Grey e exigiram que ele desistisse de patrocinar discussões militares de alto nível entre a Grã-Bretanha e a França sem que fossem previamente avisados e dessem sua aprovação. Em janeiro de 1912, entre os não intervencionistas liderados por Loreburn, falou-se em apresentar uma declaração do gabinete informando que a Grã-Bretanha não tinha "nenhuma obrigação, direta ou indireta, expressa ou implícita, de apoiar a França contra a Alemanha com armas". Grey e seus partidários só foram poupados desse golpe graças à doença e aposentadoria de Loreburn.[109]

A necessidade de contrabalançar essa oposição combinada no seio do governo com uma política voltada para manter a entente como um recurso de segurança produziu uma ambiguidade desnorteante na sinalização diplomática britânica. Por um lado, os comandantes militares britânicos sempre haviam contado com alguma capacidade de decisão ao tratar com seus colegas franceses, e suas garantias de apoio militar britânico em caso de conflito com a Alemanha ajudaram a endurecer a posição da França.[110] Tais iniciativas não foram sancionadas pelo gabinete, muito menos pelo Parlamento britânico. Durante a crise de Agadir de 1911, o novo diretor de operações militares, o general de divisão Henry Wilson, foi enviado a Paris para deliberar com o Estado-Maior francês sobre um cronograma de mobilização conjunta anglo-francesa contra a Alemanha. O memorando Wilson-Dubail resultante desse encontro em 21 de julho de 1911 (o general Auguste Dubail era na época o chefe do Estado-Maior francês) estipulou que até o 15º dia de mobilização a Grã-Bretanha postaria no flanco esquerdo francês seis divisões de Infantaria, uma divisão de Cavalaria e duas brigadas montadas (um total de 150 mil homens e 67 mil cavalos).[111] A decisão, nos primeiros meses de 1912, de neutralizar a expansão naval alemã coordenando a estratégia naval anglo-francesa fortaleceu a pressuposição de que estava surgindo algum tipo de aliança defensiva.

Por outro lado, as famosas cartas Grey-Cambon de 22-23 de novembro de 1912, "extorquidas" de Grey, como Morley diria mais tarde, por seus oponentes não intervencionistas, deixaram claro que a entente não era nenhuma aliança, pois afirmavam que os dois parceiros eram livres para agir com independência, mesmo se um deles fosse atacado por uma terceira potência. Afinal, havia ou não uma obrigação de apoiar a França? Uma coisa era Grey declarar em público que se tratava meramente de planos de contingência, sem poder vinculante. Em particular, o secretário das Relações Exteriores admitia que considerava as conversas militares anglo-francesas como "um compromisso nosso de cooperação com a França", contanto que as ações francesas fossem "não provocativas e razoáveis". Quando o subsecretário permanente do Exterior, Sir Arthur Nicolson, pressionou Grey, no começo de agosto de 1914, dizendo "o senhor prometeu vezes sem conta a

Monsieur Cambon que, se a Alemanha fosse a agressora, ficaria do lado da França", Grey meramente replicou: "Sim, mas ele não tem nada por escrito".[112]

Assim, no mais alto escalão, a diplomacia anglo-francesa acabou caracterizada — pelo lado britânico — por uma espécie de "duplipensar". Era um entendimento tácito que Grey devia adequar seus pronunciamentos públicos e até suas comunicações oficiais às expectativas dos não intervencionistas do gabinete e do público em geral. No entanto, quando Paul Cambon falava com seus amigos antigermânicos em Londres, ou com Bertie em Paris, ouvia o que desejava ouvir. Para os franceses era uma situação no mínimo desnorteante. Quando a Crise de Julho de 1914 chegasse ao clímax, isso custaria aos responsáveis pelas decisões em Paris, ao embaixador francês em Londres e até ao próprio Grey alguns momentos de extremo nervosismo. Mais importante era que a incerteza quanto ao comprometimento britânico forçava os estrategistas franceses a compensar no leste sua fraqueza no oeste, comprometendo-se ainda mais fortemente a militarizar a aliança com a Rússia.[113] O governo francês, observou na primavera de 1913 o barão Guillaume, ministro belga em Paris, era obrigado a "estreitar cada vez mais sua aliança com a Rússia, pois sabia que a amizade da Grã-Bretanha pelo país era cada vez menos sólida e concreta".[114] Também para a Alemanha a irresolução da política britânica era fonte de confusão e irritação. Por um lado, Grey era forçado a manter a aparência de portas abertas a Berlim a fim de aplacar os não intervencionistas. No entanto, também se sentia obrigado, de quando em quando, a dar duros alertas aos alemães, para que não chegassem à conclusão de que a França fora totalmente abandonada e podia ser atacada sem receio de uma reação britânica. O resultado desse sistema de mensagens dúbias, consequência da mutabilidade das relações de poder nos Executivos europeus, foi uma perene incerteza quanto às intenções britânicas que perturbou os responsáveis pelas políticas em Berlim durante toda a Crise de Julho.

SOLDADOS E CIVIS

"A situação [na Europa] é extraordinária", informou o coronel Edward House ao presidente americano Woodrow Wilson depois de uma viagem à Europa em maio de 1914. "É o militarismo que enlouqueceu de vez."[115] A opinião de House pode ter sido moldada, em parte, por uma experiência pessoal: ele era um "coronel político" do tipo americano. Fora promovido a esse posto na milícia do Texas em retribuição a serviços prestados naquele estado. Mas quando o coronel House foi a Berlim, os alemães pensaram que ele fosse um militar, e nos jantares o sentavam sempre com os generais. As ideias de House sobre a prevalência do militarismo talvez devessem algo a esse equívoco lamentável.[116] Seja como for, não há dúvida de que, vista do outro lado do Atlântico, a Europa pré-guerra apresentava um espetáculo curioso. Estadistas veteranos, imperadores e reis compareciam a ocasiões públicas usando uniforme militar; esmeradas revistas militares eram parte indissociável do cerimonial público de poder; imensos desfiles navais iluminados atraíam multidões e enchiam as páginas de publicações ilustradas; exércitos alistados aumentavam seus contingentes até se tornarem microcosmos masculinos da nação, e o culto da exibição militar entrava na vida pública e privada até das menores comunidades. De que modo esse "militarismo" moldou as decisões que levaram a Europa à guerra em 1914? As raízes da Crise de Julho estiveram, como argumentaram alguns historiadores, na abdicação da responsabilidade por parte dos políticos civis e na usurpação do poder político pelos generais?

Sem dúvida havia uma luta entre soldados e civis nos círculos executivos pré-guerra: a uma luta por dinheiro. Os gastos com a defesa absorviam uma parcela substancial do dispêndio do governo. Os comandantes militares, ávidos para melhorar equipamentos, treinamento e infraestrutura, tinham de competir (tanto quanto hoje) com os políticos civis pelo acesso aos recursos governamentais. Inversamente, os ministros das Finanças e seus aliados políticos empenhavam-se em impor restrições em nome do rigor fiscal ou da consolidação interna. O que determinava quem prevaleceria nessas disputas era a estrutura do ambiente institucional e a constelação política interna e externa do momento.

Até 1908, a caótica estrutura do comando militar russo dificultou para os generais fazer lobby eficazmente junto ao governo. Mas a balança começou a pender para seu lado a partir de 1908, quando reformas na administração militar criaram uma estrutura executiva mais concentrada, estabelecendo o ministro da Guerra como principal autoridade da defesa, com direito a prestar contas exclusivamente ao tsar nos assuntos militares.[117] A partir de 1909 surgiu uma acerba rivalidade entre o novo ministro da Guerra, Vladimir Sukhomlinov (que continuava no cargo em julho de 1914), e o enérgico ministro das Finanças conservador, Vladimir Kokovtsov. Apoiado pelo poderoso premiê Pyotr Stolypin, Kokovtsov, um paladino da responsabilidade fiscal e do desenvolvimento econômico interno, rotineiramente bloqueava ou reduzia as verbas de Sukhomlinov para o alistamento militar. O atrito profissional logo descambou para um forte ódio pessoal.[118] Sukhomlinov chamou Kokovtsov de "tacanho, prolixo e interesseiro"; Kokovtsov acusou o ministro da Guerra (com mais justiça) de incompetente, irresponsável e corrupto.[119]

O equivalente alemão de Kokovtsov era Adolf Wermuth, ministro do Tesouro entre 1909 e 1911. Com o apoio do chanceler Hollweg, ele trabalhou arduamente para reequilibrar o orçamento do Reich e reduzir a dívida pública. Wermuth criticava os gastos da gestão de Tirpitz e reclamava frequentemente da irresponsabilidade do secretário naval, da mesma forma que Kokovtsov se queixava da prodigalidade com que Sukhomlinov administrava as verbas militares.[120] O lema do ministro do Tesouro era: "Não se gasta sem receita".[121] Também havia uma tensão perene entre o chefe do Estado-Maior e o ministro da Guerra, pois o primeiro frequentemente negava ou contestava as solicitações de aumento de verba do segundo.[122] Um estudo recente sugeriu, inclusive, que o famoso memorando de 1905 no qual o chefe do Estado-Maior, Alfred von Schlieffen, esquematizou os passos de uma grande ofensiva a oeste, não era um "plano de guerra" propriamente dito, mas um apelo por mais dinheiro do governo — entre outras coisas, o esquema de Schlieffen incluía a mobilização de 81 divisões, na época mais do que o Exército alemão efetivamente possuía quando mobilizado.[123] A questão das finanças militares era complicada na Alemanha porque a Constituição federal designava receitas de tributação direta aos Estados-membros, e não ao governo do Reich. Essa estrutura de repasse do Império Germânico impunha aos gastos do Reich com a Defesa um limite fiscal que não tinha correspondente direto na Grã-Bretanha, na França ou na Rússia.[124]

No entanto, o conflito por recursos era atenuado na Alemanha pela prática de submeter os orçamentos militares ao Parlamento apenas a cada cinco anos, um sistema conhecido como Quinquennat. Como os militares do escalão superior valorizavam o Quinquennat como um meio de proteger o Exército de constantes interferências parlamentares, relutavam em pôr o sistema em risco pleiteando créditos orçamentários extraordinários muito vultosos. Tal esquema funcionava como um poderoso incentivo ao autocontrole. Como observou o ministro da Guerra da Prússia, Karl von Einem, em julho de 1906, o Quinquennat era um sistema desajeitado, mas ainda assim útil, porque "a selvagem e persistente agitação contra a existência do Exército que surge a cada expansão militar se tornaria ainda mais perigosa se acontecesse anualmente".[125] Até em 1911, ano de renovação do Quinquennat, o chefe do Estado-Maior, Moltke, e o ministro da Guerra, Heeringen, uniram as forças para pressionar por um aumento substancial, mas a oposição do ministro do Tesouro Wermuth e do chanceler Hollweg assegurou que o crescimento resultante no contingente do Exército em tempo de paz fosse muito modesto (10 mil homens).[126]

Podemos discernir tensões análogas no Poder Executivo de cada país europeu. Na Grã-Bretanha, os liberais basearam sua campanha de 1906 (vencida com maioria absoluta) na promessa de cortar os vultosos gastos militares dos anos da Guerra dos Bôeres, com o mote "Paz, Contenção e Reforma". Restrições orçamentárias foram um fator importante na decisão de buscar um entendimento com a França e a Rússia. Em consequência, enquanto os orçamentos navais britânicos continuaram a ter altas estratosféricas (o gasto naval britânico foi o triplo do alemão em 1904 e ainda mais que o dobro em 1913), o dispêndio do Exército permaneceu constante durante os anos pré-guerra, forçando o ministro da Guerra Haldane a concentrar-se não em expandir, mas em poupar e reorganizar tendo em vista a eficiência.[127] Na Áustria-Hungria, a tumultuada política interna do dualismo praticamente paralisou o desenvolvimento das Forças Armadas da monarquia depois da virada do século, pois grupos autônomos no Parlamento húngaro se empenharam para que o Exército conjunto da monarquia recebesse o mínimo possível de receitas e recrutas húngaros. Nesse ambiente, as propostas de aumento de alocações para as Forças Armadas esgotavam-se em contendas legislativas intermináveis, e o poder bélico dos Habsburgo definhava em uma condição descrita pelo chefe do Estado-Maior austríaco como "estagnação persistente". Essa foi uma das razões por que, já em 1912, a Áustria-Hungria gastou apenas 2,6% de seu produto nacional líquido com a defesa, uma proporção menor do que qualquer outra potência europeia, e certamente muito inferior ao que sua economia permitia (as parcelas da Rússia, França e Alemanha nesse ano foram respectivamente 4,5%, 4,0% e 3,8%).[128]

Na França, o Caso Dreyfus dos anos 1890 destruíra o consenso civil-militar da Terceira República e trouxera uma nuvem de desconfiança por parte da opinião pública, especialmente da esquerda republicana e anticlerical, contra o alto escalão do Exército, visto como um baluarte de atitudes clericais e reacionárias. Na esteira do escândalo, três governos radicais sucessivos empenharam-se em um incisivo programa de reforma militar "republicanizadora", especialmente sob os primeiros-ministros Émile Combes (1903-5) e Georges Clemenceau (1906-9). O controle do Exército pelo governo aumentou, o Ministério da Guerra, encabeçado por um civil, tornou-se mais forte em relação aos comandantes regulares do Exército, e o período de serviço militar foi reduzido em março de 1905 — contrariando a recomendação de especialistas militares — de três para dois anos, com o objetivo de transformar a politicamente suspeita "guarda pretoriana" dos anos Dreyfus em um "exército de cidadãos" composto de reservistas civis para a defesa nacional em tempo de guerra.

Só nos últimos anos pré-guerra a maré começou a virar em favor das Forças Armadas francesas. Na França, como antes na Rússia, a liderança do Exército foi enxugada em 1911, e o chefe do Estado-Maior, Joseph Joffre, foi designado oficial responsável pelo planejamento militar em tempo de paz e para o comando do Exército principal na guerra. A "longa e dolorosa história" da luta para obter mais verbas prosseguiu, mas em 1912-4 a atitude pró-militar do governo Poincaré e depois de sua presidência, reforçada pelos complexos realinhamentos na política e na opinião francesas, criou um ambiente mais conducente ao rearmamento.[129] Em 1913 foi politicamente viável pressionar pela volta do sistema de treinamento de três anos, ainda que sob protestos do ministro das Finanças, Louis-Lucien Klotz, em cuja opinião o reforço das fortificações nas fronteiras seria mais barato e mais eficaz.[130] Também na Alemanha o agastamento por causa de Agadir encorajou o ministro da Guerra Josias von Heeringen e o chefe do Estado-Maior Helmuth von Moltke a fazer maior pressão pelo crescimento do Exército. De seu posto no Departamento do Tesouro do Reich, Adolf Wermuth reagiu vigorosamente contra o aumento de gastos, mas renunciou em março de 1912, depois de ficar claro que sua postura não contava mais com o apoio do governo. Abandonou-se o rigorismo fiscal da era Wemuth, e os paladinos dos gastos militares gradualmente conseguiram predominar sobre seus rivais da Marinha. Após longo período de relativa estagnação, a lei de 1913 para o Exército alçou os gastos militares alemães a alturas inéditas.[131]

Na Rússia, Vladimir Kokovtsov, que continuou como ministro das Finanças e sucedeu no cargo o premiê assassinado Pyotr Stolypin, encontrou cada vez mais dificuldade para combater o lobby e as intrigas incessantes do ministro da Guerra Sukhomlinov. A animosidade entre os dois chegou ao auge em uma importante reunião ministerial na primavera de 1913, quando Sukhomlinov emboscou o premiê com uma proposta orçamentária radical sobre a qual todos à mesa haviam sido informados, exceto o próprio Kokovtsov. O apoio do soberano foi crucial para essa mudança no equilíbrio de poder. "Em seus conflitos com Sukhomlinov, você sempre está certo", disse Nicolau II a Kokovtsov em outubro de 1912. "Mas quero que entenda minha atitude: se apoio Sukhomlinov, não é porque não confio em você, mas porque não posso me recusar a concordar com a concessão de verbas militares."[132]

Essa valiosa transferência de recursos implicou uma transferência de poder, ou pelo menos de influência política? Uma resposta a essa pergunta precisa levar em conta as diversas condições prevalecentes nos vários Estados. O país onde encontramos o regime de controle civil mais firme é, sem dúvida, a França. Em dezembro de 1911, quando Joffre delineou seu novo plano estratégico voltado para uma grande mobilização ofensiva na fronteira franco-alemã, o primeiro-ministro radical Joseph Caillaux informou rispidamente ao chefe do Estado-Maior que a tomada de decisão era, em última análise, da alçada das autoridades civis.[133] A tarefa do chefe do Estado-Maior, Caillaux frisava frequentemente, era apenas aconselhar seus superiores políticos nas questões pertinentes à sua especialidade. A mudança para um maior gasto militar e a decisão de investir na mobilização ofensiva proposta por Joffre em 1912-4 emanaram não das Forças Armadas, porém dos políticos, sob a liderança do belicoso mas enfaticamente civil (pelo menos segundo a Constituição) Raymond Poincaré.

Na Rússia a situação era bem diferente. Ali a presença do tsar como o foco do sistema autocrático possibilitou que os ministros, individualmente, buscassem alguma autonomia relativa. O ministro da Guerra, Vladimir Sukhomlinov, é um exemplo característico. Na época de sua nomeação em 1909, travava-se em São Petersburgo uma luta pelo controle parlamentar do Exército. Um grupo influente de deputados estava tentando assegurar o direito da Duma de supervisionar a política de Defesa. Sukhomlinov foi convocado para tirar a Duma de campo, impedir a infiltração de "atitudes civis" na tomada de decisões militares e proteger a prerrogativa do tsar, um papel que lhe trouxe o ódio da opinião pública, mas o forte apoio do trono.[134] Esse respaldo do soberano permitiu que o ministro da Guerra formulasse uma política de segurança drasticamente destoante dos comprometimentos oficiais da Rússia na aliança com a França.

Em vez de atender as exigências francesas de um rápido ataque à Alemanha na primeira fase de mobilização, a Reorganização de 1910 arquitetada por Sukhomlinov transferiu o foco das mobilizações russas das zonas fronteiriças ocidentais no saliente polonês para locais no interior da Rússia. O objetivo era equilibrar melhor as forças das unidades com a densidade populacional e criar uma força capaz de ser enviada, se necessário, para um teatro de operações no leste. O extremo oeste deveria ser abandonado ao inimigo na primeira fase das hostilidades e aguardar uma grande contraofensiva combinada dos exércitos russos.[135] Aparentemente não se fez esforço nenhum para combinar essa inovação com o Ministério das Relações Exteriores. De início, os especialistas militares franceses horrorizaram-se com o novo plano, julgando que ele privaria a aliança franco-russa da iniciativa militar contra a Alemanha. Os russos acabaram levando em conta esses receios da França, mas é notável o fato de Sukhomlinov gozar de independência suficiente para conceber e implementar uma política que parecia agredir a essência da aliança com a França, a peça central da política externa russa.[136]

Armado com o apoio do tsar, Sukhomlinov também conseguiu minar a autoridade do primeiro-ministro Kokovtsov, não só contestando-o na questão do orçamento militar, mas também criando um bloco hostil no Conselho de Ministros. E isso, por sua vez, forneceu-lhe uma plataforma para expor suas ideias sobre a situação da segurança da Rússia. Em uma série de reuniões decisivas na quarta semana de novembro de 1912, Sukhomlinov expôs a ideia de que a guerra era inevitável e declarou: "Seria mais proveitoso para nós começá-la o mais cedo possível"; uma guerra, ele argumentou, "só faria bem [à Rússia]". Essas afirmações estapafúrdias e delirantes estarreceram o cauteloso Kokovtsov.[137] Mas Sukhomlinov só pôde agir dessa forma porque contava com o apoio de outros ministros civis: Rukhlov, Maklalov, Shcheglovitov e, mais importante, o poderoso A. V. Krivoshein, ministro da Agricultura e confidente do tsar. Nos últimos meses de 1912 emergiu um "partido da guerra" no Conselho de Ministros, liderado por Sukhomlinov e Krivoshein.[138]

Na Alemanha, também, o caráter pretoriano do sistema tinha assegurado aos militares alguma liberdade de manobra. Figuras importantes como o chefe do Estado-Maior podiam claramente adquirir uma influência intermitente sobre o processo da tomada de decisões, sobretudo em momentos de maior tensão.[139] Não é difícil descobrir o que os comandantes militares disseram, mas determinar o peso de suas recomendações na tomada de decisões pelo governo é um processo muito menos direto, ainda mais em um ambiente no qual a ausência de um órgão colegiado para a tomada de decisões, como o Conselho de Ministros russo, eliminava a necessidade de conflito declarado entre as autoridades militares e civis.

Um modo de entender a interação entre civis e militares na elaboração das políticas é examinar a relação entre o aparato diplomático oficial de embaixadores, ministros e secretários de legação com a rede paralela dos adidos militares e navais, encabeçada pelo Estado-Maior e o Almirantado, cuja perspectiva dos acontecimentos às vezes divergia da encontrada nas redes diplomáticas oficiais. Vejamos apenas um exemplo: em outubro de 1911, Wilhelm Widenmann, o adido naval alemão em Londres, enviou a Berlim um relatório assustador. Oficiais navais britânicos, ele escreveu, agora estavam admitindo abertamente que a Inglaterra havia "mobilizado toda a sua frota" durante os meses de verão da crise de Agadir. Parecia que a Inglaterra estivera "meramente à espera de um sinal da França para atacar a Alemanha". Para piorar, o novo primeiro lorde do mar era o "inescrupuloso, ambicioso e traiçoeiro demagogo" Winston Churchill. Por isso, a Alemanha devia preparar-se para a possibilidade de um ataque sem provocação nos moldes da aniquilação da frota dinamarquesa pelos britânicos em Copenhague no ano de 1807. Era essencial um rearmamento naval adicional, pois "na Inglaterra só uma coisa impressiona: um objetivo firme e a vontade indômita de atingi-lo".[140] Essa comunicação foi passada a Guilherme II, que a cobriu de anotações embevecidas: "correto", "excelente" etc. Não havia nada de especialmente notável em tudo isso — Widenmann estava reagindo, em parte, ao que observara em Londres, mas seu objetivo básico era impedir que o Estado-Maior em Berlim usasse a crise de Agadir para contestar a preeminência financeira da Marinha.[141]

Menos do que no conteúdo ou nas reações do cáiser, a importância dos relatórios de Widenmann está na resposta que mereceram do chanceler e do secretário das Relações Exteriores. Irritado por essa geração de pânico paradiplomática, Hollweg solicitou ao embaixador alemão em Londres, o conde Metternich, que redigisse um contradespacho refutando os argumentos de Widenmann. Metternich respondeu com um relatório que relativizava os argumentos de Widenmann. Embora fosse verdade que "toda a Inglaterra" tivesse sido "preparada para a guerra" no verão de 1911, isso não implicava a prontidão para uma ação agressiva. É verdade que havia muitos oficiais navais mais jovens para quem uma guerra "não seria mal recebida", mas essa era uma atitude comum aos militares de outros países. De qualquer modo, observou Metternich — e aqui estava a ferroada —, na Inglaterra tais questões eram decididas não por oficiais do Exército ou da Marinha, nem por ministros da Guerra, nem pelo primeiro lorde do mar, mas por um gabinete composto de ministros responsáveis. "Por aqui", Metternich declarou, "frota e Exército são vistos como os mais importantes instrumentos da política, um meio para um fim, mas não como determinantes do curso das políticas." Fosse como fosse, agora os ingleses estavam ansiosos para deixar para trás as tensões do verão. Portanto, em vez de apostar tudo nos armamentos, o governo alemão devia empenhar-se em melhorar suas relações com Londres.[142]

Dessa vez o cáiser ficou menos satisfeito: "errado", "disparate", "asneira inacreditável", "medroso", gritavam seus comentários nas margens do documento. "Não concordo com a avaliação do embaixador! O adido naval está certo!"[143] O curioso nesse par de relatórios conflitantes é que ambos serviram para moldar o curso de ação: o cáiser usou o relatório de Widenmann como pretexto para exigir mais uma lei naval, enquanto Hollweg persistiu na política de détente recomendada por Metternich. Na Alemanha, como comentou mais tarde um comandante veterano, "o cáiser seguia uma linha de ação, o chanceler, outra, [e] o Estado-Maior achava suas próprias respostas".[144]

À primeira vista, parece que podemos traçar uma linha entre, de um lado, a Grã-Bretanha e a França parlamentares e democráticas, onde dirigentes civis davam as ordens, e as Constituições mais autoritárias da Rússia, Áustria e Alemanha, onde, apesar das variações do grau de parlamentarismo, os militares podiam competir com seus colegas civis em condições iguais ou superiores pela influência política, graças a seu privilegiado acesso ao soberano. Mas a realidade era mais complexa do que uma dicotomia como essa permitiria. Na França, a reestruturação das Forças Armadas depois de 1911 resultou em uma extraordinária concentração de autoridade nas mãos do chefe do Estado-Maior, Joffre, dando-lhe mais poder sobre os militares do que tinha seu aristocrático e militarista colega alemão, Helmuth von Moltke; além disso, as novas medidas francesas conferiram ao Exército uma autonomia quase completa dentro do Estado — embora essa autonomia dependesse, diferentemente do Exército alemão, da cooperação e do apoio dos ministros civis pertinentes.[145]

Também na Grã-Bretanha o reforço da entente com a França foi impulsionado por negociações e acordos militares, e não civis. Já vimos que importantes figuras militares britânicas expressaram veementemente seu apoio à França durante a crise do Marrocos em 1905-6. E não se pode dizer que os principais comandantes militares britânicos consideravam-se dóceis subordinados de seus superiores políticos. Wilson não estava simplesmente seguindo instruções; tinha suas próprias ideias sobre o papel das Forças Armadas da Grã-Bretanha em uma futura guerra continental e invariavelmente pressionava por um confronto militar. Como seus colegas do continente, Wilson desprezava os políticos civis, julgando-os incapazes de entender os assuntos militares. Sir Edward Grey, escreveu Wilson em seu diário, era um "homem ignorante, vaidoso e fraco, totalmente despreparado para ser ministro das Relações Exteriores de qualquer país maior do que Portugal". Quanto ao resto do gabinete liberal, não passavam de "vira-latas sujos e ignorantes". Toda a ideia do governo civil do Exército era "perversa na teoria e inviável na prática".[146] Conservador em suas linhas de ação, Wilson tramava energicamente contra uma liderança política liberal que ele desprezava, extraindo informações do Ministério das Relações Exteriores através de seu colega e amigo Sir Arthur Nicolson, subsecretário permanente, e passando-as a seus aliados do Partido Conservador. O general de divisão Henry Wilson era a versão britânica de Conrad na Áustria-Hungria e de Ápis na Sérvia.[147] A importância das discussões militares com a França não estava apenas na pressão que exerciam sobre a liderança civil, mas também no fato de que, por sua própria existência, elas pareciam implicar uma obrigação moral de lutar ao lado da França no caso de uma guerra com a Alemanha. A militarização da entente, portanto, evidenciou o aumento da discrepância entre o planejamento militar britânico e uma postura diplomática oficial para a qual os compromissos associados ao termo "aliança" ainda eram anátema.

Algo análogo aconteceu no contexto da aliança francesa com a Rússia. Os esforços dos comandantes militares franceses para desfazer os efeitos do plano de mobilização de Sukhomlinov em 1910 aumentaram a interdependência do planejamento militar nos dois Estados aliados — um processo gerenciado pelos militares, mas sancionado pela liderança civil. No entanto, mesmo que os civis tivessem que dar seu aval ao processo, não podiam impedi-lo de mudar os parâmetros nos quais era possível tomar decisões políticas. Quando os franceses insistiram, nas reuniões anuais do Estado-Maior Conjunto Franco-Russo, para que os russos gastassem altas quantias de dinheiro emprestado para melhorar as ferrovias estratégicas que levavam ao oeste, o efeito foi modificar o equilíbrio de poder em São Petersburgo, enfraquecendo Kokovtsov e fortalecendo seus adversários no comando militar russo. Kokovtsov provavelmente tinha razão quando acusou o comando militar de explorar laços interserviços na aliança a fim de aumentar sua própria influência no sistema político russo.[148]

Inversamente, as exigências dos russos a seus aliados franceses tinham consequências potencialmente abrangentes para a política interna francesa. Em 1914, quando os russos alertaram que qualquer redução no tempo de serviço militar nacional diminuiria o valor da França como aliada, obrigaram os principais estadistas do país a apoiar uma medida (a recém-adotada Lei dos Três Anos) que era controvertida para o eleitorado francês. Até os detalhes mais técnicos do planejamento operacional podiam fornecer munição para explosões políticas.[149] Na França, um pequeno grupo de importantes dirigentes fez o possível para ocultar o grau e a natureza dos comprometimentos estratégicos da aliança aos olhos daqueles que poderiam objetar por razões políticas (principalmente os radicais e os socialistas radicais). A necessidade de discrição aumentou mais ainda no começo de 1914, quando Poincaré cooperou com os militares para esconder do gabinete, da Câmara e do público cada vez mais a favor da abordagem defensiva o caráter essencialmente ofensivo do planejamento estratégico francês. Poincaré foi tão sigiloso ao lidar com essa questão que ele e Joffre omitiram os detalhes dos novos planos de mobilização da França até para o ministro da Guerra, Adolphe Messimy.[150] Na primavera de 1914, o compromisso francês com uma estratégia militar coordenada franco-russa tornara-se uma força potencialmente deletéria na política, pois obrigava a França a se ater a uma forma de planejamento e preparação militar cuja legitimidade era questionada pelo público. Nunca saberemos por quanto tempo Poincaré conseguiria continuar com tais malabarismos, uma vez que a eclosão da guerra no verão de 1914 tornou a questão obsoleta.

Podemos, portanto, falar em dois processos recíprocos, um no qual se outorgou um generoso grau de iniciativa a uma liderança militar constitucionalmente subordinada, e outro no qual uma oficialidade pretoriana com relativa independência em termos constitucionais foi contida, guiada ou desviada pelos estadistas. Os clamores de Moltke pela guerra preventiva foram bloqueados pelo cáiser e pelos líderes civis, do mesmo modo que o imperador, o arquiduque Francisco Ferdinando e Leopold von Berchtold bloquearam os de Conrad.[151] Kokovtsov foi notavelmente bem-sucedido, pelo menos por algum tempo, em barrar as iniciativas mais ambiciosas do ministro da Guerra. No fim de 1913, quando Sukhomlinov tentou excluir totalmente Kokovtsov, primeiro-ministro e ministro das Finanças, das deliberações sobre o orçamento militar, o Conselho reconheceu que o imperioso ministro da Guerra tinha ido longe demais, e não permitiu.[152] Na Rússia, Alemanha, Áustria, Grã-Bretanha e França, a política para as Forças Armadas permaneceu essencialmente subordinada aos objetivos políticos e estratégicos das lideranças civis.[153]

No entanto, questões não respondidas sobre o equilíbrio de forças entre as facções civil e militar e sua respectiva influência sobre a tomada de decisões continuaram a toldar as relações entre os Executivos das grandes potências. Todas as potências europeias supunham que uma facção militar pró-guerra no governo de cada possível oponente existia, e se empenhavam arduamente para descobrir quanta influência exerceria. Em conversa com o conde Pourtalès, embaixador alemão em São Petersburgo, no começo de fevereiro de 1913, quando grassavam as tensões austro-russas por causa dos Bálcãs, o ministro das Relações Exteriores, Sazonov, reconheceu que o ministro das Relações Exteriores austro-húngaro, de quem ele se lembrava do período em que servira em São Petersburgo, era um homem de ideias e intenções pacíficas. Mas seria ele suficientemente forte para resistir à pressão do chefe do Estado-Maior, general Conrad von Hötzendorf, cujos planos beligerantes eram bem conhecidos pela Inteligência militar russa? E mesmo se Berchtold ainda estivesse momentaneamente no controle, não havia a possibilidade de o poder resvalar para as mãos dos militares quando a monarquia dual enfraquecesse e buscasse soluções cada vez mais radicais?[154] Havia nessas especulações alguma projeção. Sazonov, que observou pessoalmente a luta de poder entre Sukhomlinov e Kokovtsov e recentemente vira o chefe do Estado-Maior impelir a Rússia para o limiar da guerra contra a Áustria-Hungria, sabia melhor do que ninguém o quanto podiam ser instáveis as relações entre os decisores militares e civis. Em uma análise sutil dos ânimos em São Petersburgo em março de 1914, Pourtalès discerniu uma espécie de equilíbrio entre elementos beligerantes e pacíficos: "Assim como não há personalidades de quem possamos dizer que possuem *tanto* o desejo *como* a influência para mergulhar a Rússia em uma aventura militar, também não dispomos de homens cuja posição e influência sejam suficientemente fortes para despertar a confiança de que eles serão capazes de conduzir a Rússia por um caminho pacífico no decorrer de anos".[155] Kokovtsov fez uma análise menos otimista desse mesmo problema. Parecia-lhe que o tsar passava cada vez mais tempo em companhia de "círculos militares" cujas "visões simplistas" vinham "ganhando cada vez mais força".[156]

A dificuldade intrínseca de interpretar essas relações a partir de um ponto de vista externo era acentuada pelo fato de que os políticos civis não eram avessos a explorar (ou até a inventar) a existência de um "partido da guerra" com o fito de respaldar seus argumentos; por exemplo, durante a missão de Haldane em 1912, os alemães encorajaram os britânicos a acreditar que o governo de Berlim estava dividido entre uma facção pacifista e uma facção beligerante, e que as concessões britânicas fortaleceriam o chanceler Hollweg contra os elementos belicosos em Berlim. Adotaram a mesma tática em maio de 1914, argumentando (por meio de uma série de artigos "inspirados" na imprensa) que a continuação das conversas navais anglo-russas fortaleceria ainda mais os militaristas contra a liderança civil moderada.[157] Aqui, como em outras áreas da comunicação intergovernamental, a mutabilidade das relações civis-militares nos respectivos sistemas foi amplificada por percepções e representações errôneas.

A IMPRENSA E A OPINIÃO PÚBLICA

"A maioria dos conflitos vistos no mundo nas últimas dez décadas", declarou o chanceler alemão Bernhard von Bülow ao Parlamento alemão em março de 1909, "não foi provocada por ambição de príncipes ou conspirações de Ministérios, e sim pela exaltada agitação da opinião pública, que, por meio da imprensa e do Parlamento, levou de roldão o Executivo."[158] Havia alguma verdade nessa afirmação de Bülow? O poder de moldar a política externa resvalava das mãos de chanceleres e ministros para as de grupos lobistas e da imprensa política?

De uma coisa não há dúvida: nas últimas décadas antes da eclosão da guerra houve uma drástica expansão da esfera pública na política e uma ampliação da discussão pública das questões ligadas às relações internacionais. Na Alemanha surgiu uma série de grupos de pressão nacionalistas dedicados a canalizar o sentimento popular e fazer lobby junto ao governo. A consequência foi uma transformação na substância e no estilo da crítica política, que se tornou mais demagógica e mais difusa e extrema em seus objetivos, levando com frequência os governos, na defensiva, a refutar as acusações de que lhes faltava assertividade na busca dos objetivos nacionais.[159] Na Itália também podemos discernir o nascimento de um público político mais assertivo e exigente: sob a influência do ultranacionalista Enrico Corradini e do demagogo Giovanni Papini, foi fundado em 1910 o primeiro partido nacionalista italiano, a Associazione Nazionalista Italiana; através de seus deputados parlamentares e de seu jornal, *L'Idea Nazionale*, o partido exigia a imediata "repatriação" dos territórios povoados por italianos na costa adriática do

Império Austro-Húngaro e estava disposto a apoiar a guerra se outros meios não resolvessem. Em 1911 jornais ainda mais moderados, como *La Tribuna* de Roma e *La Stampa* de Turim, empregavam jornalistas nacionalistas.[160] Aqui, ainda mais do que na Alemanha, havia grande potencial para atrito com um governo forçado a equilibrar prioridades conflitantes.[161] Também na Rússia, nas últimas décadas do século XIX, surgiu uma imprensa de massa — em 1913, o *Russkoe Slovo*, o diário popular de Moscou, vendia 800 mil exemplares por dia. Embora a censura ainda atuasse, as autoridades permitiam uma discussão razoavelmente livre dos assuntos externos (contanto que não houvesse críticas diretas ao tsar ou seus ministros), e muitos dos diários mais importantes contratavam diplomatas aposentados para escrever sobre política externa.[162] Além disso, na esteira da crise da Bósnia a opinião pública russa tornou-se mais assertiva, especialmente nos assuntos balcânicos, e mais antigovernamental.[163] Também na Grã-Bretanha uma crescente imprensa de massas alimentava seus leitores com uma rica dieta de jingoísmo, xenofobia, medos ligados à segurança e febre de guerra. Durante a Guerra dos Bôeres, o *Daily Mail* vendeu 1 milhão de exemplares por dia; em 1907, ainda vendia em média entre 850 mil e 900 mil.

Assim, monarcas, ministros e altos funcionários tinham boas razões para levar a imprensa a sério. Em sistemas parlamentares, podia-se esperar que a publicidade positiva se traduzisse em votos, ao passo que uma cobertura negativa beneficiava a oposição. Em sistemas mais autoritários, o apoio do público era um substituto indispensável para a legitimidade democrática. Alguns monarcas e estadistas eram totalmente obcecados pela imprensa, e todo dia passavam horas lendo notícias. Guilherme II foi um caso extremo, mas sua sensibilidade à crítica do público não era, em si, nada incomum.[164] "Se perdermos a confiança da opinião pública em nossa política externa, tudo estará perdido", disse o tsar Alexandre III ao ministro das Relações Exteriores Lamzdorf.[165] Era difícil encontrar alguém nos Executivos da Europa do começo do século XX que não reconhecesse a importância da imprensa nos processos da política externa. Mas deixavam-se influenciar por ela?

Havia uma ambivalência subjacente à preocupação com a opinião pública. Por um lado, ministros, altos funcionários e monarcas acreditavam na imprensa e às vezes a temiam como um espelho e um canal dos sentimentos e atitudes do público. Todos os ministros das Relações Exteriores sabiam o que era ser exposto a uma campanha hostil da imprensa doméstica sobre a qual eles não tinham controle — Grey foi alvo da imprensa liberal em 1911, Kiderlen-Wätcher foi atacado pelos jornais nacionalistas depois da crise de Agadir, o cáiser era ridicularizado por várias razões, entre elas sua postura supostamente tímida e irresoluta na área da política externa. Políticos franceses suspeitos de brandura com a Alemanha podiam ser perseguidos até perder o cargo, como aconteceu com Joseph Caillaux. Em janeiro de 1914, Sazonov e seu Ministério foram acusados de "pusilanimidade" pela imprensa nacionalista russa.[166] O medo da publicidade negativa foi uma das razões do estilo secretista de tantos ministros das Relações Exteriores. Charles Hardinge observou em 1908 em uma carta a Nicolson, na época embaixador britânico em São Petersburgo, que a política de aproximação com a Rússia defendida por Edward Grey era difícil de vender ao público britânico: "Temos às vezes de suprimir a verdade e recorrer a subterfúgios para lidar com a opinião pública hostil".[167] Em São Petersburgo, a lembrança da tempestade de publicidade que arruinara Izvolsky permaneceu vívida por todos os anos pré-guerra.[168]

A maioria dos responsáveis pelas políticas tinha uma opinião inteligente e diferenciada sobre a imprensa. Percebiam que ela era volátil, sujeita a breves agitações e frenesis que logo amainavam. Entendiam que o sentimento do público era movido por impulsos contrários, e que as exigências feitas pelo povo aos governantes raramente eram realistas; viam, parafraseando Theodore Roosevelt, que a opinião pública em geral combinava "a língua sem freios com a mão despreparada".[169] A opinião pública era frenética e propensa ao pânico, mas também era acentuadamente mutável — haja vista o modo como a anglofobia estabelecida na imprensa francesa derreteu-se durante a visita de Eduardo VII a Paris em 1903: no caminho do rei e sua comitiva da estação de trem de Porte Dauphine até os Champs Élysées, ouviram-se gritos de: "*Vive Fachoda!*", "*Vivent les Boers!*" e "*Vive Jeanne d'Arc!*", sem falar nas manchetes hostis e nas insultantes caricaturas. Mas, em poucos dias, o rei conquistou seus anfitriões com discursos cativantes e comentários simpáticos que foram rapidamente aceitos pelos principais jornais.[170] Na Sérvia, a onda de indignação nacional provocada pela interdição austríaca da união aduaneira com a Bulgária em 1906 logo se dissipou, pois os cidadãos sérvios se deram conta de que os termos do tratado comercial oferecido pela Áustria-Hungria eram até melhores para os consumidores sérvios do que a participação na união com Sófia.[171] Houve oscilações drásticas no sentimento público na Alemanha durante a crise de Agadir em 1911; no começo de setembro, uma manifestação pela paz em Berlim reuniu 100 mil pessoas, porém apenas algumas semanas depois os ânimos estavam menos pacíficos, como refletiu a decisão do Congresso de Jena, do Partido Social-Democrata, de rejeitar a convocação para uma greve geral em caso de guerra.[172] Já na primavera e no verão de 1914, o enviado francês em Belgrado notou agudas flutuações na cobertura das relações com a Áustria-Hungria pela imprensa sérvia: se em março e abril houve vigorosas campanhas contra Viena, a primeira semana de junho trouxe um espírito inesperado de détente e conciliação para os dois lados da fronteira austro-sérvia.[173]

Quanto àquelas organizações ultranacionalistas agressivas cujas vozes se ouviam em todas as capitais europeias, a maioria delas representava grupos pequenos e extremistas de eleitores. Uma característica notável dos lobbies ultranacionalistas mais beligerantes era o fato de suas lideranças serem solapadas por constantes lutas e cisões internas — a Liga Pan-Germânica estava fendida por disputas faccionárias; até a Liga Naval, mais moderada e de muito maior porte, sofreu nos anos 1905-8 com uma "guerra civil" interna entre seus grupos pró-governo e oposicionista. A União do Povo Russo, uma organização chauvinista, antissemita e ultranacionalista fundada em agosto de 1906, com cerca de novecentos escritórios em numerosas cidades grandes e pequenas da Rússia, depois de uma grave luta interna fragmentou-se, em 1908-9, em vários grupos menores e mutuamente hostis.[174]

Até hoje não se sabe qual era a relação entre a opinião pública das elites articuladas que tinham acesso direto à imprensa e as atitudes prevalecentes entre a massa da população. Alarmes de guerra e campanhas jingoístas vendiam muitos jornais, mas qual seu verdadeiro impacto na sociedade? Era um erro grave, alertou o cônsul-geral alemão em Moscou em dezembro de 1912, supor que a beligerância e a germanofobia do "partido da guerra" na Rússia e a imprensa eslavófila caracterizavam os ânimos do país, pois esses círculos tinham "a mais débil ligação com as verdadeiras tendências da vida russa". O problema na cobertura dessas questões pelos jornais alemães, argumentou o cônsul, era que em geral quem escrevia eram jornalistas com pouca experiência sobre a Rússia e um conjunto limitadíssimo de contatos sociais na elite.[175] Em maio de 1913, o ministro belga em Paris, o barão Guillaume, reconheceu o florescimento de "certo chauvinismo" na França. Ele podia ser encontrado não só nos jornais nacionalistas, mas também nos teatros, nas revistas e nos cafés-concerto, onde inúmeros espetáculos mostravam conteúdo jingoísta "calculado para exaltar os ânimos". No entanto, ele acrescentou, "o verdadeiro povo da França não aprova essas manifestações".[176]

Todos os governos, com exceção do britânico, tinham escritórios de imprensa cujo objetivo era monitorar e, quando possível, moldar a cobertura pela imprensa de questões relacionadas à segurança e às relações internacionais. Na Grã-Bretanha, o secretário das Relações Exteriores aparentemente não via muita necessidade de convencer (ou mesmo de informar) o público sobre os méritos de suas políticas, e não se faziam esforços oficiais para influenciar a imprensa; muitos dos principais jornais recebiam generosos subsídios, porém vindos de fontes privadas ou político-partidárias, e não do governo. Isso, obviamente, não impediu o surgimento de uma densa rede de relações informais entre as autoridades de Whitehall e os principais jornalistas.[177] Na Itália o quadro era bem diferente. Giovanni Giolitti, primeiro-ministro (pela quarta vez) entre 1911-4, fazia pagamentos regulares a pelo menos trinta jornalistas em troca de cobertura positiva de suas políticas.[178] O Ministério das Relações Exteriores da Rússia adquiriu um Departamento de Imprensa em 1906, e a partir de 1910 Sazonov orquestrou ali reuniões regulares na hora do chá com os mais importantes editores e os líderes da Duma.[179] As relações dos diplomatas russos com alguns jornais favoritos eram tão próximas, relatou um jornalista em 1911, que o Ministério das Relações Exteriores em São Petersburgo "frequentemente parecia uma sucursal do *Novoye Vremya*". O editor desse jornal, Jegorov, era visto assiduamente no escritório de imprensa do Ministério, e Nelidov, chefe do escritório e ex-jornalista, era visitante regular da sede editorial do jornal.[180] Na França, a relação entre diplomatas e jornalistas era especialmente íntima: quase metade dos ministros das Relações Exteriores na Terceira República havia sido jornalista ou escritor, e as "linhas de comunicação" entre os ministros das Relações Exteriores e a imprensa estavam "quase sempre abertas".[181] Em dezembro de 1912, quando era primeiro-ministro da França, Raymond Poincaré chegou a fundar um novo jornal, *La Politique Étrangère*, para divulgar suas ideias sobre política externa a toda a elite política francesa.

Jornais semioficiais e artigos "inspirados" plantados na imprensa doméstica para testar o clima da opinião eram ferramentas bem conhecidas da diplomacia continental. O jornalismo inspirado disfarçava-se como expressão autônoma de uma imprensa independente, mas sua eficácia dependia justamente de os leitores desconfiarem que suas mensagens emanavam da sede do poder. Por exemplo, na Sérvia todos sabiam que o *Samouprava* representava as ideias do governo; o *Norddeutsche Allgemeine Zeitung* era considerado o órgão oficial do Ministério das Relações Exteriores da Alemanha; na Rússia, o governo divulgava suas ideias por intermédio de seu jornal semioficial, o *Rossiya*, mas também promovia, de vez em quando, campanhas inspiradas em outros jornais mais populares, como o *Novoye Vremya*.[182] O Ministério das Relações Exteriores francês, assim como o alemão, pagava a jornalistas com dinheiro de um fundo secreto e mantinha laços estreitos com *Le Temps* e *Agence Havas*, enquanto usava o menos sério *Le Matin* para lançar "balões de ensaio".[183]

As intervenções desse tipo podiam dar errado. Se viesse a público que determinado jornal costumava publicar matérias inspiradas, havia o risco de que reportagens indiscretas, tendenciosas ou errôneas nesse mesmo jornal fossem confundidas com sinais intencionais do governo, como aconteceu, por exemplo, em fevereiro de 1913, quando *Le Temps* publicou um artigo baseado em vazamentos *não autorizados* provenientes de uma fonte não identificada que revelou alguns detalhes de deliberações recentes do governo sobre o rearmamento da França — furiosas negativas oficiais não tardaram.[184] Os esforços do ministro das Relações Exteriores russo Izvolsky em 1908 para "preparar a opinião pública e a imprensa" para a notícia de que a Rússia tinha aprovado a anexação da Bósnia-Herzegóvina pela Áustria revelaram-se totalmente inadequados à força da reação do público.[185] E em 1914 o *Novoye Vremya*, apesar de sua relação anteriormente íntima com o Ministério das Relações Exteriores, voltou-se contra Sazonov, acusando-o de excessiva timidez na defesa dos interesses russos, possivelmente porque agora o jornal estava sob a influência do Ministério da Guerra.[186] Na esteira do Caso Friedjung de 1909, quando o ministro das Relações Exteriores austríaco Aehrenthal usou sua influência sobre uma campanha na imprensa baseada em falsas alegações de traição contra políticos sérvios proeminentes, o governo foi forçado a sacrificar o chefe do Escritório Literário do Ministério das Relações Exteriores; seu sucessor foi demitido em meio a uma tempestade de críticas da imprensa e do Parlamento ao desastrado Caso Prochaska do inverno de 1912, quando se descobriu que acusações de que sérvios haviam maltratado um funcionário consular austríaco também eram falsas.[187]

Também havia manipulações oficiais da imprensa fora das fronteiras nacionais. No começo de 1905, os russos estavam distribuindo cerca de 8 mil libras por mês à imprensa parisiense para estimular o apoio do público a um vultoso empréstimo francês. O governo francês subsidiou jornais pró-França na Itália (e na Espanha por ocasião da Conferência de Algeciras), e durante as guerras russo-japonesa e dos Bálcãs os russos pagaram subornos graúdos a jornalistas franceses.[188]

Os alemães mantinham um fundo bem modesto para sustentar jornalistas amigos em São Petersburgo e abasteciam editores de jornais em Londres com propinas, na esperança, o mais das vezes frustrada, de conseguir uma cobertura mais positiva da Alemanha.[189]

Editoriais inspirados também podiam ser formulados para os olhos de um governo estrangeiro. Durante a crise do Marrocos em 1905, por exemplo, para intimidar os alemães, Théophile Delcassé usou comunicados à imprensa mal disfarçados divulgando os detalhes do planejamento militar britânico. Neste caso, a imprensa inspirada funcionou como uma forma de comunicação internacional negável, subdiplomática, que pudesse ter um efeito dissuasivo ou motivador sem atrelar ninguém a um compromisso específico; se o próprio Delcassé fizesse uma ameaça mais explícita, teria deixado o Ministério das Relações Exteriores britânico em uma posição insustentável. Em fevereiro de 1912, o embaixador francês em São Petersburgo, Georges Louis, enviou a tradução de um artigo no *Novoye Vremya* junto com uma carta observando que a matéria refletia "com notável exatidão a opinião dos círculos militares russos".[190] Nesse exemplo, a imprensa inspirada permitiu que uma organização distinta do governo, o Ministério da Guerra, comunicasse sua posição sem comprometer oficialmente o governo. Mas às vezes acontecia de diferentes ministros instruírem a imprensa em direções opostas, como aconteceu em março de 1914, quando o *Birzheviia Vedomosti* (Jornal da Bolsa de Valores) publicou um editorial que muitos supuseram ter sido "inspirado" por Sukhomlinov, anunciando que a Rússia estava "pronta para a guerra" e havia "abandonado" a ideia de uma estratégia puramente defensiva. Sazonov replicou com um editorial conciliatório no jornal semioficial *Rossiya*. Esse foi um caso clássico de sinalização paralela: Sukhomlinov assegurava os franceses de que a Rússia estava decidida e preparada para cumprir as obrigações que assumira na aliança, enquanto a resposta de Sazonov destinava-se ao Ministério das Relações Exteriores alemão e possivelmente ao Ministério das Relações Exteriores britânico.

Um artigo publicado no *Kölnische Zeitung* mais ou menos na mesma época atribuía intenções agressivas a São Petersburgo por causa do mais recente aumento no gasto militar russo, e quase certamente foi obra do Ministério das Relações Exteriores alemão, com o fito de motivar uma resposta esclarecedora da Rússia.[191] Em áreas onde as potências europeias competiam pela influência local, era comum recorrer a órgãos da imprensa subsidiados para conquistar amigos e desacreditar as maquinações do adversário. Os alemães preocupavam-se com a imensa influência do "dinheiro inglês" sobre a imprensa russa, e enviados da Alemanha em Constantinopla frequentemente se queixavam da dominância da imprensa de língua francesa, cujos editorialistas subsidiados faziam "todo o possível para incitar [hostilidade] contra nós".[192]

Nesse contexto, a imprensa era o *instrumento* da política externa, e não o determinante. Mas isso não impedia os responsáveis pelas políticas de levar a imprensa a sério como um indicador da opinião. Na primavera de 1912, Jules Cambon receou que o chauvinismo da imprensa francesa pudesse aumentar o risco de conflito: "Quisera que os franceses cuja profissão é criar ou representar a opinião pública se contivessem e não se divertissem brincando com fogo, falando em guerra inevitável. Não existe nada inevitável neste mundo".[193] Seis meses depois, com a Primeira Guerra dos Bálcãs a caminho e o sentimento pan-eslavo em alta em partes da imprensa russa, o embaixador da Rússia em Berlim temia — ou pelo menos declarava temer — que "o estado de espírito da população deste país possa dominar a conduta de seu governo".[194]

Ministros e diplomatas que julgavam seu governo capaz de proteger a formulação das políticas das vicissitudes da opinião doméstica publicada frequentemente duvidavam da capacidade de governos estrangeiros para fazer o mesmo. Na esteira da crise de Agadir em 1911, a liderança militar alemã temeu que a agitação nacionalista e o revivescimento da confiança na França pudessem pressionar o governo em Paris, em tudo o mais pacífico, a atacar a Alemanha de surpresa.[195] Por sua vez, o medo de que uma liderança alemã essencialmente pacífica fosse arrastada para uma guerra com seus vizinhos por líderes de opinião chauvinistas em casa era um tema recorrente nos debates políticos franceses.[196] O governo russo, em especial, era considerado suscetível a pressões do público — principalmente quando vinham na forma de agitação por causa dos Bálcãs — e havia alguma verdade nessa ideia, como demonstraria o rumo tomado pela Crise de Julho. Mas os russos também viam os governos parlamentares ocidentais como muito vulneráveis à pressão do público justamente por sua condição democrática, e os britânicos encorajavam essa inferência sugerindo, como Grey costumava fazer, que "a linha de ação do governo inglês em [...] uma crise deve depender da posição assumida pela opinião pública inglesa".[197] Estadistas costumavam esconder-se atrás da afirmação de que estavam agindo sob restrições impostas pela opinião de seu país: em 1908-9, os franceses alertaram os russos para que não começassem uma guerra por causa dos Bálcãs, por exemplo, porque essa região não era importante para o público francês; Izvolsky deu o troco em 1911, quando exortou Paris — fazendo questão de lembrar aos interlocutores franceses o conselho anterior — a entrar em acordo com a Alemanha, pois "a Rússia teria dificuldade para fazer a opinião pública aceitar uma guerra pelo Marrocos".[198] O embaixador sérvio em Viena avisou em novembro de 1912 que o primeiro-ministro Nikola Pašić não tinha escolha a não ser adotar uma política irredentista em nome de seu país — se, em vez disso, ele procurasse uma conciliação com a Áustria, o "partido da guerra" em Belgrado o tiraria do poder para substituí-lo por alguém de seu próprio círculo, e Sazonov justificou as posturas beligerantes do líder sérvio em público referindo-se à natureza "um tanto nervosa" da opinião pública sérvia.[199]

A declaração de que a preocupação com a opinião pública obrigava-o a defender os interesses da Sérvia contra a Áustria-Hungria, feita por Sazonov ao embaixador alemão Pourtalès em novembro de 1912, era bem característica. Ele usou o mesmo argumento para persuadir os romenos a não iniciar um conflito com a Bulgária em janeiro de 1913: "Tenham muito cuidado! Se entrarem em guerra com a Bulgária, não terei condições de resistir ao arrebatamento da opinião pública".[200] Na verdade, Sazonov não tinha respeito pelos editores dos jornais, e julgava entender a opinião pública russa melhor do que a imprensa. Ele não se esquivava, quando necessário, de remar contra a maré dos comentários nos jornais, explorando o tempo todo campanhas jingoístas no país para persuadir os representantes de outras potências de que estava sob pressão para tomar certas medidas.[201] Muitas vezes quem lia esses comunicados conseguia perceber esses subterfúgios; o cáiser Guilherme, quando foi informado em 1908 e 1909 de que a opinião pública pró-eslava poderia impelir o governo russo a agir no caso da Bósnia-Herzegóvina, anotou nas margens do jornal: "Blefe".[202] No entanto, a suposição divulgada de que os governos *estrangeiros* estavam sob pressão para alinhar-se à opinião pública doméstica significava que as matérias na imprensa eram o recheio usual dos comunicados diplomáticos. Resmas de recortes de jornal e traduções engordavam as pastas enviadas pelas legações europeias a seus Ministérios das Relações Exteriores.

Os esforços de todos os governos para moldar, por algum meio, as opiniões publicadas aumentavam a importância de monitorar a imprensa, pois isso trazia a possibilidade de que ela fornecesse a chave, se não para a opinião pública, ao menos para a opinião e as intenções do governo. Grey, por exemplo, enxergou nas campanhas antibritânicas da imprensa na crise de Agadir em setembro de 1911 uma manobra tática do governo alemão para mobilizar apoio para leis navais adicionais nas próximas eleições para o Reichstag, enquanto o embaixador austríaco acusou o ministro russo das Relações Exteriores de encorajar uma cobertura negativa dos esforços austro-russos pela détente depois da crise da Bósnia.[203] Diplomatas costumavam vasculhar os jornais em busca das matérias inspiradas que pudessem lhes dar a chave para o pensamento desse ou daquele ministro. Mas, como a maioria dos governos usava diversas publicações, geralmente era difícil saber se determinado artigo era inspirado ou não. Em maio de 1910, por exemplo, quando o jornal francês *Le Temps* publicou um artigo criticando duramente os mais recentes planos russos de mobilização de tropas, o Ministério das Relações Exteriores do país supôs (erroneamente) que tinha sido oficialmente inspirado e comunicou seu desagrado a Paris.[204] Era engano, escreveu o embaixador alemão em Paris, sempre supor que as ideias veiculadas no *Le Temps* refletiam a posição do Ministério das Relações Exteriores ou do governo — seu editor, André Tardieu, às vezes se desentendia com as autoridades em razão de suas declarações heterodoxas sobre questões de interesse nacional.[205] Em janeiro de 1914, o ministro belga em Paris alertou seu governo de que, embora os grandes editoriais políticos do *Le Temps* geralmente fossem obra de Tardieu, costumavam ser sugeridos pelo embaixador russo, Izvolsky.[206] Essa névoa de incerteza significava não só que os funcionários da embaixada precisavam ser vigilantes quando vasculhassem a imprensa, mas também que comentários adversos publicados sobre governos estrangeiros podiam ensejar rixas, com dois ministros das Relações Exteriores se engalfinhando por intermédio das páginas da imprensa inspirada e, no processo, excitando as emoções do público de modos que poderiam vir a ser difíceis de controlar. Os Ministérios das Relações Exteriores alemão e britânico mostravam a típica tendência a exagerar o grau em que a opinião pública era controlada pelo outro governo.[207]

Brigas na imprensa também podiam irromper espontaneamente, sem a participação do governo. Os governantes sabiam muito bem que competições de afrontas entre editores de jornais chauvinistas podiam agravar-se a ponto de ameaçar envenenar a atmosfera das relações internacionais. Em uma reunião entre o tsar Nicolau II, o rei Eduardo VII e Charles Hardinge na cidade de Reval em junho de 1908, o tsar confidenciou a Hardinge que a "liberdade" da imprensa russa havia causado a ele e ao seu governo "considerável embaraço", pois "a cada incidente em qualquer província distante do Império, como um terremoto ou tempestades, imediatamente se põe a culpa na Alemanha", e queixas graves haviam sido feitas recentemente a ele e ao governo sobre o tom inamistoso da imprensa russa. Mas o tsar confessou-se incapaz de remediar isso, exceto por um ocasional comunicado oficial à imprensa, que em geral tinha "um efeito insignificante". Ele "queria muito que a imprensa voltasse sua atenção para os assuntos internos em vez dos externos".[208]

Entre 1896, quando os jornais britânicos reagiram com indignação ao telegrama do cáiser a Kruger, e 1911, quando jornais britânicos e alemães digladiaram-se pela questão do Marrocos, houve repetidas guerras de imprensa entre a Grã-Bretanha e a Alemanha. Em 1906 e 1907, pouco efeito tiveram os esforços dos dois governos em prol do "desarmamento da imprensa", permutando delegações de jornalistas importantes.[209] As guerras de imprensa eram possíveis porque os jornais em cada país frequentemente publicavam matérias sobre as atitudes de jornais estrangeiros em questões de interesse nacional; não era raro artigos inteiros serem reproduzidos ou parafraseados. Por exemplo, em fevereiro de 1913, Tatishchev, um plenipotenciário militar russo em Berlim, informou ao tsar Nicolau II que artigos pan-eslavistas no *Novoye Vremya* estavam causando uma "impressão perturbadora" na Alemanha.[210] As relações na imprensa internacional eram especialmente tensas entre Áustria e Sérvia, onde os principais jornais vigiavam seus congêneres do outro lado da fronteira com olhos de águia (ou eram abastecidos de recortes e traduções pelos respectivos ministros das Relações Exteriores) e onde as queixas sobre a cobertura da imprensa do outro país eram um tema batido. Esse problema teria um papel destacado na diplomacia da Crise de Julho de 1914.

Ainda assim, é questionável que a imprensa europeia estivesse se tornando cada vez mais belicosa nos anos anteriores a 1914. Estudos recentes sobre os jornais alemães indicam um quadro mais complexo. Um exame da cobertura da imprensa alemã durante uma série de importantes crises no pré-guerra (Marrocos, Bósnia, Agadir, Bálcãs etc.) discerniu uma visão mais e mais polarizada das relações internacionais e um declínio na confiança em soluções diplomáticas. Mas também houve períodos de tranquilidade, e a era das guerras de imprensa anglo-germânicas encerrou-se abruptamente em 1912 — os dois últimos anos pré-guerra foram, em contraste, um período de "incomum harmonia e paz".[211] Tanto que Friedrich von Bernhardi, cujo livro *Deutschland und der Nächste Krieg* [A Alemanha e a próxima guerra], de 1911, é frequentemente citado como exemplo da crescente beligerância da opinião pública alemã, iniciou seu tratado estarrecedoramente agressivo com uma longa passagem lamentando o "pacifismo" de seus compatriotas.[212] O chauvinismo também não falava com uma só voz. Na Grã-Bretanha o sentimento antirrusso ainda era uma poderosa força pública nos últimos anos antes da guerra, apesar da entente anglo-russa de 1907. No inverno de 1911-2, quando a crise de Agadir amainava, as bases do Partido Liberal acusaram Grey de buscar uma intimidade excessiva com a Rússia às custas de uma relação mais cooperativa com a Alemanha. Os comícios convocados por todo o país em fins de janeiro de 1912 para exigir um entendimento anglo-germânico foram motivados, em parte, pela hostilidade contra a Rússia, cujas maquinações eram vistas como uma ameaça aos interesses britânicos em vários pontos da periferia do Império.[213]

Muitos políticos falavam, ou reclamavam, da opinião como uma força externa a pressionar o governo. Ao fazê-lo, insinuavam que essa opinião — pública ou publicada — era algo externo ao governo, como uma névoa querendo penetrar pelas vidraças das salas ministeriais, algo que os dirigentes podiam escolher excluir de sua esfera de ação. E quando diziam opinião, referiam-se sobretudo ao apoio ou à rejeição do público às suas pessoas e políticas. No entanto, existe algo mais profundo do que a opinião, algo que poderíamos chamar de mentalidade — uma malha de "suposições tácitas", como a definiu James Joll, que moldava as atitudes e o comportamento de estadistas, legisladores e jornalistas.[214] Nessa esfera, talvez possamos discernir uma disposição crescente para a guerra em toda a Europa, particularmente entre as elites educadas. Ela não assumia a forma de sangrentos clamores por violência contra outro Estado, mas de um "patriotismo defensivo"[215] que incluía a possibilidade da guerra, mas não necessariamente com prazer — um ponto de vista fundamentado na convicção de que o conflito era uma característica "natural" da política internacional. "A ideia de uma paz prolongada é um sonho vão", escreveu em 1910 o visconde Esher, um promotor da entente anglo-francesa e grande amigo e conselheiro de Eduardo VII. Dois anos depois, ele aconselhou uma plateia de universitários em Cambridge a não subestimar "os aspectos poéticos e românticos do entrechoque das armas", alertando que fazê-lo seria "exibir um espírito débil e uma imaginação pobre".[216] Em sua aula inaugural, o professor Henry Spenser Wilkinson, da cátedra Chichelle de História Militar em Oxford, observou que a guerra era "um dos modos de interação humana". Essa aceitação fatalista da inevitabilidade da guerra baseava-se em um amontoado desconexo de argumentos e atitudes. Uns alegavam, com base em princípios derivados das ideias de Darwin ou Huxley, que em consequência de sua energia e ambição a Inglaterra e a Alemanha estavam fadadas a se chocar, apesar de seu parentesco próximo; outros, que o tumulto era uma característica natural de civilizações altamente desenvolvidas, com armamentos avançados; e havia quem elogiasse a guerra como terapêutica, "benéfica à sociedade, uma força para o progresso".[217]

A recepção de ideias desse tipo na Grã-Bretanha e na Alemanha alicerçava-se em uma "ideologia do sacrifício", que, por sua vez, nutria-se de descrições positivas de conflitos militares publicadas em jornais e em obras lidos por meninos em idade escolar.[218] Um panfleto escrito por um clérigo beligerante da Nova Zelândia e publicado pela Liga para o Serviço Militar Nacional exortava cada aluno a lembrar-se de que ele era a barreira que defendia "sua mãe e suas irmãs, sua namorada e suas amigas e todas as mulheres que ele encontra e vê contra a inconcebível infâmia de uma invasão estrangeira".[219] Até o escotismo, fundado em 1908, possuiu desde o princípio — a despeito de seu louvor ao conhecimento da floresta, aos acampamentos e a aventuras ao ar livre — uma "forte identificação militar que foi enfatizada durante todo o período pré-guerra".[220] Na Rússia, os anos seguintes à Guerra Russo-Japonesa viram um "renascimento militar" movido pelo desejo de reforma das Forças Armadas: em 1910 foram publicados 572 novos títulos sobre temas militares. A maioria não consistia em tratados belicosos, mas em intervenções políticas no debate sobre como a reforma das Forças Armadas russas devia ser associada a processos mais amplos de mudança social que orientassem o povo para os sacrifícios exigidos por um grande esforço de guerra.[221]

Essas tendências, que tinham congêneres em todos os Estados europeus, ajudam a explicar a prontidão com que as legislaturas aceitaram o ônus financeiro dos gastos crescentes com armamentos durante o período pré-guerra. Na França, o apoio da Câmara dos Deputados, depois de acirrada controvérsia, à nova lei dos três anos de serviço militar em 1913 refletiu o revivido "prestígio da guerra" em uma esfera do público que desde o Caso Dreyfus se mostrava inclinada a um etos fortemente antimilitarista, embora não devamos esquecer que os deputados radicais apoiaram essa lei em parte porque, pela primeira vez, ela seria financiada por um imposto progressivo sobre a propriedade.[222] Na Alemanha, também, Hollweg conseguiu assegurar o apoio da centro-direita à vultosa lei do Exército em 1913; para a lei separada que financiaria essas medidas, ele conseguiu o apoio de uma coalizão de centro-esquerda, mas só porque se dispôs a levantar parte do dinheiro cobrando um novo imposto das classes proprietárias. Nos dois casos, os argumentos para o maior preparo das Forças Armadas tiveram de ser combinados a outros incentivos político-sociais a fim de assegurar o apoio necessário para a aprovação desses projetos de lei colossais pelo Parlamento. Na Rússia, em contraste, tamanho era o entusiasmo da elite política por armamentos depois de 1908 que a Duma aprovava alocações até mais rápido do que os comandantes militares conseguiam atinar com o destino que poderiam dar aos recursos; nesse caso, foi o bloco outubrista da Duma, e não os ministros, que inicialmente encabeçou a campanha pela expansão do Exército.[223] Na Grã-Bretanha, do mesmo modo, o clima prevalecente de patriotismo defensivo deixou sua marca na legislatura: enquanto em 1902 apenas três parlamentares apoiaram a Liga para o Serviço Militar Nacional, em 1912 foram 180.[224]

A imprensa entrou nos cálculos dos responsáveis pelas políticas de muitos modos. Nunca esteve sob o controle deles, e eles nunca estiveram sob o controle dela. Devemos falar, isto sim, de uma reciprocidade entre a opinião pública e a vida pública, um processo de interação constante no qual os responsáveis pelas políticas buscavam intermitentemente guiar a opinião em uma direção conveniente, mas com o cuidado de proteger sua autonomia e a integridade dos processos decisórios. Por outro lado, os estadistas continuaram a ver a imprensa estrangeira como um indicador não só da opinião pública, mas também das ideias e intenções oficiais, e isso significava que as incertezas quanto a quem estava inspirando ou autorizando aquelas declarações podia complicar ainda mais as comunicações entre os Estados. Mais fundamentais, e mais difíceis de medir, foram as mudanças de mentalidade que se articularam não nos clamores chauvinistas por firmeza ou confronto, mas em uma profunda e muito difundida disposição para aceitar a guerra, concebida como uma convicção imposta pela natureza das relações internacionais. O peso dessa tendência acumulada se manifestaria durante a Crise de Julho de 1914 não na forma de declarações programáticas agressivas, mas através do eloquente silêncio dos líderes civis que, em um mundo melhor, talvez tivessem salientado que uma guerra entre grandes potências seria a pior coisa do mundo.

A FLUIDEZ DO PODER

Mesmo se assumíssemos que as políticas externas das potências europeias no pré-guerra foram formuladas e administradas por Executivos compactos animados por um propósito unificado e coerente, reconstruir as relações entre elas ainda assim seria uma tarefa formidável, pois nenhum relacionamento entre duas potências quaisquer pode ser plenamente compreendido sem referência a relações com todas as demais. Mas na Europa de 1903-14, a realidade era ainda mais complexa do que sugeriria o modelo "internacional". As caóticas intervenções de monarcas, as relações ambíguas entre civis e militares, o antagonismo competitivo entre políticos importantes em sistemas caracterizados por baixos níveis de solidariedade nos Ministérios ou no gabinete, além das agitações de uma imprensa de massa crítica em um contexto de crise intermitente e tensão crescente por questões de segurança, tudo isso fez desse um período de incerteza sem precedentes nas relações internacionais. As oscilações políticas e a sinalização mista resultantes dificultaram, não só para os historiadores, mas também para os estadistas dos últimos anos pré-guerra, interpretar o ambiente internacional.

Seria errado levar essa observação longe demais. Todos os Executivos políticos complexos, inclusive os autoritários, são sujeitos a tensões e oscilações internas.[225] A literatura sobre as relações exteriores dos Estados Unidos no século XX examina minuciosamente as lutas e as intrigas intragovernamentais pelo poder. Em um brilhante estudo sobre a entrada do país na Guerra do Vietnã, Andrew Preston mostra que, embora os presidentes Lyndon B. Johnson e John F. Kennedy relutassem em fazer a guerra e o Departamento de Estado em grande medida se opusesse à intervenção, o Conselho de Segurança Nacional, menor e mais ágil, que era fortemente a favor da guerra e operava livre da supervisão do Congresso, reduziu as opções do presidente até que a guerra fosse praticamente inevitável.[226]

No entanto, a situação na Europa às portas da Primeira Guerra Mundial foi diferente (e pior) em um aspecto importante. Apesar de todas as tensões que podem surgir em seu âmbito, em termos constitucionais o Poder Executivo americano é, na verdade, uma organização acentuadamente convergente na qual, em última análise, a responsabilidade pelas decisões executivas na política externa recai sem ambiguidades sobre o presidente. Não era o que acontecia com os governos europeus pré-guerra. Havia dúvidas perenes quanto a Grey ter ou não o direito de assumir compromissos como fez sem consultar o gabinete ou o Parlamento; de fato, essas dúvidas foram tão prementes que o impediram de declarar suas intenções de modo claro e inequívoco. Na França a situação era ainda mais nebulosa, pois ali o equilíbrio das iniciativas entre o Ministério das Relações Exteriores, o gabinete e a presidência permanecia sem resolução, e até o imperioso e resoluto

Poincaré enfrentou tentativas de mantê-lo fora do processo de tomada de decisões na primavera de 1914. Na Áustria-Hungria, e em menor grau na Rússia, o poder de moldar a política externa fluiu em torno de um circuito humano impreciso, dentro da estrutura compartimentalizada da elite política, concentrando-se em diferentes partes do sistema, na dependência de quem constituía os mais eficazes e decididos alinhamentos. Nesses casos, como na Alemanha, a presença de um soberano no topo da hierarquia, ao invés de aclarar, enevoou as relações no sistema.

A questão não é, como na crise dos mísseis de Cuba, reconstituir o raciocínio de duas superpotências examinando suas opções; é entender as incessantes interações entre estruturas executivas que sabiam relativamente pouco sobre as intenções umas das outras, operavam com baixos níveis de garantia e confiança (mesmo no âmbito de suas respectivas alianças) e com altos níveis de hostilidade e paranoia. A volatilidade inerente a essa constelação era acentuada pela fluidez do poder em cada Executivo e sua tendência a migrar de um eixo do sistema a outro. É possível que a dissenção e a polêmica nos serviços diplomáticos tivessem seus efeitos salutares, suscitando questões e objeções que, em um ambiente político mais disciplinado, poderiam ter sido suprimidas.[227] Mas sem dúvida os riscos superavam os benefícios: quando os falcões dominavam o processo de sinalização em ambos os lados de uma interação potencialmente conflitante, como aconteceu na crise de Agadir e tornaria a acontecer depois de 28 de junho de 1914, escaladas rápidas e imprevisíveis podiam ser o resultado.

5. Complicações nos Bálcãs

A Primeira Guerra Mundial foi a Terceira Guerra dos Bálcãs antes de se transformar na Primeira Guerra Mundial. Como isso foi possível? Conflitos e crises não eram nenhuma novidade na periferia sudoeste, onde o Império Otomano encontrava a Europa cristã. O sistema europeu sempre se ajustara a eles sem pôr em risco a paz do continente como um todo. Mas nos últimos anos antes de 1914 deu-se uma mudança fundamental. No outono de 1911, a Itália iniciou uma guerra para conquistar uma província africana do Império Otomano, desencadeando uma série de ataques oportunistas a territórios otomanos nos Bálcãs. O sistema de equilíbrios geopolíticos que até então permitira a contenção de conflitos locais foi destruído. Na esteira das Guerras dos Bálcãs de 1912 e 1913, a Áustria-Hungria enfrentou uma situação nova e ameaçadora em sua periferia sudeste, enquanto o recuo do poder otomano trouxe questões estratégicas que os diplomatas e dirigentes russos não puderam desconsiderar. Os dois blocos de aliança continental foram arrastados mais fortemente para as antipatias de uma região que entrava em um período de volatilidade sem precedentes. Nesse processo, os conflitos do teatro dos Bálcãs imbricaram-se profundamente com a geopolítica do sistema europeu, criando uma série de mecanismos de escalada que permitiram que, dentro de cinco semanas do verão de 1914, um conflito iniciado nos Bálcãs engolfasse o continente.

ATAQUES AÉREOS NA LÍBIA

Ao amanhecer de 5 de janeiro de 1912, George Frederick Abbott foi acordado em sua barraca no deserto da Líbia por gritos e tiros. Saiu depressa e viu os soldados árabes e turcos de seu acampamento fitando alguma coisa no céu. Era um monoplano italiano que voava a 2 mil pés, as asas iluminadas pelos raios do sol da manhã. Alheio aos tiros de fuzil disparados do acampamento, o avião seguiu graciosamente seu curso a sudoeste. A invasão italiana da Líbia estava no quarto mês. O turcófilo Abbott juntara-se às forças otomanas no país como observador britânico com a intenção de escrever uma história da campanha. Ele observou que os árabes, "salvo o disparo de suas armas", não pareciam impressionados com a máquina voadora: "Têm uma enorme capacidade de absorver naturalmente as novidades". Um dia mais tarde, o avião voltou e bombardeou o acampamento com maços de proclamações, que esvoaçaram ao sol "como inúmeros flocos falsos de neve". Os árabes, Abbott recordou, "pararam de atirar, curvaram-se e apanharam avidamente os papéis, na esperança de que fossem dinheiro".[1]

Os companheiros otomanos de Abbott tiveram sorte por ser bombardeados apenas com loquazes propagandas de guerra italianas em árabe antiquado. Em outras partes, o gritante desequilíbrio tecnológico entre as Forças Armadas italianas e os súditos otomanos cujas províncias foram invadidas teve efeitos mais letais. Antes de muitas ações importantes na Guerra da Líbia, aviões sobrevoavam áreas fazendo o reconhecimento, assinalando a posição e a força do inimigo, para que os italianos pudessem bombardear os canhões turcos com baterias de campanha ou a partir de encouraçados ancorados perto da costa. Essa foi a primeira guerra a ter bombardeios aéreos. Em fevereiro de 1912, uma retirada otomana entre o oásis de Zanzur e Gargaresch para o sudeste de Trípoli virou um tumulto quando o dirigível italiano *P3* lançou bombas sobre os soldados que recuavam.[2] Os dirigíveis podiam transportar até 250 bombas carregadas de explosivos. Aviões também lançavam bombas em pequenas quantidades, embora o procedimento fosse bem desajeitado, pois o piloto tinha que dar um jeito de dirigir o aparelho enquanto segurava a bomba entre os joelhos, usando a mão livre para inserir o detonador antes de mirar os soldados lá embaixo.[3]

O holofote militar, embora fosse mais antigo (a Royal Navy usara holofotes contra forças egípcias em Alexandria ainda em 1882), foi outra arma de alta tecnologia que figurou com destaque nos relatos contemporâneos sobre a Guerra da

Líbia. Provavelmente o holofote teve uma importância tática ainda maior do que os aviões e dirigíveis, pois seu uso impedia as forças otomanas de fazer ataques noturnos, ou pelo menos tornava-os mais custosos, com mais baixas. O observador britânico Ernest Bennett recorda-se de que estava com um pequeno grupo de combatentes árabes, seguindo por uma trilha costeira em direção a seu acampamento em Bir Terin, quando subitamente o grupo foi iluminado pelo holofote de um cruzador italiano: "A visão das silhuetas daqueles pobres árabes delineadas pela eletricidade me entristeceu. Holofotes, metralhadoras Maxim, baterias, navios de guerra, aviões — a desvantagem parecia terrível!".[4]

A série de guerras que assolou os Bálcãs começou na África. Foi o ataque italiano à Líbia em 1911 que acendeu a luz verde para o ataque geral à periferia otomana dos Bálcãs. Em contraste com o Egito (na época britânico) e o Marrocos (então efetivamente francês), os três vilaietes mais tarde conhecidos como Líbia eram províncias do Império Otomano. O ataque italiano sem nenhuma provocação a essas últimas possessões otomanas na África "foi um estopim" nos Estados balcânicos, como disse um observador britânico daquela época.[5] Falava-se havia alguns anos em uma campanha conjunta para expulsar os turcos dos Bálcãs, porém nenhuma medida prática fora tomada. Só depois do ataque da Itália os Estados balcânicos criaram coragem para pegar em armas. Analisando em 1924 esses acontecimentos, Miroslav Spalajković, ex-chefe político do Ministério das Relações Exteriores sérvio em Belgrado, lembraria que fora o ataque italiano a Trípoli que inaugurara o processo conducente à guerra: "todos os acontecimentos subsequentes nada mais são do que a evolução daquela primeira agressão".[6]

A diplomacia italiana vinha tentando conquistar uma esfera de interesse para a Itália no norte da África desde antes da virada do século. No verão de 1902, pelo Acordo Prinetti-Barrère, Roma e Paris haviam acertado, em segredo, que no caso de uma redistribuição importante de território a França ficaria com o Marrocos e a Itália teria carta branca na Líbia. Esse acordo ratificou um processo de aproximação com a França, arquirrival no norte da África, iniciado em 1898.[7] Um comunicado de Londres em março de 1902 prometeu solicitamente que a Grã-Bretanha asseguraria que "qualquer alteração na condição da Líbia se dará em conformidade com os interesses italianos". Esses acordos exemplificam uma política de concessões destinada a atenuar o controle da Tríplice Aliança sobre a Itália, seu membro menos confiável. Foi nesse espírito que o tsar Nicolau II firmou o Trato de Racconigi de 1909 com o rei Vittorio Emanuele, no qual a Rússia reconhecia o interesse especial da Itália na Líbia em troca do apoio italiano à política russa de acesso aos estreitos da Turquia.[8]

Vender uma política de invasão e anexação à parcela politicamente ativa do público italiano não foi difícil. O colonialismo estava em marcha na Itália, como em outras partes, e a "memória" da África romana, quando a Líbia fora o celeiro do Império, dava à Tripolitânia um lugar central nos horizontes coloniais do reino. Em 1908, o modesto Ufficio Coloniale em Roma foi expandido e promovido a Direzione Centrale degli Affari Coloniali, um sinal do crescente peso dos interesses do governo na África.[9] A partir de 1909, o nacionalista Enrico Corradini, apoiado pelo jornal nacionalista *L'Idea Nazionale*, empreendeu uma vigorosa campanha por uma investida imperialista concentrada na Líbia; na primavera de 1911 ele exigia abertamente uma política de invasão e posse.[10] Muitos na elite política achavam que a Itália precisava de algum lugar "fecundo" para onde mandar seus emigrantes. Até os socialistas eram suscetíveis a esses argumentos, embora tendessem a envolvê-los na linguagem da necessidade econômica.[11]

Até o verão de 1911, porém, os principais estadistas da Itália permaneceram fiéis ao antigo axioma de que a Itália não devia provocar a ruptura do Império Otomano. Já no verão de 1911, o primeiro-ministro Giovanni Giolitti continuava rejeitando firmemente os clamores para adotar uma posição mais agressiva em relação a Constantinopla em uma série de questões referentes ao governo da Albânia otomana.[12] Foi a intervenção francesa no Marrocos que mudou tudo. O Ministério das Relações Exteriores italiano acreditava ter excelentes razões para exigir a reciprocidade na Líbia. Diante da "modificação radical" da situação no Mediterrâneo pela França, seria impossível, observou um alto funcionário do Ministério das Relações Exteriores italiano, "justificar à opinião pública" uma política de contínua inação.[13]

Foram a Grã-Bretanha, a França e a Rússia, as potências da entente, e não os aliados da Itália na Tríplice Aliança que encorajaram Roma a agir. No começo de julho de 1911, os italianos mencionaram ao governo britânico as "afrontas" supostamente sofridas pelos súditos italianos em Trípoli nas mãos de autoridades otomanas (era prática habitual das potências europeias legitimar suas predações alegando que sua presença era necessária para proteger seus cidadãos de maus-tratos). Em 28 de julho, quando o embaixador italiano em Londres, o marquês Guglielmo Imperiali, mencionou ao secretário das Relações Exteriores a questão de uma intervenção efetiva, a reação de Grey foi surpreendentemente favorável.

Grey "gostaria de solidarizar-se com a Itália", disse ao embaixador, "tendo em vista as boas relações entre nós". Se os italianos estavam recebendo um tratamento injusto em Trípoli e "se a Itália fosse obrigada a agir", ele se comprometia a "expressar aos turcos a opinião de que, diante do tratamento injusto dispensado aos italianos, o governo turco não poderia esperar coisa diferente".[14] Como seria de esperar, os italianos interpretaram essas formulações confusas como sinal verde para atacar a Líbia.[15] E Grey permaneceu fiel à sua palavra: em 19 de setembro, instruiu o subsecretário permanente de Estado, Sir Arthur Nicholson, de que era "importantíssimo que nem a Inglaterra nem a França tolhessem a Itália em seus desígnios".[16] As sondagens italianas em São Petersburgo resultaram em uma resposta ainda mais conveniente. O embaixador italiano em São Petersburgo ouviu que a Rússia não protestaria se a Itália adquirisse a Líbia; aliás, São Petersburgo exortava a Itália a agir "com presteza e determinação".[17]

Portanto, houve uma intensa discussão prévia com os países da entente. Em contraste, a Itália tratou seus aliados da Tríplice Aliança com altiva desconsideração. Em 14 de setembro, Giolitti e o marquês de San Giuliano, ministro das Relações Exteriores da Itália, reuniram-se em Roma e combinaram que uma ação militar deveria ser iniciada o mais depressa possível, "antes que os governos austríaco e alemão" se dessem conta.[18] Essa reserva era acertada, pois os alemães não queriam ver seus aliados italianos guerreando com seus amigos otomanos, e já estavam fazendo o possível para conseguir uma resolução pacífica das questões pendentes entre Roma e Constantinopla. O embaixador alemão na capital otomana chegou a alertar seu colega italiano de que a ocupação da Líbia pela Itália poderia derrubar o regime dos Jovens Turcos e desencadear uma série de distúrbios que reabririam toda a Questão do Oriente.[19] O ministro das Relações Exteriores austríaco, o conde Aehrenthal, repetidamente recomendou comedimento aos italianos, alertando-os de que uma ação precipitada na Líbia poderia ter consequências indesejáveis na península balcânica, e lembrando que eles próprios sempre haviam declarado que a Itália tinha total interesse na estabilidade e integridade do Império Otomano.[20]

San Giuliano sabia muito bem das contradições da política italiana e estava a par das "consequências indesejáveis" que preocupavam os austríacos. Em um longo relatório de 28 de julho de 1911 ao rei e ao primeiro-ministro, o ministro das Relações Exteriores sopesou os prós e contras da invasão. Reconheceu a "probabilidade" de que o dano inflingido ao prestígio do Império Otomano induziria "os povos balcânicos a reagir e precipitaria uma crise que poderia [...] quase forçar a Áustria a agir nos Bálcãs".[21] A linha de pensamento subjacente a esses comentários prescientes não se baseava em uma preocupação com a segurança do Império Austro-Húngaro em si, mas no receio de que uma onda de levantes pudesse favorecer interesses austríacos nos Bálcãs em detrimento da Itália — especialmente na Albânia, que em muitas partes era vista como mais uma futura colônia italiana.[22] No entanto, na mente de San Giuliano, esses perigos nos Bálcãs eram compensados pela ideia de que o tempo podia estar se esgotando para uma investida da Itália no norte da África:

> Se problemas políticos não enfraquecerem ou dissolverem o Império Otomano, dentro de dois ou três anos ele terá uma poderosa frota que nos dificultará ou até impossibilitará uma investida contra Trípoli.[23]

A característica mais notável deste último argumento é a total ausência de fundamento. É verdade que o governo otomano andava empenhado em modernizar sua frota obsoleta; encomendara um moderno navio de guerra à Inglaterra e preparava-se para comprar outro do Brasil. Mas esses modestos esforços não eram páreo para os planos de construção naval da Itália, sem falar na força já existente da frota italiana, e não havia razão para supor que algum dia viessem a ameaçar a folgada superioridade naval do país sobre os otomanos no leste do Mediterrâneo.[24] Assim, o argumento de San Giuliano baseava-se menos nos fatos do equilíbrio de poder naval do que em uma espécie de claustrofobia temporal que encontramos no raciocínio de tantos estadistas europeus dessa era: uma sensação de que o tempo se esgotava, de que, em um meio onde as posses minguavam e as ameaças cresciam, qualquer demora certamente traria severas penalidades.

E foi assim que, depois de uma série de escaramuças navais de pouca importância, em 3 de outubro de 1911 deu-se o sinal de prontidão a um esquadrão de navios de guerra italianos ancorados defronte à baía de Trípoli. Um comandante italiano a bordo de um dos navios recorda-se de "uma corrida dos artilheiros para os canhões, dos carregadores para os depósitos de munição, dos sinalizadores para os megafones". Guindastes içaram munição para as baterias de bombas brancas de ponta vermelha, bem-ordenadas em fileiras ao lado de cada canhão. Exatamente às 15h13, o *Benedetto Brin* disparou a primeira bomba contra o Forte Vermelho situado no braço de terra que cerca a baía de Trípoli. Era o sinal para uma gigantesca saraivada que "retumbou através do mar em nuvens de fumaça branca".[25] A cidade de Trípoli caiu depois de uma fraca resistência e, apenas 48 horas depois do começo das hostilidades, foi ocupada por 1700 fuzileiros navais italianos. Nos dias seguintes houve a ocupação de Tobruk, Derna, Benghazi e Homs. Nos meses seguintes, soldados italianos, inicialmente 20 mil, depois mais até totalizarem 100 mil, invadiram o mal defendido vilaiete da Tripolitânia.

A "rápida liquidação" que San Giuliano esperava não aconteceu. Os italianos tiveram dificuldade para avançar pelo interior do país, e nos seis primeiros meses de guerra permaneceram confinados às suas cabeças de ponte costeiras. Um decreto italiano anunciando formalmente em 5 de dezembro a "anexação" da Tripolitânia e Cirenaica foi um gesto destinado a prevenir uma mediação prematura por outras potências, e não um reflexo fiel da situação militar. Em uma série de ações navais na costa libanesa em janeiro e fevereiro de 1912, os italianos destruíram a estrutura naval otomana de Beirute e eliminaram a única ameaça remanescente à dominância naval italiana no sul do Mediterrâneo. Mas em terra firme a guerra arrastava-se em meio a relatos de atrocidades italianas contra a população árabe. Apesar de sua inferioridade tecnológica, os defensores otomanos e seus auxiliares infligiam derrotas humilhantes aos invasores. Uma série de ataques concêntricos pelos turcos-árabes ao perímetro italiano ao redor de Trípoli no primeiro mês da guerra rompeu as linhas em vários pontos, destruindo algumas unidades e causando muitas baixas, enquanto "rebeldes" armados dentro do perímetro molestavam as forças de defesa atrás das linhas.[26] Durante todo o conflito, pequenas escaramuças, emboscadas e atividades de guerrilha impediram os deslocamentos entre os principais redutos costeiros e os avanços para o interior. Os italianos levariam vinte anos para "pacificar" o interior da Líbia.

San Giuliano previra que a invasão e a tomada da Líbia poderia ter como efeito desinibir os Estados cristãos na península balcânica. Se esse resultado era provável depois da invasão inicial, tornou-se inevitável quando a Itália tentou romper o impasse em terra firme levando a guerra marítima às águas otomanas. Em 18 de abril de 1912, canhoneiras italianas bombardearam os dois fortes externos que guardavam a entrada dos estreitos da Turquia. Os artilheiros dispararam 346 bombas de navios ancorados a onze quilômetros da costa, matando um soldado e um cavalo e danificando um quartel. Era uma demonstração simbólica, e não um verdadeiro golpe contra a força militar do inimigo. Os turcos, previsivelmente, reagiram fechando os estreitos ao comércio neutro.

Dez dias depois houve outro ataque naval ao arquipélago Dodecaneso, no extremo sul do mar Egeu; entre 28 de abril e 21 de maio de 1912, os italianos se apoderaram de treze ilhas e foram saudados pelos gregos nativos como heróis e libertadores. Depois de uma calmaria, os italianos aumentaram a pressão em julho, apenas oito submarinos para os estreitos. Mais uma vez, falou-se em fechamento pelos turcos, mas nessa ocasião Constantinopla concordou, sob pressão russa, apenas em estreitar o canal com a instalação de minas. Em outubro de 1912 o governo italiano ameaçou iniciar uma grande campanha naval no Egeu se o governo otomano não concordasse com um acordo de paz. Sob pressão das grandes potências, especialmente Rússia e Áustria — que se preocupavam, respectivamente, com o impedimento da navegação e o crescente risco de complicações nos Bálcãs —, os turcos finalmente cederam e assinaram um tratado de paz secreto em 15 de outubro que estipulava a autonomia da Tripolitânia e Cirenaica. Um *ferman* (decreto) imperial dessa data anunciou a retirada do governo otomano direto das províncias perdidas. Três dias depois, o acordo foi publicamente firmado no Tratado de Lausanne.[27]

A Guerra Ítalo-Turca, hoje quase esquecida, perturbou o sistema europeu e internacional de modo significativo. A luta líbia contra a ocupação italiana foi um dos primeiros catalisadores cruciais do surgimento do nacionalismo árabe moderno.[28] Foram as potências da entente que encorajaram a Itália a essa iniciativa predatória, enquanto os parceiros da Itália na Tríplice Aliança aquiesciam relutantemente.[29] Tal constatação é reveladora. As intervenções das potências expuseram a fraqueza, ou, melhor dizendo, a incoerência da Tríplice Aliança. Os repetidos avisos da Áustria e de Berlim de que a ação italiana desestabilizaria toda a península balcânica de modo perigoso e imprevisível foram, em grande medida, desconsiderados. A Itália parecia ser um aliado apenas no nome.

Até então não se percebera nenhum sinal de que a Itália se bandearia depois para a entente. A política externa do país ainda se empenhava em um jogo complexo e ambíguo, fazendo precários malabarismos com compromissos contraditórios. A tradicional rivalidade com a França por causa do norte da África ainda fervia sob a superfície. Incidentes navais espetaculares, como o episódio dos vapores franceses suspeitos de levar armas e soldados turcos que foram encurralados por navios de guerra italianos, resultaram em rancor e paranoia mútuos entre a Itália e sua *sorellastra* (meia-irmã) latina, já de longa data ressentida.[30] No entanto, para Paris e Londres a guerra confirmou uma percepção importantíssima: a Itália, naquele momento, era mais valiosa para a entente dentro da Tríplice Aliança do que fora dela. Em uma carta de janeiro de 1912 ao premiê Raymond Poincaré, Paul Cambon comentou que a Itália era "mais incômoda do que útil como aliada":

> Contra a Áustria, [a Itália] guarda uma hostilidade latente que nada pode desarmar e, no que diz respeito à França, temos razão para pensar que, em caso de conflito, permaneceria neutra ou, mais provavelmente, aguardaria os acontecimentos antes de tomar parte. Portanto, não temos necessidade de ligá-la mais a nós.[31]

Uma tendência ainda mais importante fundamentava o desarranjo da Tríplice Aliança. Quando armou seu ataque à Líbia, a Itália contou com o apoio mais ou menos relutante da maior parte da Europa. Isso, em si, já era uma situação notável, pois revelava quão abrangente era a dissolução da coalizão europeia pró-otomana. Nos anos 1850, surgira uma combinação entre potências para conter as predações russas contra o Império Otomano. O resultado foi a Guerra da Crimeia. Esse grupo reconstituíra-se sob uma forma diferente depois da Guerra Russo-Turca na Conferência de Berlim em 1878 e se reagrupara durante as crises da Bulgária de meados dos anos 1880. Agora não era mais visto em parte alguma. Na fase inicial da guerra italiana, o Império Otomano buscara uma aliança com os ingleses, mas Londres não respondeu, com receio de se indispor com a Itália. As duas Guerras dos Bálcãs que se seguiram acabaram de vez com o acordo.[32]

Uma importante transição estava em curso: a Grã-Bretanha recuava do compromisso gradualmente, assumido um século antes, de conter a Rússia no mar Negro para sustentar a integridade do Império Otomano. É verdade que a desconfiança da Grã-Bretanha em relação à Rússia ainda era grande demais para permitir um relaxamento completo da vigilância dos estreitos. Grey recusou-se a aceder ao pedido de Izvolsky em 1908 para que fossem afrouxadas as restrições ao acesso russo nos estreitos da Turquia, apesar da entente anglo-russa assinada no ano anterior. Até 1914, a frota otomana no Bósforo ainda era comandada por um britânico, almirante Sir Arthur Henry Limpus. Mas o enfraquecimento gradual do compromisso britânico com o sistema otomano criou, pouco a pouco, um vácuo geopolítico, para o qual a Alemanha também foi atraída paulatinamente.[33] Em 1887, Bismarck garantira ao embaixador russo em Berlim que a Alemanha não tinha objeções a que os russos se tornassem "os senhores dos estreitos, donos da entrada para o Bósforo e da própria Constantinopla".[34] Mas depois da saída de Bismarck em 1890 e do afrouxamento dos laços tradicionais com a Rússia, os líderes alemães procuraram estreitar as relações com Constantinopla. O cáiser Guilherme II fez viagens muito divulgadas ao Império Otomano em outubro de 1889 e de 1898, e a partir dos anos 1890 as Finanças alemãs envolveram-se profundamente na construção de ferrovias otomanas, primeiro a da Anatólia, depois a famosa ferrovia de Bagdá, iniciada em 1903, que deveria, depois de concluída, ligar Berlim ao Iraque otomano via Constantinopla.

Uma continuidade estrutural baseava essa mudança da guarda anglo-germânica. O problema dos estreitos — que é outro modo de nos referirmos à questão de conter o poder russo no leste do Mediterrâneo — permaneceria como uma das constantes do sistema europeu moderno (se deixarmos de lado o breve intervalo de 1915-7, quando a França e a Grã-Bretanha procuraram atrelar São Petersburgo à coalizão de guerra prometendo Constantinopla e os estreitos da Turquia à Rússia). E ele continuaria em evidência após 1945, quando a Turquia foi protegida da possível agressão russa por sua aliança com os Estados Unidos. Em decorrência desse comprometimento estratégico crítico, a Turquia é membro da Organização do Tratado do Atlântico Norte (Otan) desde 1952, mas continua excluída da União Europeia. A substituição gradual da Grã-Bretanha pela Alemanha como guardiã dos estreitos *nessa* conjuntura específica foi tremendamente importante, pois coincidiu com a divisão da Europa em dois blocos de alianças. A questão dos estreitos da Turquia, que outrora ajudara a unificar as ações na Europa, agora estava ainda mais enredada nos antagonismos de um sistema bipolar.

OS BÁLCÃS EM POLVOROSA

Quando os otomanos deram-se por vencidos e aceitaram a paz com a Itália no outono de 1912, os preparativos para um grande conflito nos Bálcãs já estavam bem adiantados. Em 28 de setembro de 1911, dia em que a Itália entregou seu ultimato a Constantinopla, o ministro das Relações Exteriores da Sérvia alertou que se a Guerra Ítalo-Turca se prolongasse, inevitavelmente acarretaria repercussões nos Bálcãs.[35] Quase no mesmo dia em que a declaração de guerra italiana veio a público, em outubro de 1911, começou-se a providenciar um encontro entre representantes dos governos sérvio e búlgaro para combinar uma ação militar conjunta.[36] Um primeiro esboço sérvio de um tratado de aliança com a Bulgária contendo as cláusulas para uma guerra ofensiva contra a Turquia ficou pronto em novembro de 1911. A aliança defensiva servo-búlgara assinada em março de 1912 foi seguida por uma aliança ofensiva em maio, justamente quando a Itália estava invadindo o Dodecaneso. Os acordos servo-búlgaros concentravam-se mais em objetivos militares contra o sudeste europeu otomano, mas também previam a possibilidade de ação conjunta contra a Áustria-Hungria.[37] Aglutinou-se em torno do núcleo servo-búlgaro uma Liga Balcânica secreta com o objetivo de expulsar os turcos da península. As negociações de paz entre a Itália e o Império Otomano ainda se arrastavam quando os Estados da Liga começaram a se mobilizar para uma Guerra dos Bálcãs geral. As hostilidades tiveram início em 8 de novembro de 1912, com um ataque montenegrino a posições otomanas. Em 18 de novembro de 1912, justamente quando estava sendo assinada a paz de Lausanne, o rei Petar I proclamou que "pela graça de Deus" ordenava a "seu bravo Exército a juntar-se à Guerra Santa para libertar nossos irmãos e assegurar um futuro melhor".[38]

A guerra que eclodiu nos Bálcãs em outubro de 1912 fora prevista por quase todo mundo. O que assombrou os observadores contemporâneos foi a rapidez e o alcance das vitórias obtidas pelos Estados da Liga Balcânica. Batalhas deflagraram-se por toda a península, com os Exércitos sérvio, búlgaro, grego e montenegrino avançando sobre os redutos otomanos. A geografia determinou que o fulcro da guerra búlgara fosse o leste da Trácia, cujas vastas planícies onduladas estreitavam-se no istmo ao fim do qual se situa Constantinopla. Para essa área os búlgaros enviaram quase 300 mil homens — aproximadamente 15% da população masculina total do país (ao todo, pouco mais de 30% da população masculina búlgara foram mobilizados durante a Primeira Guerra dos Bálcãs).[39] Em Kirk-Kilisse (Lozengrad), uma batalha campeou por três dias em uma frente de sessenta quilômetros que se estendia a leste a partir da fortaleza otomana de Edirne (Adrianópolis). Chefiada pelo excepcionalmente enérgico Dimitriev, conhecido como "Napoleão" por sua baixa estatura e sua preferência por comandar do núcleo da batalha, a infantaria búlgara atacou com determinação e ferocidade. Quando os otomanos debandaram desordenadamente, os búlgaros avançaram através da lama e da chuva pesada até chegar a uma região da qual não possuíam bons mapas ou reconhecimento — seus comandantes não haviam imaginado que chegariam tão longe. A investida búlgara finalmente cessou na linha de fortificações de Chataldja, a apenas trinta quilômetros de Constantinopla. Ali, em 17 de novembro de 1912, com a capital atrás de si, os otomanos contiveram o ataque, usando uma artilharia certeira para infligir espantosas baixas à linhas de infantaria que avançavam e repelindo onda após onda de atacantes. Foi o mais próximo que os búlgaros conseguiram chegar de Constantinopla.

Enquanto os búlgaros avançavam pela Trácia, o 1º Exército da Sérvia seguiu para o sul e adentrou o norte da Macedônia com cerca de 132 mil homens. Em 22 de outubro, mais cedo do que previam, encontraram uma força otomana acampada ao redor da cidade de Kumanovo. No dia seguinte, sob uma gélida chuvarada, começou uma batalha em uma frente de dezesseis quilômetros. Depois de dois dias de combate, os sérvios infligiram uma derrota esmagadora aos otomanos. Não houve nenhum ataque logo em seguida, e o Exército sérvio prosseguiu sua marcha para o sul; após três dias de combates violentos mas esporádicos próximo à cidade de Prilep, novamente sob as torrenciais chuvas de outono, os sérvios mais uma vez expulsaram os soldados otomanos de sua posição. A pedido de seus aliados búlgaros, que estavam ansiosos por tomar Salonica antes dos gregos e não tinham soldados de sobra, em 8 de novembro o comando sérvio ordenou ao 1º Exército que avançasse contra Bitola, uma pitoresca cidade às margens do rio Dragor no sudoeste da Macedônia. Ali os otomanos haviam estacionado e consolidado sua posição, posicionando sua artilharia na encosta dos montes Oblakov, apontando do alto para o principal avanço vindo do norte. De início, uma violenta defesa pela artilharia sobranceira conteve os sérvios. Só depois que a cordilheira Oblakov foi atacada e tomada, em 17 de novembro, a maré virou decisivamente em favor dos sérvios nessa batalha. Atirando com impressionante perícia do terreno elevado, a artilharia sérvia destruiu as baterias otomanas que defendiam a cidade e abriu caminho para um ataque da infantaria que rechaçou então o flanco otomano. Foi essa a última posição dos otomanos na Macedônia. Nesse ínterim, o 3º Exército da Sérvia avançara a oeste até o norte da Albânia, onde apoiou o Exército montenegrino no cerco à cidade fortificada de Scutari.

Desde o início do conflito, os gregos concentraram sua atenção apenas na tomada de Salonica, a maior cidade da Macedônia e principal porto estratégico da região. Deixando para os sérvios e búlgaros os redutos macedônicos no seu flanco esquerdo, o Exército grego da Tessália marchou para noroeste, devastando posições otomanas no desfiladeiro de Sarantaporos e em Yannitsa em 22 de outubro e

5. Os Bálcãs em 1912

6. Os Bálcãs: Linhas do cessar-fogo depois da Primeira Guerra dos Bálcãs

7. Os Bálcãs depois da Segunda Guerra dos Bálcãs

2 de novembro. A estrada para Salonica agora estava aberta. Seguiu-se um interlúdio quase cômico. Na primeira semana de novembro, unidades gregas começaram a cercar a cidade. Os búlgaros, percebendo que os gregos estavam prestes a se apoderar desse prêmio cobiçado, ordenaram à sua 7ª Divisão Rila que avançasse depressa a sudeste, na esperança de impedir a ocupação grega, e essa manobra forçou-os a deixar Bitola para os sérvios. Quando a divisão se aproximava da cidade, enviou mensageiros à frente para exortar o comandante otomano a render-se ao Exército búlgaro sob condições favoráveis. Mas o comandante respondeu, desolado: "Só tenho uma Tessalônica, e já a entreguei" — os gregos haviam chegado primeiro. Inicialmente o comando grego recusou entrada aos búlgaros, mas por fim concordou em permitir que 15 mil búlgaros ocupassem a cidade em conjunto com 25 mil soldados gregos. Em uma campanha paralela no Épiro, no sul da Albânia, os gregos atolaram-se em um cerco das fortificadas posições otomanas ao redor de Yanina. Os combates prolongaram-se em algumas áreas, mas a escala do sucesso dos aliados foi extraordinária: em apenas seis semanas, haviam conquistado quase metade da Turquia europeia. Em 3 de dezembro de 1912, quando foi assinado um armistício, os únicos pontos de

resistência otomana contínua a oeste da linha Chataldja eram Adrianópolis, Yanina e Scutari, todas ainda sitiadas.

Como sugere a querela por causa da Tessalônica, a Primeira Guerra dos Bálcãs continha as sementes de um segundo conflito pelos despojos territoriais da primeira. No tratado que formalizou sua aliança em março de 1912, Sérvia e Bulgária haviam acertado um plano claro de divisão: os búlgaros deveriam ficar com o sul da Macedônia, incluindo as cidades de Ohrid, Prilep e Bitola. A Sérvia ficaria com Kosovo — o coração da paisagem mítica sérvia — e o Sanjak de Novi Pazar. O norte da Macedônia, incluindo a importante cidade de Skopje, foi decretado "zona em disputa": se as duas partes não conseguissem chegar a um acordo, comprometiam-se a aceitar a arbitragem do tsar russo. Os búlgaros gostaram desse ajuste — especialmente porque achavam que os russos decidiriam em seu favor.[40]

Já os sérvios não ficaram nada satisfeitos. Muitos da elite política achavam que a aliança de março, que fora negociada pelo moderado primeiro-ministro Milovan Milovanović, havia feito concessões demais. Entre os críticos estavam o chefe do Estado-Maior Radomir Putnik e o líder do Partido Radical Nikola Pašić. "Na minha opinião", Pašić comentou depois, "concedemos demais, ou, melhor dizendo, abandonamos algumas áreas sérvias que nunca deveríamos ter ousado abandonar, mesmo que fosse para ficar sem um acordo."[41] Alguns meses depois, em julho de 1912, Milovanović morreu inesperadamente, e com isso um dos principais defensores da moderação na política externa sérvia saiu de cena. Seis semanas após sua morte, o ardoroso nacionalista Pašić assumiu o cargo de primeiro-ministro e ministro das Relações Exteriores.

O primeiro sinal inequívoco de que o governo sérvio pretendia violar as condições do tratado com a Bulgária veio antes mesmo de eclodir a Primeira Guerra dos Bálcãs. Em 15 de setembro de 1912, Pašić havia enviado uma circular confidencial às delegações sérvias nas potências europeias, na qual se referia à "Velha Sérvia" e definia que sua área englobava Prilep, Kičevo e Ohrid — áreas que tinham sido prometidas à Bulgária em março. Conforme a guerra se desenrolava, os desígnios sérvios para a Macedônia foram temporariamente eclipsados pelo avanço para o norte da Albânia, que distraiu a liderança com a sedutora perspectiva de um porto no Adriático. Esse era um velho problema da "unificação" nacional sérvia: o potencial para a expansão em várias direções forçava os responsáveis pelas decisões a escolher entre as opções. No entanto, tão logo ficou claro que a Áustria-Hungria não tinha intenção de permitir que os sérvios adquirissem uma faixa de território da Albânia e a perspectiva de um porto no Adriático foi sumindo de vista, os líderes em Belgrado começaram a mencionar em público a ideia de rever as cláusulas do tratado com a Bulgária a favor da Sérvia. Uma fixação especial era Monastir, que os sérvios haviam tomado, depois de repetidos ataques e numerosas baixas, "a baioneta".[42] Os búlgaros, alarmados, enviaram pedidos de esclarecimento, aos quais Pašić respondeu em seu costumeiro estilo evasivo: "Todas as diferenças podem e serão resolvidas facilmente", assegurou, ainda que ao mesmo tempo se falasse nos bastidores em anexar não só Prilep e Bitola, da zona búlgara, mas também a cobiçada cidade de Skopje na "zona disputada".[43] Os ânimos esquentaram ainda mais com a notícia de que sérvios haviam maltratado búlgaros nas "terras libertadas". E não ajudava nada o herdeiro do trono, príncipe Alexandar, andar por várias cidades macedônias durante uma visita às áreas conquistadas puxando conversa com os búlgaros locais da seguinte maneira:

> "Você é o quê?"
> "Búlgaro."
> "Você não é búlgaro. Filho de um corno."[44]

Por alguns meses pareceu que seria possível evitar o conflito, pois no fim de abril de 1913 Belgrado e Sófia concordaram em submeter à arbitragem russa a disputa pela Macedônia. Querendo resolver logo a questão, Sófia enviou a Belgrado Dimitar Rizov, o diplomata búlgaro que auxiliara na elaboração do Tratado de Aliança Servo-Búlgara em 1904 (ver cap. 2), a fim de planejar as bases para um acordo.[45] Conhecido como um expoente da colaboração servo-búlgara, Rizov era o homem certo para assegurar um acordo, se fosse possível. Mas suas conversas com o governo sérvio convenceram-no de que Belgrado não tinha a menor intenção de abrir mão das terras e fortificações que estava ocupando na "zona búlgara". Ele ficou particularmente horrorizado com a influência exercida pelo ministro russo. O peso de Hartwig nos assuntos sérvios era tamanho, ele informou ao primeiro-ministro búlgaro, "que seus colegas [diplomatas] em particular o chamam de 'regente', pois, na realidade, exerce as funções do enfermo rei sérvio".[46] Em 28 de maio, um dia depois de Rizov deixar Belgrado, Pašić finalmente divulgou sua política de anexação, declarando à Skupština que a Sérvia manteria todas as terras que havia conquistado com tanto esforço.

Agora era inevitável outro conflito por causa da Macedônia. Na última semana de maio de 1913, grandes contingentes de soldados sérvios foram despachados para posições avançadas ao longo da fronteira búlgara, e as ferrovias foram temporariamente fechadas ao tráfego de civis.[47] Em 30 de julho, Pašić estava mais uma vez falando à Skupština e defendendo sua política para a Macedônia contra deputados nacionalistas extremistas que apregoavam que a Sérvia devia simplesmente ter se apoderado de uma vez das províncias capturadas. Enquanto o debate fervia, um mensageiro informou ao primeiro-ministro que às duas da manhã forças búlgaras haviam atacado posições sérvias nas áreas disputadas. Não tinha havido nenhuma declaração de guerra. A Skupština terminou num tumulto, e Pašić deixou a sessão e foi coordenar os preparativos do governo para a contraofensiva.

Na guerra entre aliados que se seguiu, Sérvia, Grécia, Turquia e Romênia uniram forças para abocanhar nacos dos flancos da Bulgária. Forças búlgaras que entraram na Macedônia foram contidas pelos sérvios no rio Bregalnica no começo de julho. Soldados búlgaros bem entrincheirados ao redor de Kalimantsi, no noroeste da Macedônia, repeliram um contra-ataque sérvio de 15 a 18 de julho e impediram que os sérvios invadissem o oeste da Bulgária. Enquanto a frente sérvia empacava, os gregos atacavam pelo sul, em uma campanha que culminou na sangrenta e inconclusiva batalha do desfiladeiro Kresna. Ao mesmo tempo, um ataque romeno no leste, que levou tropas romenas a onze quilômetros de Sófia, forçou o governo búlgaro a pedir um armistício. Na Paz de Bucareste, firmada em 10 de agosto de 1913, a Bulgária, depois de um colossal derramamento de sangue, perdeu a maior parte dos territórios que havia adquirido na guerra anterior.

O CAMBIANTE

A política russa para os Bálcãs evoluiu à sombra da crise da anexação da Bósnia em 1908-9. Os russos esqueceram-se (ou nunca souberam) do papel que Izvolsky tivera na proposta de trocar a Bósnia-Herzegóvina pelo apoio diplomático austríaco na questão dos estreitos da Turquia. O contexto internacional mais amplo — por exemplo, a recusa da Grã-Bretanha em apoiar o esforço russo para obter acesso aos estreitos — foi igualmente suprimido da memória. Deturpada de modo a servir aos objetivos da propaganda nacionalista e pan-eslavista, a anexação da Bósnia era lembrada como um capítulo infame da história da perfídia austríaca, agravado pela intervenção da Alemanha em defesa de sua aliada em março de 1909. Era uma "humilhação" que a Rússia nunca mais devia se permitir sofrer. Mas a derrocada bósnia também revelou o grau de isolamento da Rússia nas questões balcânicas, pois nem a Grã-Bretanha nem a França haviam mostrado muito empenho em ajudar São Petersburgo a se desvencilhar da confusão que Izvolsky ajudara a criar. Estava claro que, no futuro, seria preciso achar um jeito de fazer pressão na região sem desagradar aos parceiros ocidentais da Rússia.

A mais notável característica da política russa para os Bálcãs em 1911-2 foi a debilidade do controle e coordenação central. O assassinato de Stolypin em 18 de setembro de 1811 tumultuou o sistema. Apenas dez dias depois da morte do premiê, o governo italiano deu seu ultimato ao otomano. O novo premiê, Vladimir Kokovtsov, ainda estava reconhecendo o terreno. Sazonov ficou fora do país de março a dezembro de 1911, convalescendo de uma doença grave. Em sua ausência, o ministro assistente das Relações Exteriores, Neratov, pelejava para se pôr a par dos acontecimentos. As rédeas do controle ministerial afrouxaram. Como resultado, a política russa fraturou-se em elementos paralelos e mutuamente incompatíveis. Por um lado, o embaixador russo em Constantinopla, N. V. Charykov, tentou aproveitar-se dos revezes do Império Otomano para negociar melhores condições para a navegação russa pelos estreitos da Turquia.[48] Durante a crise da Líbia, Charykov propôs ao governo otomano que a Rússia garantisse à Turquia a posse de Constantinopla e o interior defendível da Trácia. Em troca, o governo otomano garantiria passagem livre pelos Dardanelos e o Bósforo aos navios de guerra russos.[49]

Nesse mesmo período, o ministro em Belgrado Nikolai Hartwig seguia uma linha muito diferente. Hartwig aprendera seu ofício no Departamento Asiático do Ministério das Relações Exteriores russo, uma subcultura caracterizada pela preferência por posições assertivas e métodos implacáveis.[50] Desde sua chegada à capital sérvia no outono de 1909, ele fora o maior defensor de uma política ativa da Rússia na península balcânica. Não se dera ao trabalho de disfarçar sua austrofobia e suas ideias pan-eslavas. Andrey Toshev, o ministro búlgaro na capital sérvia, sem dúvida exagerou quando disse que "passo a passo [Hartwig] tomou as rédeas da direção do reino [sérvio]", mas não há dúvida de que ocupou uma posição de influência ímpar na vida política belgradina.[51] A popularidade de Hartwig na corte do tsar Nicolau II e a carência generalizada de um controle ou de uma fiscalização enérgica por parte de São Petersburgo permitiram, como observou pesarosamente o encarregado de negócios da missão russa em Belgrado, que Hartwig gozasse de relativa liberdade para elaborar suas próprias visões extremistas, mesmo quando conflitavam com os sinais oficiais emanados do Ministério. Ele conquistara "uma posição que lhe permitia apresentar aos sérvios sua própria versão dos passos que a Rússia estava prestes a dar".[52]

Enquanto Charykov explorava a possibilidade de uma aproximação duradoura com Constantinopla, Hartwig pressionava os sérvios para forjar uma aliança ofensiva com a Bulgária contra o Império Otomano. Ele estava em uma posição excelente para coordenar esses esforços, pois seu velho amigo Miroslav Spalajković, que havia praticamente morado na missão russa durante o escândalo do julgamento de Friedjung, aceitara o cargo de ministro sérvio em Sófia, onde ajudou a pavimentar o caminho para um tratado servo-búlgaro. Além de argumentar insistentemente junto ao governo sérvio, Hartwig assediou o ministro assistente Neratov com cartas asseverando que a formação de uma Liga Balcânica contra os otomanos (e, por implicação, a Áustria-Hungria) era o único modo de garantir os interesses russos na região. Em 6 de outubro de 1911, três dias depois de os italianos bombardearem Trípoli, Hartwig disse a Neratov: "Chegamos a um momento no qual ambos os Estados [Sérvia e Bulgária] estariam cometendo a maior ofensa contra a Rússia e o mundo eslavo se mostrassem a menor vacilação".[53]

Assim, Sazonov viu-se forçado a escolher entre opções incompatíveis quando retornou ao país de sua convalescença em fins de 1911. Ele preferiu rejeitar Charykov. O governo otomano foi informado de que devia desconsiderar as propostas do embaixador, e Charykov foi removido do posto alguns meses depois.[54] Sazonov afirmou que estava punindo seu embaixador por desconsiderar suas instruções, transpondo "todas as barreiras" erigidas por São Petersburgo e, com isso, "causando confusão".[55] Mas era só para despistar: Charykov conseguira o apoio do ministro assistente Neratov para suas propostas, e certamente não era o único enviado russo a fazer política por conta própria: o próprio Hartwig era bem mais culpado desse tipo de transgressão. A verdadeira razão de Sazonov para desacreditar o embaixador em Constantinopla era recear que ainda não tivesse chegado o momento para uma nova iniciativa russa para os estreitos.[56] Em dezembro de 1911, voltando de sua convalescença na Suíça, Sazonov soubera por Izvolsky e pelo embaixador russo em Londres, o conde Benckendorff, que um empenho direto na questão dos estreitos prejudicaria as relações com a França e a Grã-Bretanha. As atitudes britânicas eram uma preocupação especial, pois no inverno

19. *Serguei Sazonov.*

de 1911-2 haviam ressurgido as tensões geradas pelo acordo anglo-russo na Pérsia. Quanto mais se agravavam essas tensões, mais se reduzia a probabilidade de que a Grã-Bretanha adotasse uma postura favorável aos objetivos russos na questão dos estreitos. Nesse meio-tempo, o anêmico apoio russo à aventura marroquina da França na primavera e no verão de 1911 havia afrouxado os laços com Paris. O governo francês, de qualquer modo, relutava em querer que os russos conseguissem melhorar seu acesso ao leste do Mediterrâneo, uma área que para os franceses constituía uma esfera própria de interesse. E o mais importante era que a imensa escala do investimento francês no Império Otomano provocava em Paris profunda desconfiança contra qualquer iniciativa russa que parecesse comprometer sua saúde financeira. Em uma época na qual os laços que mantinham a coesão da entente pareciam relativamente fracos, eram inoportunas as propostas potencialmente divisivas para uma área de tamanha importância estratégica quanto os estreitos da Turquia. Em outras palavras, por ora Sazonov era obrigado a dar prioridade à coesão da entente em detrimento do interesse russo na melhora do acesso aos estreitos.

Ao mesmo tempo que se dissociava da iniciativa de Charykov, Sazonov apoiava a política pró-sérvia e pró-liga de Hartwig para os Bálcãs como um meio de combater os planos austríacos e de fazer pressão indiretamente sobre os otomanos. Mas o ministro das Relações Exteriores russo tinha o cuidado de evitar uma provocação direta aos otomanos que pudesse desagradar aos parceiros ocidentais da entente. O desejo de aproveitar as oportunidades que se abriam no

Bósforo tinha de ser contrabalançado pelos riscos de agir sozinho. Sazonov encorajou os italianos em suas incursões-relâmpago nos Dardanelos, apesar da probabilidade de levarem os turcos a fechar a passagem navegável que interromperia gravemente o tráfego comercial russo. Sazonov disse aos britânicos e franceses que seu objetivo era atrair a Itália para uma parceria balcânica; como argumentou com Sir Charles Buchanan, o embaixador britânico em São Petersburgo, ele via nos italianos "um valioso contrapeso à Áustria"; na verdade, esperava que os ataques italianos pudessem em algum momento dar as russos um pretexto para exigir acesso para seus navios de guerra.[57] No começo de outubro de 1912, Sazonov disse a Izvolsky que era essencial a Rússia "não parecer que está reunindo e unificando uma oposição à Turquia".[58]

Sazonov também apoiou e patrocinou a criação da Liga dos Bálcãs. Ele fora um expoente da política da liga desde que assumira o cargo, e se dizia inspirado pela visão de meio milhão de baionetas formando um baluarte entre as potências centrais e os Estados balcânicos.[59] Seus motivos para patrocinar o tratado da aliança servo-búlgara em março de 1912 eram antiaustríacos e antiturcos. Determinava o tratado que os signatários "ajudarão um ao outro com todas as suas forças" caso "qualquer grande potência tente anexar, ocupar ou invadir temporariamente" qualquer território balcânico antes em posse da Turquia — uma referência clara, ainda que implícita, à Áustria, que era suspeita de acalentar planos para o Sanjak de Novi Pazar.[60]

Sazonov sabia muito bem que a península balcânica provavelmente se tornaria muito instável em seguida à Guerra da Líbia. Ele acreditava que era essencial a Rússia permanecer no controle de qualquer conflito resultante. Assim, as condições do tratado servo-búlgaro davam à Rússia a missão de coordenar e arbitrar qualquer conflito pós-acordo. Um protocolo secreto estipulava que os signatários deveriam avisar a Rússia com antecedência sobre suas intenções de entrar em guerra; se os dois Estados discordassem quanto a onde ou quando iniciar um ataque (à Turquia), um veto russo seria determinante. Se um acordo sobre a partilha de território conquistado se revelasse difícil, a questão deveria ser submetida à arbitragem da Rússia: acatar a decisão russa seria obrigatório para ambos os parceiros do tratado.[61]

Portanto, a aliança parecia ser uma ferramenta valiosa para os interesses russos.[62] No entanto, permaneciam algumas dúvidas. A experiência sugeria que a Liga dos Bálcãs que a Rússia ajudara a criar poderia não ser obediente às sugestões de

São Petersburgo. Em outubro e novembro de 1911, a discordância quanto a essa questão causara um acerbo desentendimento entre Hartwig, que preferia uma política incisiva para a Liga dos Bálcãs, e A. V. Nekliudov, o ministro russo em Sófia, que receava ver a Rússia perder o controle sobre aquela aliança. Nekliudov tinha certa razão: e se os dois Estados signatários concordassem sobre a viabilidade e o momento de um ataque? Nesse caso, o veto russo determinado pelo tratado seria inútil (e foi o que realmente aconteceu). E se os dois signatários recrutassem para sua coalizão outros Estados vizinhos — Montenegro e Grécia, por exemplo — sem consultar São Petersburgo? Isso também aconteceu: a Rússia foi informada, mas não consultada, sobre os artigos militares secretos adicionados à aliança; as objeções de São Petersburgo à inclusão de Montenegro e Grécia foram desconsideradas. A Liga ameaçava sair de controle mesmo antes de entrar em vigor.[63]

Quando o tigre balcânico saltou da jaula em outubro de 1912, Sazonov fez esforços demonstrativos mas em grande medida pro forma para contê-lo. Por um lado, informou ao embaixador russo em Londres que não deveria concordar com nenhuma proposta para que a Rússia colaborasse com a Áustria.[64] Ao mesmo tempo, alertou os Estados da Liga de que não poderiam contar com a assistência russa.[65] Essas advertências devem ter soado estranhas aos sérvios e búlgaros, considerando o incentivo que os dois Estados haviam recebido da Rússia para que se coligassem contra os turcos. Milenko Vesnić, o enviado sérvio na França, recordou-se de uma reunião com Sazonov em Paris em outubro de 1912, quando a guerra estava começando. Falando a um grupo de oficiais franceses no Quai d'Orsay, Sazonov disse a Vesnić que, a seu ver, a mobilização sérvia fora uma "manobra mal planejada" e que era crucial a guerra ser contida e impelida rapidamente para seu término. Irritado mas não intimidado, Vesnić lembrou Sazonov de que o Ministério das Relações Exteriores russo tivera "pleno conhecimento do acordo firmado por Sérvia e Bulgária". Embaraçado — havia oficiais franceses na sala! —, Sazonov replicou que isso era verdade, mas se aplicava apenas ao primeiro tratado, que era "meramente defensivo" — uma afirmação dúbia, para dizer o mínimo.[66] A diplomacia russa desempenhava dois papéis ao mesmo tempo: instigar e zelar pela paz. Sazonov disse a Sófia que não tinha objeções a uma guerra nos Bálcãs em si, mas estava preocupado com o momento: uma guerra balcânica poderia trazer consequências mais abrangentes, e a Rússia ainda não estava militarmente pronta para se arriscar em uma conflagração geral.[67] A confusão gerada pelas mensagens ambivalentes de Sazonov foi agravada pela entusiasmada promoção da guerra por Hartwig e pelo adido militar russo em Sófia, que levaram seus respectivos interlocutores a acreditar que, se houvesse problemas, a Rússia não deixaria seus "pequenos irmãos balcânicos" desamparados. Disseram que Nekliudov, o ministro russo em Sófia, "chorou" de alegria quando foram anunciadas as mobilizações servo-búlgaras.[68]

Mas e se a política russa para os Bálcãs, em vez de favorecer, pusesse em risco os interesses russos nos estreitos da Turquia? A liderança política em São Petersburgo podia aceitar a ideia de que os estreitos permaneceriam por ora sob a frouxa custódia dos otomanos, mas era inaceitável pensar que outra potência poderia fincar raízes nas margens do Bósforo. Em outubro de 1912, o avanço inesperadamente veloz dos exércitos búlgaros sobre a linha de Chataldja no leste da Trácia, a última grande fortificação defensiva antes da capital otomana, alarmou Sazonov e seus colegas. Como a Rússia deveria reagir se os búlgaros, cujo voluntarioso rei sabidamente aspirava à antiga coroa de Bizâncio, capturassem e ocupassem Constantinopla? Se isso acontecesse, Sazonov disse a Buchanan, "a Rússia seria obrigada a alertá-los para sair", porque, ele acrescentou hipocritamente, "embora a Rússia não desejasse estabelecer-se em Constantinopla, não poderia permitir que nenhuma outra potência se instalasse ali".[69] Em uma carta a Nekliudov que foi copiada para as legações em Paris, Londres, Constantinopla e Belgrado, Sazonov empregou o conhecido argumento de que a tomada de Constantinopla pelos búlgaros voltaria a opinião pública russa contra Sófia.[70] Um ominoso alerta foi dado ao ministro búlgaro em São Petersburgo: "Não entrem em Constantinopla em nenhuma circunstância, senão complicarão gravemente sua situação".[71] Só o sangrento colapso do avanço búlgaro sobre a linha de fortificações de Chataldja salvou Sazonov de ter de intervir de um modo que poderia perturbar as potências aliadas.

Essas manobras aconteceram em um contexto de crescente agitação da imprensa na Rússia. Os editores de jornais do país receberam eletrizados a notícia da luta que eclodira entre os Estados balcânicos e o inimigo ancestral no Bósforo. Nenhum outro assunto tinha tanto poder para empolgar, solidarizar, indignar e enraivecer o público urbano da Rússia. "Se os eslavos e gregos saírem vitoriosos, onde está a mão de ferro que [...] lhes tirará os frutos de vitórias que terão comprado com seu sangue?", indagou o *Novoye Vremya* em fins de outubro de 1912.[72] É difícil avaliar o impacto dessas tendências sobre Sazonov. O ministro das Relações Exteriores russo abominava o interesse da imprensa pelos detalhes de sua política e afetava desprezo pelos jornalistas e suas opiniões. Por outro lado, ele parece ter sido muito sensível à crítica da imprensa. Uma ocasião, deu uma entrevista coletiva para protestar contra o tratamento hostil que lhe davam os jornalistas. Em uma circular escrita em 31 de outubro aos embaixadores russos nas grandes potências, Sazonov declarou que não tinha intenção de permitir que vozes nacionalistas na imprensa russa influenciassem o modo como ele fazia política. Mas prosseguiu sugerindo que os enviados poderiam pensar em usar relatos de agitação na imprensa para "incutir em gabinetes [estrangeiros] a ideia da necessidade de levar em conta a dificuldade da nossa posição".[73] Em outras palavras, enquanto negava que a imprensa fosse uma força em seu processo de tomada de decisão, Sazonov sabia que uma cobertura negativa pelos jornais podia ser explorada no exterior para garantir certa margem de manobra em negociações diplomáticas. Poucos documentos evocam melhor a complexidade do relacionamento entre os principais decisores e a imprensa.

A improvisação e a vacilação frenética continuaram a ser a marca registrada da política de Sazonov durante a Primeira Guerra dos Bálcãs. No fim de outubro ele anunciou solenemente seu apoio à política austríaca de manter o status quo territorial na península balcânica. Mas em 8 de novembro Sazonov informou ao governo italiano que o acesso da Sérvia ao mar Adriático era uma necessidade absoluta, e acrescentou, agourento: "É perigoso desconsiderar os fatos". No entanto, apenas três dias depois, ele disse a Hartwig que a criação de um Estado albanês independente na costa do Adriático era uma "necessidade inevitável", e mais uma vez acrescentou: "Desconsiderar os fatos é perigoso".[74] Hartwig recebeu a ordem de alertar Pašić de que, se os sérvios fossem longe demais, a Rússia poderia ser forçada a cruzar os braços e deixar que se virassem sozinhos — uma tarefa que o ministro russo cumpriu sob protesto e com indisfarçada contrariedade. Sazonov encaminhou cópias dessa mensagem a Londres e Paris.[75] Entretanto, em 17 de novembro lá estava ele, mais uma vez, argumentando em favor de um corredor sérvio até a costa.[76] Enviou comunicados a Paris e Londres declarando que a Rússia poderia ser obrigada a uma intervenção militar contra a Áustria-Hungria se esta atacasse a Sérvia, e pediu aos dois governos aliados que explicitassem suas posições.[77] "Sazonov muda tão constantemente de atitude", escreveu em novembro de 1912 o embaixador George Buchanan em São Petersburgo, "que é difícil acompanhar as sucessivas fases de pessimismo e otimismo que ele atravessa."[78] Dois meses depois, o embaixador relatou: "Mais de uma vez admoestei Sazonov por sua incoerência e suas frequentes mudanças de postura". Mas, para ser justo, ele prosseguiu, o ministro russo "não era um agente livre". Sazonov era obrigado, acima de tudo, a levar em conta as posições do tsar, que caíra recentemente sob a influência do partido militar em São Petersburgo.[79] Robert Vansittart, ex-terceiro secretário em Paris e Teerã, servindo agora no Ministério das Relações Exteriores em Londres, resumiu o problema: "O sr. Sazonov é um lamentável cambiante".[80]

A CRISE DO INVERNO DE 1912-3 NOS BÁLCÃS

Enquanto Sazonov cambiava, a liderança russa dava sinais de endurecer suas atitudes na política para os Bálcãs. A decisão de anunciar uma mobilização simulada em 30 de setembro de 1912, justamente quando os Estados balcânicos estavam se mobilizando, sugeriu que a Rússia pretendia reforçar sua diplomacia nos Bálcãs com ações militares destinadas a intimidar Viena. O Estado-Maior da Áustria informou que 50 mil a 60 mil reservistas russos haviam sido levados para o saliente polonês no distrito de Varsóvia (contíguo à Galícia austríaca) e que estava prevista a chegada de mais 170 mil convocados, para formar uma grande concentração de soldados russos na fronteira austro-húngara. Sazonov, quando interpelado sobre essas medidas, declarou que não sabia de nada; Sukhomlinov, em contraste, asseverou que o ministro das Relações Exteriores fora plenamente informado.[81] Independentemente de Sazonov ter ou não sabido (e ambas as possibilidades são plausíveis), a mobilização experimental, assim como a decisão de levá-la adiante mesmo quando eclodiu a Guerra dos Bálcãs, assinala um afastamento da cautela que até então refreara a política russa. O pensamento russo começara a adotar a estratégia do "verdadeiro poder", na qual os esforços diplomáticos eram reforçados pela ameaça da força militar. "Provavelmente só poderemos contar com o apoio efetivo de França e Inglaterra se esses Estados reconhecerem o quanto estamos dispostos a correr os riscos", comentou Sazonov a Kokovtsov em uma carta de 10 de outubro de 1912.[82] E em um raciocínio paradoxal, característico de sua política nos últimos anos antes da eclosão da guerra, ele disse a Izvolsky que só uma prontidão militar total permitiria à Rússia exercer uma "pressão pacífica" voltada para seus objetivos.[83]

A mudança da Rússia para uma política mais assertiva nos Bálcãs também marcou uma alteração no equilíbrio de poder entre Kokovtsov e Sukhomlinov.

No decorrer das negociações sobre o orçamento militar de 1913 em outubro-novembro de 1912, ficou claro que o tsar não estava mais disposto a apoiar Kokovtsov em suas recomendações de contenção dos gastos militares. Em uma série de reuniões em 31 de outubro a 2 de novembro, o Conselho de Ministros aprovou um crédito suplementar às Forças Armadas no valor de 66,8 milhões de rublos. Quem iniciou esse plano não foi Sukhomlinov, mas Sazonov, que em 23 de outubro escrevera a Kokovtsov declarando que pretendia aumentar a prontidão do Exército para um confronto com a Áustria-Hungria ou a Turquia. Kokovtsov, não tendo escolha, encaminhou a carta a Sukhomlinov, que então solicitou formalmente o crédito. Esse foi um passo crucial para solapar a posição de Kokovtsov: o premiê era impotente para anular uma iniciativa defendida tanto pelo ministro das Relações Exteriores como pelo ministro da Guerra, e apoiada nos bastidores pelo tsar.[84] Depois de 5 de novembro, quando o tsar autorizou uma ordem para adiar o revezamento dos alistados mais velhos que deveriam ir para casa, o número de reservistas de prontidão aumentou para 400 mil.[85] Agora o contingente de soldados na fronteira, segundo informações de São Petersburgo aos franceses, estava apenas um pouco abaixo do nível de tempos de guerra, e a Rússia rematou essas medidas a outras: o envio de algumas unidades para posições avançadas próximo à fronteira da Galícia com a Áustria, requisições de armas e retenção de material rodante. O chefe do Estado-Maior Zhilinsky disse ao adido militar francês que o objetivo era assegurar que "podemos [...] nos ajustar a qualquer eventualidade".[86]

O passo decisivo em direção à escalada foi dado na quarta semana de novembro de 1912, quando o ministro da Guerra, Sukhomlinov, e membros do comando militar quase conseguiram persuadir o tsar a ordenar uma mobilização parcial contra a Áustria-Hungria. Kokovtsov recordou-se de que em 22 de novembro disseram-lhe que o tsar queria vê-lo na manhã seguinte, com Sazonov. Quando chegaram, descobriram horrorizados que uma conferência militar já havia decidido dar ordens de mobilização aos distritos de Kiev e Varsóvia, contíguos ao território austro-húngaro. Aparentemente, Sukhomlinov quisera a mobilização no dia anterior, mas o tsar postegara a ordem para consultar primeiro os ministros pertinentes. Indignado com essas manobras despóticas dos militares, Kokovtsov frisou a idiotice da medida proposta. Acima de tudo, uma mobilização parcial contra a Áustria não tinha nenhum sentido, pois a Alemanha era obrigada a socorrer a Áustria em caso de ataque. E quanto à França? Como Paris não fora consultada, uma mobilização súbita poderia muito bem deixar a Rússia enfrentando sozinha as consequências de sua insensatez. E havia também a questão constitucional: Sukhomlinov, argumentou Kokovtsov, não tinha sequer o direito de mencionar uma política desse teor ao tsar sem antes consultar o ministro das Relações Exteriores. Nicolau II recuou e concordou em cancelar as ordens do ministro da Guerra.[87] Nessa ocasião, Sazonov aliou-se ao premiê Vladimir Kokovtsov para criticar a proposta como politicamente sem sentido, estrategicamente inviável e perigosíssima. Foi um dos últimos suspiros do "governo unido" na Rússia imperial.

Permanece, entretanto, o fato de que durante a crise de 1912-3 Sazonov apoiou uma política de confronto com a Áustria, política essa que assegurou que a fronteira russo-austríaca permanecesse "no centro da tempestade diplomática".[88] Houve uma breve mudança de opinião na questão da mobilização depois do impasse de 23 de novembro entre o comando civil e o militar, mas os ânimos permaneceram beligerantes em São Petersburgo. Em meados de dezembro, o ministro da Guerra, Sukhomlinov, propôs ao Conselho de Ministros uma profusão de medidas: reforçar as unidades de cavalaria na fronteira nos distritos de Kiev e Varsóvia, convocar reservistas para um treinamento a fim de manter um contingente de tempos de guerra nas unidades de fronteira, transportar cavalos para as áreas de fronteira, reforçar guardas militares e proibir a exportação de cavalos. Se todas essas medidas tivessem sido executadas, poderiam ter levado a crise de inverno a transpor o limiar para a guerra — ocorreria com certeza uma escalada pan-europeia, pois Paris estava então exortando os russos a intensificar suas medidas contra a Áustria e prometera seu apoio em caso de um conflito militar envolvendo a Alemanha. Mas isso estava indo longe demais para Sazonov, e ele mais uma vez aliou-se a Kokovtsov na rejeição à proposta de Sukhomlinov. Dessa vez, os proponentes da paz obtiveram uma vitória apenas parcial: a convocação de reservistas da infantaria e a proibição da exportação de cavalos foram rejeitadas como demasiado incendiárias, mas as outras medidas seguiram em frente, com efeitos previsivelmente desestabilizadores dos ânimos em Viena.[89]

À luz dos acontecimentos anteriores, uma oferta de Sazonov, na última semana de dezembro de 1912, para retirar parte dos reforços russos na fronteira da Galícia, porém com a condição de que Viena retirasse os seus primeiro, pareceu mais um ato de intimidação do que um genuíno esforço em prol da desescalada e retirada.[90] Os austríacos não concordaram, e São Petersburgo intensificou a ameaça mais uma vez, aludindo à possibilidade de aumentar ainda mais a classe dos alistados por meio de um anúncio público que teria desencadeado um pânico de guerra generalizado. No começo de janeiro de 1913, Sazonov chegou até a dizer ao embaixador britânico, George Buchanan, que tinha um "projeto de mobilização na fronteira austríaca" e estava planejando levar mais soldados para lá. Falou-se novamente (dessa vez foi Sazonov, e não só Sukhomlinov) em mobilização no distrito militar de Kiev e em um ultimato russo a Viena.[91]

O resultante impasse armado austro-russo foi política e financeiramente doloroso para os dois lados: em Viena, o confronto na fronteira impôs um ônus desastroso às frágeis finanças da monarquia. Também suscitou questões sobre a lealdade dos tchecos, eslavos do sul e outros reservistas de minorias nacionais, muitos dos quais corriam o risco de perder seu emprego civil se o estado de alerta máximo continuasse. Também do lado russo houve dúvidas sobre a lealdade política das unidades na fronteira: a insubordinação entre os reservistas reconvocados para o serviço ameaçou alastrar-se para o Exército de tempos de paz, e os oficiais na frente da Galícia exigiram que se começasse a guerra imediatamente ou se reduzissem as reservas. O Ministério das Finanças e seu chefe, Vladimir Kokovtsov, também reclamaram do ônus financeiro imposto pela retenção dos reservistas, embora, de modo geral, a preocupação financeira pareça ter tido um papel menos destacado em São Petersburgo, onde o Exército nadava em dinheiro, do que em Viena, onde os ministros temiam o colapso total do controle financeiro.[92] Kokovtsov conseguiu fazer a balança pender para a desescalada e persuadiu o tsar a não prosseguir com outras medidas potencialmente provocativas.

Por fim, foram os austríacos a recuar primeiro, reduzindo gradualmente o número de seus soldados na fronteira a partir de fins de janeiro. Em fevereiro e março, Berchtold deu o passo seguinte, fazendo concessões a Belgrado. Em 21 de fevereiro, Francisco José propôs uma redução substancial no contingente das companhias na Galícia, e Nicolau II, em troca, concordou em propor que se liberasse do serviço a classe dos alistados mais velhos. A desescalada tornou-se oficial na segunda semana de março, com reduções de contingente consideráveis e publicamente anunciadas dos dois lados da fronteira.[93]

A crise do inverno de 1912-3 nos Bálcãs passou, para alívio geral. Mas mudou permanentemente os contornos da política em Viena e São Petersburgo. Os planejadores austríacos acostumaram-se a um estilo de diplomacia mais militarizado.[94] Em São Petersburgo emergiu um partido da guerra. Entre seus membros mais intransigentes estavam os grão-duques Nikolai Nikolaievich e Pyotr Nikolaievich,

20. *Alexander V. Krivoshein.*

ambos altos comandantes militares e casados com princesas montenegrinas. "Nem todo o pacifismo do imperador pode silenciar aqueles [na corte] que proclamam a impossibilidade de recuar diante da Áustria", escreveu o ministro belga em São Petersburgo no começo de 1913.[95] Posições beligerantes ganharam terreno, não só porque o tsar (intermitentemente) e altos comandantes militares ou navais as apoiavam, mas também porque eram igualmente defendidas por um influente círculo de ministros civis, entre os quais o mais importante era o ministro da Agricultura, Alexander Krivoshein.

Krivoshein foi uma das figuras mais dinâmicas e interessantes da cena política russa. Era o perfeito *networker* político: inteligente, refinado, astuto e dotado de um talento assombroso para fazer as amizades certas.[96] Quando jovem, ganhou a reputação de ser hábil em acolitar filhos de ministros poderosos, que depois o ajudaram a conseguir cargos cobiçados. Em 1905 ele se infiltrou no círculo associado ao secretário do tsar, D. Trepov (o outono de 1905 foi o único período em que o tsar usou os serviços de um secretário particular). Em 1906, embora ainda não tivesse um cargo oficial permanente, Krivoshein já era recebido pelo soberano.[97] Ele também era riquíssimo, pois sua mulher pertencia à família Morozov, herdeira de um vasto império têxtil, e essa aliança assegurou-lhe, adicionalmente, relações íntimas com a elite industrial de Moscou.

As políticas de Krivoshein foram forjadas por sua experiência prévia na Polônia russa — ele nasceu e cresceu em Varsóvia. A região era um viveiro de oficiais nacionalistas russos. Os burocratas russos nas gubernias* ocidentais polonesas sentiam-se, nas palavras de um alto funcionário, "como um campo sitiado, com seus pensamentos sempre derivando para a autoridade nacional".[98] O saliente ocidental tornou-se uma das bases dos nacionalistas da Duma depois de 1905. A política externa de início não foi uma das especialidades de Krivoshein. Ele era um agente da modernização agrária e administrativa, no estilo de Stolypin. Achava difícil comunicar-se com estrangeiros, pois, diferentemente da maioria dos membros de sua classe na Rússia, não tinha fluência nem em alemão nem em francês. Ainda assim, à medida que sua estrela política ascendeu, ele adquiriu o apetite por exercer influência nesse que era o mais prestigioso domínio da atividade governamental. Além disso, sua nomeação como ministro da Agricultura e regulação da posse da terra em maio de 1908 envolvia uma dimensão geopolítica mais forte do que o título sugere. O Ministério de Krivoshein promovia a povoação russa no Extremo Oriente, por isso ele adquiriu um ativo interesse nas questões de segurança relacionadas à fronteira entre o Extremo Oriente russo e a Manchúria interior chinesa.[99] Como muitos políticos de olhos voltados para o leste, Krivoshein defendia a manutenção de boas relações com a Alemanha. Não compartilhava com Izvolsky a visão apocalíptica da anexação austríaca da Bósnia-Herzegóvina, e resistia aos clamores do ministro das Relações Exteriores por "vingança" contra as potências da Tríplice Aliança.[100]

Entretanto, nos últimos anos antes do verão de 1914, Krivoshein passou por uma transição. Stolypin, que fora para ele um mentor poderoso, morrera. O governo unido estava tumultuado. Krivoshein pôs-se a cultivar os círculos nacionalistas na Duma e na esfera pública mais intensamente. Durante a crise dos Bálcãs no inverno de 1912-3, apoiou a ousada política de Sukhomlinov para os Bálcãs, argumentando que era hora de "parar de chorar na frente dos alemães" e, em vez disso, depositar a confiança no povo russo e em seu imemorial amor pela pátria.[101] Na primavera de 1913 ele liderou uma veemente campanha pela revisão das condições do tratado tarifário da Rússia com a Alemanha. O tratado fora negociado

* Divisão administrativa do Império Russo. (N. T.)

com os alemães por Serguei Witte e Kokovtsov em 1904; em 1913, era comum entre as classes políticas russas a visão de que esse tratado permitia ao "astuto e frio industrial alemão" arrecadar "tributo" do "humilde trabalhador do solo russo".[102] A campanha, um claro repúdio da política agrária de Kokovtsov, gerou disputa entre as imprensas alemã e russa. O filho de Krivoshein recordou mais tarde que, conforme a controvérsia se acirrou e as relações com a Alemanha esfriaram, Krivoshein tornou-se muito bem-vindo na embaixada francesa, onde era visto frequentemente com seu novo círculo de amigos franceses.[103]

O crescente entusiasmo de Krivoshein por uma política externa firme também refletiu a aspiração (igualmente importante para Izvolsky e Sazonov) de encontrar temas que forjassem laços entre a sociedade e o governo. Krivoshein e seu Ministério destacaram-se nos círculos governamentais e oficiais por sua íntima colaboração com os zemstvos (órgãos eleitos do governo local) e com várias organizações baseadas na sociedade civil. Em julho de 1913, ele inaugurou uma exposição agrícola em Kiev com um breve pronunciamento que se celebrizou como o discurso do "nós e eles": declarou que a Rússia só alcançaria o bem-estar quando deixasse de existir a perniciosa divisão entre "nós", o governo, e "eles", a sociedade. Em resumo: Krivoshein representava uma combinação de modernismo tecnocrático, populismo, setorialismo agrário, autoridade parlamentar e visões cada vez mais belicosas nos assuntos externos. Em 1913 ele era inquestionavelmente o ministro civil mais bem relacionado e poderoso. Não admira que Kokovtsov falasse com desânimo de seu "isolamento" e "total desamparo" diante de um grupo ministerial claramente decidido a removê-lo do cargo.[104]

BULGÁRIA OU SÉRVIA?

Havia uma escolha estratégica que Sazonov e seus colegas teriam por fim de confrontar. A Rússia devia apoiar a Bulgária ou a Sérvia? Estava claro que, dos dois países, a Sérvia era estrategicamente o mais importante. Sua localização na costa do mar Negro e do Bósforo tornava-a uma parceira interessante. A derrota de forças otomanas na Guerra Russo-Turca de 1877-8 criara as condições para o surgimento de um Estado búlgaro autônomo, sob a custódia russa e a suserania nominal da Porta Otomana. Portanto, historicamente a Bulgária era um Estado cliente de São Petersburgo. Mas Sófia nunca se tornou o satélite obediente que os russos desejavam. Facções políticas russófilas e "ocidentais" competiam pelo controle da política externa (como fazem até hoje), e a liderança explorava a localização estrategicamente sensível do país aliando-se ora a uma, ora a outra potência.

Depois da ascensão ao trono de Ferdinando de Saxe-Coburg e Gotha-Koháry, que governou a Bulgária primeiro como *knjaz* (príncipe regente), depois como tsar (rei), de 1885 a 1918, essas oscilações tornaram-se mais frequentes. Ferdinando manobrava entre as facções ministeriais russófila e germanófila.[105] O monarca búlgaro "sempre seguia sua regra de não se comprometer com nenhuma linha de ação definida", lembrou depois Sir George Buchanan. "Oportunista inspirado unicamente por seus interesses pessoais, ele preferia [...] flertar primeiro com uma, depois com outra potência [...]."[106] A crise da anexação da Bósnia em 1908-9 gerou o resfriamento das relações com São Petersburgo, pois Ferdinando alinhou-se temporariamente com Viena, explorando o momento para deixar de lado o Tratado de Berlim (que definira a Bulgária como principado autônomo do Império Otomano), declarar a unidade e independência da Bulgária e proclamar-se tsar dos búlgaros em uma suntuosa cerimônia em Turnovo, a antiga capital da região. Izvolsky exasperou-se com tal deslealdade e avisou que os búlgaros não tardariam a pagar pela traição a seus amigos. Foi uma irritação passageira: quando falharam as negociações entre Sófia e Constantinopla para o reconhecimento da independência do reino e os otomanos começaram a concentrar tropas na fronteira búlgara, Sófia pediu ajuda a São Petersburgo e tudo foi perdoado. Os russos mediaram um acordo de independência com Constantinopla, e a Bulgária tornou-se, por algum tempo, uma leal parceira regional da entente.[107]

Mas até os dirigentes mais simpáticos à Bulgária em São Petersburgo reconheciam que as relações com Sófia tinham de levar em conta os interesses sérvios, especialmente depois da crise da anexação da Bósnia, que criara uma onda de simpatia pela Sérvia na opinião pública russa. Em dezembro de 1909, na ânsia de reaver uma posição avançada na península balcânica, o Ministério da Guerra russo redigiu uma Convenção Secreta que previa operações conjuntas russo-búlgaras contra o Império Habsburgo, a Romênia ou a Turquia, e prometia à Bulgária toda a Macedônia e a Dobrudja (uma zona disputada na fronteira com a Romênia). Mas a convenção, considerada prejudicial aos interesses sérvios, foi engavetada por ordem de Izvolsky. Com Hartwig em Belgrado instigando os sérvios contra a Áustria-Hungria e manobrando em favor deles em São Petersburgo, tornou-se cada vez mais óbvia a incompatibilidade de optar por Sérvia ou Bulgária.

Em março de 1910 delegações de Sófia *e* de Belgrado estiveram em São Petersburgo com duas semanas de diferença para deliberações de alto nível. Os búlgaros pressionaram seus interlocutores russos a abandonar a Sérvia e se comprometer claramente com Sófia — só nessas condições emergiria uma coalizão estável de Estados balcânicos. O premiê búlgaro, Malinov, disse a Izvolsky que era impossível os russos criarem ao mesmo tempo uma Grande Bulgária e uma Grande Sérvia:

> Quando vocês decidirem ficar do nosso lado em atenção aos nossos interesses, resolveremos facilmente a questão da Macedônia com os sérvios. Assim que isso for compreendido em Belgrado — e vocês devem ser claros para que se possa compreender — os sérvios se mostrarão muito mais conciliatórios.[108]

Nem bem os búlgaros haviam partido, o rei Petar, que era muito mais benquisto na corte do tsar do que o ardiloso Ferdinando, chegou para defender sua causa. Deram-lhe garantias cruciais: a Rússia não pretendia mais conceder à Bulgária a condição de cliente privilegiada. O duradouro compromisso russo de apoiar as pretensões búlgaras à Macedônia permaneceria oficialmente em vigor, mas nos bastidores Izvolsky prometeu que daria um jeito de "satisfazer os interesses e direitos da Sérvia". Acima de tudo — uma notícia que eletrizou o ministro das Relações Exteriores em Belgrado — agora a Rússia aceitava que parte da Macedônia devia caber à Sérvia.[109]

Da perspectiva russa, uma das atrações da política da Liga dos Bálcãs era justamente permitir que a incoerência entre as opções fosse atenuada, ao menos por algum tempo. Podia-se imaginar que, tão logo a aliança servo-búlgara de março de 1912 encontrasse uma solução para o problema da Macedônia que parecesse aceitável para as duas partes, a Liga poderia revelar-se um instrumento duradouro da política russa na península. A cláusula da arbitragem russa na zona disputada parecia proteger o papel especial da Rússia na península e ao mesmo tempo criar um mecanismo pelo qual a tutora dos eslavos poderia conter e canalizar o conflito entre seus clientes.

O avanço inesperadamente rápido dos exércitos búlgaros sobre Constantinopla alarmou São Petersburgo. Sazonov exortara Sófia a ter "sabedoria" e prudência para "parar no momento certo"; seu receio aumentou com a insólita suspeita de que os franceses estavam instigando os búlgaros a tomar a capital otomana.[110]

Mas os ânimos se acalmaram graças ao fiasco do avanço búlgaro, e logo após a guerra São Petersburgo concentrou-se em mediar um acordo entre os dois Estados vitoriosos segundo as condições estipuladas no tratado de março de 1912. No entanto, a Sérvia recusou-se a desocupar os territórios que havia conquistado, e a Bulgária não quis abrir mão da pretensão àquelas áreas. A mediação era praticamente impossível: os búlgaros exigiam que qualquer mediação se baseasse no tratado de março de 1912, enquanto o governo sérvio insistia em que os acontecimentos durante a campanha haviam anulado o tratado. Os Estados balcânicos, resumiu o tsar Nicolau, agora eram "como meninos bem-comportados que haviam crescido e se transformado em vândalos tenazes".[111]

Sazonov inclinou-se primeiro para a Bulgária e culpou a Sérvia, com certa razão, por recusar-se a desocupar as áreas conquistadas. Mas em fins de março de 1913 o ministro das Relações Exteriores russo estava novamente do lado de Belgrado, exortando Sófia a fazer concessões. Quando soube que os búlgaros estavam prestes a retirar de Belgrado seu embaixador, Andrey Toshev, Sazonov enfureceu-se e acusou os búlgaros de agir a mando de Viena; por causa de sua "insolência com a Rússia e o mundo eslavo", os búlgaros estavam caminhando "para a ruína".[112] Os búlgaros concordaram em não retirar o embaixador Toshev, e a desavença foi apaziguada, mas uma reorientação duradoura contra Sófia instalou-se na Rússia. Para piorar, foram os búlgaros que começaram as hostilidades em 29 de junho, e Sazonov havia alertado várias vezes que quem quer que iniciasse a próxima guerra ia pagar caro. (No entanto, a Rússia teve sua participação no caso, pois Hartwig instruíra Nikola Pašić a não tomar a iniciativa em hipótese alguma e aguardar o ataque búlgaro.)

Ao mesmo tempo, ocorreu uma mudança na política russa para a Romênia. Durante a Primeira Guerra dos Bálcãs, Sazonov intercedera junto a Bucareste para assegurar que não houvesse um ataque oportunista da Romênia a território búlgaro; ele se referia à Dobrudja, a região fronteiriça disputada pelos dois Estados. No começo do verão de 1913, em contraste, quando o acordo servo-búlgaro sobre a Macedônia ruiu, Sazonov fez saber em Bucareste que a Rússia *não* agiria se a Romênia interviesse contra o agressor em uma guerra servo-búlgara.[113] Esse foi o passo mais firme até então contra a Bulgária e deu à posição russa uma clareza sem precedentes.

A adoção de uma posição mais exclusivamente pró-sérvia por São Petersburgo foi reforçada pela situação financeira. Na esteira da Segunda Guerra dos Bálcãs, os Estados beligerantes, segundo um estudo da Fundação Carnegie sobre as causas e condutas na Guerra dos Bálcãs, estavam como "mendigos que tentam fazer um empréstimo para pagar suas dívidas e reconstruir suas forças militares e produtivas".[114] A Bulgária era quem sofria as condições mais deploráveis, depois de ter guerreado contra quatro oponentes a um custo humano e econômico devastador (a Bulgária sofreu 93 mil baixas na Segunda Guerra — mais do que seus quatro oponentes juntos).[115] Sob o novo premiê liberal Vasil Radoslavov, que assumiu o cargo liderando uma coalizão em 17 de julho de 1913, o governo búlgaro entrou com pedidos para um crédito considerável. Viena foi a primeira a responder, com um módico adiantamento de 30 milhões de francos, em fins de outubro; mas essa quantia não era suficiente nem para que o governo búlgaro continuasse a honrar o serviço da dívida. Apesar de garantias de que Sófia aceitaria que os Dardanellos passassem a estar perpetuamente na esfera de influência da Rússia, São Petersburgo não se dispôs a ajudar. Sazonov achava que a Rússia precisava recusar qualquer assistência financeira a Sófia enquanto permanecesse no poder o governo Radoslavov, que considerava hostil à Rússia. De qualquer modo, mesmo se quisessem, os russos não estavam em condições de fornecer créditos na escala requerida por Sófia. Portanto, o mais importante era a pressão sobre a França, que ainda tinha acesso a reservas substanciais de capital financeiro, para que seguisse a linha russa e não apoiasse Sófia.[116]

Não que os franceses precisassem de muita persuasão. Eles vinham canalizando recursos financeiros com motivações políticas para Belgrado desde a "guerra do porco" austro-sérvia. Os empréstimos internacionais eram um instrumento consagrado e muito eficaz da diplomacia francesa. André de Panafieu, ministro francês em Sófia, sintetizou a relação entre o dinheiro e a política externa quando observou em um comunicado de 20 de janeiro de 1914 que, enquanto Sófia permanecesse amiga de Viena, sempre seria fácil encontrar razões para recusar um empréstimo à Bulgária.[117] No entanto, Sazonov também percebia que levar essa atitude longe demais poderia se revelar contraproducente. Quando o novo ministro russo, Alexander Savinsky, foi mandado para Sófia em janeiro de 1914, sua missão era impedir que a Bulgária se inclinasse para as potências germânicas.[118] O encarregado de negócios da Rússia em Sófia alertou que bloquear o empréstimo acabaria levando a Bulgária a usar dinheiro alemão para comprar armas da Áustria.[119] Sob a pressão desses argumentos, comunicados com veemência por Izvolsky a Paris, o Quai d'Orsay começou em fevereiro a cogitar um empréstimo à Bulgária, mas sob condições onerosas que incluíam a exigência de que o dinheiro fosse usado somente para comprar armamentos e munições franceses.[120]

Previsivelmente, talvez, foram os alemães que vieram em socorro. Em meados de março, o governo alemão concordara em apoiar um empréstimo de bancos alemães à Bulgária. Essa medida não refletia um antigo plano germânico de atrair a Bulgária para as garras da Tríplice Aliança; durante o verão, os alemães também ofereceram vultosos empréstimos a condições generosas para a Sérvia.[121] Acontece simplesmente que, enquanto os sérvios já contavam com uma forte linha de crédito e não tencionavam aceitar oferta alguma que pudesse pôr em dúvida seu grau de comprometimento com a entente, os búlgaros estavam desesperados. Assim que souberam das negociações entre Berlim e Sófia, os governos russo e francês reagiram com frenéticos esforços para impedir que o empréstimo se efetivasse. Savinsky publicou artigos inspirados na imprensa russófila da Bulgária e insistiu para que Sazonov aumentasse a pressão sobre Sófia.[122] E então, na última hora, surgiu em cena o banco francês Périer & Cie, especializado em empréstimos para a América Latina e o Oriente, com uma contraproposta: 500 milhões de francos a 5%. A oferta de Périer, que quase certamente foi intermediada pelos russos através de Izvolsky em Paris, estipulava que o empréstimo seria concedido com garantia russa — em caso de inadimplência, o país se comprometia a assumir as obrigações da Bulgária. O objetivo era combinar um crédito vultoso com um elemento de dependência política que reforçasse a influência da entente nos Bálcãs; o plano consistia em persuadir os búlgaros a aceitar o empréstimo e mais tarde pressioná-los a mudar seu governo.[123] Mas a oferta de Périer foi finalizada tarde demais (16 de junho de 1914) para virar o jogo, e foi o empréstimo alemão que acabou vencendo, após tortuosas negociações para assegurar condições melhores.[124] Em meio a um tumulto, em 16 de julho o pacote financeiro alemão foi aprovado, se é que esse é o termo certo, pelo Sobranje, o Parlamento da Bulgária. Na realidade, o projeto não foi lido, discutido ou formalmente votado. No fim da sessão, o governo simplesmente anunciou que o pacote havia sido aprovado pela Câmara. A oposição reagiu acusando o governo de vender o país e "atirando livros e tinteiros na cabeça dos ministros". O primeiro-ministro Radoslavov foi visto exigindo ordem e brandindo um revólver.[125] O empréstimo transformara-se numa arma perigosa manejada pelos blocos de alianças. Esse uso do crédito internacional como arma não era nenhuma novidade, mas nesse caso atrelou a Bulgária à política da Tríplice Aliança, assim como a Sérvia fora integrada ao sistema político da entente.

O que aconteceu nos Bálcãs foi nada menos que a inversão do antigo padrão de alianças. No passado a Rússia apoiara a Bulgária, enquanto a Áustria-Hungria apadrinhava Belgrado e Bucareste. Em 1914 a situação se inverteu. A Romênia também fez parte desse processo. Em meados de 1913, Sazonov convidou o governo em Bucareste a servir-se de um pedaço da Bulgária em caso de uma guerra servo-búlgara. Era o momento certo para uma oferta dessas, pois os romenos se ressentiam com o que viam como um flerte de Viena com Sófia; o rei Carol da Romênia também se aborrecia com a oposição da Áustria ao Tratado de Bucareste, que ele considerava seu feito diplomático pessoal.[126] A maior aproximação entre São Petersburgo e Bucareste foi formalizada em 14 de junho de 1914, quando o tsar visitou o rei Carol em Constanţa, na costa romena do mar Negro. Foi uma ocasião carregada de cobrança simbólica. O único representante estrangeiro a receber uma condecoração das mãos do tsar foi o ministro francês na Romênia Camille Blondel, que por acaso havia sido condecorado recentemente pelo rei Petar da Sérvia. Estava presente nas festividades Ottokar Czernin, o ministro austro-húngaro em Bucareste, que interpretou o dia como a consumação pública do "realinhamento [da Romênia] com a Tríplice Entente".[127]

A consequência foi outra drástica diminuição da influência política da Áustria-Hungria na península. Dessa vez o irredentismo romeno seria desviado da Bessarábia, onde conflitava com interesses russos, e orientado para a Transilvânia, onde ameaçaria a integridade da monarquia Habsburgo. Havia limites, evidentemente, para a disposição da Romênia de ser cooptada para os objetivos russos. Quando Sazonov perguntou ao premiê e ministro das Relações Exteriores romeno qual seria a atitude da Romênia "em caso de um conflito armado entre Rússia e Áustria-Hungria, se a Rússia se vir obrigada pelas circunstâncias a iniciar as hostilidades", o estadista romeno, "visivelmente chocado" com a indagação de Sazonov, deu uma "resposta evasiva". Mas, quando pressionado, Brătianu reconheceu que a Romênia e São Petersburgo tinham um interesse comum em prevenir "qualquer enfraquecimento da Sérvia". Isso bastou para Sazonov. Assim, a aproximação russo-romena foi, como observou um relatório ministerial francês, "um novo meio para a Rússia fazer pressão sobre a Áustria".[128] Mas talvez a característica mais notável dessa reestruturação da geopolítica dos Bálcãs seja a rapidez com que ocorreu. Não foi um fenômeno de longa duração, que teria levado meses para desfazer, e sim um ajuste de curto prazo a mudanças aceleradas no ambiente geopolítico. Em novembro de 1913, Sazonov dissera ao ministro belga em São Petersburgo que, a seu ver, a reorientação corrente da Bulgária para Viena provavelmente teria vida curta — era obra de uma facção parlamentar específica, apoiada pelo volúvel rei Ferdinando, "por quem não temos um átomo de respeito".[129] Com o tempo, o novo alinhamento balcânico poderia, com a mesma rapidez, dar lugar a novos acordos e sistemas. O que importa é que esse padrão específico de alinhamento ainda vigorava no verão de 1914.

A Sérvia agora era o saliente russo nos Bálcãs. Não havia nada de necessário ou natural nessa situação. Em 1909, Aehrental deblaterara contra a "louca pretensão" da Rússia de agir como protetora da Sérvia mesmo em casos de problemas sérvios que não afetassem nenhum interesse das potências. Ele tinha razão. A alegação russa de que agia em benefício de seus "filhos" ortodoxos dos Bálcãs nada mais era do que uma justificativa populista destinada a enfraquecer a Áustria-Hungria, ganhar popularidade em casa e assegurar a hegemonia sobre o interior dos Bálcãs conducente aos estreitos da Turquia. A doutrina do pan-eslavismo pode ter agradado à imprensa nacionalista russa, mas não era mais legítima como plataforma para a ação política do que o conceito de Lebensraum de Hitler. Tampouco era, em qualquer sentido, uma base coerente para a política, pois os búlgaros também eram eslavos ortodoxos, e os romenos, embora ortodoxos, não eram eslavos. O compromisso da Rússia com a Sérvia era impelido pela política de poder, e não pelas energias difusas do pan-eslavismo. Criava uma perigosa assimetria nas relações entre as duas grandes potências balcânicas, pois a Áustria-Hungria não possuía um saliente comparável na periferia do Império Russo.

É difícil quantificar, mas impossível negar, o efeito galvanizador do compromisso russo com o reino sérvio. Em fevereiro de 1914, Pašić voltou de sua visita à Rússia "completamente inebriado e comovido até o mais fundo da alma" pela afabilidade que o tsar lhe demonstrara, e disse a Hartwig:

> Em cada palavra de vosso tsar, senti a especial benevolência de Sua Majestade imperial para com a Sérvia; foi uma valiosa recompensa por nossa inalterável veneração pela Rússia, cujo conselho em todas as questões de política externa sempre segui invariavelmente. A boa vontade do tsar é, aos nossos olhos, também a garantia de um futuro brilhante para a Sérvia, que, sem o poderoso auxílio moral da Rússia, não

teria condições de superar as dificuldades que a monarquia vizinha, sempre hostil à Sérvia, cria para nós em todas as oportunidades.[130]

A correspondência de Spalajković em São Petersburgo também transmitia uma confiança exultante na força do apoio russo. O tsar "declarou sua simpatia pela Sérvia", ele informou depois de uma reunião com o soberano russo em 21 de janeiro de 1914, "e me assegurou que isso vale para toda a nação russa, especialmente aquela parte que tem influência para tomar decisões".[131] "Toda a imprensa russa é pró-Sérvia", ele anunciou em 27 de março. Críticas à Sérvia na imprensa búlgara eram tratadas com extrema hostilidade pelos jornais russos. "Antes eram os búlgaros que tinham influência sobre a imprensa russa, agora é a nossa vez", ele comentou. Só um jornal, o *Rech*, era menos receptivo; em meses recentes, publicara matérias criticando o comportamento do governo sérvio nas áreas recém-conquistadas da Macedônia.[132] Mas essas reportagens negativas pareciam não ter efeito sobre o modo animadoramente favorável como a Rússia oficial via as novas províncias. Segundo Spalajković, que falara com Neratov, o substituto de Sazonov, o Ministério das Relações Exteriores da Rússia estava impressionado com o bom desempenho dos sérvios nos territórios anexados, elogiando profusamente a construção de estradas e a restauração de prédios, "que em pouquíssimo tempo ficaram irreconhecíveis" — e sem fazer menção a expulsões ou massacres na área.[133]

Monsieur Descos, o enviado francês em Belgrado, registrou o novo espírito de confiança no reino. Falando à Skupština sobre um discurso de Pašić, observou que o essencial para a "política de paz" corrente do governo era assegurar para a Sérvia a oportunidade de "fortalecer seu Exército, cultivar sua aliança e procurar extrair a melhor parte possível dos novos eventos à medida que sucederem". Era notável que "o sr. Pašić, geralmente tão comedido, parece querer se arrogar certa autoridade nos assuntos balcânicos — talvez pense que chegou a hora de a Sérvia assumir um papel de liderança". Por outro lado, acrescentou Descos, o líder sérvio vive "em contato tão próximo com o ministro russo que é difícil distinguir este último daqueles estadistas [sérvios] cujas ideias dominam a questão".[134] Confiantes na maior identidade dos interesses sérvios e russos, os líderes em Belgrado tornaram-se, por sua vez, cada vez mais inclinados a aceitar as recomendações de São Petersburgo. Em fins de 1912, por exemplo, o embaixador russo em Viena queixou-se a São Petersburgo de que o ministro sérvio parecia excessivamente amistoso no trato com os austríacos. O resultado foi um comunicado do ministro das Relações Exteriores russo a Pašić exigindo que os sérvios evitassem "conversas demasiado livres" com os austríacos, para não ensejar "o rumor de um acordo [sérvio] especial com Viena". Pašić respondeu enviando a seu representante um telegrama com apenas duas palavras: "Tenha cuidado", escrito na presença de Hartwig.[135] "Naturalmente eles seguirão suas instruções", Hartwig garantiu a Sazonov em sua carta de Ano-Novo em janeiro de 1914.[136]

OS APUROS DA ÁUSTRIA

"O verdadeiro começo da grande guerra dos Bálcãs é considerado aqui um momento histórico solene", informou de Viena o correspondente do *Times* Wickham Steed em 17 de outubro de 1912. "Seja qual for o seu curso, mudará radicalmente a situação."[137] Nenhuma outra grande potência enfrentou problemas tão urgentes e imensos em decorrência do conflito nos Bálcãs. As inesperadas e rápidas vitórias dos Estados da Liga trouxeram à Áustria um tropel de questões interligadas. Primeiro, a política austríaca para os Bálcãs foi irremediavelmente arruinada. O axioma de Viena, de sempre manter a Turquia como principal força ordenadora na região, era agora irrelevante. Foi necessário improvisar depressa. O "conservadorismo do status quo" do verão de 1912 teve de ser abandonado; em seu lugar surgiu um novo programa, destinado a administrar as mudanças em curso nos Bálcãs de modo a minimizar os danos aos interesses austro-húngaros. As conquistas territoriais da Sérvia eram aceitáveis, mas precisavam vir acompanhadas de garantias de bom comportamento sérvio no futuro, preferivelmente através de alguma forma de cooperação econômica institucionalizada (Viena estava disposta a aceitar isso em condições bem mais generosas do que sob a antiga união aduaneira; para propô-las, enviou uma missão a Belgrado).[138] Por outro lado, em hipótese nenhuma se deveria permitir que a Sérvia avançasse suas fronteiras na direção da costa do Adriático. O raciocínio era que, com o tempo, um porto sérvio poderia acabar sob controle de uma potência estrangeira (leia-se Rússia). Parecia um receio exagerado, mas ganhou plausibilidade por causa da reputação de Hartwig como o veementemente austrófobo "rei não coroado de Belgrado".

Viena também insistiu — condizentemente com sua política estabelecida — para que a Albânia fosse fundada e mantida como um Estado independente. Tal política, divulgada com o lema "os Bálcãs para os povos balcânicos", dava respaldo para que se impedisse a Sérvia de ocupar terras na costa adriática, pois qualquer porto que Belgrado adquirisse necessariamente estaria situado em meio a áreas habitadas por albaneses.[139] O anúncio dessa política provocou protestos de elementos pró-Belgrado na monarquia. Em uma sessão da Dieta da Bósnia em Sarajevo em novembro de 1912, deputados sérvios aprovaram a resolução de que "os sacrifício e as vitórias" dos exércitos sérvios "justificavam a 'devolução' da Albânia à Sérvia"; eles lamentaram que a monarquia austro-húngara continuasse a contestar os "direitos autônomos" dos eslavos do sul enquanto defendia a causa dos "incultos albaneses".[140] Para as potências europeias, contudo, o programa de Berchtold pareceu uma resposta moderada às mudanças drásticas que estavam em curso nos Bálcãs. Até Sazonov cedeu ao consenso pró-independência albanesa.

A incógnita na equação era a Sérvia. Em fins de outubro de 1912, o Exército sérvio já avançava para a costa, suprimindo com selvageria toda a resistência dos albaneses em seu caminho. Uma série de provocações menores azedou ainda mais as relações: os sérvios interceptaram a correspondência consular austríaca e barraram outras comunicações consulares; além disso, houve relatos sobre cônsules detidos ou sequestrados. O cônsul austro-húngaro em Mitrovitza, por exemplo, teria sido mantido quatro dias em prisão domiciliar pelo Exército para sua própria proteção, como alegaram as autoridades sérvias, ou "para que ele não pudesse testemunhar a 'remoção' da população albanesa local", como afirmou o próprio cônsul? Em meio a todo o pânico, o Ministério das Relações Exteriores austro-húngaro fez mais uma tentativa de deturpar a notícia em seu favor. Quando se mostrou impossível fazer contato com Oskar Prochaska, o cônsul austro-húngaro em Prizren, circularam em Viena rumores de que ele tinha sido sequestrado e castrado por seus captores sérvios. O Ministério investigou e descobriu que, embora o cônsul houvesse sido detido ilegalmente (sob a falsa acusação de que estava encorajando a resistência turca), o boato da castração era inverídico. Em vez de pôr fim ao rumor, o Ministério deixou que ele persistisse por uma ou duas semanas, para extrair o máximo em capital propagandístico do suposto ultraje. Prochaska apareceu algumas semanas depois com seu órgão sexual no devido lugar. O truque produziu efeito contrário ao desejado, e houve muitos comentários negativos. O caso Prochaska foi uma tentativa modesta, mas incompetente, de manipulação da mídia, e forneceu mais munição para quem proclamava que a Áustria sempre argumentava com documentos forjados e acusações falsas.[141]

Por algum tempo, pareceu que a questão albanesa poderia desencadear um conflito europeu mais amplo. Em meados de novembro de 1912, forças sérvias e montenegrinas ocuparam uma faixa do norte da Albânia que incluía Alessio (Lezhë) e as cidades portuárias de San Giovanni di Medua (Medva) e Durazzo (Durrës). Uma numerosa força montenegrina sitiou a cidade de Scutari (Shkodër), onde viviam 30 mil albaneses. A invasão ameaçava criar situações que prejudicariam a política de Viena. Berchtold continuou a insistir na criação de uma Albânia independente e na remoção das forças ocupantes. Mas os montenegrinos e sérvios se recusaram a abrir mão de suas cabeças de ponte albanesas. Viena estava decidida, caso se tornasse absolutamente necessário, a desalojar os invasores à força. Mas a mobilização simulada da Rússia e o aumento do contingente de soldados russos nas áreas de fronteira com a Áustria-Hungria sugeriram que São Petersburgo também poderia estar disposta a apoiar seus clientes por meios militares. Em 22 de novembro, o rei Nikola de Montenegro informou o ministro austríaco em Cetinje: "Se a monarquia tentar me expulsar à força, lutarei até a última cabra e o último cartucho".[142]

A questão albanesa continuou a desestabilizar a política europeia durante todo o inverno e a primavera de 1912-3. Em 17 de dezembro de 1912, ela foi posta em discussão na primeira sessão da Conferência dos Embaixadores de grandes potências, realizada em Londres e presidida por Edward Grey, com o objetivo de resolver os problemas decorrentes da Guerra dos Bálcãs. Os embaixadores concordaram que um Estado albanês neutro e autônomo deveria ser estabelecido com a garantia conjunta das potências. Sazonov — depois de cambiar um pouco — aceitou a argumentação em prol da autonomia da Albânia. Mas traçar as fronteiras do novo Estado foi uma tarefa contenciosa. Os russos queriam que as cidades de Prizren, Peć, Dibra, Djakovica e Scurati fossem entregues a seus clientes servo-montenegrinos, enquanto a Áustria desejava vê-las incorporadas à nova Albânia. Por fim, Viena abrandou São Petersburgo aprovando que se concedesse à Sérvia a maior parte das áreas disputadas na fronteira albanesa — uma política inicialmente impulsionada não por Berchtold, mas por seu embaixador em Londres, o conde Mensdorff, que, junto com seu colega russo, o conde Benckendorff, contribuiu consideravelmente para conciliar pontos de vista opostos durante a conferência.[143] Em grande medida, em março de 1913 a questão da fronteira albanesa-sérvia estava resolvida — ao menos teoricamente.

Mas a situação continuou tensa, pois 100 mil soldados sérvios permaneceram na Albânia. Só em 11 de abril o governo de Belgrado anunciou que retiraria suas tropas do país. A atenção internacional voltou-se então para os montenegrinos, que ainda sitiavam Scutari e se recusavam a partir. O rei Nikola declarou que talvez se sentisse inclinado a desistir se as grandes potências organizassem um ataque direto a território montenegrino e assim lhe dessem o pretexto para uma "retirada honrosa". Impossível saber se ele falou sério ou se estava apenas debochando da comunidade internacional.[144] Na noite de 22 de abril, o comandante de Scutari, Essad Pasha Toptani, nascido na Albânia, capitulou e se retirou com sua guarnição da cidade. Bandeiras montenegrinas foram hasteadas pelas ruas e na fortaleza, e o júbilo reinou em Montenegro e na Sérvia. Segundo o ministro holandês em Belgrado, a notícia da queda de Scutari foi recebida com "regozijo indescritível" na capital sérvia; a cidade embandeirou-se, o comércio fechou e uma multidão de 20 mil festejadores foi dar vivas às portas da embaixada russa.[145]

Quando novos comunicados de Londres exigindo a retirada de Montenegro foram desconsiderados, ficou acertado que a próxima sessão da Conferência dos Embaixadores (marcada para 5 de maio) organizaria uma resposta conjunta das potências. Os austríacos, nesse meio-tempo, começaram a se preparar para uma ação unilateral contra os invasores montenegrinos, para o caso de a diplomacia fracassar. Não se sabia como os russos reagiriam à ação militar. Em fins de janeiro de 1913, a corte e o Ministério das Relações Exteriores da Rússia estavam cansados do impetuoso rei montenegrino. Nikola podia pensar que estava agindo em nome dos interesses eslavos e por isso merecia o apoio irrestrito da Rússia, mas na verdade o Ministério das Relações Exteriores em São Petersburgo o via como um sujeito inconsequente e perigoso cujo principal objetivo era polir sua reputação no país.[146] Em abril de 1913 o Ministério das Relações Exteriores em São Petersburgo tomou a incomum medida de publicar uma declaração desautorizando publicamente Nikola e suas pretensões para Scutari. Nela, Sazonov (que não foi citado mas reconheceu a autoria) criticou a imprensa pela ignorância na abordagem do problema e afirmou que Nikola não tinha direito a Scutari, "uma cidade puramente albanesa".[147] Portanto, a Rússia estava disposta a aceitar uma iniciativa conjunta das potências. Mas quando a crise de Scutari chegou ao auge, Sazonov também alertou que a opinião pública russa poderia forçá-lo a uma intervenção militar se os austríacos agissem por conta própria. "O panorama político é mais sombrio do que em qualquer outro período da crise", informou Buchanan de São Petersburgo.[148]

Depois de meses de nervosismo internacional, o problema subitamente desapareceu. Em 4 de maio, véspera da reunião dos embaixadores em Londres, o rei

Nikola anunciou que estava pondo "o destino da cidade de Scutari nas mãos das potências". A cidade foi então alocada para o Estado albanês. Um tratado de paz assinado em Londres em 30 de maio de 1913 encerrou formalmente a Primeira Guerra dos Bálcãs. Em 29 de julho, na 54ª sessão da Conferência, os embaixadores confirmaram que a Albânia se tornaria um Estado soberano independente, a despeito do fato de quase metade de todas as áreas povoadas por albaneses (notavelmente Kosovo) estar fora das fronteiras estipuladas na reunião de Londres.[149]

Mal secara a tinta da Paz de Londres quando a guerra tornou a eclodir nos Bálcãs, dessa vez por causa da distribuição dos despojos do primeiro conflito. O Tratado de Bucareste de 10 de agosto de 1913 designou para a Sérvia novas áreas no sudeste da Macedônia, confirmando assim um aumento de quase 100% na extensão territorial do reino, em comparação com as condições pré-1912, e de pouco mais de 64% em sua população. Em Viena houve confusão em torno de como responder à nova situação. Berchtold ainda estava tentando reaver o controle político em meio a uma cacofonia de propostas de ação concorrentes quando chegou a Viena, no verão de 1913, a notícia de novos tumultos na fronteira servo-albanesa. Apesar de repetidas censuras e alertas, Belgrado ainda se recusava a retirar seus soldados de certas áreas do lado albanês da fronteira determinada na Conferência de Londres. Seu propósito ostensivo era proteger a Sérvia do banditismo albanês; a realidade era que a má conduta das tropas sérvias era a principal razão dos problemas na fronteira. Em julho, Viena requereu a retirada, mas em vão. Então uma ação conjunta de grandes potências, coordenada por Edward Grey, apresentou uma exigência coletiva de evacuação, também sem efeito. A França e a Rússia bloquearam outro protesto coletivo no começo de setembro; quando Áustria, Alemanha e Grã-Bretanha apresentaram protestos individuais a Belgrado, a resposta foi uma declaração do ministro das Relações Exteriores, Miroslav Spalajković, de que não havia nenhum soldado sérvio na área contestada, seguida, um tanto incoerentemente, por uma declaração alguns dias depois de que os solados em questão agora tinham sido mandados para além da linha do rio Drin. Só que isso ainda deixava os soldados sérvios bem dentro da fronteira estipulada em Londres. Informes em 17 de setembro de que Belgrado estava prestes a estabelecer postos da alfândega em várias das áreas invadidas aumentaram a consternação em Viena.[150]

A árdua sequência de encontros nesse jogo de gato e rato entre Viena e Belgrado ajuda a explicar por que os dirigentes austríacos perderam gradualmente a confiança na eficácia dos procedimentos diplomáticos clássicos para lidar com conflitos de interesse com a Sérvia. Quando albaneses próximos da fronteira reagiram a provocações sérvias (por exemplo, negar acesso a importantes cidades comerciais albanesas do lado da fronteira sérvia, violando o acordo de Londres) e retomaram as atividades de guerrilha, unidades sérvias avançaram ainda mais em território albanês. O ministro sérvio em Viena, Jovanović, causou alvoroço em 26 de setembro, quando afirmou em uma entrevista a um jornal vienense que, diante da dificuldade de encontrar alguma entidade albanesa que pudesse ser incumbida de coibir os tumultos na fronteira, a Sérvia poderia ser "forçada a tomar medidas por conta própria". Pašić agravou o problema em 30 de setembro ao anunciar que a Sérvia, "para sua proteção", pretendia "ocupar pontos estratégicos" em território albanês.[151] Uma mensagem austríaca ao governo de Pašić em 1º de outubro pedindo esclarecimentos recebeu uma resposta evasiva.

A breve visita de Pašić a Viena em 3 de outubro não contribuiu nem um pouco para melhorar a situação. Berchtold, desarmado pelos modos afáveis e simpáticos do líder sérvio, perdeu a oportunidade de comunicar-lhe a gravidade da situação do ponto de vista austríaco. Pašić assegurou a representantes da imprensa em Viena que "ele tinha uma visão favorável das futuras relações entre a Sérvia e a Monarquia Dual", mas também falou inquietantemente sobre a necessidade de "mudanças na fronteira" na divisa albanesa.[152] Declarações de Belgrado de que a Sérvia não pretendia "desafiar a Europa" tomando território albanês foram tranquilizadoras, assim como o comportamento amistoso de um alto funcionário das Relações Exteriores em Belgrado, que recebeu o encarregado de negócios austríaco Ritter von Storck "tão cordialmente como se Pašić houvesse acabado de assinar uma aliança defensiva em Viena".[153] No entanto, as tentativas de indagar sobre a situação exata da política para a Albânia deparavam com subterfúgios corteses. Ao mesmo tempo, continuava o avanço de tropas sérvias na Albânia. Em 9 de outubro, quando o encarregado de negócios austríaco insistiu em ver Pašić para discutir a questão, encontrou o premiê mais uma vez em seu ânimo mais jovial, porém ainda falando em uma ocupação "provisória" de território albanês pela Sérvia.[154] Seguiram-se, em 15 de novembro, anúncios no jornal semioficial *Samouprava* de que a Sérvia pretendia, sim, ocupar "pontos estratégicos" na Albânia.[155] Depois de mais um alerta austríaco receber uma resposta desafiadora, um ultimato foi entregue a Belgrado em 17 de outubro. A Sérvia teria oito dias para desocupar o território albanês. Do contrário, a

Áustria-Hungria empregaria "meios apropriados para assegurar o cumprimento de suas exigências".[156]

O ultimato foi um sucesso. No outono de 1913, as grandes potências concordaram que a reivindicação sérvia de um pedaço da Albânia era ilegítima. Até o ministro das Relações Exteriores, Sazonov, pigarreou e reconheceu em São Petersburgo que "a Sérvia tem mais culpa do que geralmente se supõe nos acontecimentos que levaram ao ultimato recente", e exortou Belgrado a ceder.[157] Dois dias depois de receber o ultimato, Pašić anunciou que as tropas sérvias seriam retiradas. Em 26 de outubro, elas haviam desocupado as áreas em disputa.

O impasse com a Sérvia em outubro de 1913 estabeleceu vários precedentes para o modo como a Áustria lidou com a crise que surgiu entre os dois Estados depois de Sarajevo. O primeiro e mais óbvio foi a aparente demonstração da eficácia de um ultimato. O comunicado austríaco de 17 de outubro recebeu amplo apoio da imprensa, e a notícia de que os sérvios finalmente haviam retirado seus soldados da Albânia causou euforia em Viena. Berchtold, que fora enxovalhado por sua suposta timidez durante a crise de Scutari, tornou-se o homem da hora. O modo como os sérvios lidaram com os comunicados de Viena também deixou uma impressão inquietante: uma cortesia astuta, beirando a efusividade, mascarou uma conduta de provocações e desobediência cuidadosamente dosadas. Percebia-se um choque não só de interesses, mas também de estilos de conduta. Belgrado, ao que parecia, só recuaria até onde Viena empurrasse, aceitando com tranquilidade quaisquer humilhações que pudessem resultar; quando os austríacos afrouxassem, os avanços e provocações ressurgiriam. O axioma de que a Sérvia em última instância só entendia a força adquiriu mais peso.

Para a Áustria-Hungria, as Guerras dos Bálcãs mudaram tudo. Revelaram, principalmente, o quanto Viena estava isolada e como sua visão dos acontecimentos nos Bálcãs era mal compreendida pelas Chancelarias dos outros países. A hostilidade de São Petersburgo ao Império e sua total desconsideração pelos interesses de Viena na região já eram mais do que sabidas. Mais preocupante era a indiferença das outras potências. A relutância da comunidade internacional em reconhecer que a Áustria enfrentava genuínas ameaças à segurança em sua periferia meridional e tinha o direito de tomar providências refletia uma mudança mais ampla de atitudes. Tradicionalmente, as potências ocidentais viam a Áustria como o fulcro da estabilidade no centro e no leste da Europa, uma potência que devia ser preservada a todo custo. Mas em 1913 essa máxima já não parecia tão imperiosa. Fora minada pela tendência, que ganhou terreno velozmente entre os Estados da entente depois de 1907, de conceber a Europa com base em blocos de alianças e não como um ecossistema geopolítico continental no qual cada potência tinha um papel a desempenhar. A animosidade contra a Áustria em muitas reportagens políticas na Grã-Bretanha e na França durante os últimos anos pré-guerra reforçou essa tendência disseminando a ideia de que a Áustria-Hungria era uma entidade anacrônica e condenada, ou, como apontavam os jornais sérvios, o "segundo doente da Europa" (o primeiro seria o Império Otomano, ao qual o epíteto era mais comumente aplicado).[158]

Particularmente alarmante era a tibieza do apoio alemão. Berlim endossou com firmeza uma política de confronto com a Sérvia em outubro de 1913 — em um momento no qual era possível oferecer apoio com baixo risco de um conflito mais amplo — mas, fora isso, sua conduta foi inconstante. Em fevereiro de 1913, quando havia tantos soldados dos dois lados da fronteira da Galícia que a guerra parecia iminente, até os militares recomendaram cautela. Moltke escreveu a seu colega Conrad von Hötzendorf assegurando-lhe que, em caso de um ataque russo, a Alemanha não hesitaria em apoiar a Áustria-Hungria, mas "seria difícil legitimar uma intervenção alemã se a guerra fosse provocada pela Áustria, pois isso não seria bem-visto pelo povo alemão".[159]

Uma das principais preocupações de Viena era a atitude do cáiser alemão, Guilherme II. Longe de recomendar ao seu governo solidariedade com os austríacos, ele proibiu o Ministério das Relações Exteriores de participar de qualquer ação que pudesse "impedir os búlgaros-sérvios-gregos em seu progresso vitorioso".[160] As Guerras dos Bálcãs eram parte de um desenvolvimento histórico mundial que expulsaria o Islã da Europa, ele arrazoou. Se fosse permitido aos Estados balcânicos consolidar-se às custas da Turquia, isso criaria a base para um conjunto estável de entidades que, em seu devido tempo, poderiam formar algum tipo de confederação, os "Estados Unidos dos Bálcãs". Nada poderia ser mais adequado à preservação da paz, ao amortecimento das tensões austro-russas e ao surgimento de um novo mercado regional para as exportações alemãs.[161] E Guilherme continuou a discorrer copiosamente nessas linhas. Durante a crise de novembro de 1912 resultante da disputa pelo acesso da Sérvia ao Adriático, Guilherme rejeitou explicitamente a ideia de que o governo alemão tinha obrigação de apoiar Viena contra Belgrado. Admitia que as mudanças em curso na península eram "incômodas" para Viena, mas em "circunstância nenhuma" ele "pensaria em marchar contra Paris e Moscou por causa da Albânia e de Durazzo". Em 9 de novembro Guilherme até aconselhou o Ministério das Relações Exteriores que exortasse Viena a pôr a Albânia sob a suserania de um príncipe sérvio.[162]

Essas especulações quixotescas mexiam com os nervos dos acuados dirigentes em Viena. Em uma reunião secreta com seu amigo arquiduque Francisco Ferdinando em 22 de novembro de 1912, Guilherme expressou efetivamente sua disposição para apoiar a posição austríaca contra a presença de tropas sérvias na Albânia, mesmo correndo o risco de guerra com a Rússia, porém somente se houvesse a certeza de que nem a Grã-Bretanha nem a França interviriam; a Rússia isolada, ele acrescentou, dificilmente se arriscaria em um conflito nesses moldes.[163] Mas até esses sinais um tanto encorajadores foram anulados três dias depois por mensagens oficiais de Hollweg e Kiderlen-Wätcher informando que a Alemanha se empenharia por uma solução multilateral.[164] Em fevereiro de 1913, quando a crise do inverno nos Bálcãs estava no auge, Guilherme mandou uma carta a Francisco Ferdinando instando-o a buscar uma desescalada com a Rússia; argumentou que as questões em pauta não eram suficientemente importantes para justificar a continuidade daquele impasse armado.[165] Em 18 de outubro, quando a crise albanesa fervia, Guilherme admitiu em conversa com Conrad que talvez "finalmente" estivessem diante de uma situação "na qual uma grande potência não pode mais assistir de braços cruzados e precisa pegar a espada". No entanto, apenas dez dias depois ele disse ao embaixador austríaco em Berlim que Viena devia abrandar Belgrado subornando a liderança com grandes presentes em dinheiro ("do rei para baixo, pode-se ganhar a todos com dinheiro"), programas de intercâmbio militar e melhores condições de comércio.[166] Em dezembro de 1913, Guilherme garantiu ao enviado austríaco em Munique que "alguns milhões" bastariam para comprar uma boa base para Berchtold em Belgrado.[167]

Em um relatório enviado em 25 de abril de 1914, o conde Fritz Szapáry, um ambicioso funcionário do Ministério das Relações Exteriores especialista em relações austro-germânicas que agora servia como ministro em São Petersburgo, pintou um quadro sombrio da recente política germânica para os Bálcãs. O sólido apoio alemão que ajudara a extinguir a crise da anexação da Bósnia em março de 1909 era coisa do passado, declarou. Fora substituído — nas palavras de Szapáry, citando o melífluo jargão dos dirigentes em Berlim — por "um diálogo livre de conflitos voltado para a consolidação de zonas de atividade econômico-culturais". Todas as ousadas posições de Berlim em relação à Rússia haviam sido abandonadas, e agora os alemães não davam passo algum sem consultar São Petersburgo. Durante as Guerras dos Bálcãs, a Alemanha comprometera a posição austríaca juntando-se ao coro de apoio ao *désinteressement*, que pressionava Viena a aceitar as conquistas e provocações sérvias. Tudo se resumia ao total "sacrifício dos interesses da Áustria-Hungria nos Bálcãs". Era uma visão bem histriônica do problema, temperada pelas percepções do húngaro Szapáry sobre o aumento do apoio russo à Romênia, mas refletia uma frustração difusa com o fato de Berlim não exercer efetivamente uma influência na península balcânica. Especialmente irritante era a pressa com que a Alemanha endossara o Tratado de Bucareste, privando assim a Áustria da oportunidade de melhorar a posição da Bulgária, que os austríacos, mas não os alemães, viam como um contrapeso em potencial ao poder sérvio.[168]

Por sua vez, essa sensação de isolamento, aliada às repetidas provocações de 1912-3, intensificou em Viena a disposição para recorrer a medidas unilaterais. Havia sinais de que a resistência a soluções agressivas vinha minguando entre os principais decisores em Viena. O mais evidente sinal da mudança de ânimo foi a decisão de chamar Conrad de volta ao país no auge do temor pela mobilização russa. "Você deve reassumir a chefia do Estado-Maior", informou o desalentado imperador ao general em uma audiência em 7 de dezembro de 1912.[169] Depois de reassumir o cargo, Conrad obviamente continuou a recomendar a guerra, mas isso não era novidade. Mais preocupante era a diminuição da resistência a medidas extremas entre os outros agentes principais. Durante o outono de 1912, quase todos (inclusive o primeiro-ministro húngaro Tisza) em um ou outro momento favoreceram uma política de confronto respaldada pela ameaça de ação militar. Uma exceção notável foi Francisco Ferdinando, que em 12 de outubro, numa carta entusiasmada, alertou Berchtold para não permitir que a monarquia fosse arrastada para a "armadilha sedutora da guerra" de Conrad. Também era preciso levar em conta a Rússia, além da Bulgária, e os alemães, que presumivelmente se esquivariam de qualquer manobra de alto risco. Quanto a Belgrado, acrescentou Francisco Ferdinando, os únicos ali que desejavam um conflito eram os do Partido da Guerra Regicida (aqueles que, sem que ele soubesse, iam matá-lo oito meses depois). E concluiu afirmando não acreditar que existisse "nenhuma necessidade" de guerra. A pressão por ela vinha exclusivamente daqueles servidores da Coroa austro-húngara que "consciente ou inconscientemente se empenhavam em prejudicar a monarquia".[170] No entanto, em 11 de dezembro de 1912, durante uma reunião de altos funcionários com o imperador no palácio de Schönbbrunn, até Francisco Ferdinando deixou de lado sua costumeira defesa da paz a qualquer custo e propôs um confronto militar com a Sérvia.

Foi sem dúvida um lapso momentâneo, pois, assim que ouviu os argumentos em contrário de Berchtold e dos ministros civis, o herdeiro do trono imediatamente renegou sua posição anterior e declarou apoiar a solução diplomática de Berchtold. Quatro meses depois foi a vez de Berchtold destoar. Em uma reunião do Conselho Ministerial Conjunto em 2 de maio de 1913, exasperado com o novo ataque montenegrino a Scutari, ele pela primeira vez aceitou o argumento da mobilização contra Montenegro. Evidentemente isso não significava um clamor por uma guerra europeia, ou mesmo local, pois Montenegro estava, na época, totalmente isolado — até os sérvios haviam retirado seu apoio.[171] Berchtold esperava que só uma mobilização já bastasse para desalojar os invasores da Albânia, e achava muito improvável que a Rússia interviesse. Na verdade, até a mobilização revelou-se desnecessária, pois Nikola recuou antes que o ultimato fosse apresentado.[172] Ainda assim, o tom resoluto dessa reunião pressagiou uma atitude mais beligerante em Viena. Em setembro-outubro de 1913, depois da segunda invasão sérvia do norte da Albânia, com Conrad implorando por guerra como sempre, Berchtold mais uma vez concordou em termos gerais com uma política de confronto, e o mesmo fez, incomumente, Francisco José. Nessa altura, Francisco Ferdinando e Tisza (por razões bem diferentes) permaneceram os únicos proponentes da paz em meio aos principais responsáveis pelas decisões. E o próprio sucesso do ultimato em assegurar a retirada das tropas sérvias da Albânia era visto como um ótimo argumento em favor de um estilo mais combativo de diplomacia.[173]

Essas inclinações belicosas coincidiram com uma crescente percepção do grau em que restrições econômicas começavam a limitar as opções estratégicas da Áustria-Hungria. As mobilizações parciais das crises da Guerra dos Bálcãs haviam imposto imensas pressões financeiras à monarquia. Os custos adicionais para 1912-3 chegaram a 390 milhões de coroas, equivalentes ao orçamento do ano todo para o Exército austro-húngaro e um problema sério em uma época em que a monarquia estava entrando em recessão econômica.[174] Nesse contexto, devemos lembrar que a Áustria-Hungria gastava pouquíssimo com seu Exército: das grandes potências, só a Itália despendia menos. A Áustria-Hungria convocava anualmente uma porcentagem de sua população (0,27%) menor que a França (0,63%) e a Alemanha (0,46%). Os anos de 1906 a 1912 haviam sido muito prósperos para a economia do Império, mas apenas uma ínfima parte de sua riqueza fora alocada para os orçamentos militares. O Império mobilizou menos batalhões de infantaria em 1912 do que em 1866, quando seus exércitos haviam enfrentado os prussianos e depois os italianos em Königgrätz e Custoza, apesar de a população ter dobrado nesse período. Uma das razões era o dualismo: os húngaros invariavelmente bloqueavam o crescimento das Forças Armadas;[175] a pressão para aplacar os nacionalistas com dispendiosos projetos de infraestrutura era outra barreira ao investimento militar. Para piorar, as mobilizações no verão e/ou começo do outono causavam graves transtornos à economia agrícola, pois tiravam da faina da colheita uma grande parcela da força de trabalho rural.[176] Em 1912-3, podiam argumentar os críticos do governo, as mobilizações em tempo de paz haviam trazido custos enormes e perturbado a economia sem contribuir muito para aumentar a segurança do Império. As mobilizações táticas, pelo visto, eram um instrumento que a monarquia não podia mais se dar ao luxo de usar. Mas, se isso era verdade, a flexibilidade do governo para lidar com crises na periferia dos Bálcãs devia estar gravemente diminuída. Sem a opção intermediária das mobilizações puramente táticas, o processo de tomada de decisão inevitavelmente passaria a ter bem menos alternativas. Seria ou a paz ou a guerra.

A BALCANIZAÇÃO DA ALIANÇA FRANCO-RUSSA

No verão de 1912 não estava nada claro se a França apoiaria ou não a Rússia em um conflito puramente balcânico. As condições da convenção militar franco-russa de 1893-4 eram ambíguas nesse assunto. O Artigo 2º determinava que, em caso de uma mobilização geral por *qualquer uma* das potências da Tríplice Aliança, de imediato a França e a Rússia mobilizariam simultaneamente a totalidade de suas forças e a enviaria o mais rápido possível para suas fronteiras, sem a necessidade de um acordo prévio.[177] Isso parecia implicar que uma crise nos Bálcãs suficientemente severa para desencadear uma mobilização austríaca poderia, em certas circunstâncias, automaticamente ocasionar uma contramobilização conjunta franco-russa, que por sua vez geraria uma contramobilização alemã, pois os

Artigos 1º e 2º da Dupla Aliança germano-austríaca de 1879 estipulavam que as signatárias auxiliariam uma à outra se uma delas fosse atacada pela Rússia ou por algum país apoiado pela Rússia. Eis um mecanismo que parecia, à primeira vista, capaz de provocar uma escalada em uma crise nos Bálcãs gerando uma guerra continental, ainda mais porque não distinguia entre uma mobilização austríaca parcial e integral.

Confusamente, o Artigo 1º da convenção militar franco-russa previa a obrigação de intervir somente nas seguintes circunstâncias: a) um ataque da Alemanha à França *ou* b) um ataque à Rússia pela Alemanha ou pela Áustria-Hungria apoiada pela Alemanha. Esse artigo elevava o nível dos requisitos para uma intervenção militar francesa muito além do que estipulava o Artigo 2º. A dissonância no texto refletia as necessidades assimétricas que haviam ensejado o tratado. Para a França, a aliança e a convenção militar a ela atrelada eram um meio para controlar a Alemanha e fazer-lhe oposição. Para a Rússia, a preocupação central era a Áustria-Hungria; por mais que os negociadores franceses tentassem, não conseguiram persuadir seus colegas russos a renunciar à ligação mencionada no Artigo 2º entre uma mobilização geral austro-húngara e uma mobilização geral francesa. E isso, por sua vez, efetivamente punha um gatilho nas mãos dos russos, que, ao menos no papel, estavam livres para, a qualquer momento, instigar uma guerra continental em apoio a seus objetivos nos Bálcãs.[178]

Mas as alianças, assim como as Constituições, são, na melhor das hipóteses, apenas um guia aproximado da realidade política. Os arquitetos das políticas em Paris reconheceram os riscos implícitos no Artigo 2º e prontamente divulgaram uma interpretação restritiva das obrigações francesas. Em 1897, por exemplo, durante a Guerra dos Trinta Anos entre a Grécia e o Império Otomano, o ministro das Relações Exteriores, Gabriel Hanotaux, informou a São Petersburgo que a França não consideraria uma intervenção austro-húngara um *casus foederis* (caso estipulado em tratado).[179] E já vimos como a França relutou em ser arrastada para a crise da anexação da Bósnia em 1908-9, na qual se recusou a reconhecer uma ameaça real aos "interesses vitais" franceses ou russos.[180] Em 1911, por insistência dos franceses, foram alteradas as condições da convenção militar. Permaneceu em vigor a obrigação de prestar ajuda mútua imediatamente em caso de uma mobilização geral *alemã*; mas, na eventualidade de uma mobilização austríaca total ou parcial, ficou decidido que Rússia e França combinariam a linha de ação apropriada.[181]

Em 1912, essa tendência foi subitamente invertida por ajustes em políticas que estariam entre os mais importantes do pré-guerra. Depois de tentar por alguns anos isolar a França das consequências dos choques nos Bálcãs, o governo em Paris expandiu o compromisso francês e incluiu a possibilidade de uma intervenção armada em uma crise puramente balcânica. O principal agente por trás dessa mudança de curso foi Raymond Poincaré, primeiro-ministro e ministro das Relações Exteriores de 14 de janeiro de 1912 a 21 de janeiro de 1913, e em seguida presidente da República. No dia seguinte à sua nomeação, Poincaré declarou publicamente que manteria "as mais íntegras relações com a Rússia" e conduziria "a política externa da França em total concordância com sua aliada".[182] Era muito raro ministros das Relações Exteriores da França recém-empossados fazerem declarações programáticas desse teor. Em uma série de conversas com Alexander Izvolsky em Paris, Poincaré assegurou aos russos que podiam contar com o apoio francês caso eclodisse uma guerra decorrente de desavenças austro-sérvias.[183] O governo russo, ele informou a Izvolsky em novembro de 1912, não tinha razões para temer uma "falta de apoio por parte da França".[184]

Não é fácil reconstituir a evolução dessa linha de pensamento. A preocupação visceral de Poincaré com a ameaça representada pela Alemanha foi um fator importante. Ele tinha dez anos quando os alemães invadiram sua Lorena natal em 1870, forçando sua família a fugir. Os alemães ocuparam durante três anos a cidade onde ele vivia, Bar-le-Duc, até a indenização francesa ser paga. Isso não significa que Poincaré era um *revanchiste* nos moldes de Boulanger, mas ele permaneceu profundamente desconfiado dos alemães e menosprezava os esforços germânicos para conseguir a détente com a Rússia e a França como armadilhas e engodos. A salvação, a seu ver, estava unicamente na fortificação da aliança franco-russa, o esteio da segurança francesa.[185] Ele também queria impedir uma recaída no caos da crise de Agadir, quando linhas de política paralelas haviam gerado confusão. Aqui a personalidade teve seu papel: ele amava a clareza e se empenhava por seus objetivos com notável coerência. Para os críticos, essa busca resoluta de objetivos claramente definidos evidenciava uma lamentável falta de flexibilidade. A rigidez de Poincaré, segundo Paul Cambon, refletia sua "inexperiência em diplomacia e a estrutura intelectual do jurisconsulto".[186] Seu irmão Jules falou em uma "mente na qual tudo é numerado, classificado e registrado, como em um arquivo".[187]

Mas Poincaré não estava sozinho no anseio de dar uma orientação mais agressiva à política de segurança francesa. Sua ascensão ao alto escalão do governo ocorreu em um contexto de mudança de tom na política francesa depois de Agadir, uma tendência que os historiadores denominaram "reavivamento nacionalista". Depois do Caso Dreyfus, os políticos republicanos tenderam a defender uma abordagem *défenciste* para a política de segurança francesa, caracterizada pela ênfase na fortificação das fronteiras, na artilharia pesada e em breves períodos de treinamento para um Exército conceituado como a "nação em armas". Em contraste, os anos pós-Agadir marcaram o retorno da França a uma política que levava em conta os interesses profissionais do Exército, aceitava a necessidade de períodos de treinamento mais longos e uma estrutura de comando mais concentrada e eficiente, além de prever uma conduta inequivocamente ofensiva para a próxima guerra.[188] Ao mesmo tempo, o espírito pacifista e antimilitarista que prevalecera em 1905 deu lugar a uma atitude mais beligerante. Nem toda a França estava inundada pela onda nacionalista; quem adotava o novo belicismo eram os parisienses predominantemente jovens e inteligentes, mas a restauração da força militar tornou-se um dos credos regeneradores da política republicana.[189]

O ataque italiano à Líbia e o incipiente colapso do poder otomano na Europa provavelmente foram o que impeliu Poincaré a incorporar os Bálcãs em seu pensamento estratégico. Já em março de 1912 ele dissera a Izvolsky que a duradoura distinção entre crises locais nos Bálcãs e questões de importância geopolítica mais ampla "não tinha mais nenhuma importância prática". Dado o sistema corrente de alianças europeias, era difícil imaginar "um acontecimento nos Bálcãs que não afetasse o equilíbrio geral da Europa". "Qualquer colisão armada entre Rússia e Áustria-Hungria em razão de problemas balcânicos constituiria um *casus foederis* para a aliança germano-austríaca; e isso, por sua vez, implicaria a ativação da aliança franco-russa."[190]

Poincaré estaria ciente dos riscos de apoiar a política russa nos Bálcãs? Nessa questão, é esclarecedora uma conversa entre o premiê francês e o ministro das Relações Exteriores Sazonov durante uma visita a São Petersburgo em 1912. Poincaré sabia que os sérvios e os búlgaros haviam assinado um tratado, pois Izvolsky o informara em abril, mas ele não tinha ideia do conteúdo do tratado.[191] Pedira esclarecimento a São Petersburgo, porém não obtivera resposta (mais tarde Sazonov alegou que postergara o envio do texto a Poincaré por recear que parte dele vazasse para a imprensa francesa).[192] Durante uma entrevista com o ministro das Relações Exteriores em São Petersburgo no mês de agosto, Poincaré repetiu a pergunta. Sazonov apresentou o texto em russo e o traduziu para o primeiro-ministro francês. Os detalhes foram um choque, especialmente as cláusulas que determinavam mobilizações simultâneas contra a Turquia e, se necessário, a Áustria, sem falar na referência à partilha de terras ainda pertencentes ao interior da Macedônia otomana e — talvez o mais inquietante — o papel atribuído à Rússia como árbitro de todas as disputas futuras, um papel, observou Poincaré, que "aparece em cada linha da convenção". As notas que ele redigiu depois dessa reunião transmitem parte de seu desassossego:

> O tratado parece conter as sementes não só de uma guerra contra a Turquia, mas de uma guerra contra a Áustria. Ademais, ele estabelece a hegemonia da Rússia sobre os reinos eslavos, pois ela é identificada como o árbitro em todas as questões. Friso a monsieur Sazonov que essa convenção não corresponde minimamente às informações que haviam me dado sobre ela, que, na verdade, é uma convenção de guerra, e não só revela os motivos inconfessos dos sérvios e búlgaros, mas também dá razão para se temer que as esperanças deles estejam sendo encorajadas pela Rússia [...].[193]

Poincaré não era o único a temer a escalada do envolvimento da Rússia na política dos Bálcãs. Jean Doulcet, conselheiro na embaixada francesa em São Petersburgo, também reparou, mais ou menos na mesma época, que os acordos balcânicos eram, na prática, "tratados de partilha"; o apoio russo sugeria "que os russos estão dispostos a desconsiderar totalmente a Áustria e partir para a liquidação da Turquia sem se preocupar com os interesses dela [Áustria]".[194]

Seria de esperar que, a essa altura, Poincaré estivesse em dúvida quanto ao acerto de apoiar São Petersburgo nos Bálcãs. No entanto, descobrir que os russos já se haviam entranhado nos turbulentos assuntos da península parece ter produzido o efeito oposto. Talvez fosse simplesmente uma questão de reconhecer que, dada a natureza geral da política russa, um futuro conflito nos Bálcãs não era apenas provável, mas praticamente certo, portanto precisava ser incorporado aos horizontes da aliança. Um fator adicional era a convicção de Poincaré, compartilhada por parte dos militares franceses, de que uma guerra originada nos Bálcãs era o cenário que mais provavelmente desencadearia uma participação russa plena em uma campanha conjunta contra a Alemanha. Uma guerra austro-sérvia, disseram os conselheiros militares de Poincaré, empataria entre metade e dois terços das forças austríacas, enviaria grandes contingentes de soldados russos para servir contra a Alemanha e, assim, forçaria a Alemanha a enviar mais soldados para o leste, removendo parte da pressão sobre o Exército francês no oeste.[195]

Sejam quais forem as razões para essa mudança de curso, no outono de 1912 Poincaré apoiava firmemente uma intervenção armada russa nos Bálcãs. Em conversa com Izvolsky na segunda semana de setembro, quando a Primeira Guerra dos Bálcãs estava à vista mas ainda não tinha começado, o primeiro-ministro francês disse ao embaixador russo que a destruição da Bulgária pela Turquia, ou um ataque à Sérvia pela Áustria-Hungria, poderia "forçar a Rússia a desistir de seu papel passivo". Se fosse necessário a Rússia organizar uma intervenção militar contra a Áustria-Hungria, e se isso desencadeasse uma intervenção da Alemanha (o que era inevitável pelas cláusulas da Dupla Aliança), "o governo francês reconheceria de antemão que se trata de um *casus foederis* e não hesitaria por um momento em cumprir as obrigações a que se comprometeu com a Rússia".[196] Seis semanas depois, com a guerra a todo vapor, Izvolsky informa a Sazonov que Poincaré não "teme" a ideia de que pode vir a ser necessário "iniciar uma guerra em certas circunstâncias", e diz ter certeza de que os Estados da Tríplice Entente prevaleceriam. Essa confiança, acrescentou Izvolsky, tinha por base uma análise pormenorizada do Estado-Maior francês posta recentemente sobre a mesa de trabalho do primeiro-ministro.[197]

De fato, Poincaré antevia tão energicamente suas obrigações que em certos momentos parecia querer antecipar-se à Rússia. Em 4 de novembro de 1912, quando a Primeira Guerra dos Bálcãs já durava um mês, ele escreveu a Sazonov propondo que a Rússia se juntasse à França e à Inglaterra em uma ação preventiva contra uma intervenção da Áustria no conflito.[198] Era uma proposta tão inesperada que Izvolsky escreveu a Sazonov para explicá-la. Até pouco tempo antes, salientou o embaixador, o governo francês não desejava ser arrastado para o que via como problemas exclusivos dos Bálcãs. Mas recentemente mudara de ideia. Agora Paris reconhecia que "qualquer conquista territorial pela Áustria-Hungria constitui uma perturbação do equilíbrio europeu e *afetaria interesses vitais da França*" (aqui temos uma inversão da linguagem inconfundível que os franceses haviam usado para justificar sua falta de interesse na crise da anexação da Bósnia). A postura proativa de Poincaré nos assuntos balcânicos, concluiu Izvolsky, significava "uma nova postura do Ministério das Relações Exteriores francês. Ele aconselhou o ministro das Relações Exteriores em São Petersburgo a tirar proveito dela imediatamente e assegurar o apoio da França e da Inglaterra para o futuro.[199]

Em meados de novembro, Sazonov realmente anteviu a possibilidade de um ataque austríaco à Sérvia (ou pelo menos a forças sérvias na Albânia) e quis saber como Londres e Paris reagiriam a uma resposta armada da Rússia. A resposta de Grey foi caracteristicamente evasiva: a questão era acadêmica, ele replicou, e "não se pode decidir sobre uma contingência hipotética que não surgiu".[200] Em contraste, a resposta de Poincaré foi exigir clareza de Sazonov: o que, exatamente, pretendia o governo russo? Isso devia ser explicitado. Do contrário, ao "tomar a iniciativa, o governo francês correria o risco de assumir uma posição que ou não alcançaria ou excederia as intenções de seu aliado". Os russos não deveriam duvidar de que a França os apoiaria na eventualidade de uma crise nos Bálcãs: "Se a Rússia entrar em guerra, a França fará o mesmo, pois sabemos que, nesse caso, a Alemanha apoiará a Áustria".[201] Em conversa com o embaixador italiano em Paris apenas alguns dias depois, Poincaré confirmou que "se o conflito austro-sérvio levar a uma guerra geral, a Rússia poderá contar plenamente com o apoio armado da França".[202]

Em suas memórias, Poincaré negou veementemente ter dado essas garantias.[203] E Izvolsky, deve-se admitir, não era uma testemunha desinteressada. Estamos falando do homem cuja má administração da crise da anexação da Bósnia havia arruinado sua carreira em São Petersburgo, um diplomata que deixara o alto escalão em circunstâncias negativas e permanecia obcecado pela suposta perfídia de Aehrental e da Áustria. Não teria, talvez, mentido para fortalecer a determinação de seu colega (e ex-subordinado) Sazonov nos assuntos balcânicos? Não teria, talvez — como aventou Poincaré mais tarde —, exagerado o comprometimento do primeiro-ministro francês a fim de magnificar o papel que ele, Izvolsky, desempenhara na consolidação da aliança?

São suposições plausíveis, mas os indícios levam a crer que estão erradas. Por exemplo, a afirmação de Poincaré, mencionada por Izvolsky em 12 de setembro, de que os militares franceses estavam confiantes na vitória caso houvesse uma escalada continental de uma guerra iniciada nos Bálcãs, é corroborada por um entusiasmado memorando do Estado-Maior em 2 de setembro, um documento que Izvolsky não poderia conhecer por conta própria; isso sugere, no mínimo, que a conversa em questão realmente aconteceu.[204] O embaraço de Poincaré com respeito a adiantar-se aos russos, registrado por Izvolsky em 17 de novembro, é bem plausível — Poincaré confidenciaria essas mesmas dúvidas em seu diário durante a Crise de Julho de 1914. E há testemunhas, como o ex-premiê e ministro das Relações Exteriores Alexandre Ribot, um brilhante jurista e cientista político que se encontrou com Poincaré em várias ocasiões durante o outono de 1912. Em um comunicado privado com data de 31 de outubro de 1912, Ribot comentou: "Poincaré acredita que a Sérvia não evacuará Üsküb e que, se a Áustria intervier, a Rússia não poderá deixar de intervir. A Alemanha e a França serão obrigadas por seus tratados a entrar em cena. O Conselho de Ministros deliberou sobre isso e decidiu que a França deve honrar seus compromissos".[205]

A mudança de curso de Poincaré suscitou reações mistas entre os dirigentes e altos funcionários. Sua desconfiança da Alemanha e suas ideias a respeito do *casus foederis* foram bem recebidas por uma influente subcultura de formados no Sciences-Po* do Ministério das Relações Exteriores, para quem a simpatia pelas nações eslavas e a hostilidade contra a Alemanha eram axiomáticas. E houve também amplo apoio no alto escalão das Forças Armadas. Em seu memorando de 2 de setembro de 1912 (aquele que Poincaré mencionou em suas conversas com o embaixador russo), o coronel Vignal, da 2ª Repartição do Estado-Maior da França, comunicou ao primeiro-ministro que *uma guerra iniciada nos Bálcãs* garantiria as melhores condições para uma vitória da entente. Como os austríacos estariam ocupados em uma luta contra os eslavos do sul, a Alemanha seria obrigada a transferir forças substanciais de sua ofensiva a oeste para defender o leste contra a Rússia. Nessas circunstâncias, "a Tríplice Entente teria as maiores chances de êxito e poderia obter uma vitória que lhe permitiria redesenhar o mapa da Europa, apesar de êxitos locais da Áustria nos Bálcãs".[206]

Outros mostraram-se mais críticos sobre a nova postura. O embaixador em Londres, Paul Cambon, consternou-se com a atitude de confronto de Poincaré contra a Áustria-Hungria durante as primeiras semanas da Guerra dos Bálcãs. Em 5 de novembro de 1912, em uma visita a Paris, Paul escreveu a seu irmão Jules queixando-se de um artigo no *Le Temps*, patentemente inspirado por Poincaré, que desafiava a Áustria diretamente, repreendendo Viena "sem sutileza, sem paciência, sem cautela". Paul prosseguiu relatando uma conversa com Poincaré na noite de sábado, 2 de novembro. Cambon arriscara-se a sugerir que a França poderia cogitar permitir à Áustria aceitar uma parte do Sanjak de Novi Pazar, mero "monte de rochas", em troca da garantia de seu desinteresse em quaisquer outros territórios balcânicos. A resposta do primeiro-ministro surpreendeu-o: "Seria

* Instituto de Ciências Políticas de Paris. (N. T.)

impossível deixar uma potência que não guerreara [a Áustria], que não tinha direito etc., adquirir uma vantagem; isso assanharia a opinião na França e seria um retrocesso para a Tríplice Entente!". A França, prosseguiu Poincaré, "que tanto fizera desde o começo desta guerra" — e neste trecho Cambon inseriu um ponto de exclamação entre parênteses — "seria obrigada a também exigir vantagens, uma ilha no mar Egeu, por exemplo [...]". Na manhã seguinte (domingo, 3 de novembro), Cambon, que claramente havia passado a noite preocupado com essa conversa, foi falar com Poincaré e expor suas objeções. O Sanjak não valia um conflito, ele disse ao primeiro-ministro; uma ilha no Egeu causaria mais problemas do que vantagens. Cambon também não acreditava na afirmação de Poincaré de estar agindo sob pressão da "opinião pública". Ao contrário do que afirmava Poincaré, na França, ela era "indiferente" a tais questões; Cambon alertou sobre a importância de o próprio governo não assanhar "uma corrente de opinião que tornaria impossível uma solução". Poincaré não quis saber de nada disso e encerrou a conversa:

> "Apresentei minhas ideias ao governo no Conselho", Poincaré replicou asperamente. "Foram aprovadas, há uma decisão do gabinete, não podemos voltar atrás."
>
> "Como assim, não podemos voltar atrás?", retruquei. "Com exceção de dois ou três ministros, os membros do gabinete não sabem nada de política externa, e a conversa sempre pode permanecer em aberto em questões desse tipo."
>
> "É uma decisão do governo", ele replicou muito asperamente. "É inútil insistir no assunto."[207]

O interessante nesse diálogo não é o tema em si, pois, longe de tomar ou exigir um pedaço do Sanjak, a Áustria retirou suas tropas da área e a deixou para os Estados vizinhos, Sérvia e Montenegro. A questão foi encerrada e esquecida. Muito mais significativa é a noção, derivada dos comentários de Poincaré, de que havia um envolvimento profundo e direto da França nos problemas dos Bálcãs, notavelmente a estapafúrdia ideia do primeiro-ministro de que deixar um pedaço do Sanjak para a Áustria obrigaria Paris a pleitear uma compensação sob a forma de "uma ilha no Egeu". E ainda mais ominosa era a sensação, transmitida não só pela carta de Cambon mas também por uma comunicação de Ribot, de que a política francesa para os Bálcãs não estava mais sendo improvisada em resposta a novas situações, mas estabelecida em compromissos invioláveis, em "decisões" das quais "não se podia voltar atrás".

PARIS FORÇA A PAZ

Em uma carta de 19 de dezembro de 1912, o coronel Ignatiev, adido militar russo em Paris, relatou uma longa e reveladora conversa com Alexandre Millerand, o ministro da Guerra francês. Millerand levantou a questão dos reforços de soldados austríacos nas fronteiras da Sérvia e Galícia:

> MILLERAND: Na sua opinião, qual é o objetivo da mobilização austríaca?
>
> EU [IGNATIEV]: É difícil fazer predições nessa questão, mas sem dúvida até agora os preparativos austríacos contra a Rússia têm sido de natureza defensiva.
>
> MILLERAND: Certo, mas não acha que a ocupação da Sérvia* foi uma intimação direta para vocês entrarem em guerra?
>
> EU: Não sei responder essa pergunta, mas sei que não desejamos uma guerra europeia, nem queremos dar passo algum que possa provocar uma conflagração na Europa.
>
> MILLERAND: Então vocês terão de deixar a Sérvia sozinha? Obviamente, isso é problema seu. Mas que fique entendido que não somos nós os culpados. Nós estamos prontos.[208]

Ignatiev contou que Millerand pareceu "perturbado" e até "aborrecido" com suas respostas evasivas. Não se tratava apenas da Albânia, ou dos sérvios, ou de Durazzo, insistiu Millerand, mas da "hegemonia austríaca em toda a península balcânica", e sem dúvida quanto a isso o governo russo não podia se dar ao luxo de ficar despreocupado.[209]

São extraordinários esses comentários do ministro da Guerra francês, um respeitado político socialista leigo em assuntos externos, cuja carreira se concentrara não em questões geopolíticas, mas em pensões para os idosos, educação e melhoria das condições de trabalho. No entanto, em 1912, Millerand, grande amigo dos tempos de escola de Poincaré, tornara-se um dos líderes do reavivamento nacional francês. Muito admirado por sua tenacidade, diligência e ardoroso patriotismo, ele procurava não só elevar o moral nas Forças Armadas e reforçar

* Não está claro ao que Millerand se refere aqui, pois não havia "ocupação" austríaca da Sérvia em 1912; provavelmente ele está se referindo à anexação da Bósnia, e nesse caso o termo relatado pode ser de Ignativev, e não de Millerand.

a autonomia do comando do Exército, mas também incutir o espírito marcial em seu povo.[210] Suas palavras a Ignatiev refletiam uma atitude muito disseminada entre a liderança francesa durante a crise do inverno de 1912-3 nos Bálcãs. "O general Castelnau", contou Ignatiev, "por duas vezes me disse que ele, pessoalmente, está pronto para uma guerra, e até gostaria que houvesse uma." De fato, o governo francês como um todo estava "totalmente pronto para nos apoiar contra a Áustria e a Alemanha, não só por meios diplomáticos, mas, se necessário, pela força das armas". A razão dessa prontidão, Ignatiev supunha, era a França acreditar que uma guerra nos Bálcãs forneceria o mais vantajoso ponto de partida para um conflito mais amplo, já que obrigaria os alemães a voltar suas medidas defensivas contra a Rússia, "deixando os franceses na retaguarda".[211] E tamanho era o entusiasmo dessas mensagens vindas de Paris em novembro e dezembro de 1912 que o próprio Sazonov instou informalmente os franceses a baixar o facho.[212]

A vontade coordenadora por trás dessa política era Poincaré. Muitos ministros das Relações Exteriores e muitos premiês haviam atuado até então sem deixar grandes marcas na política externa francesa. Mas Poincaré era exceção. Combinava seus poderes nos dois cargos para afastar influências indesejáveis. Era assíduo e madrugador no trabalho, sinal inequívoco de intenções sérias no pachorrento Ministério das Relações Exteriores francês da época. Fazia questão de ler e comentar dossiês e de abrir sua própria correspondência; dizia-se que às vezes até redigia seus próprios comunicados. Não tinha paciência com a empáfia dos embaixadores, que tendiam, ele observou irritado em janeiro de 1914, a adotar muito facilmente o ponto de vista do governo do país onde serviam.[213] Para assegurar que o Quai d'Orsay não saísse de controle, Poincaré formou um gabinete interno de assessores leais e confiáveis, como fizera Delcassé na virada do século.

Em janeiro de 1913, Poincaré foi eleito presidente da República, tornando-se o primeiro homem a passar direto de premiê a chefe de Estado. Curiosamente, em teoria isso implicava uma diminuição de sua capacidade de moldar a formulação da política externa, pois o costume e os precedentes determinavam que a presidência, apesar de suas formidáveis prerrogativas, tendia a não ser uma fonte importante de poder. A função do presidente, eleito pelas duas casas do Parlamento, deveria ser como a do "*pinboy* das pistas de boliche", levantando os gabinetes caídos conforme a Câmara os derrubava.[214] Mas o ex-premiê não tinha intenção de permitir que as rédeas lhe escapassem das mãos; mesmo antes de ser eleito, deixara claro que pretendia explorar inteiramente os instrumentos constitucionais que a presidência fornecia; seu conhecimento e profundo entendimento do direito constitucional asseguravam que ele faria isso com certo brilhantismo. Em 1912 Poincaré até publicara um manual de ciência política no qual argumentava que os poderes do presidente — o direito de dissolver as Câmaras do Parlamento, por exemplo — eram um fator estabilizador crucial na Constituição, e que era apropriado que o presidente desempenhasse um papel de destaque nos assuntos internacionais.[215]

Eleito para a presidência da República, Poincaré usou sua influência indireta na escolha de candidatos para assegurar que seus sucessores no Ministério das Relações Exteriores fossem fracos, inexperientes ou compartilhassem da sua visão estratégica e diplomática — ou, melhor ainda, uma combinação de tudo isso. Charles Jonnart, que sucedeu Poincaré até março de 1913, foi um bom exemplo: era ex-governador-geral da Argélia, não entendia quase nada de relações exteriores e dependia do protegido de Poincaré, Maurice Paléologue, chefe do Departamento Político, para a gestão rotineira dos assuntos do Ministério.[216] "Ainda comando Jonnart", Poincaré confidenciou a seu diário em 26 de janeiro de 1913. "Vou ao Quai d'Orsay toda manhã."[217]

Enquanto a liderança francesa ampliava os poderes da aliança para cobrir a Rússia em caso de incidentes nos Bálcãs, mudanças importantes também aconteciam nas cláusulas associadas à convenção militar franco-russa. O comando militar francês alarmara-se com o plano de mobilização de Sukhomlinov em 1910, que recuara em centenas de quilômetros para o leste as áreas de concentração russas no saliente polonês, e com isso prolongara os tempos de mobilização projetados para um ataque a oeste e arruinara a pressuposição de simultaneidade consagrada no texto da convenção.[218] No encontro anual do Estado-Maior franco-russo em 1911, os delegados franceses interpelaram seus colegas russos sobre essa questão. A resposta do chefe do Estado-Maior russo, Yakov Zhilinsky, não foi de inspirar confiança. Ele prometeu que as Forças Armadas russas fariam o possível para iniciar seu ataque o mais rápido possível após o 15º dia de mobilização. Mas também admitiu que concluir o fornecimento de artilharia de campanha e metralhadoras ao Exército seria um processo que se estenderia por 1913 e 1914.[219]

A questão de quanto tempo a Rússia demoraria e quantos homens mobilizaria na eventualidade de um *casus foederis* e em que direção ela os enviaria dominou as deliberações dos Estados-Maiores franco-russos nos verões de 1912 e 1913.

No encontro de julho de 1912, o chefe do Estado-Maior francês, Joseph Joffre, pediu que os russos dobrassem todas as suas linhas férreas até as fronteiras do leste de Prússia e Galícia. Algumas linhas estrategicamente importantes deveriam até ser quadruplicadas para permitir o trânsito mais ligeiro de tropas numerosas. A convenção naval franco-russa de julho de 1912, que estipulava maior cooperação e coordenação das duas Marinhas, foi outro fruto desses esforços. E houve uma melhora gradual nas garantias russas — enquanto em 1912 Zhilinsky prometera atacar a Alemanha com 800 mil homens até o 15º dia da mobilização, no ano seguinte ele se julgou capaz, assim que as melhoras se concretizassem, de cortar dois dias daquele prazo.[220] A direção da mobilização foi outra área abordada. Os protocolos das deliberações entre os Estados-Maiores registram esforços incansáveis dos representantes do Estado-Maior francês para manter o enfoque dos russos sobre a Alemanha e não sobre a Áustria como o principal oponente. Pois, embora os franceses se dispusessem a reconhecer a legitimidade de um *casus belli* nos Bálcãs, todo o propósito militar da aliança (da perspectiva francesa) seria arruinado se os russos enviassem o grosso de suas forças contra o Império Habsburgo e deixassem a França lutando sozinha contra um grande ataque alemão no oeste. Quando essa questão foi levantada no encontro de 1912, Zhilinsky objetou que os russos precisavam levar em conta outras ameaças: os austríacos também tinham melhorado suas ferrovias estratégicas, e estava fora de questão, dada a importância da região para o moral nacional, a Rússia arriscar-se a uma derrota nos Bálcãs. A Suécia era outra ameaça em potencial, e a Turquia, mais uma. Mas Joffre frisou que "a aniquilação das forças alemãs" resolveria efetivamente todos os outros problemas da aliança; era essencial concentrarem-se nesses objetivo "a qualquer custo".[221] E, de fato, um comunicado redigido depois pelo Estado-Maior com o resumo do resultado das discussões registrou que "o comando russo reconhece a Alemanha como principal adversário".[222]

Poincaré fez o que pôde para agilizar esse reforço do lado russo da aliança. Antes de partir para São Petersburgo em agosto de 1912, quando perguntou a Joffre que questões deveria levar para debater com seus anfitriões, o chefe do Estado-Maior francês "mencionou a melhora das ferrovias e mais nada".[223] Chegando à capital russa, o premiê francês conscienciosamente importunou todos os seus interlocutores com a questão das ferrovias: "Transmiti [ao tsar Nicolau II] nosso interesse nas melhoras solicitadas por nosso Estado-Maior"; "Expliquei a ele [Sazonov] a necessidade de duplicar e quadruplicar as rotas" etc.[224] As mensagens de Poincaré permitem até vislumbrar a luta de poder que se travava na administração russa entre Kokovtsov e o comando militar. O premiê russo via os planos para uma política ousada nos Bálcãs com ceticismo e, como financista, não lhe agradava a perspectiva de despejar quantias colossais de dinheiro emprestado em ferrovias de valor comercial duvidoso. Quando respondeu às perguntas de Poincaré com a observação de que os russos estavam "estudando" a questão da melhora das ferrovias, Poincaré ressaltou que "esse estudo é urgentíssimo, pois é provável que seja na fronteira alemã [com a Rússia] que o resultado da guerra se decidirá". É fácil imaginar o que Kokovtsov pode ter pensado sobre essa tranquila pressuposição de uma guerra iminente. Poincaré anotou apenas que seu colega pareceu "irritado" com a ideia de que o comando do Exército russo havia recorrido ao apoio do governo francês para obter alocações militares sem precisar consultar diretamente o Ministério das Finanças (ou seja, o próprio Kokovtsov).[225] A cada oportunidade, Poincaré ajudava a aumentar a pressão pelo rearmamento sobre os russos.[226]

Os franceses praticaram em casa o que haviam pregado aos russos. A nomeação de Joseph Joffre para a chefia do Estado-Maior em julho de 1911, no auge da crise de Agadir, pôs a estratégia francesa nas mãos de um homem comprometido com a teoria da "escola ofensiva". Os estrategistas franceses tendiam a adotar uma abordagem defensiva para a perspectiva de um confronto com a Alemanha: os planos de campanha XV (1903) e XVI (1909) previam mobilizações defensivas na primeira fase, seguidas por um decisivo contra-ataque assim que fossem conhecidas as intenções do inimigo, à semelhança do plano de mobilização de 1910 encabeçado por Sukhomlinov. Mas Joffre alterou o plano de campanha XVI de modo a permitir uma investida ofensiva que adentrasse o território alemão através da Alsácia, acreditando que "só a ofensiva possibilitava refrear o ímpeto do adversário". Ele também mostrou uma postura muito mais proativa do que seus predecessores ao trabalhar com os parceiros da França na aliança e na entente. Joffre foi a força propulsora do lado francês nas reuniões dos Estados-Maiores de 1911, 1912 e 1913; sua parceria com seu colega russo Zhilinsky foi crucial para o êxito desses eventos. Houve também intensas conversas com os comandantes militares ingleses, em especial Henry Wilson. Joffre foi o primeiro estrategista francês a integrar a Força Expedicionária britânica a seus planos — suas revisões do plano XVI incluíram minuciosas instruções sobre a concentração de tropas britânicas na fronteira belga.[227]

Poincaré encontrou em Joffre um parceiro militar adequado à sua própria visão estratégica. Havia discordâncias, evidentemente. Uma das mais reveladoras era na questão da neutralidade belga. Documentos alemães e outras informações secretas que vazaram sugeriam que, em caso de guerra, os alemães atacariam a França através da Bélgica neutra. Em 21 de fevereiro de 1912, quando Poincaré, recém-empossado como premiê, convocou uma reunião informal no Quai d'Orsay para examinar as providências da defesa francesa, Joffre propôs um ataque preventivo através de território belga. Argumentou que esse era o único modo de compensar a inferioridade numérica da França em relação à Alemanha. Sem dúvida os britânicos compreenderiam a necessidade dessa medida, e os sinais recentes de frieza entre Bélgica e Alemanha sugeriam que talvez até fosse possível combinar previamente com a Bélgica. Mas Poincaré recusou terminantemente deliberar sobre o argumento de Joffre, dizendo que uma invasão da Bélgica trazia o risco de desagradar a opinião pública britânica e impossibilitar a Edward Grey cumprir suas promessas com Paris. Foi uma demonstração notável da primazia da autoridade civil sobre a militar na República Francesa, mas também da antevisão e do brilhantismo de Poincaré ao combinar uma interpretação altamente agressiva do *casus foederis* no leste com uma abordagem estrategicamente defensiva na fronteira francesa. Foi assim que Paris matou a charada que se apresentou a vários dos países beligerantes em 1914: o "requisito paradoxal de que uma guerra defensiva comece agressivamente".[228]

A consolidação dos comprometimentos continuou depois que Poincaré assumiu a presidência da República. A nomeação de Théophile Delcassé para a embaixada de São Petersburgo na primavera de 1913 foi um sinal inequívoco. Delcassé deveria ficar pouco tempo no posto. Deixou claro desde o início que pretendia permanecer em São Petersburgo só até as eleições francesas de 1914. Ainda assim, a escolha desse eminente e veterano ministro das Relações Exteriores que perdera o cargo no auge da primeira crise marroquina praticamente não deixava dúvidas quanto à orientação da política francesa. Com Delcassé em São Petersburgo e Izvolsky em Paris, os dois lados da aliança estavam representados por embaixadores com forte animosidade contra a Alemanha. Delcassé tornara-se ainda mais germanófobo naqueles últimos anos. Quando encontrou Jules Cambon a caminho do leste via Berlim, ele se recusou a descer do trem para não ter que pisar em solo alemão.[229] O novo embaixador era conhecido por sua experiência na área de ferrovias estratégicas (como ministro das Relações Exteriores na virada do século, Delcassé pressionara o governo russo para construí-las contra o Império Britânico!).[230] Não admira que a imprensa russa aplaudisse a notícia de sua nomeação, salientando que seu "temperamento combativo" seria uma boa aquisição para a Tríplice Entente.[231] A carta de apresentação de Poincaré ao tsar anunciou que o objetivo do novo embaixador seria "estreitar ainda mais os laços da aliança franco-russa", seguindo-se a inevitável menção à importância de reforçar com a máxima urgência as rotas estratégicas russas para as fronteiras ocidentais do Império.[232] Ignatiev informou que Delcassé fora autorizado pelo governo francês "a nos oferecer um empréstimo no montante que for necessário para esse propósito".[233]

Delcassé trabalhou mais do que nunca durante seu breve tempo no cargo (23 de março de 1913 a 30 de janeiro de 1914); de tão ocupado, raramente era visto na sociedade petersburguense. Na primeira audiência com o tsar, apenas um dia depois de sua chegada, ele ressaltou a importância de "concluir a rede ferroviária, em consonância com a vontade do chefe do Estado-Maior", e deu o singular passo de pedir diretamente que Kokovtsov fornecesse a verba necessária.[234] Durante todo o seu tempo de serviço em São Petersburgo, Delcassé raramente se encontrava com outros que não Sazonov e Kokovtsov. Até o embaixador britânico tinha dificuldade para marcar uma hora com ele. "Dirijo toda a política externa da Rússia", ele se gabou a seus colegas franceses. "O pessoal por aqui não sabe de nada."[235] Delcassé supervisionou as negociações que frutificaram em um novo e vultoso empréstimo francês: 2,5 bilhões de francos, a serem levantados no mercado de capitais francês pelas companhias ferroviárias russas no decorrer de cinco anos, em parcelas anuais de 500 milhões, com a condição de que as ferrovias estratégicas no saliente ocidental fossem reforçadas do modo previsto em 1913 pelas deliberações do Estado-Maior Conjunto.[236] Maurice Paléologue, o sucessor de Delcassé na embaixada de São Petersburgo a partir de janeiro de 1914, era um homem do mesmo feitio, que pretendia combinar o reforço estratégico com uma abordagem mais firme das questões de política externa.

POINCARÉ SOB PRESSÃO

Nos primeiros dezoito meses de sua presidência (até o começo da guerra), Poincaré reforçou a orientação ofensiva do planejamento militar francês. Apoiou a campanha da Lei dos Três Anos, aprovada pela Câmara e pelo Senado da França no verão de 1913, que aumentou o Exército permanente da França para cerca de 700 mil homens, reduzindo a disparidade numérica entre França e Alemanha para apenas 50 mil homens e demonstrando aos russos que os franceses falavam sério a respeito de sua parte no esforço conjunto contra o "principal adversário".[237] Escolhendo ministros submissos, assumindo o controle do Conselho Superior de Guerra e usando ao máximo seus poderes segundo o setor reservado que dava ao presidente o direito de moldar as decisões na área de política externa e militar, Poincaré tornou-se um dos presidentes mais fortes que a Terceira República teria.[238]

Todo esse ativismo tinha uma dimensão pública. O chauvinismo da propaganda do governo desde a formação do Ministério de Poincaré-Millerand-Delcassé era tema recorrente nas missivas do ministro belga em Paris, o barão Guillaume. Ele espantava-se particularmente com a veemência retórica da campanha em apoio à Lei dos Três Anos, que, depois de ter ajudado Poincaré a eleger-se presidente da República, agora prosseguia a passo acelerado, "indiferente aos perigos que gera".[239] "Foram Messieurs Poincaré, Delcassé e Millerand", observou Guillaume em janeiro de 1914, "que inventaram e implementaram a política nacionalista, jingoísta e chauvinista" cujo renascimento era agora uma característica tão marcante da vida pública na França. Ele via nisso "o maior perigo para a paz na Europa atual".[240] Poincaré não foi apenas um homem importante, escreveu o ministro belga em maio de 1914, mas também um político verdadeiramente nacional que trabalhou com extremo afinco e grande habilidade para construir sua base de apoio nas províncias. Foi um excelente orador que viajou frequentemente por todos os cantos da França, fez numerosos discursos e foi aclamado em todas as cidades que visitou.[241]

A despeito desses sucessos provincianos, a intrínseca volatilidade do sistema político francês assegurou que a posição de Poincaré em Paris permanecesse frágil. Entre outras coisas, a porta giratória do cargo ministerial na França continuou sua rotação, e o ministro das Relações Exteriores submisso a Poincaré, Charles Jonnart, foi removido do cargo depois de apenas dois meses. Sob seu sucessor, o débil Stéphen Pichon, os mecanismos examinados no capítulo 4 recomeçaram a se fazer sentir: Pichon alinhou-se com os embaixadores dominantes e seus aliados na Centrale. A consequência foi um recuo temporário em direção a uma abordagem mais conciliatória — ou no mínimo menos intransigente — com respeito a Berlim. Quando Pichon foi removido do cargo com o governo Barthou em dezembro de

1913, Poincaré procurou um testa de ferro para substituí-lo. O novo primeiro-ministro e ministro das Relações Exteriores, Gaston Doumergue, precisou concordar, antes de assumir seus cargos, que manteria a Lei dos Três Anos e a política externa de Poincaré. O presidente esperava que Doumergue, totalmente inexperiente em relações exteriores, se visse forçado a consultá-lo em todos os assuntos importantes. Mas a tática surtiu o efeito oposto, pois embora Doumergue fosse um ferrenho defensor da aliança russa, também trabalhou contra Poincaré, instalando seu arquirrival Joseph Caillaux como ministro das Finanças e gradualmente isolando o presidente das discussões sobre a política externa.[242]

Poincaré ainda tinha inimigos poderosos e inescrupulosos. O quanto ele era vulnerável às maquinações políticas de seus oponentes ficara claro em maio de 1913, quando eclodiu uma crise no gabinete em razão da descoberta de interceptações diplomáticas que expuseram negociações secretas entre o presidente e autoridades da Igreja católica. Na primavera de 1913, Poincaré e Pichon haviam iniciado essas conversas na esperança de assegurar a eleição de um sucessor ao pontificado que apoiasse a França. Isso poderia parecer inofensivo, considerando o interesse da França em consolidar a influência sobre seus protetorados religiosos no Levante. Mas contatos desse tipo entre um político eminente da República e a Igreja católica eram uma questão extremamente delicada na França pré-1914, onde o anticlericalismo era o tom predominante na cultura política. Manteve-se o sigilo total sobre essas conversas, para não fornecer aos radicais e seus aliados munição para uma campanha anticlerical. Mas em abril e maio de 1913, a Sûreté e o Ministério do Interior interceptaram e decifraram três telegramas do embaixador italiano em Paris que mencionavam negociações entre Poincaré, Pichon e o Vaticano. Em 6 de maio, Louis-Lucien Klotz, o ministro do Interior, apresentou os telegramas em uma reunião do gabinete. No tumulto que se seguiu, Pichon ameaçou renunciar se a interceptação e o vazamento de telegramas continuassem. As interceptações cessaram, mas o dano já fora causado, pois aquele material delicado poderia ser explorado no futuro por mãos inescrupulosas com o objetivo de aviltar Poincaré como um "clerical" inadequado para um cargo público.

O problema tinha também um aspecto pessoal: Poincaré casara-se com Henriette, duas vezes divorciada, em uma cerimônia unicamente civil, como se esperava de um alto funcionário da República. Mas em maio de 1913, depois que se soube que os dois primeiros maridos de Henriette haviam morrido, ele concordou, pressionado pela mulher e para atender ao desejo de sua adorada e recém-falecida mãe, consagrar a união em uma cerimônia religiosa. Era mais uma decisão com potencial para escandalizar a opinião anticlerical. A cerimônia aconteceu no mais rigoroso sigilo, mas dali por diante Poincaré viveu com medo de que uma campanha anticlerical devastasse sua popularidade. Confidenciou a um colega que ele era espionado até dentro do Eliseu, onde "policiais, criados, funcionários, porteiros, visitantes, mais de cem pessoas ficam de olho em mim todo o dia, observam todos os meus gestos e os informam com maior ou menor exatidão".[243] Preocupava-se tanto com essa possibilidade que se desdobrava para subornar os principais radicais. Para grande despeito dos irmãos Cambon, ele até ofereceu a embaixada em Londres a um de seus perseguidores, o anglófilo líder radical Georges Clemenceau (que recusou).[244] A preocupação com intrigas de bastidores e revelações hostis continuou a atormentar o presidente até a eclosão da guerra.

Em outras palavras, Poincaré permanecia vulnerável. E parecia até que, para ele e suas políticas, o momento estava passando. A onda de ardor nacionalista em cuja crista ele entrara para o comando da nação na esteira de Agadir já estava recuando no começo de 1914, dando lugar a um novo e complexo alinhamento de forças.[245] Poincaré era "cada vez mais odiado" pelos socialistas e radicais unificados, e seus rivais Clemenceau e Caillaux nunca perdiam a oportunidade de atacá-lo e irritá-lo.[246] O mais preocupante era a perspectiva de que uma nova formação de oposição pudesse forçar a anulação da Lei dos Três Anos e, com isso, enfraquecer o arcabouço da aliança franco-russa.[247] Em um país que se distinguia — especialmente depois do Caso Dreyfus — por fortes correntes de sentimento antimilitarista, a extensão do serviço militar obrigatório era uma medida extremamente polêmica. Os resultados das tumultuadas eleições gerais de 26 de abril e 10 de maio de 1914 eram difíceis de interpretar, mas sugeriam que o apoio da maioria à Lei dos Três Anos estava por um fio. Depois da queda do governo Doumergue em 2 de junho de 1914, Poincaré precisou encontrar uma combinação política capaz de salvar a lei. Após vários começos malogrados — incluindo o colapso de um governo no primeiro dia em que compareceu ao Parlamento, um evento com poucos precedentes históricos[248] —, Poincaré recorreu ao ex-socialista René Viviani, que formou um novo gabinete em 12 de junho no qual dez dos dezessete ministros apoiavam o serviço militar de três anos. Quando o novo governo conseguiu a maioria na Câmara em 16 de junho, pareceu que a crise havia passado. A Lei dos Três Anos estava segura, ao menos por ora. Mas como saber por quanto tempo sobreviveria?

O cenário internacional dava mais razões para preocupação. Ao longo de 1913 e 1914, a cúpula em Paris foi se dando conta do crescimento do poder da Rússia. Observadores militares franceses informaram que o Exército russo progredira muito desde os revezes da guerra com o Japão; seus soldados eram "de primeira classe, rijos, bem treinados, disciplinados e devotados", e o Exército russo provavelmente prevaleceria contra seus "futuros inimigos".[249] Especialistas em finanças franceses corroboravam essa visão das perspectivas da Rússia. Um dedicado estudioso da economia russa era Monsieur De Verneuil, representante dos corretores da Bolsa de Valores de Paris, com poder de veto sobre a aceitação de títulos nela. Verneuil já era veterano em empreendimentos comerciais russo-franceses quando viajou a São Petersburgo para negociar com o premiê Kokovtsov as condições do novo empréstimo francês. Em uma carta de 7 de julho de 1913 ele relatou suas impressões a Pichon, o ministro das Relações Exteriores. Verneuil já havia formado uma opinião bem favorável sobre o progresso econômico da Rússia, ele escreveu, mas sua recente visita a São Petersburgo convencera-o de que a realidade era muito mais notável:

> Está em preparo algo verdadeiramente fantástico, cujos sintomas hão de surpreender até os mais bem informados observadores. Tenho uma claríssima impressão de que nos próximos trinta anos veremos na Rússia um prodigioso crescimento econômico que igualará — se não ultrapassar — o colossal movimento ocorrido nos Estados Unidos no último quartel do século XIX.[250]

Verneuil não estava sozinho: em 1914, os informes do adido militar francês em São Petersburgo, o general De Laguiche, evocavam um "colosso" russo abastecido por "recursos inesgotáveis", armado com soldados "de primeira classe" e dotado de "poder ilimitado". Ao assistir às manobras da primavera naquele ano, De Laguiche transbordou de entusiasmo: "Quanto mais vejo, mais admiro esse material; o homem russo é superior a todos que conheço. Existe ali uma fonte de força e poder que nunca encontrei em nenhum outro exército".[251] As matérias na imprensa tendiam a reforçar essa impressão. Em novembro de 1913, *Le Temps* publicou uma reportagem na qual o correspondente russo do jornal, Charles Rivet, declarava:

> É impossível exagerar na admiração por esse grande esforço [militar] russo. Ele se dá sem causar a menor perturbação ou inconveniência à prosperidade do país. [...] en-

quanto na França novos gastos militares constituem um problema orçamentário, a Rússia não precisa sair à cata de uma nova fonte de receitas. [...] Nessa corrida armamentista, portanto, a Rússia está mais bem situada do que qualquer um para arrostar a competição. O aumento de sua população vem acompanhado de um crescimento da riqueza; as circunstâncias permitem confrontar, inclusive no longo prazo, a constante expansão de contingentes e gastos militares. O país nunca será obrigado a desacelerar seu crescimento; aliás, tampouco os líderes militares estão inclinados a fazê-lo.[252]

Entre os que mostravam essa opinião deslumbrada sobre a Rússia estava o próprio Poincaré.[253]

Tudo isso era, à primeira vista, uma boa notícia para a aliança franco-russa. Em Paris, no entanto, também deu margem a dúvidas incômodas. E se a Rússia acabasse tão rica e poderosa que sua segurança deixasse de depender da promessa de ajuda francesa? No mínimo, um crescimento assim impetuoso sem dúvida faria a balança do poder na aliança pender em detrimento da França, pois, como observou o general De Laguiche em fevereiro de 1914, "quanto menos a Rússia precisar de outros países, mais será capaz de livrar-se da nossa pressão".[254] Esse clima de apreensão parece-nos risível, com o que sabemos hoje: fundamentava-se em uma estimativa absurdamente exagerada do progresso econômico e da força militar da Rússia.[255] Mas esses falsos futuros eram bem reais para quem os imaginava; com outros fatores em um ambiente rapidamente mutável, sugeriam que os instrumentos então disponíveis para conter a Alemanha talvez não fossem durar por muito mais tempo.

Nas últimas semanas de junho de 1914, para sua surpresa, Poincaré ainda estava no controle. Sua política estava segura, ao menos enquanto o governo atual não caísse. René Viviani era um político parlamentar muito eficiente, mas totalmente cru em assuntos externos. Caso surgisse uma crise, seria fácil para o presidente manejar as políticas. A estratégia militar ofensiva e o comprometimento com o *casus foederis* nos Bálcãs permaneciam intactos. Porém no médio e no longo prazo, o futuro de Poincaré e de sua política pareciam bem incertos. Essa combinação de força no presente e vulnerabilidade mais à frente pautaria o modo como ele lidou com a crise que eclodiu depois que Gavrilo Princip disparou os tiros fatais em 28 de junho em Sarajevo. Como tantos dirigentes surpreendidos por esses acontecimentos, Poincaré teria a sensação de estar correndo contra o relógio.

6. Últimas chances: détente e perigo, 1912-4

"Desde que comecei no Ministério das Relações Exteriores, nunca vi águas tão calmas", escreveu Arthur Nicolson no começo de maio de 1914.[1] Essa observação de Nicolson chama nossa atenção para uma das mais curiosas características dos dois últimos anos pré-guerra: mesmo quando o estoque de armas continuava a crescer e as atitudes de alguns líderes militares e civis se tornavam mais belicosas, o sistema internacional europeu como um todo mostrava uma surpreendente capacidade para a administração de crises e para a détente. Isso significa que a probabilidade de uma guerra geral estava *diminuindo* no último ano e meio antes de o conflito eclodir? Ou o fenômeno da détente encobria a realidade de um antagonismo estrutural que se intensificava entre os blocos de alianças? E, se a segunda alternativa for verdadeira, como os processos envolvidos na détente interagiram com as causalidades que possibilitariam a eclosão de uma guerra geral em 1914?

OS LIMITES DA DÉTENTE

No verão de 1912, o cáiser alemão e o tsar russo, acompanhados por uma comitiva de estadistas veteranos, reuniram-se para conversações informais no

21. *Conde Vladimir Kokovtsov.*

Porto Báltico (Paldiski), uma instalação naval russa na península de Pakri, no noroeste da atual Estônia. Tal encontro, planejado como uma retribuição à visita do tsar a Potsdam em 1910, correu extraordinariamente bem. Enquanto os monarcas caminhavam, jantavam e inspecionavam tropas, os estadistas dedicavam-se a conversas amigáveis e abrangentes. Kokovtsov e Hollweg — que se conheceram no porto Báltico — simpatizaram imediatamente um com o outro. Eram, ambos, sóbrios e conservadores, de ideias decididamente moderadas. Em uma conversa tranquila e franca, os dois primeiros-ministros trataram longamente das políticas de armamento das duas potências. Um assegurou ao outro a natureza essencialmente defensiva de suas intenções, e os dois concordaram que o presente surto de gastos militares era lamentável, dado seu efeito inquietante sobre a opinião pública. Cabia torcer, observou Hollweg, para que "todos os países tenham tantos interesses em comum que vejam os armamentos como uma medida preventiva, sem permitir que sejam efetivamente usados".[2]

As conversas de Hollweg com o ministro das Relações Exteriores Sazonov versaram sobre uma gama maior de assuntos, mas foram marcadas pela mesma busca de uma linguagem conciliatória. Quanto ao tema da crescente instabilidade na península balcânica, Sazonov assegurou a Hollweg que a "missão" da Rússia nos Estados eslavos cristãos estava historicamente cumprida e, portanto, obsoleta. O país não tinha intenção de explorar as presentes dificuldades do Império Otomano, confirmou. Hollweg declarou que, embora a Alemanha às vezes fosse acusada de querer interferir no funcionamento interno da entente, nada poderia ser mais contrário ao que ele pretendia. Por outro lado, não via razão para que a Alemanha não cultivasse relações amistosas com as potências da entente. "Como é com a Áustria?", Sazonov indagou mais para o final da conversa. Hollweg garantiu-lhe que uma política austríaca agressiva para os Bálcãs era impensável. "Então não haverá incentivo [da Alemanha] à Áustria?", perguntou Sazonov, e Hollweg respondeu que Berlim não tinha a menor intenção de apoiar uma política ousada de Viena. Os dois concordaram, antes de se despedir, que seria uma excelente ideia transformar aquelas reuniões de cúpula em uma "instituição fixa" que se repetisse regularmente a cada dois anos.[3]

Espantosamente, até o cáiser se comportou bem no porto Báltico. O tsar sempre temia as reuniões com seu loquaz primo alemão. Relutava em dizer o que pensava porque, como observou Kokovtsov, "receava a expansividade do imperador alemão, tão estranha à sua natureza".[4] Em uma mensagem redigida antes da visita, o embaixador alemão em São Petersburgo, o conde Pourtalès, rogou que se aconselhasse ao cáiser evitar temas de conversa tendenciosos e adotar uma "atitude de ouvinte" sempre que possível, para que o tsar pudesse ter a chance de falar.[5] Em grande medida, Guilherme mostrou um comedimento admirável. Houve alguns lapsos de pouco valor: depois do primeiro almoço a bordo do iate do tsar, o *Standart*, o cáiser chamou Sazonov de lado e falou com ele ("para ele" seria uma locução mais apropriada) por mais de uma hora, descrevendo em detalhes sua relação com os pais, que, segundo o imperador, nunca o amaram. Sazonov viu nisso uma chocante ilustração da "marcante tendência [do cáiser] a transpor as fronteiras da reserva e da dignidade" que seriam de esperar de alguém em posição tão elevada.[6] No segundo dia da viagem, durante uma visita sob um calor sufocante às ruínas de fortificações construídas ao redor do porto por Pedro, o Grande, Guilherme novamente esqueceu suas instruções e deteve Kokovtsov, falando sobre uma de suas mais recentes obsessões: a importância de criar um consórcio petrolífero pan-europeu capaz de competir com a American Standard Oil. A conversa, recordou-se Kokovtsov, "ficou animadíssima e extrapolou os limites da etiqueta da corte".

> O sol estava escaldante. O tsar não quis interromper nossa conversa, mas por trás do imperador Guilherme ele me fez sinais de impaciência. O cáiser, porém, continuava a responder aos meus argumentos com fervor crescente. Por fim, o tsar, que pelo jeito tinha perdido a paciência, se aproximou de nós e começou a ouvir a conversa; então o imperador Guilherme virou-se para ele e disse (em francês): "O seu presidente do Conselho não simpatiza com minhas ideias, e não quero permitir que permaneça inconvicto. Quero que você me permita provar o que digo com dados coligidos em Berlim, e quando eu estiver pronto, gostaria de ter sua permissão para retomar esta conversa com ele".[7]

Vale a pena imaginar essa cena: o reflexo do sol nas pedras quebradas do velho forte, Kokovtsov suando em bicas dentro do paletó, o cáiser afogueado, os bigodes tremendo à medida que ele se empolgava com seu tema, gesticulando, alheio ao desconforto dos companheiros, e atrás dele o tsar, tentando desesperadamente pôr fim ao suplício e tirar o grupo do sol. Não se pode ter certeza, mas é possível imaginar que Guilherme não tenha mandado depois a Kokovtsov os "dados coligidos em Berlim" sobre os consórcios petrolíferos, pois seus rompantes entusiasmados tendiam a ser tão curtos quanto intensos. Não admira que o cáiser alemão fosse uma figura que aterrorizava o circuito real.

Os lapsos passageiros de Guilherme não conseguiram arrefecer o bom humor dos dois grupos, e o encontro terminou em um clima inesperadamente jubiloso. Um comunicado oficial conjunto entregue à imprensa em 6 de julho informou que o evento se caracterizara "por especial afabilidade", constituindo-se assim em uma nova prova das "relações de amizade" entre os dois monarcas e confirmando a "firme resolução" dos dois países de manter as "veneráveis tradições que existem entre eles".[8]

Porto Báltico foi o ponto alto da détente russo-germânica nos últimos anos antes da eclosão da guerra em 1914.[9] No entanto, o que lá se alcançou tinha limites bastante estreitos. As conversas, embora amistosas, não produziram decisões substanciais. O comunicado oficial à imprensa limitou-se a generalizações evasivas e explicitou que o encontro não havia gerado "novos acordos" nem "mudança alguma no agrupamento dos países, cujo valor para a manutenção do equilíbrio e da paz fora comprovado".[10] As garantias oferecidas por Hollweg e Sazonov com respeito à situação nos Bálcãs encobriam uma perigosa incoerência: embora os alemães realmente recomendassem comedimento aos austríacos, semeando dúvidas em Veneza quanto à garantia do comprometimento de Berlim com a aliança, os russos faziam o oposto, e continuariam a fazê-lo, com seus clientes balcânicos. As garantias de Sazonov a Hollweg de que a Rússia não tinha intenção de se aproveitar das dificuldades enfrentadas pelo Império Otomano e de que a "missão histórica" do país na península ficara no passado eram, no mínimo, enganosas. Se essa deveria ser a base para um entendimento russo-germânico, era um alicerce bastante frágil. E mesmo as comedidas fórmulas do comunicado de porto Báltico já bastavam para provocar espasmos de paranoia em Londres e Paris. Antes e depois do encontro, o Ministério das Relações Exteriores em São Petersburgo deu a Londres e Paris firmes garantias de que seu comprometimento com a Tríplice Entente estava mais forte do que nunca. Portanto, em certo sentido, as manobras exploratórias em prol de uma aproximação em porto Báltico revelaram como seria difícil chegar a uma détente verdadeiramente multilateral.

Restrições estruturais e políticas análogas punham-se no caminho de uma détente duradoura entre Alemanha e Grã-Bretanha. Um exemplo é a missão Haldane de fevereiro de 1912, quando os dois países não conseguiram chegar a um acordo sobre a limitação de armamentos navais. O arquiteto original da missão foi Hollweg. Seu objetivo era obter um entendimento com a Grã-Bretanha para permitir que problemas internacionais (especialmente coloniais) fossem resolvidos pela colaboração e não por competição e confronto. O chanceler via no ambicioso programa de construção naval do almirante Tirpitz o principal obstáculo a esse acordo. Mas o apoio pessoal do cáiser ao programa naval e a estrutura desconexa e pretoriana do Executivo alemão criavam a necessidade de manobras oblíquas para desalojar a política em curso. Para enfraquecer a influência de Tirpitz, Hollweg aliou-se ao Almirantado em sua prolongada campanha contra o Departamento Naval do Império (o Almirantado desaprovava a concentração de Tirpitz no número de navios em vez de na educação e no treinamento de pessoal). Ele instigou o Exército, que por muito tempo vinha sofrendo com escassez de verbas enquanto os orçamentos navais iam às alturas, a pressionar por renovação e expansão.[11] E, naturalmente, pediu a Metternich, o embaixador alemão em Londres, que lhe fornecesse a munição necessária para persuadir o cáiser de que refrear o crescimento naval poderia ter um efeito mais persuasivo sobre Londres do que a política de força e desafio então em vigor. Em suma, Hollweg acionou assiduamente os vários comutadores do sistema na esperança de curar a política de defesa do Reich do vício do crescimento naval.

Como Joseph Caillaux durante a crise de Agadir, Hollweg recorreu a um intermediário sem ligações com o governo, o magnata da navegação comercial Albert Ballin, de Hamburgo, que teve papel crucial na abertura de um canal de comunicação. Ballin, tanto quanto muitas figuras do alto escalão do setor comercial e bancário, acreditava plenamente no valor civilizador do comércio internacional e na estupidez criminosa de uma guerra europeia. Através de seus contatos com o banqueiro britânico Sir Ernest Cassal, Ballin conseguiu trazer a Berlim uma mensagem comunicando o interesse britânico de buscar, em princípio, um entendimento bilateral em questões relacionadas a armamentos navais e problemas coloniais. Em fevereiro de 1912, Lord Haldane, o secretário de Estado da Guerra, viajou a Berlim para sondar as possibilidades.

Por que a missão de Haldane fracassou? A resposta não é simplesmente a intransigência alemã quanto à escala e ao ritmo da construção naval, pois Hollweg e — ainda que com relutância — o cáiser Guilherme II estavam dispostos a fazer concessões nessa frente.[12] O verdadeiro empecilho foi Berlim exigir algo tangível em troca: a neutralidade da Grã-Bretanha em caso de guerra entre a Alemanha e outro país continental. Por que os britânicos não cederam? O argumento de que estavam comprometidos pelas cláusulas de suas obrigações com a França é falho, pois Hollweg estava disposto a limitar o acordo de neutralidade proposto a casos em que a Alemanha "não pode ser considerada a agressora", e admitiu expressamente que qualquer acordo firmado não teria "aplicação se for incompatível com acordos existentes que as partes contratantes já tenham assinado".[13] A verdadeira razão da relutância britânica estava, isto sim, na compreensível aversão a dar algo em troca de nada: a Grã-Bretanha estava vencendo facilmente a corrida armamentista naval e desfrutava de uma superioridade incontestada. Hollweg e Guilherme queriam um acordo de neutralidade em troca de seu reconhecimento de que a superioridade era uma situação permanente. Mas por que a Grã-Bretanha deveria negociar por uma vantagem que já possuía?[14] Em resumo: não foram os navios em si que impediram o acordo, mas a incompatibilidade dos interesses percebidos de ambos os lados.[15]

Haldane voltou de Berlim decepcionado com a confusão que observou por lá: estava claro, mesmo para um forasteiro, que Hollweg não conseguira obter o apoio do cáiser e do Departamento Naval do Reich para sua política. Mas também na Grã-Bretanha interesses poderosos aliaram-se contra a missão.[16] Desde o princípio, ela foi vista em Londres como uma iniciativa puramente exploratória.

Haldane foi obrigado a viajar para Berlim a pretexto de um estudo educacional (na época ele presidia a Comissão Real da Universidade de Londres) e, nas palavras de uma nota preliminar britânica ao governo alemão, não tinha "autoridade para firmar nenhum acordo ou vincular nenhum colega a um compromisso".[17] O objetivo da missão, assegurou o próprio Haldane a Jules Cambon, era a détente, e não uma entente.[18] Em Paris, Bertie trabalhou duro para sabotar o acordo dando o serviço a Poincaré e incitando o Quai d'Orsay a pressionar Londres.[19] Além disso, é revelador que o homem incumbido de dar a Haldane a documentação e assessoria durante as conversas fosse nada menos que Sir Arthur Nicolson, um homem que sempre acreditara que qualquer concessão à Alemanha trazia o risco de antagonizar os russos, cuja benevolência era essencial à segurança britânica. Nicolson não escondia sua hostilidade à incumbência de Haldane. Em fevereiro de 1912 ele disse a Sir Francis Bertie, embaixador britânico em Paris: "Não vejo por que deveríamos abandonar a excelente posição em que fomos postos e nos rebaixar envolvendo-nos em tentativas de nos enredar em certos 'entendimentos' que sem dúvida prejudicariam nossas relações com a França e a Rússia, se é que já não o fizeram".[20] O embaixador concordou: a missão Haldane era "um passo tolo", dado meramente para calar "os radicais do 'fora Grey'".[21] Portanto, desde o início, não havia uma chance realista de que a missão fosse bem-sucedida.[22] Para grande alívio de Nicolson e Bertie, Grey recusou-se a cogitar uma "cláusula de neutralidade", e as negociações de Haldane ruíram. O embaixador Goschen escreveu de Berlim e parabenizou Nicolson: "Você se destacou nesse bom trabalho".[23]

Como sugere o comentário de Nicolson, o crescimento da détente foi contido — pelo menos na Grã-Bretanha — pela noção dos blocos, que ainda era aceita como o alicerce indispensável para a segurança nacional. A détente poderia oferecer um suplemento à estratégia de blocos, mas não suplantá-la. Sir Edward Grey explicara isso elegantemente em um discurso à Câmara dos Comuns em novembro de 1911: "Não se fazem novas amizades valiosas abandonando as antigas. Façamos, sim, novas amizades, mas não às custas das que já temos".[24]

Justamente porque tão pouco fora investido na missão de Haldane, seu fracasso foi digerido com facilidade, e a détente anglo-germânica pós-Agadir continuou. Só à luz dos acontecimentos posteriores o fato de não se firmar um acordo naval acabou parecendo historicamente significativo. No outono de 1912, quando eclodiu a crise dos Bálcãs, o secretário das Relações Exteriores alemão, Kiderlen-Wätcher, propôs a Goschen, o embaixador britânico em Berlim, que os dois países coordenassem suas respostas com o objetivo de impedir as potências de caírem em dois campos hostis. Grey comunicou a Hollweg que desejava "íntima cooperação política" entre Alemanha e Grã-Bretanha.[25] Os dois países patrocinaram juntos a Conferência dos Embaixadores realizada em Londres entre dezembro de 1912 e julho de 1913. Além disso, ajudaram a intermediar soluções conciliatórias para os problemas mais espinhosos derivados da Primeira Guerra dos Bálcãs, e recomendaram comedimento a seus respectivos parceiros de bloco, Rússia e Áustria.[26]

Havia motivos inconfessos por trás disso, é claro. O secretário das Relações Exteriores, Jagow, que prosseguiu na linha de ação quando Kiderlen morreu subitamente em dezembro de 1912, esperava que, abrindo os olhos de Londres para a agressividade da política russa na região, a continuidade da colaboração nos Bálcãs contrabalançasse a dependência britânica em relação às potências da entente. Grey esperava que os alemães continuassem a refrear os austríacos e, com isso, impedissem que conflitos regionais balcânicos ameaçassem a paz europeia. No entanto, nenhum dos lados estava disposto a fazer mudanças substanciais em suas respectivas estratégias de bloco. A "détente balcânica" anglo-germânica funcionava, em grande medida, por ser acentuadamente voltada para uma área (a península balcânica) onde nenhum dos dois Estados tinha interesses fundamentais em jogo. Ela também dependia da determinação da Áustria e da Rússia de não entrar em guerra. Era algo frágil, sem conteúdo substancial, que só poderia sobreviver enquanto não houvesse nenhuma ameaça grave à paz.

Poderíamos dizer, então, que o potencial para a détente era circunscrito pela resiliência dos blocos de alianças. Isso é verdade, de certa forma, exceto por implicar que os blocos de aliança eram elementos sólidos e imóveis do sistema internacional. Mas vale a pena salientar que os principais decisores sentiam o quanto esse sistema de alianças era delicado e propenso a oscilações. Os austríacos temiam intermitentemente que os alemães estivessem a ponto de acertar suas diferenças com a Rússia e deixar seus aliados Habsburgo de lado, um receio que não deixava de ser justificado, pois as evidências mostram que a política alemã de comedimento em relação a Viena no período 1910-3 meramente encorajou os russos nos Bálcãs sem produzir algum benefício compensador na esfera da segurança.[27] Poincaré viu no inane encontro em porto Báltico o terrível anúncio de uma parceria russo-germânica nos Bálcãs e nos estreitos da Turquia. Na primavera de 1913, Paris até se irritou com o corrente "flerte" entre as cortes de St. James e Berlim, suspeitando que o rei George v estivesse buscando relações mais cordiais com a Alemanha.[28] Para Sir George Buchanan, o embaixador britânico em São Petersburgo, o menor indício de algum degelo entre Viena e São Petersburgo bastava para conjurar a perspectiva apavorante de que a Rússia abandonasse a entente e unisse forças com a Alemanha e a Áustria, como fizera nos tempos das Ligas dos Três Imperadores nos anos 1870 e 1890.

No caso das relações britânicas com a Rússia, a apreensão diante da perspectiva de perder um amigo poderoso era reforçada pelo medo de ganhar um inimigo poderoso. Nos últimos três anos antes da eclosão da guerra, as antigas tensões geopolíticas entre Rússia e Grã-Bretanha voltavam para o primeiro plano. Havia problemas em toda a fronteira da China com a Ásia Central, desde o Tibete e a Mongólia Exterior até o Turquestão e o Afeganistão, mas o problema mais urgente era a Pérsia. No verão de 1912 a penetração armada dos russos no norte da Pérsia suscitava dúvidas de que a entente anglo-russa pudesse continuar em sua forma corrente. Já em novembro de 1911 Grey alertara o conde Benckendorff, embaixador russo em Londres, de que logo poderia ser forçado a proferir publicamente "repúdios" à atividade russa na Pérsia e de que a Rússia estava pondo em risco o futuro da convenção.[29] E essa era uma questão que atraía interesse não apenas no Ministério das Relações Exteriores, mas também no gabinete, no Parlamento e na imprensa. Quando Sazonov e Grey se encontraram em Balmoral em setembro de 1912 para conversas principalmente em torno da questão russa, houve manifestações do povo contra o ministro russo. O temor pelo futuro do Império Britânico combinava-se à tradicional russofobia do movimento liberal e da imprensa britânica, gerando uma mistura poderosa. E essas preocupações permaneceram intensas durante 1913 e no começo de 1914. Em cartas de fevereiro e março de 1914 ao embaixador Buchanan em São Petersburgo, Grey fez comentários irritados sobre os planos russos de construir uma ferrovia estratégica até a fronteira indiana, passando pela Pérsia. Os russos tinham começado a passar a perna nos interesses comerciais britânicos na Pérsia, inclusive na zona que as cláusulas da entente haviam alocado para a Grã-Bretanha. A situação na fronteira chinesa não era mais alentadora: em 1912-3, missivas de agentes britânicos informavam que os russos andavam fomentando uma "atividade militar incomum" entre a Mongólia e o Tibete; haviam sido detectados carregamentos de fuzis russos passando por Urga até Lhasa, e "monges" buriates russos estavam treinando o Exército tibetano, justamente quando os russos avançavam pelo Turquestão chinês para estabelecer posições fortificadas a apenas 240 quilômetros da guarnição britânica em Srinagar.[30] A Rússia, ao que parecia, estava aguardando a próxima oportunidade de invadir a Índia.[31]

Essas ameaças percebidas produziram finas rachaduras na estrutura política do Ministério das Relações Exteriores. Para Grey, o comportamento inquietante dos russos aumentava o valor da détente anglo-germânica nos Bálcãs. Era impossível não se espantar com a facilidade com que os diplomatas britânicos e alemães trabalhavam juntos, justamente no momento em que os zigue-zagues oportunistas de Sazonov nos Bálcãs andavam exasperando os parceiros britânicos da Rússia. E nessas reflexões Grey tinha o apoio de seu secretário particular de longa data, William Tyrrell, o homem que falava mais com o secretário das Relações Exteriores do que qualquer outro colega. Tyrrell antes fora a favor da "política antigermânica", mas recentemente se tornara "um convicto defensor do entendimento".[32] O atrativo dessa opção era, sem dúvida, reforçado pela noção de que, como a Alemanha perdera a corrida naval, a principal ameaça vinda de Berlim havia "perdido o gume".[33] O retorno a uma política mais flexível prometia tanto calar os argumentos russófobos da oposição radical como enfraquecer as armas da brigada do "fora Grey", que via na hostilidade do secretário das Relações Exteriores contra Berlim uma ameaça desnecessária à independência britânica e à paz europeia.

Mas essa opção permanecia quimérica enquanto os riscos de perder a lealdade da Rússia não parecessem ser compensados pelos benefícios de uma colaboração mais próxima com a Alemanha. Enquanto esse ponto crítico não fosse atingido — e ele não parecia iminente em 1913-4 —, o argumento em favor de apaziguar a Rússia e fazer oposição à Alemanha continuava a ter grande peso. A Rússia era um inimigo muito mais perigoso em 1913 do que fora em 1900, especialmente da perspectiva dos dirigentes britânicos, que, como seus colegas franceses, concordavam com uma avaliação extraordinariamente exagerada do poder russo. Durante todo o período da Guerra Russo-Japonesa e da Crise de Julho de 1914, e apesar de muitas evidências em contrário, os adidos e especialistas militares britânicos apresentaram o que, em retrospectiva, parecia uma imagem absurdamente positiva do poderio militar russo.[34] Em um relatório bem típico redigido em 1909, o general Sir Ian Hamilton, que quando adido militar junto às forças japonesas da Manchúria vira o Exército russo em ação, descreveu os imensos melhoramentos que haviam sido feitos naquele meio-tempo. Graças a um "avanço extraordinário" em táticas de "tiro em movimento", agora os soldados russos podiam ser classificados como "combatentes melhores e mais ardorosos do que os alemães". Como Hamilton também presenciara manobras alemãs, suas palavras foram recebidas com respeito.[35]

Na mente de alguns dos principais dirigentes em Londres, a ameaça russa ainda eclipsava a alemã. "O que nosso povo teme", admitiu um alto funcionário do Ministério das Relações Exteriores no começo de dezembro de 1912, quando a primeira crise da Albânia estava no auge,

> é que a Alemanha vá propor a São Petersburgo refrear a Áustria se a Rússia se desligar da entente. Esse é o verdadeiro perigo da situação, e não um conflito entre as potências. Estamos sinceramente receosos de que, no tumulto da crise, a Rússia venha a emergir do lado da Aliança.[36]

Para Nicolson, a segurança da Grã-Bretanha e de seu Império mundial ainda dependia da entente anglo-russa, que ele ansiava por ver transformada (com a entente francesa) em uma aliança oficial. "A inimizade da França e da Rússia seria muito mais desvantajosa que a da Alemanha".[37] Em maio de 1914 ele escreveu:

> É para nós absolutamente essencial manter as melhores relações possíveis com a Rússia, pois, diante de uma Rússia inamistosa ou mesmo indiferente, nos veríamos em grandes dificuldades em certos locais onde infelizmente não estamos em condições de nos defender.[38]

Até o menor gesto em direção a um entendimento com Berlim trazia o risco de comprometer a reputação de confiabilidade de Londres; e, se essa reputação se perdesse, havia o perigo de que a Rússia simplesmente abandonasse a Grã-Bretanha e voltasse ao papel de rival imperial. Baseava a visão de Nicolson a convicção, muito comum em Londres nos últimos anos pré-guerra, de que a fenomenal expansão do poder econômico e da força militar da Rússia logo poria o país em uma posição de relativa independência, tornando a Grã-Bretanha dispensável.

Disso decorria que a lealdade da Rússia devia ser comprada praticamente a qualquer custo. Nicolson horrorizou-se com o papel de Sazonov, que patrocinou a aliança servo-búlgara contra a Turquia e, de modo mais geral, com a incitação do governo sérvio pela Rússia; mas esses eram incômodos secundários se comparados à catástrofe de uma deserção russa. Assim, em certos aspectos, os diplomatas britânicos sentiam-se mais confortáveis com uma situação de tensão administrada nos Bálcãs do que com a perspectiva de um retorno ao duplo domínio austro-russo da era pré-1903, o que, por sua vez, teria facilitado um retorno à conjuntura pré-1907 de rivalidade global aberta entre Grã-Bretanha e Rússia, uma situação que os britânicos se sentiam ainda menos preparados para enfrentar em 1913 do que estavam na época da Guerra dos Bôeres.[39] No verão de 1912, Nicolson chegou a propagar a ideia de que a expansão russa na região dos Bálcãs era inevitável, portanto a Grã-Bretanha não devia opor-se a ela. "A determinação da Rússia, agora que pôs suas finanças em ordem e reorganizou seu Exército, é reafirmar e restabelecer sua posição predominante nos Bálcãs", disse Nicolson ao embaixador britânico em Viena.[40]

A détente interagia de modo complexo com a arquitetura móvel dos blocos de aliança. Podia elevar os níveis de risco enfraquecendo sua percepção entre os principais agentes políticos. A Conferência dos Embaixadores em Londres, pela qual Grey levou grande parte do crédito, deu-lhe confiança em sua capacidade de solucionar crises e "salvar a paz", uma confiança que tolheria sua capacidade de reagir oportunamente nos acontecimentos de julho de 1914. Grey aprendeu com a détente anglo-germânica nos Bálcãs a lição de que, fosse como fosse, a Alemanha continuaria a refrear sua aliada, a Áustria. Jagow e Hollweg chegaram à também problemática conclusão de que os olhos de Londres finalmente tinham se aberto para o verdadeiro caráter da política russa na península, e a Grã-Bretanha provavelmente permaneceria neutra se os russos iniciassem um conflito na região. Além do mais, a détente em uma parte do sistema internacional europeu também poderia produzir uma consolidação dos comprometimentos em outra. Por exemplo, incertezas com respeito a Londres — despertadas pela colaboração anglo-germânica nos Bálcãs — afetavam as relações francesas com São Petersburgo. "O governo francês procura estreitar cada vez mais sua aliança com a Rússia, pois sabe que a amizade da Inglaterra é cada vez menos sólida e eficaz", escreveu o ministro belga a Paris em abril de 1913.[41]

Essas reflexões parecem sugerir que, de certa forma, o sistema europeu pré-guerra havia se trancado em uma posição da qual a guerra era a única saída. Essa poderia parecer a única dedução possível da observação de que até a détente representava um perigo à paz. Mas não devemos esquecer o quanto esse sistema era dinâmico ou as muitas alternativas que seu futuro parecia conter. Nos derradeiros meses antes da eclosão da guerra, alguns dos principais dirigentes britânicos começaram a se dar conta de que a aliança com a Rússia sobre a Pérsia talvez não sobrevivesse à renovação marcada para 1915.[42] A opinião de Tyrrell na primavera de 1913 era de que a Grã-Bretanha devia tolerar a má conduta dos russos até que a crise dos Bálcãs se acalmasse, e então — talvez em 1914 ou 1915 — endurecer nas questões da Pérsia, da Mongólia e da China. Abriu-se um abismo entre Grey e Nicolson, que em 1914 tornara-se uma figura cada vez mais isolada. Muitos colegas no alto escalão do Ministério das Relações Exteriores viam com profundo ceticismo o apego incondicional do segundo à entente anglo-russa. Tyrrell e Grey, assim como outros altos funcionários do Ministério, estavam muito irritados porque São Petersburgo não observara as condições do acordo firmado em 1907 e começavam a achar que algum tipo de entendimento com a Alemanha pudesse ser útil como corretivo para a Rússia. Na primavera de 1914, até Nicolson tinha entendido o recado: em 27 de março de 1914, ele alertou um colega para que não presumisse que aquela constelação de poderes seria duradoura: "Acho extremamente provável que em breve vejamos novas tendências e novos agrupamentos na situação política europeia".[43]

"AGORA OU NUNCA"

O que isso tudo significava para os alemães? Para responder a essa pergunta, é útil salientar a ambivalência de tendências internas nos dois últimos anos antes da guerra. Por um lado, no período pós-Agadir houve uma diminuição das tensões, especialmente entre a Alemanha e a Grã-Bretanha, e sinais de que os blocos de aliança continentais poderiam, com o tempo, perder sua funcionalidade e coesão. Portanto, havia razão para crer que a détente não era meramente uma pausa nas hostilidades mútuas, mas uma genuína potencialidade do sistema internacional. Vista dessa perspectiva, uma guerra geral não era inevitável.[44] Por outro lado, as crises de Agadir e dos Bálcãs acarretaram uma drástica aceleração da preparação militar e sinais de uma política mais agressiva da Rússia na península balcânica, apoiada por Paris. E o medo de que os laços da entente pudessem estar afrouxando acarretou, no curto prazo, uma intensificação dos comprometimentos das alianças, uma tendência reforçada pela ascendência de facções políticas relativamente beligerantes em toda a Europa.

22. *Helmuth von Moltke em 1914.*

A política alemã refletiu a incoerência e a ambiguidade desse quadro mais amplo. Primeiro, vale a pena ressaltar que os alemães estavam tão impressionados quanto todos os demais com o espetáculo do crescimento e a vitalidade da economia russa. Depois de sua viagem ao país no verão de 1912, Hollweg resumiu suas impressões para Jules Cambon em termos semelhantes aos do relato de Verneuil a Pichon nove meses depois:

> O chanceler expressou um sentimento de admiração e assombro tão profundo que afeta sua política. A grandeza do país, sua vastidão, sua riqueza agrícola, tanto quanto o vigor da população, ainda que destituída, comentou, de intelectualismo. Ele comparou a juventude da Rússia à da América, e lhe parece que, enquanto a russa é prenhe de futuridade, a americana não parece acrescentar nenhum elemento novo ao patrimônio comum da humanidade.[45]

Do ponto de vista dos comandantes militares alemães mais influentes, parecia óbvio que a situação geopolítica estava mudando depressa em uma direção desvantajosa para a Alemanha. Helmuth von Moltke, o sucessor de Schlieffen (a partir de janeiro de 1906) na chefia do Estado-Maior, tinha uma visão sombria e belicosa da situação internacional da Alemanha. Sua perspectiva pode ser reduzida a duas suposições axiomáticas. A primeira era de que uma guerra entre os dois blocos de aliança era inevitável em longo prazo. A segunda era de que o tempo não estava do lado da Alemanha. A cada ano que passava, seus inimigos, em particular a Rússia com sua economia em rápida expansão e um potencial humano praticamente infinito, cresceriam em sua capacidade militar até possuírem uma superioridade sem rivais que lhes permitiria escolher o momento de deflagrar um conflito e decidi-lo como bem entendesse.

Havia uma diferença fundamental na natureza desses dois axiomas. O primeiro era uma projeção psicológica, subjetiva, nascida da paranoia e do pessimismo de Moltke.[46] O segundo, em contraste, embora também incorporasse uma parcela de paranoia, ao menos se justificava por uma análise comparativa do poderio militar relativo das potências europeias. A preocupação de Moltke com o desequilíbrio crescente entre os dois blocos e a constante deterioração da capacidade alemã para prevalecer em um conflito futuro ganharam cada vez mais plausibilidade depois de 1910, quando os russos iniciaram o primeiro grande ciclo de rearmamento em material bélico e forças terrestres.[47]

A próxima escalada de investimento em armas e prontidão para a guerra na Europa veio na esteira de Agadir e da crise desencadeada pelas guerras dos Bálcãs. Em novembro de 1912, enquanto os russos intensificavam suas medidas contra a Áustria-Hungria e o governo francês torcia na arquibancada, o governo alemão mostrava um admirável comedimento: não convocou reservistas, não reteve os conscritos, não organizou mobilização simulada.[48] Mas a partir de meados de novembro, conforme a colossal escala dos preparativos militares russos ficava clara, houve um aumento da inquietação do comando alemão. Especialmente preocupante era a retenção da classe dos conscritos russos mais velhos, o que aumentou acentuadamente o efetivo ao longo da fronteira alemã no saliente polonês. E alimentava esses receios a informação, vinda de fontes diversas e de vários locais, de que a visão dominante nos altos escalões do Exército russo era que o conflito com a Áustria era inevitável e que "a melhor hora para atacar é esta".[49]

Assustado com esses augúrios e com os movimentos de tropas dos dois lados da fronteira da Galícia, ansioso para refutar a impressão de que a Alemanha não estava mais interessada em defender a Áustria-Hungria contra ameaças regionais, o chanceler alemão Hollweg fez um discurso de dez minutos ao Reichstag em 2 de dezembro de 1912. Era uma reedição, em formato mais conciso e de registro mais modesto, do discurso feito no ano anterior por Lloyd George na Mansion House. O chanceler começou salientando que a Alemanha até então havia "usado sua influência para manter a guerra localizada" e que "até agora ela fora, de fato, localizada" — uma observação que arrancou aplausos dos ouvintes. Seguiu-se um alerta cuidadosamente enunciado:

> Se — o que espero que não aconteça — surgirem então dificuldades insolúveis, será da alçada das potências diretamente envolvidas no caso específico pôr em prática suas pretensões. Isso se aplica a nossos aliados. Se, ao buscar atender seus interesses, eles, contrariamente a todas as expectativas, forem atacados por uma terceira parte, e por isso virem ameaçada sua existência, nós, por lealdade ao nosso dever de aliados, devemos com firmeza e resolução ficar do seu lado (aplausos da direita e dos liberais nacionais). Nesse caso, devemos lutar pela defesa de nossa posição na Europa e pela proteção do nosso futuro e segurança (aplausos da direita). Tenho certeza de que, seguindo essa política, contaremos com o apoio de todo o nosso povo. (aplausos).[50]

O *Times*, que no dia seguinte publicou na íntegra o texto do discurso, não viu nada de "novo ou sensacional" nas palavras do chanceler. "Está perfeitamente claro que a Alemanha deseja e busca a paz", escreveu o correspondente do jornal em Berlim.[51] Edward Grey tinha opinião muito diferente. Tomou a providência totalmente inesperada de chamar à sua sala o embaixador alemão, o conde Lichnowsky, para informar-lhe que, em caso de uma guerra entre a Alemanha e a aliança franco-russa, a Grã-Bretanha provavelmente combateria ao lado dos inimigos da Alemanha. A notícia dessa conversa de Lichnowsky e Grey provocou pânico em Berlim, ou mais precisamente no cáiser, que, sempre sensível aos sinais de Londres, afirmou discernir no alerta de Grey "uma declaração moral de guerra".[52] Abalado, Guilherme ordenou que Moltke, Tirpitz, o chefe do Almirantado Heeringen e o almirante Müller, chefe do gabinete naval, comparecessem para uma reunião de emergência com ele no Palácio Real às onze horas de domingo, 8 de dezembro. A reunião começou com rompantes belicosos do cáiser: a Áustria devia ser firme ao lidar com a Sérvia (cujas tropas na época ainda estavam na Albânia), e a Alemanha devia apoiá-la se a Rússia atacasse. Caso isso acontecesse, vociferou o cáiser, a Alemanha lançaria o grosso de seu Exército contra a França e usaria seus submarinos para torpedear os navios-transporte de tropas britânicos. No final da discussão que se seguiu, ele recomendou que a Marinha acelerasse a produção de submarinos, exigindo que "se faça mais através da imprensa para engendrar a popularidade de uma guerra contra a Rússia", e endossou o comentário do chefe do Estado-Maior Hellmuth von Moltke de que "a guerra é inevitável, e quanto mais cedo, melhor".[53]

Os historiadores discordam quanto à importância desse "Conselho de Guerra", como a reunião foi ironicamente apelidada por Hollweg, que não estivera entre os convidados. Alguns afirmam que o Conselho de Guerra de dezembro de 1912 não só revelou que o cáiser continuava a ser o centro da tomada de decisões, mas também montou o cenário para um plano abrangente que envolvia preparar a Marinha, o Exército, a economia e a opinião pública da Alemanha para a deflagração premeditada de um conflito.[54] Outros veem a reunião como uma resposta reflexa a uma crise internacional e rejeitam a ideia de que as Forças Armadas e a liderança política da Alemanha começaram a partir de então a contagem regressiva para uma guerra europeia planejada. Quem tem razão? Não se pode duvidar da beligerância das recomendações militares apresentadas no Conselho, e está claro que o cáiser parecia disposto, naquele momento, a endossar as opiniões de seus comandantes mais agressivos. Por outro lado, a reunião não desencadeou efetivamente uma contagem regressiva para a guerra preventiva. O único relato em primeira mão que possuímos sobre a ocasião, o diário do almirante Müller, conclui seus comentários sobre o Conselho com a observação de que seu resultado representava "quase zero". Não veio em seguida nenhuma campanha nacional de propaganda, e não se fez nenhum esforço conjunto para estabelecer um ritmo de guerra à economia alemã.[55] A principal figura no drama de 8 de dezembro não foi Guilherme, mas Hollweg, que subsequentemente "pôs o cáiser em seu lugar" e "anulou" as decisões tomadas na Conferência.[56] O Conselho de Guerra de 8 de dezembro permaneceu um episódio: no começo de janeiro, a sensação de crise em Berlim dissipara-se, e Guilherme recobrara a calma. Hollweg persuadiu-o a desistir dos planos para um programa naval expandido, a construção acelerada de submarinos exigida pelo cáiser não aconteceu, e quando eclodiu uma nova crise nos Bálcãs em abril-maio de 1913 por causa da ocupação servo-montenegrina da cidade albanesa de Scutari, evidenciou-se que Guilherme ainda se opunha a quaisquer manobras que trouxessem risco de guerra.[57]

Muito mais significativa do que a reunião no Neues Palais em dezembro foi a decisão, no mês anterior, de impor um crescimento sem precedentes à força militar alemã em tempo de paz. As raízes do projeto de lei do Exército de 1913 provêm da preocupação com o declínio das condições de segurança da Alemanha, agravada pelo alarme gerado pelo modo como a Rússia lidou com a crise nos Bálcãs. Em um memorando detalhado escrito em dezembro, Moltke defendeu um ambicioso programa de expansão e melhoramento. Se uma guerra eclodisse, argumentou, parecia provável que a Alemanha enfrentaria um conflito em duas frentes contra a França e a Rússia, contando com pouca ajuda da Áustria e nenhuma da Itália. Se, como parecia muito provável à luz do alerta de Grey em 3 de dezembro, a Grã-Bretanha também entrasse na briga, os alemães teriam condições de mobilizar 192 batalhões de Infantaria a menos do que Grã-Bretanha, França e Bélgica juntas. E a Rússia não era mais um fator desprezível — seu poder crescia ano a ano.[58] Em sessões secretas da Comissão de Orçamento do Reichstag no mês de abril, os generais pintaram um quadro sombrio das perspectivas alemãs; não viam grandes chances de uma resolução pacífica do corrente cerco da Alemanha, e estavam pessimistas quanto às chances de sucesso do Exército alemão. Os russos teriam uma superioridade militar irreversível já em 1916. Os franceses já possuíam superioridade nas ferrovias estratégicas e nos tempos de mobilização e disposição de tropas para combate — enquanto os alemães tinham treze linhas férreas diretas até a fronteira comum em 1913, a França contava com dezesseis, todas elas de mão dupla, com entroncamentos que permitiam desviar de linhas auxiliares, estações e intersecções.[59]

Depois de muita discussão sobre detalhes e finanças, a nova lei foi aprovada em julho de 1913. O efetivo do Exército em tempo de paz cresceu em 136 mil homens, totalizando 890 mil oficiais e soldados. Mas as novas medidas ainda não atenderam as necessidades de segurança da Alemanha, pois desencadearam aumentos nos gastos com armamentos na França e na Rússia que rapidamente contrabalançaram o crescimento germânico. Durante o primeiro ciclo de expansão armamentista, os russos haviam determinado o ritmo; agora eram os alemães. A lei do Exército de 1913 foi crucial para a aprovação da Lei dos Três Anos na França em agosto de 1913. E, na Rússia, a lei do Exército germânica (aliada ao incitamento francês) desencadeou o plano de expansões e remodelações conhecido como "Grande Programa". Em março de 1913 o tsar aprovou a alocação de volumosas quantias para artilharia e outros armamentos, em um plano ambicioso que até 1917 teria aumentado a força russa em tempo de paz para 800 mil homens no inverno, a maioria dos quais (em contraste com o plano de mobilização de 1910) ficaria concentrada na Rússia europeia.[60] Em consequência, o efetivo do Exército russo em tempo de paz no ano de 1914 era o dobro do alemão; possuía aproximadamente 1,5 milhão de homens, 300 mil a mais do que as forças combinadas dos Exércitos alemão e austro-húngaro; em 1916-7, previa-se, o efetivo russo superaria os 2 milhões.[61] Em 1914 essas medidas foram complementadas pelo programa russo de ferrovias estratégicas financiado pela França. Desde 1905, a resposta da Alemanha a esse embaraço vinha sendo o Plano Schlieffen, que procurava resolver o problema da guerra em duas frentes organizando um grande ataque contra a França, acompanhado por uma operação de contenção no leste. Só quando a situação da frente ocidental tivesse sido resolvida, a Alemanha se voltaria para o leste para combater a Rússia. Mas e se o equilíbrio das forças entre os dois blocos de aliança mudasse a ponto de o Plano Schlieffen não fazer mais sentido?

Ressaltou-se que a Alemanha foi mais rápida na implementação de seus melhoramentos do que seus dois oponentes da entente, e que em 1914 isso deu à liderança militar germânica uma vantagem estratégica no curto prazo.[62] Os alicerces econômicos do poder militar russo, por sua vez, permaneciam frágeis: entre 1900 e 1913 a força produtiva russa estava, na verdade, diminuindo em relação à alemã.[63] No entanto, do ponto de vista de Berlim, as perspectivas continuavam ruins. Em 1904, a força militar combinada franco-russa excedera a austro-germânica em 260982 homens. Em 1914, a diferença era estimada em aproximadamente 1 milhão de homens e aumentava rapidamente. Em um relatório de 25 de maio de 1914, o adido militar alemão em São Petersburgo informou o mais recente crescimento do contingente de recrutas (de 455 mil para 585 mil) e calculou o crescimento esperado da força em tempo de paz nos três ou quatro anos seguintes, concluindo que "o crescimento do Exército russo, portanto, dar-se-á a uma taxa nunca vista nas Forças Armadas de qualquer país". Moltke via o empréstimo franco-russo como "um dos mais sensíveis golpes estratégicos que a França nos aplicou desde a guerra de 1870-1", e predisse que ele acarretaria "uma decisiva virada desvantajosa para a Alemanha".[64] Em 1916-7, acreditavam os estrategistas alemães, o poder de ataque da Rússia seria suficiente para anular os cálculos incorporados no Plano Schlieffen.[65]

Obcecado pelos perigos que assomavam a leste e oeste e convencido de que o tempo se esgotava, Moltke tornou-se o eloquente preconizador de uma "guerra preventiva" que permitiria ao Império Germânico decidir em vantagem o conflito vindouro. Ele acabou vendo cada crise pré-guerra que ocorria como uma oportunidade perdida de compensar um desequilíbrio estratégico cada vez maior que logo deixaria a Alemanha em uma posição irreversivelmente desvantajosa.[66] A ideia da guerra preventiva difundiu-se pelo comando militar; um estudo recente identificou dezenas de ocasiões em que comandantes do alto escalão pressionaram pela guerra "melhor mais cedo do que mais tarde", mesmo que isso exigisse tomar a iniciativa e aceitar o opróbrio de ser o agressor.[67] Não eram só os alemães que viam as coisas desse modo. No começo de 1914, Poincaré comentou com o editor do *Le Matin* que os alemães temiam o crescimento da Rússia: "Eles sabem que esse grande corpo ganha coesão a cada dia; querem atacá-lo e destruí-lo antes que atinja a plenitude de seu poder".[68] Em março de 1914, quando um resumo de uma mensagem esboçando os melhoramentos feitos no Exército russo desde 1913 foi enviado ao diretor de operações militares britânicas, o general de divisão Henry Wilson, ele anexou o seguinte comentário: "Esta é uma comunicação importantíssima. É fácil entender agora por que a Alemanha mostra-se cautelosa quanto ao futuro e por que pode pensar que seja uma questão de 'agora ou nunca'".[69]

Uma disposição fatalista fundamentava o belicismo dos militares alemães. Quando eles falavam em guerra, concentravam-se menos na "vitória" do que nas "ameaças gêmeas da derrota e da aniquilação".[70] O perigo inerente a esse modo de pensar, que permitia aos comandantes sancionar até as iniciativas mais agressivas como sendo essencialmente defensivas, é bem claro. Mas em que grau os argumentos da guerra preventiva dos militares moldaram a política externa alemã? Até em um sistema pretoriano como o prussiano-germânico, muita coisa dependia da habilidade dos comandantes superiores de persuadir seus colegas civis a adotar seu ponto de vista estratégico. Nisso eles não foram especialmente bem-sucedidos. Moltke preconizou a guerra "melhor mais cedo do que mais tarde" no Neues Palais em dezembro de 1912, mas embora o cáiser parecesse endossar brevemente a posição do chefe do Estado-Maior, ela não deu em nada.

Paradoxalmente, a ausência de um órgão de tomada de decisão coletivo em Berlim como o Conselho de Ministros em São Petersburgo dificultou mais para os militares formar um grupo político de pressão para promover suas ideias, usando requisições militares como um aríete para derrubar restrições fiscais. Em Paris, as mais poderosas autoridades civis e militares trabalharam juntas para conseguir o aumento de verbas para a implementação de uma estratégia ofensiva. Na Alemanha, barreiras institucionais e constitucionais tão fortes separavam as cadeias de comando civil e militar que esse tipo de sinergia era bem mais difícil de obter. Não havia um equivalente germânico de Krivoshein, e o chanceler Hollweg era uma figura mais poderosa e intimidante do que seu colega russo Vladimir Kokovtsov. Depois da crise de Agadir de 1911, Hollweg empenhou-se invariavelmente em uma política voltada para a colaboração discreta e pragmática com a Grã-Bretanha e a Rússia. "Nossa tarefa mais urgente é um modus vivendi com a Inglaterra", ele declarou em dezembro de 1911. "Temos de refrear a França por meio de uma política cautelosa para a Rússia e a Inglaterra", escreveu em março de 1913. "Naturalmente isso não agrada aos chauvinistas e é impopular. Mas não vejo alternativa para a Alemanha em um futuro próximo."[71] Portanto, os argumentos em favor da guerra preventiva nunca se tornaram a plataforma das políticas na Alemanha antes de 1914; foram rejeitados pela liderança civil, tanto quanto as exigências ainda mais vociferantes de Conrad em Viena. Nem em 1905 nem em 1908-9 ou 1911 (quando as condições foram até muito mais favoráveis do ponto de vista alemão do que seriam no verão de 1914), o governo alemão pensou em deflagrar uma guerra preventiva. Na questão de Agadir em 1911, foram os britânicos, e não os franceses ou os alemães, que mais contribuíram para militarizar a crise. E na crise do inverno de 1912-3, foi a política francesa, e não a alemã, que se aproximou (embora apenas intermitentemente) de adotar a ideia da guerra preventiva. Berlim mostrou muito mais comedimento em suas recomendações a Viena do que Paris em suas comunicações com São Petersburgo.

Quanto ao cáiser, embora propenso a rompantes de retórica beligerante, entrava em pânico e aconselhava cautela toda vez que um conflito real parecia provável, para infinita frustração dos generais. Guilherme continuou a torcer por uma conciliação com a Grã-Bretanha no longo prazo. Seus comentários durante 1913 sugerem que ainda considerava "impensável" uma guerra anglo-germânica. Ele também permaneceu confiante em que a capacidade militar alemã dissuadiria a Rússia de uma intervenção armada em um conflito entre Áustria e Sérvia.[72] Essa presunção levou o belicoso general Eric von Falkenhayn, que logo se tornaria ministro da Guerra, a observar em uma carta de janeiro de 1913 que a fé iludida da liderança política — incluindo Guilherme — na possibilidade de uma paz duradoura deixava Moltke "sozinho" em sua "luta" com o cáiser por uma política externa mais agressiva.[73] A recusa do cáiser a aceitar uma estratégia de guerra preventiva tornou-se o maior temor de uma crescente "oposição militar".[74] A primazia da liderança civil sobre a militar permaneceu intacta.[75] Mas isso não significa que devemos menosprezar os argumentos em favor do ataque preventivo como irrelevantes para as ações dos dirigentes da Alemanha ou de outros países. Ao contrário, a lógica da guerra preventiva exerceu uma pressão furtiva mas importante sobre as principais decisões durante a crise do verão de 1914.

ALEMÃES NO BÓSFORO

Os dirigentes alemães (não aqueles obcecados por armar a Alemanha para uma futura guerra em duas frentes) também refletiam sobre as possibilidades de um futuro no qual a Alemanha cuidaria de seus interesses enquanto evitava os incalculáveis riscos da guerra. Um influente grupo de altos funcionários, entre eles o secretário de Estado do Departamento Colonial Bernhard Dernburg, o embaixador em Londres Paul Metternich e seu colega Richard von Kühlmann, mais tarde secretário das Relações Exteriores em Berlim, continuaram a insistir em uma política de détente e concessões para a Grã-Bretanha. Essa linha de pensamento encontrou sua expressão formal no tratado político *Deutsche Weltpolitik und kein Krieg!* [Uma política mundial alemã sem guerra!], publicado anonimamente em Berlim em 1913 e escrito por Richard Plehn, que trabalhara lado a lado com Kühlmann em Londres.[76] E havia possíveis parceiros para essa política em Whitehall, especialmente entre os membros dos liberais que se opunham a Grey, como o secretário colonial Lewis Harcourt.[77]

Apesar do fracasso da missão Haldane, o empenho pela détente com a Grã-Bretanha dera frutos. Uma nova rodada de negociações sobre questões coloniais iniciou-se no verão de 1912; em abril de 1913, os dois Estados assinaram um acordo sobre os territórios africanos então sob a autoridade do Império Português, cujo colapso financeiro era previsto para breve. O acordo nunca foi ratificado, em razão de discordâncias entre Berlim e Londres em torno de quando e como divulgar seu conteúdo, mas sinalizou, em princípio, a disposição das duas partes para demarcar esferas de interesse e colaborar para impedir que terceiros interviessem.[78]

Diante das limitadíssimas opções disponíveis à Alemanha na arena imperial global e da situação relativamente fechada dos blocos de aliança na Europa, uma região destacava-se na atenção dos estadistas interessados em uma "política mundial sem guerra": o Império Otomano.[79] A política alemã tradicionalmente fora muito restrita nessa parte do mundo, onde as rivalidades entre Impérios eram especialmente ferozes, mas durante os anos 1880 Berlim tornou-se mais ativa. Foi incentivada a fazê-lo pelo governo em Constantinopla, que, irritado com a ocupação britânica do Egito (1882), tratou de cortejar parceiros em Berlim.[80] Bancos, construtoras e ferrovias alemãs começaram a penetrar nas áreas menos desenvolvidas do Império do sultão, adquirindo concessões e esferas de interesse. Em 1888 começaram os trabalhos em uma ferrovia na Anatólia, em grande medida financiada e construída pelos alemães, para ligar Constantinopla a Ancara e Konya; em 1896 as duas linhas já estavam concluídas. O apoio do governo a essas iniciativas, de início bastante irregular, tornou-se mais pronunciado e constante. Em 1911 já era possível o embaixador alemão em Constantinopla falar do Império como uma "esfera de interesse político, militar e econômico" da Alemanha.[81] Investindo em terras otomanas, especialmente em projetos cruciais de infraestrutura, os alemães esperavam estabilizar o Império Otomano diante da ameaça de outras potências imperiais, sobretudo a Rússia. E caso o colapso do Império Otomano abrisse a porta para uma divisão territorial entre os Impérios mundiais, eles queriam ter certeza de um lugar à mesa onde os despojos fossem divididos.[82]

Havia grandes esperanças para a ferrovia da Anatólia. As autoridades otomanas em Constantinopla tencionavam pacificar e integrar o "leste selvagem" anatoliano, na época ainda assolado pelas depredações de bandidos circassianos, e civilizar as áreas otomanas mais subdesenvolvidas. Viam a Anatólia através de lentes orientalistas como uma colônia carente de melhoramentos. Foram introduzidas novas culturas de gêneros básicos nas áreas abertas pela ferrovia — inclusive algumas, como a beterraba e a batata, que já haviam sido cultivadas durante algum tempo na região — e procurou-se estabelecer o cultivo para fins industriais de plantas como o esparto, uma gramínea que podia ser processada para fabricar papel. Muitos desses projetos não passaram da fase experimental, ora porque o clima e os solos eram impróprios, ora porque o povo se recusava a adotar as novas técnicas. Para os habitantes da Anatólia rural, alguns dos quais levavam alqueires de capim às estações para alimentar os cavalos que eles supunham necessários para puxar os trens, a chegada das locomotivas a vapor foi uma sensação inesquecível.[83]

Também na Alemanha a empreitada anatoliana inflamava a imaginação colonial. Alguns pan-germanistas viam a Anatólia (por mais improvável que fosse) como uma possível região para futuros assentamentos alemães em massa; outros estavam mais interessados no acesso a mercados, rotas de comércio e matérias-primas.[84] As ferrovias (assim como as hidrelétricas nos anos 1930-50 ou as viagens espaciais nos anos 1960) tiveram um lugar especial no imaginário imperialista na virada do século XX. Na Grã-Bretanha e na Colônia do Cabo havia planos para a construção de uma ferrovia do Cabo ao Cairo; mais ou menos na mesma época, os franceses planejaram uma superferrovia rival atravessando a África de oeste a leste, do Senegal ao Djibouti. A história das grandes redes telegráficas globais já estabelecera a ligação íntima entre infraestrutura e poder, especialmente nas áreas do Império Britânico onde as estações telegráficas eram postos avançados em miniatura da autoridade e disciplina imperial.

Assim, foi uma consternação em 1903 quando se soube que o governo otomano encomendara a uma companhia pertencente a bancos alemães a construção de uma gigantesca ferrovia que se estenderia do terminal de Ancara da ferrovia da Anatólia via Adana e Aleppo, passando pela Mesopotâmia, até Bagdá e (por fim) Basra, no golfo Pérsico. O projeto, que teoricamente permitiria no futuro viajar de trem de Berlim a Bagdá, deparou com suspeita e obstrução de outras potências imperiais. Os britânicos preocupavam-se com a perspectiva de os alemães adquirirem acesso privilegiado aos campos petrolíferos do Iraque otomano, cuja importância crescia numa época em que a Marinha britânica andava planejando a transição do carvão para o petróleo como combustível em seus navios.[85] Temiam que os alemães, que com uma rota terrestre para o leste se livrariam das restrições impostas pelo domínio naval global dos britânicos, pudessem ameaçar a preeminência da Grã-Bretanha no comércio colonial. Embora a rota da ferrovia tivesse sido traçada — para imensa inconveniência dos engenheiros e investidores — o mais longe possível das áreas de interesse da Rússia, São Petersburgo ainda assim temia que deixasse os alemães em condições de representar uma ameaça ao controle russo do Cáucaso e do norte da Pérsia.

Essas projeções de preocupações estratégicas parecem exageradas quando as analisamos hoje, mas na época influenciaram consideravelmente os dirigentes, que tendiam a supor que o investimento econômico seria seguido pelo poder geopolítico. As intermitentes posturas políticas pró-otomanas e pró-islâmicas do cáiser Guilherme II não contribuíram em nada para amenizar essas suspeitas. Em 1898, durante sua segunda visita ao Oriente Médio, Guilherme fizera um brinde improvisado na prefeitura de Damasco que foi citado em jornais do mundo todo:

"Que Sua Majestade, o sultão, e os 300 milhões de muçulmanos do mundo todo que o veem como seu califa tenham a certeza de que, em todos os momentos, o cáiser alemão será seu amigo".[86] Essa efusão, resultado de uma euforia insuflada pela aclamação das multidões árabes, despertou temores de que a Alemanha se aliasse às forças do pan-islamismo e nacionalismo árabe que já vinham ganhando terreno nos Impérios Britânico e Russo.[87]

Na verdade, para os padrões internacionais o envolvimento econômico alemão não era desproporcional. Os alemães investiam intensivamente em instalações elétricas, agricultura, mineração e transporte municipal; o comércio entre a Alemanha e o Império Otomano estava em crescimento. No entanto, ainda (em 1913) estavam atrás de Grã-Bretanha, França e Áustria-Hungria nas importações do Império Otomano, e atrás de Grã-Bretanha e Áustria-Hungria nas exportações para aquela região. Os investimentos franceses superavam os alemães em aproximadamente 50%. Tampouco se podia dizer que o capital alemão se comportava mais agressivamente do que seus concorrentes britânico e europeu. Na corrida para conseguir o controle estratégico das cobiçadas concessões petrolíferas na Mesopotâmia, por exemplo, bancos e investidores britânicos, apoiados por Londres, manobraram facilmente os alemães para posições desvantajosas com uma combinação de duras negociações e implacável diplomacia financeira.[88] Mesmo na esfera da construção de ferrovias, onde estava empatada mais da metade de todo o investimento alemão (340 milhões de francos-ouro), o tamanho da contribuição francesa foi comparável (cerca de 320 milhões de francos-ouro). Enquanto os franceses possuíam 62,9% da dívida pública otomana administrada por uma agência internacional em nome dos credores do Império, a Alemanha e a Grã-Bretanha detinham parcelas relativamente iguais da maior parte do restante. E a instituição financeira mais poderosa de Constantinopla, o Banque Impériale Ottomane, que além de controlar o lucrativo monopólio do tabaco e numerosos outros negócios também possuía o direito exclusivo de emitir cambiais bancárias no Império Otomano, era uma instituição franco-britânica, e não alemã, além de ser um instrumento de política para a França, pois suas operações de crédito e fiscais eram gerenciadas de Paris.[89]

Depois de longas negociações, uma série de acordos internacionais contribuiu bastante para neutralizar as tensões geradas pela ferrovia de Bagdá. Um acordo franco-alemão de 15 de fevereiro de 1914 demarcou as fronteiras entre as esferas de interesse dos principais investidores alemães e franceses (o capital francês era crucial para financiar o projeto), e em 15 de junho os alemães conseguiram vencer as objeções da Grã-Bretanha concedendo aos britânicos, entre muitas outras coisas, o controle do crucial trecho Basra-golfo Pérsico da futura ferrovia — uma concessão que roubou do projeto boa parte de seu suposto valor estratégico para os alemães. Esses e outros episódios de colaboração, nos quais as questões políticas foram postas de lado para assegurar disposições pragmáticas na esfera econômica, deram razões para esperar que o Império Otomano realmente pudesse fornecer a arena para uma "política mundial sem guerra" que, com o tempo, criasse a base para algum tipo de parceria com a Grã-Bretanha.[90]

Muito mais séria do que a briga pelo controle da ferrovia de Bagdá foi a crise surgida em dezembro de 1913 em razão da chegada de uma missão militar alemã a Constantinopla. Depois de suas desastrosas campanhas nos Bálcãs, o governo otomano procurou desesperadamente a ajuda externa para reforçar suas Forças Armadas através de uma reforma radical. Embora o comando militar otomano cogitasse brevemente convidar uma missão militar francesa, os alemães eram os parceiros mais óbvios. Consultores militares alemães vinham sendo presença constante em Constantinopla desde fins dos anos 1880 e 1890, quando o paxá Goltz organizara cursos de treinamento para os quadros de oficiais turcos.[91] Essa missão, porém, deveria ser em escala maior do que as iniciativas anteriores. Seu chefe receberia um papel de comando (a recusa em ceder essa autoridade aos consultores foi vista como uma razão fundamental para o fracasso das iniciativas anteriores) e seria o responsável por toda a educação militar otomana, inclusive no treinamento do Estado-Maior. O chefe da missão também teria poderes ilimitados de inspeção militar e seria acompanhado por uma falange de quarenta oficiais alemães na ativa. E o mais importante: como comandante geral do 1º Corpo do Exército Otomano, ele também seria responsável pela defesa dos estreitos e da própria Constantinopla.[92] O homem escolhido para chefiar a missão foi o general de divisão Liman von Sanders, comandante da 22ª Divisão em Kassel.

Como nem o cáiser nem o chanceler Hollweg consideravam essa missão um afastamento fundamental da prática anterior, e como os detalhes foram planejados internamente entre os comandos militares otomano e germânico, ela não foi classificada como uma questão que exigisse uma negociação diplomática formal com a Rússia. Em vez disso, o cáiser mencionou informalmente a questão em maio de 1913 durante um encontro com Nicolau II e George V, por ocasião do casamento da princesa Vitória Luísa da Prússia com o príncipe Ernesto Augusto de Hanover. Nenhum soberano fez objeção à missão planejada. Não se fez menção a ela quando Hollweg e Sazonov se reuniram para breves conversações em novembro de 1913, e o chanceler supôs que Sazonov havia sido informado pelo tsar.[93] Mas, quando começou a vazar a notícia da nomeação de Liman, os jornais russos explodiram em protestos. Por trás da indignação do público, encorajada pelo Ministério das Relações Exteriores russo, estava o receio de que a missão não só fortaleceria a influência alemã em Constantinopla, cada vez mais vista como um ponto de estrangulamento estratégico imensamente importante para a Rússia, mas também renovaria a viabilidade do próprio Império Otomano, cujo colapso e divisão estavam se tornando um elemento axiomático no pensamento estratégico russo no médio e longo prazos.[94] O plenipotenciário militar russo em Berlim descreveu Liman em uma carta ao tsar como uma figura "muito enérgica e presumida".[95] Não ajudou o fato de o cáiser, em uma audiência secreta com os membros da missão, ter exortado seus membros que estavam de partida a construir para ele um "exército forte" que "obedeça às minhas ordens" e se constituísse em um "contrapeso para os desígnios agressivos da Rússia". Essas palavras foram retransmitidas a São Petersburgo por Bazarov, o adido militar russo em Berlim.[96] Assim, Sazonov encarou a missão alemã como uma questão de "importância eminentemente política".[97] Em São Petersburgo houve consternação: "Nunca os vi tão nervosos", confidenciou Edward Grey ao embaixador alemão em Londres.[98]

Por que os russos se perturbaram tanto com a missão Liman? Devemos lembrar que mesmo durante as crises de 1912-4, quando a política de Sazonov parecia dar prioridade à península balcânica em detrimento de um esforço para controlar os Dardanelos, os estreitos da Turquia haviam permanecido no centro do pensamento estratégico russo. A importância dos estreitos para a vida econômica russa nunca fora mais óbvia. Nos anos 1903-12, 37% das exportações russas passaram pelos Dardanelos; a porcentagem para as exportações de trigo e centeio, ambos vitais para a economia em processo de industrialização e ávida por dinheiro da Rússia, foi muito maior: cerca de 75% a 80%.[99] A premência dessa ligação evidenciou-se com as duas Guerras dos Bálcãs. Desde o início do conflito, Sazonov fez numerosas declarações, tanto aos países beligerantes como às grandes potências aliadas, explicando que um fechamento dos estreitos à navegação comercial neutra infligiria "enormes prejuízos" aos exportadores russos, e que deviam ser evitadas medidas que pudessem acarretar esse problema.[100] De fato, as guerras causaram dois fechamentos temporários dos Dardanelos, interrompendo gravemente o comércio russo.

Interrupções eram uma coisa, mas a perda permanente de influência em uma área de interesse geopolítico crucial era outra, muito mais grave. No verão de 1911, Sukhomlinov preocupara-se com a possibilidade de os alemães estabelecerem uma base no Bósforo: "Por trás da Turquia está a Alemanha", ele alertou.[101] Em novembro de 1912, foram os búlgaros que pareceram prestes a tomar Constantinopla. Naquela época, Sazonov instruíra Izvolsky a avisar Poincaré de que, se a cidade fosse sitiada, os russos seriam obrigados a enviar imediatamente para lá toda a frota do mar Negro.[102] Nas semanas seguintes, Sazonov discutiu com o Estado-Maior e o Almirantado planos de enviar soldados russos para proteger Constantinopla e projetar os interesses russos. Ele rejeitou uma proposta britânica para internacionalizar a capital otomana, argumentando que isso provavelmente diluiria a influência russa na região. Foram feitos novos planos para tomar Constantinopla e a totalidade dos estreitos à força.[103] Em um texto preparado para Kokovtsov e os chefes das Forças Armadas em 12 de novembro, Sazonov explicou as vantagens que teriam caso a Rússia se apoderasse da região: isso lhes asseguraria um dos centros do comércio mundial, a "chave para o mar Mediterrâneo" e "a base para um desenvolvimento sem precedentes do poder russo". Acrescentou que a Rússia se estabeleceria "em uma posição global que é a coroação natural de seus esforços e sacrifícios em mais de dois séculos da nossa história". Em uma reveladora alusão à importância da opinião pública, Sazonov concluiu que uma realização tão grandiosa como aquela "uniria governo e sociedade" em uma questão de "indisputável importância pan-nacional" e, com isso, "traria a cura para a nossa vida interna".[104]

A Rússia perdera milhões de rublos em transações comerciais durante o recente fechamento dos estreitos, Sazonov disse a Nicolau II em 23 de novembro de 1912: "Imagine o que aconteceria se, em vez da Turquia, os estreitos caíssem em poder de um país capaz de resistir às exigências russas".[105] Preocupações desse teor levaram o comando naval russo no mar Negro a permanecer, durante todo o verão e outono de 1913, concentrado na possibilidade de uma tomada iminente dos Dardanelos. A Rússia, declarou o capitão A. V. Nemitz, do Estado-Maior naval, "tem de estar preparada para realizá-la [a captura dos estreitos] no futuro imediato".[106] Preocupações com a crescente força da frota turca aumentaram a urgência dessas propostas. Os turcos já tinham encomendado um encouraçado, que estava em construção na Grã-Bretanha, e em 1912-4 encomendaram mais dois, embora nenhum houvesse chegado quando eclodiu a guerra. Ainda assim, a perspectiva da superioridade local da Turquia sobre a força naval russa afligia os navalistas em São Petersburgo com maus presságios que, em parte, não passavam de uma inversão de seus próprios desígnios imperialistas.[107]

Portanto, os russos — e em especial Sazonov, que participou de todas as discussões estratégicas pertinentes — já estavam sensibilizados para a questão do controle dos estreitos quando a missão de Liman von Sanders chegou a Constantinopla. O que mais incomodou o ministro das Relações Exteriores foi o papel de comando dado aos alemães. Inicialmente eles relutaram em recuar nessa questão, pois o fato de não terem obtido uma verdadeira autoridade nas gerações anteriores de consultores militares era visto (tanto pelos alemães como pelos otomanos) como a principal razão de seu fracasso em realizar uma reforma genuína. A experiência sugeria que o direito de dar instruções era insuficiente sem o poder de obrigar que fossem cumpridas. Sazonov não se deixou persuadir, e procurou aumentar a pressão sobre Berlim. Propôs a Londres e Paris que entregassem um comunicado conjunto das potências da entente, expressando veementemente suas objeções e concluindo com a ameaça implícita de que "se a Alemanha assegurasse essa primazia em Constantinopla, as outras potências se veriam obrigadas a agir de acordo com seus próprios interesses na Turquia".[108]

Essa iniciativa não teve êxito, sobretudo porque os russos eram os únicos a ver a missão de Liman von Sanders como uma ameaça a seus interesses vitais. Os adidos militares francês e britânico em Constantinopla não se alarmaram muito com a chegada de Liman. Fazia sentido, eles comentaram, que os alemães insistissem em controles mais rigorosos depois de suas missões anteriores terem falhado em realizar algo de valor duradouro. Grey argumentou que a urgência da questão irlandesa e "a difícil condição interna do país" excluíam qualquer envolvimento britânico direto na questão.[109] De qualquer modo, os britânicos estavam menos preocupados com os avanços alemães na Turquia do que com a crescente predominância do capital *francês*. "A independência da Turquia é um problema irrisório diante dos avanços dos financistas franceses", disse Sir Louis Mallet a Edward Grey em março de 1914. Em um discurso furioso à Câmara dos Comuns em 18 de março, o parlamentar conservador Sir Mark Skyes, especialista em assuntos otomanos e do Oriente Médio, alertou que a influência sufocante das finanças francesas na Síria otomana acabaria por "abrir caminho para a anexação".[110]

Havia, ainda, o fato de que já existia uma missão naval britânica atuando no Bósforo, e suas operações haviam sido ampliadas pela chegada, em 1912, do almirante Arthur Limpus, cujo contrato de trabalho atribuía-lhe a função de "comandante da frota.[111] Além de supervisionar os melhoramentos no treinamento e abastecimento da Marinha otomana, Limpus coordenava a mobilização de torpedeiros e a instalação de minas nos estreitos da Turquia, um dos meios mais importantes de impedir o acesso a navios de guerra estrangeiros.[112] Limpus via sua missão em um sentido político abrangente: sua correspondência com o Almirantado otomano tratava não só de questões de modernização técnica, aquisições e treinamento, mas também de pontos mais amplos de importância estratégica, por exemplo o grau de poder naval necessário para "tornar perigoso aos russos transportar soldados através do mar Negro".[113] Em outras palavras, sua presença em Constantinopla tinha objetivos acentuadamente análogos aos de Liman. Limpus via com sábia serenidade o domínio anglo-germânico da defesa terrestre e marítima otomana. "A Inglaterra tem mais experiência em questões navais e, no que se refere a efetivos em terra", ele disse ao Almirantado otomano em julho de 1912,

> a Alemanha possui o Exército mais poderoso e, acredita-se, mais eficiente. Estou seguro de que foi muito acertado nomear consultores alemães para tudo o que se relacione ao Exército. E estou seguro de que será muito acertado, para os assuntos navais, nomear apenas consultores ingleses.[114]

Portanto, Sazonov teve dificuldade para incutir em seus parceiros da entente a indignação sentida pela Rússia com a chegada da missão alemã. Grey rejeitou o ameaçador comunicado conjunto proposto por Sazonov e sugeriu que, em vez disso, mandasse um muito mais inócuo *pedido de informação* a Constantinopla para saber o alcance da missão alemã. Apesar da vigorosa concordância de Delcassé em São Petersburgo,[115] o Quai d'Orsay mostrou-se ainda menos entusiasmado que o Ministério das Relações Exteriores britânico, pois discernia na linguagem do comunicado conjunto de Sazonov a perspectiva de uma abrangente "dissolução da Turquia asiática", com consequências potencialmente desastrosas para os interesses financeiros franceses. Por isso, Paris preferiu apoiar a proposta mais conciliadora de Grey.[116] Havia demasiadas formas distintas de ambição imperial e paranoia enfocando o periclitante Império Otomano para permitir que as potências da entente se unissem contra uma suposta ameaça.

Não obstante, o episódio de Liman desencadeou um perigoso agravamento dos ânimos na cúpula russa. Sazonov estava furioso com a fleuma dos britânicos e franceses diante dos protestos da Rússia. Em um telegrama de 12 de dezembro de 1913 ao embaixador russo em Londres, ele comentou amargamente sobre sua confiança cada vez menor no apoio britânico, acrescentando que "a falta de solidariedade entre os países da entente gera grave preocupação".[117] Em um relatório ao tsar em 23 de dezembro, ele adotou uma postura abertamente belicosa. Recomendou que "medidas militares conjuntas" fossem imediatamente providenciadas e coordenadas com a França e a Grã-Bretanha. Os países da entente deviam "tomar e ocupar certos pontos da Ásia Menor e declarar que lá permanecerão até que seus objetivos sejam alcançados". Obviamente uma iniciativa assim drástica traria o risco de gerar "complicações europeias", porém era mais provável que uma postura de "inabalável resolução" produzisse o efeito desejado de forçar o recuo alemão. Ceder, por outro lado, "poderia ter consequências fatais". Convinha realizar uma conferência de cúpula para discutir as questões decorrentes do caso Liman.[118]

A conferência, iniciada em 13 de janeiro de 1913, foi presidida pelo premiê Vladimir Kokovtsov. Também estavam presentes Sazonov, o ministro da Guerra Sukhomlinov, o chefe do Estado-Maior Zhilinsky e o ministro da Marinha Grigorovich. A reunião começou com um debate sobre as "medidas coercivas" necessárias para pressionar Constantinopla a retirar seu convite à missão militar alemã. Descartou-se a ideia de pressionar o governo otomano com sanções econômicas: elas prejudicariam os vultosos interesses financeiros franceses no Império Otomano e abalariam os laços da entente. Uma alternativa seria a entente pegar em armas e ocupar importantes fortificações otomanas. A precondição era o apoio francês, ressaltou Sazonov. Kokovtsov, como de hábito, argumentou contra toda essa conversa beligerante e frisou que a guerra era um risco grande demais. Ao longo de todo o encontro ele se empenhou para impor um tom moderado e racional às conversas. Sugeriu que, em vez de reagir com indignação e represália em cada circunstância, era importante estabelecer os limites do que a Rússia toleraria ou não. Os alemães, observou Kokovtsov, procuravam um modo de escapar "da situação criada pelas exigências da Rússia" e já haviam expressado sua disposição para fazer concessões. Por isso, era crucial evitar "declarações categóricas de caráter irrevogável" que os forçassem a endurecer sua posição.[119] Dessa vez, porém, o primeiro-ministro foi refutado em coro por Sukhomlinov, Sazonov, Grigorovich e

Zhilinsky. Eles contra-argumentaram que a probabilidade de uma intervenção armada alemã era mínima e que, se o pior acontecesse, a guerra, embora indesejável, ainda assim era aceitável. O ministro da Guerra Sukhomlinov e o chefe do Estado-Maior Zhilinsky garantiram "a total prontidão da Rússia para uma guerra exclusivamente com a Alemanha, sem falar em uma exclusivamente com a Áustria".[120]

Esses cenários drásticos tornaram-se irrelevantes, pois os alemães logo recuaram e a crise passou. Alarmado com a intensidade da reação russa e exortado à conciliação por Londres e Paris, o governo em Berlim concordou em designar Liman para o Exército do sultão: ele permaneceu como inspetor-geral, mas sua promoção a "marechal de campo do Império Otomano" significava que podia abrir mão de seu comando do 1º Corpo do Exército sem se sentir rebaixado.[121]

O caso Liman von Sanders não deflagrou uma guerra continental, mas, em retrospectiva, foi um momento revelador. Mostrou, primeiro, o quanto o pensamento de alguns dirigentes russos havia se tornado beligerante. Sazonov, em particular, passara das vacilações de sua primeira fase no cargo a uma postura mais firme e mais germanófoba: ele começara a construir uma interpretação das relações russo-germanas que não deixava margem para um entendimento com Berlim. A Rússia sempre fora a vizinha dócil e pacífica, e a Alemanha, o predador falaz, intimidando e humilhando os russos em todas as oportunidades. Agora era hora de serem firmes! Não devemos subestimar o poder dessas narrativas para encolher os horizontes das políticas. E as repetidas garantias de Paris haviam deixado claramente sua marca: na conferência de 13 de janeiro, Sazonov observou que, embora não estivesse claro como os britânicos reagiriam a uma guerra entre Rússia e Alemanha, era evidente que, em caso de guerra com a Alemanha, os franceses ofereceriam "assistência ativa, inclusive no caso extremo". O embaixador francês Monsieur Delcassé, informou Sazonov, recentemente lhe assegurara que "a França iria até onde a Rússia desejasse". Quanto aos britânicos, embora pudesse haver alguma hesitação em Londres inicialmente, "não havia dúvida" de que eles interviriam assim que o conflito resultante tomasse um rumo desvantajoso para a França e a Rússia.[122]

O tsar também começou a adotar uma postura mais firme: em conversa com o embaixador Buchanan no começo de abril de 1914, ele observou que "costumava-se supor que não havia nada que separasse a Alemanha e a Rússia". Mas "não era verdade: havia a questão dos Dardanelos", e o tsar temia que os alemães estivessem empenhados em barrar o acesso da Rússia ao mar Negro. Se a Alemanha tentasse uma coisa dessas, era essencial que as três potências da entente se unissem para deixar claro a Berlim que "todas as três lutariam juntas contra a agressão alemã".[123] Por outro lado, para os alemães a ferocidade da reação russa à missão Liman, aliada ao ressentimento pela capitulação alemã às exigências russas, gerou a sensação de que agora um abismo intransponível separava Berlim e São Petersburgo: "As relações russo-prussianas estão mortas para sempre!", lamentou o cáiser. "Nós nos tornamos inimigos!"[124]

Para o conciliador Kokovtsov, o caso Liman von Sanders acarretou o desfecho de sua já debilitada posição. Ele estava na França, tratando do novo empréstimo para as ferrovias, quando a crise começou. Sazonov pediu-lhe que fosse a Berlim negociar com os alemães. Os relatos de Kokovtsov sobre essas conversas revelam que ele sentiu com perspicácia o grau em que o tinham passado para trás. Comentou com Sazonov, em uma leve queixa velada, que tinha dificuldade para fazer seus interlocutores alemães entenderem as "peculiaridades" do sistema russo, que atribuía "poderes e prerrogativas" tão limitados ao presidente do Conselho de Ministros.[125] Presidir a conferência de 13 de janeiro foi para Kokovtsov a última ocasião em que desempenharia um papel desse tipo. No fim de janeiro de 1914 o tsar demitiu-o das funções de presidente do Conselho de Ministros e de ministro das Finanças.

A demissão de Kokovtsov foi uma derrota não só para ele, mas para a política e, de modo mais geral, para a tendência política conservadora e cautelosa que ele representava. O novo presidente do Conselho de Ministros foi Ivan Goremykin, visto por muitos como mero testa de ferro, "um velho", recordou Sazonov mais tarde, "que há muito tempo perdeu não só a capacidade de se interessar por qualquer coisa além de sua tranquilidade e bem-estar pessoal, mas também a de levar em consideração as atividades à sua volta".[126] A verdadeira força do novo Conselho era o excepcionalmente bem relacionado Krivoshein, que desde 1913 vinha coordenando a campanha contra Kokovtsov. O sucessor de Kokovtsov no Ministério das Finanças, P. A. Bark, era uma figura competente mas sem destaque, um protegido de Krivoshein. Este era um ferrenho partidário da linha dura preconizada com crescente energia por Sukhomlinov e Sazonov. Sem Kokovtsov como paladino da cautela, a balança da influência sobre o Conselho de Ministros pendeu para as soluções mais agressivas.

Finalmente, a crise de Liman von Sanders revelou a urgência da preocupação russa com os estreitos da Turquia.[127] Ao mesmo tempo, suscitou inquietantes

23. Ivan Goremykin.

questões sobre o quanto os parceiros da entente ainda estavam longe de apoiar a ação da Rússia em busca de um acesso desimpedido aos estreitos. As dúvidas de Sazonov nessa esfera refletiram-se na inconsequente conclusão da conferência de 13 de janeiro, na qual ficou combinado, por um lado, que os russos, com o apoio da entente, iniciariam uma série de ações cada vez mais coercivas contra Constantinopla, e, por outro, que se a entente continuasse a *negar* seu apoio, os russos deveriam limitar-se a medidas coercivas não militares. Os russos tinham razão para encarar com ceticismo a possibilidade de apoio da entente. Mesmo depois que a crise passou, os britânicos continuaram apreensivos com a perspectiva de a Rússia "voltar a trazer à baila a questão [dos estreitos da Turquia] em um futuro não muito distante".[128]

Em outras palavras, era difícil imaginar um cenário no qual os russos fossem capazes de conseguir o respaldo internacional necessário para uma política que visasse direta e abertamente à obtenção do controle dos estreitos da Turquia. Foi esse o problema que Charynov encontrou em novembro de 1911, quando sondou a possibilidade de um acordo bilateral com a Porta Otomana. Na época, Sazonov optara por desacreditar seu embaixador em Constantinopla, pois achava que uma iniciativa direta para dominar os estreitos ainda era prematura. Em vez disso, ele gravitara para Hartwig, cuja política pan-eslavista agressiva focava a península balcânica e em particular a Sérvia. A lógica dessa escolha sugeria que o fracasso ou a frustração da política para os estreitos provavelmente reverteria a ênfase para o saliente dos Bálcãs. Em certos aspectos, essa era uma opção residual, por falta de outra melhor. Mas uma política belicosa nos Bálcãs não implicava de modo algum que a Rússia abandonaria seu interesse essencial pelos estreitos. Ao contrário, representava um caminho mais longo e mais tortuoso para o mesmo destino. O pensamento estratégico russo em 1912-4 tendeu cada vez mais a ver os Bálcãs como a hinterlândia dos estreitos, a chave para assegurar o controle definitivo do ponto de estrangulamento otomano no Bóforo.[129] Baseava essa convicção a crença, fundamental para o pensamento de Sazonov nos últimos anos antes da eclosão da guerra, de que a pretensão da Rússia aos estreitos só se concretizaria no contexto de uma guerra europeia geral, uma guerra que a Rússia travaria com o objetivo fundamental de obter o controle do Bósforo e dos Dardanelos.[130]

Essas preocupações refletiram-se nos protocolos da Conferência Especial do Estado em 8 de fevereiro de 1914. Convocada e presidida por Sazonov, e marcada por uma desinibição distintamente pós-kokovtsoviana no tom e nas linhas gerais, a Conferência reafirmou a importância do controle dos estreitos pela Rússia. No entanto, reconheceu Sazonov, era difícil imaginar como seria possível apoderar-se dos estreitos sem deflagrar "uma guerra europeia geral". A discussão, assim, passou a versar sobre como a Rússia deveria priorizar duas tarefas muito distintas: tomar os Dardanelos e vencer uma guerra europeia que ia requerer o uso de todas as forças disponíveis. Respondendo aos comentários de Sazonov, o chefe do Estado-Maior Zhilinsky observou que, no caso de uma guerra europeia, a Rússia não teria condições de dispor dos soldados para a tomada dos estreitos, pois eles seriam necessários na frente ocidental russa. Mas — e este era um importante passo conceitual —, se a Rússia prevalecesse na frente ocidental na guerra, a questão dos Dardanelos se resolveria por si mesma, juntamente com outros assuntos regionais, como parte do conflito maior. O chefe do serviço de intendência do Exército, Danilov, concordou. Ele era contra qualquer operação militar destinada exclusivamente a obter os estreitos:

> A guerra na frente ocidental exigirá o esforço máximo de todas as forças do Estado; não teríamos condições de dispensar nem ao menos um corpo do Exército para

usá-lo em outras tarefas. Devemos nos concentrar em assegurar o êxito no teatro mais importante da guerra. A vitória nele implicaria decisões vantajosas em todas as questões secundárias.[131]

Mas essa não foi a única linha contemplada na Conferência. O capitão Nemitz, chefe do setor de operações do Almirantado russo, alertou que o cenário imaginado por Sazonov, Zhilinsky e Danilov só fazia sentido se o inimigo que ameaçasse Constantinopla por acaso fosse o mesmo que se opunha à Rússia na frente ocidental (ou seja, Alemanha e/ou Áustria-Hungria). Nesse caso, de fato a Rússia poderia concentrar-se exclusivamente no conflito primário, supondo que, no devido tempo, os estreitos cairiam em seu poder. Mas na luta pelos estreitos, Nemitz ressaltou, a Rússia tinha outros oponentes além da Alemanha e da Áustria. Portanto, era plausível, ele observou, em uma referência velada à Grã-Bretanha, que "frotas e exércitos estrangeiros" pudessem ocupar os estreitos enquanto a Rússia lutava e sangrava nas frentes alemã e austríaca.[132] Nemitz tinha razão: a experiência de anos recentes sugeria que qualquer tentativa russa para mudar unilateralmente o regime nos estreitos encontraria resistência tanto de inimigos como de amigos.[133]

Essas reflexões ajudam, por sua vez, a explicar por que a crise Liman von Sanders foi um momento tão crucial da política russa para a Grã-Bretanha.[134] Sazonov começou imediatamente a insistir em medidas que transformassem a entente em uma aliança formal, e ele foi o protagonista por trás das Conferências do Estado-Maior da Marinha com Londres iniciadas em 7 de junho de 1914. Em suas memórias, Sazonov lembrou mais tarde que a missão militar alemã no Bósforo "forçara" a Rússia a buscar um "entendimento concreto" com a Grã-Bretanha, "na consciência do perigo comum" representado por Berlim — e isso, naturalmente, se encaixa em nossa análise retrospectiva, orientada para a eclosão da guerra em 1914. Mas, embora não haja dúvida de que Sazonov sonhava em confrontar e conter a Alemanha com a "maior aliança conhecida na história humana",[135] também está claro (embora esse não fosse um assunto que o ministro das Relações Exteriores pudesse se dar ao luxo de expressar) que um acordo naval com a Inglaterra trazia a promessa de *atrelar* a maior potência naval do mundo e afastá-la de iniciativas indesejadas nos estreitos. Essa inferência é reforçada pelo protesto, apresentado formalmente a Londres em maio de 1914, contra o papel que oficiais britânicos estavam desempenhando no desenvolvimento da Marinha turca.[136] Para a Rússia, como para a Grã-Bretanha, aquele ainda era um mundo no qual havia mais de um inimigo em potencial. Sob o arcabouço das alianças espreitavam rivalidades imperiais mais antigas.

O CENÁRIO NOS BÁLCÃS

Em uma carta de maio de 1913 cujos dizeres foram transmitidos a Pašić, Sazonov resumiu os recentes acontecimentos nos Bálcãs e sua importância para o reino. Ele observou:

> A Sérvia completou apenas a primeira etapa de sua trajetória histórica. Para alcançar seu destino, ainda precisa enfrentar uma luta terrível, na qual toda a sua existência será posta em questão. [...] A terra prometida sérvia jaz no território da atual Áustria-Hungria e não na direção na qual os sérvios hoje se empenham, onde os búlgaros bloqueiam seu caminho. Nessas circunstâncias, é do interesse vital da Sérvia [...] colocar-se, por meio de um trabalho decidido e paciente, em condição de prontidão para a inescapável luta futura. O tempo trabalha em favor da Sérvia e da queda de seus inimigos, que já dão claros sinais de decomposição.[137]

O interessante nessa carta não é só a franqueza com que Sazonov desvia a agressão sérvia da Bulgária em direção à Áustria-Hungria, mas também sua afirmação de que, ao fazê-lo, ele está simplesmente aquiescendo ao veredicto da história, que já decidira que os dias do Estado habsburguiano estavam contados. Encontramos frequentemente narrativas semelhantes sobre o inevitável declínio austríaco na retórica de estadistas da entente, e vale a pena salientar o quanto eram úteis. Elas serviam para legitimar a luta armada dos sérvios, que nelas figuravam como os arautos de uma modernidade preordenada, destinada a aniquilar as estruturas obsoletas da monarquia dual. Ao mesmo tempo, omitiam as evidências de que, enquanto o Império Austro-Húngaro era um dos centros da modernidade cultural, administrativa e industrial da Europa, os Estados balcânicos, e em especial a Sérvia, continuavam enredados em uma espiral de atraso econômico e produtividade declinante. Mas a função mais importante dessas metanarrativas era, sem dúvida, que permitiam aos dirigentes ocultar até de si mesmos sua responsabilidade pelos resultados de suas ações. Se o futuro já estava mapeado, então a política não mais significava escolher entre opções, cada qual implicando um futuro distinto. A tarefa era, isto sim, alinhar-se com o impessoal avanço da história.

Na primavera de 1914, a aliança franco-russa já construíra um gatilho geopolítico ao longo da fronteira austro-sérvia. Atrelara-se a política de defesa de três das maiores potências mundiais à situação incerta da região mais violenta e instável da Europa. Para a França, o comprometimento com o saliente sérvio era uma consequência lógica do comprometimento com a aliança franco-russa, ela própria uma consequência do que os dirigentes franceses consideravam restrições políticas imutáveis. A primeira dessas restrições era a demografia. Mesmo com a imensa expansão possibilitada pela Lei dos Três Anos, o Exército francês não possuía o número de soldados que seus comandantes julgavam necessário para o país combater sozinho a ameaça alemã. Assim, o êxito contra os alemães dependeria de duas coisas: a presença de uma força expedicionária britânica na frente aliada ocidental e uma rápida ofensiva através da Bélgica que permitisse às forças francesas contornar o terreno altamente fortificado da Alsácia-Lorena. Infelizmente, essas duas opções eram mutuamente exclusivas, pois romper a neutralidade belga significaria abrir mão do apoio britânico. No entanto, até mesmo renunciar às vantagens estratégicas de uma invasão da Bélgica não garantiria necessariamente uma intervenção britânica na primeira e decisiva fase da guerra vindoura, pois a ambiguidade da política britânica criara uma margem de dúvida substancial.

Por isso, a França foi obrigada a procurar um modo de compensar no leste suas deficiências na segurança no oeste. Como dissera o ministro belga na primavera de 1913, quanto menos "sólida e efetiva" parecia a amizade britânica, mais os estrategistas franceses sentiam necessidade de "estreitar" os laços de sua aliança com a Rússia.[138] O governo francês concentrou-se, a partir de 1911, em reforçar a capacidade ofensiva russa e, em 1912-3, em assegurar que os planos de mobilização da Rússia fossem voltados contra a Alemanha e não contra a Áustria, o oponente ostensivo nos Bálcãs. Cada vez mais as íntimas relações militares eram reforçadas pela aplicação de poderosos incentivos financeiros. Essa política foi comprada a certo custo estratégico, pois apostar tão alto em capacitar a Rússia para tomar a iniciativa contra a Alemanha inevitavelmente envolvia uma redução na autonomia francesa. O que comprova que os dirigentes franceses estavam dispostos a aceitar as restrições resultantes é o fato de terem aceitado ampliar as condições da aliança franco-russa especificamente para abranger o cenário do começo da guerra nos Bálcãs, uma concessão que, na prática, deixava a iniciativa em mãos dos russos. Os franceses dispunham-se a aceitar esse risco porque sua maior preocupação não era que a Rússia agisse precipitadamente, mas que não agisse, que sua preponderância crescesse a tal ponto que o país perdesse o interesse no valor da aliança para sua segurança, ou que concentrasse as energias em derrotar a Áustria em vez de sua "principal adversária", a Alemanha.

O cenário do começo nos Bálcãs era atrativo justamente porque parecia o modo mais provável de assegurar todo o apoio russo para operações conjuntas, não só porque a região dos Bálcãs era uma área pela qual tradicionalmente a Rússia tinha forte interesse, mas porque o conflito dos sérvios com a Áustria-Hungria era uma questão que seguramente mexeria com o sentimento nacional russo de um modo que deixaria seus líderes sem opção além de se comprometer. Daí a importância dos vultosos empréstimos franceses (na época entre os maiores da história financeira), vinculados ao programa de construção de ferrovias estratégicas que lançariam o grosso das forças russas contra a Alemanha, e com isso forçaria os alemães (assim se esperava) a dividir seus exércitos, reduzir o peso de seu ataque no oeste e dar à França a margem necessária para assegurar a vitória.

O comprometimento russo com o saliente sérvio tinha bases diferentes. Por muito tempo, os russos implementaram políticas destinadas a obter algum tipo de parceria com uma liga de Estados balcânicos capaz de constituir um baluarte contra a Áustria-Hungria. Reviveram essa política durante a guerra da Itália com a Líbia, intermediando a criação da aliança servo-búlgara que definiu a Rússia como o árbitro da península. Quando eclodiu a Segunda Guerra dos Bálcãs pelos despojos territoriais da primeira, os russos reconheceram que a política da Liga agora estava obsoleta e decidiram, depois de algum rodeio, adotar a Sérvia como principal cliente, em detrimento da Bulgária, que logo resvalou para a órbita financeira e (posteriormente) política das potências centrais. O maior comprometimento com a Sérvia atrelou a Rússia a uma postura de confronto direto com a Áustria-Hungria, como mostraram os acontecimentos registrados entre dezembro de 1912 e janeiro de 1913.

Entretanto, os russos demoraram a adotar a visão estratégica tão insistentemente proposta pelo Estado-Maior francês. O Plano de Realocação implementado por Sukhomlinov em 1910 incomodou os franceses porque recuara acentuadamente as áreas de concentração para muito além das fronteiras ocidentais da

Rússia com a Alemanha. Nos anos seguintes, os franceses trabalharam duro e com êxito para vencer a resistência russa, usando uma estratégia concentrada em aplicar o máximo poder de ataque contra a fronteira ocidental no menor tempo possível, por meio de artérias ferroviárias quádruplas destinadas a transportar numerosas forças para o coração do território inimigo.

Se o pensamento estratégico russo e francês acabou mais ou menos engrenando, várias foram as razões. A promessa de vultosos empréstimos da França constituiu um poderoso incentivo para a colaboração. Como era impossível imaginar que um ataque russo à Áustria não arrastaria a Alemanha para o conflito, estava cada vez mais claro que só seria possível romper o poder austríaco na península balcânica se a Rússia tivesse condições de derrotar a Alemanha. Finalmente, e o mais importante, a chegada da missão Liman von Sanders a Constantinopla provocou não só o aumento da prontidão russa para a guerra e da desconfiança quanto aos objetivos alemães, mas também esclareceu como a política balcânica se relacionava aos interesses mais fundamentais da Rússia nos estreitos da Turquia. Como a Conferência Especial de 8 de fevereiro deixou claro, Sazonov, Sukhomlinov e Zhilinsky haviam passado a aceitar que o objetivo de assegurar o acesso aos estreitos ou controlá-los, embora reconhecidamente importantíssimo para o futuro econômico e estratégico russo, teria de ser subordinado à tarefa de prevalecer no conflito europeu contra as potências centrais, não apenas, ou até principalmente, devido ao medo de que a Alemanha viesse a adquirir o controle dos estreitos, mas porque os próprios países da entente ainda não estavam dispostos a apoiar uma investida direta da Rússia sobre essa vantagem estratégica crucial. De fato, as perspectivas dos três países da entente sobre os estreitos eram tão díspares que o Ministério das Relações Exteriores russo acabou considerando uma guerra geral — que, na prática, significava uma guerra iniciada nos Bálcãs — como o único contexto no qual a Rússia poderia ter a certeza de agir com o apoio de seus parceiros ocidentais.[139]

Cabe fazer uma distinção importante: em nenhum momento os estrategistas franceses ou russos planejaram iniciar uma guerra de agressão contra as potências centrais. Estamos tratando aqui de hipóteses sobre uma possível série de acontecimentos, e não de planos propriamente ditos. Ainda assim, é surpreendente que esses estrategistas tenham refletido tão pouco sobre o efeito que suas ações provavelmente teriam sobre a Alemanha. Os dirigentes franceses estavam cientes do grau em que a balança da ameaça militar pendera contra a Alemanha

— um relatório do Estado-Maior francês de junho de 1914 observou com satisfação que "a situação militar alterou-se em detrimento da Alemanha", e avaliações militares britânicas seguiram essa mesma linha. No entanto, como viam suas próprias ações como inteiramente defensivas e atribuíam intenções agressivas unicamente ao inimigo, os principais estrategistas nunca levaram a sério a possibilidade de que as medidas que eles próprios tomavam reduzissem as opções disponíveis a Berlim. Eis um notável exemplo do que os teóricos das relações internacionais denominam "dilema da segurança": as medidas tomadas por um Estado para aumentar sua segurança "tornam os outros mais inseguros e os impelem a se preparar para o pior".[140]

Estariam os britânicos cientes dos riscos da balcanização da política de segurança da entente? Os estrategistas britânicos viam claramente que a mudança na geopolítica europeia havia criado um mecanismo que, se acionado do modo certo, poderia transformar uma briga balcânica em uma guerra europeia. E viam essa possibilidade, como viam cada aspecto da situação europeia, com ambivalência. Até os mais russófilos estrategistas britânicos tinham suas críticas à política de São Petersburgo para os Bálcãs: em março de 1912, quando soube do papel dos russos na intermediação de um tratado servo-búlgaro, Arthur Nicolson deplorou a mais recente iniciativa russa, "pois ela mostra que o governo não tem intenção de trabalhar lado a lado com o governo austríaco nos assuntos balcânicos, e isso, pessoalmente, só posso lamentar".[141] Quando se reuniu com os principais estadistas britânicos em Londres e Balmoral em setembro de 1912, Sazonov espantou-se com a "prudência exagerada" das posições britânicas sobre os Bálcãs e sua suspeita de que qualquer medida russa parecia calculada para pressionar o governo otomano.[142] Em novembro de 1912, quando o Exército sérvio avançou pela Albânia em direção à costa do Adriático, o visconde Bertie, embaixador da Grã-Bretanha em Paris, alertou o ministro das Relações Exteriores francês de que a Grã-Bretanha não entraria em guerra para assegurar a Belgrado um porto marítimo no Adriático.[143]

Mas apenas alguns dias depois, em 4 de dezembro, Edward Grey chamou o embaixador alemão, o conde Lichnowsky, e lhe deu um aviso severo:

> Se vier a ocorrer uma guerra europeia em razão de um ataque da Áustria à Sérvia, e a Rússia, compelida pela opinião pública, marchar para a Galícia em vez de novamente suportar uma humilhação como a de 1909, e com isso forçar a Alemanha a vir

em socorro da Áustria, a França inevitavelmente será arrastada para o conflito, *e é impossível prever o que mais poderá decorrer.*[144]

O pretexto para essa conversa, devemos lembrar, foi o discurso de dez minutos do chanceler Hollweg ao Parlamento alemão, no qual ele alertou que, se contrariamente a todas as expectativas, a Áustria viesse a ser atacada por outra grande potência (uma clara referência à Rússia, cujas medidas militares na fronteira da Galícia haviam despertado o medo da guerra), a Alemanha interviria para proteger sua aliada. Lichnowsky interpretou o comentário de Grey como "uma insinuação inequívoca"; significava que "era uma necessidade vital para a Inglaterra *impedir* [a França] *de ser esmagada pela Alemanha*".[145] Guilherme leu alguns dias depois o resumo de Lichnowsky e entrou em pânico, vendo ali "uma declaração de guerra moral" contra a Alemanha. Esse foi o alerta que levou ao Conselho de Guerra de Potsdam em 8 de dezembro de 1912. E está claro, pelos documentos franceses, que subsequentemente Grey, no dia do próprio alerta, retransmitiu o conteúdo de sua conversa com o conde Lichnowsky ao embaixador Paul Cambon, que por sua vez passou os detalhes a Poincaré.[146]

É notável, no alerta de Grey, a veemência com que as ligações causais do cenário do começo da guerra nos Bálcãs foram mencionadas e a quantidade de suposições nele embutidas. Grey alinhou-se, primeiro, com a ideia da "humilhação" de 1909 citada por Sazonov e Izvolsky, aparentemente esquecendo que foi a recusa britânica a colaborar com Izvolsky na questão dos estreitos da Turquia que impelira o ministro das Relações Exteriores russo a desencadear a crise, proclamando ter sido enganado por seu colega austríaco. A noção de que a Rússia havia sofrido repetidas humilhações nas mãos das potências centrais era, no mínimo, dúbia: a verdade era o oposto, ou seja, os russos tinham sorte de ter escapado tão facilmente dos perigos que eles próprios haviam criado.[147] E havia também a ideia altamente questionável de que os dirigentes russos não teriam escolha a não ser atacar a Áustria caso um conflito entre Áustria e Sérvia inflamasse a opinião russa. Na realidade, não estava nada claro que a opinião russa exigia uma ação precipitada por causa da Sérvia; essa era a posição de alguns jornais nacionalistas, naturalmente, mas havia outros, como o conservador *Grazhdanin*, do príncipe Meshchersky, que criticavam o "romantismo impotente" dos eslavófilos e lamentavam a ideia de que a Rússia inevitavelmente teria de ficar do lado da Sérvia em um conflito austro-sérvio. Em fevereiro de 1913, no auge da crise do inverno nos Bálcãs, o ex-primeiro-ministro russo Serguei Witte estimou que 10% da população russa era favorável à guerra, e 90% contra.[148] Igualmente notável é a suposição de Grey de que essa intervenção da Rússia, embora envolvesse agressão contra um Estado cujas ações não apresentavam uma ameaça direta à segurança russa, "inevitavelmente" arrastaria a França para o conflito — um ponto de vista que, em essência, endossava, ou pelo menos aceitava implicitamente, que Poincaré aumentasse o comprometimento do tratado a fim de abranger a possibilidade de um ataque russo a outra grande potência europeia. E isso, Grey insinuava, obrigaria a Grã-Bretanha a interferir em algum momento em favor da França. Grey talvez tenha visto com desagrado a perspectiva de "lutar pela Sérvia", um desagrado que, sem dúvida, ele expressou intermitentemente. Mas compreendera e legitimara o cenário do começo da guerra nos Bálcãs e o absorvera em sua linha de pensamento. E esse cenário, é importante lembrar, não era uma característica neutra no sistema internacional. Ele não incorporava uma necessidade impessoal; era, isto sim, uma tessitura de atitudes, comprometimentos e ameaças das várias partes envolvidas. Revelava o grau em que Grey abrira mão de uma política pura de equilíbrio de poder em favor de uma política orientada para a maximização da segurança da entente.[149] Ao esboçar o cenário para Lichnowsky, Grey não estava predizendo um futuro preordenado, mas articulando, ele próprio, parte de um conjunto de noções que possibilitavam esse futuro.

Uma precondição essencial para todos esses cálculos era a recusa, explícita ou implícita, a conceder à Áustria o direito de defender seus interesses próximos como faria uma potência europeia. Os dirigentes franceses e britânicos eram torturantemente vagos quanto às condições exatas em que poderia surgir uma luta austro-sérvia. Poincaré não fez nenhum esforço para definir critérios em suas conversas com Izvolsky, e o ministro da Guerra e os altos comandantes militares da França pressionaram por uma ação agressiva no inverno de 1912-3, embora até então não tivesse ocorrido nenhum ataque austríaco à Sérvia. Grey era um pouco mais ambivalente e procurava diferenciar: em um comunicado a Bertie em Paris escrito em dezembro de 1912, o mesmo dia em que ele dera seu alerta a Lichnowsky, o ministro das Relações Exteriores britânico sugeriu que as reações britânicas a um conflito nos Bálcãs dependeria de "como a guerra eclodisse [...] se a Sérvia provocasse a Áustria e lhe desse justa causa de ressentimento, o sentimento seria diferente daquele que existiria caso a Áustria fosse claramente agressiva".[150]

Mas o que constituiria uma "justa causa de ressentimento"? Em um meio tão polarizado como a Europa em 1912-4, seria difícil chegar a um consenso sobre que grau de provocação justificaria uma resposta armada. E a relutância em integrar imperativos da segurança austro-húngara aos cálculos era mais um indício do quanto as potências haviam se tornado indiferentes à futura integridade da monarquia dual, seja porque a viam como o lacaio da Alemanha, sem identidade geopolítica autônoma, seja porque suspeitavam de desígnios agressivos sobre a península balcânica, ou ainda porque aceitavam a ideia de que a monarquia estava em fim de carreira e logo deveria dar lugar a Estados sucessores mais novos e melhores. Uma ironia dessa situação era que não fazia diferença se o ministro das Relações Exteriores habsburguiano era uma figura enérgica como Aehrenthal ou alguém mais emoliente como Berchtold: o primeiro era suspeito de agressão; o segundo, de subserviência a Berlim.[151]

Um adendo a essa sentença de morte do Estado habsburguiano era uma visão cor-de-rosa da Sérvia como uma nação de guerreiros pela liberdade a quem o futuro já estava concedido. Podemos discernir essa tendência não apenas onde mais a esperaríamos, no entusiasmado relatório de Hartwig em Belgrado, mas também nos comunicados calorosamente favoráveis redigidos por Descos, o ministro francês em serviço na capital sérvia. A duradoura política da assistência financeira francesa continuava. Em janeiro de 1914, outro grande empréstimo francês (o dobro de todo o orçamento do Estado sérvio para 1912) chegou para cobrir as imensas despesas militares de Belgrado, e Pašić negociou com São Petersburgo um pacote de ajuda militar composto de 120 mil fuzis, 24 morteiros, 36 canhões "do mais novo sistema" e munições apropriadas, alegando — falsamente, aliás — que a Áustria-Hungria estava fornecendo artigos semelhantes à Bulgária.[152]

Grey adotou uma política potencialmente pró-sérvia nas negociações da Conferência de Londres de 1913, favorecendo as pretensões de Belgrado em detrimento das pretensões do novo Estado albanês, não porque ele apoiasse a causa da Grande Sérvia em si, mas porque, em sua opinião, apaziguar a Sérvia era a chave para a durabilidade da entente.[153] As fronteiras resultantes deixaram mais de metade da população albanesa fora do recém-criado Reino da Albânia. Muitos dos que caíram sob o domínio sérvio sofreram perseguição, deportação, maus-tratos e massacres.[154] No entanto, o ministro britânico interino, Crackanthorpe, que tinha muitos bons amigos na elite política sérvia, de início suprimiu e depois minimizou a importância das notícias sobre as atrocidades nas áreas recém-conquistadas.

Quando as provas dos malfeitos se avolumaram, houve intermitentes expressões internas de repulsa, porém nada suficientemente forte para modificar uma política orientada para manter os russos como amigos.

Dois outros fatores acentuaram a sensibilidade do gatilho balcânico. O primeiro foi a crescente determinação da Áustria de refrear as ambições territoriais da Sérvia. Vimos que, conforme se deteriorou a situação na península balcânica, os decisores em Viena gravitaram para soluções mais beligerantes. O ânimo continuou a oscilar à medida que as crises chegavam e passavam, mas houve um efeito cumulativo: a cada etapa, uma parcela maior dos principais estrategistas alinhou-se com posições agressivas. E o nervosismo dos políticos foi reforçado por fatores nas esferas das finanças e do moral doméstico. Conforme se esgotava o dinheiro para mais mobilizações em tempo de paz e aumentavam as preocupações com os efeitos dessas mobilizações sobre os recrutas de nacionalidades minoritárias, estreitava-se o repertório de opções da Áustria-Hungria e suas perspectivas políticas tornavam-se menos elásticas. No entanto, não devemos esquecer que a última avaliação estratégica pré-guerra da região feita por um alto funcionário austríaco, o sombrio memorando Matscheko escrito para Berchtold em junho de 1914, não fez menção à ação militar como um modo de resolver os muitos problemas que a Áustria enfrentava na península.

Finalmente, havia a crescente dependência alemã de uma "política de força". O hábito de buscar autonomia e segurança por meio da maximização da força foi uma característica arraigada na política alemã desde Bismarck até Bülow e Hollweg. Sucessivos estrategistas não lidaram com o problema de esse empenho em ganhar sempre mais força poder antagonizar os vizinhos da Alemanha e desgostar os potenciais parceiros de aliança. Mas, enquanto a política continuasse a produzir um efeito dissuasivo suficiente para excluir a possibilidade de um ataque combinado pelo campo oposto, a ameaça de isolamento, embora grave, não era avassaladora. Em 1912, a grande escalada da preparação militar da entente já solapara a viabilidade dessa política no longo prazo.

Duas questões absorviam os estrategistas e os responsáveis pelas políticas alemãs nos anos pré-guerra. A primeira, exposta acima, era por quanto tempo se poderia prever que a Alemanha permaneceria em uma posição de força relativa suficiente para rechaçar seus adversários caso surgisse uma guerra. A segunda preocupação era com as intenções russas. A liderança russa estaria se preparando ativamente para uma guerra preventiva contra a Alemanha? As duas questões estavam interligadas, pois se a conclusão fosse que a Rússia estava realmente *buscando uma guerra* contra a Alemanha, os argumentos para evitar o conflito agora por meio de concessões politicamente custosas pareciam muito mais fracos. Se não havia a possibilidade de evitar a guerra, mas apenas de adiá-la, fazia sentido aceitar a guerra oferecida pelo oponente agora, em vez de esperar por uma reiteração posterior do mesmo cenário em circunstâncias muito menos vantajosas. Essas ideias pesaram acentuadamente para os decisores alemães durante a crise que se seguiu aos assassinatos em Sarajevo.

UMA CRISE DE MASCULINIDADE?

Quem estudar as Chancelarias europeias em meados de 1914 não deixará de se surpreender com a desafortunada configuração de personalidades. De Castelnau e Joffre a Zhilinsky, Conrad von Hötzendorf, Wilson e Moltke, os militares mais graduados eram todos expoentes da ofensiva estratégica que tinham uma influência oscilante mas importante sobre os decisores das políticas. Em 1913-4, primeiro Delcassé, depois Paléologue, ambos linhas-duras, representaram a França em São Petersburgo; Izvolsky, ainda decidido a vingar a "humilhação" de 1909, servia em Paris. O ministro francês em Sófia, André Panafieu, observou em dezembro de 1912 que Izvolsky era o "melhor embaixador em Paris" porque tinha "interesses pessoais contra a Alemanha e a Áustria", e seus colegas russos observaram que, toda vez que ele falava sobre a política austríaca para Belgrado, sua voz assumia "um palpável tom de rancor que não o deixava desde a época da anexação".[155] O irritável austrófobo Miroslav Spalajković estava agora no Ministério sérvio em São Petersburgo — seu velho inimigo, o conde Forgách, estava ajudando a formular políticas em Viena. Essa situação lembra uma peça de Harold Pinter na qual os personagens se conhecem muito bem e se querem muito mal.

Essa peça possuía apenas personagens masculinos. Que importância isso teve? A masculinidade é e era uma categoria ampla que abrange muitas formas de comportamento; a masculinidade desses homens específicos era modulada por identidades de classe, etnia e profissão. No entanto, é notável a frequência com que os principais atores apelavam para modos de comportamento ostensivamente masculinos e o quanto estes estavam interligados à visão que tinham das políticas. "Sinceramente, creio que devemos nos manter muito rígidos nessa questão", escreveu Arthur Nicolson a seu amigo Charles Hardinge, recomendando que Londres rejeitasse quaisquer apelos por um entendimento com Berlim.[156] Era essencial, escreveu em março de 1912 o embaixador alemão em Paris, Wilhelm von Schoen, que o governo em Berlim mantivesse uma postura de "calma e frieza absolutas" em suas relações com a França e se dedicasse "com sangue-frio às tarefas de defesa nacional impostas pela situação internacional".[157] Quando Bertie falou sobre o perigo de os alemães "nos lançarem à água e roubarem nossas roupas", fez uma metáfora do sistema internacional como um cenário rural cheio de adolescentes brincalhões. Sazonov elogiou a "retidão" do caráter de Poincaré e sua "inabalável firmeza de vontade";[158] Paul Cambon via nele o "rigor" do jurista profissional, enquanto o fascínio do "*outdoorsman*"* reservado e autônomo era central para a identidade de Grey como homem público. Esquivar-se de apoiar a Áustria-Hungria na crise de 1914, comentou Hollweg em suas memórias, teria sido um auto de "autocastração".[159]

Invocações de masculinidade fin-de-siècle como essas são tão ubíquas na correspondência e nos memorandos daqueles anos que é difícil localizar seu impacto. No entanto, elas seguramente refletem um momento bem particular na história da masculinidade europeia. Historiadores do gênero aventam que, nas últimas décadas do século XIX e primeiras do XX, uma forma relativamente expansiva de identidade patriarcal centrada na satisfação de apetites (alimento, sexo, bens) deu lugar a algo mais delgado, duro e abstinente. Ao mesmo tempo, a competição de masculinidades subordinadas e marginalizadas — proletária e não branca, por exemplo — acentuou a expressão da "verdadeira masculinidade" nas elites. Entre grupos de liderança especificamente militares, a energia, a firmeza, o dever e a dedicação sem reservas gradualmente desalojaram a antiga ênfase na origem social elevada, agora percebida como efeminada.[160] "Ser másculo [...] tão masculino quanto possível [...] é a verdadeira distinção aos olhos [dos homens]", escreveu a feminista e livre-pensadora vienense Rosa Mayreder em 1905. "Eles são insensíveis à brutalidade da derrota ou à absoluta perversidade de um ato se ele simplesmente coincidir com o cânone tradicional da masculinidade."[161]

No entanto, essas formas cada vez mais hipertróficas de masculinidade existiam em tensão com ideais de obediência, cortesia, refinamento cultural e caridade

* Aficionado das atividades ao ar livre. (N. T.)

que ainda eram vistas como as características do cavalheiro.[162] Talvez possamos atribuir os sinais de pressão e exaustão desse papel masculino que observamos nos principais dirigentes — oscilações de humor, obsessão, tensão nervosa, vacilação, doenças psicossomáticas e escapismo, para citar apenas algumas — a uma acentuação dos papéis de gênero que começara a impor fardos intoleráveis a alguns homens. Conrad von Hötzendorf combinava a empedernida persona de um militar beligerante com uma profunda necessidade de apoio de mulheres, em cuja companhia sua imóvel máscara de comando caía, revelando um ego insaciável, desesperadamente necessitado de aconchego e reforço psicológico. Sua mãe, Barbara, viveu com ele ou perto dele até morrer, em 1915. Conrad preencheu esse vazio finalmente se casando com a já divorciada Gina von Reininghaus e recrutando-a para morar no quartel-general austro-húngaro em Teschen, para imenso espanto de seus colegas e da sociedade vienense.[163]

Outro caso interessante é o do enviado francês em Belgrado, Léon Descos. Um colega russo que o conhecia bem contou que o "profundo golpe moral" das duas guerras nos Bálcãs prejudicara seu "sistema nervoso. Descos passou a ser mais solitário [...] e de quando em quando deu de repetir seu poema favorito sobre a inviolabilidade da paz".[164] Durante as guerras nos Bálcãs, Berchtold queixou-se constantemente em seu diário de pesadelos, noites insones e dores de cabeça.[165] Quando o novo primeiro-ministro francês, René Viviani, um homem de temperamento pacífico, viajou a São Petersburgo para a conferência de cúpula em julho de 1914, chegou à beira de um colapso nervoso. Hartwig também estava esgotado. Alexander Savinsky, o ministro russo em Sófia, acreditava que Hartwig havia "perdido a estabilidade" durante as guerras nos Bálcãs; Hartwig, observou Savinsky, "vê em toda parte inimigos que ele próprio criou". No começo do verão de 1914, Hartwig reclamava constantemente do péssimo estado de seu coração, e ansiava por seu período de veraneio e hidroterapia no balneário de Bad Nauheim. Ele não sobreviveria à Crise de Julho.[166] O nervosismo que muitos viram como a marca da época manifestava-se naqueles poderosos não só como angústia, mas também como um desejo obsessivo de triunfar sobre a "fraqueza" de sua vontade, de ser "uma pessoa corajosa", como disse Walther Rathenau em 1904, em vez de "uma pessoa medrosa".[167] Como quer que situemos os personagens dessa história no contexto maior da história dos gêneros, parece claro que um código de comportamento baseado na preferência pela força inexorável em detrimento da maleabilidade, flexibilidade tática e astúcia exemplificada por uma geração anterior de estadistas (Bismarck, Cavour, Salisbury) tinha grande probabilidade de acentuar o potencial para o conflito.

ATÉ ONDE O FUTURO ERA INDETERMINADO?

Em seu livro *System der subjektiven Öffentlichen Rechte* [Sistema de direito público subjetivo], publicado em 1892, o advogado Georg Jellinek analisou o que chamou de "poder normativo do factual". Referia-se à tendência humana de atribuir autoridade normativa a estados de coisas reais. Os humanos fazem isso, ele argumentou, porque suas percepções das circunstâncias são moldadas pelas forças exercidas por esses estados de coisas. Enredados nessa circularidade hermenêutica, os humanos tendem a gravitar rapidamente da observação do que existe para a presunção de que uma circunstância existente é normal, e portanto deve incorporar certa necessidade ética. Quando ocorrem levantes ou perturbações, eles se adaptam depressa à nova conjuntura, atribuindo-lhe a mesma qualidade normativa que haviam percebido na ordem anterior.[168]

Encontramos uma ampla analogia em acontecimentos históricos, especialmente os catastróficos como a Primeira Guerra Mundial. Quando ocorrem, eles nos impõem (ou assim nos parece) uma sensação de necessidade. É um processo que se desenrola em muitos níveis. Nós o vemos em cartas, discursos e memórias dos protagonistas, que se apressam a ressaltar a inexistência de alternativas ao caminho seguido, a "inevitabilidade" da guerra e, portanto, a impossibilidade de qualquer um impedi-la. Essas narrativas de inevitabilidade assumem numerosas formas; podem meramente atribuir responsabilidade a outros países ou agentes, podem apontar uma propensão no próprio sistema para gerar a guerra, independentemente da vontade de agentes individuais, ou ainda apelar para as forças impessoais da história ou do destino.

A procura das causas da guerra, que durante quase um século dominou a literatura sobre esse conflito, reforça essa tendência: causas pescadas em todas as partes da Europa nas décadas pré-guerra são empilhadas como pesos na balança até que esta acabe pendendo da probabilidade para a inevitabilidade. Contingência, escolha e ação são empurradas para fora do campo de visão. Em parte, isso é um problema de perspectiva. Quando analisamos desse nosso remoto ponto de observação no começo do século XXI as reviravoltas das relações internacionais europeias antes de 1914, não podemos evitar vê-las através das lentes daquilo que se seguiu. Os acontecimentos encaixam-se em algo que lembra a caracterização feita por Diderot de um quadro bem-composto: "um todo contido sob um único ponto de vista".[169] Obviamente, seria incorreto, ao tentar corrigir esse problema, fetichizar a contingência ou a inadvertência. Entre outras coisas, isso meramente substituiria o problema da sobredeterminação pelo da subdeterminação — uma guerra sem causas. Por mais que seja importante entender que essa guerra poderia facilmente não ter acontecido e por quê, essa revelação tem de ser contrabalançada por uma análise do como e por que ela aconteceu.

Uma característica notável das interações entre os Executivos europeus foi a persistente incerteza, em todas as partes, quanto às intenções dos amigos e possíveis inimigos. O fluxo do poder entre as facções e os detentores de cargos continuou a ser um problema, tanto quanto a preocupação com o possível impacto da opinião pública. Grey prevaleceria contra seus oponentes no gabinete e no Parlamento? Poincaré permaneceria no controle do Ministério francês? Recentemente, vozes militares vinham dando o tom nos debates estratégicos em Viena, mas na esteira do Caso Redl o poder de Conrad parecia estar em declínio, e sua demissão já estava sendo cogitada. Por outro lado, os falcões estavam em ascensão em São Petersburgo. Essas incertezas de âmbito interno eram agravadas pela dificuldade de interpretar as relações de poder entre os Executivos políticos estrangeiros. Observadores britânicos acreditavam (equivocadamente, como sabemos hoje) que conservadores proponentes da paz como Kokovtsov (apesar de sua demissão recente) e Pyotr Durnovo haviam reforçado sua influência sobre o tsar e estavam prestes a retornar ao centro do palco. Em Paris falava-se com preocupação sobre a iminente vitória de uma fação pró-germânica liderada pelo ex-premiê Serguei Witte. E havia a perene inquietação em torno da suscetibilidade dos principais dirigentes às tendências da opinião pública. Em um relatório redigido de Berlim no último dia de fevereiro de 1914, o plenipotenciário militar russo, o general de divisão Ilya Leonidovich Tatischev, amigo do cáiser alemão, admitiu que, embora houvesse notado altos níveis de hostilidade à Rússia na imprensa alemã, não era capaz de avaliar como isso poderia afetar Guilherme II: "No entanto, acredito que, de modo geral, o amor que Sua Majestade tem à paz é inabalável. Mas talvez venha enfraquecendo em seu séquito". Duas semanas depois, porém, ele sinalizou que estava tudo bem, observando que a mais recente briga de imprensa russo-alemã parecia não ter produzido impressão alguma sobre o soberano.[170] Sob toda a paranoia e agressão havia uma incerteza fundamental quanto a como interpretar o estado de espírito e as intenções das outras Chancelarias, sem falar em como prever suas reações a eventualidades até então não ocorridas.

O futuro continuava indeterminado — por pouco. Apesar de todo o endurecimento nas frentes de ambos os campos armados da Europa, havia sinais de que o momento para um grande confronto poderia estar passando. A aliança anglo-russa estava sob grave tensão, e não parecia provável que sobrevivesse ao prazo marcado para sua renovação em 1915. E havia, inclusive, sinais de uma mudança de inclinação entre os dirigentes britânicos, que recentemente vinham experimentando os frutos da détente com a Alemanha nos Bálcãs. Está longe de ser óbvio ou certo que Poincaré poderia ter mantido sua política de segurança por muito mais tempo. Havia até sinais tímidos de uma melhora nas relações entre Viena e Belgrado, que buscaram e implementaram acordos sobre a troca de prisioneiros políticos e a resolução da questão da Ferrovia do Leste. Acima de tudo, nenhuma das grandes potências europeias estava, naquele momento, cogitando iniciar uma guerra de agressão contra seus vizinhos. Temia-se que a outra parte tomasse tal iniciativa, e, conforme aumentou assombrosamente a preparação militar da entente, os círculos militares de Viena e Berlim passaram a falar em um ataque preventivo para romper o impasse, mas a guerra preventiva não se tornara uma política. Tampouco Viena havia decidido invadir a Sérvia sem provocação — um ato que seria equivalente ao suicídio político. O sistema ainda precisava ser deflagrado de fora, por meio do gatilho que os russos e os franceses haviam estabelecido na fronteira austro-sérvia. Se o governo sérvio de Pašić tivesse seguido uma política voltada para a consolidação interna e cortado pela raiz o movimento irredentista que representava uma ameaça tão grande à sua própria autoridade quanto à paz na Europa, os rapazes talvez nunca tivessem transposto o rio Drina, um alerta mais claro poderia ter sido dado a tempo a Viena, os tiros talvez nunca tivessem sido disparados. Os comprometimentos entrelaçados que produziram o catastrófico resultado de 1914 não eram características de longo prazo do sistema europeu; foram consequência de numerosos acordos de curto prazo que eram, eles próprios, indícios da grande rapidez com que estavam evoluindo as relações entre as potências.

E, se o gatilho não tivesse sido puxado, o futuro que se tornou história em 1914 teria dado lugar a um futuro diferente, no qual a Tríplice Entente talvez não sobrevivesse à resolução da Crise dos Bálcãs e a détente anglo-germânica talvez se consolidasse em algo mais substancial. Paradoxalmente, a plausibilidade do segundo futuro ajudou a aumentar a probabilidade do primeiro — foi para evitar o abandono pela Rússia e assegurar o maior apoio possível que a França intensificou a pressão sobre São Petersburgo. Se a tessitura das alianças parecesse mais confiável e duradoura, os principais decisores poderiam ter sentido menos pressão para agir como agiram. Inversamente, os momentos de détente que foram tão característicos dos últimos anos antes da guerra tiveram um impacto paradoxal: fazendo *parecer* que uma guerra continental estava sumindo no horizonte de probabilidades, eles encorajaram os principais decisores a subestimar os riscos de suas intervenções. Essa é uma razão por que o perigo de um conflito entre os grandes blocos de alianças parecia estar diminuindo justamente quando se desencadeou a série de acontecimentos que acabaria por arrastar a Europa para a guerra.

PARTE III
CRISE

7. Assassinato em Sarajevo

O ASSASSÍNIO

Na manhã de domingo, 28 de junho de 1914, o arquiduque Francisco Ferdinando, herdeiro do trono austro-húngaro, e sua mulher, Sophie Chotek von Chotkova e Wognin, chegaram de trem à cidade de Sarajevo e embarcaram em um automóvel para fazer o trajeto até prefeitura pelo Appel Quay. Seis veículos compunham o comboio. No carro da frente ia o prefeito de Sarajevo, Fehim Effendi Čurčić, de fez e terno escuro, e o comissário de polícia de Sarajevo, dr. Edmund Gerde. Atrás deles, no segundo carro, um esplêndido cupê esporte Graef und Stift com a capota baixada para que os passageiros fossem vistos pela multidão que os saudava das calçadas, estavam o arquiduque e sua mulher. Diante deles, no banco retrátil, estava o general Oskar Potiorek, governador da Bósnia. No banco do passageiro, ao lado do motorista, sentava-se o tenente-coronel conde Franz von Harrach. Atrás vinham três outros carros levando policiais da cidade e membros das comitivas do arquiduque e do governador.

Um panorama pitoresco abria-se aos olhos do casal enquanto o comboio percorria o Appel Quay, um bulevar às margens do rio Miljačka que atravessa o centro de Sarajevo. De cada lado do rio, que se derrama de um desfiladeiro a leste da cidade, encostas íngremes chegam à altura de 1500 metros, salpicadas de vilas

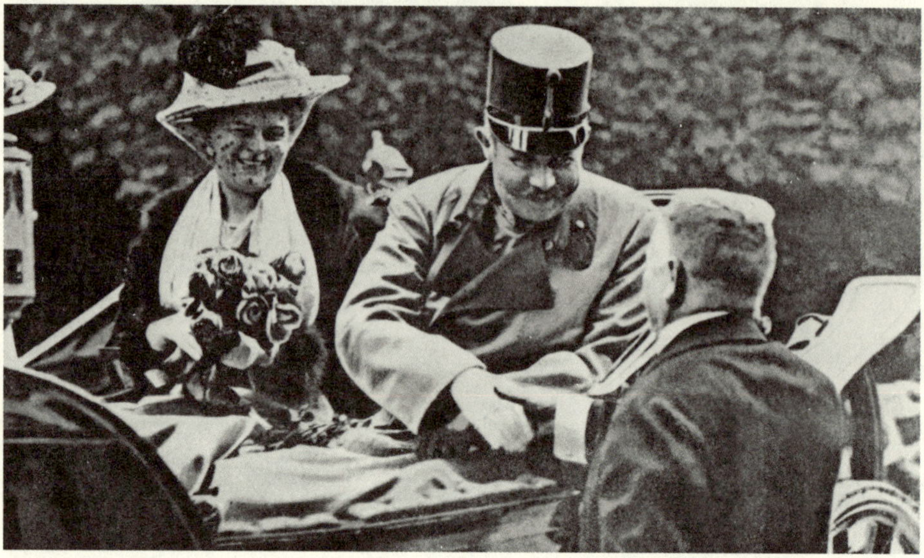

24. *Francisco Ferdinando e Sophie em Sarajevo, 28 de junho.*

e casas em meio a pomares. Mais acima ficavam os cemitérios com seus reluzentes reflexos de mármore branco, coroados por pinheiros escuros e faixas de rocha nua. Os minaretes de numerosas mesquitas apareciam por entre as árvores e prédios ao longo do rio, lembrando o passado otomano da cidade. No centro, logo à esquerda do Appel Quay, ficava o bazar, um labirinto de vielas abarrotadas de barracas de madeira com toldos, de costas para armazéns de pedra maciça. Vendedores de tapetes, verdureiros, seleiros, caldeireiros, negociantes de todo tipo exerciam ali seu ofício, cada qual em sua área determinada. Uma casinha no centro do bazar servia café de graça aos pobres, oferecido pela WAQF, uma fundação beneficente otomana. O dia anterior fora frio e chuvoso, mas na manhã de 28 de junho a cidade estava banhada pela cálida luz do sol.

Os austríacos tinham escolhido uma data infeliz para a visita. Naquele dia, o dia de são Vito, no ano de 1389, forças otomanas haviam destruído um exército sérvio no Campo dos Melros (Kosovo), encerrando o Império Sérvio nos Bálcãs e criando as precondições para a posterior integração do que restava da Sérvia ao Império Otomano. As comemorações em todo o território sérvio deveriam ser especialmente intensas em 1914, pois aquele era o primeiro dia de são Vito desde a "libertação" de Kosovo durante a Segunda Guerra dos Bálcãs no ano anterior. "A sagrada chama de Kosovo, que inspirou gerações [de sérvios], agora se inflama em possantes labaredas", anunciou o jornal da Mão Negra, *Pijemont*, em 28 de junho de 1914. "Kosovo está livre! Kosovo está vingada!"[1] Para os sérvios ultranacionalistas, tanto na própria Sérvia como por toda a rede irredentista sérvia na Bósnia, a chegada do herdeiro do trono a Sarajevo justamente naquele dia era uma afronta simbólica que exigia uma resposta.

Sete terroristas organizados em duas células reuniram-se na cidade nos dias anteriores à visita. Na manhã da chegada do arquiduque, eles se posicionaram em intervalos ao longo do bulevar. Levavam na cinta bombas do tamanho de um sabonete, com detonador e fuso químico de doze segundos. Nos bolsos, revólveres carregados. O excesso de armas e homens era essencial ao sucesso da empreitada. Se um deles fosse revistado e preso ou simplesmente não agisse, outro tomaria seu lugar. Cada homem levava um invólucro com cianureto em pó para acabar com a própria vida assim que a missão fosse cumprida.

Medidas de segurança oficiais primavam pela ausência. Apesar de avisos sobre a probabilidade de um atentado terrorista, o arquiduque e sua mulher seguiam em carro aberto no meio da multidão, por uma rota totalmente previsível. Os renques de soldados que costumavam ladear o meio-fio em ocasiões assim não estavam presentes, por isso o comboio passava praticamente desprotegido naquela aglomeração. Faltava até o detalhe especial de segurança: seu chefe entrara por engano em um dos carros junto com três oficiais bósnios, deixando o resto de seus homens para trás, na estação ferroviária.[2]

O casal arquiducal estava espantosamente despreocupado com a segurança. Francisco Ferdinando havia passado os últimos três dias com a mulher no pequeno balneário de Ilidze, onde ele e Sophie só viram rostos amigos. Tiveram tempo até para um passeio improvisado pelo mercado de Sarajevo, onde fizeram compras nas ruelas apinhadas sem ser incomodados. O que não podiam saber era que Gavrilo Princip, o jovem servo-bósnio que os mataria dali a três dias, também estava no mercado, seguindo todos os seus movimentos. Em um jantar em Ilidze na véspera de pegar o trem para Sarajevo, Sophie encontrou por acaso o líder bósnio-croata dr. Josip Sunarić, que havia alertado as autoridades locais para não levar o casal à Bósnia naquele momento de nacionalismo exacerbado para os sérvios locais. "Meu caro dr. Sunarić", ela lhe disse, "como vê, está enganado. [...] Por onde quer que tenhamos andado aqui, fomos tratados com tanta simpatia — e por todos os sérvios, aliás —, com tanta cordialidade e afabilidade sincera que estamos felicíssimos!"[3] De qualquer modo, Francisco Ferdinando era célebre por sua impaciência com medidas de segurança e queria que a última parte de sua estadia na Bósnia tivesse uma atmosfera civil e descontraída. Passara os últimos dias fazendo o papel do inspetor-geral nas manobras do Exército nas encostas bósnias vizinhas; agora desejava estar entre seus futuros súditos como o herdeiro do trono Habsburgo.

E o mais importante: domingo, 28 de junho, era aniversário de casamento de Francisco Ferdinando e Sophie. Apesar dos muitos obstáculos impostos pela etiqueta da corte habsburguense, o arquiduque e sua mulher viviam felizes desde o dia do matrimônio. Casar com "minha Soph" foi a coisa mais inteligente que fizera na vida, confidenciou Francisco Ferdinando a um amigo em 1904. Ela era "toda a sua felicidade", e seus filhos, "seu deleite e orgulho". "Eu me sento com eles e os admiro o dia inteiro, porque os amo demais."[4] Não havia razão para pensar que a ternura desse relacionamento — incomum no contexto dos casamentos dinásticos daquela era — houvesse arrefecido na época da visita a Sarajevo. Sophie insistira para que lhe permitissem estar ao lado de Francisco Ferdinando naquele dia, e sem dúvida havia um prazer especial no fato de poder, no belo e exótico posto avançado do Império Austro-Húngaro, comemorar juntos de um modo que seria impossível em Viena.

Os carros passaram por casas e lojas enfeitadas com as bandeiras preta e amarela dos Habsburgo e vermelha e amarela da Bósnia em direção a Muhamed Mehmedbašić, que se posicionara perto da ponte Ćumurija. Quando os aplausos aumentaram à sua volta, ele se preparou para atirar a bomba. Era um momento tenso, pois assim que fosse rompida a cápsula fulminante da bomba — uma ação que, por si só, já produz um estrondo —, não havia mais como recuar, e a bomba teria de ser lançada. Mehmedbašić conseguiu desvencilhar a bomba da trouxa em que a trazia, mas no último instante pensou ter sentido que alguém, um policial, talvez, se aproximava por trás, e ficou paralisado de terror, exatamente como acontecera quando abortou a missão para matar Oskar Potiorek no trem em janeiro de 1914. Os carros passaram. O próximo assassino da fila, e o primeiro a agir, foi o servo-bósnio Nedeljko Čabrinović, que se postara do lado do rio no bulevar. Ele desembrulhou a bomba e quebrou o detonador em um poste. Quando ouviu o forte estalo da cápsula de percussão, o guarda-costas do arquiduque, o conde Harrach, supôs que um pneu havia estourado, mas o motorista viu a bomba chegando do alto na direção do carro e acelerou. Não se sabe se o arquiduque viu a bomba e conseguiu rebatê-la com a mão, ou se ela simplesmente ricocheteou na capota de tecido dobrado na traseira do compartimento dos passageiros. Seja como for, errou o alvo, caiu no chão e explodiu debaixo do carro que vinha atrás, ferindo vários oficiais em seu interior e abrindo um buraco na rua.

O arquiduque reagiu ao incidente com assombroso sangue-frio. Olhou para trás e viu que o terceiro veículo havia parado. O ar, cerrado de poeira e fumaça, ainda vibrava com a força da explosão. Um estilhaço cortara o rosto de Sophie, mas fora isso o casal estava ileso. Os passageiros do terceiro carro estavam feridos, porém vivos; alguns tentavam desembarcar. Quem se ferira mais gravemente fora o ajudante do general Potiorek, o coronel Eric von Merizzi, que, embora consciente, tinha um ferimento que sangrava muito. Vários circunstantes também haviam sido atingidos.

Assim que Čabrinović atirou a bomba, ingeriu o cianureto em pó que trouxera e se jogou no rio Miljača. Nenhuma dessas ações teve o resultado pretendido. O veneno era de péssima qualidade, e apenas causticou a garganta e o revestimento estomacal do jovem, mas não o matou, e nem sequer o deixou sem sentidos. E o rio, com o nível baixo no calor do verão, não o afogou nem o carregou dali. Čabrinović caiu por oito metros e aterrissou na areia exposta ao lado da margem do rio, onde foi logo capturado por um comerciante, um barbeiro armado e dois policiais.

Em vez de sair imediatamente da zona de perigo, o arquiduque ordenou o tratamento dos feridos e depois mandou que o comboio prosseguisse até a prefeitura no centro da cidade e passasse de volta pelo Appel Quay, para que ele e a esposa pudessem visitar os feridos no hospital. "Ora, vamos", ele disse, "o sujeito obviamente é louco; prossigamos com o programa." O comboio voltou a avançar com dificuldade, os motoristas de trás contornando os destroços fumarentos do quarto carro. Assim, deu-se aos assassinos restantes, ainda a postos, total oportunidade de concluir o trabalho. Mas eles eram jovens e inexperientes; três perderam a coragem quando o carro e seus passageiros passaram perto. Vaso Čubrilović, o mais novo dos terroristas, ficou paralisado como Mehmedbašić no último instante — aparentemente porque se desnorteou ao ver a esposa do arquiduque ao lado dele no carro imperial. "Não saquei o revólver porque vi que a duquesa estava lá", ele recordou. "Tive pena dela."[5] Cvijetko Popović também foi vencido pelo medo. Permaneceu em sua posição, pronto para atirar a bomba, mas incapaz de fazê-lo porque "perdeu a coragem no último instante, quando avistou o arquiduque".[6] Ao ouvir a notícia da bomba de Čabrinović, Popović disparou para o prédio da Prosvjeta, uma associação cultural sérvia, e escondeu sua bomba atrás de uma caixa no porão.

Gavrilo Princip de início foi pego desprevenido. Quando ouviu a explosão, supôs que o plano tinha dado certo. Correu até a posição de Čabrinović, mas o que viu foi o parceiro sendo levado por seus captores, contorcendo-se em agonia com a garganta queimada pelo veneno. "Vi imediatamente que ele não tinha sido bem-sucedido e que também não conseguira se envenenar. Eu pretendia dar-lhe um tiro para matá-lo depressa. Nesse momento, os carros passaram."[7] Princip abandonou o plano de matar o cúmplice e voltou sua atenção para o comboio, mas quando conseguiu avistar o arquiduque — inconfundível em seu capacete adornado de vistosas plumas verdes —, o veículo vinha rápido demais para lhe permitir mirar com precisão. Princip manteve a calma, uma verdadeira façanha naquelas circunstâncias. Percebeu que o casal logo retornaria, por isso foi para uma nova posição, do lado direito da rua Franz Joseph, na rota, anunciada publicamente, que o comboio seguiria para deixar a cidade. Trifko Grabež deixara seu posto para procurar Princip e ficara retido no empurra-empurra da multidão após a explosão. Quando o comboio passou, ele também não agiu, provavelmente por medo, embora mais tarde afirmasse que a multidão era tão compacta que ele não conseguira tirar a bomba da sua roupa.

No começo pareceu que o arquiduque tivera razão ao insistir para prosseguirem com o programa. O comboio chegou a seu destino defronte à prefeitura de Sarajevo sem outros incidentes. Seguiu-se um interlúdio tragicômico. Coube ao prefeito, Fehim Effendi Čurčić, proferir o costumeiro discurso de boas-vindas aos ilustres visitantes. De seu ponto de observação na dianteira do comboio, Čurčić sabia que as coisas já tinham dado muito errado, e que seu texto insosso era agora grotescamente inadequado à situação. Mas estava abalado demais para improvisar uma alternativa ou mesmo modificar suas palavras de modo a levar em conta o que acabara de acontecer. Nervosíssimo, suando profusamente, ele deu um passo à frente para fazer seu discurso, que incluía pérolas como: "Todos os cidadãos da capital Sarajevo sentem a alma repleta de felicidade e saúdam com imenso entusiasmo a ilustríssima visita de Sua Alteza com as mais cordiais boas-vindas". Mal começara, foi interrompido por um furioso acesso de tosse do arquiduque, cujo choque e raiva, reprimidos desde o atentado, agora explodiam. "Venho como seu convidado e seu povo me recebe com bombas!" No silêncio horrorizado que se seguiu, viram Sophie cochichar no ouvido do marido. Francisco Ferdinando recobrou a calma.

"Muito bem. Pode falar."[8] Quando o prefeito concluiu seu trôpego discurso, fez-se outra pausa: descobriram que as folhas onde fora escrita a resposta de Ferdinando estavam ensopadas no sangue do oficial que havia sido ferido no terceiro carro.[9] Francisco Ferdinando fez um pronunciamento elegante, mencionando com tato os acontecimentos daquela manhã: "Agradeço cordialmente, senhor prefeito, pelos retumbantes aplausos com que a população recebeu a mim e à minha esposa, mais ainda porque vejo neles uma expressão de satisfação pelo fracasso da tentativa de assassinato".[10] Fez algumas observações finais em servo-croata, nas quais pediu ao prefeito que transmitisse seus cumprimentos ao povo da cidade.

Depois dos discursos, chegou a hora de o casal se separar. Sophie tinha uma reunião marcada com uma delegação de mulheres muçulmanas em uma sala no primeiro andar da prefeitura. Proibira-se a presença de homens no recinto para que as mulheres pudessem tirar o véu. A sala era quente e apertada, e a duquesa parecia taciturna e absorta, pensando nos filhos. Ao ver uma menina acompanhando a mãe na reunião, ela comentou: "Sabem, essa menina tem mais ou menos a altura da minha Sophie". Em outro momento, declarou que ela e o marido estavam ansiosos para rever os filhos: "Nunca deixamos nossas crianças sozinhas por tanto tempo".[11] Nesse meio-tempo, o arquiduque ditara um telegrama ao imperador assegurando-lhe que ambos estavam bem e fora levado para o vestíbulo da prefeitura. O choque do atentado agora parecia afetá-lo. Ele falava com "uma vozinha fina, esquisita", recordou uma testemunha ocular. "Tinha uma postura grotesca, levantava as pernas como se estivesse marchando, acho que tentava mostrar que não estava com medo".[12] Fez algumas brincadeiras com Potiorek, cujas medidas de segurança tinham manifestamente fracassado.

Como deveria prosseguir a visita? O plano original era percorrer de carro a curta distância até o bulevar e virar à direita logo depois do bazar, seguindo pela rua Franz Joseph até o Museu Nacional. O arquiduque perguntou a Potiorek se achava provável mais algum atentado. Segundo seu próprio depoimento, ele respondeu desalentadoramente que esperava "que não, mas mesmo com todas as medidas de segurança possíveis, não há como impedir uma ação desse tipo a curta distância".[13] Por via das dúvidas, Potiorek propôs cancelar o resto do programa e seguir de carro direto para fora da cidade até Ilidze, ou então até o palácio residencial do governador, o Konak, e dali para a estação de trem de Birstrik, na margem esquerda do rio. Mas o arquiduque queria visitar o ajudante de Potiorek que estava ferido, internado no hospital da guarnição na periferia oeste da cidade.

Combinaram que a ida ao museu seria cancelada e o comboio deveria seguir pelo Appel Quay em vez de entrar na rua Franz Joseph, como algum outro possível assassino poderia imaginar. O plano original determinava que o casal se separaria naquele trecho, o arquiduque indo para o museu e sua mulher para o palácio do governador. Mas Sophie tomou a iniciativa e disse ao marido diante de toda a comitiva: "Vou com você ao hospital".[14] Por precaução, o conde Harrach decidiu ir em pé no estribo esquerdo do carro (de frente para o rio), para o caso de haver mais algum ataque.

O comboio retornou pela cidade no calor crescente, afastando-se da prefeitura, agora no sentido oeste. Mas ninguém tinha informado aos motoristas a mudança de itinerário. Quando passaram pelo distrito do bazar, o veículo dianteiro entrou à direita na rua Franz Joseph, e o carro que levava Ferdinando e Sophie fez menção de ir atrás. Potiorek repreendeu o motorista: "Não é por esse caminho! Tínhamos de ir pelo Appel Quay!". O motor foi desligado, e o carro (que não tinha marcha a ré) foi lentamente empurrado de volta à via principal.

Esse foi o momento de Gavrilo Princip. Ele se postara em frente a uma loja do lado direito da rua Franz Joseph e alcançou o carro, que estava quase parado. Não conseguiu desvencilhar a bomba presa em sua cintura, então sacou o revólver e disparou duas vezes à queima-roupa, enquanto Harrach, de pé no estribo, via tudo horrorizado pela esquerda. O tempo — assim descreveu Princip em seu depoimento posterior — pareceu desacelerar quando ele saiu da sombra do toldo da loja para fazer pontaria. Ele hesitou um pouco ao ver a duquesa: "Quando vi que havia uma senhora sentada ao lado dele, refleti por um momento se atiraria ou não. Ao mesmo tempo, tive uma sensação esquisita".[15] A recordação de Potiorek transmite a mesma impressão de irrealidade. O governador se lembra de estar hirto no carro, fitando o rosto do assassino enquanto ele atirava, mas não de ver fumaça ou clarão saindo do cano da arma e de ter ouvido apenas uns estalos abafados que pareciam vir de longe.[16] Pareceu inicialmente que o atirador errara o alvo, pois Francisco Ferdinando e a mulher permaneceram imóveis e eretos no banco do carro. Na verdade, já estavam morrendo. A primeira bala atravessara a porta do carro e entrara no abdome da duquesa, perfurando a artéria gástrica; a segunda atingira o pescoço do arquiduque, rompendo a veia jugular. Quando o carro se afastou velozmente, atravessando o rio na direção do Konak, Sophie balançou para o lado e caiu com o rosto entre os joelhos do marido. Potiorek pensou que ela havia desmaiado com o choque; só ao ver sangue saindo pela boca do arquiduque ele se deu conta de que a coisa era mais séria. Ainda em pé no estribo, debruçando-se sobre o compartimento de passageiros, o conde Harrach conseguiu segurar o arquiduque em posição ereta agarrado pelo colarinho. Ouviu Francisco Ferdinando dizer baixinho as palavras que se tornariam famosas em toda a monarquia: "Sophie, Sophie, não morra, fique viva, pelos nossos filhos!".[17] O capacete com as penas verdes de avestruz escorregou e caiu de sua cabeça. Quando Harrach perguntou se ele estava sentindo dor, o arquiduque sussurrou repetidamente: "Não é nada!", e então perdeu a consciência.

Atrás do veículo que se afastava, a multidão fechou-se em volta de Gavrilo Princip. Uma pancada arrancou-lhe o revólver das mãos quando ele tentou levá-lo à têmpora para se matar. O mesmo aconteceu com o invólucro de cianureto que ele queria engolir. Princip foi socado, chutado e surrado com bengalas pela multidão; teria sido linchado se a polícia não tivesse conseguido tirá-lo de lá.

Sophie já estava morta ao chegar ao palácio Konak, e o casal foi levado para duas salas do primeiro andar. Francisco Ferdinando estava inconsciente. Seu ajudante pessoal, o conde Morsey, que viera correndo do local do atentado, tentou ajudá-lo a respirar cortando a frente do uniforme. Jorrou sangue, manchando os punhos amarelos de sua farda. Ajoelhado ao lado do leito, Morsey perguntou a Francisco Ferdinando se ele tinha alguma mensagem para os filhos, mas não houve resposta; os lábios do arquiduque já estavam enrijecendo. Dali a alguns minutos, os presentes concordaram que o herdeiro do trono estava morto. Passava um pouco das onze da manhã. Conforme a notícia se espalhou pelo palácio, sinos começaram a dobrar por toda Sarajevo.

MOMENTOS INDELÉVEIS

O assassínio anunciou-se a Stefan Zweig sob a forma de uma interrupção no ritmo da existência. Na tarde de 28 de junho ele estava de férias em Baden, uma pequena cidade de veraneio próxima de Viena. Encontrara um lugar tranquilo longe da multidão do Kurpark e se sentara com um livro, um ensaio sobre Tolstói e Dostoiévski. Logo estava imerso na leitura.

> [...] mas ao mesmo tempo o vento nas árvores, o gorjeio dos pássaros e a música que eu entreouvia vindo do outro lado do parque eram também parte da minha

consciência. Eu percebia claramente as melodias sem me distrair, pois a audição é tão adaptável que um som contínuo, de uma rua movimentada, uma correnteza de rio, é logo assimilado na nossa percepção; só uma pausa inesperada no ritmo nos leva a apurar os ouvidos. [...] De repente, a música parou no meio de um compasso. Eu não sabia o que estavam tocando. Apenas senti que ela cessou de súbito. Instintivamente, ergui os olhos do livro. A multidão, que passeava em meio às árvores em uma massa única e fluida, também pareceu mudar; e também parou de chofre. Devia ter acontecido alguma coisa.[18]

Os assassinatos em Sarajevo, assim como o do presidente John F. Kennedy em Dallas em 1963, foram um acontecimento cuja luz forte captou as pessoas e os lugares de um momento, gravando-os na memória. Todos se lembram exatamente de onde e com quem estavam quando receberam a notícia.[19] A livre-pensadora e feminista vienense Rosa Mayreder viajava pela Alemanha com o marido, Karl, que sofria de depressão crônica, quando viram pela janela do quarto do hotel a notícia dos assassinatos afixada na vitrine de uma loja de Dresden do outro lado da rua.[20] Meio século depois do evento, o príncipe Alfons Clary-Aldringen recordou-se de estar caçando cabritos-monteses em uma floresta da Boêmia com seus parentes de Kinski. Ao entardecer, quando o grupo se reuniu na estrada na orla da floresta, o cozinheiro da mansão chegou de bicicleta com uma mensagem do encarregado do correio.[21] Para o parlamentar Joseph Redlich, foi pelo telefone que chegou a estarrecedora informação; ele passou o resto da tarde em uma frenética sequência de telefonemas a amigos, parentes e colegas políticos. O escritor Arthur Schnitzler, que apenas quatro semanas antes havia sonhado que a Ordem dos Jesuítas o incumbira de assassinar o arquiduque, também ficou sabendo por telefone.[22]

O ministro conjunto das Finanças, Leon Biliński, sentiu o choque mesmo antes de a notícia chegar. Na manhã de 28 de junho, ele estava em casa, em Viena, lendo o *Neue Freie Presse.* Os cavalos aguardavam à porta para levá-lo à missa das onze. Por acaso, ele bateu os olhos em um artigo que descrevia os preparativos da visita do arquiduque à Bósnia.

> Lembro-me nitidamente até hoje da sensação de verdadeira dor física que me veio ao ler os detalhes daquela viagem. Mas, como não sabia de nenhuma causa racional para a dor, tive de me persuadir de que eu não tinha razão para me aborrecer com o arquiduque por causa daquela festividade. Momentos depois, tocou o telefone.[23]

25. *Leon Biliński.*

A notícia parecia tão horrível que muitos de início se recusaram a acreditar, contou o embaixador russo em Viena. Só à tardinha, quando saíram edições extras dos jornais e as primeiras bandeiras de luto foram hasteadas em prédios públicos, a verdade foi assimilada. "Os moradores da capital se reuniram nas ruas, falando sobre o terrível acontecimento até altas horas."[24] Um dia depois a notícia já chegara a toda parte, inclusive na fictícia pensão em Praga onde o sr. Švejk, o ingênuo tcheco e renomado negociante de cães vira-lata, sentava-se passando linimento no joelho reumático. No mundo imaginário da satírica obra-prima do pós-guerra de Jaroslav Hašek, *O bom soldado Švejk*, é a notícia da morte do arquiduque, dada pela faxineira, a sra. Müller, que põe a narrativa em marcha, arrancando do protagonista um despretensioso monólogo político (o primeiro de muitos), que o leva para a cadeia acusado de sedição, e depois para um asilo de loucos por suspeita de imbecilidade.

> "Despacharam-no em Sarajevo, meu senhor, com um revólver. Estava andando de carro por lá com a arquiduquesa dele."

"Aí é que está, sra. Müller, de carro. Bom, claro que um cavalheiro como ele tem condições para tanto, mas ele nem imaginava que um passeio desses poderia acabar mal. E em Sarajevo, ainda por cima! Fica na Bósnia, sra. Müller. Foram os turcos, suponho. Está vendo, não devíamos ter tirado a Bósnia e Herzegóvina deles."[25]

A notícia de Sarajevo ecoaria por anos na imaginação literária do Império desaparecido, do clamor funesto dos telefones em *Os últimos dias da humanidade*, de Karl Kraus, ao tenente Trotta von Sipolje, personagem de Joseph Roth, que recebeu a má notícia como "a realização de algo com que ele sonhava frequentemente".[26]

É difícil avaliar o impacto imediato que o assassinato do arquiduque produziu sobre seus contemporâneos austro-húngaros. A "mais notável característica" da persona pública de Francisco Ferdinando, escreveu um especialista, "era sua pronunciada impopularidade em todos os níveis da vida pública".[27] Ele não era de fascinar multidões. Nada carismático, era irritadiço e propenso a súbitos acessos de raiva. Suas feições rechonchudas e imóveis pareciam antipáticas a quem nunca vira seu rosto ganhar vida, iluminado por seus olhos azuis, quando estava em companhia da família ou de amigos íntimos. Contemporâneos atribuíram-lhe um constante anseio por respeito e consideração. Ficava consternado ao menor indício de insubordinação. Por outro lado, detestava gente servil, por isso era difícil de agradar. Ele era "bom em odiar", nas palavras de seu aliado político e admirador, o conde Ottokar Czernin, e nunca esquecia uma desfeita. Tinha acessos de raiva tão temíveis que seus ministros e altos funcionários "raramente o acompanhavam sem o coração disparar".[28] Amigos de verdade tinha poucos. A emoção predominante em seus contatos com outras pessoas era a desconfiança: "Considero todo aquele que vejo pela primeira vez um patife vulgar", comentou certa vez, "e só aos poucos me permito ser persuadido do contrário".[29] Sua obsessão por caçadas, extrema mesmo para os padrões da época, gerou muitos comentários negativos, especialmente nos vales próximos de sua propriedade de caça, Schloss Blühnbach. Para proteger as reservas de caça locais contra riscos de doença, Francisco Ferdinando fechou todas as terras ao redor do castelo, enfurecendo os alpinistas de classe média, que ficaram sem acesso a trilhas locais muito procuradas, e os camponeses, que não podiam mais levar suas cabras para pastar nas montanhas vizinhas de seu vilarejo.[30] Em um comentário anotado em seu diário no dia dos assassinatos, Arthur Schnitzler observou que o "choque inicial" se dissipara depressa, atenuado pelas recordações da "consternadora impopularidade" do arquiduque.[31]

Não houve, portanto, nenhuma efusão de pesar coletivo quando a notícia dos assassinos veio a público. Isso ajuda a explicar por que esses assassinatos sempre foram designados pelo local em que ocorreram, e não pelo nome das vítimas. (Em contraste, ninguém se refere à morte de John F. Kennedy como o "Assassinato de Dallas".[32]) Alguns historiadores inferiram da impopularidade do arquiduque que seu assassinato não foi, em si, um importante deflagrador dos acontecimentos, e sim, na melhor das hipóteses, um pretexto para decisões cujas raízes estavam em um passado mais remoto. Mas essa conclusão é enganosa. Primeiro, havia o fato de que, popular ou não, a energia e o ardor reformista do herdeiro do trono eram muito conhecidos. Francisco Ferdinando, disse o ministro austríaco em Constantinopla a seu colega sérvio, era um homem de "raro dinamismo e vontade férrea", completamente devotado aos assuntos de Estado, e teria exercido grande influência.[33] Ele era o homem que tinha reunido à sua volta "todos os que entendiam que só uma mudança total de rumo na esfera da política doméstica" poderia salvaguardar a continuidade do Império.[34] Além disso, não era só a extinção da pessoa de Francisco Ferdinando que importava, mas também o golpe contra o que ele representava: o futuro da dinastia, do Império e da "ideia do Estado habsburguiano" que o unificava.

De todo modo, a reputação de Francisco Ferdinando foi transfigurada pela maneira como ele morreu, um processo engendrado principalmente, e com incrível rapidez, pela mídia impressa. Vinte e quatro horas depois do assassinato já estava em curso a maior parte da conhecida narrativa de Sarajevo, da bomba que Čabrinović não lançou e seu pulo no rio Miljačka à estoica recusa do arquiduque a cancelar a programação depois do primeiro atentado, sua solicitude pelos feridos no quarto carro, seu intemperado diálogo com o major Čurcić, o fatídico erro de trajeto na rua Franz Joseph e até as últimas palavras do moribundo a sua esposa inconsciente.[35] A cobertura dos jornais gerou uma avassaladora sensação de momento histórico. As grandes faixas pretas de luto nas primeiras páginas encontraram eco nas bandeiras e flâmulas pretas que transformaram as ruas e os prédios das cidades da monarquia — até os bondes foram adornados em preto. Editoriais insistiram na energia e visão política do falecido arquiduque, na interrupção violenta de um casamento amoroso, na tristeza dos três filhos órfãos, na consternação resignada de um imperador idoso cansado de sofrer com a perda de entes queridos.

Além disso, pela primeira vez a pessoa privada e a vida doméstica do arquiduque foram expostas ao público. Uma passagem característica do *Reichspost* de

30 de junho citou-o falando sobre a família: "Quando volto ao círculo da minha família depois de um longo e opressivo dia de trabalho e vejo minha mulher costurando em meio aos meus filhos que brincam, deixo todas as preocupações do lado de fora e quase não cabe em mim toda aquela felicidade".[36] Esses fragmentos autênticos de vida relatados por quem conviveu com o finado romperam a barreira que até então separava o indivíduo da antipática persona pública, gerando emoções que não eram menos reais por terem sido induzidas pela mídia. Como postulou Karl Kraus duas semanas depois dos assassínios, o que permanecera em silêncio durante a vida de Francisco Ferdinando tornou-se eloquente depois de sua morte.[37]

Mas para a maioria das pessoas o significado do assassinato foi essencialmente político, e não sentimental. Os articulistas arquitetaram rapidamente a noção de que se tratava de um acontecimento de marcar época. O *Neue Freie Presse*, jornal da burguesia vienense instruída, falou sobre um "golpe do destino" (o termo "Schicksalsschlag" aparece por toda parte na imprensa nos dias seguintes ao assassinato).[38] Quando o "pavoroso evento veio a público", declararam os editores, "foi como se uma tempestade se abatesse por toda a monarquia, como se a história tivesse inscrito o hediondo axioma de uma nova época com uma caneta vermelho-sangue". O *Inssbrucker Nachrichten* falou de "um acontecimento único na história da Áustria". Com a morte do arquiduque, observaram os editores do *Reichspost*, a monarquia não perdera apenas seu provável soberano, mas também uma figura pública de energia e determinação ímpares, "em quem os povos do Império Habsburgo haviam depositado todas as suas esperanças, todo o seu futuro".[39] Essas eram, obviamente, vozes austríacas. Em Budapeste o quadro era bem diverso, pois muitos receberam com uma furtiva sensação de alívio a notícia de que a retaliação dos magiares perecera. Mas até ali a imprensa burguesa emoldurou o evento como um momento da história mundial e deblaterou contra os supostos autores do ultraje.[40] Só uma natureza extraordinariamente introvertida poderia deixar de perceber que o clima se tornava cada vez mais carregado e soturno entre o público. O caso de Franz Kafka em Praga, cujo diário deixou passar em branco os acontecimentos políticos do dia para tratar de uma crônica de revezes particulares — perder-se a caminho de um encontro, pegar o bonde errado e perder um telefonema — foi excepcional.[41]

O inquérito judicial do assassinato começou assim que Princip fez seus disparos. Poucas horas depois do acontecimento, nauseado com o cianureto semiengolido e coberto de hematomas e cortes de seu quase linchamento na rua Franz Joseph, ele foi levado à presença de Leo Pfeffer, juiz austríaco de Sarajevo. "O jovem assassino era miúdo, pálido, de feições marcantes", lembrou Pfeffer tempos depois. "Era difícil imaginar que um indivíduo tão frágil tivesse cometido um crime tão grave." De início Princip parecia incapaz de falar, mas, quando Pfeffer dirigiu-se diretamente a ele, respondeu "com total clareza, numa voz que foi ganhando força e segurança".[42] Ao longo dos dias seguintes ele fez esforços heroicos para impedir que os austríacos reconstituíssem os antecedentes do crime. No primeiro interrogatório, na tarde de 18 de junho, alegou ter agido sozinho e negou qualquer tipo de associação com Čabrinović. "Quando ouvi a explosão [da bomba atirada por Čabrinović]", declarou Princip, "eu disse a mim mesmo: eis alguém que se sente como eu." No dia seguinte, ele acrescentou um detalhe para dar mais credibilidade a seu depoimento: ficara tão abalado com o estrondo da explosão de Čabrinović que se esquecera de atirar quando o arquiduque passara

26. *Os assassinos no tribunal.*

pelo Appel Quay, e fora obrigado a procurar uma nova posição para executar seu ataque. Čabrinović inicialmente confirmou essa versão. Na tarde do assassinato, ele também afirmou que agira sem cúmplices, usando uma bomba adquirida de um "anarquista" em Belgrado, cujo nome não lembrava.

Mas na manhã seguinte, segunda-feira, 29 de junho, Čabrinović mudou subitamente seu relato. Admitiu que ele e Princip eram cúmplices e haviam planejado juntos o crime em Belgrado. As armas tinham vindo de "ex-guerrilheiros" da cidade, homens que haviam lutado nas Guerras dos Bálcãs e conservado suas armas depois da desmobilização. Pressionado para identificar os tais guerrilheiros, Čabrinović mencionou Ciganović, um empregado da ferrovia que era o elo inferior na cadeia de comando de Ápis. Quando Princip foi confrontado com esses detalhes na manhã de segunda-feira, também admitiu que os dois tinham conspirado juntos.

É concebível que a investigação tenha empacado nesse ponto. Os dois jovens concordavam em um relato plausível e bem amarrado. Pfeffer não era um interrogador especialmente agressivo ou minucioso. Não houve intimidação física dos prisioneiros, nem recurso a ameaças extrajudiciais. Ele parece ter relutado até a pressionar cada suspeito com detalhes incriminadores ou contraditórios das declarações um do outro, pois considerava o depoimento independente e não coagido o único modo sensato de chegar à verdade. Na realidade, não seria possível um testemunho independente, pois Čabrinović e Princip puderam comunicar-se em suas celas separadas usando um código de batidas que conheciam da leitura de um romance russo.[43]

O que levou ao aprofundamento da investigação não foram os depoimentos do atirador e do lançador da bomba, e sim o desfraldar da rede de arrasto das prisões policiais, movido pela suspeita de que tinha de haver mais cúmplices.[44] Entre os que caíram nas mãos da polícia por esse meio estava nada menos que Danilo Ilić. A polícia não tinha provas contra ele. Sabia-se apenas que era conhecido de Princip e que pertencia a círculos nacionalistas sérvios. Ilić, por sua vez, não tinha ideia do quanto a polícia sabia, e talvez desconfiasse que Princip ou Čabrinović, talvez ambos, já o tivessem incriminado. Quando a polícia o levou perante o juiz Pfeffer na quarta-feira, 1º de julho, Ilić entrou em pânico e propôs uma transação penal. Ele revelaria tudo o que sabia se o juiz se encarregasse de protegê-lo da pena de morte. Pfeffer não podia fazer promessas, mas explicou a Ilić que a lei austríaca considerava a delação premiada uma circunstância atenuante.

27. *Prisão de um suspeito.*

Isso bastou para Ilić. Seu depoimento solapou a versão de Princip e Čabrinović e impeliu a investigação a um novo território. O atirador e o lançador da bomba não tinham agido sozinhos, declarou. Eram membros de um grupo de sete homens, três dos quais vindos de Belgrado. O próprio Ilić recrutara os outros três. Deu o nome de todos os membros do grupo e ofereceu suposições bem informadas quanto ao paradeiro deles. Eletrizado por essas revelações, Pfeffer saiu em disparada da sala do interrogatório para telefonar. Deu ordens para prender todos os citados.

O primeiro encontrado foi Trifko Grabež, terceiro membro da célula de Belgrado. Depois que Princip atirou, Grabež tomou precauções para não despertar suspeitas. Saiu andando devagar do local e foi para a casa de um tio em Sarajevo, onde escondeu o revólver e a bomba. Depois caminhou tranquilamente até a casa de outro tio, deputado da Dieta bósnia, onde almoçou e pernoitou. Na manhã seguinte, pegou um trem para Pale, sua cidade natal, de onde esperava escapar para a Sérvia. Foi capturado em uma cidadezinha próxima da fronteira sérvia. Nove dias depois dos assassinatos, Čubrilović e Popović também já estavam detidos. Só Mehmedbašić continuava à solta. Já tinha atravessado a fronteira de Montenegro, portanto, por enquanto estava fora do alcance da polícia austríaca. Mas mesmo sem a custódia de Mehmedbašić a polícia de Sarajevo tinha bastante material para trabalhar. As confissões de Ilić haviam incriminado vários outros cúmplices, inclusive o mestre-escola, o contrabandista e os vários camponeses desafortunados que tinham ajudado os rapazes pelo caminho, hospedando-os em pernoites, transportando-os ou escondendo suas armas.

Reconstituir as ligações com a Sérvia era mais difícil. As armas eram de fabricação sérvia; os revólveres eram produzidos sob licença sérvia, e as bombas recuperadas provinham do arsenal estatal sérvio em Kragujevac. Em 29 de junho, Čabrinović apontou Ciganović como o homem que fornecera ao grupo as armas e bombas em Belgrado. Mas Ciganović era uma figura subalterna na rede e, de qualquer modo, um exilado bósnio. Implicá-lo não apontava para nenhuma cumplicidade oficial sérvia. Se, como concluiu o historiador italiano Albertini, Ciganović atuava como agente de Nikola Pašić e informante da Mão Negra,[45] esse era um papel informal e teria escapado à mais minuciosa investigação. A situação era diferente para o major Voja Tankosić, um cidadão nacional sérvio de papel destacado no movimento guerrilheiro e ajudante pessoal de Ápis, o chefe da Inteligência Militar da Sérvia. Seu nome foi fornecido por Ilić; ele declarou que Tankosić havia dado aos assassinos não só as armas, mas também o treinamento em tiro ao alvo em Belgrado, além de ordenar que se matassem para não serem capturados vivos. Os rapazes de Belgrado inicialmente negaram conhecer Tankosić; só depois de serem confrontados um por um com Ilić (uma das poucas ocasiões em que se recorreu ao confronto dos prisioneiros para gerar confissões), Princip, Čabrinović e Grabež admitiram que Tankosić participara da preparação do plano.

Àquela altura, porém, já haviam se passado mais de duas semanas e os austríacos não tinham chegado mais perto de Ápis, o verdadeiro autor da conspiração. Examinando os depoimentos das testemunhas, fica difícil não concordar com o historiador Joachim Remak quando ele diz que Princip, Grabež e Čabrinović recorreram a uma estratégia de desnorteamento que levou, "por uma esplêndida confusão, da negação inicial à admissão relutante — e incompleta".[46] Os três se esforçaram para limitar o dano causado pelas revelações de Ilić e impedir, tanto quanto possível, a incriminação de círculos oficiais em Belgrado. Nenhum deles fez menção à Mão Negra; em vez disso, insinuaram ligações entre Ciganović e o Narodna Odbrana, uma pista falsa que afastaria os investigadores austríacos da verdadeira trilha. E o langoroso modo de proceder do juiz Pfeffer deu aos assassinos detidos tempo de sobra para harmonizar suas histórias, assegurando que um quadro mais completo demorasse a surgir.

Obviamente, o moroso processo de investigação policial não impediu a liderança austríaca de intuir uma ligação com Belgrado, nem de formar uma ideia do contexto mais amplo da conspiração. Telegramas enviados da Bósnia pelo governador Potiorek horas depois dos assassinatos já aludiam à cumplicidade sérvia. O "bombardeador" Čabrinović, informou Potiorek, pertencia a um grupo socialista sérvio "que costuma receber ordens de Belgrado". O estudante "sérvio-ortodoxo" Princip estudara por algum tempo na capital sérvia, e buscas policiais revelaram "toda uma biblioteca de publicações nacionalistas-revolucionárias de origem belgradina" na casa do irmão mais velho de Princip em Hadzici.[47] Da embaixada austríaca em Belgrado chegou um telegrama codificado informando que Čabrinović trabalhara em uma editora da cidade até poucas semanas antes do assassínio. Em um relatório mais longo, enviado em 29 de junho, o ministro austríaco observou que os rapazes haviam recebido sua "educação política" em Belgrado, e associou os assassinatos à cultura da memória nacional sérvia, na qual era particularmente significativo o célebre assassino suicida medieval Miloš Obilić, que "passa por herói onde quer que vivam sérvios".

> Eu não seria ousado a ponto de acusar diretamente Belgrado pelo assassinato, mas com certeza eles são culpados indiretamente, e os cabeças se encontram não apenas entre as massas sem instrução, mas no Departamento de Propaganda do Ministério das Relações Exteriores, entre os professores universitários e editores de jornais sérvios que por anos semearam ódio e agora colheram assassinato.[48]

O governador Potiorek foi ainda menos comedido. Em um telegrama codificado ao ministro da Guerra, ele observou que os assassinos admitiram ter recebido suas armas em Belgrado. Mas, mesmo sem uma confissão, o governador estava "totalmente convencido" de que as verdadeiras causas do ultraje deviam ser procuradas na Sérvia. Não lhe cabia julgar que medidas deveriam ser tomadas, mas sua opinião pessoal era que apenas "uma ação firme na esfera da política externa restauraria a paz e a normalidade à Bósnia-Herzegóvina".[49] O choque do acontecimento ainda ressoa nesses primeiros comunicados: "Não nos recuperamos do esmagador impacto da catástrofe de ontem", escreveu o ministro austríaco em Belgrado, "por isso é difícil para mim avaliar o sangrento drama em Sarajevo com a compostura, objetividade e calma necessárias".[50] Ira vingativa, suposições básicas hostis sobre os objetivos sérvios e um crescente conjunto de provas circunstanciais moldaram as percepções oficiais austríacas do crime desde o início, em um processo que esteve ligado apenas de maneira indireta às descobertas geradas pela investigação legal propriamente dita.

REAÇÕES SÉRVIAS

Na Áustria prestou-se especial atenção às reações sérvias ao crime. O governo de Belgrado fez um esforço para cumprir as cortesias esperadas, mas desde o princípio os observadores austríacos apontaram uma enorme discrepância entre a ostentação de pesar oficial e o júbilo sentido e expressado pela maioria dos sérvios. O ministro austríaco em Belgrado informou no dia seguinte ao do acontecimento que uma comemoração marcada para a noite de 28 de junho em memória do assassino Miloš Obilić tinha sido cancelada. Mas ele também transmitiu relatos de informantes de que houvera expressões privadas de satisfação por toda a cidade.[51] Dos campos de Kosovo, onde haviam sido planejadas grandes celebrações para o dia de são Vito, o cônsul austríaco informou que a notícia de Sarajevo fora recebida pela "massa fanática" com expressões de exaltação "que só posso descrever como bestiais".[52] Um anúncio preliminar de que a corte sérvia guardaria seis semanas de luto oficial foi corrigido: seriam apenas oito dias. Mas até essa modesta demonstração destoava da realidade: as ruas e os cafés estavam apinhados de patriotas sérvios exultantes com o golpe contra os Habsburgo.[53]

As dúvidas austríacas foram reforçadas pelas afrontas contínuas da imprensa nacionalista sérvia. Em 29 de junho a distribuição em massa de panfletos em Belgrado execrando o alegado "extermínio" dos sérvios na Bósnia-Herzegóvina pelas "massas contratadas", enquanto as autoridades habsburguianas ficavam "de braços cruzados", irritou os funcionários da embaixada austríaca, tanto quanto um editorial no jornal nacionalista *Politika* no dia seguinte, culpando os próprios austríacos pelos assassinatos e criticando o governo em Viena por manipular a situação de modo a propagar a "mentira" da cumplicidade sérvia. Outras matérias louvavam os assassinos como "jovens bons e honrados".[54] Artigos desse teor (e houve muitos) foram regularmente traduzidos e reproduzidos na imprensa austro-húngara, onde ajudaram a fomentar o ressentimento do povo. Perigosas — porque continham alguma verdade — eram as reportagens afirmando que, antes do acontecimento, o governo em Belgrado havia alertado formalmente Viena de que havia uma conspiração contra o arquiduque. Um artigo intitulado "Um aviso desconsiderado" no jornal belgradino *Stampa* afirmava que Jovan Jovanović, o ministro sérvio em Viena, transmitira os detalhes do plano ao conde Berchtold, que ficara "gratíssimo" pela confiança do ministro e alertara o imperador e o herdeiro do trono.[55] Havia uma ponta de verdade nessa afirmação, e ela espetava dos dois lados: ao mesmo tempo que apontava a negligência austríaca, reconhecia que o governo sérvio estivera ciente do plano.

Os líderes sérvios não poderiam ter feito grande coisa para evitar essas recriminações, obviamente. O governo em Belgrado não tinha como proibir que se festejassem os assassínios nos cafés, nem como controlar o comportamento das multidões no Campo de Kosovo. A imprensa era uma área cinzenta. De Viena, Jovanović reconheceu a ameaça representada pelos jornais belgradinos mais imoderados e várias vezes exortou Pašić a tomar providências contra os piores ofensores, a fim de evitar que a imprensa vienense explorasse as declarações extremistas.[56] Os austríacos também expressaram contrariedade, e nas legações estrangeiras sérvias ouviram-se avisos para que a imprensa fosse refreada.[57] Mas o governo Pašić estava certo em asseverar que não dispunha de instrumentos constitucionais para controlar os órgãos da imprensa livre sérvia. E Pašić realmente ordenou ao escritório de imprensa da Sérvia que recomendasse cautela aos jornalistas belgradinos.[58] Também é notável que as histórias sobre o alerta oficial do governo em Belgrado a Viena rapidamente evaporaram depois da negação oficial por Pašić em 7 de julho.[59] Se ele poderia ou não ter usado poderes de emergência para moderar o tom dos jornais é outra questão — seja como for, escolheu não fazer isso, possivelmente por julgar que medidas duras contra a imprensa nacionalista seriam politicamente inoportunas logo depois do rancoroso conflito de maio de 1914 entre o gabinete radical e os elementos pretorianos do Exército sérvio. Além do mais, havia eleições marcadas para 14 de agosto, e no clima acalorado da campanha eleitoral Pašić não podia se dar ao luxo de desagradar à opinião nacionalista.

Houve outros deslizes, mais evitáveis. Em 29 de junho, Miroslav Spalajković, o ministro sérvio em São Petersburgo, deu declarações à imprensa russa justificando a agitação bósnia contra Viena e criticando as medidas austríacas contra súditos sérvios suspeitos de envolvimento com grupos irredentistas. Por anos, disse Spalajković ao *Vecherneye Vremya*, a liderança política em Viena vinha fabricando organizações antiaustríacas, entre elas "a chamada 'Mão Negra', que é uma invenção". Não havia nenhuma organização revolucionária na Sérvia, ele garantiu. Em uma entrevista concedida no dia seguinte ao *Novoye Vremya*, o diplomata sérvio negou que os assassinos tivessem recebido suas armas de Belgrado, culpou os jesuítas por insuflar uma inimizade entre croatas e sérvios na Bósnia e alertou que a prisão de sérvios proeminentes na Bósnia poderia provocar um ataque militar da Sérvia contra a monarquia.[60] Spalajković tinha fama de colérico e uma longa história de relações rancorosas com seus colegas diplomatas austríacos. Até o ministro das Relações Exteriores russo Sazonov, amigo do enviado sérvio, descreveu-o como "destemperado".[61] Mas essas declarações públicas, que foram imediatamente transmitidas aos decisores em Viena, ajudaram a envenenar a atmosfera nos primeiros dias após os assassinatos.

Pašić também toldou o cenário com bravatas insensatas. Em um discurso proferido na Nova Sérvia em 29 de junho na presença de vários ministros de gabinete, 22 membros da Skupština, diversas autoridades locais e uma delegação de sérvios de várias regiões da monarquia austro-húngara, Pašić alertou que se os austríacos tentassem explorar politicamente contra a Sérvia o "lamentável acontecimento", os sérvios "não hesitariam em defender-se e cumprir seu dever".[62] Foi um gesto extraordinário num momento em que o sentimento gerado pelo acontecido era tão vívido e recente. Em uma circular enviada a todas as legações sérvias em 1º de julho, Pašić seguiu linha semelhante, justapondo os sinceros e árduos esforços do governo em Belgrado às nefandas manipulações da imprensa vienense. A Sérvia e seus representantes tinham de resistir a qualquer tentativa de Viena para "seduzir a opinião europeia". Em comunicado posterior sobre o mesmo assunto, Pašić acusou os editores vienenses de deturpar o tom da cobertura da imprensa sérvia e rejeitou a ideia de que o governo em Belgrado devia tomar providências para reprimir o que, na verdade, eram reações justificadas às provocações austríacas.[63] Em suma, houve momentos em que Pašić pareceu mais próximo de conduzir os jornais sérvios para a briga do que de moderar o tom da cobertura da imprensa.

Os contatos dele com ministros e diplomatas austríacos nunca tinham sido fáceis, e foram especialmente constrangedores nos primeiros dias após os assassinatos. Em 3 de julho, por exemplo, durante um réquiem oficial em Belgrado em memória ao arquiduque, Pašić assegurou ao ministro austríaco que Belgrado lidaria com a questão "como se fosse de um de seus próprios governantes". Eram palavras bem-intencionadas, sem dúvida, mas em um país com uma história tão vibrante e recente de regicídio, fatalmente seriam recebidas pelo interlocutor como de mau gosto, se não macabras.[64]

Mais importante que o tom de Pašić era a questão de ser ou não possível confiar nele e em seu governo para colaborar com os austríacos na investigação das raízes da conspiração para matar o herdeiro do trono e sua mulher. Nesse ponto também havia amplas razões para dúvida. Em 30 de junho o ministro austríaco em Belgrado, Ritter von Storck, encontrou-se com o secretário-geral do Ministério das Relações Exteriores da Sérvia, Slavo Gruić, e indagou o que a polícia vinha fazendo para seguir as pistas da conspiração, que, sabia-se muito bem, levavam ao território sérvio. Gruić retorquiu com espantosa (e possivelmente dissimulada) ingenuidade que a polícia não tinha feito nada — o governo austríaco desejava solicitar uma investigação? Storck enfureceu-se e declarou que considerava um dever elementar da polícia belgradina investigar a questão da melhor forma que pudesse, independentemente de Viena pedir ou não.[65]

No entanto, apesar de garantias oficiais, as autoridades sérvias nunca fizeram uma investigação proporcional à gravidade do crime e da crise que ele ensejou. Por recomendação de Gruić, o ministro do Interior, Protić, ordenou a Vasil Lazarević, chefe de polícia na capital sérvia, que investigasse as ligações dos assassinos na cidade. Uma semana depois, Lazarević concluiu sua "investigação" anunciando alegremente que o assassínio em Sarajevo não tinha ligação alguma com a capital sérvia. Não "existe nem nunca existiu" ninguém chamado "Ciganović" em Belgrado, acrescentou o chefe de polícia.[66] Quando Storck solicitou a assistência da polícia e do Ministério das Relações Exteriores da Sérvia para localizar um grupo de estudantes suspeito de planejar outro assassinato, recebeu tamanha confusão de informações desnorteantes e contraditórias que deduziu que o Ministério das Relações Exteriores sérvio era incapaz de funcionar como um parceiro confiável, apesar das declarações de Nikola Pašić. Não houve nenhuma ação repressiva preventiva contra a Mão Negra, Ápis permaneceu no cargo e a hesitante investigação por Pašić dos regimentos de fronteira envolvidos em operações de contrabando ficou muito aquém do necessário.

Em vez de fazer concessões aos austríacos, Pašić (e as autoridades sérvias de modo mais geral) recaiu nas costumeiras posturas e atitudes: os próprios sérvios eram as vítimas naquela história, tanto na Bósnia-Herzegóvina como depois de Sarajevo; e os austríacos tinham merecido, essa é que era a verdade; os sérvios tinham o direito de se defender, com palavras ou, se necessário, com as armas. Segundo Pašić, tudo isso condizia com sua ideia de que o assassinato nada tinha a ver com a "Sérvia oficial".[67] Dessa perspectiva, qualquer medida independente contra pessoas ou grupos implicados no assassinato teriam significado que Belgrado admitia responsabilidade pelo crime. Em contraste, uma postura tranquila de distanciamento transmitiria a mensagem de que Belgrado considerava aquela questão uma crise puramente habsburguiana que políticos vienenses inescrupulosos estavam tentando usar contra a Sérvia. Condizentemente com essa postura, os comunicados oficiais sérvios interpretavam as recriminações austríacas como um ataque absolutamente gratuito à reputação sérvia, para o qual a resposta apropriada era um altivo silêncio oficial.[68] Tudo isso fazia sentido visto da ótica da política de Belgrado, mas fatalmente haveria de enfurecer os austríacos, que nada viam nessa atitude além de insolência, dissimulação e evasiva, sem falar em mais confirmação da corresponsabilidade do Estado sérvio pelo desastre. Acima de tudo, a negação despreocupada de Belgrado levava a crer que o governo sérvio não era nem tentaria parecer um parceiro ou vizinho na resolução das questões urgentes provocadas pelos assassinatos. Para Viena, não havia nada de surpreendente nisso, já que aprendera a esperar subterfúgios e duplicidade ao lidar com Belgrado, mas ainda assim era importante, pois se tornava muito difícil imaginar como as relações poderiam ser normalizadas depois do ultraje sem alguma medida de coerção externa.

O QUE FAZER?

O impacto dos assassinatos sobre a elite dirigente austro-húngara foi imediato e profundo. Em poucos dias após os assassínios de 28 de junho, formou-se um consenso entre os principais decisores austríacos de que só a ação militar resolveria o problema das relações da monarquia com a Sérvia. Era preciso fazer alguma coisa para responder à provocação. Mais numerosos e unidos do que nunca, os falcões pressionaram o ministro Leopold von Berchtold por uma ação rápida. "No ano passado tomei a liberdade de escrever-lhe para dizer que tínhamos de aprender a tolerar as impertinências sérvias sem recorrer à guerra", disse Ritter von Storck a Berchtold em 30 de junho. Ele escreveu:

> Agora a questão adquiriu um aspecto totalmente diferente [...]. Para responder à questão de paz ou guerra, não devemos mais nos deixar levar pela ideia de que nada ganharíamos com uma guerra contra a Sérvia; temos de aproveitar a primeira oportunidade para um golpe fulminante contra o reino sem jamais pensar em tais escrúpulos.[69]

O príncipe Gottfried von Hohenlohe-Schillingsfürst, um diplomata do alto escalão que já fora nomeado sucessor do veterano ministro austríaco em Berlim, Szögyényi, confrontou Berchtold na manhã seguinte aos assassinatos. Com uma insolência que beirava a insubordinação, ameaçou se recusar a assumir seu posto em Berlim se não fossem tomadas medidas sérias naquele momento.[70] Naquela noite, depois de Berchtold provavelmente ter passado uma tarde submetido a muitas conversas semelhantes, Conrad chegou. Liberado pelos assassínios de Sarajevo da mais formidável restrição à sua influência política, o chefe do Estado-Maior engrenou em seu conhecido refrão: agora era a hora de agir; a mobilização devia ser ordenada sem mais negociações com Belgrado. "Se você tem uma cobra venenosa no seu calcanhar, pise na cabeça dela, não fique esperando a picada letal." O conselho do chefe do Estado-Maior, recordou Berchtold tempos depois, podia ser resumido em três palavras: "Guerra! Guerra! Guerra!".[71] Ouviu-se algo parecido do ministro da Guerra, Krobatin, recém-chegado de uma viagem de inspeção ao sul do Tirol. Ele se reuniu com Berchtold e Conrad na manhã de terça-feira, 30 de junho. O Exército estava pronto para a ação, declarou Krobatin; a guerra era a única saída para o atual problema da monarquia.[72]

Leon Biliński, o ministro conjunto das Finanças, juntou-se ao coro. Sendo um dos três ministros a compor o que chamavam de governo imperial na Áustria-Hungria, teria um papel importante na formulação das políticas durante a crise. Biliński não era um servófobo. Como ministro responsável pela administração da Bósnia, era conhecido por seu estilo flexível e acessível de lidar com as minorias nacionais da província. Aprendeu sozinho a ler e entender o servo-croata, e falava russo, em vez de alemão, com seus colegas eslavos do sul; assim ficava mais fácil para eles compreender, além de chamar a atenção para sua herança eslava em comum. As reuniões aconteciam em um clima informal e amistoso, e os debates eram regados a café forte e um generoso estoque de bons cigarros.[73] Até os acontecimentos de Sarajevo, Biliński continuara a empenhar-se por uma relação de longo prazo construtiva com as minorias nacionais da Bósnia-Herzegóvina.

Mesmo depois dos assassinatos, ele se opôs aos esforços do rígido Potiorek para impor medidas repressivas à Bósnia.[74]

Sobre a questão das relações externas com a Sérvia, Biliński oscilara entre a posição conciliatória e a belicosa durante a recente comoção nos Bálcãs. Fora a favor da guerra durante o impasse em torno do norte da Albânia em maio de 1913, e novamente durante a crise albanesa de outubro, embora nessa ocasião alertasse que, como nem o imperador nem o herdeiro concordariam com uma guerra total, Viena provavelmente deveria abster-se de ordenar uma mobilização.[75] Por outro lado, ele cultivava excelentes relações com Jovanović, o ministro sérvio em Viena, e as usou eficazmente para ajudar a conduzir a uma resolução harmoniosa a disputa pela retificação das fronteiras servo-albanesas. Durante a Segunda Guerra dos Bálcãs, ele se opôs à política de apoiar a Bulgária contra Belgrado e pressionou por um entendimento com a Sérvia vitoriosa e expandida. Fez oposição invariável e veemente à ideia de Conrad de engendrar deliberadamente uma guerra contra o Estado vizinho, argumentando que isso estigmatizaria a Áustria-Hungria como agressora e isolaria o país entre as grandes potências.[76]

Os assassinatos puseram um fim abrupto a essa ambiguidade. A partir da tarde de 28 de junho, Biliński tornou-se um caloroso defensor da ação direta contra a Sérvia. Ele nunca fora muito chegado a Francisco Ferdinando, mas teve dificuldade para livrar-se do sentimento de haver falhado em seu dever de zelar pelas vítimas do assassínio. Em retrospectiva, está claro que não teve culpa nenhuma. Não fora informado por Potiorek sobre o plano de levar o arquiduque e a esposa à cidade — o que explica o acesso de náusea que teve ao ler no jornal os detalhes da visita projetada. Também não o haviam consultado com respeito às medidas de segurança. No entanto, o ministro passou suas primeiras reuniões pós-Sarajevo com o imperador e Berchtold defendendo-se pedantemente — com provas documentais — contra a imaginada acusação de que ele negligenciara seu dever.[77]

Um dos mais ferozes falcões era Potiorek, subordinado de Biliński. Ao contrário dele, o governador tinha razões de sobra para acusar a si mesmo de negligência. Para começar, fora ele quem pressionara em favor das manobras realizadas na Bósnia. Fora o responsável pelas risíveis medidas de segurança no dia da visita. E fora ele quem conduzira mal a partida do arquiduque depois da recepção na prefeitura. Mas, se alguma pontada de autocensura o incomodava, Potiorek mascarou-a com uma postura de impetuosa belicosidade.[78] Em comunicados enviados de Sarajevo ao Estado-Maior e ao Ministério da Guerra, recomendou um rápido ataque militar a Belgrado. O tempo estava se esgotando para a monarquia. Logo a Bósnia se tornaria ingovernável devido à atuação das redes irredentistas sérvias, em um grau que impossibilitaria enviar para lá grandes unidades de combate. Somente reprimindo as organizações nacionais sérvias na província e eliminando a raiz do problema em Belgrado a monarquia resolveria seu problema de segurança nos Bálcãs. Potiorek não pertencia ao círculo decisor principal, mas seus informes ainda assim eram importantes. Francisco Ferdinando sempre dissera que a fragilidade do Império Austro-Húngaro excluía categoricamente qualquer ideia de guerra contra um inimigo externo. Potiorek virou esse argumento do avesso, afirmando que a guerra resolveria, e não exacerbaria, os problemas domésticos do Império. Esse ardiloso apelo ao que os historiadores mais tarde denominariam "primazia da política interna" ajudou Conrad e Krobatin a derrubar as objeções de alguns de seus colegas civis.

Os estratos superiores do Ministério das Relações Exteriores rapidamente apoiaram uma política agressiva. Já em 30 de junho, o ministro alemão em Viena, o barão Tschirschky, informou que seus contatos — a maioria gente do Ministério das Relações Exteriores — diziam-se a favor de "um completo acerto de contas com a Sérvia".[79] As motivações para apoiar uma política agressiva variavam de um indivíduo para outro: o barão Alexander von Musulin, autoproclamado "perito em Sérvia" do Ministério das Relações Exteriores, que mais tarde redigiria o ultimato a Belgrado e participaria de várias reuniões preliminares importantes nesse Ministério, era um croata profundamente hostil ao nacionalismo da Grande Sérvia, e via na crise pós-Sarajevo a última oportunidade de deter o avanço do pan-servianismo com o apoio dos croatas do Império.[80] Frigyes ("Fritz") Szapáry, o ministro austríaco em São Petersburgo, que estava em Viena na primeira quinzena após o assassinato porque sua mulher adoecera, preocupava-se principalmente com o crescimento da influência russa na península balcânica. O conde Forgách, chefe da Seção Política do Ministério das Relações Exteriores desde outubro de 1913, não esquecera seus sofridos anos em Belgrado nem seus contatos rancorosos com Spalajković. Uma mentalidade beligerante assenhoreou-se do Ministério. Baseava a preferência pela política de confronto o tema bem conhecido da política externa ativa, vista como o oposto polar da passividade e desorganização que supostamente perseguiam a política austríaca. Aehrenthal defendera seu ponto de vista nessas bases durante a crise da anexação da Bósnia em 1908-9, contrastando sua postura proativa com o "fatalismo" de seus predecessores. Forgács, o conde Alexander ("Alek") Hoyos (chefe de gabinete de Berchtold), Szapáry, o conde Albert Nemes, chefe de departamento, e o barão Musulin eram, todos, discípulos ardorosos de Aehrenthal. Durante as crises dos Bálcãs de 1912 e 1913, esses homens haviam pressionado Berchtold várias vezes para não ceder nem à intimidação russa nem à "crescente impertinência" da Sérvia, e lamentavam entre eles o que viam como a abordagem excessivamente conciliatória do ministro.[81]

Sarajevo fez mais do que atiçar a beligerância dos falcões. Também destruiu a melhor esperança de paz. Se Francisco Ferdinando tivesse sobrevivido à visita à Bósnia em 1914, teria continuado a alertar sobre os riscos de uma aventura militar, como tantas vezes havia feito. Ao voltar das manobras de verão, ele teria removido Conrad de seu posto. E dessa vez o belicoso chefe do Estado-Maior não poderia voltar. "O mundo não imagina que o arquiduque sempre foi contra a guerra", disse um veterano diplomata austríaco ao político Joseph Redlich na última semana de julho. "Com sua morte ele nos ajudou a encontrar a energia que nunca teria encontrado enquanto vivesse!"[82]

Ninguém sofreu maior pressão nos primeiros dias após o assassinato do que o ministro conjunto austro-húngaro das Relações Exteriores Leopold von Berchtold. A notícia de Sarajevo afetou-o pessoalmente. Ele e Francisco Ferdinando tinham mais ou menos a mesma idade e se conheciam desde a infância. Apesar de todas as diferenças entre o esquentado, confiante e sentencioso arquiduque e o refinado, sensível e efeminado conde, os dois homens sentiam grande respeito um pelo outro. Berchtold tivera ampla oportunidade de conviver com o indivíduo vivaz e impulsivo por trás da intratável persona pública do herdeiro do trono. E havia uma dimensão familiar mais abrangente nesse relacionamento: a mulher de Berchtold, Nandine, fora amiga íntima de Sophie Chotek desde a infância. Berchtold ficou sem fala quando recebeu a notícia durante um evento beneficente próximo ao seu castelo em Buchlau, e partiu às pressas de trem para Viena, onde foi imediatamente arrebatado por um turbilhão de reuniões. "A sombra de um homem morto, de um grande homem morto, pairou sobre aquelas deliberações", recordou mais tarde. "Para mim, foram insuportavelmente dolorosas. Parecia-me sempre estar vendo a imagem dele, um inocente assassinado, [...] aqueles olhos grandes e brilhantes, azuis como água sob as resolutas sobrancelhas escuras."[83]

Berchtold teve de ser pressionado para aceitar o argumento da guerra contra a Sérvia? Certamente os falcões que o assediaram com recomendações no dia seguinte ao do assassinato presumiam que o ministro das Relações Exteriores precisaria ser acuado para adotar uma política de confronto. Embora em algumas ocasiões Berchtold tivesse assumido posições firmes (no caso da Albânia, por exemplo), muitos ainda o viam como prudente e conciliador, portanto de trato suave nos assuntos externos. Berchtold era um "diletante", afirmou em 1914 um veterano embaixador habsburguiano, cuja "inconsequência e tibieza de vontade" haviam privado a política externa da monarquia de qualquer senso claro de direção.[84] Para aguilhoar o ministro a agir após Sarajevo, seus colegas mais belicosos combinaram seus conselhos sobre a crise do momento com duras críticas à política austro-húngara desde a morte de Aehrenthal em 1912. Conrad, como sempre, foi o mais direto. Era graças à hesitação e cautela de Berchtold durante as Guerras dos Bálcãs que agora a Áustria-Hungria se via naquela terrível situação, ele disse ao ministro em 30 de junho.

Na verdade, porém, parece que desde o início, e provavelmente por conta própria, Berchtold assumiu um compromisso com uma política de ação direta. Da noite para o dia, o homem das manobras e prudência transformou-se em um líder inabalavelmente forte.[85] Ele teve a oportunidade de expor suas opiniões sobre a crise na primeira audiência pós-Sarajevo que teve com o imperador no palácio de Schönbrunn, à uma da tarde de 30 de junho. Esse foi um encontro de importância crucial; em suas memórias não publicadas, Berchtold recordou-o em detalhes. Vale a pena mencionar que encontrou o imperador profundamente pesaroso com os assassinatos em Sarajevo, a despeito do relacionamento difícil que tivera com o arquiduque e sua esposa morganática. Desconsiderando o protocolo, o monarca de 83 anos pegou na mão do ministro e o convidou a sentar-se. De olhos marejados, falou sobre os acontecimentos recentes.[86] Berchtold declarou — e o imperador concordou — que a plausibilidade da "política de paciência" da monarquia estava esgotada. Se a Áustria-Hungria demonstrasse fraqueza em um caso extremo como aquele, alertou Berchtold, "seus vizinhos do sul e do leste ficarão ainda mais seguros da nossa impotência e se empenharão em seu trabalho de destruição com ainda mais determinação". Agora a posição do Império era de "coação". O imperador, recordou Berchtold, parecia extremamente bem informado sobre a situação corrente e aceitou sem ressalvas a necessidade de agir. Mas também insistiu para que Berchtold combinasse todos os próximos passos com o conde István Tisza, primeiro-ministro da Hungria, que na época se encontrava em Viena.[87]

Havia ali o germe de um problema potencialmente sério: Tisza se opunha ferozmente a qualquer política destinada a engendrar um conflito imediato.

Primeiro-ministro em 1903-5 e novamente a partir de 1913, ele era a figura dominante na política húngara. Esse homem de energia e ambição excepcionais, admirador fervoroso de Bismarck, amealhara seu poder graças a uma combinação de corrupção eleitoral, uma implacável política de intimidação de adversários e reformas modernizadoras da economia e infraestrutura destinadas a agradar as classes médias falantes do magiar e os elementos assimilacionistas nas outras elites nacionais. Tisza personificava o sistema de compromisso criado em 1867. Era um nacionalista, mas acreditava na união com a Áustria, que ele considerava indispensável para a segurança futura da Hungria. Queria a todo custo assegurar a hegemonia da elite magiar, por isso se opunha firmemente a qualquer ampliação do restritivo direito de voto que mantinha os não magiares fora da política.

Para Tisza, o assassinato do herdeiro não era motivo de pesar, mas de alívio. As reformas pretendidas por Francisco Ferdinando teriam posto em risco toda a estrutura de poder na qual Tisza baseara sua carreira. As íntimas ligações do arquiduque com partes da intelectualidade romena eram-lhe especialmente incômodas. Por isso, seu assassinato representava uma libertação imprevista, e o primeiro-ministro húngaro não compartilhava da ira nem do sentimento de urgência que animavam tantos dos seus colegas austríacos. Na reunião com Berchtold na tarde de 30 de junho, e novamente em uma carta ao imperador no dia seguinte, Tisza mais uma vez alertou que não deviam deixar que o assassinato se tornasse o "pretexto" para uma guerra com a Sérvia. A principal razão para se conter estava na desvantajosa constelação presente nos Estados balcânicos. O principal problema era a Romênia, que no verão de 1914 estava bem adiantada no caminho de aliar-se a São Petersburgo e às potências da entente. Diante da numerosíssima minoria romena na Transilvânia e da indefensabilidade da longa fronteira romena, o realinhamento de Bucareste constituía uma séria ameaça à segurança. Era insensato, argumentou Tisza, arriscar-se em uma guerra com a Sérvia enquanto a questão da lealdade e conduta da Romênia em um possível conflito permanecesse irresolvida. Tisza via duas opções: persuadir os romenos — com ajuda de Berlim — a retornar à órbita da Tríplice Aliança, ou contê-los através do estabelecimento de laços mais próximos da Áustria-Hungria e da Alemanha com a Bulgária, o inimigo romeno na Segunda Guerra dos Bálcãs.

> Apesar dos delírios de grandeza dos romenos, a força propulsora na mente desse povo é o medo da Bulgária. Assim que virem que não nos podem impedir de firmar

> uma aliança com a Bulgária, talvez procurem ser admitidos na Aliança, para desse modo estar protegidos da agressão búlgara.[88]

Esse era o conhecido cálculo balcânico, refratado pelo prisma de uma visão especificamente húngara dos problemas de segurança do império. A Romênia dominava os horizontes políticos da elite magiar, e essa preocupação amplificava-se no caso de Tisza porque ele descendia de uma família nobre da Transilvânia. Tisza e seus conselheiros mais próximos consideravam as boas relações com São Petersburgo a chave para a segurança húngara, e na época a ideia de reconstruir a antiga entente com a Rússia estava em voga entre os líderes magiares. Cabe salientar que a objeção do primeiro-ministro húngaro à guerra não era absoluta. Tisza apoiara uma intervenção militar contra a Sérvia durante a segunda crise albanesa em outubro de 1913, e teria prazer em cogitar a possibilidade de uma guerra com a Sérvia em alguma data mais à frente, caso surgisse alguma provocação apropriada em circunstâncias mais auspiciosas. Mas ele se opunha firmemente à política de ação direta preferida pela maioria dos decisores austríacos.[89]

Por mais fortes que fossem as emoções em curso na elite política austríaca nos dias seguintes ao do assassinato, logo se tornou claro que uma resposta militar imediata estava fora de questão. Primeiro havia o problema de persuadir Tisza a apoiar a posição que emergia em Viena; era política e constitucionalmente impossível passar por cima desse poderoso personagem do sistema dualista. Depois havia a questão de comprovar o envolvimento da Sérvia. Em uma reunião com Berchtold na tarde de 30 de junho, Tisza argumentou que deveriam dar tempo ao governo sérvio para "demonstrar sua boa vontade". Berchtold, apesar de cético nessa questão, aceitou que qualquer ação militar deveria ser postergada até uma confirmação adicional da culpabilidade sérvia.[90] Só dali a alguns dias se formaria um quadro mais completo das ligações com Belgrado. Outra questão delicada era o tempo necessário para pôr em campo uma ofensiva militar. Conrad exortou várias vezes seus colegas civis a "atacar imediatamente" (isto é, sem esperar pelo resultado da investigação), porém informou a Berchtold na manhã de 30 de junho que o Estado-Maior precisaria de dezesseis dias para mobilizar as Forças Armadas para um ataque à Sérvia — o que depois se revelou uma crassa subestimação.[91] Portanto, um atraso substancial era inevitável, mesmo que a liderança concordasse sobre um plano de ação preciso.

Por fim, e o mais importante, havia a questão da Alemanha. Berlim apoiaria uma política de confronto com Belgrado? Ultimamente o apoio alemão à política austro-húngara para os Bálcãs andava oscilante. Fazia apenas oito semanas que o embaixador Fritz Szapáry, escrevendo de São Petersburgo, queixara-se de que a Alemanha "sacrificava" sistematicamente os interesses austro-húngaros nos Bálcãs. Nos primeiros dias da crise, mensagens ambíguas emanaram de Berlim. Em 1º de julho, o conhecido jornalista alemão Viktor Naumann procurou o chefe de gabinete de Berchtold, o conde Alek Hoyos, para dizer que, em sua opinião, a liderança alemã veria com bons olhos um ataque austro-húngaro à Sérvia e estava disposta a aceitar o risco de uma guerra com a Rússia caso São Petersburgo decidisse forçar uma decisão. Naumann não estava comunicando nenhuma postura oficial, mas como sabidamente tinha contato próximo com Wilhelm von Stumm, chefe do Departamento Político no Ministério das Relações Exteriores em Berlim, suas palavras tinham certo peso.[92] Porém, ao mesmo tempo, o embaixador alemão, o barão Tschirschky, recomendava cautela aos austríacos. Toda vez que estes mencionavam a necessidade de medidas drásticas, Tschirschky escreveu em 30 de junho, "eu aproveitava a deixa para dar um alerta, falando com calma mas enfaticamente, contra medidas precipitadas".[93] E em uma conversa com o embaixador austríaco em Berlim, o subsecretário de Estado do Ministério das Relações Exteriores na Alemanha, Arthur Zimmermann, expressou simpatia pelas tribulações de Viena, mas alertou que não deveriam confrontar Belgrado com "exigências humilhantes".[94]

A opinião do imperador alemão era outra fonte de preocupação. No outono e no inverno de 1913, Guilherme II aconselhara repetidamente os austríacos a comprar as boas graças de Belgrado com presentes em dinheiro e programas de troca. Já em junho de 1914, durante sua última reunião com Francisco Ferdinando, o cáiser não quisera comprometer-se. Quando lhe foi perguntado se a Áustria-Hungria "poderia continuar a contar incondicionalmente com a Alemanha no futuro", o cáiser "fugira à pergunta e nos deixara sem uma resposta".[95] Em um relatório entregue ao imperador Francisco José em 1º de julho, Tisza alertou que o imperador alemão tinha "inclinações pró-sérvias", e seria preciso alguma persuasão para que ele se dispusesse a apoiar a política de Viena para os Bálcãs.[96] De início, os líderes austro-húngaros esperavam que os dois imperadores viessem a trocar ideias face a face quando Guilherme II fosse a Viena para o funeral do arquiduque, mas essa visita foi cancelada depois de rumores sobre outro plano, dessa vez para assassinar o cáiser alemão. Seria preciso descobrir algum outro modo de sincronizar a política com Berlim.

Pelo menos essa era uma medida com a qual Berchtold, Tisza e outros decisores austríacos podiam concordar: a Alemanha tinha de ser devidamente consultada antes de darem qualquer outro passo. Berchtold supervisionou a preparação de uma missão diplomática a Berlim. Seriam entregues dois documentos ao aliado alemão. O primeiro era uma carta pessoal de Francisco José ao cáiser Guilherme II, assinada pelo imperador e redigida pelo chefe do Estado-Maior de Berchtold, Alek Hoyos; a segunda era uma versão revista às pressas do memorando de Matscheko, escrito antes de Sarajevo, ao qual foi anexado um pós-escrito.

Causa grande estranheza ler hoje esses dois documentos. O memorando revisado de Matscheko apresentou, como o original, uma visão geral desordenada do deteriorado alinhamento nos Bálcãs, porém enfatizando as ruinosas consequências da infidelidade romena — um argumento direcionado para as relações amistosas de Berlim com Bucareste e as preocupações de Tisza com a Transilvânia. A agressividade da aliança franco-russa foi delineada com maior clareza e interpretada como uma ameaça não apenas à Áustria-Hungria, mas também à Alemanha. No fim do documento havia um pós-escrito que começava dizendo: "O memorando acima acabava de ser concluído quando os terríveis eventos de Sarajevo aconteceram". Falava de "perigo e intensidade" da "agitação pela Grande Sérvia, que não se deterá por nada", e salientava que os esforços da monarquia para assegurar boas relações com a Sérvia com uma política de boa vontade e concessões agora pareciam totalmente sem sentido. Não havia nenhuma referência direta a guerra, mas o pós-escrito declarava que diante dos acontecimentos recentes o antagonismo austro-sérvio era "irreconciliável". O documento terminava com uma tosca metáfora: a águia austro-húngara devia agora "romper com mão resoluta os fios da rede que seus inimigos estão tecendo sobre sua cabeça".[97]

O comunicado pessoal de Francisco José ao cáiser Guilherme II foi mais direto. Também discorreu sobre a Romênia e as maquinações dos russos, mas terminou com uma clara sugestão de uma ação iminente contra a Sérvia. Salientou que o assassínio não fora obra de um indivíduo, e sim de uma "bem organizada conspiração [...] cujos fios se estendem até Belgrado". Só quando a Sérvia fosse "neutralizada como um fator de poder nos Bálcãs", a Áustria-Hungria estaria a salvo.

> Você também há de estar convencido, depois dos terríveis acontecimentos recentes na Bósnia, de que não se pode mais cogitar resolver pela conciliação a discórdia que

> separa a Sérvia de nós, e de que a política de preservar a paz, seguida por todos os monarcas europeus, estará em risco enquanto esse viveiro de agitação criminosa em Belgrado permanecer sem punição.[98]

O que surpreende o leitor atual nesses comunicados é sua alarmada falta de foco, a preferência por metáforas bombásticas em detrimento de formulações claras, o emprego de recursos histriônicos para produzir um efeito emocional, a justaposição de diferentes perspectivas na ausência de uma metanarrativa unificadora. Não há um pedido explícito de ajuda à Alemanha; não há propostas de linha de ação nem listas de opções, apenas um panorama sombrio e desfocado de ameaça e mau presságio. Também não estava claro como os trechos que diagnosticavam a situação nos Bálcãs em termos gerais — e que aludem à necessidade de uma solução diplomática — se relacionavam com os sobre a Sérvia, o que dá ao leitor a certeza de que os autores têm em mente a guerra.

Berchtold pretendia inicialmente enviar a carta imperial e o memorando Matscheko revisado a Berlim pelo correio regular do governo. Mas, no fim do dia 4 de julho, ele telegrafou ao embaixador Szögyényi em Berlim informando que seu chefe de gabinete, o conde Hoyos, levaria pessoalmente os documentos. Szögyényi deveria providenciar as entrevistas com o cáiser e o chanceler Hollweg. Embora jovem — tinha apenas 36 anos —, Hoyos era um dos mais enérgicos e ambiciosos entre os falcões mais novos do Ministério das Relações Exteriores. Além disso, tinha ótimos contatos em Berlim. Em 1908, ao ser chamado de volta de um posto na capital alemã, o embaixador Szögyényi fizera comentários aprovadores sobre as incomuns relações de "intimidade e confiança" que Hoyos estabelecera nos principais círculos políticos alemães.[99] Quando servia na China, Hoyos também travara conhecimento com Arthur Zimmermann, na época substituindo seu chefe, o secretário de Estado Gottlieb von Jagow, que estava em lua de mel ao eclodir a crise. Hoyos considerava as relações com a Alemanha o alicerce da segurança austro-húngara e a condição prévia para uma política ativa nos Bálcãs. Essa era, a seu ver, a lição da crise da anexação de 1908-9, na qual ele próprio tivera um papel periférico. Acima de tudo, Hoyos era um linha-dura que defendera uma solução militar desde o início; durante a luta para obter a concordância de Tisza, o jovem chefe do Estado-Maior deu a seu acossado chefe o tão necessário apoio moral.[100]

Ao escolher Hoyos para a missão em Berlim, Berchtold assegurou que uma interpretação inequivocamente belicosa seria dada aos dois documentos com propostas políticas de Viena. Os alemães não teriam dúvida de que os austríacos falavam sério. Embora ostensivamente seguissem o conselho de Tisza, que se recusara a endossar qualquer passo adicional sem que os alemães fossem consultados, Berchtold, na prática, usou a missão para isolar o líder húngaro do processo de tomada de decisão e assegurar que a política habsburguiana evoluísse conforme ele, Berchtold, preferia: para uma resposta rápida e decisiva ao ultraje em Sarajevo.[101] Essa era uma questão importante porque, como o embaixador alemão lembrara claramente a Berchtold em 3 de julho, conversas bombásticas, para as quais os austríacos tinham inegável talento, não constituíam um plano de ação.[102]

Cronogramas de mobilização, dissensão política, progresso do inquérito policial em Sarajevo, necessidade de obter o apoio alemão: essas eram excelentes razões para retardar uma ação militar contra a Sérvia. Nem mesmo Conrad tinha condições de oferecer a seus colegas civis uma alternativa digna de crédito. No entanto, durante toda a Crise de Julho, os austríacos seriam assombrados pela suspeita de que poderia, na verdade, ser melhor atacar Belgrado sem a mobilização integral e uma declaração de guerra, no que seria universalmente visto como uma reação reflexa a uma provocação grave. Por que a Áustria simplesmente não atacava a Sérvia de imediato e acabava com aquilo?, perguntou o primeiro-ministro da Romênia, Ion Brătianu, em 24 de julho, quando a crise entrou em sua fase crítica. "Então vocês teriam as simpatias da Europa do seu lado."[103] Que outros caminhos a crise poderia ter seguido é uma questão a se pensar, mas uma coisa é clara: quando Alek Hoyos embarcou no trem noturno para Berlim, a janela da oportunidade para esse cenário virtual já se fechara.

8. O círculo se amplia

REAÇÕES PELO MUNDO

Na tarde de domingo, 28 de junho, o cáiser estava na costa setentrional da Alemanha, preparando-se para correr na regata de Kiel em seu iate *Meteor*. A lancha *Hulda* aproximou-se buzinando, e o almirante Müller, chefe do gabinete naval do imperador, gritou de lá a notícia dos assassinatos. Depois de conferenciarem rapidamente no iate, ficou decidido que Guilherme devia retornar de imediato a Berlim "para assumir as rédeas da situação e preservar a paz na Europa".[1] Mais ou menos nessa hora, foi entregue um telegrama ao presidente Raymond Poincaré no hipódromo de Longchamp, em Paris, onde ele assistia ao Grand Prix em companhia de outros membros do corpo diplomático. O conde Szécsen, embaixador austro-húngaro, retirou-se na mesma hora. O presidente e a maioria dos outros representantes estrangeiros permaneceram para apreciar a corrida vespertina.

Esses relatos, insignificantes em si mesmos, aludem a uma divergência de reações e perspectivas que acirrariam a Crise de Julho de 1914. Na Alemanha, segundo o embaixador britânico em Berlim, a notícia dos assassinatos causou consternação geral. O imperador acabara de retornar de uma visita ao arquiduque em Konopischte (atual Konopiště), sua residência na Boêmia, e a "intimidade" entre os dois homens era "conhecida de todos e motivo de grande satisfação para os alemães". Havia ainda a simpatia deles pelo imperador idoso.[2] Para os alemães, como para os austríacos, o impacto do acontecimento manifestou-se em impressões pessoais incontáveis, como a do historiador Friedrich Meinecke, cuja visão enegreceu quando leu a manchete afixada na sede de um jornal.[3]

Na Romênia, o pesar com a notícia também foi profundo, apesar do recente desentendimento político entre Bucareste e Viena. A imprensa romena foi unânime em seus louvores ao morto, descrevendo-o como "protetor das minorias e defensor dos objetivos nacionais" em seu Império.[4] O enviado russo em Bucareste informou que os romenos dos dois lados dos Cárpatos consideravam Francisco Ferdinando a força propulsora dos esforços recentes para intermediar um entendimento entre o governo magiar e os romenos da Transilvânia; muitos "estadistas e políticos", ele observou, esperavam que a ascensão do arquiduque ao trono abrisse as portas à restauração das boas relações com Viena. O enviado sérvio em Bucareste também lastimou que as reações dos romenos aos assassinatos eram "muito menos simpáticas à Sérvia do que poderíamos prever".[5]

Em outras partes o quadro foi diferente. O contraste mais gritante foi com a própria Sérvia, cujo povo, segundo relatou o embaixador britânico, mostrou "uma sensação de estupefação, mais do que de lástima".[6] Na vizinha Montenegro, o secretário da legação austríaca, Lothar Egger Ritter von Möllwald, informou que, embora houvesse expressões de pesar pelas mortes em Sarajevo, os austríacos eram culpados por dar motivos para aquele desastre.[7] Na cidadezinha de Metalka, contígua à fronteira montenegrina com a Áustria, bandeiras festivas ainda adejavam em 2 de julho; investigações austríacas revelaram que tinham sido hasteadas só em 30 de junho: não estavam lá para lembrar o dia de Kosovo, mas para espicaçar os soldados austríacos postados na fronteira próxima.[8] De São Petersburgo, o voluntarioso ministro sérvio Spalajković informou em 9 de julho que a notícia do assassinato de Francisco Ferdinando fora recebida "com prazer".[9]

Na Itália, aliada e rival da Áustria, a morte do arquiduque e sua esposa provocou sentimentos ambivalentes. Com os italianos na Áustria-Hungria, o arquiduque fora quase tão hostil quanto com os magiares. Em meio a todas as expressões oficiais de pesar, escreveu o embaixador britânico em Roma, Rennell Rodd, evidenciava-se "que o povo em geral considerou quase providencial a eliminação do finado arquiduque". Os informes do embaixador austríaco e os do ministro sérvio confirmaram essa impressão.[10] Segundo um relatório do embaixador russo, na tarde de domingo a multidão que abarrotava um cinema em Roma recebeu a notícia com vivas e pedidos para que a orquestra tocasse o hino nacional: "*Marcia reale! Marcia reale!*". Quando a orquestra atendeu, ouviram-se aplausos estrondosos. "O crime é medonho", comentou o ministro das Relações Exteriores, San Giuliano, ao embaixador Sverbeyev, "mas a paz mundial não estará mal servida." Em conversa com o ministro sérvio em Roma, um jornalista italiano resumiu seus sentimentos com as palavras "*Grazie Serbia!*".[11]

Em Paris, a notícia de Sarajevo foi desalojada das primeiras páginas por um escândalo de proporções monumentais. Em 16 de março de 1914, madame Caillaux, esposa do ex-primeiro-ministro Joseph Caillaux, entrara no escritório do editor do *Figaro*, Gaston Calmette, e lhe dera seis tiros. A razão do assassinato fora a campanha do jornal contra seu marido, durante a qual Calmette havia publicado cartas de amor que ela escrevera a Joseph Caillaux enquanto ele ainda era casado com sua primeira mulher. O julgamento deveria começar em 20 de julho, e naturalmente era intenso o interesse do público pelo caso, que combinava escândalo sexual e crime passional cometido por uma mulher de grande visibilidade na vida pública francesa. Já em 29 de julho, o bem conceituado *Le Temps* dedicou espaço equivalente à absolvição de madame Caillaux (fundamentada no argumento de que a provocação à sua honra justificara o crime) e à crise que fermentava na Europa Central.[12] Na reação da imprensa parisiense à notícia de Sarajevo, a atitude predominante foi de que Viena não tinha o direito de acusar o governo sérvio de cumplicidade nos assassinatos; ao contrário, os jornais franceses acusavam a imprensa vienense de despertar sentimentos contra a Sérvia.[13]

Em contraste, de Londres, o ministro sérvio informou consternado que a imprensa britânica parecia estar "seguindo a propaganda dos austríacos" e culpando a Sérvia pelo assassinato: "Dizem que foram ações de um revolucionário sérvio que tinha ligações com Belgrado; isso não é bom para a Sérvia".[14] Um articulista do *Times* declarou em 16 de julho que os austríacos tinham todo o direito de insistir em uma enérgica investigação de todas as ramificações da conspiração e exigir que dali por diante a Sérvia suprimisse a agitação irredentista contra a monarquia.[15]

Como sugerem essas variações, as atitudes dos assassinos foram vistas pelo prisma da geopolítica das relações entre os países. A Romênia é um caso interessante. A opinião pública de modo geral via com bons olhos o arquiduque, que era conhecido por suas posições pró-romenas. Mas o rei Carol, o homem no centro do recente realinhamento da Romênia com as potências da entente, tinha uma visão pró-Belgrado; confiava que o governo sérvio faria uma investigação completa e rigorosa do crime, e por isso a Áustria não tinha o direito de fazer exigências a Belgrado.[16]

Uma tendência muito mais ominosa foi a acumulação de uma massa de suposições que minimizavam a importância do acontecimento e, assim, tiravam-lhe a legitimidade como um possível *casus belli*. Primeiro havia a hipótese, amplamente disseminada no tráfego diplomático dos países da entente e seu parceiro italiano adormecido, de que o falecido arquiduque liderara o partido da guerra austro-húngaro — o que não era verdade. A ênfase na impopularidade da vítima serviu para lançar dúvidas sobre a autenticidade do sentimento austríaco de indignação com os crimes, enquanto respaldava a afirmação de que a conspiração refletia a impopularidade local da dinastia Habsburgo entre os eslavos do sul da monarquia e, portanto, não tinha relação com a Sérvia. Depois havia a descuidada suposição, expressa como se fosse fruto de uma demorada e minuciosa investigação, de que a Sérvia oficial não tinha absolutamente nenhum envolvimento com os ataques de Sarajevo. Segundo um comunicado de 13 de julho de 1914 do ministro sérvio em Berlim, o Ministério das Relações Exteriores russo informara ao embaixador da Rússia em Berlim que não havia "envolvimento sérvio no assassinato de Sarajevo" — isso em um momento em que a investigação austríaca, apesar de toda a lassitude, já produzira provas em contrário. De São Petersburgo, Miroslav Spalajković informou que, a despeito do dossiê de provas comunicadas à imprensa russa pelo Korrespondenz-Bureau austríaco, os jornais em São Petersburgo estavam seguindo a linha do governo russo e tratando o incidente de Sarajevo como um "problema puramente interno da Áustria".[17]

Se acompanharmos esse tema nos comunicados russos, veremos que esses pontos de vista fundiram-se em um argumento que negava a Viena o direito de tomar providências e transformava os assassinatos em um pretexto fabricado para uma ação cujas motivações reais deviam ser procuradas em outra parte. Francisco Ferdinando fora pouco mais do que um fantoche do cáiser nos últimos anos, comentou de Viena o embaixador Shebeko. Se existia algum sentimento genuíno contra a Sérvia em Viena depois dos assassinatos, ele era obra de "elementos germânicos" (Shebeko não fez menção ao importante papel dos croatas nas manifestações contra a Sérvia que se seguiram aos assassínios, embora em um comunicado posterior acrescentasse misteriosamente que "elementos búlgaros" também estavam envolvidos). Em especial o embaixador alemão, Heinrich von

Tschirschky, informou Shebeko em 1º de julho, desdobrava-se para "explorar o lamentável acontecimento" atiçando a opinião pública contra a Sérvia e a Rússia (na verdade, Tschirschky estava fazendo justamente o contrário na época: recomendava cautela aos quatro ventos, para grande desgosto do imperador em Berlim; só mais tarde ele mudou de postura).[18]

De Belgrado, Hartwig informou a São Petersburgo que todas as declarações das autoridades austro-húngaras eram falsas: não havia *Schadenfreude** na Sérvia; ao contrário: toda a nação sérvia sensibilizou-se com os estarrecedores assassinatos em Sarajevo; as redes sediadas em Belgrado que supostamente haviam ajudado os terroristas no plano contra o arquiduque não existiam; Čabrinović não obtivera suas bombas ou armas do arsenal de Kragujevac etc. A alegação de que os austríacos estavam fabricando provas era importante, não apenas porque lembrava o escândalo dos julgamentos de Friedjung, ainda na memória dos sérvios (ver cap. 2), ou porque fosse falsa (e certamente era), mas porque implicava que Viena estava deliberadamente manipulando os assassínios em Sarajevo a fim de conseguir um pretexto para um ataque a Belgrado motivado pelo expansionismo predatório.[19] E por trás de todas essas maquinações supostamente estavam os alemães, que, como observou o enviado russo a Sófia, podiam muito bem ver nos acontecimentos correntes a chance de desferir um ataque preventivo a seu vizinho do leste e assim barrar a crescente preponderância militar da aliança franco-russa.[20] Nascia uma cadeia de argumentos — semanas antes de a guerra eclodir! — que teria vida longa na literatura histórica.

De tudo isso decorria naturalmente, aos olhos dos dirigentes russos, que a Áustria não tinha o direito de tomar nenhum tipo de medida contra a Sérvia. Para essa posição russa era axiomático o argumento de que um Estado soberano não podia ser responsabilizado pelas ações de indivíduos privados em solo estrangeiro, ainda mais porque as pessoas em questão eram "anarquistas imaturos" — as fontes russas raramente, ou nunca, se referem à orientação nacionalista sérvia ou eslava do sul dos assassinos.[21] Seria um equívoco e uma iniquidade considerar todo um povo responsável pelos malfeitos de indivíduos, perpetrados em solo estrangeiro.[22] Seria "injusto", disse o embaixador Shebeko a um colega britânico em Viena no dia 5 de julho, os austríacos até mesmo acusarem a Sérvia de ter "favorecido indiretamente, com sua antipatia, a conspiração que vitimou o

* Satisfação com a desgraça alheia. (N. T.)

arquiduque".[23] Uma conversa em 8 de julho entre Sazonov e o encarregado de negócios austríaco em São Petersburgo, Ottokar von Czernin, revela como eram curtas as rédeas que a política russa estava disposta a dar a Viena após Sarajevo. Czernin mencionara a "possibilidade" de o governo austro-húngaro "exigir o apoio do governo sérvio em uma investigação em território sérvio do assassinato recente". A resposta de Sazonov foi alertar o diplomata austríaco de que essa medida causaria "péssima impressão na Rússia". Os austríacos deviam desistir dessa ideia, "para não enveredar por um caminho perigoso".[24] Em uma conversa em 18 de junho com o embaixador austríaco Fritz Szapáry, que nesse meio-tempo tinha voltado a São Petersburgo após um período de licença para cuidar de sua esposa moribunda em Viena, Sazonov expressou a mesma opinião em termos mais incisivos, declarando que "nenhuma prova de que o governo sérvio tinha tolerado essas maquinações jamais será apresentada".[25]

Essa interpretação dos acontecimentos foi importante porque fez parte do processo pelo qual a Rússia decidiu como responder em caso de medidas austríacas contra a Sérvia. As mortes de Sarajevo, cujo caráter abominável podia ser aceito como inquestionável, deviam ser cirurgicamente separadas de seu contexto sérvio para expor a suposta intenção austríaca de "explorar o crime com o fito de desferir um golpe mortal contra Belgrado".[26] Porém essa era uma visão bem russa dos acontecimentos, impregnada de simpatia histórica pela heroica luta dos "pequenos irmãos" sérvios. Mas como seriam os russos quem determinariam se e quando uma briga austro-sérvia justificaria sua intervenção, era sua posição sobre a questão que mais importava. E não havia muitas razões para esperar que as demais potências da entente fizessem questão de uma forma de arbitragem mais rigorosa. O governo francês já concedera carta branca a São Petersburgo no caso de um conflito austro-sérvio. Sem ter examinado pessoalmente o caso, Poincaré negou terminantemente qualquer ligação entre Belgrado e os assassinatos. Em uma interessante conversa em 4 de julho de 1914 com o embaixador austríaco em Paris, o presidente francês comparou os assassinatos em Sarajevo ao assassínio do presidente francês Sadi Carnot por um anarquista italiano em 1894. O gesto parecia expressar solidariedade, mas na verdade pretendia interpretar o ultraje de Sarajevo como o ato de um indivíduo aberrante pelo qual nenhum agente político, e certamente nenhum Estado soberano, podia ser responsabilizado. O austríaco respondeu lembrando ao presidente — em vão — que o assassinato de Carnot não tivera "relação nenhuma com a agitação antifrancesa na Itália, ao passo que é

28. *Conde Benckendorff.*

preciso admitir que na Sérvia tem havido agitação contra a monarquia há anos, com recurso a todos os meios permitidos e ilícitos".[27]

Edward Grey pelo menos expressara interesse teórico em determinar se a Áustria ou a Sérvia teriam sido o agente provocador, argumentando que a opinião pública não apoiaria uma guerra da Tríplice Entente em nome de um agressor sérvio. Mas ele fora muito vago ao falar sobre como se poderia proceder para julgar uma disputa dessas, e seus comentários nos primeiros dias após o assassinato não levaram a crer que pretendia impor critérios muito rigorosos aos russos. Em 8 de julho, o conde Benckendorff, embaixador russo em Londres, comentou com Edward Grey que não via "em que se poderia basear uma diligência contra a Sérvia". A resposta do secretário das Relações Exteriores foi hesitante:

> Eu disse que não sabia o que fora cogitado. Só podia supor que alguma descoberta feita durante o julgamento dos implicados no assassinato do arquiduque — por exemplo, que as bombas tinham sido obtidas em Belgrado — poderia, aos olhos do governo austríaco, fundamentar uma acusação de negligência contra o governo sérvio. Mas isso foi apenas imaginação e suposição da minha parte.

> O conde Benckendorff disse que esperava que a Alemanha contivesse a Áustria. Ele não podia imaginar que a Alemanha desejaria a precipitação de uma briga.[28]

Grey não deu (ou não registrou) uma resposta a essa última observação, que tinha uma importância considerável, pois jogava para a Alemanha o ônus de refrear sua aliada e aceitava despreocupadamente a inevitabilidade de uma "briga" — que nesse contexto significava uma guerra entre as grandes potências — na eventualidade de a Alemanha fracassar na tarefa. O mesmo argumento foi transmitido mais explicitamente em um telegrama enviado de Viena que Grey recebeu no dia seguinte. Descrevia uma conversa entre o embaixador britânico em Viena e seu colega russo, na qual anunciava não acreditar que a Áustria seria tola a ponto de se permitir "ser empurrada para a guerra":

> pois combater isoladamente com a Sérvia seria impossível, e a Rússia seria compelida a pegar em armas em defesa da Sérvia. Quanto a isso, não pode haver dúvida. Uma guerra sérvia significaria uma guerra europeia geral.[29]

Em dez dias, os russos haviam estabelecido uma contranarrativa bem plausível do evento de Sarajevo. Havia contradições no quadro, é verdade. Como ressaltou um diplomata austríaco, não fazia sentido os russos dizerem, por um lado, que os eslavos do sul da Bósnia-Herzegóvina estavam unidos em sua repulsa pela tirania habsburguiana e, por outro, queixarem-se dos ataques a propriedades sérvias por croatas irados na região. E a afirmação russa de que a Sérvia nada queria além de viver em paz e harmonia com o país vizinho destoava incomodamente de garantias anteriores dadas por Sazonov a Pašić (via Hartwig) de que a Sérvia em breve herdaria as terras eslavas do sul do decadente Império Habsburgo. A muito divulgada afirmação de Spalajković à imprensa de São Petersburgo de que o governo em Belgrado alertara Viena a tempo sobre a conspiração do assassinato suscitou questões constrangedoras, desconsideradas pelos russos, sobre o que a Sérvia sabia de antemão. Principalmente toda a história sobre o patrocínio russo ao expansionismo da Sérvia e a instabilidade nos Bálcãs em geral foi omitida. Gritantemente ausente do quadro, por fim, estava qualquer reconhecimento das próprias ligações russas com as redes clandestinas sérvias. Depois da guerra, o coronel Artamonov, adido militar russo em Belgrado, admitiu francamente sua estreita ligação com Ápis antes da guerra. Admitiu, inclusive, que fornecera ao chefe da Mão Negra verbas para apoiar suas operações de espionagem na Bósnia, embora negasse qualquer conhecimento prévio sobre o plano para matar o arquiduque.[30]

De qualquer modo, já estava claro que nem Londres nem Paris pretendiam refutar a versão russa dos acontecimentos. Um tiranete impopular e belicoso tinha sido abatido por cidadãos de seu próprio país, lançados ao desespero por anos de humilhações e maus-tratos. E agora o regime corrupto, decadente e no entanto supostamente predatório que ele representava pretendia pôr a culpa de sua morte não lamentada em um inocente e pacífico vizinho eslavo. Enfocar o evento de Sarajevo dessa maneira não foi, em si, equivalente a formular uma decisão de agir. Mas removeu alguns dos obstáculos a uma intervenção militar russa em caso de um conflito austro-sérvio. O cenário do começo da guerra nos Bálcãs tornou-se uma possibilidade iminente.

O CONDE HOYOS VAI A BERLIM

Mesmo antes que Alek Hoyos chegasse no trem noturno a Berlim na manhã de domingo, 5 de julho, ganhara terreno por lá a opinião de que a Áustria-Hungria teria justificativas para tomar alguma medida contra Belgrado. Uma figura crucial nessa mudança de ânimo foi o cáiser. Quando Guilherme leu o comunicado de 30 de junho no qual Tschirschky informava ter recomendado calma aos austríacos, anotou irados comentários nas margens:

> Quem o autorizou a fazer tal coisa? É uma total estupidez! Não é da conta dele, pois cabe unicamente à Áustria [determinar] o que pretende fazer. No futuro, se as coisas derem errado, dirão: a Alemanha não queria! Faça Tschirschky a gentileza de parar com essa bobagem! Já é hora de pôr os sérvios no seu lugar.[31]

Alguém deve ter mostrado isso a Tschirschky, pois em 3 de julho ele já havia assegurado a Berchtold o apoio de Berlim a uma ação austríaca, desde que os objetivos fossem claramente definidos e a situação diplomática fosse favorável.[32] Assim, Hoyos soube que contaria com uma recepção simpática quando chegou à capital alemã. Sua primeira tarefa era informar Szögyényi, o embaixador austríaco em Berlim, sobre os dois documentos que trouxera, o memorando Matscheko revisado e a carta pessoal do imperador austríaco ao alemão. Szögyényi partiu então com cópias dos dois documentos para Potsdam, onde almoçou com o cáiser, enquanto Hoyos reuniu-se com Arthur Zimmermann, subsecretário do Ministério das Relações Exteriores de Berlim.

Guilherme II recebeu o embaixador no Neues Palais, uma imensa construção barroca na orla oeste do parque do palácio em Potsdam. Segundo relato de Szögyényi, Guilherme leu rapidamente os dois documentos e depois comentou que estava "esperando uma ação séria da nossa parte contra a Sérvia", mas que também precisava levar em conta que essa atitude poderia acarretar "uma grave complicação europeia". Por isso, ele não poderia dar "uma resposta definitiva antes de consultar o chanceler do Reich". O imperador retirou-se então para o almoço. Szögyényi escreveu:

> Depois da refeição, quando mais uma vez salientei com a maior veemência possível a gravidade da situação, Sua Majestade autorizou-me a transmitir ao nosso Supremo Soberano [Francisco José] que podemos contar, também neste caso, com o total apoio da Alemanha. Como ele havia dito, precisa ouvir a opinião do chanceler do Reich, mas não tem a menor dúvida de que Hollweg concordaria plenamente com sua posição. Isso vale particularmente para a nossa ação contra a Sérvia. Entretanto, ele [o cáiser Guilherme] pensa que essa ação não deve ser postergada. A atitude da Rússia seria hostil de qualquer maneira, mas ele vem se preparando para isso há anos, e se uma guerra entre Áustria-Hungria e Rússia vier a acontecer, devemos estar certos de que a Alemanha ficaria do nosso lado com a costumeira lealdade dos aliados. A Rússia, a propósito, no pé em que estão hoje as coisas, não se encontra preparada para a guerra e com certeza há de pensar muito antes de fazer um chamado às armas. [...] Mas se de fato reconhecêssemos a necessidade de uma ação militar contra a Sérvia, ele [o cáiser] lamentaria caso ela deixasse de explorar o momento presente, que é tão vantajoso para nós.[33]

Enquanto o embaixador e o imperador conversavam em Potsdam, Hoyos reunia-se em uma conversa informal como o subsecretário Zimmermann no Ministério das Relações Exteriores em Berlim; o secretário de Estado, Gottlieb von Jagow, continuava viajando em lua de mel, portanto não podia ser consultado. Hoyos e Zimmermann concordaram, em princípio, que a Alemanha apoiaria uma ação da Áustria contra a Sérvia. Zimmermann leu os dois documentos na íntegra e frisou que não tinha condições de comunicar uma posição oficial.

Depois comentou — segundo um relato posterior de Hoyos — que, se os austríacos atacassem a Sérvia, havia "90% de probabilidade de uma guerra europeia", antes de assegurar ao embaixador ainda assim o apoio alemão a um plano da Áustria.[34] A apreensão que o subsecretário mostrara antes, expressa em sua recomendação de comedimento em Viena, claramente se dissipara.

Às cinco da tarde, um pequeno grupo reuniu-se no Neues Palais para debater os acontecimentos da manhã e coordenar as ideias. Estavam presentes o cáiser, seu ajudante (general Plessen), o chefe de seu gabinete militar (general Lyncker) e o ministro da Guerra (general Falkenhayn). O subsecretário Zimmermann e o chanceler imperial, que naquele meio-tempo retornara de sua propriedade, também compareceram. Plessen anotou em seu diário os detalhes do encontro. O cáiser leu em voz alta a carta de Francisco José, com base na qual todos concluíram que os austríacos estavam "se preparando para uma guerra contra a Sérvia" e queriam "primeiro ter certeza sobre a Alemanha". "Prevaleceu entre nós a opinião de que quanto mais cedo os austríacos tomassem a iniciativa contra a Sérvia, melhor, e de que os russos, embora amigos da Sérvia, no fim das contas não interfeririam."[35]

No dia seguinte, 6 de julho, Hollweg recebeu o conde Hoyos e o embaixador Szögyényi, com assessoria de Zimmermann, para oferecer à Áustria uma resposta formal ao seu pleito (o cáiser Guilherme, enquanto isso, deixara Berlim para seu passeio anual de iate na Escandinávia). Hollweg primeiro discorreu com alguns detalhes sobre a situação geral da segurança nos Bálcãs. A Bulgária devia ser mais intimamente integrada à Tríplice Aliança, era preciso pedir a Bucareste que diminuísse seu apoio ao irredentismo romeno na Transilvânia etc. Só então ele tratou da ação militar proposta:

> Na questão das nossas relações com a Sérvia, ele disse que a posição do governo alemão era de que devíamos julgar o que seria feito para esclarecer essas relações; fosse qual fosse a nossa decisão, poderíamos ter certeza de que a Alemanha nos apoiaria como aliada e amiga da monarquia. No decorrer do restante da conversa, depreendi que tanto o chanceler como seu senhor imperial consideravam que uma intervenção imediata da nossa parte contra a Sérvia constituiria a melhor e mais radical solução para nossos problemas nos Bálcãs. De um ponto de vista internacional, ele vê o momento presente como mais favorável do que algum momento posterior.[36]

Apesar das singularidades desse breve pronunciamento — entre outras coisas, apenas nove das 54 linhas do texto impresso do resumo de Szögyényi tratavam das medidas propostas contra a Sérvia, e não havia menção a uma possível reação russa —, temos aqui uma decisão clara e fundamentalmente importante. Dessa vez o governo alemão estava falando em uma só voz. O cáiser e o chanceler (que era também o ministro das Relações Exteriores) estavam de acordo, assim como o subsecretário do Ministério das Relações Exteriores, substituindo Jagow, o secretário de Estado para Assuntos Externos. O ministro da Guerra fora informado e avisara o imperador que o Exército alemão estava pronto para quaisquer eventualidades. O resultado foi uma garantia de apoio alemão que se tornou conhecida como "cheque em branco".

Na medida em que essa metáfora, um tanto enganosa em outros aspectos, conota uma promessa de apoio ao parceiro de aliança, ela é uma descrição razoável das intenções alemãs. O cáiser e o chanceler acreditavam que os austríacos tinham razão de agir contra a Sérvia e mereciam ser capazes de fazê-lo sem medo da intimidação russa. Muito mais problemática era a afirmação de que os alemães viram nas mensagens austríacas mais do que elas pretendiam transmitir, comprometeram-se mais do que os austríacos haviam tencionado e, com isso, os pressionaram a entrar em guerra.[37] Embora seja verdade que o comunicado de Francisco José não se referia diretamente a uma "guerra" contra a Sérvia, ele não deixava ao leitor dúvida alguma de que Viena estava cogitando a ação mais radical possível. Como entender de outro modo sua insistência em que "uma conciliação do conflito" entre os dois Estados já não era possível e que o problema só seria resolvido quando a Sérvia tivesse sido "eliminada como um fator de poder nos Bálcãs"? De qualquer modo, o conde Hoyos não deixara margem para dúvida quanto à posição de Viena. Garantiu que tinha controle pessoal sobre as argumentações austríacas durante sua "missão" em Berlim; mais tarde revelou ao historiador Luigi Albertini que foi ele, e não o embaixador veterano, quem redigiu o comunicado de Szögyényi resumindo as garantias de Hollweg.[38]

Como os dirigentes alemães avaliaram o risco de que um ataque austríaco à Sérvia acarretaria uma intervenção russa, forçaria a Alemanha a ir em socorro de sua aliada, desencadearia a aliança franco-russa e, com isso, ocasionaria uma guerra continental? Alguns historiadores supõem que Guilherme, Hollweg e seus consultores militares viram na crise que fermentava por causa de Sarajevo uma oportunidade de buscar um conflito com as outras grandes potências em condições favoráveis à Alemanha. Em anos anteriores, elementos das Forças Armadas alemãs haviam repetidamente recomendado a guerra preventiva, argumentando que, como a balança do poder de ataque militar estava rapidamente pendendo contra a Tríplice Aliança, o tempo se esgotava para a Alemanha. Uma guerra travada naquele momento tinha possibilidade de ser vencida; dali a cinco anos, a disparidade nos armamentos teria aumentado a ponto de tornar imbatível a vantagem das potências da entente.

Qual foi exatamente o peso desses argumentos nas deliberações da liderança alemã? Para responder essa pergunta, devemos primeiro salientar que os principais decisores não acreditavam na probabilidade de uma intervenção russa, nem desejavam provocar uma. Em 2 de julho, Salza Lichtenau, o enviado da Saxônia em Berlim, informou que, embora certos militares do alto escalão estivessem dizendo que seria desejável "deixar que a guerra aconteça agora", enquanto a Rússia ainda estava despreparada, ele achava improvável que o cáiser aceitasse essa opinião. Um relatório redigido no dia seguinte pelo plenipotenciário militar da Saxônia observou que, em contraste com os que viam com bons olhos a perspectiva de uma guerra mais cedo, "dizem que o cáiser pronunciou-se em favor da manutenção da paz". Todos os presentes na reunião com Guilherme II em Potsdam na tarde de 5 de julho foram de opinião de que os russos, embora amigos da Sérvia, "no fim das contas não entrariam na guerra". Assim, quando naquela reunião o ministro da Guerra, Falkenhayn, perguntou ao cáiser se ele queria que "fossem feitos quaisquer preparativos" para a eventualidade de um conflito das grandes potências, Guilherme respondeu negativamente. A relutância dos alemães em fazer preparativos militares, que permaneceu característica do modo como a Alemanha lidou com a crise até fins de julho, pode, em parte, refletir a confiança do Exército no estado de prontidão existente, mas também refletia o desejo da liderança alemã de confinar o conflito aos Bálcãs, mesmo que essa política viesse a pôr em perigo sua prontidão caso o confinamento falhasse.[39]

O cáiser, em particular, permanecia confiante em que o conflito poderia ser localizado. Na manhã de 6 de julho, antes de partir para Berlim, ele disse ao secretário interino de Estado para a Marinha, almirante Von Capelle: "Não acredito que venham a ocorrer outras complicações militares", pois "o tsar neste caso não ficaria do lado dos regicidas. Além disso, a Rússia e a França não estariam preparadas para a guerra". Ele fez mais ou menos o mesmo comunicado a outros militares importantes. Não se tratava de mera especulação: o cáiser havia muito tempo achava que, embora o preparo militar russo estivesse aumentando, levaria algum tempo para que o país se dispusesse a arriscar um ataque. Em fins de outubro de 1913, na esteira da crise da Albânia, ele dissera ao embaixador Szögyényi que "por ora, a Rússia não é motivo de preocupação; nos próximos seis anos não é preciso temer nada".[40]

Essa linha de raciocínio não era uma alternativa ao argumento da guerra preventiva; ao contrário, interligava-se parcialmente com ele. O argumento em favor de iniciar uma guerra preventiva consistia em dois elementos distintos e separáveis. O primeiro era a observação de que as chances alemãs de sucesso militar em uma guerra europeia estavam diminuindo depressa; o segundo era a inferência de que a Alemanha devia lidar com esse problema provocando ela mesma a guerra antes que fosse tarde demais. Foi a primeira parte que compôs o pensamento dos principais decisores civis, e não a segunda. Afinal, os dados que sugeriam chances decrescentes de êxito implicavam também que o risco de uma intervenção russa era mínimo. Se as chances de sucesso da Rússia numa guerra com a Alemanha realmente viriam a ser muito maiores dali a três anos do que eram em 1914, por que São Petersburgo se arriscaria iniciando um conflito continental agora, quando o país ainda estava semipreparado?

Raciocinar nessas linhas ensejava dois cenários possíveis. O primeiro, que parecia muito mais provável a Hollweg e seus colegas, era de que os russos se absteriam de intervir e deixariam a cargo dos austríacos resolver sua disputa com a Sérvia, talvez respondendo diplomaticamente em combinação com uma ou mais das outras potências em algum momento posterior. O segundo cenário, considerado menos provável, era de que os russos negariam a legitimidade das argumentações austríacas, desconsiderariam o estado incompleto de seu programa de rearmamento e interviriam mesmo assim. Era nesse nível secundário de condicionalidade que a lógica da guerra preventiva se encaixava: pois, se fosse para acontecer uma guerra *de qualquer maneira*, seria melhor que começasse agora.

Baseava esses cálculos a influente e, como sabemos hoje, errônea suposição de que os russos provavelmente não interviriam. As razões desse grande erro de avaliação do nível de risco não são difíceis de encontrar. A aceitação pela Rússia do ultimato austríaco em outubro de 1913 levava a crer nesse resultado. E havia ainda a profunda convicção já mencionada de que o tempo estava do lado da Rússia. Os assassinatos foram vistos em Berlim como um ataque ao princípio monárquico desferido a partir de uma cultura política com forte propensão ao regicídio (uma posição que também podemos encontrar em parte da cobertura pela imprensa britânica). Por mais fortes que pudessem ser as simpatias pan-eslavistas da Rússia, era difícil imaginar o tsar tomando o partido "dos regicidas", como o cáiser observou tantas vezes. A tudo isso devemos adicionar o problema perene de interpretar as intenções do Executivo russo. Os alemães não tinham noção do grau em que a briga austro-sérvia já se incorporara ao pensamento estratégico franco-russo. Não conseguiram perceber o quanto as duas potências ocidentais seriam indiferentes à questão de quem havia provocado a briga.

Além disso, os alemães ainda não tinham percebido a importância da remoção de Kokovtsov da presidência do Conselho de Ministros e tinham dificuldade para entender o equilíbrio de poder no novo Conselho. Não estavam sozinhos: também os diplomatas britânicos atrapalharam-se para decifrar a nova constelação e chegaram à errônea conclusão de que a influência dos conservadores antiguerra, como Kokovtsov e Durnovo, estava mais uma vez em ascensão, e em Paris havia a preocupação de que uma facção "pró-germânica" liderada por Serguei Witte poderia estar prestes a conseguir o controle das políticas.[41] A opacidade do sistema dificultou avaliar os riscos nessa ocasião, como em tantas anteriores. Ao mesmo tempo, a recente experiência alemã da colaboração próxima com Londres em questões balcânicas sugeria que a Inglaterra, apesar das mais recentes conferências do Estado-Maior da Marinha, poderia muito bem entender o ponto de vista de Berlim e pressionar São Petersburgo a conter-se. Esse era um dos perigos da détente: ela encorajava os decisores a subestimar os perigos que acompanhavam suas ações.

Seria possível falar, como alguns historiadores, em uma política de risco calculado.[42] Mas essa caracterização omite outro elo importante na cadeia de pensamento germânica: a suposição de que uma intervenção russa — uma política indefensável no aspecto ético-legal ou na esfera da segurança — seria, na realidade, prova de algo mais ominoso: o desejo de São Petersburgo de *buscar* uma guerra com as potências centrais, a fim de explorar a oportunidade oferecida pela iniciativa austríaca e iniciar uma campanha que solaparia o poder da Tríplice Aliança. Vista dessa perspectiva, a crise austro-sérvia parecia não uma oportunidade de buscar a guerra, mas um meio de descobrir a verdadeira natureza das intenções russas. E se fosse descoberto que a Rússia queria a guerra (o que era plausível para os alemães, considerando a gigantesca escala de seu rearmamento, a intensa colaboração com a França, a indignação com a missão Liman e as recentes

Conferências do Estado-Maior da Marinha com a Grã-Bretanha), então — e aqui novamente o argumento chances declinantes/guerra preventiva encaixava-se como parte de uma condicionalidade secundária — seria melhor aceitar a guerra oferecida pelos russos agora do que postergá-la. Se essa segunda linha fosse seguida, a Alemanha ficaria sujeita a perder seu único aliado remanescente e sofrer pressão sempre crescente dos países da entente, cuja capacidade para impor suas preferências aumentaria conforme a balança do poder pendesse irreversivelmente contra a Alemanha e o que quer que restasse da Áustria-Hungria.[43]

Portanto, rigorosamente falando, essa não era uma estratégia baseada no risco; destinava-se, isto sim, a descobrir o verdadeiro nível da ameaça representada pela Rússia. Em outras palavras, se os russos *escolhessem* mobilizar-se contra a Alemanha e, com isso, deflagrar uma guerra continental, isso não expressaria o risco gerado pelas ações alemãs, mas a força da determinação russa em mudar o equilíbrio europeu por meio da guerra. Dessa perspectiva reconhecidamente muito circunscrita, os alemães não estavam correndo riscos, e sim testando as ameaças. Essa foi a lógica que fundamentou as frequentes referências de Hollweg à ameaça representada pela Rússia nos últimos meses antes do início da guerra.

Para entender essa linha de pensamento, precisamos recordar brevemente o quanto essa questão estava em destaque no mundo público vivenciado pelos dirigentes e editores de jornais na primavera e no verão de 1914. Em 2 de janeiro daquele ano, o jornal parisiense *Le Matin* começou a publicar uma série sensacionalista de cinco longos artigos com o título "La Plus Grande Russie". Escrita pelo editor-chefe Stéphane Lauzanne, que voltara recentemente de uma viagem a Moscou e São Petersburgo, a série impressionou os leitores em Berlim não só pela escarnecedora beligerância do tom, mas também pela aparente exatidão e substância das informações que continha. O mais alarmante era um mapa com a legenda "disposições da Rússia para a guerra", que representava toda a área entre o Báltico e o mar Negro como um apinhado arquipélago de concentrações de tropas ligadas entre si por uma rede de estradas de ferro. O comentário anexo ao mapa informava que essas eram "as disposições exatas do corpo do Exército russo em 31 de dezembro de 1913", e recomendava aos leitores que notassem "a extraordinária concentração de forças na fronteira russo-prussiana". Esses artigos expressavam uma visão um tanto fantástica e exagerada da força militar russa e, aliás, talvez tivessem por objetivo erodir a oposição ao novo empréstimo russo, mas, para os leitores alemães que estavam cientes dos vultosos empréstimos combinados entre a França e a Rússia na época, eram uma leitura alarmante. Seu efeito foi amplificado pela suspeita de que as informações que continham derivavam de uma fonte governamental — a intimidade entre *Le Matin* e Poincaré era notória, e sabia-se que Lauzanne encontrara-se com Sazonov e altos comandantes militares russos durante sua viagem à Rússia.[44] Houve muitas outras iniciativas inquietantes no jornalismo inspirado: em um editorial de Ano-Novo publicado mais ou menos na mesma época, o jornal militar *Razvechik*, que muitos viam como um órgão do Estado-Maior imperial, apresentou uma visão de gelar o sangue sobre a guerra iminente com a Alemanha:

> Não só os soldados, mas todo o povo russo deve se acostumar ao fato de que estamos nos armando para a guerra de extermínio contra os alemães, e que os Impérios alemães têm de ser destruídos, mesmo que isso custar centenas de milhares de vidas.[45]

Esse tipo de semeação de pânico semioficial continuou até o verão. Particularmente perturbador foi um artigo de 13 de junho no jornal *Birzheviia Vedomosti* com a manchete: "Nós estamos prontos. A França também tem de estar". Ele foi reproduzido por boa parte da imprensa francesa e alemã. O que alarmava especialmente os dirigentes em Berlim era o aviso (acertado) do embaixador Pourtalès em São Petersburgo de que o artigo fora inspirado por nada menos que o ministro da Guerra, Vladimir Sukhomlinov. A matéria esboçava um impressionante retrato da imensa máquina militar que cairia sobre a Alemanha em caso de guerra; o Exército russo, jactava-se o texto, logo teria 2,32 milhões de homens (a Alemanha e a Áustria, em contraste, tinham juntas apenas 1,8 milhão). Além disso, graças a uma rede ferroviária estratégica que se expandia velozmente, o tempo de mobilização estava despencando.[46]

Muito provavelmente a intenção principal de Sukhomlinov não era aterrorizar os alemães, mas persuadir o governo francês sobre o grau do comprometimento militar da Rússia com a aliança e lembrar seus congêneres franceses de que eles também tinham de fazer sua parte. Ao mesmo tempo, seu efeito sobre os leitores alemães foi, previsivelmente, perturbador. Um desses leitores foi o cáiser, que salpicou sua tradução com as usuais anotações espontâneas, entre elas: "Ah! Até que enfim os russos puseram as cartas na mesa! Qualquer um na Alemanha que ainda não acredite que os russos-gauleses andam empenhados em uma guerra iminente contra nós [...] pode ir direto para o manicômio de

Dalldorf!".[47] Outro leitor foi o chanceler Hollweg. Em carta de 16 de junho ao embaixador Lichnowsky em Londres, ele observou que a ânsia de guerra do "partido militarista" da Rússia nunca se "revelara tão implacavelmente". Até então, prosseguiu, eram apenas os "extremistas", pan-germânicos e militaristas que suspeitavam que a Rússia preparava uma guerra contra a Alemanha. Mas agora, "até os políticos mais calmos", entre os quais presumivelmente Hollweg se incluía, estavam "começando a inclinar-se a essa opinião".[48] Um deles era o secretário das Relações Exteriores, Gottlieb von Jagow, que passou a acreditar que, embora a Rússia *ainda* não estivesse pronta para a guerra, em breve "sufocaria" a Alemanha com seus enormes exércitos, a Frota Báltica e a rede ferroviária estratégica.[49] Relatórios do Estado-Maior de 27 de novembro de 1913 e 7 de julho de 1914 forneceram análises atualizadas do programa russo de ferrovias estratégicas, acompanhadas por um mapa no qual as novas linhas arteriais — a maioria com numerosos trilhos secundários que adentravam profundamente o interior da Rússia e convergiam para as fronteiras alemã e austríaca — estavam assinaladas em vívidos traços vermelhos.[50]

Essas apreensões intensificaram-se com as conferências anglo-russas do Estado-Maior da Marinha em junho de 1914, que sugeriam o início de uma nova fase do planejamento estratégico das potências da entente. Em maio de 1914, por pressão do Ministério das Relações Exteriores francês, o gabinete britânico aprovou as conferências do Estado-Maior da Marinha anglo-russo. Apesar de realizadas no mais rigoroso sigilo, os alemães estavam bem informados sobre os detalhes dos debates, graças a um agente na embaixada russa em Londres, o segundo secretário Benno von Siebert, um alemão báltico a serviço da Rússia. Através dessa fonte, Berlim ficou sabendo, entre outras coisas, que Londres e São Petersburgo haviam discutido a possibilidade de, em caso de guerra, a frota britânica apoiar o desembarque de um corpo expedicionário russo na Pomerânia. A notícia causou alarme em Berlim. Em 1913-4, os gastos navais da Rússia pela primeira vez superaram os da Alemanha. Surgiu a preocupação com uma política externa russa mais agressiva e um crescente fortalecimento da entente que logo privassem a política alemã de qualquer liberdade de movimento. As discrepâncias entre as respostas evasivas de Edward Grey a indagações do conde Lichnowsky e os detalhes fornecidos por Siebert deixaram a assustadora impressão de que os britânicos tinham algo a esconder, o que gerou uma crise de confiança entre Berlim e Londres — uma questão de certa importância para Hollweg, cuja política sempre se baseara na suposição de que a Grã-Bretanha, embora parcialmente integrada à entente, jamais apoiaria uma agressão à Alemanha.[51]

Nos diários do diplomata e filósofo Kurt Riezler, assessor mais direto e confidente de Hollweg, vislumbramos o teor do pensamento do chanceler na época em que a decisão foi tomada em Viena. Depois da reunião com Szögyényi e Hoyos em 6 de julho, os dois homens viajaram juntos para a propriedade do chanceler em Hohenfinow. Riezler recordou a conversa que teve com Hollweg naquela noite:

> Na varanda à luz do céu noturno, longa conversa sobre a situação. A informação secreta [do informante alemão na embaixada russa em Londres] que ele me transmite forma um quadro devastador. Ele vê as negociações russo-inglesas sobre uma convenção naval, um desembarque na Pomerânia, como algo muito sério, o último elo na cadeia. [...] O poder militar da Rússia crescendo rapidamente; o reforço estratégico do saliente polonês tornará a situação insustentável. A Áustria cada vez mais fraca e menos móvel.

Interligadas a essas preocupações com a Rússia estavam dúvidas sobre a confiabilidade e a longevidade da aliança com a Áustria:

> O chanceler fala em decisões de peso. O assassinato de Francisco Ferdinando. Sérvia oficial envolvida. Áustria quer se recompor. Carta de Francisco José com indagação sobre a prontidão da aliança para agir.
>
> É nosso velho dilema com toda ação austríaca nos Bálcãs. Se os encorajarmos, dirão que os empurramos para isso. Se aconselharmos em contrário, dirão que os abandonamos na hora da dificuldade. Então procurarão as potências ocidentais, que estão de braços abertos, e perderemos nosso último aliado razoável.[52]

Durante uma conversa com Riezler no dia seguinte, Hollweg observou que a Áustria era incapaz de "entrar em uma guerra como nossa aliada em nome de uma causa alemã".[53] Em contraste, uma guerra "do leste", nascida de um conflito balcânico e movida antes de tudo por interesses austro-húngaros, asseguraria que Viena se interessasse plenamente: "Se a guerra vier do leste, e assim entrarmos em campanha pela Áustria-Hungria em vez de a Áustria-Hungria por nós, teremos alguma perspectiva de êxito".[54] Essa ideia refletia um dos principais argumentos dos dirigentes franceses: uma guerra originada nos Bálcãs muito provavelmente significaria o total apoio da Rússia à iniciativa comum contra a Alemanha. Nem os dirigentes franceses nem os alemães confiavam em que, se os principais interesses em jogo fossem seus, os respectivos aliados se comprometeriam 100% com uma luta.

O CAMINHO PARA O ULTIMATO AUSTRÍACO

Chegou-se a uma espécie de decisão: os austríacos, ou pelo menos o grupo ao redor de Berchtold, pretendiam resolver seu conflito com a Sérvia por meios militares. Mas em todas as demais questões, até então o sistema composto de Viena não conseguira assumir posições coerentes sobre as políticas. Por exemplo, no momento em que Hoyos partiu para Berlim ainda não havia acordo sobre que política deveria ser adotada em relação à Sérvia após uma vitória austríaca. Quando Zimmermann indagou sobre os objetivos pós-guerra da Áustria, Hoyos respondeu com uma improvisação bizarra: declarou que a Sérvia seria dividida entre Áustria, Bulgária e Romênia. Ele não tinha autoridade para propor essa medida a Zimmermann, tampouco seus colegas haviam combinado alguma política de partilha. Posteriormente, recordou que tinha inventado a política de divisão por temer que os alemães perdessem a fé nos austríacos se achassem "que não podíamos formular com precisão a nossa política para a Sérvia e não tínhamos objetivos claros"; não importava quais objetivos fossem identificados, e sim que o aliado ficasse com uma impressão de determinação e firmeza.[55] Tisza ficou furioso ao saber da imprudência de Hoyos; os húngaros, mais até que a elite política em Viena, viam com puro horror a perspectiva de ter ainda mais eslavos do sul irados como súditos habsburguianos. Viena subsequentemente esclareceu que não tinha intenção de anexar território sérvio. Mas a extraordinária gafe de Hoyos ilustra parte do modo desconjuntado como a política austríaca evoluiu durante a crise.

O tempo era outro problema. Os alemães haviam frisado que, se fosse para haver uma ação contra a Sérvia, ela deveria acontecer depressa, antes que arrefecesse a indignação do povo contra os assassinos. Mas a presteza não era uma característica notável na cultura política austríaca. Logo se evidenciou que demoraria algum tempo até que qualquer ação militar pudesse começar. Essa morosidade tinha duas razões principais. A primeira era política. Em uma reunião do Conselho de Ministros realizada em Viena em 7 de julho, um dia depois de Hoyos voltar de Berlim, ficou claro que os principais decisores ainda não haviam concordado quanto a como proceder. Berchtold abriu a sessão lembrando a seus colegas que a Bósnia-Herzegóvina só seria estabilizada se a ameaça externa representada por Belgrado fosse debelada. Se não se tomasse nenhuma providência, a capacidade da monarquia para lidar com os movimentos irredentistas patrocinados pela Rússia em suas áreas eslavas do sul e romenas se deterioraria invariavelmente. Esse era um argumento calculado para sensibilizar o premiê húngaro, para quem a estabilidade da Transilvânia era uma preocupação fundamental. Tisza não se convenceu. Em sua réplica a Berchtold, ele admitiu que a atitude da imprensa sérvia e os resultados da investigação policial em Sarajevo favoreciam o argumento do ataque militar. Mas primeiro era preciso esgotar as opções diplomáticas. Belgrado deveria receber um ultimato, com condições "firmes, mas não impraticáveis". Forças suficientes deveriam ser mobilizadas para defender a Transilvânia contra um ataque oportunista da Romênia. E então Viena teria de procurar consolidar sua posição entre as potências balcânicas: buscar relações mais próximas com a Bulgária e o Império Otomano, na esperança de criar um contrapeso à Sérvia nos Bálcãs e "forçar a Romênia a voltar para a Tríplice Aliança".[56]

Nada disso surpreendeu qualquer um dos presentes; essa era a bem conhecida posição de Budapeste, que punha a Transilvânia no centro do palco. Mas Tisza enfrentou um sólido bloco de colegas decididos a confrontar a Sérvia com exigências que eles previam que Belgrado rejeitasse. Um êxito puramente diplomático não teria valor algum, alertou o ministro da Guerra, Krobatin, pois em Belgrado, Bucareste, São Petersburgo e nas áreas eslavas do sul da monarquia seria interpretado como um sinal da fraqueza e indecisão de Viena. O tempo estava se esgotando para a Áustria-Hungria: a cada ano que passava, a posição de segurança da monarquia na península balcânica tornava-se cada vez mais frágil. As conclusões registradas nas atas, que foram redigidas pelo conde Hoyos, refletiam uma mistura curiosa e não totalmente coerente das principais posições. Todos concordavam, primeiramente, com a necessidade de uma rápida resolução da desavença com a Sérvia, "por meios militares ou pacíficos". Segundo, os ministros aceitavam a sugestão do conde Tisza de que a mobilização contra a Sérvia só deveria ocorrer depois de Belgrado ter recebido um ultimato. Por fim, ficou registrado que todos os presentes, exceto o premiê húngaro, julgavam que um sucesso puramente diplomático, mesmo que implicasse uma "sensacional humilhação" da Sérvia, não teria valor algum, portanto o ultimato deveria ser elaborado com condições suficientemente duras para assegurar uma rejeição, "de modo que fique aberto o caminho para uma solução radical por meio da intervenção militar".[57]

Depois do almoço, Conrad e Karl Kailer, representando o chefe do Estado-Maior da Marinha, juntaram-se ao grupo reunido, e os ministros revelaram os planos militares. Questionado pelo ministro da Guerra Krobatin, Conrad explicou que, embora o plano contra a Sérvia (batizado de "Plano B", de "Bálcãs") exigisse enviar grande número de soldados para a periferia sul, uma intervenção da Rússia no conflito obrigaria os austríacos a mudar o enfoque da operação do sul para o nordeste. Poderia levar algum tempo até conseguirem determinar se e quando essa mudança seria necessária, mas Conrad esperava ficar sabendo até o quinto dia depois da mobilização se precisaria inserir a Rússia nos cálculos. Essa demora poderia até significar que parte do norte da Galícia deveria ser cedida inicialmente aos russos. Como exatamente seria implementado o processo logisticamente complexo de mudar de um plano a outro ainda não fora esclarecido, e os ministros não perguntaram.[58]

Essas deliberações foram um divisor de águas. No fim da reunião, era mínima a chance de um resultado pacífico.[59] Mas ainda não havia sinal de ação precipitada. A opção de atacar de surpresa imediatamente, sem uma declaração de guerra, foi rejeitada. Tisza, cuja concordância era constitucionalmente necessária para uma resolução de tamanha importância, continuava a exigir que primeiro a Sérvia fosse humilhada na arena diplomática. Só depois de mais uma semana ele cedeu à posição da maioria, sobretudo porque se convenceu de que, se não lidassem com a questão sérvia, a Transilvânia húngara sairia prejudicada. No entanto, havia um obstáculo mais intratável para a ação rápida. Nas áreas rurais das terras habsburguianas, o serviço militar causava sérios problemas no verão, pois mantinha os homens jovens longe de suas casas e plantações na época da colheita da maioria dos produtos. Para amenizar o problema, o Estado-Maior austríaco concebera um sistema de licenças para colheita que permitia aos homens no serviço ativo voltar para suas propriedades rurais, ajudar no trabalho e depois retornar às suas unidades a tempo para as manobras de verão. Em 6 de julho, o dia anterior à reunião, Conrad verificara que os soldados que serviam nas unidades de Agram (Zagreb), Graz, Pressburg (Bratislava), Cracóvia, Temesvar (Timisoara), Innsbruck e Budapeste estavam de licença para a colheita e só voltariam ao serviço em 25 de julho.

Assim, Conrad não tinha muita escolha: podia ordenar o cancelamento de novas licenças (e o fez), mas não chamar de volta os muitos milhares de homens que já estavam trabalhando na colheita sem perturbá-la gravemente, irritar os súditos camponeses em muitas áreas que abrigavam minorias nacionais, superlotar a malha ferroviária e despertar suspeitas em toda a Europa de que a Áustria andava planejando um ataque militar iminente. É curioso, para dizer o mínimo, que Conrad, o arquiteto desse sistema de licenças, não previsse o problema quando propôs a Berchtold, na noite do dia seguinte aos assassinatos, que a Áustria desferisse um ataque imediato contra a Sérvia semelhante ao ataque japonês à frota russa em Porto Arthur em 1904, que acontecera sem uma declaração de guerra prévia.[60]

Nesse meio-tempo, chegou-se em Viena a um grau de unanimidade com respeito à linha de ação a ser seguida. Em mais uma reunião de cúpula na cidade em 14 de julho, ficou acertado que um rascunho do ultimato seria examinado e aprovado pelo Conselho de Ministros no domingo, 19 de julho. Mas o ultimato propriamente dito somente seria apresentado ao governo em Belgrado na quinta-feira, 23 de julho. Queria-se com isso evitar que a entrega do ultimato coincidisse com uma visita de Estado do presidente Raymond Poincaré e de seu novo primeiro-ministro, René Viviani, a São Petersburgo, marcada para 20 a 23 de julho. Berchtold e Tisza concordavam que "enviar o ultimato durante esse encontro em São Petersburgo seria visto como uma afronta, e uma conversa pessoal entre o ambicioso presidente da República e Sua Majestade o imperador da Rússia [...] aumentaria a probabilidade de uma intervenção militar pela Rússia e pela França".[61]

A partir desse momento, o sigilo era de máxima importância, por razões estratégicas e diplomáticas. Era essencial, informou Conrad a Berchtold em 10 de julho, evitar qualquer ação que pudesse alertar previamente os sérvios sobre as intenções austríacas e dar-lhes tempo para mobilizar-se antes do Exército da Áustria.[62] Avaliações recentes da força militar sérvia sugeriam que seu Exército não seria um oponente trivial. (O que ficou claríssimo no inverno de 1914, quando o Exército sérvio conseguiu expulsar os austríacos de seu reino.) O segredo também era essencial porque significava para Viena a única esperança de transmitir suas exigências a Belgrado antes que as potências da entente tivessem a oportunidade de deliberar conjuntamente sobre como responder — daí a importância de evitar os dias em que Poincaré e Viviani estariam em São Petersburgo. Por isso, Berchtold ordenou que a imprensa recebesse instruções categóricas para evitar o tema da Sérvia. Essa medida aparentemente foi eficaz: houve um notável sumiço do assunto Sérvia nos jornais durante as semanas intermediárias da crise — uma situação que ajudou a gerar uma falsa sensação de calma no público, justamente quando a crise estava prestes a entrar na fase mais perigosa. Em suas relações oficiais com a Rússia, Viena desdobrou-se para evitar até o menor atrito; Szapáry, o embaixador austríaco em São Petersburgo, foi particularmente assíduo em seus esforços para tranquilizar o Ministério das Relações Exteriores russo, garantindo que tudo se resolveria.[63]

Mas essa política velada foi comprometida por um vazamento, curiosamente originado em Berlim. Em 11 de julho, o secretário de Estado alemão, Gottlieb von Jagow, informou o embaixador alemão em Roma, Flotow, sobre as intenções da Áustria. Este passou a informação ao ministro italiano das Relações Exteriores, San Giuliano, e o Ministério das Relações Exteriores da Itália prontamente a transmitiu por telegrama codificado às suas legações em São Petersburgo, Bucareste e Viena. Os austríacos, que tinham decifrado o código italiano e estavam observando de perto o tráfego diplomático entre Viena e Roma, souberam quase imediatamente que os italianos tinham sido postos a par dos planos austríacos por uma fonte alemã e os haviam revelado a duas capitais inamistosas, com a intenção de que russos e romenos fossem incentivados a impedir a iniciativa austríaca adotando uma "conduta ameaçadora" em Viena e Berlim.[64] Tinham boas razões para supor que os russos, inigualáveis na Europa na arte de decifrar códigos, também tivessem interceptado os telegramas italianos e descoberto sobre o ultimato iminente. De fato, os russos não precisavam das interceptações italianas, pois também souberam do planejado ultimato por intermédio de outros vazamentos alemães *e* austríacos. Em 16 de julho, em conversa com o diplomata alemão aposentado conde Lützow, o embaixador russo em Viena descobriu que os austríacos estavam redigindo um comunicado em "termos muito hostis" que continha, nas palavras do embaixador, "exigências inaceitáveis a qualquer Estado independente". A fonte de Lützow, por mais espantoso que pareça, foi uma conversa longa e franca em Viena com Berchtold e Forgách. O relato de Shebeko sobre essa descoberta estarrecedora foi direto para o tsar Nicolau II via Ministério das Relações Exteriores russo. O tsar anexou um comentário notável: "A meu ver, nenhum país pode fazer exigências a outro, a não ser que tenha decidido guerrear".[65] Nada poderia expressar com mais clareza a negação russa ao direito austríaco de insistir em algum tipo de satisfação por Belgrado.

Essas brechas no sigilo austríaco tiveram dois efeitos importantes. O primeiro foi simplesmente que, por volta de 20 de julho, os russos e as grandes potências parceiras já estavam bem a par do que os austríacos tramavam. As autoridades sérvias também foram informadas, como sabemos por um relatório escrito em 17 de julho por Crackanthorpe, o ministro britânico em Belgrado.[66] Tanto em São Petersburgo como em Belgrado, esse conhecimento prévio facilitou formular e coordenar — *antes da apresentação do ultimato a Belgrado* — uma posição de firme rejeição, eloquentemente expressa na circular que Pašić enviou em 19 de julho às legações sérvias no exterior: "Não podemos aceitar exigências que nenhum outro país que respeite sua própria independência e dignidade aceitaria".[67] Isso significava, entre outras coisas, que houvera ampla oportunidade para que as opiniões sobre um possível ultimato amadurecessem quando o chefe de Estado francês e seu primeiro-ministro chegaram a São Petersburgo em 20 de julho. É infundada a suposição, promulgada por Sazonov e mais tarde difundida na literatura, de que a notícia do ultimato foi um terrível choque para os russos e franceses em 23 de julho, quando o comunicado foi entregue ao ministro das Relações Exteriores da Sérvia.

O segundo efeito relaciona-se ao modo como Viena lidou com sua parceira, a Alemanha. Berchtold acusou os alemães de comprometer sua estratégia de sigilo e reagiu aos vazamentos interrompendo as comunicações com Berlim; em consequência, os alemães não estavam mais bem informados sobre o conteúdo exato do iminente ultimato austríaco do que seus oponentes da entente. Uma das características mais estranhas da conduta austríaca na crise foi o fato de uma cópia do ultimato ser enviada à liderança em Berlim só na noite de 22 de julho.[68] Entretanto, naturalmente as declarações de ignorância da Alemanha soaram falsas aos diplomatas da entente, que as viram como prova de que alemães e austríacos estavam planejando juntos, em segredo, uma iniciativa conjunta tramada havia muito tempo, à qual deveria ser dada uma resposta coordenada e firme: uma suposição que não pressagiava coisa boa para a paz quando a crise entrou em sua fase final.

Vale a pena trazer novamente à baila as singularidades do processo de tomada de decisão na Áustria-Hungria. Berchtold, menosprezado por muitos dos falcões do governo como um moleirão incapaz de resoluções claras, assumiu o controle do debate político depois de 21 de junho de um modo impressionante. Mas só pôde fazer isso mediante um árduo e demorado processo de formação de consenso. As intrigantes dissonâncias nos documentos que mostram como emergiu a decisão austríaca pela guerra refletem a necessidade de incorporar pontos de vistas opostos sem necessariamente conciliá-los.

Talvez a falha mais gritante no processo de tomada de decisão austríaco seja a tacanhice dos campos de visão individual e coletivo. Os austríacos pareciam ouriços a atravessar uma rodovia desviando olhos do trânsito veloz.[69] Decerto a gravíssima possibilidade de uma mobilização plena da Rússia e de uma guerra europeia geral que inevitavelmente se seguiria foi vislumbrada pelos decisores austríacos, que a debateram em várias ocasiões. Mas ela nunca foi integrada ao processo de pesar e avaliar as opções. Não se examinou demoradamente a questão de se a Áustria-Hungria estava em condições de guerrear com uma ou mais das grandes potências europeias.[70] Há várias razões possíveis para isso. Uma era a extraordinária confiança do governo austro-húngaro na força das armas alemãs: acreditava-se que elas bastariam, na primeira etapa, para intimidar e, se isso falhasse, derrotar a Rússia.[71] A segunda razão era que a complexa compartimentação da elite política austro-húngara não facilitava nem um pouco a tomada de decisões por meio de uma atenta seleção e comparação de informações contraditórias. Os que contribuíam para o debate tendiam a expressar opiniões exaltadas, frequentemente aguçadas por recriminações mútuas, em vez de procurar compreender os problemas do governo como um todo. O solipsismo do processo decisório austríaco também reflete uma profunda sensação de isolamento geopolítico. A ideia de que os estadistas austro-húngaros tinham uma "responsabilidade com a Europa" era tolice, observou uma pessoa íntima do círculo político, "porque não existe Europa. A opinião pública na Rússia e na França [...] sempre dirá que somos os culpados, e até os sérvios, em pleno tempo de paz, nos invadem aos milhares à noite, armados com bombas".[72] Mas a razão mais importante para a desnorteante estreiteza do debate político na Áustria é, sem dúvida, os austríacos estarem tão convictos da integridade de seus motivos e do remédio proposto contra a Sérvia que não conseguiam conceber nenhuma alternativa a ele — até Tisza em 7 de julho já tinha aceitado que Belgrado estava envolvida nos crimes de Sarajevo e se dispunha, em princípio, a endossar uma resposta militar, contanto que o momento e o contexto diplomático fossem certos. A inação meramente confirmaria a convicção disseminada de que o Império estava nas últimas. Por outro lado, o efeito moral de uma ação ousada seria transformador: "A Áustria-Hungria [...] voltará a acreditar em si. Significaria: 'tenho a determinação, logo existo'".[73]

Em resumo, os austríacos estavam no processo de tomar uma "decisão de opção", como se diz na teoria da decisão, com as seguintes características: riscos inimaginavelmente altos, impacto transformador e irrevogável, níveis de emoção elevados e consequências de não agir potencialmente duradouras. Decisões desse tipo podem adquirir uma dimensão existencial, acenando com a promessa de reinventar a entidade decisora, moldá-la em algo que não era antes. No cerne dessas decisões há algo que se fundamenta na identidade e não se presta facilmente à racionalização.[74] Não se está sugerindo aqui que o processo decisório austríaco era "irracional". A crise corrente foi avaliada à luz de tendências passadas, e vários fatores e riscos foram levados em conta na discussão. Também não é fácil ver como os austríacos poderiam viabilizar uma solução menos drástica, dada a relutância das autoridades sérvias em atender as expectativas austríacas, a ausência de um organismo legal internacional capaz de arbitrar em tais casos e a impossibilidade, no clima internacional de então, de impor a submissão futura a Belgrado. Entretanto, no cerne da resposta austríaca — em um grau que não se aplica a nenhum dos outros participantes em 1914 — estava um salto temperamental, intuitivo, um "puro ato de decisão"[75] alicerçado em uma percepção comum do que o Império Austro-Húngaro era e deveria ser se quisesse permanecer uma grande potência.

A ESTRANHA MORTE DE NIKOLAI HARTWIG

Foi durante a fase de tranquilização da política austríaca que o ministro russo em Belgrado morreu subitamente. Hartwig vinha sofrendo de angina fazia algum tempo. Ele era obeso e propenso a dores de cabeça cada vez mais intensas, resultado não só de estresse, mas provavelmente também de hipertensão. Costumava veranear na estação de águas de Bad Nauheim, ali permanecendo até perder peso e restaurar a tranquilidade. Quando seu subordinado Basil Strandmann soube dos assassinatos, interrompeu suas férias em Veneza e voltou para Belgrado; encontrou Hartwig em más condições físicas, ansioso por sua temporada terapêutica no balneário. O ministro informou a Strandmann que, "como não é esperado nenhum evento importante antes do outono", ele havia marcado o começo de suas férias para 13 de julho.

Em 10 de julho, três dias antes da planejada licença, Hartwig ficou sabendo que o ministro austríaco, o barão Giesl, acabara de voltar para Belgrado. Ele telefonou para a legação austríaca e marcou uma visita a fim de esclarecer vários mal-entendidos. Difundira-se em Belgrado o comentário de que em 3 de julho, dia do réquiem para o arquiduque, a legação russa fora a única na capital sérvia a não hastear sua bandeira a meio mastro. Os chefes das missões italiana e britânica em Belgrado haviam notado essa omissão.[76] Na noite seguinte à dos assassinatos, além disso, dizia-se que Hartwig dera uma recepção em sua legação cujos vivas e risadas foram ouvidos nas ruas próximas. O ministro russo provavelmente também se preocupava que relatos sobre outras imprudências tivessem chegado aos ouvidos de seu colega austríaco.[77] Na verdade, a conversa foi bem amigável. Giesl cordialmente aceitou as explicações e desculpas de Hartwig, e os dois se acomodaram para uma longa conversa no escritório do primeiro.

Depois de falar um tanto demoradamente sobre sua saúde precária e seus planos de férias, Hartwig abordou a principal razão de sua visita: defender a inocência da Sérvia nos assassinatos e as intenções do país para o futuro. Mas ele mal começara a primeira frase quando, por volta das 21h20, perdeu a consciência e deslizou lentamente do divã para o tapete, com o cigarro ainda queimando entre os dedos. A carruagem de Hartwig foi mandada às pressas para buscar a filha dele, Ludmilla, e um médico sérvio apareceu, seguido pelo médico de Hartwig, mas apesar de tentarem reanimá-lo com água, água de colônia, éter e gelo, foi impossível fazê-lo voltar a si. As condolências da baronesa Giesl à filha de Hartwig foram dispensadas com o comentário de que "palavras austríacas" não lhe interessavam. Ludmilla von Hartwig, que tinha estado aquela noite em companhia do príncipe herdeiro Alexandar da Sérvia, fez questão de inspecionar o aposento onde seu pai morrera, vasculhando dentro de grandes vasos japoneses, cheirando o frasco de água de colônia que fora usado para tentar reanimá-lo e indagando rispidamente se haviam dado alguma coisa para seu pai beber ou comer. Giesl replicou que o ministro apenas fumara alguns cigarros russos trazidos por ele mesmo. A filha pediu as pontas dos cigarros e as levou na bolsa. Nem a comprovada doença de Hartwig, que ele não escondia, nem as garantias dadas pelo ministro austríaco impediram que teorias de assassinato circulassem por toda a capital.[78] Um jornal referiu-se a Giesl e sua mulher como os "Bórgia modernos", que envenenavam convidados indesejáveis, e alguns dias depois o próprio Giesl entreouviu na barbearia uma conversa entre dois clientes:

> A Áustria nos manda embaixadores estranhos. Primeiro tivemos um imbecil [Forgách]; agora, um assassino. Giesl trouxe de Viena uma cadeira elétrica que causa a morte imediata de quem se sentar nela e não deixa o menor vestígio.[79]

Felizmente nenhum dos dois interlocutores reconheceu Giesl na cadeira ao lado. A pedido da família de Hartwig e do governo em Belgrado, Sazonov autorizou que ele fosse sepultado na Sérvia, um procedimento muito incomum para um diplomata russo morto em serviço no exterior.[80] Em Belgrado, as expressões públicas de pesar e a pompa sem precedentes em seu funeral com honras de Estado atestaram o lugar extraordinário que ele ocupava na percepção do público. Como quer que se avalie a contribuição de Hartwig para a política dos Bálcãs, seria deselegante negar que o ministro russo já atingira seus principais objetivos quando desabou no divã de Giesl. Nas palavras do enviado francês Descos, Hartwig morreu justamente no momento em que sua "vontade indômita" havia triunfado, "impondo ao servilismo sua autoridade absoluta e à Europa a questão sérvia da forma violenta tão ao gosto dele".[81]

9. Os franceses em São Petersburgo

O CONDE DE ROBIEN MUDA DE TREM

Em 6 de julho de 1914, o diplomata francês Louis de Robien, de 26 anos, deixou Paris com destino a São Petersburgo, a fim de assumir o cargo de adido diplomático da embaixada da França para o qual fora nomeado. A data de sua partida fora antecipada para que chegasse a tempo de ajudar nos preparativos da visita oficial do presidente Poincaré, marcada para 20 de julho. Para ganhar tempo, De Robien não tomou o *Nord Express*, que não saía todos os dias, mas um vagão-leito no trem expresso para Colônia. Teve tempo de ver às pressas o Reno e a grande catedral gótica antes que o trem de conexão atravessasse a região industrial do Ruhr, "sempre tão impressionante, e não sem certa beleza". Dali o trem seguiu em direção leste, atravessando a Alemanha no ponto mais largo, até chegar a Wirballen (hoje a cidade lituana de Kybartai) na fronteira leste da Prússia Oriental. Ali, para seu aborrecimento, De Robien teve que abandonar o confortável vagão-leito alemão e trocar de trem, por causa da diferença entre as bitolas russa e europeia. Seu primeiro encontro com os moradores do outro lado da fronteira causou impressão duradoura: logo que o trem parou, os vagões foram invadidos por uma "horda de pessoas barbudas", de botas e avental branco, que tomaram conta de sua bagagem com tamanha pressa que ele não conseguiu acompanhá-las.

De Robien e os outros passageiros foram encaminhados para uma barricada diante da qual havia "soldados com grandes sabres". Seus passaportes foram verificados, para sua surpresa, porque "nessa era de liberdade, viajava-se para qualquer lugar na Europa, exceto para a Rússia, sem levar passaporte". Depois de apresentar seus documentos, De Robien aguardou numa sala ampla, com ícones nos cantos, iluminados por estrados de velas acesas, "estranhos acessórios", segundo ele, para o que não passava de uma sala de espera. Finalmente as formalidades foram cumpridas, e o trem passou por campos "de terrível tristeza", salpicados de aldeias sobre as quais despontavam as cúpulas de igrejas em forma de cebola. Tentou falar com alguns oficiais, que pareciam engenheiros, mas conheciam poucas palavras de alemão. "Para nós, era como se estivéssemos na China", lembrava-se ele.[1]

Sua chegada a São Petersburgo, onde passaria os anos de guerra e atravessaria o cataclismo de duas revoluções, não ajudou a dissipar a sensação de estranheza. Ao contrário, simplesmente "completou nossa decepção". A capital russa estava repleta de "carruagenzinhas horríveis, estradas longas, pessimamente conservadas, e cocheiros barbudos e de aparência exótica". De início, tinha reserva para o Hotel France, onde os quartos eram grandes, mas os móveis tão feios e o ambiente tão desprovido de conforto e "diferente daquilo a que estávamos habituados na Europa" que resolveu cancelar as reservas e mudar-se para o Hotel d'Europe, na "famosa avenida Nevsky Prospekt". Mas nem mesmo o Hotel d'Europe era especialmente europeu, e as lojas ao longo da grande avenida à beira do rio eram decepcionantes — as melhores delas, escreveu o nobre parisiense, lembravam as de uma cidade francesa de província.[2]

Sair era difícil, porque quase nenhum passante conseguia entendê-lo, o que foi um choque, pois seus colegas em Paris lhe haviam assegurado que o francês era língua conhecida por todos. As comidas e bebidas da cidade não trouxeram consolo para o exigente conde: a culinária russa, informou ele, era horrível, especialmente as sopas de peixe, que eram "detestáveis"; só o borche lhe pareceu "uma receita digna de fazer parte do cardápio". Quanto à "vodca deles", tomada de um trago, era "indigna de um civilizado paladar educado para o lento degustar de nossos conhaques, nossos armanhaques, nossos marcs e nosso quirche".[3]

Depois de instalar-se na cidade, De Robien partiu para o novo local de trabalho. Havia algum consolo no fato de que a embaixada francesa, sediada num belo palácio que pertencera à família Dolgoruki, ficava num dos pontos mais bonitos das margens do Neva. De Robien ficou particularmente impressionado com os lacaios, em suas librés azuis e calças curtas. No térreo, dando para o rio, localizava-se o gabinete do embaixador, decorado com tapeçarias e quadros de Van der Meulen. Ao lado ficava uma pequena sala com telefone — onde o pessoal da embaixada se reunia diariamente para o ritual do chá da tarde. A sala contígua era ocupada pelo conselheiro Monsieur Doulcet e tinha paredes decoradas com retratos de todos os embaixadores da França na corte da Rússia. Ao fundo, atrás de um escritório repleto de secretárias e armários de arquivos, uma porta comunicava com a sala-cofre, onde documentos secretos e códigos de transmissão eram guardados. O orgulho da embaixada era a sala de recepção no primeiro andar, um belo boudoir com paredes adamascadas verde e dourado, das quais pendiam quadros de Guardi pertencentes ao embaixador, e poltronas douradas que teriam feito parte da mobília dos aposentos de Maria Antonieta.[4]

De Robien já conhecia o embaixador Maurice Paléologue, personalidade marcante, que estava no posto desde janeiro e dominaria a vida na embaixada até ir embora três anos depois. Fotografias de 1914 mostram um homem airoso, de estatura média, cabeça raspada e "olhos muito brilhantes, fundamente encaixados nas cavidades". Paléologue era "um romântico, mais que um diplomata", lembrava-se De Robien. Via os acontecimentos de um ângulo dramático e literário. "Quando contava uma história, ou tentava reconstituir uma conversa, recriava-os quase completamente na imaginação, dotando-os mais de vivacidade do que de verdade." Paléologue era extremamente orgulhoso do nome, que dizia (especiosamente) ter herdado dos imperadores da antiga Bizâncio. Compensava sua estirpe "exótica" (o pai era um refugiado político grego e a mãe, uma musicista belga) com um patriotismo apaixonado e exibicionista, e um desejo de projetar-se como encarnação de refinamento e superioridade cultural franceses.

Uma vez instalado em São Petersburgo, Paléologue, que nunca ocupara posto tão importante, logo preencheu todas as dimensões do novo cargo. De Robien observou que o embaixador dava sempre um jeito de ostentar sua importância diante de representantes de países "menores": quando a secretária anunciava a chegada do enviado belga Buisseret — ou do seu colega holandês Sweerts —, Paléologue saía pela porta dos fundos para dar um passeio e cumprimentá-lo uma hora depois, na antessala, de braços abertos, dizendo: "Meu caro amigo, tive tanta coisa para fazer hoje…". Tinha uma queda para a extravagância e a ostentação, excepcional até mesmo no mundo dos embaixadores de países importantes. Muito se falava na sociedade de São Petersburgo sobre o fato de que os jantares da embaixada eram preparados pelo chefe que Paléologue trouxera de Paris. De Robien atribuía tudo isso às origens "orientais" de Paléologue, acrescentando, maliciosamente, que o amor dele pelo suntuoso, como o de muitos emergentes, tinha qualquer coisa de afetado e pouco natural.[5]

Paléologue tinha horror ao tipo de despacho minucioso que era o feijão com arroz da rotina diplomática, preferindo dar forma a suas impressões com a descrição de animadas cenas, recheadas de diálogos, nas quais frases de efeito substituíam os longos e com frequência ambíguos circunlóquios que faziam parte do dia a dia das mensagens dos diplomatas que serviam na Rússia. De Robien recordava-se em particular de um dia em que o embaixador tinha audiência marcada com o tsar para discutir importantes questões militares. Paléologue queria que o despacho fosse enviado logo que voltasse à embaixada, para chegar a Paris a tempo de "produzir o maior efeito possível". Para tanto, redigiu um relato do encontro antes mesmo de sair da embaixada para ver o soberano russo. De Robien e os colegas puseram-se então a codificar afanosamente a minuciosa narrativa de uma conversa que jamais ocorrera. No meio da falsa reportagem, o conde lembrou-se de uma frase altamente característica de Paléologue: "Nesse momento, a entrevista atingiu um ponto decisivo, e o imperador me ofereceu um cigarro".[6]

Os comentários de De Robien sobre o embaixador, apesar de hostis, eram, provavelmente, justos. Paléologue foi uma das personalidades mais iridescentes que já exerceram o cargo de embaixador a serviço da França. Durante anos, penara na Parisian Centrale, condenado a aborrecidas tarefas de revisão. Posteriormente foi incumbido de cuidar dos arquivos secretos, especialmente os relativos à aliança franco-russa, e de fazer a ligação entre o Ministério das Relações Exteriores e os serviços de Inteligência do Exército, trabalho que adorava. Seus longos anos de guardião das informações acumuladas pelo Ministério sobre a aliança e as ameaças militares que enfrentava — teve acesso, por exemplo, a informações de Inteligência francesas sobre o plano de mobilização alemão de duas direções — imbuíram-no de uma visão das relações exteriores francesas centrada rigorosamente na ameaça alemã e na suprema importância da coesão dos aliados.[7] Seus escritos transmitem uma concepção romântica do grande homem como aquele que se entrega a momentos de decisão histórica mundial:

> Em certos casos [escreveu em sua biografia do conde Cavour], o homem sábio deixa muita coisa por conta do acaso; a razão o impele a seguir cegamente impulsos ou

instintos que estão além de seu próprio alcance, e parecem enviados pelo céu. Ninguém pode dizer quando devem ser obedecidos ou rejeitados; nenhum livro, nenhuma regra, nenhuma experiência pode lhe ensinar; apenas certo senso, e certa ousadia, pode fazer isso.[8]

A pronunciada e inabalável germanofobia de Paléologue somava-se a um gosto por hipóteses catastróficas, que muitos colegas julgavam perigoso. Durante sua permanência em Sófia (1907-12), um dos poucos cargos que exercera no exterior antes de aceitar a missão em São Petersburgo, um colega informou que tanto os despachos como a conversa de Paléologue eram repletos de descabeladas referências a "horizontes, nuvens e tempestades ameaçadoras". A rigor, é difícil encontrar um comentário da época sobre o futuro embaixador que lhe faça algum elogio inequívoco. A verdade é que os relatos desfavoráveis eram numerosos demais, como observou um alto funcionário do Ministério das Relações Exteriores, em maio de 1914, para que se pudesse falar em "confiança".[9] Izvolsky caracterizou-o como "um frasista, um fantasista e muito meloso". Até os colegas britânicos em Sófia descreveram Paléologue em 1912 como "nervoso", "inclinado a espalhar rumores sensacionais e alarmistas", um "traficante de histórias exageradas".[10]

A nomeação de Paléologue para a embaixada em São Petersburgo, o posto mais estrategicamente sensível e importante da diplomacia francesa, deve, portanto, ter parecido algo de extraordinário. Ele devia sua ascensão no serviço diplomático mais ao alinhamento político do momento do que à ostentação costumeira de qualificações profissionais. Delcassé descobriu Paléologue e o promoveu com vigor, principalmente porque tinha as mesmas opiniões sobre a ameaça alemã à França — nele, Delcassé encontrou um subordinado que ecoava e reforçava suas próprias ideias. A estrela de Paléologue entrou em declínio depois da queda de Delcassé em 1905 e ele acabou tendo de se contentar com vários postos menores. Foi Poincaré quem o resgatou; os dois homens eram íntimos desde o tempo em que foram alunos do Lycée Louis le Grand em Paris. O "grande talento" de Paléologue, comentou maldosamente De Robien, consistia em ter sido um dos colegas de classe de Poincaré e Millerand na escola secundária — "era à amizade deles que devia sua surpreendente carreira".[11] Como primeiro-ministro, Poincaré chamou Paléologue de volta de Sófia em 1912 e o nomeou seu diretor político no Quai d'Orsay. Essa espetacular promoção — um incrível salto hierárquico para um homem tão bizarro e controvertido — foi um choque para muitos embaixadores veteranos. O embaixador francês em Madri comentou com Bertie que Paléologue "não tinha o perfil adequado para a diretoria", e o embaixador francês no Japão o descreveu como uma "escolha lamentável".[12] Eram palavras fortes, mesmo para os padrões do serviço diplomático, onde quem sobe depressa costuma ser alvo de indiretas provocadas pela inveja. "Só esperamos", notou Eyre Crowe em Londres, "que a atmosfera de Paris tenha efeito sedativo em Paléologue, mas esse não costuma ser o efeito causado pela cidade."[13]

Poincaré sabia da reputação de Paléologue e fazia o possível para conter seus excessos, mas os dois amigos estabeleceram uma estreita relação de parceria baseada numa profunda concordância em todas as questões importantes. Poincaré passou a depender do discernimento de Paléologue.[14] A rigor, foi ele que incentivou Poincaré a se envolver com mais firmeza nos Bálcãs. Paléologue não acreditava que uma reconciliação entre os interesses austríacos e russos na região fosse possível, e sua obsessão com os nefandos desígnios de Berlim e Viena o impediam de perceber as maquinações da política russa. Via nas duas guerras dos Bálcãs uma oportunidade para a Rússia consolidar sua posição na península.[15] A estreita ligação com Poincaré foi uma das razões para que Sazonov, embora ciente das idiossincrasias de Paléologue, aplaudisse a nomeação do novo embaixador em São Petersburgo.[16] Ali estava um homem com quem se podia contar para dar continuidade, em janeiro de 1914, ao que Delcassé vinha fazendo. Em conversa com um diplomata russo de passagem por Paris, Paléologue declarou, na véspera de sua partida, que assumiria o posto em São Petersburgo para acabar com a política de concessões que até então prevalecia, e que "lutaria por uma política linha-dura, sem concessões ou vacilações". "Basta, devemos mostrar nossa força à Alemanha!"[17] Essas eram as convicções, atitudes e relações que serviriam de guia para o novo embaixador durante a crise do verão de 1914.

MONSIEUR POINCARÉ NAVEGA PARA A RÚSSIA

Às 23h30 de quarta-feira, 15 de julho, o trem presidencial partiu da Gare du Nord em Paris com destino a Dunquerque. A bordo viajavam Raymond Poincaré, o novo primeiro-ministro René Viviani e o sucessor de Paléologue na diretoria política do Quai d'Orsay, Pierre de Margerie. Na manhã seguinte bem cedo os três embarcaram no encouraçado *France* para uma viagem pelo Báltico até Kronstadt e São Petersburgo. Viviani era novo no posto — o antigo socialista era primeiro-ministro havia apenas quatro semanas e não tinha experiência ou conhecimento de política externa. Sua principal utilidade para Poincaré consistia no fato de ter recentemente se convertido à causa da Lei dos Três Anos, contando com um número considerável de seguidores na Câmara, e de estar preparado para apoiar suas opiniões em matéria de defesa. Durante a visita oficial à Rússia, logo ficaria claro que ele, politicamente, deixava muito a desejar. Já Pierre de Margerie era um experiente diplomata de carreira, que tinha sido levado para Paris por Poincaré na primavera de 1912, aos 51 anos, para ocupar o cargo de diretor associado no Quai d'Orsay. Poincaré inventara esse cargo de monitoramento na esperança de que Margerie ficasse de olho em Paléologue e controlasse suas indiscrições mais graves. Isso não era desnecessário, como se veria. Poincaré estava plenamente satisfeito com Paléologue e, quando a recompensa chegou na forma da embaixada em São Petersburgo, De Margerie assumiu a vaga deixada por ele como diretor político. Nessa função, revelou-se eficiente e — mais importante, aos olhos do presidente — politicamente leal.[18] Nem Viviani nem De Margerie foram capazes de apresentar um desafio efetivo ao controle do presidente sobre a política.

Poincaré tinha muito com que se preocupar ao subir a bordo do *France* em Dunquerque às cinco da manhã de 16 de julho. Primeiro, havia os reparos sensacionais feitos por Charles Humbert à administração militar francesa. Num discurso no Senado em 13 de julho assinalando a apresentação de seu relatório sobre um voto orçamentário especial para a aquisição de material bélico do Exército, Humbert, senador pelo Meuse (na fronteira com a Bélgica), fizera um ataque severo à administração militar francesa. Afirmou que os fortes franceses eram de má qualidade, que não havia munição para os canhões e que as instalações de rádio para comunicação entre os fortes eram defeituosas. Sempre que a instalação de rádio alemã em Metz estava transmitindo, disse Humbert, a estação em Verdun pifava. A artilharia francesa era quantitativamente inferior à alemã, especialmente no tocante a canhões pesados. Um detalhe em particular chamou a atenção do público francês, em especial das mães: o Exército, lamentavelmente, não tinha botas em quantidade suficiente; se a guerra começasse, declarou Humbert, soldados franceses teriam que entrar em campo apenas com um par de botas, além de uma única bota de reserva, de trinta anos, na mochila. O discurso causou uma sensação política. Em sua resposta, o ministro da Guerra Adolphe Messimy não negou a substância das acusações, mas sustentou que havia rápido progresso em

29. *Raymond Poincaré.*

30. *René Viviani.*

todos os fronts.[19] As deficiências em provisão de artilharia seriam compensadas até 1917.

Isso era mais irritante ainda porque o homem que mais apareceu na agitação parlamentar subsequente foi o velho inimigo de Poincaré, Georges Clemenceau, afirmando que a incompetência revelada pelo relatório justificava a retirada de apoio parlamentar ao novo orçamento militar. Só na última hora fora possível resolver a questão e aprovar o novo orçamento militar, a tempo de evitar um adiamento da viagem presidencial. No dia da partida para Dunquerque, Viviani parecia nervoso e preocupado com a ideia de intrigas e conspirações, apesar dos esforços de Poincaré para acalmá-lo.[20]

Como se isso não bastasse, o início do julgamento de Madame Caillaux estava marcado para 20 de julho e havia motivos para temer que exposições e revelações feitas no tribunal deflagrassem uma série de escândalos capazes de abalar o governo. O tamanho da ameaça ficou claro quando correram boatos de que o editor de jornal assassinado também tinha em seu poder telegramas alemães decifrados que revelavam a amplitude das negociações de Caillaux com a Alemanha durante a crise de Agadir em 1911. Nessas comunicações — pelo menos de acordo com os telegramas —, Caillaux se referira à desejabilidade de uma reconciliação com Berlim. Também dizia estar de posse de declarações provando que Poincaré havia orquestrado uma campanha contra ele. Em 11 de julho, três dias antes da partida do presidente para a Rússia, Caillaux ameaçara torná-los de conhecimento público se Poincaré nada fizesse pela absolvição de sua mulher.[21] As máquinas ocultas da intriga política parisiense ainda funcionavam a todo vapor.

Apesar dessas preocupações, Poincaré iniciou sua viagem pelo mar Báltico num estado de ânimo surpreendentemente calmo e determinado. Deve ter sido um alívio imenso escapar de Paris numa época em que o julgamento de Caillaux lançara os jornais num clima de frenesi. Ele passou grande parte dos três primeiros dias de travessia no convés do *France* dando instruções a Viviani, cuja ignorância em política externa lhe pareceu "chocante", para a missão em São Petersburgo.[22] O resumo que fez dessas explicações práticas nos dá uma clara noção do pensamento do próprio Poincaré ao sair de Paris, incluindo "detalhes sobre a aliança", um panorama dos "vários assuntos tratados em São Petersburgo em 1912", "as convenções militares de França e Rússia", a atitude da Rússia para com a Inglaterra no tocante a uma convenção naval e as "relações com a Alemanha". "Nunca tive dificuldades com a Alemanha", declarou Poincaré, "porque sempre a tratei com a maior firmeza."[23] Os "assuntos tratados em São Petersburgo em 1912" incluíram o reforço de ferrovias estratégicas, a importância de ataques ofensivos maciços a partir do saliente polonês e a necessidade de concentrar-se na Alemanha como adversário principal. E a referência à Inglaterra é uma indicação de que Poincaré pensava em termos não apenas da aliança com a Rússia, mas da embrionária Tríplice Entente. Ali, em resumo, estava o credo de Poincaré em questões de segurança: "A aliança é o nosso alicerce"; "é o elemento indispensável à nossa defesa militar"; "só pode ser mantida pela intransigência em face de demandas do bloco adversário". Eram axiomas que influenciariam sua interpretação da crise que se desenrolava nos Bálcãs.

A julgar por suas anotações de diário, Poincaré achou os dias no mar profundamente relaxantes. Enquanto Viviani se preocupava com as notícias de escândalos e intrigas que chegavam de Paris em fragmentos, via radiotelégrafo, Poincaré desfrutava no convés o ar quente e os efeitos da luz solar no mar azul sacudido por "ondas imperceptíveis". Só houve um pequeno contratempo: ao aproximar-se do porto de Kronstadt, o *France*, deslocando-se a quinze nós na escuridão das primeiras horas da manhã de 20 de julho, chocou-se contra um rebocador russo que puxava uma fragata para o ancoradouro. O incidente despertou Poincaré em seu camarote. Que constrangedor, um navio de guerra francês, navegando em águas neutras, sob o comando de um almirante da frota, chocar-se contra, e danificar, um rebocador de um país amigo! Aquilo foi, como anotou, irritado, em seu diário, "um gesto sem destreza e elegância".

O bom ânimo do presidente foi restaurado pela brilhante cena de saudação quando o *France* navegava para o porto de Kronstadt. De todas as direções saíam navios da Marinha, paquetes e barcos de passeio festivamente decorados para dar as boas-vindas aos visitantes, e a lancha imperial parou lado a lado a fim de transferir Poincaré para o iate *Alexandria*, do tsar. "Deixo o *France*", notou Poincaré, "com a emoção que sempre toma conta de mim quando, sob o barulho de salvas de canhão, deixo um de nossos navios de guerra."[24] Do outro lado, em pé ao lado do tsar na ponte do *Alexandria*, de onde tinha uma excelente visão de toda a cena, Maurice Paléologue já compunha, mentalmente, um parágrafo para suas memórias:

> Foi um espetáculo magnífico. Numa luz trêmula e prateada, o *France* avançava lentamente pelas ondas turquesa e esmeralda, deixando um longo sulco branco atrás

de si. Então parou majestosamente. O poderoso navio de guerra que trouxe o chefe de Estado francês merece bem o nome. Era de fato a França chegando à Rússia. Senti o coração acelerar.[25]

O JOGO DE PÔQUER

As minutas das reuniões de cúpula realizadas nos três dias seguintes não sobreviveram. Nos anos 1930, os editores dos *Documents Diplomatiques Français* buscaram-nas inutilmente.[26] E os registros russos dos encontros, de forma talvez menos surpreendente, em vista dos obstáculos à continuidade arquivística durante os anos de guerra, também se perderam. Apesar disso, é possível ler os relatos nos diários de Poincaré, assim como nas memórias de Paléologue e nas notas de outros diplomatas presentes naqueles dias fatais, para que se possa ter uma ideia razoavelmente clara do que ocorreu.

As reuniões foram basicamente dedicadas à crise que se desenrolava na Europa Central. É importante ressaltar isso, porque se costuma sugerir que, como se tratava de uma visita oficial planejada com muita antecedência, mais do que um exercício de encontro de líderes para resolver crises, os assuntos discutidos devem ter obedecido a uma programação planejada, na qual a questão sérvia tinha lugar secundário. A rigor, o que se deu foi exatamente o oposto. Mesmo antes de Poincaré ter deixado o *France*, o tsar já dizia ao embaixador que estava ansioso para ter um encontro com o presidente da República: "Teremos assuntos importantíssimos para discutir. Tenho certeza de que vamos concordar em tudo... Mas há uma questão que não me sai da cabeça — nosso entendimento com a Inglaterra. *Precisamos* trazê-la para nossa aliança".[27]

Cumpridas as formalidades, o tsar e seu hóspede seguiram rumo à popa do *Alexandria* e começaram a conversar. "Ou talvez eu deva dizer a discutir", escreveu Paléologue, "pois era óbvio que tratavam de negócios, disparando perguntas e discutindo." O embaixador teve a impressão de que Poincaré dominava a conversa; não demorou para que "tomasse a palavra, enquanto o tsar simplesmente balançava a cabeça concordando, mas toda a aparência [do tsar] era de aprovação sincera".[28] De acordo com o diário de Poincaré, a conversa no iate versou primeiro sobre a aliança, a respeito da qual o tsar falou "com grande firmeza". Perguntou-lhe sobre o escândalo Humbert, que, segundo o tsar, causara péssima impressão na Rússia, e recomendou que Poincaré fizesse o que fosse preciso para impedir que a Lei dos Três Anos caísse. Poincaré, por sua vez, lhe assegurou que a nova Câmara francesa tinha mostrado sua verdadeira vontade ao votar pela manutenção da lei e que Viviani também era um firme partidário. Então o tsar tocou na questão das relações entre Serguei Witte e Joseph Caillaux, que, segundo constava, eram os expoentes de uma nova política externa baseada na reaproximação de Rússia, França, Alemanha e Grã-Bretanha. Mas os dois homens concordaram que esse projeto era inviável e não representava ameaça ao alinhamento político vigente.[29]

Em suma, enquanto ainda rumavam para terra firme, Poincaré e o tsar chegaram à conclusão de que ambos seguiam a mesma linha de pensamento. O mais importante era a solidariedade da aliança, o que significava não apenas apoio diplomático, mas prontidão para a ação militar. No segundo dia (21 de julho), o tsar foi ver Poincaré em seu apartamento no Peterhof, e os dois homens tiveram uma hora de tête-à-tête. Dessa vez, a conversa girou em torno, em primeiro lugar, da tensão entre a Rússia e a Grã-Bretanha na Pérsia. Poincaré adotou um tom conciliatório, insistindo em que se tratavam de amolações menores, que não deveriam comprometer as boas relações anglo-russas. Os dois homens achavam que a fonte do problema não estava em Londres ou São Petersburgo, mas em "interesses locais" não especificados, sem maior relevância. E o tsar notou com certo alívio que Edward Grey não permitira que a descoberta das conversas navais por Berlim impedisse a busca de uma convenção. Alguns outros assuntos foram abordados — Albânia, a tensão greco-turca por causa das ilhas do Egeu e a política italiana —, mas a "mais viva preocupação" do tsar, segundo Poincaré, estava relacionada à Áustria e a seus planos depois dos acontecimentos em Sarajevo. Nessa altura da discussão, informou Poincaré, o tsar fez um comentário altamente revelador: "Ele me repete que nas atuais circunstâncias a aliança completa entre nossos dois governos lhe parece mais necessária do que nunca". Logo depois, Nicolau foi embora.[30]

Mais uma vez o tema central foi a inabalável solidariedade da aliança franco-russa em face de possíveis provocações da Áustria. Mas o que significava isso na prática? Que a aliança responderia a uma démarche austríaca contra a Sérvia com uma guerra que seria, por força, de alcance continental? Poincaré apresentou uma resposta codificada a essa pergunta naquela tarde (21 de julho), quando, em companhia de Viviani e Paléologue, recebeu vários embaixadores. O segundo na fila era o embaixador Fritz Szapáry, da Áustria-Hungria, recém-retornado de

Viena, onde estivera ao lado do leito de morte de sua mulher. Depois de algumas palavras de pêsames sobre o assassinato, Poincaré perguntou se havia notícias da Sérvia. "O inquérito judicial prossegue", respondeu Szapáry. O relato feito por Paléologue da réplica de Poincaré coincide com o do despacho de Szapáry:

> É claro que aguardo com ansiedade os resultados do inquérito, *monsieur l'ambassadeur*. Lembro-me de dois inquéritos anteriores que não melhoraram vossas relações com a Sérvia... O senhor não se lembra? O caso Friedjung e o caso Prochaska?[31]

Foi uma resposta extraordinária para um chefe de Estado em visita a uma capital estrangeira dar ao representante de um terceiro Estado. Independentemente do tom de deboche, ela na realidade já rejeitava, antecipadamente, a credibilidade de quaisquer descobertas que os austríacos pudessem produzir em suas investigações sobre os antecedentes do assassinato. Equivalia a declarar que a França não aceitava nem aceitaria que o governo sérvio arcasse com nenhuma responsabilidade pelos assassinatos ocorridos em Sarajevo, e que quaisquer exigências feitas a Belgrado seriam ilegítimas. Os casos Friedjung e Prochaska serviam de pretexto para uma rejeição a priori da queixa austríaca. Caso não tivesse ficado suficientemente claro, Poincaré acrescentou: "Observo ao embaixador, com grande firmeza, que a Sérvia tem amigos na Europa que ficariam atônitos com uma ação desse tipo".[32] Paléologue lembrava-se de uma formulação ainda mais incisiva: "A Sérvia tem amigos muito próximos entre o povo russo. E a Rússia tem um aliado, a França. Há muitas complicações a ser temidas!".[33]

Szapáry também relatou que o presidente tinha dito que uma ação austríaca produziria "uma situação perigosa para a paz". Quaisquer que tenham sido as palavras exatas de Sazonov, o efeito foi chocante, e não apenas para Szapáry, mas até para os russos que se achavam ali perto, alguns deles, como informou De Robien, "conhecidos por sua antipatia pela Áustria".[34] No fecho do seu despacho, Szapáry notou — e é difícil fazer reparos ao seu julgamento — que "a atitude nada diplomática, quase ameaçadora", do presidente francês, "um estadista estrangeiro que era hóspede neste país", contrastava nitidamente com "a postura reservada e cautelosa do sr. Sazonov". Toda a cena sugeria que a chegada de Poincaré a São Petersburgo teria "tudo, menos um efeito calmante".[35]

Comentando o contraste entre Sazonov e Poincaré, Szapáry identificou um nervo exposto das relações franco-russas. Durante um jantar aquela noite na embaixada — uma esplêndida recepção em honra do presidente —, Poincaré sentou-se ao lado de Sazonov. Num calor sufocante — a sala era mal ventilada — eles discutiram a situação austro-sérvia. Para consternação sua, Poincaré achou Sazonov preocupado e pouco inclinado à firmeza. "O momento é ruim para nós", disse Sazonov, "nossos camponeses ainda estão muito ocupados na lida do campo."[36] Nesse meio-tempo, na pequena sala ao lado, onde os convidados menos importantes eram recebidos, prevalecia outro estado de espírito. Ali, ouviu-se um coronel do grupo de Poincaré propor um brinde "à próxima guerra e à vitória certa".[37] A irresolução de Saznovov incomodava Poincaré. "Precisamos abrir os olhos de Sazonov sobre as más intenções da Áustria, incentivá-lo a continuar firme e prometer-lhe o nosso apoio", disse ele a Paléologue.[38] Mais tarde, ainda naquela noite, depois de uma recepção oferecida pela assembleia municipal, Poincaré foi sentar-se no fundo do iate imperial com Viviani e Izvolsky, que voltara de Paris para participar das reuniões. Izvolsky parecia preocupado — talvez tivesse conversado com Sazonov. Viviani estava "triste e taciturno". Enquanto o iate navegava rumo a Peterhof praticamente em silêncio, Poincaré olhou para o céu noturno e perguntou a si mesmo: "Que será que a Áustria nos reserva?".[39]

O dia seguinte, 22 de julho, foi particularmente difícil. Viviani parece ter tido um colapso. A coisa chegou a um ponto crítico de tarde, quando o primeiro-ministro francês, por acaso sentado para almoçar à esquerda do tsar, parecia achar impossível responder a qualquer pergunta que lhe fizessem. Pelo meio da tarde, seu comportamento tornou-se mais estranho. Enquanto Nicolau e Poincaré assistiam, sentados, à apresentação de uma banda militar, Viviani foi visto sozinho, em pé, perto da tenda imperial murmurando, resmungando, praguejando em voz alta e, de modo geral, chamando a atenção. Os esforços de Paléologue para acalmá-lo foram inúteis. O diário de Poincaré resumiu a situação num comentário lapidar: "Viviani está ficando cada vez mais triste, e todos começam a perceber. O jantar é excelente".[40] Em dado momento anunciou-se que Viviani estava sofrendo uma "crise hepática" e teria de se retirar mais cedo.

Impossível determinar exatamente por que o primeiro-ministro se sentia tão mal. Seu colapso pode muito bem ter sido precipitado, como historiadores têm sugerido, por ansiedades sobre o que acontecia em Paris — na quarta-feira chegara um telegrama informando que Caillaux ameaçara apresentar no tribunal transcrições de natureza muito delicada.[41] Mas é mais provável que Viviani — homem profundamente pacífico — tenha se assustado com o estado de ânimo cada vez mais beligerante dos diversos encontros franco-russos. Certamente assim pensava De Robien. Para o adido francês não havia dúvida de que Viviani ficara "transtornado com todas aquelas manifestações do espírito militar". Em 22 de julho, notou De Robien, a conversa não tratou de outro assunto que não fosse guerra — "sentia-se que a atmosfera mudara desde a noite anterior". Ele riu quando os fuzileiros navais que tripulavam o *France* lhe disseram estar preocupados com a possibilidade de serem atacados durante a travessia de volta, mas o nervosismo deles era um mau presságio. O ponto culminante foi a quinta-feira, 23 de julho — último dia de Poincaré na Rússia —, quando os chefes de Estado assistiram a um desfile militar do qual participaram 70 mil soldados, contra o pano de fundo de músicas militares que consistiam, basicamente, do "Sambre et Meuse" e da "Marche Lorraine", que os russos pareciam considerar "o hino pessoal de Poincaré". Era particularmente notável o fato de as tropas não usarem seus esmerados trajes de gala, mas os uniformes cáqui de combate usados em exercícios — que De Robien interpretou como outro sintoma de entusiasmo geral pela guerra.[42]

Poincaré e Paléologue testemunharam uma das mais curiosas expressões de solidariedade da aliança na noite de 22 de julho, quando o grão-duque Nicolai Nicolaevich, comandante da Guarda Imperial, ofereceu um jantar para os hóspedes em Krasnoye Selo, subúrbio de São Petersburgo, com bonitas vilas, incluindo as residências de verão dos tsares. A cena era pitoresca: três mesas compridas foram postas em tendas parcialmente abertas num jardim recém-aguado repleto de flores fragrantes. Ao chegar, o embaixador francês foi saudado pela mulher do grão-duque Nikolai, Anastasia, e sua irmã Militza, casada com o irmão de Nikolai, Pyotr Nikolaevich. As duas irmãs eram filhas do ativo e ambicioso rei Nikola, de Montenegro. "O senhor percebe", disseram elas (falando ao mesmo tempo), "que vivemos dias históricos?"

> No desfile de amanhã as bandas só vão tocar "Marche Lorraine" e "Sambre et Meuse". Recebi um telegrama (em código combinado de antemão) do meu pai hoje. Ele me diz que devemos ter guerra antes do fim do mês... Que herói, o meu pai! É digno da Ilíada! Veja só esta caixinha que sempre trago comigo. Tem um pouco de solo de Lorena, solo real que peguei na fronteira, quando estive na França com meu marido dois anos atrás. Olhe ali, para a mesa de honra: está coberta de cardos. Eu não quis que pusessem nenhuma outra flor. São cardos de Lorena, percebe? Colhi várias plantas no território anexado, trouxe-as para cá e mandei plantar as sementes em

meu jardim... Militza, continue conversando aqui com o embaixador. Diga-lhe tudo que o dia de hoje representa para nós, enquanto vou receber o tsar...[43]

Ela não falava figurativamente. Uma carta de novembro de 1912, de autoria do adido militar francês em São Petersburgo, o general Laguiche, confirma que no verão daquele ano, enquanto o marido dela participava de manobras perto de Nancy, a grã-duquesa tinha de fato mandando alguém atravessar a fronteira até a Lorena, controlada pelos alemães, com instruções para coletar um cardo e um pouco de terra. Em seguida ela levou o cardo para a Rússia, cuidou dele até germinar, plantou as sementes na terra de Lorena, regou cuidadosamente até crescerem novos cardos, e então misturou o solo de Lorena com solo russo para simbolizar a aliança franco-russa e entregou tudo ao jardineiro, para propagação, avisando-lhe que perderia o emprego se o cardo morresse. Foi desse jardim que ela colheu as amostras exibidas para Poincaré em julho de 1914.[44] Esses gestos extravagantes tinham real significado político; o marido de Anastasia, o grão-duque Nikolai, pan-eslavista e primo de segundo grau do tsar, era um dos que mais pressionavam Nicolau II a intervir militarmente em favor da Sérvia se a Áustria insistisse em fazer exigências "inaceitáveis" a Belgrado.

A rapsódia montenegrina prosseguiu durante o jantar, com Anastasia regalando os vizinhos com profecias: "Vai haver uma guerra", "Nada restará da Áustria", "Os senhores vão recuperar a Alsácia e a Lorena", "Nossos exércitos se encontrarão em Berlim", "A Alemanha será destruída",[45] e assim por diante. Poincaré também viu as princesas em ação. Estava sentado ao lado de Sazonov durante um entreato no balé quando Anastasia e Militza se aproximaram para repreender o ministro das Relações Exteriores por seu insuficiente ardor em apoio da Sérvia. Mais uma vez, a hesitação do ministro dava o que pensar, mas Poincaré notou, com satisfação, que "o tsar, por sua vez, sem ser tão empolgado como as duas grã-duquesas, me parece mais determinado do que Sazonov a defender a Sérvia diplomaticamente".[46]

Essas dissonâncias não impediram que os parceiros da aliança adotassem uma linha de ação comum. Às seis da tarde de 23 de julho, na noite da partida dos franceses, Viviani, que parecia ter se recobrado parcialmente do "ataque do fígado", acertou com Sazonov as instruções a serem enviadas para os embaixadores russo e francês em Viena. Os embaixadores deveriam elaborar uma démarche amistosa, conjunta, recomendando moderação à Áustria e manifestando a esperança de que o país nada faria que pudesse comprometer a honra ou a independência da Sérvia. Essas palavras foram, obviamente, escolhidas com cuidado para interditar, antecipadamente, a nota que, como russos e franceses já sabiam, os austríacos apresentariam a qualquer momento. George Buchanan concordou em sugerir que seu governo também mandasse uma mensagem análoga.[47]

Aquela noite, durante o jantar no convés do *France* antes da partida, houve uma ligeira e emblemática disputa entre Viviani e Paléologue sobre a redação do comunicado a ser distribuído à imprensa. O rascunho de Paléologue terminava aludindo à Sérvia com estas palavras: "Os dois governos descobriram que suas opiniões e intenções para a manutenção do equilíbrio de poder europeu, especialmente na península Balcânica, são absolutamente idênticas". Viviani não gostou da formulação. "Acho que nos envolve um pouco demais na política balcânica na Rússia", disse. Outro rascunho, mais anódino, foi redigido:

> A visita que o presidente da República acaba de fazer a Sua Majestade o imperador da Rússia ofereceu aos dois governos amigos e aliados uma oportunidade de descobrir que ambos concordam inteiramente em suas opiniões sobre os vários problemas que a preocupação com a paz e o equilíbrio de poder na Europa pôs diante das potências, especialmente nos Bálcãs.[48]

Era um belo exercício na arte do eufemismo. Mas, apesar do tom de prudência, o comunicado revisado foi facilmente decodificado e explorado pelos jornais russos liberais e pan-eslavistas, que começaram a defender abertamente a intervenção militar em apoio de Belgrado.[49]

Poincaré não ficou muito satisfeito com o rumo tomado pelo jantar. A forte chuva da tarde tinha praticamente destruído o toldo do convés de popa, onde os convidados deveriam sentar-se, e o cozinheiro do navio não se cobriu de glória — a sopa chegou tarde e "ninguém elogiou os pratos", como Poincaré haveria de observar posteriormente. Mas o presidente poderia se dar ao luxo de ficar satisfeito com o impacto geral da visita. Ele viera pregar o evangelho da firmeza, e suas palavras caíram em ouvidos dispostos a ouvir. Firmeza nesse contexto significava oposição intransigente a qualquer medida austríaca contra a Sérvia. Em nenhum momento as fontes sugerem que Poincaré ou seus interlocutores russos chegaram a considerar as medidas que a Áustria-Hungria poderia legitimamente tomar em resposta ao assassinato. Não havia necessidade de improvisar nem de fazer novas declarações políticas — Poincaré simplesmente se ateve ao curso que havia traçado no verão de 1912. Isso talvez ajude a explicar por que, diferentemente de muitos que o rodeavam, ele permaneceu tão calmo durante toda a visita. Aquela era a hipótese do ponto de partida balcânico prevista em tantas conversas franco-russas. Se os russos também se mantivessem firmes, tudo se desenrolaria como estava previsto no plano de ação. Poincaré chamava-a de política da paz, imaginando que a Alemanha e a Áustria bem poderiam recuar em face de uma solidariedade tão resoluta. Mas, se tudo o mais falhasse, havia coisas piores do que uma guerra ao lado da poderosa Rússia e, quem sabe, do poder militar, naval, comercial e industrial da Grã-Bretanha.

De Robien, que observou tudo de perto, não teve boa impressão. Poincaré, achava ele, tinha passado por cima da autoridade de Viviani, que, como primeiro-ministro e ministro das Relações Exteriores, era o titular responsável, dando garantias e fazendo promessas a Nicolau II. Pouco antes de se despedirem, Poincaré lembrou ao tsar: "Desta vez vamos aguentar firme".

> Quase no mesmo momento [recordaria De Robien], o ultimato austríaco era apresentado a Belgrado. Os adversários também tinham resolvido "aguentar firme". Dos dois lados, imaginava-se que blefar bastaria para obter êxito. Nenhum dos jogadores achava que fosse necessário ir até o fim. A trágica partida de pôquer tinha começado.[50]

Era da natureza dos grandes homens, escreveria Paléologue posteriormente, jogar essas partidas fatais. O "homem de ação", observou ele em seu estudo sobre Cavour, torna-se "um jogador, pois cada ação grave implica não apenas uma antevisão do futuro, mas a afirmação de que se pode decidir os acontecimentos, guiá-los e controlá-los".[51]

10. O ultimato

A ÁUSTRIA PERGUNTA

Enquanto Poincaré e Viviani navegavam para o porto em Kronstadt, os austríacos davam os últimos retoques no ultimato que seria apresentado a Belgrado. Viajando em veículos não identificados para não chamar a atenção, os membros do Conselho de Ministros seguiram para os apartamentos privados de Berchtold no domingo, 19 de julho, para uma reunião destinada a resolver a "iminente ação diplomática contra a Sérvia". Houve uma discussão informal sobre a nota a ser enviada para Belgrado e o texto ganhou sua forma definitiva. Foi decidido que o ultimato seria apresentado às cinco da tarde de 23 de julho (prazo adiado subsequentemente para as seis da tarde, para não haver dúvida de que chegaria depois da partida de Poincaré). Berchtold declarou, de modo quixotesco, que achava improvável "que a notícia de nossa decisão seja conhecida publicamente antes [de Poincaré] deixar São Petersburgo", mas como estava ciente de que a notícia sobre os planos de Viena já tinham alcançado Roma, rapidez era essencial. O governo sérvio teria 48 horas para responder; se não fosse aceito incondicionalmente pelos sérvios, o ultimato expiraria na noite de sábado, 25 de julho.

O que poderia vir em seguida? O resto da discussão foi dedicado aos vários aspectos da situação pós-ultimato. Conrad garantiu a Tisza que forças suficientes seriam disponibilizadas para defender a Transilvânia de um possível ataque romeno. Tisza queria que a Áustria-Hungria declarasse de saída que "não tinha planos de ampliação em detrimento da Sérvia" e não tencionava anexar nenhum território pertencente ao reino. O premiê húngaro opusera-se com veemência, numa reunião anterior, a qualquer medida que pudesse trazer mais irados eslavos meridionais para a monarquia; temia também que a perspectiva de anexações austríacas tornasse impossível um recuo dos russos. Essa demanda provocou vigorosas discussões. Berchtold em particular sustentava que a redução territorial da Sérvia poderia, na esteira de um conflito, mostrar-se um recurso indispensável para neutralizar a ameaça que ela representava para a segurança austro-húngara. Tisza manteve sua posição, e a reunião terminou num acordo: Viena anunciaria formalmente, no momento adequado, que a monarquia dual não estava travando uma guerra de conquista nem tinha planos para o território sérvio. No entanto, deixaria em aberto a possibilidade de que outros países, notavelmente a Bulgária, se apossassem de áreas de território atualmente controladas pelos sérvios.[1]

Nem essa nem outras reuniões de cúpula austríacas produziram nada que de longe se parecesse com o que hoje chamaríamos de estratégia de fuga. A Sérvia não era um país aético numa região tranquila: a adjacente Albânia continuava extremamente instável; havia sempre a possibilidade de que a Bulgária, uma vez entupida de terras da Macedônia controladas pelos sérvios, voltasse a sua antiga política russófila; e como equilibrar as anexações búlgaras na Macedônia com a necessidade de amolecer a Romênia com compensações territoriais?[2] Será que a austrófoba dinastia Karadjordjević sobreviveria, e, se não sobrevivesse, quem ou o que assumiria o seu lugar? E havia questões práticas menores: quem tomaria conta das legações austríacas em Belgrado e Cetinje se a Áustria-Hungria fosse obrigada a romper relações — talvez os alemães?[3] Nada disso estava muito claro. Mais uma vez, como na reunião de 7 de julho, a possibilidade de intervenção russa mereceu apenas uma atenção superficial. Os comentários de Conrad sobre a situação militar concentravam-se exclusivamente no Plano B da Áustria, uma hipótese militar puramente balcânica, e não no Plano R, que contemplava a possibilidade de um ataque russo na Galícia austríaca. Mas nenhum dos ministros presentes pensou em cobrar de Conrad uma explicação sobre como responderia se os russos interviessem de fato, ou em lhe perguntar se seria fácil passar de uma hipótese de desdobramento para outra.[4] Os olhos da elite política austríaca ainda estavam presos à disputa com Belgrado, a ponto de excluir preocupações mais amplas. Mesmo quando chegou a Viena a notícia da extraordinária advertência de Poincaré a Szapáry de que a Sérvia tinha "amigos" — mensagem reveladora de que a França e a Rússia tinham chegado a um acordo sobre como responder a uma exigência austríaca —, Berchtold não levou em conta uma mudança de curso.[5]

A nota e o ultimato foram rascunhados pelo barão Musulin von Gomirje, figura relativamente subalterna, conselheiro a partir de 1910 nas seções para política eclesiástica e o leste da Ásia. Musulin foi incumbido de minutar o ultimato porque tinha reputação de excelente estilista. Era, como diria Lewis Namier posteriormente, "um desses homens medianos, pessoalmente honestos, bem-intencionados, que um destino obscuro escolhera para peão no jogo que resultaria no maior desastre da história europeia".[6] Musulin burilou seu texto como um joalheiro faria com uma pedra preciosa.[7] A nota que servia de capa ao ultimato começava lembrando que a Sérvia tinha prometido, em consequência da crise de anexação bósnia, continuar "numa posição de boa vizinhança" com a Áustria-Hungria. Apesar dessa promessa, dizia a carta, o governo sérvio continuara a tolerar a existência em seu território de um "movimento subversivo" que tinha patrocinado "atos de terrorismo, por uma série de ultrajes e assassinados" — referência um tanto histriônica às dez ou doze conspirações terroristas de eslavos meridionais abortadas que precederam os assassinatos em Sarajevo. Longe de tentar suprimir essas atividades, afirmava a carta, o governo sérvio tinha "tolerado as criminosas maquinações de várias sociedades e associações" e "tolerado todas as manifestações de um tipo que inculcava na população sérvia ódio contra a monarquia e suas instituições".[8] A investigação preliminar do complô para matar o arquiduque revelara que ele tinha sido planejado e aprovisionado em Belgrado, e que a passagem dos assassinos para a Bósnia fora facilitada por funcionários do serviço de fronteira sérvio. Chegara a hora de acabar, portanto, com a atitude de "indulgência" que a monarquia até então demonstrara em suas relações com a Sérvia. A última parte da carta estipulava que o governo de Belgrado deveria divulgar uma nota pública em todo o reino (o texto da nota era fornecido) repudiando o irredentismo pan-sérvio.

Talvez a característica mais interessante do texto, que forneceu a matéria-prima da carta que circularia entre as outras potências quando a Áustria declarou guerra a Belgrado cinco dias depois, é que não há nele menção a uma cumplicidade direta do Estado sérvio nos assassinatos em Sarajevo. Em vez disso, afirma-se ali, mais modestamente, que as autoridades sérvias tinham "tolerado" as organizações e atividades que levaram aos assassinatos. Essa redação cuidadosa era, em parte, um simples reflexo do que os austríacos sabiam e não sabiam. O Ministério das Relações Exteriores em Viena tinha mandado o conselheiro dr. Friedrich von Wiesner a Sarajevo para comparar e analisar todas as provas disponíveis sobre as circunstâncias do complô. Em 13 de julho, depois de escrupulosa investigação, Wiesner enviou um relatório concluindo que até aquela altura não havia indícios que comprovassem responsabilidade ou cumplicidade do governo de Belgrado.[9] Esse relatório seria citado posteriormente por aqueles que alegavam que a Áustria, decidida a ir à guerra de qualquer maneira, simplesmente usara Sarajevo como pretexto. Mas a situação na época era mais complexa. Como explicaria o historiador americano Bernadotte Everly Schmitt, seu telegrama tinha sido "amplamente mal interpretado".

> Pessoalmente [lembrava-se Wiesner], ele na época estava bem convencido, a partir das provas obtidas na investigação, da culpabilidade moral do governo sérvio pelo crime de Sarajevo, mas como as provas não eram do tipo que um tribunal aceitaria, não quis que fossem usadas na acusação formal contra a Sérvia. Ele tinha, segundo disse, deixado isso claro ao voltar de Viena.[10]

Como os austríacos estavam determinados a tornar sua acusação tão legal quanto possível, não havia como alegar a culpabilidade direta da parte do Estado sérvio nos assassinatos em Sarajevo. Nas provas relacionadas à preparação e ao treinamento dos rapazes e de sua passagem pela fronteira sérvia, havia bastante apenas para confirmar o envolvimento de várias agências estatais subordinadas. Além disso, ao perseguir as nebulosas estruturas do Narodna Odbrana, os austríacos não viram a muito mais importante Mão Negra, cujas malhas se alastravam profundamente dentro do Estado sérvio. Não tinham conseguido rastrear até chegarem a Ápis, nem foram capazes de estabelecer conclusivamente se o governo sérvio teve conhecimento prévio da conspiração, talvez porque Biliński, encabulado com a falha que cometera ao não informar a Berchtold sobre sua rápida conversa com o embaixador sérvio, acabaria abafando todo o episódio. Se soubessem mais, os austríacos teriam indubitavelmente achado mais justas as medidas que planejavam tomar. No momento, o opróbrio do julgamento de Friedjung, já brandido pelos russos e pelos franceses como um argumento contra a aceitação das alegações de Viena, obrigou os redatores do ultimato a conter sua linguagem dentro dos limites do que já fora provado sem deixar dúvidas, com base nas informações surgidas da investigação em Sarajevo.

Seguiam-se ao ultimato outras dez exigências. Os primeiros três pontos diziam respeito à supressão de órgãos irredentistas e da propaganda antiaustríaca que geravam. Os pontos 4, 6 e 8 tratavam da necessidade de tomar medidas contra pessoas envolvidas no crime de Sarajevo, incluindo pessoal militar e funcionários de fronteira comprometidos, e "cúmplices do complô de 28 de junho que estão em território sérvio". O sétimo ponto era mais específico: exigia a prisão "sem perda de tempo" do major Voja Tankosić e de Milan Ciganović. Tankosić era, sem que os austríacos soubessem, um agente da Mão Negra muito ligado a Ápis; foi ele quem recrutou os três rapazes que formavam o núcleo da turma de assassinato. Ciganović só era conhecido dos austríacos como "empregado do Estado sérvio implicado pelos resultados da investigação preliminar em Sarajevo", mas era, além disso, de acordo com o depoimento posterior de Ljuba Jovanovic, membro da Mão Negra que simultaneamente trabalhava como agente secreto de Pašić.[11] O nono ponto exigia que Belgrado fornecesse a Viena explicações sobre os

> injustificáveis pronunciamentos de altos funcionários sérvios, tanto na Sérvia como no exterior, que a despeito de seu cargo oficial não hesitavam, desde o crime de 28 de junho, em se manifestar, durante entrevistas, em termos hostis à monarquia austro-húngara.

Esse ponto se referia, entre outras coisas, às entrevistas concedidas por Spalajković em São Petersburgo; também lembra que as atitudes austríacas foram profundamente afetadas pelas respostas sérvias ao crime. O décimo ponto simplesmente exige a notificação oficial "sem perda de tempo" das medidas tomadas para atender aos pontos anteriores.

Os pontos mais controvertidos eram o quinto e o sexto. O quinto exigia que o governo de Belgrado "aceite a colaboração na Sérvia de órgãos do imperial e real governo [da Áustria-Hungria] na supressão do movimento subversivo dirigido contra a integridade territorial da monarquia" e o sexto declarava que "órgãos delegados" pela Áustria-Hungria "tomariam parte nas investigações" relacionadas a cúmplices do crime. Como de hábito em Viena, esse texto foi redigido por muitas mãos, mas Berchthold é que insistira em incorporar uma referência ao envolvimento austríaco.[12] A razão é mais do que óbvia: Viena não confiava nas autoridades sérvias para dar ênfase à investigação sem alguma forma de supervisão e verificação austríaca. E é preciso dizer que nada que o governo sérvio fez entre 28 de junho e a apresentação do ultimato lhes deu razão para pensar de outra forma.

Essa foi a demanda incompatível com a soberania sérvia que já tinha sido identificada em Paris, São Petersburgo e Belgrado como possível gatilho deflagrador de um confronto mais amplo. Seria lícito perguntar, é claro, se um país pode ser responsabilizado pelas ações que cidadãos particulares planejem em seu território. Mas definir a questão em termos da inviolabilidade da soberania da Sérvia distorce o quadro de certa maneira. Em primeiro lugar, havia a questão da reciprocidade. O Estado sérvio — ou pelo menos os estadistas que o dirigiam — aceitava a responsabilidade pela "reunião" final de todos os sérvios, incluindo os que viviam dentro da monarquia dual austro-húngara. Isso implicava, na melhor hipótese, um limitado reconhecimento dos direitos soberanos do Império dentro das terras irredentas do "mundo sérvio". Depois, havia o fato de que o Estado sérvio, sob o comando de Pašić, só poderia exercer um controle limitado sobre as redes irrendentistas. A interpenetração das redes de conspiração com o Estado sérvio e as afiliações transnacionais de irredentismo étnico fazem parecer estúpida qualquer tentativa de compreender o atrito entre a Sérvia e a Áustria-Hungria em termos de interação entre dois Estados territoriais soberanos. E, é claro, os órgãos transnacionais, e o marco jurídico, que hoje arbitram esses conflitos e monitoram sua resolução ainda não existiam.

Edward Grey, quando viu o texto completo do ultimato austríaco, descreveu-o — e sua descrição ficou famosa — como "o documento mais formidável que já vira ser endereçado por um Estado a outro que era independente"; em carta para a mulher, Winston Churchill descreveu a nota como "o mais insolente documento desse tipo já imaginado".[13] Não sabemos que referências Grey e Churchill tinham em mente — e a especificidade da situação histórica criada pelos crimes de Sarajevo torna difícil qualquer julgamento comparativo. Mas seria decerto equivocado ver a nota austríaca como uma regressão anômala a uma era bárbara anterior ao aparecimento dos Estados soberanos. A nota austríaca era muito mais branda, por exemplo, do que o ultimato apresentado pela Otan à Sérvia-Iugoslávia na forma do acordo de Rambouillet preparado em fevereiro e março de 1999 para forçar os sérvios a se submeterem à política da Otan em Kosovo. Uma de suas cláusulas era esta:

> Os funcionários da Otan devem desfrutar, juntamente com seus veículos, navios, aviões e equipamento, de passagem livre e irrestrita e acesso desimpedido na Antiga República da Iugoslávia, incluindo o espaço aéreo associado e as águas territoriais. Isso deve incluir, mas não se limitar a, o direito de bivaque, manobra, acantonamento e utilização de quaisquer áreas ou instalações necessárias a apoio, treinamento e operações.[14]

Henry Kissinger tinha razão, sem a menor dúvida, quando descreveu Rambouillet como "uma provocação, uma desculpa para bombardear", cujos termos eram inaceitáveis até mesmo para os sérvios mais moderados.[15] Em comparação com isso, as demandas da nota austríaca não parecem tão graves.

O ultimato de Viena foi, decerto, preparado na suposição de que os sérvios provavelmente não o aceitariam. Não se tratava de uma tentativa de última hora de preservar a paz entre dois vizinhos, mas de uma declaração intransigente da posição austríaca. De outro lado, não era, diferentemente de Ramboillet, uma exigência de completa prostração do Estado sérvio; seus termos eram rigorosamente dedicados à ameaça representada pelo irredentismo sérvio à segurança austríaca, e até mesmo os pontos 5 e 6 refletiam preocupações sobre a confiabilidade da aquiescência sérvia que os redatores tinham motivos para julgar válidas. Recordemos que ainda em 16 de julho, quando o ministro britânico Dayrell Crackanthorpe disse a Slakvo Gruić, secretário-geral do Ministério das Relações Exteriores em Belgrado, que talvez fosse boa ideia lançar uma investigação sérvia independente dos crimes, Gruić tinha insistido na "impossibilidade de adotar quaisquer medidas definitivas antes de conhecer os resultados da investigação de Sarajevo". Uma vez publicado o relatório, prosseguiu Gruić, o governo sérvio atenderia "qualquer solicitação de novas investigações que as circunstâncias possam recomendar e que sejam compatíveis com o costume internacional". Se o pior acontecesse, acrescentou Gruić sinistramente, "a Sérvia não estará sozinha. A Rússia não ficará parada se a Sérvia for gratuitamente atacada".[16] Essas desconcertantes formulações sugeriam que as chances de aquiescência, sem coerção, às demandas de um vizinho hostil eram de fato remotas. Foram justamente as questões de imposição e aquiescência que o governo sérvio tinha mencionado em sua circular às potências justificando o ataque dos países balcânicos ao Império Otomano em 1912. A reiterada incapacidade otomana de entender a necessidade de reformas na Macedônia, afirmaram, significava que sua recusa a aceitar qualquer forma de "participação estrangeira" nessas reformas e suas promessas "de realizar sérias reformas por conta própria" foram recebidas, "no mundo inteiro", com "uma desconfiança profundamente arraigada".[17] É duvidoso que alguém em Belgrado tenha percebido a semelhança em julho de 1914.

A SÉRVIA RESPONDE

Na manhã de 23 de julho, o ministro austríaco barão Giesl telefonou para o Ministério das Relações Exteriores em Belgrado informando que Viena entregaria uma "comunicação importante" para o primeiro-ministro sérvio no começo da noite. Pašić estava fora da cidade, fazendo campanha para as eleições; o ministro das Finanças, Lazar Pacu, fora designado para substituí-lo em sua ausência. Ao ser antecipadamente avisado sobre a nota, Pacu conseguiu contatar Pašić por telefone em Nis. Apesar dos apelos do ministro, Pašić recusou-se a voltar para a capital. "Receba [Giesl] por mim" foi a instrução que deu. Quando Giesl apareceu em pessoa no Ministério às seis da tarde (com o fim do prazo adiado por uma hora), foi recebido por Pacu, e Gruić foi chamado para participar da reunião, porque o ministro das Finanças não falava francês.

31. *Nikola Pašić em 1919.*

Giesl entregou a eles o ultimato, um anexo de duas páginas e uma nota de encaminhamento endereçada a Pacu como primeiro-ministro em exercício, e informou-o de que o limite de tempo para uma resposta era de exatamente 48 horas. Quando esse prazo expirasse, se a resposta fosse insatisfatória, ou não houvesse resposta, Giesl romperia relações diplomáticas e voltaria a Viena com todo o pessoal da legação. Sem abrir o dossiê, Pacu respondeu que, como as eleições estavam em pleno andamento e muitos ministros tinham se ausentado de Belgrado, talvez fosse fisicamente impossível reunir as autoridades responsáveis a tempo de anunciar uma decisão. Giesl respondeu que "na era das ferrovias e dos telégrafos num país deste tamanho, a volta dos ministros poderia ser resolvida em questão de poucas horas". De qualquer maneira, acrescentou, "isso era assunto interno do governo sérvio, sobre o qual [Giesl] não precisava dar palpite".[18] O despacho telegráfico de Giesl para Viena terminava com as palavras: "Não houve mais discussão", mas, em conversas depois da guerra com o historiador Luigi Albertini, o antigo ministro austríaco recordou que Pacu hesitara, dizendo que não podia aceitar a nota. Giesl então respondeu que, nesse caso, a deixaria na mesa e "Pacu poderia fazer com ela o que quisesse".[19]

Logo que Giesl saiu, Pacu reuniu os ministros sérvios que ainda estavam na capital e leu com eles o texto. Ele, em particular, ficou chocado, porque esperava, apesar de todos os indícios em contrário, que os alemães, em última análise, impediriam que Viena tomasse qualquer medida que "pudesse também arrastá-la para a guerra". Por algum tempo, os homens estudaram a nota "num silêncio mortal, porque ninguém se arriscava a ser o primeiro a expressar seus pensamentos". O primeiro a falar foi o ministro da Educação, Ljuba Jovanović, que depois de atravessar a sala várias vezes finalmente declarou: "Não temos outra opção que não seja lutar até o fim".[20]

Seguiu-se um interlúdio curioso. Em vista da extrema importância da nota, ficou claro a todos os presentes que Pašić precisava voltar imediatamente a Belgrado. Ele tinha passado a manhã fazendo campanha em Nis, no sul da Sérvia, para as eleições de 14 de agosto. Depois de pronunciar um discurso, o primeiro-ministro pareceu perder, de repente, o interesse na campanha. "Seria bom descansarmos um pouco", disse ele a Sajinović, o diretor político do Ministério das Relações Exteriores, que viajava com Pašić. "Que acha de irmos a Salonica [Tessalônica, anexada à Grécia pelo Tratado de Bucareste em 1913], onde podemos ficar dois ou três dias sem que ninguém saiba?" Enquanto Pašić e o diretor político esperavam que o vagão especial do primeiro-ministro fosse atrelado ao trem para Tessalônica, Pašić foi informado, por um funcionário da estação, de que havia uma chamada urgente de Belgrado. Era Lazar Pacu, suplicando-lhe que retornasse à capital. Pašić não tinha a menor intenção de voltar correndo. "Eu disse a Laza que quando voltar a Belgrado daremos a resposta. Laza me disse que, pelo que ouvira, não era uma nota qualquer. Mas mantive firmemente minha resposta." Como era de esperar, ele e Sajinović foram ocupar seus lugares no trem para Tessalônica. Só quando chegaram a Lescovac, quase cinquenta quilômetros ao sul de Nis, o primeiro-ministro foi convencido a voltar por um telegrama do príncipe regente Alexandar.[21]

Esse comportamento era bizarro, mas não inusitado. Lembremo-nos de que no verão de 1903, quando os detalhes do assassinato planejado do rei Alexandar e da rainha Draga lhe foram transmitidos antecipadamente pelos regicidas, Pašić reagira pegando a família e levando-a de trem para a costa adriática, então sob domínio austríaco, onde poderia aguardar as consequências. O que de fato passava por sua cabeça na tarde de 23 de julho é impossível determinar. Pode ser que simplesmente, como sugeriu Albertini, esperasse evitar a onerosa responsabilidade de aceitar a nota. Curiosamente, Berthtold soubera, através de canais secretos não especificados, que Pašić tencionava renunciar imediatamente depois de recebê-la.[22] Também pode ser que tenha se apavorado, ou que talvez sentisse a necessidade de esfriar a cabeça e refletir sobre as opções de que dispunha. As exigências de uma eleição nacional, somadas à maior crise externa da história do Estado sérvio moderno, sem dúvida exerceram considerável pressão sobre ele. De qualquer maneira, o certo é que o momento passou, e o primeiro-ministro e o diretor político chegaram a Belgrado às cinco da manhã de 24 de julho.

A resposta sérvia ao ultimato levou algum tempo para se cristalizar. No começo da noite de 23 de julho, enquanto Pašić viajava de volta para a capital, Pacu despachou uma circular às legações sérvias declarando que as demandas enumeradas na nota austríaca eram "de tal ordem que nenhum governo sérvio poderia aceitá-las na íntegra". Pacu reiterou essa opinião numa visita ao encarregado de negócios Strandmann, que, em razão da morte de Hartwig, era o chefe interino da missão russa. Depois que Pacu saiu, o príncipe Alexandar apareceu para conversar sobre a crise com Strandmann. Ele também insistiu em que a aceitação do ultimado era "uma impossibilidade absoluta para um Estado que tenha a mínima consideração pela própria dignidade", acrescentando que confiava na magnanimidade do tsar da Rússia, "cuja palavra poderosa, e nada mais, poderia salvar a Sérvia". No começo da manhã seguinte, foi a vez de Pašić falar com Strandmann. O primeiro-ministro manifestou a opinião de que a Sérvia não deveria aceitar nem rejeitar a nota austríaca, mas tentar imediatamente a prorrogação do prazo. Um apelo seria feito às potências para que protegessem a independência da Sérvia. "Porém", acrescentou Pašić, "se a guerra for inevitável, lutaremos."[23]

Tudo isso parece sugerir que os líderes políticos sérvios chegaram quase imediatamente à conclusão unânime de que a Sérvia deveria resistir e — se fosse preciso — ir à guerra. Mas todas essas declarações foram relatadas por Strandmann. É provável que o desejo de obter o apoio russo incentivasse os ministros à mão em Belgrado a insistir na impossibilidade de aceitação. Outro testemunho sugere que, entre eles, os estrategistas políticos ficaram profundamente assustados com a possibilidade de um ataque austríaco e não viam alternativa para a aceitação.[24] A lembrança de outubro de 1913, quando Sazonov aconselhara Belgrado a recuar diante de um ultimato austríaco sobre a Albânia, ainda estava viva o bastante para alimentar dúvidas sobre o apoio dos russos à Sérvia na crise atual. Avaliar a atitude da França era difícil, porque os líderes franceses mais importantes ainda não tinham acabado de voltar da Rússia e o enviado francês Descos, que por algum tempo demonstrava sinais de tensão, entrara em colapso e fora chamado de volta a Paris; seu substituto ainda não chegara.

Nenhuma decisão foi tomada na primeira reunião de gabinete convocada por Pacu na noite de 23 de julho, e a situação continuou pendente depois da volta de Pašić na manhã seguinte. Ele limitou-se a determinar que nenhuma decisão seria tomada enquanto os russos não se manifestassem. Além das conversas com Strandmann, naturalmente relatadas de imediato a São Petersburgo, houve dois pedidos oficiais de esclarecimento. Pašić telegrafou a Spalajković, pedindo-lhe que se certificasse da atitude do governo russo. No mesmo dia, o príncipe regente Alexandar enviou um telegrama ao tsar declarando que a Sérvia "era incapaz de se defender" e que o governo de Belgrado estava preparado para aceitar quaisquer pontos do ultimato "cuja aceitação seja aconselhada por Sua Majestade [o tsar russo]".[25] O historiador italiano Luciano Magrini concluiu de suas entrevistas com a cúpula política sérvia e outras testemunhas dos acontecimentos daqueles dias que o governo de Belgrado tinha, na realidade, decidido aceitar o ultimato e evitar a guerra. "Julgava-se que, na situação em que a Sérvia sabidamente se achava, não seria de esperar que fizesse outra coisa senão aceitar uma ameaça tão terrível."[26] Foi, evidentemente, num estado de espírito de resignação que Pašić redigiu seu telegrama de 25 de julho às missões sérvias declarando que Belgrado pretendia dar uma resposta que fosse "conciliadora em todos os pontos" e oferecesse a Viena "plena satisfação".[27] Tratava-se, inequivocamente, de um grande recuo em relação à circular muito mais firme enviada por Pacu dois dias antes. Um telegrama de Crackanthorpe para Grey, despachado em 25 de julho logo depois do meio-dia, confirma que, àquela altura, os sérvios estavam dispostos a aceitar os notórios pontos 5 e 6, que exigiam a formação de uma comissão de inquérito mista, "desde que se possa provar que a nomeação dessa comissão esteja de acordo com o costume internacional".[28]

Talvez tenha sido a reiteração do apoio russo que endureceu a espinha dos sérvios. Por volta das 8h30 de 31 de julho, chegou um telegrama despachado na noite anterior por Spalajković relatando sua conversa com Poincaré durante a visita oficial. O presidente francês perguntara ao enviado sérvio se havia notícias de Belgrado; quando Spalajković respondeu que a situação era muito ruim, Poincaré disse: "Vamos ajudá-los a melhorá-la".[29] Isso era gratificante, mas não especialmente substancial. Aproximadamente à meia-noite de 24 de julho, chegou a Belgrado um telegrama anunciando que "uma decisão audaciosa" era iminente.[30]

Os despachos mais importantes de Spalajković foram dois telegramas enviados na noite de 24 para 25 de julho, relatando minuciosamente uma conversa com Sazonov antes das sete da noite de 24 de julho, durante a qual o ministro das Relações Exteriores russo transmitira ao enviado sérvio os resultados de uma reunião do Conselho de Ministros realizada às três horas daquela tarde. No primeiro telegrama, Spalajković informava que o ministro das Relações Exteriores russo "condenara o ultimato austro-húngaro com repugnância", declarando que nenhum Estado poderia aceitar semelhantes demandas sem "cometer suicídio". Sazonov tinha assegurado a Spalajković que a Sérvia poderia "contar extraoficialmente com o apoio russo". Mas não especificou de que forma viria essa ajuda, porque esses assuntos eram "para o tsar decidir e consultar com a França". Até lá, a Sérvia deveria evitar quaisquer provocações desnecessárias. Se o país fosse atacado e não conseguisse defender-se, deveria, em primeiro lugar, retirar suas Forças Armadas para o interior, na direção sudeste.[31] O objetivo era não aceitar uma ocupação austríaca e, em vez disso, manter os exércitos da Sérvia já preparados para um subsequente desdobramento. O segundo telegrama daquela noite, despachado à 1h40 de 25 de julho, informava que o Conselho de Ministros russo tinha decidido adotar "medidas enérgicas, incluindo a mobilização", e estava prestes a publicar um "comunicado oficial no qual a Rússia toma a Sérvia sob sua proteção".[32]

Às oito da noite de 25 de julho, Spalajković disparou um novo despacho para informar que tinha falado com o adido militar sérvio, recém-retornado da residência do tsar em Tsarskoye Selo. O adido conversara com o chefe do Estado-Maior geral russo e disse a Spalajković que o Conselho Militar demonstrara "a maior disposição para a guerra" e estava decidido a "ir até onde fosse preciso para proteger a Sérvia". O tsar em particular surpreendera a todos com sua determinação. Além disso, ordenara-se que exatamente às seis horas da tarde, fim do prazo para a resposta sérvia, todos os cadetes de último ano da Rússia fossem promovidos à patente de oficial, claro sinal de iminente mobilização total. "Em todos os círculos, sem exceção, reina a maior resolução e alegria, devido à posição adotada pelo tsar e seu governo."[33] Outros despachos informaram sobre as medidas militares já sendo tomadas e sobre o sentimento de "orgulho e [disposição para] qualquer sacrifício" que impregnava os círculos governantes e a esfera pública, bem como o alvoroço com que foi acolhida a notícia de Londres de que a frota britânica recebera ordem para ficar de prontidão.[34]

Foi provavelmente a notícia da Rússia que dissipou o fatalismo em Belgrado e dissuadiu os ministros de tentarem evitar a guerra aquiescendo às demandas do ultimato.[35] O telegrama de Spalajković de 24 de julho, transmitindo a vaga garantia de apoio de Sazonov, chegou a Belgrado em duas partes, a primeira às 4h17 e a segunda às dez da manhã de 25 de julho. O telegrama mencionando rapidamente a mobilização russa chegou às 11h30 do mesmo dia, em tempo de alcançar os ministros sérvios antes que rascunhassem sua resposta à nota austríaca.[36]

Apesar dessa consolidação do estado de ânimo, os ministros sérvios investiram imenso esforço em burilar a resposta a Viena, para dar a impressão de oferecer a máxima aquiescência possível sem comprometer a soberania sérvia. Pašić, Ljuba Jovanonić e a maioria dos ministros presentes então em Belgrado, incluindo os do Interior, da Economia e da Justiça, Stojan Protić, Velizar Janković e Marko Djuricić, todos deram sua contribuição nas numerosas redações do texto. Slavko Gruić, secretário-geral do Ministério das Relações Exteriores sérvio, descreveria posteriormente a Luigi Albertini a frenética atividade que precedeu a apresentação da resposta. Ao longo da tarde de sábado 25 de julho houve numerosos rascunhos, enquanto os ministros, cada um a seu tempo, acrescentavam e riscavam trechos; a própria versão final continha tantas alterações, inserções e cortes que ficou praticamente ilegível.

> Finalmente, depois das quatro da tarde, o texto parecia resolvido e foi feita uma tentativa de datilografá-lo. Mas o datilógrafo era inexperiente, estava muito nervoso, e a máquina de escrever recusou-se a funcionar. Em consequência disso, "a resposta teve de ser escrita à mão com tinta hectográfica, e as cópias foram secadas". [...] A última meia hora foi de trabalho febril. A resposta foi corrigida à caneta aqui e ali. Uma frase inteira entre parênteses foi riscada à tinta e ficou ilegível. Às 17h45 Gruić entregou o texto a Pašić num envelope.[37]

Pašić esperava que Gruić ou outra figura subordinada qualquer entregasse a resposta ao barão Giesl, mas como ninguém se ofereceu para fazê-lo, disse: "Muito bem, eu mesmo a levarei". Desceu as escadas e foi encontrar-se com Giesl, enquanto os ministros e funcionários corriam a fim de pegar o trem com destino a Nis, para onde o governo sérvio estava se mudando como parte dos preparativos para o conflito iminente.

A resposta sérvia talvez parecesse confusa, mas era uma obra-prima de ambiguidade diplomática. O barão Musulin, que redigira a primeira minuta do ultimato austríaco, descreveu-a como "o mais brilhante espécime de habilidade diplomática" que já tinha visto.[38] A resposta abria com um floreio confiante. O governo sérvio, afirmava-se, tinha demonstrado em muitas ocasiões durante as guerras balcânicas sua atitude moderada e pacífica. A rigor, foi "graças à Sérvia e ao sacrifício que fez no interesse exclusivo da paz europeia que a paz tinha sido preservada". Os redatores da resposta confiavam, portanto, que sua resposta eliminaria qualquer mal-entendido entre os dois países. Uma vez que o governo não podia ser responsável pelos atos de indivíduos privados e não exercia nenhum controle direto sobre a imprensa ou "o trabalho pacífico de sociedades", ficara surpreso e perturbado com as acusações que emanavam de Viena.[39]

Em suas respostas aos pontos individuais, os redatores ofereceram um sutil coquetel de aceitações, aceitações condicionais, evasivas e rejeições. Concordaram em condenar oficialmente toda propaganda destinada à dissolução do Império Austro-Húngaro ou à anexação de seus territórios (muito embora tenham usado verbo auxiliar modal evitando a implicação de que esse tipo de propaganda jamais tivesse existido). No que dizia respeito à supressão de organizações irredentistas, a resposta declarava que o governo sérvio não dispunha de "nenhuma prova de que o Narodna Odbrana ou outras sociedades similares" já tivessem cometido "qualquer ato criminoso" — mas, mesmo assim, concordavam em dissolver o grupo e qualquer outro "que pudesse estar dirigindo seus esforços contra a Áustria-Hungria". O terceiro ponto declarava que o governo retiraria com satisfação do ensino público sérvio qualquer propaganda antiaustríaca, "sempre que o governo imperial e real lhes fornecesse fatos e provas dessa propaganda". O quarto ponto concordava com a remoção de pessoas suspeitas das Forças Armadas, mas, também nesse caso, só quando as autoridades austro-húngaras lhes informassem "os nomes e atos desses oficiais e funcionários". No tocante à criação de comissões mistas austro-sérvias de inquérito (quinto ponto), a resposta afirmava que o governo sérvio "não compreendeu com clareza o significado ou o alcance da demanda", mas se comprometia a aceitar essa colaboração, na medida em que ficasse claro que era compatível com o "princípio da lei internacional, o procedimento criminal e as boas relações de vizinhança". O sexto ponto (sobre a participação de funcionários austríacos na denúncia judicial de pessoas implicadas) foi rejeitado categoricamente, com base no argumento de que seria contrário à Constituição sérvia — essa era a questão que dizia respeito à soberania da Sérvia, sobre a qual Sazonov recomendara a Belgrado que se mantivesse firme. Com relação ao sétimo ponto, que exigia a prisão de Tankosić e Ciganović, o governo sérvio declarou que já tinha prendido Tankosić "na mesma noite em que a nota fora entregue"; e que ainda "não tinha sido possível prender Ciganović". Nesse caso também se pedia ao governo austríaco que fornecesse os "indícios presuntivos de culpa, assim como as provas de culpa, se houver [...] com vistas a inquérito posterior". Era uma resposta um tanto tortuosa: logo que o nome de Ciganović emergiu ligado ao inquérito de Sarajevo, o Departamento de Polícia em Belgrado o retirou às pressas da capital numa comissão especial, o tempo todo negando oficialmente a existência de qualquer pessoa com o nome de Milan Ciganović na cidade.[40] A resposta aceitava sem condições os pontos 8 e 10 relativos à denúncia judicial de funcionários de fronteira culpados de atividades ilegais e ao dever de informar o governo austro-húngaro sobre medidas adotadas. Mas o nono ponto, pelo qual os austríacos tinham exigido uma explicação para os comentários públicos de funcionários sérvios nos dias que se seguiram aos assassinatos, arrancou uma resposta mais equívoca: o governo sérvio "teria prazer em dar" explicações depois que o governo austríaco lhes "comunicasse as passagens em questão nesses comentários e logo que mostrasse que os comentários foram de fato feitos pelos referidos funcionários".[41]

É difícil discordar da incontida admiração de Musulin por esse texto finamente elaborado. A alegação que costuma ser feita em narrativas gerais de que essa resposta representou uma capitulação quase total às demandas austríacas é equivocada. O documento foi preparado para os amigos da Sérvia, não para seus inimigos. Cedia incrivelmente pouco aos austríacos.[42] Acima de tudo, transferia para Viena o ônus de seguir adiante com o processo de abertura da investigação dos antecedentes sérvios da conspiração, mas sem conceder a espécie de colaboração que teria permitido seguir de fato as pistas relevantes. Nesse sentido, representava a continuação da política que as autoridades sérvias adotavam desde 28 de junho: a de negar categoricamente qualquer forma de envolvimento e abster-se de qualquer iniciativa que pudesse ser interpretada como admissão de envolvimento. Muitas respostas a pontos específicos abriam a possibilidade de negociações longas, litigiosas e muito provavelmente inúteis com os austríacos sobre o que eram, exatamente, "fatos e provas" de propaganda irredentista ou de atividade conspiratória de oficiais e funcionários. O apelo à "lei internacional", embora eficaz como propaganda, era pura obnubilação, uma vez que não havia jurisprudência internacional sobre casos desse tipo nem órgãos internacionais com autoridade para resolvê-los de forma legal e vinculante. Mas o texto foi calibrado perfeitamente para transmitir o tom de voz de estadistas sensatos numa condição de total perplexidade, em luta para compreender demandas exorbitantes e inaceitáveis. Era a voz comedida da Sérvia política e constitucional, repudiando qualquer ligação com sua irmã gêmea pan-sérvia expansionista de uma forma profundamente enraizada na história das relações exteriores sérvias. Bastava naturalmente para convencer os amigos da Sérvia de que, em face de uma capitulação tão completa, Viena não tinha base para agir.

Na realidade, portanto, o que houve foi uma rejeição altamente perfumada da maioria dos pontos. E pode-se razoavelmente perguntar se haveria outra saída para Pašić, que, por não querer tomar a iniciativa de destruir as redes irredentistas, permitira que a crise chegasse a esse ponto. Várias razões já foram propostas para explicar a passividade peculiar do primeiro-ministro depois de 28 de junho — sua persistente vulnerabilidade depois das recentes lutas com o grupo militar e a rede Mão Negra, os hábitos profundamente arraigados de reticência e segredismo que adquirira em mais de trinta anos na perigosa cúpula da política sérvia e a fundamental simpatia ideológica de Pašić e seus colegas pela causa irredentista. A isso tudo acrescente-se mais uma consideração. Pašić provavelmente tivera boas razões para temer uma investigação exaustiva do crime, que poderia muito bem expor vínculos que se estendiam ao coração da elite política sérvia. Qualquer luz jogada sobre as maquinações de Ápis teria prejudicado a causa de Belgrado, para dizer o mínimo. Muito mais preocupante, porém, era a possibilidade de que a caçada e a investigação do agente duplo Ciganović, que os austríacos tinham identificado como suspeito, revelassem conhecimento prévio da parte de Pašić e seus colegas ministros, conhecimento prévio esse que Pašić tinha negado com veemência na entrevista concedida ao *Az Est* em 7 de julho. Em certo sentido, talvez os austríacos estivessem mesmo cobrando o impossível, ou seja, que a Sérvia oficial do mapa político extinguisse a expansionista Sérvia étnica do irredentismo. O problema era que elas eram interdependentes e inseparáveis, duas faces da mesma entidade. No Ministério da Guerra em Belgrado, um lugar oficial, pendia, na frente da principal sala de recepção, a imagem de uma paisagem sérvia, diante da qual uma alegórica figura feminina exibia um escudo onde estavam relacionadas as "províncias ainda a serem libertadas": Bósnia, Herzegóvina, Voivódina, Dalmácia, e assim por diante.[43]

Mesmo antes de receber a resposta, Giesl sabia que a aceitação não seria incondicional. Uma ordem de mobilização geral sérvia estava em vigor desde as três horas daquela tarde, a guarnição da cidade tinha partido com grande barulho e pressa para ocupar os pontos altos nos arredores, o Banco Nacional e os arquivos estatais foram removidos de Belgrado para o interior do país, e o corpo diplomático já se preparava para acompanhar o governo em sua sede interina em Kragujevać, a caminho de Nis.[44] Houve também uma advertência confidencial de um dos ministros envolvidos na redação da resposta.[45] Cinco minutos antes de terminar o prazo, às 17h55 de sábado 25 de julho, Pašić apareceu na legação austríaca e entregou a nota, dizendo, em mau alemão (não falava francês): "Parte de suas demandas nós aceitamos [...] em relação ao resto, depositamos nossas esperanças em vossa lealdade e vosso cavalheirismo de general austríaco", e foi embora. Giesl lançou um olhar altaneiro sobre o texto, notou que era insuficiente e assinou uma carta já preparada informando o primeiro-ministro de que deixaria Belgrado aquela noite com seu Estado-Maior. A proteção de cidadãos e propriedades austro-húngaros foi formalmente confiada à legação alemã, os códigos foram retirados da sala-cofre e queimados, e a bagagem — já empacotada — foi posta em carros que aguardavam à porta. Às 18h30, Giesl, sua mulher e os funcionários da legação estavam no trem fora de Belgrado. Atravessaram a fronteira austríaca dez minutos depois.

Isso queria dizer guerra? Num curioso telegrama de 24 de julho para Mensdorff em Londres, Berchtold instruiu o embaixador a informar a Edward Grey que a nota austríaca não era um ultimato formal, mas uma "démarche com prazo definido" cuja expiração sem resultado satisfatório levaria ao rompimento de relações diplomáticas e ao começo das preparações militares necessárias. Apesar disso, a guerra ainda não era inevitável: se a Sérvia subsequentemente decidisse recuar, "sob a pressão de nossos preparativos militares", continuava Berchtold, "será solicitada a pagar uma indenização referente aos custos da Áustria".[46] No dia seguinte, quando viajava para Bad Ischl, a oeste, para um encontro com o imperador Francisco José, Berchtold recebeu em Lambach um telegrama do chefe da Primeira Seção, o conde Macchio, em Viena. Macchio informava que o encarregado de negócios russo em Viena, Kudashchev, tinha pedido oficialmente uma prorrogação do prazo. Em sua resposta, Berchtold declarou que uma prorrogação era impossível, acrescentando, porém, que mesmo depois de expirado o prazo a Sérvia poderia evitar a guerra cumprindo as exigências da Áustria.[47] Talvez essas palavras refletissem, como acreditava Albertini, uma momentânea falta de coragem;[48] mas talvez servissem apenas para ganhar tempo — já vimos como os austríacos estavam ansiosos para não se atrasar em seus preparativos militares, uma vez que se tornassem necessários.

Olhando para trás, é claro que não havia benefícios potenciais nessas manobras de última hora. Em 26 e 27 de julho, chegaram despachos exultantes de Spalajković, com notícias de que os russos estavam mobilizando um exército de 1,7 milhão de soldados e planejavam "começar de imediato uma enérgica ofensiva contra a Áustria-Hungria logo que ela ataque a Sérvia". O tsar estava convencido, informou Spalajković em 26 de julho, de que os sérvios "lutariam como leões" e poderiam até destruir os austríacos sem ajuda, a partir de seu reduto no interior do país. A posição da Alemanha ainda não estava clara, mas, mesmo que os alemães não entrassem na briga, o tsar achava que havia uma boa possibilidade de conseguir "uma partição da Áustria-Hungria"; se isso falhasse, os russos "poriam em prática os planos militares franceses, de modo que a vitória contra a Alemanha também estava certa".[49]

Tão animado estava Spalajković, o antigo chefe político do Ministério dos Negócios Estrangeiros sérvio, que até voltou a sugerir uma política:

Em minha opinião, isso nos oferece uma esplêndida oportunidade para usar este acontecimento sabiamente e conseguir a plena unificação dos sérvios. Seria desejável, portanto, que a Áustria-Hungria nos atacasse. Nesse caso, vamos em frente pelo amor de Deus!

Essas efusões de São Petersburgo contribuíram para enrijecer ainda mais o estado de espírito. Concessões de última hora às demandas austríacas tornaram-se inconcebíveis. Era uma velha crença de Pašić que a união dos sérvios não seria alcançada em tempos de paz, sendo forjada apenas no calor de uma grande guerra e com a ajuda de uma grande potência. Aquilo não era e nunca tinha sido um plano propriamente — era um futuro imaginado, cuja hora parecia iminente. Quase duas semanas se passariam antes de se travar qualquer luta séria, mas já se vislumbrava a estrada da guerra. Para a Sérvia, não havia como olhar para trás.

COMEÇA UMA "GUERRA LOCAL"

Na manhã de 28 de julho de 1914, o imperador Francisco José assinou sua declaração de guerra contra a Sérvia com uma pena de avestruz na escrivaninha em seu estúdio na vila imperial de Bad Ischl. À sua frente havia um busto de sua mulher morta em mármore branco. À sua esquerda, um acendedor elétrico, de último tipo, para charutos, uma incômoda estrutura de bronze numa base de madeira escura, cujo fio trançado ia até uma tomada atrás da mesa. O texto tinha o formato do manifesto que os austríacos usaram para declarar guerra à Prússia em 1866:

> Meus povos! É meu ardente desejo consagrar os anos que, pela graça de Deus, ainda me restam para os trabalhos da paz e a proteção de todos contra os pesados sacrifícios e fardos da guerra. A Providência, em sua sabedoria, decretou o contrário. As intrigas de um adversário malévolo me obrigam, em defesa da honra da minha monarquia, para a proteção de sua dignidade e sua posição de potência, para a segurança de suas possessões, pegar a espada depois de longos anos de paz.[50]

A essa altura, Belgrado já era uma cidade desabitada. Todos os homens em idade de servir tinham sido convocados e muitas famílias haviam partido em busca de refúgio com parentes no interior do país. A maioria dos estrangeiros tinha ido embora. Às duas da tarde de 28 de julho, boatos sobre a guerra iminente espalharam-se como incêndio na floresta por toda a cidade. Edições extras de todos os jornais esgotaram-se quando os vendedores saíram às ruas.[51] Antes de o dia findar, dois vapores sérvios do Danúbio transportando munição e minas foram capturados por sapadores e sentinelas austríacos. Pouco depois da uma hora da madrugada seguinte, tropas sérvias explodiram a ponte do rio Sabe entre Semlin e Belgrado. Canhoneiras austríacas abriram foro e depois de um breve combate as tropas sérvias retrocederam.

A notícia de que a guerra finalmente fora declarada encheu Sigmund Freud, então com 58 anos, de euforia: "Pela primeira vez em trinta anos, me sinto austríaco, e estou disposto a dar a esse Império não muito promissor outra oportunidade. Toda a minha libido é dedicada à Áustria-Hungria".[52]

11. Tiros de advertência

A FIRMEZA SE IMPÕE

Depois de quatro agitados dias de recepções, revistas militares, discursos, jantares e brindes, Maurice Paléologue precisava de descanso. Tendo participado da despedida de Poincaré no *France* no começo da noite de 23 de julho, pediu ao seu criado que o deixasse dormir na manhã seguinte. Mas não seria assim: às sete horas veio um telefonema urgente anunciando o ultimato austríaco. Enquanto o embaixador permanecia na cama, meio dormindo, a notícia entrou em sua cabeça como um sonho sobressaltado:

> A ocorrência me parecia irreal mas definida, imaginária mas autêntica. Parecia que eu continuava a conversa do dia anterior com o tsar, expondo minhas teorias e conjecturas. Ao mesmo tempo, tive a sensação, uma forte, positiva e convincente sensação, de estar diante de um fato consumado.[1]

Paléologue cancelou um compromisso na hora do almoço e concordou em ir a uma reunião na embaixada francesa com o ministro das Relações Exteriores Sazonov e o embaixador britânico Sir George Buchanan.[2] De acordo com suas memórias, Paléologue lembrou aos dois convidados os brindes feitos pelo presidente e pelo tsar na noite anterior e repetiu que as três potências da entente deviam adotar uma política de "firmeza". Sazonov ficou surpreso: "Mas suponha que essa política esteja fadada a levar à guerra". A firmeza só conduzirá à guerra, respondeu Paléologue, se as "potências germânicas" *já estiverem* "decididas a recorrer à força para garantir sua hegemonia no leste" (nesse ponto o embaixador francês reproduziu exatamente o argumento apresentado por Hollweg a Riezler na segunda semana de julho).

Pode-se duvidar de que Sazonov foi realmente passivo como sugere o relato de Paléologue: no despacho que George Buchanan redigiu sobre a mesma conversa, Sazonov é que se mostrou mais decidido, declarando que "a Rússia de qualquer forma terá que se mobilizar".[3] Seja o que for que cada um disse, o fato é que os três homens tinham uma visão drástica da situação criada quando a Áustria apresentou a nota a Belgrado. Sazonov e Paléologue se juntaram para recomendar a Buchanan que dissuadisse seu governo de adotar uma política de neutralidade que poderia "equivaler a suicídio". Buchanan concordou e comprometeu-se a fazer "fortes declarações" a Grey em defesa de uma política de "resistência à arrogância alemã".[4] O conde De Robien, que falou com o embaixador aquela tarde, ficou horrorizado. "Naquele almoço nocivo", ia se lembrar mais tarde, "todos davam aguilhoadas uns nos outros. Paléologue foi particularmente veemente, gabando-se de suas conversas com Poincaré."[5]

Na verdade, Sazonov não precisava ouvir argumentos de Paléologue, ou de ninguém, para se convencer. Mesmo antes do almoço na embaixada da França, tinha repreendido o embaixador austríaco em termos que não deixavam dúvida sobre como interpretava a situação e como pretendia responder. Depois que Fritz Szapary, seguindo a prática costumeira nesses casos, leu em voz alta o texto da nota austríaca, Sazonov esbravejou várias vezes: "Sei o que é isto. Os senhores querem ir à guerra contra a Sérvia! Estão sendo incentivados pelos jornais alemães. Estão pondo fogo na Europa. É uma grande responsabilidade que assumem, os senhores verão que efeito isso terá em Londres e Paris, e talvez noutros lugares". Szapary propôs enviar-lhe um dossiê de provas em apoio das alegações de Viena, mas Sazonov recusou a oferta, dizendo que não estava interessado: "Os senhores querem a guerra e queimaram suas pontes". Quando Szapary replicou que a Áustria tinha o direito de defender seus interesses vitais e era "a potência que mais amava a paz no mundo", Sazonov respondeu com sarcasmo: "Dá para ver que os senhores são pacíficos, agora que estão ateando fogo na Europa".[6] Spazary saiu do encontro num estado de agitação e correu diretamente para a embaixada austríaca a fim de codificar e despachar seu relatório.

Mal o embaixador austríaco saiu, Sazonov convocou o chefe do Estado-Maior geral russo, o general Yanushkevich, para comparecer ao Ministério das Relações Exteriores. O governo, declarou, logo divulgaria um comunicado oficial de imprensa afirmando que a Rússia não "ficaria inativa" se a "dignidade e a integridade do povo sérvio, irmão de sangue, fosse ameaçada" (uma nota correspondente foi distribuída à imprensa no dia seguinte). Então discutiu com Yanushkevich planos para uma "mobilização parcial só contra a Áustria-Hungria".[7] Nos dias seguintes à apresentação da nota, o ministro das Relações Exteriores russo ateve-se à sua política de firmeza, adotando posições e tomando decisões que aceleraram a crise.

Às três horas daquela tarde, o Conselho de Ministros se reuniu por duas horas. Sazonov, que acabava de voltar do almoço com Paléologue e Buchanan, falou primeiro. Começou esboçando o que lhe parecia o pano de fundo mais amplo da crise. Segundo ele, havia muito tempo que a Alemanha vinha se empenhando em "preparativos sistemáticos" com vistas não apenas ao aumento do seu poder na Europa Central, mas a assegurar seus objetivos "em todas as questões internacionais, sem levar em consideração a opinião e a influência das potências que não faziam parte da Tríplice Aliança". Na última década, a Rússia tinha enfrentado esses desafios com moderação e autodomínio inabaláveis, mas essas concessões tinham apenas "incentivado" os alemães a usarem "métodos agressivos". Era hora de tomar uma posição. O ultimato austríaco fora preparado com "conivência alemã"; sua aceitação por Belgrado transformaria a Sérvia de fato num protetorado das potências centrais. A Rússia, se abandonasse sua "missão histórica" de garantir a independência dos povos eslavos, seria "considerada um Estado decadente", perderia "toda a sua autoridade" e todo o seu "prestígio nos Bálcãs" e "a partir de então teria de ocupar um segundo plano entre as potências". Uma posição firme, opção tanto mais perigosa porque até então ainda era incerta o lado que a Grã-Bretanha apoiaria.[8]

O próximo a falar foi o ministro da Agricultura, A. V. Krivoshein, um dos que fizeram oposição e intrigas contra Vladimir Kokovtsov. Desfrutava da consideração especial do tsar e estava intimamente associado ao lobby nacionalista na Duma. Como ministro da Agricultura, também era estreitamente afiliado aos *zemstvos*, órgãos eletivos de governo local dominados pelos nobres, que se estendiam praticamente por todo o Império Russo. Durante anos esteve ligado à *Novoye Vremya*, conhecida por suas campanhas nacionalistas nas questões bálticas e dos estreitos turcos.[9] Apoiara Sukhomlinov em sua política de mobilização parcial contra a Áustria em novembro de 1912, com base no argumento de que era "urgente que a Rússia parasse de se curvar diante dos alemães".[10] Aparentemente, também, tinha muito boas relações com a loquaz Militza de Montenegro, que o via como aliado na luta de seu país para redimir o mundo eslavo meridional.[11] Depois da partida de Kokovtsov, Krivoshein era o homem mais poderoso do Conselho de Ministros. Suas opiniões sobre política externa eram intransigentes e cada vez mais germanófobas.

Em suas palavras ao Conselho em 24 de julho, Krivoshein invocou um complexo conjunto de argumentos pró e contra uma resposta militar, mas finalmente optou por uma firme reação à démarche austríaca. Notou que a Rússia estava sem dúvida numa posição política, financeira e militar incomparavelmente melhor do que depois da catástrofe de 1904-5. Mas o programa de rearmamento ainda não estava completo e era duvidoso que as Forças Armadas fossem um dia capazes de competir com as da Alemanha e da Áustria-Hungria em termos de "eficiência técnica moderna". Já as "condições gerais" tinham melhorado nos últimos anos (ele talvez se referisse ao fortalecimento da aliança franco-russa) e seria difícil para o governo imperial explicar ao público e à Duma por que era "relutante em agir com ousadia". Então veio o ponto essencial do argumento. No passado, as "atitudes exageradamente prudentes" da Rússia tinham sido insuficientes para "aplacar" as potências centro-europeias. De fato, os riscos, no caso de atos de guerra, eram grandes, a Guerra Russo-Japonesa deixara isso muito claro. Mas, enquanto a Rússia desejava paz, "conciliação" não era a melhor forma de consegui-la. "A guerra poderia vir, apesar dos nossos esforços de conciliação." A melhor política nas circunstâncias era portanto "uma atitude mais firme e enérgica para com as descabidas reivindicações das potências centrais".[12]

A declaração de Krivoshein causou profunda impressão na reunião, e nenhum dos oradores que vieram depois disse nada que modificasse suas conclusões. O ministro da Guerra Sukhomlinov e o ministro da Marinha Grigorovich admitiram que o programa de rearmamento ainda estava por terminar, mas ambos "declararam, não obstante, que a hesitação já não era apropriada" e não viam "objeção a uma demonstração de maior firmeza". Peter Bark, falando em nome do ministro das Finanças, manifestou algumas preocupações sobre a capacidade russa de aguentar as pressões financeiras e econômicas de uma guerra continental, mas até ele reconhecia que mais concessões não representavam, por si, garantia de paz, e "como a honra, a dignidade e a autoridade da Rússia estavam em jogo", não via razão para discordar da opinião da maioria. Resumindo essa opinião, o premiê Goremykin concluiu que era "dever do governo imperial decidir-se de imediato a favor da Sérvia". A firmeza tinha maior probabilidade de garantir a paz do que a conciliação e, caso isso fracassasse, "a Rússia deve estar pronta para fazer os sacrifícios dela exigidos".[13] Finalmente, a reunião produziu as cinco resoluções seguintes: 1) a Áustria seria solicitada a prorrogar o prazo do ultimato; 2) a Sérvia seria aconselhada a não travar combates na fronteira e a recuar suas Forças Armadas para o centro do país; 3) o tsar seria solicitado a aprovar "em princípio" a mobilização dos distritos militares de Kiev, Odessa, Kazan e Moscou; 4) o ministro da Guerra seria instruído a acelerar a armazenagem de equipamento militar; 5) fundos russos investidos na Alemanha e na Áustria seriam sacados.[14]

"DESTA VEZ É GUERRA"

No dia seguinte (25 de julho), houve outra reunião do Conselho de Ministros, mais solene, presidida pelo tsar e com a presença do chefe do Estado-Maior Yanushkevich e do grão-duque Nicolai, comandante do distrito de São Petersburgo e marido de Anastásia de Montenegro, que falara tão sem rodeios com o presidente Poincaré durante a visita oficial. Essa reunião confirmou as decisões tomadas pelo Conselho no dia anterior e concordou em adotar novas e mais elaboradas providências militares. Mais importante, o Conselho decidiu autorizar um complexo conjunto de regulamentos conhecido como "Período Preparatório para a Guerra". Essas medidas, que envolviam numerosos arranjos destinados a preparar a mobilização, não se limitariam aos distritos que confinavam com a Áustria, aplicando-se a toda a Rússia europeia.[15]

Seria difícil exagerar a importância história das reuniões de 24 e 25 de julho. Em certo sentido, representaram uma espécie de renascimento de última hora do Conselho de Ministros, cuja influência em política externa vinha declinando desde a morte de Stolypin. A rigor, era bastante inusitado debater questões de política externa dessa forma pelo Conselho.[16] Ao concentrar a atenção dos colegas sobre a Alemanha como suposta instigadora da crise, Sazonov revelava até que ponto tinha internalizado a lógica da aliança franco-russa, segundo a qual a Alemanha, e não a Áustria, era o "principal adversário". O fato de aquela crise ser austríaca, mais do que alemã, não fazia diferença, uma vez que a Áustria era considerada falso pretexto para uma mal-intencionada política alemã, cujos objetivos finais — além de conquistar a "hegemonia no Oriente Próximo" — continuavam obscuros. No tocante ao problema da relativa falta de preparação da Rússia para a guerra (em comparação com sua futura condição dentro de três anos), os ministros trataram do assunto fazendo vagas referências a uma guerra que viria "de qualquer maneira", ainda que a Rússia preferisse "aplacar" os alemães deixando de atacar seus aliados austríacos. Essa argumentação lembrava, superficialmente, a linha de raciocínio que tanto preocupou Hollweg nas primeiras semanas de julho: a de que se podia considerar a crise de Sarajevo uma forma de testar as intenções da Rússia — se optassem, apesar de tudo, por uma guerra europeia, isso queria dizer que sempre a tinham desejado. Mas havia uma diferença crucial: no caso de Hollweg, esse argumento foi apresentado para justificar a *aceitação* de uma guerra, caso a Rússia resolvesse começar uma; em momento algum (até depois da mobilização geral russa) o argumento foi usado para justificar medidas militares *preventivas* da Alemanha. Já em São Petersburgo, as medidas examinadas eram de natureza proativa, não vinham de uma ameaça direta à Rússia, e muito provavelmente (para não dizer certamente) agravariam ainda mais a crise.

As providências militares práticas adotadas nas duas reuniões são desconcertantes. Primeiro, havia o fato de que a mobilização parcial sugerida por Sazonov e Yanushkevich e subsequentemente adotada em princípio na reunião de 24 de julho era um procedimento grosseiramente impraticável e potencialmente perigoso. Mesmo uma mobilização parcial, se representasse uma ameaça direta à Áustria-Hungria, inevitavelmente, pela lógica da aliança germano-austríaca, suscitaria contramedidas de Berlim, da mesma forma que uma mobilização parcial contra a Rússia inevitavelmente deflagraria contramedidas da França, independentemente de a Alemanha mobilizar-se em seu front ocidental. E, se essas contramedidas ocorressem, as áreas fronteiriças onde a mobilização *não* tivesse ocorrido ficariam duplamente expostas, assim como o flanco direito do corpo de exército meridional que havia se mobilizado contra a Áustria. A margem de manobra criada pela natureza parcial da mobilização era, portanto, bastante ilusória. Mais preocupante ainda era o fato de que os planos russos simplesmente não previam uma mobilização parcial. Não existia cronograma separado para uma mobilização exclusivamente contra a Áustria. O regime de planejamento em vigor, conhecido como Cronograma de Mobilização nº 19, era um "todo inconsútil, um plano de ação sem meio-termo" que não fazia distinção entre os dois adversários.[17] Variações de densidade demográfica nos diferentes distritos significavam que a maioria dos corpos de exército recorria a reservistas de outras zonas de mobilização. Além disso, alguns corpos de Exército nas áreas adjacentes à Áustria estavam destinados, no caso de mobilização total, a ser posicionados em partes do saliente polonês adjacente à Alemanha. Como se isso não fosse suficientemente ruim, uma mobilização restrita a certos setores faria o maior estrago nos complexos arranjos de transporte ferroviário para as zonas de concentração e dentro delas. Improvisar uma mobilização só para a Áustria seria, portanto, não apenas arriscado por si só, mas também poria em risco a capacidade russa de fazer a transição para uma mobilização total que viesse a tornar-se subsequentemente necessária.[18]

Diante dessas dificuldades, é incrível que a política de mobilização parcial não tenha sequer merecido exame sério. Por que Sazonov insistiu nela? Compreende-se o apelo superficial de uma medida aparentemente capaz de oferecer algo menos do que a mobilização plena que com certeza deflagraria uma guerra continental. Sazonov sem dúvida se lembrava da crise do inverno de 1912-3, quando o Exército improvisara um plano de mobilização temporário contra a Áustria-Hungria. E como civil num ambiente onde o profissionalismo militar era zelosamente guardado e as comunicações civil-militares eram pobres, Sazonov, cuja ignorância em questões militares era notória, talvez não conseguisse pensar em nada melhor. Está claro que recebeu conselhos extremamente infelizes do chefe do Estado-Maior geral, Yanushkevich, homem de capacidades muito modestas, que de alguma forma ainda não tinha tomado pé depois de apenas cinco meses no cargo. Yanushkevick, mais cortesão do que soldado, não tinha servido no campo de batalha, e sua promoção, que segundo consta provocara surpresa geral, provavelmente se deveu mais à afeição do tsar do que a suas qualificações profissionais.[19] Mas, mesmo depois de os subordinados de Yanushkevich e o próprio Yanushkevich terem chamado a atenção para o absurdo representado pelo plano de mobilização parcial, Sazonov recusou-se a descartá-lo. Talvez achasse necessário oferecer ao tsar uma alternativa para a mobilização total; talvez esperasse que a mobilização parcial fosse suficiente para convencer os austríacos e os alemães a recuar. Ou talvez, com a mobilização parcial, esperasse atrair o tsar para uma situação a partir da qual fosse forçado a progredir rumo ao que realmente importava. Seja como for, essas incertezas sugerem no mínimo certo desentrosamento na cúpula do Executivo russo, impressão reforçada pelo fato de que o tsar teve permissão para acrescentar a frota do Báltico ao plano de mobilização parcial de Sazonov, apesar de com isso perder todo sentido a intenção do ministro das Relações Exteriores de não querer contrariar a Alemanha.[20]

De qualquer maneira, a política de mobilização parcial continuou servindo apenas para desviar a atenção — pelo menos até 28 de julho, quando o governo resolveu finalmente anunciá-la. Enquanto isso, o Conselho de Ministros tinha tomado uma decisão ainda mais importante: ativar o Regulamento sobre o Período Preparatório para a Guerra de 2 de março de 1913. Essa lei de pré-mobilização dispunha sobre a intensificação da segurança e da prontidão em paióis e armazéns de suprimento, a conclusão acelerada de reparos em ferrovias, testes de prontidão em todos os departamentos, o desdobramento de tropas de cobertura para posições em fronts ameaçados e a convocação de reservistas para campos de treinamento. E houve mais providências: tropas que treinavam em lugares afastados de suas bases deveriam ser chamadas de volta imediatamente; cerca de 3 mil cadetes deveriam ser promovidos à patente de oficial a fim de elevar os corpos de oficiais ao seu efetivo de guerra; portos deveriam ser minados, cavalos e carretas ajuntados, e o estado de guerra deveria ser declarado em todas as fortalezas dos distritos de Varsóvia, Vilnius e São Petersburgo, para que autoridades militares se investissem dos planos requeridos para assegurar uma mobilização geral rápida quando a ordem fosse dada. E essas medidas foram adotadas não apenas nas zonas fronteiriças da Áustria, mas em toda a Rússia europeia.[21]

Desnecessário dizer que essas providências traziam seus riscos. Como os alemães e austríacos poderiam perceber a diferença entre as providências de pré-mobilização de longo alcance e a fase inicial de uma mobilização propriamente dita? O texto do Regulamento de 2 de março dá uma ideia da escala das medidas em andamento. De acordo com suas estipulações, as reservas deveriam ser convocadas para divisões de fronteira e "instruídas sobre os uniformes e as prováveis posições do inimigo".

> Os cavalos devem ser ferrados novamente. Licenças não serão mais concedidas, e oficiais e soldados de licença ou destacados para outros lugares devem retornar de imediato a suas divisões. Suspeitos de espionagem devem ser presos. Medidas para

prevenir a exportação de cavalos, gado e grãos devem ser preparadas. Depósitos em dinheiro e apólices de valor devem ser transferidos de bancos perto da fronteira para o interior. Navios devem retornar a seus portos e receber provisões e equipamentos de guerra completos.[22]

Yanushkevich aventou a possibilidade de mal-entendidos aconselhando expressamente aos comandantes de cada distrito que não se sentissem limitados pelo Regulamento de 2 de março e fossem além das medidas prescritas, se julgassem apropriado.

E, como estava previsto, muitos observadores confundiram a pré-mobilização com uma mobilização parcial. O adido militar belga em São Petersburgo informou em 26 de julho que o tsar tinha ordenado a mobilização de "dez corpos de Exército em circunscrições militares de Kiev e Odessa", acrescentando que a notícia fora "recebida com o maior entusiasmo nos círculos militares" e ressaltando, num despacho do dia seguinte, que a imprensa fora informada de que qualquer discussão pública da "mobilização do Exército" estava rigorosamente proibida.[23] Cônsules alemães e austríacos, diplomatas e adidos começaram a disparar relatos alarmados. De Copenhague, o ministro austríaco, conde Szechenyi, informou em 26 de julho que o ministro das Relações Exteriores dinamarquês Eric Scavenius tinha recebido notícia de São Petersburgo sugerindo que a Rússia já começara a mobilizar-se — muito embora, devido a essas precipitadas medidas ofensivas, Szechenyi achasse improvável que a França ou a Inglaterra se sentissem obrigadas a intervir.[24] No dia seguinte, o cônsul austríaco Hein em Kiev informou a convocação de oficiais para guarnições e longas filas de unidades de artilharia saindo do acampamento de Kiev para oeste, com destino não sabido. Ainda no mesmo dia (27 de julho), ele informou que dezesseis trens carregados de peças de artilharia e de sapadores tinham partido de Odessa, todos em direção à fronteira austríaca. O vasto acampamento militar de Kiev agora estava deserto — as tropas haviam se mudado para seus alojamentos de inverno ou concentravam-se na estação para embarcar.[25] De Szczakowa, no saliente polonês, saiu um despacho codificado informando que as manobras em curso na área tinham sido interrompidas e todas as tropas foram concentradas na cidade; um "grande contingente" de artilharia fora embarcado em vagões na estação na cidade de Viena. Na noite anterior, sete trens com sapadores tinham passado pela estação.[26] De Moscou veio a informação de que a Força Aérea Imperial russa, inferior em tamanho apenas à da França, tinha seguido para oeste, enquanto um regimento de cavalaria chegara à cidade vindo da distante Ekaterinoslav (hoje Dniepropetrovsk), quase mil quilômetros ao sul.[27] Das autoridades austríacas na Galícia chegaram informes sobre massas de soldados "decididamente grandes", incluindo artilharia e cossacos, tomando posição logo depois da fronteira.[28] De Batum, na costa leste do mar Negro, vieram notícias de regimentos de infantaria, cossacos e dragões a caminho de Varsóvia.[29] Despachos consulares enviados de toda a Rússia para a embaixada alemã em São Petersburgo informavam sobre a colocação de minas em rios, a captura de material circulante ferroviário, uma divisão de artilharia russa inteira marchando para oeste a partir de Kiev, a interdição de telegrafia codificada alemã pelo serviço telegráfico de Moscou, tropas voltando de manobras, unidades de infantaria e cavalaria já perto de Lublin e Kovel, reunião de massas de cavalos em pontos de concentração, grandes comboios de veículos militares em marcha, e outros sinais de um grande exército preparando-se para travar uma guerra.[30] Já na noite de 25 de julho, quando Maurice Paléologue foi à estação ferroviária de São Petersburgo despedir-se de Izvolsky, que voltava a Paris "na maior pressa", os dois homens ficaram impressionados com a comoção à sua volta: "Havia uma grande azáfama nas plataformas. Os trens estavam lotados de oficiais e soldados. Parecia mobilização. Trocamos rápidas impressões e chegamos à mesma conclusão: 'Desta vez é guerra'".[31]

RAZÕES RUSSAS

Ao tomar essas medidas, Sazonov e seus colegas agravaram a crise e aumentaram imensamente a probabilidade de uma guerra europeia geral. Uma das razões é que a pré-mobilização russa alterou a química política na Sérvia, tornando impensável que o governo de Belgrado, que de início cogitara seriamente em aceitar o ultimato, recuasse diante da pressão austríaca. Intensificou também a pressão doméstica sobre a administração russa, pois a visão de soldados uniformizados e as notícias de que a Rússia não "ficaria indiferente" ao destino da Sérvia provocaram euforia na imprensa nacionalista. Isso fez soar o alarme na Áustria-Hungria. E, o mais importante de tudo, essas medidas aumentaram drasticamente a pressão sobre a Alemanha, que até então se abstivera de fazer preparativos militares e ainda contava com um conflito austro-sérvio localizado.

Por que Sazonov agiu dessa maneira? Ele não era um homem franco e nunca produziu um relato confiável de suas ações ou motivações naquele período, mas a resposta mais plausível, e óbvia, está em sua primeiríssima reação à notícia do ultimato: *"C'est la guerre européenne!"* [É a guerra europeia!]. Sazonov acreditava desde o início que uma ação militar austríaca contra a Sérvia provocaria inevitavelmente um contra-ataque russo. Sua resposta ao ultimato foi inteiramente consistente com seus compromissos iniciais. Sazonov jamais reconhecera o direito de a Áustria-Hungria tomar contramedidas em face do irredentismo sérvio. Pelo contrário, ele tinha endossado a política do irredentismo báltico e se alinhara explicitamente com a opinião de que a Sérvia era o sucessor legítimo das terras do mundo eslavo meridional não redimidas dentro da monarquia dual, estrutura multiétnica obsoleta cujos dias, a seu ver, estavam mesmo contados. Não parece ter lhe ocorrido que os dias do autocrático e multiétnico Império Russo, cujas relações com as minorias estavam em piores condições do que as da Áustria-Hungria, pudessem também estar contados.

Desde o início Sazonov tinha negado à Áustria o direito de tomar medidas *de qualquer espécie* contra Belgrado depois dos assassinatos. Indicara, em contextos diversos, que responderia militarmente a qualquer ação contra o Estado-cliente. Já em 18 de julho, pouco depois de se saber que uma nota austríaca estava sendo preparada, Sazonov tinha dito a Sir George Buchanan que "nada que se pareça a um ultimato austríaco a Belgrado poderá deixar a Rússia indiferente, e ela pode ser obrigada a adotar certas providências militares de precaução".[32] Sazonov devia estar ciente dos imensos riscos envolvidos, pois se juntara a Kokovtsov para rechaçar uma mobilização parcial contra a Áustria em novembro de 1912 no auge da crise balcânica, com base no argumento de que — como disse Kokovtsov — "seja qual for o nome que queiramos dar às projetadas medidas, uma mobilização é uma mobilização, a ser respondida por nossos adversários com guerra de fato".[33]

A situação em 1914 era diferente, é claro. Os riscos eram maiores e, sem a presença de Kokovtsov, os ânimos estavam mais desinibidos. Mas havia outra diferença importante: mesmo em novembro de 1912, Sazonov tinha acrescentado uma condição ao seu apoio a um período de relaxamento, dizendo que "ainda que estivéssemos preparados para a guerra [...] não temos o direito de adotar essas medidas sem antes chegar a um entendimento com nossos aliados".[34] Sobre esse entendimento — pelo menos com a França — não poderia haver mais dúvida alguma no verão de 1914. Não era só porque Poincaré e Paléologue tinham insistido tanto na firmeza russa na questão sérvia: uma crise desse tipo correspondia exatamente ao cenário inicial balcânico que a aliança, em muitas discussões e reuniões de cúpula, tinha definido em anos recentes como o *casus belli* por excelência. Num fascinante despacho enviado em 30 de julho, o adido militar russo em Paris, o conde Ignatiev, que tinha numerosos contatos entre os mais altos comandantes militares franceses, informou que vira em todo mundo à sua volta "uma alegria evidente diante da possibilidade de poder aproveitar, como os franceses o veem, circunstâncias estratégicas vantajosas".[35] O ministro belga em Paris registrou o mesmo contentamento: "O Estado-Maior geral francês é favorável à guerra", escreveu em 30 de julho. "O Estado-Maior geral quer a guerra, porque em sua opinião o momento é favorável e chegou a hora de acabar com isso."[36]

Simplesmente não é o caso, como às vezes se alega, de que Paléologue tenha deturpado as intenções francesas e feito gestões em São Petersburgo sem autorização de Paris. Não é verdade que ele passou informações erradas a Paris sobre a mobilização russa para permitir que a crise atingisse um ponto de maturação que não permitisse mais à França conter seu aliado. Pelo contrário, ele alertou o Ministério do Interior sobre as medidas adotadas pelo governo russo. Um telegrama redigido às seis e meia da tarde de 24 de julho endossava o princípio de solidariedade de aliança no interesse de "preservar a paz com o uso da força"; outro telegrama às onze da noite referia-se às medidas que a Rússia "seria sem dúvida obrigada a tomar se a Sérvia for ameaçada em sua independência e integridade territorial". E outro telegrama ainda, redigido às 16h45 do dia seguinte e identificado como "urgente" e "secreto", informou que o Conselho de Ministros tinha, naquele dia, concordado "em princípio" com a mobilização "dos treze corpos de exército destinados a operar contra a Áustria". Em seguida, veio a sentença crucial: "A mobilização só será tornada pública e efetiva quando o governo austro-húngaro tentar coagir a Sérvia pela força das armas. Entretanto, "preparativos secretos começarão hoje".[37]

Viviani explodiria de indignação, posteriormente, ao saber que as coisas tinham chegado tão longe e tão depressa, e exigiria de Paléologue uma total prestação de contas de tudo o que fizera durante os dias cruciais da crise, acusando-o de ter segurado informações vitais sobre providências russas (aqui começa o mito das manipulações não autorizadas de Paléologue). Mas embora Viviani estivesse fora do circuito (como Poincaré sem dúvida queria que estivesse), Poincaré e Paris não estavam. Não bastassem as notas de Paléologue, despachos paralelos fluíram do adido militar francês general Laguiche, que informou em 26 de julho, por exemplo, que "arranjos militares secretos" já estavam em andamento em Varsóvia, Vilnius e São Petersburgo, todos os distritos perto da fronteira alemã.[38] Mas nenhum pedido de contenção veio do Quai d'Orsay. Nem Poincaré, embora posteriormente tenha falsificado pormenores essenciais do próprio envolvimento na crise, desautorizou Paléologue ou a política que ele representava com tanto entusiasmo em São Petersburgo.

A rigor, houve momentos em que a crença de Sazonov num resultado pacífico pareceu reavivar-se. Vimos que os austríacos fizeram uma pausa depois do recebimento do ultimado em 25 de julho, na esperança de que a realidade dos preparativos militares austríacos levasse Belgrado a fazer concessões de última hora. Sazonov, equivocadamente, interpretou isso como sinal de que Viena talvez estivesse procurando um jeito de recuar e começou a falar numa saída negociada. "Até o ultimíssimo momento", disse ele ao embaixador francês em 26 de julho, "estarei disposto a negociar." O que queria dizer com isso ficou claro quando convocou Szapary para "uma explicação franca e leal" de suas opiniões. Examinando a nota austríaca ponto a ponto, Sazonov insistiu no caráter "inaceitável, absurdo e insultuoso" de todas as cláusulas e encerrou com uma oferta: "Retirem seu ultimato, modifiquem sua forma e garanto que chegaremos a um resultado".[39] Essa "negociação" dificilmente serviria de base para novas e proveitosas discussões. Seja como for, a breve trégua austríaca depois da entrega do ultimato foi motivada não por dúvidas sobre a retidão do caminho escolhido, mas pela esperança de que Belgrado retrocedesse no último minuto. A notícia da pré-mobilização russa naturalmente tornou essas esperanças infundadas. Ninguém estava mais animado com o espetáculo dos cossacos embarcando nos trens do que Miroslav Spalajković, que neles via o presságio de uma luta final pela unidade e liberdade sérvias. Com o tsar insistindo para que os sérvios lutassem "como leões", era improvável que Belgrado pensasse duas vezes sobre os termos do ultimato. E, nesse ínterim, Sazonov tinha aconselhado explicitamente a Belgrado que *não* aceitasse uma oferta britânica de mediação.

Mesmo enquanto permitiam que a crise se intensificasse, os russos precisavam agir com algum cuidado. Os franceses tinham se comprometido a apoiar a Rússia numa intervenção balcânica, independentemente das circunstâncias precisas em que essa intervenção fosse julgada necessária. Mas apesar disso era importante aplacar a opinião pública francesa e britânica e manter os alemães quietos enquanto fosse possível. Desde novembro de 1912, a prática russa de mobilização fundava-se no pressuposto estabelecido de que a concentração de tropas e material bélico fosse completada, se possível, "sem iniciar atos de guerra, para não privar o inimigo irreversivelmente da esperança de que a guerra ainda possa ser evitada". Durante esse período de mobilização latente, "hábeis negociações diplomáticas" seriam feitas para "apaziguar, o máximo possível, os temores do inimigo".[40] Quando a mobilização for ordenada na Rússia, informou Paléologue a Paris em 25 de julho depois de uma conversa com Sazonov, será apenas contra a Áustria e evitando tomar a ofensiva, "a fim de dar à Alemanha um pretexto para *não invocar de imediato* o *casus foederis*".[41] Também era essencial, em nome da opinião pública russa, francesa e britânica, que a Áustria, e não a Rússia, fosse vista como agressor. "Devemos deixar que a Áustria se coloque inteiramente na posição errada", disse Sazonov a Paléologue em 24 de julho.[42] A ideia de deixar o oponente parecer o agressor surgiria em todos os principais centros de decisão de ambos os lados nos últimos dias da crise.

Tudo isso terá sido feito apenas em nome da Sérvia? Estaria mesmo a Rússia disposta a correr o risco de uma guerra para proteger a integridade de um cliente distante? Vimos que a importância da Sérvia aos olhos dos russos cresceu nos últimos anos que precederam a guerra, em parte devido à crescente alienação de Sófia e em parte porque a Sérvia era um instrumento melhor do que a Bulgária para exercer pressão sobre a monarquia austro-húngara. A simpatia pela causa sérvia era forte nos círculos pan-eslavistas e nacionalistas russos — esse era um assunto com o qual o governo poderia construir uma ponte útil com seu público de classe média. De outro lado, São Petersburgo chegara a pensar em deixar Belgrado entregue à própria sorte em outubro de 1913, quando os austríacos tinham dado um ultimato exigindo sua retirada da Albânia setentrional. E, diferentemente da Bulgária, vizinha da Rússia que tinha um pedaço da costa do mar Negro, a Sérvia dificilmente seria considerada geopoliticamente crucial para a segurança russa.

A robustez da resposta russa só faz sentido plenamente quando interpretada no contexto da crescente ansiedade dos líderes russos sobre o futuro dos estreitos turcos. Os russos (ou, mais precisamente, o comando naval russo) planejavam expedições de captura do Bósforo desde os anos 1890.[43] Já vimos como a marcha búlgara para Constantinopla, a interrupção das exportações de grãos durante as guerras balcânicas e a crise Liman von Sanders puseram essa questão no topo da agenda em 1912-4.[44] No verão de 1914, novos fatores conspiravam para aumentar as apreensões russas sobre os estreitos turcos. Mais importante ainda, iniciara-se uma corrida regional armamentista e naval entre o Império Otomano e a Grécia, motivada pela disputa sobre o futuro das ilhas do norte do mar Egeu. Para preservar sua vantagem sobre os gregos, as autoridades navais otomanas tinham encomendado dois encouraçados da classe *dreadnought* às empresas britânicas Armnstrong e Vickers, e estava previsto que o primeiro deles seria entregue no fim de julho de 1914.[45]

Essa disputa de poder local era alarmante ao extremo para os russos. Primeiro, havia o perigo, no caso de atos de guerra, de um novo fechamento dos estreitos para a Marinha mercante russa, com todos os custos e perturbações econômicas decorrentes. Depois havia a possibilidade de que algum país menor (a Grécia ou a Bulgária) de repente abocanhasse um pedaço de território otomano no qual os próprios russos estavam de olho. Outra preocupação era que uma guerra greco-turca pudesse pôr em cena a Marinha britânica, justamente quando os russos pressionavam Londres para reduzir a missão naval britânica. Mas, de longe o mais importante, havia a possibilidade da presença de *dreadnoughts* turcos no mar Negro, onde os russos não tinham navios dessa classe. A chegada dos novos *dreadnoughts* turcos, como advertiu o ministro da Marinha russo em janeiro de 1914, criaria uma potência naval com "superioridade esmagadora, quase seis vezes maior" do que a frota do mar Negro russa.[46] "Não há dúvidas sobre os resultados que a perda de nossa posição superior no mar Negro teria para nós", disse Sazonov ao embaixador russo em Londres em maio de 1914. "Por isso não podemos ficar de braços cruzados enquanto vemos a contínua e muito rápida expansão das forças navais otomanas."[47] No fim de julho de 1914, Sazonov ainda implorava aos britânicos que segurassem os *dreadnoughts* destinados a Constantinopla.[48]

É difícil avaliar o peso exato dessas preocupações no pensamento russo durante a Crise de Julho.[49] Como os documentos oficiais costumam concentrar-se no epicentro austro-sérvio da crise, há uma tendência a racionalizar as decisões russas exclusivamente em termos de solidariedade com os "pequenos irmãos" eslavos e da necessidade de manter o prestígio russo na península balcânica. Sazonov aprendera a lição e sabia que uma franca disputa pelo controle dos estreitos dificilmente causaria boa impressão aos seus aliados. O quadro é de alguma forma agravado, porém, pelo fato de que o Bósforo era uma obsessão especificamente naval, não compartilhada pelo Estado-Maior geral.

De outro lado, a questão dos estreitos sem dúvida tinha considerável importância para Krivoshein, cuja responsabilidade por exportações de produtos agrícolas o tornava especialmente consciente da vulnerabilidade do transporte marítimo comercial russo. A recente instabilidade nos Bálcãs tendia a misturar o teatro de guerra balcânico com a questão dos estreitos, de modo que a península passou a ser vista cada vez mais como acesso terrestre estratégico crucial para os estreitos.[50] O controle russo dos Bálcãs deixaria São Petersburgo numa posição muito melhor para prevenir interferências indesejáveis no Bósforo. Os desígnios sobre os estreitos eram, portanto, importante fator de reforço na decisão de se manter firme em relação à ameaça à Sérvia.

Fosse qual fosse a ordem exata das prioridades políticas, os russos já estavam a caminho da guerra. A essa altura, o horizonte de possibilidades começou a estreitar-se. Olhando para trás é mais difícil (embora não impossível) imaginar alternativas para a guerra que de fato começou nos primeiros dias de agosto de 1914. Foi isso, sem dúvida, que o general Dobrorolsky, chefe do Departamento de Mobilização do Exército russo, quis dizer ao observar, em 1921, que depois das reuniões de 24 e 25 de julho em São Petersburgo "a guerra já era coisa decidida, e todo o dilúvio de telegramas entre os governos da Rússia e da Alemanha não foi nada mais do que a preparação para um drama histórico".[51] Apesar disso, nos dias cruciais da quarta semana de julho, os russos e seus parceiros franceses continuavam a falar numa política de paz. A política de "firmeza", tal como exposta por Poincaré, Sazonov, Paléologue, Izvolsky, Krivoshein e seus colegas, era uma política destinada, nas palavras do tsar, "a salvaguardar a paz pela demonstração de força".

É tentador ver nessa linguagem apenas uma cortina de fumaça de eufemismos cuja intenção era disfarçar a agressividade das políticas russa e francesa, e talvez também evitar que os líderes britânicos em Londres perdessem o entusiasmo e o interesse. Mas encontramos as mesmas formulações em correspondência interna e em declarações privadas. Nesse ponto há um contraste interessante com documentos alemães análogos, que falam mais diretamente de guerra como uma ameaça externa, uma necessidade e um instrumento da atividade política. Mas um exame mais atento do que os estadistas russos e franceses faziam enquanto falavam da necessidade de salvaguardar a paz sugere que a diferença era de retórica, mais que de substância. Por que essa diferença deveria existir não está muito claro, mas deveríamos tomar cuidado para não ver automaticamente nela o sintoma do militarismo alemão, ou de sua volúpia da guerra. Ela pode muito bem refletir o profundo impacto de Clausewitz no discurso político alemão. A guerra de 1914-8 foi a negação absoluta de tudo o que Clausewitz representava e defendera, mas seus sutis escritos sobre conflito tinham pintado a guerra como ferramenta eminentemente política, cujo emprego — como medida de último recurso — deveria estar sempre a serviço de fins políticos. Já o discurso dos líderes russos e franceses, por contraste, refletia a suposição de que a guerra e a paz eram puras alternativas existenciais. Mas nem as sábias prescrições de Clausewitz sobre o primado da política nem as sinceras invocações de paz como o mais alto bem da humanidade conseguiram inibir os líderes que levaram a Europa à guerra em julho de 1914.

12. Últimos dias

UMA ESTRANHA LUZ CAI SOBRE O MAPA DA EUROPA

Na maior parte da Crise de Julho de 1914, os líderes de Londres mantiveram o olhar fixado nos nove condados do Ulster no norte da Irlanda. Em 21 de maio de 1914, um projeto de lei criando o Governo Autônomo Irlandês foi aprovado pela Câmara dos Comuns na terceira apresentação, mas rejeitado pela Câmara dos Lordes. Na dependência do voto dos nacionalistas irlandeses, o governo liberal de Asquith resolveu lançar mão das cláusulas da lei do Parlamento, que permitiam ao governo, naquelas circunstâncias, contornar a Câmara dos Lordes e aprovar um projeto de lei recorrendo ao consentimento real. A possibilidade de uma devolução parcial das funções de governo à Irlanda católica provocou profunda e acirrada controvérsia. A questão mais espinhosa era decidir que condados, se algum deles, na mescla religiosa do Ulster ficariam fora do Governo Autônomo e teriam, portanto, permissão para continuar na União. Na busca desesperada de uma solução que atendesse a suas exigências, os dois lados — nacionalistas católicos irlandeses e protestantes unionistas — começaram a se preparar para uma disputa armada pelo poder. Na primavera, a Irlanda estava à beira de uma guerra civil. Foi a semeadura do conflito, que continuaria a perturbar a política norte-irlandesa até o começo do século XXI.[1]

32. *H. H. Asquith.*

A tensão gerada pela questão do Ulster teve profundo impacto na vida política do Reino Unido, porque dizia respeito à identidade passada, presente e futura da sociedade britânica. O Partido Conservador (oficialmente conhecido como Partido Conservador e Unionista) se opunha apaixonadamente ao Governo Autônomo. O sentimento unionista também imperava no corpo de oficiais do Exército britânico, cujos recrutas provinham, em grande parte, de famílias protestantes anglo-irlandesas com fortes interesses na União. A rigor, era duvidoso que o Exército permanecesse leal se fosse convocado para impingir o Governo Autônomo. No incidente de Curragh, de 20 de março de 1914, 57 oficiais britânicos baseados em Curragh Camp, no condado de Kildare, propuseram recusar suas comissões só para não terem que introduzir à força o Governo Autônomo em face da resistência unionista.[2]

Entre os líderes do Exército que apoiavam a insubordinação unionista estava o diretor de operações militares Henry Wilson, que desempenhara importante papel em ampliar o alcance dos planos de contingência britânicos para uma intervenção continental. Wilson esforçava-se cada vez menos para disfarçar seu desprezo por "Squiff" ("Bêbado", como chamava Asquith) e seu "gabinete imundo".

Não hesitava em usar a questão do Governo Autônomo para chantagear o primeiro-ministro e obrigá-lo a ceder a demandas unionistas. Num memorando para o Conselho do Exército a ser apresentado ao gabinete em 29 de junho de 1914, Wilson e seus colegas afirmavam que o Exército teria de utilizar toda a força expedicionária britânica na Irlanda para impor o Governo Autônomo e restaurar a ordem.[3] Em outras palavras: se o governo britânico quisesse impor o Governo Autônomo teria de renunciar a qualquer intervenção militar na Europa no futuro imediato; inversamente, uma intervenção militar continental significaria desistir de introduzir o Governo Autônomo. Isso significava, por sua vez, que oficiais de simpatias unionistas — extremamente difundidas num corpo de oficiais dominado por famílias protestantes anglo-irlandesas — se inclinavam a ver numa intervenção continental britânica um meio possível de postergar ou impedir completamente a introdução do Governo Autônomo. Em nenhuma outra parte da Europa, com a exceção talvez da Áustria-Hungria, as condições internas exerceram tamanha pressão direta na visão política da maioria dos principais comandantes militares.

O Ulster ainda consumia as atenções do governo britânico quando as notícias de Sarajevo chegaram. O primeiro-ministro não mantinha um diário, mas sua correspondência íntima com a jovem amiga e companheira romântica Venetia Stanley, elegante e inteligente socialite, assemelha-se a um diário, com relatos francos e minuciosos das preocupações cotidianas de Asquith. As cartas sugerem que a morte violenta dos "membros da família real austríaca" em 28 de junho mal deixou marcas na consciência política do primeiro-ministro, inteiramente concentrado nas "coisas estranhas que acontecem no Ulster".[4] Asquith não fez nenhuma menção à situação internacional até 24 de julho, quando informou, pesarosamente, que outra rodada de chicanas sobre o Ulster fracassou, frustrada pela complexa geografia religiosa de Tyrone e Fermanagh. Só no fim de uma longa discussão sobre questões norte-irlandesas o primeiro-ministro mencionou, quase como um adendo, que a Áustria acabara de mandar um "ameaçador e humilhante ultimato à Sérvia, que não tem como aceitá-lo".

> Estamos a uma distância mensurável, ou imaginável, de um Armagedom real, que reduziria o Ulster e os Voluntários Nacionalistas a suas verdadeiras proporções. Felizmente parece não haver razão para que sejamos mais do que espectadores.[5]

Essa carta começava com o surpreendente anúncio de que "a luz apagou", mas Asquith referia-se à partida de Venetia de Londres aquela manhã para a casa de campo da família em Anglesey, e não à iminente extinção da civilização europeia.

Para Edward Grey, aqueles dias foram marcados por graves preocupações pessoais: sua visão se deteriorava — era-lhe cada vez mais difícil acompanhar a bola durante as partidas de squash e à noite ele já não conseguia localizar sua estrela preferida. Planejava passar mais tempo no campo, e houve rumores sobre uma visita a um renomado oculista alemão. Em contraste com Asquith, porém, Grey percebeu de imediato a seriedade da crise que fermentava no sudeste da Europa.

Em suas conversas durante o mês de julho com os embaixadores das potências em Londres, Grey sempre traçava, como tantas vezes antes, uma trajetória sinuosa que evitava quaisquer compromissos diretos. Em 8 de julho, advertiu Paul Cambon de que se o imperador austríaco fosse obrigado pela opinião pública do seu país a tomar uma medida contra a Sérvia, a França e a Grã-Bretanha teriam que fazer tudo o que estivesse ao seu alcance para acalmar São Petersburgo; Cambon "concordou calorosamente".[6] No mesmo dia, Grey lembrou ao embaixador russo que Berlim ficara nervosa com as recentes conversas navais anglo-russas e que era indispensável que a Rússia não desse à Alemanha motivo para suspeitar que se preparava um golpe contra ela.[7] Em 9 de julho, assegurou ao embaixador alemão, o conde Lichnowsky, que não havia nenhum entendimento secreto e vinculante entre a Grã-Bretanha e a França ou a Rússia. Mas também acrescentou que as relações da Grã-Bretanha com seus parceiros de entente não perderam nada do seu "calor" e que Lichnowsky deveria estar ciente de que certas "conversas" tinham ocorrido desde 1906 entre as diversas autoridades militares e navais, embora sem qualquer "intenção agressiva".[8]

As conversas do secretário das Relações Exteriores com o embaixador austríaco eram polidas, mas reservadas e evasivas. Quando o conde Mensdorff se queixou a Grey em 17 de julho dos excessos da imprensa de Belgrado, Grey perguntou — um tanto bizarramente — se não havia talvez *um* jornal sérvio que se comportasse decentemente. Mensdorff admitiu que talvez fosse o caso, mas acrescentou que a monarquia dual não podia mais tolerar a subversão política nesse grau de intensidade. "Sir Edward Grey reconheceu isso", informou Mensdorff, "mas não entrou numa discussão mais profunda do assunto."[9] Depois de receber o texto da nota austríaca a Belgrado, Grey convidou Mensdorff para ir vê-lo novamente em 24 de julho — foi nessa ocasião que descreveu a nota como o mais "formidável" documento desse tipo que já tinha visto. Mas mesmo nessa ocasião o secretário das Relações Exteriores admitiu que as alegações austríacas sobre a cumplicidade de certas agências estatais sérvias e até mesmo algumas demandas relacionadas na nota eram "justificadas".[10] No mesmo dia, depois de obter a aprovação do gabinete, propôs que um concerto das quatro potências menos diretamente envolvidas na contenda — Grã-Bretanha, França, Itália e Alemanha — interviesse caso houvesse uma explosão de violência entre a Rússia e a Áustria.[11]

Nada disso indicava que Grey pretendesse entrar no conflito. Ele costumava observar que a opinião pública (para ele, essencialmente a opinião publicada) seria o elemento decisivo da ação britânica, mas era fraco o apoio pela intervenção nessa esfera. Quase todos os grandes jornais viam a possibilidade de participação britânica numa guerra europeia com antipatia. O *Manchester Guardian* declarou que a Grã-Bretanha não corria o risco de ser arrastada para o conflito austro-sérvio por "tratados de aliança" e anunciou, para a posteridade, que Manchester dava tão pouca importância a Belgrado como Belgrado a Manchester. Em 21 de julho, o *Daily News* manifestou repúdio à noção de que vidas britânicas pudessem ser sacrificadas "em nome da hegemonia russa no mundo eslavo".[12] Em 1º de agosto, seu liberal editor, Alfred George Gardiner, publicou um artigo intitulado "Por que não devemos lutar", cujos dois argumentos centrais eram que não havia conflitos de interesse fundamentais entre a Grã-Bretanha e a Alemanha, e que esmagar a Alemanha a rigor estabeleceria a ditadura russa sobre "a Europa e a Ásia". Esses eram títulos liberais, mas nem mesmo os jornais tóres mostravam entusiasmo. O *Yorkshire Post*, por exemplo, duvidava que uma vitória germano-austríaca contra a aliança franco-russa fosse pior para a Inglaterra do que uma vitória franco-russa e "não via razão para que a Grã-Bretanha seja levada a participar". O *Cambridge Daily News* admitiu em 28 de julho que os interesses da Grã-Bretanha no conflito iminente eram desprezíveis, e o *Oxford Chronicle* anunciou em 31 de julho que a obrigação do governo era manter a disputa localizada e ficar bem longe dela.[13] Só o *Times* defendeu consistentemente a intervenção britânica: embora tenha havido cobertura moderadamente simpática da posição austríaca, de autoria de Wickham Steed, em 17 de julho, o jornal anteviu um conflito continental a partir de 22 de julho e falou em favor do envolvimento britânico em 27, 29 e 30 de julho. Particularmente veementes eram os destampatórios do jornalista, publicitário de si mesmo e embusteiro Horatio Bottomley, cujo editorial para seu próprio *John Bull* na primeira semana de julho começava com estas palavras: "Sempre vimos a Sérvia como um viveiro de brutais conspirações e subterfúgios" e exigia que a "Sérvia seja eliminada" antes de prosseguir e recomendar, inconsistentemente, que o governo britânico "se valesse da crise" para "aniquilar" a frota alemã.[14] O ministro sérvio em Londres, Bosković, ficou tão estarrecido com a cobertura do *John Bull* que apresentou protesto formal ao Ministério das Relações Exteriores britânico e procurou aconselhamento legal para processar o jornal por suas "mentiras" sobre a Sérvia.[15]

Pelo menos até o começo de agosto, portanto, não se pode dizer que a opinião pública pressionasse o governo britânico para intervir. Nem parecia provável que o gabinete tomasse a iniciativa. A maioria dos ministros continuava firmemente não intervencionista. Foi essa mesma constelação que produziu a revolta de gabinete contra a política de Grey em novembro de 1911. Era o problema fundamental que Grey sempre tinha de enfrentar: o de que grande parte do seu próprio partido não confiava em sua política externa. Ele conseguira contar, por algum tempo, com o apoio dos conservadores do Parlamento, mas no verão de 1914, com o sentimento de hostilidade contra o Governo Autônomo nas alturas, essa base, também, parecia frágil. Diante dessas pressões, retomou a prática costumeira de confinar as discussões da situação internacional a seus três companheiros imperialistas liberais Asquith, Haldane e Churchill.

Só na reunião de gabinete de 24 de julho, após longas e difíceis discussões sobre as minúcias dos limites de governo local no Ulster, ele levantou a questão da política britânica na crise do momento, propondo que um concerto de quatro potências menos estreitamente ligadas à disputa austro-sérvia fosse estabelecido para fazer a mediação entre os dois adversários. Foi a primeira vez que o gabinete tratou de política externa em mais de um mês. Num trecho um tanto elaborado demais, porém estranhamente efetivo, Churchill descreveu o despontar da consciência, entre os membros do gabinete, do significado das palavras de Grey: "As freguesias de Fermanagh e Tyrone sumiram nas névoas e borrascas da Irlanda e uma estranha luz gradualmente perceptível começou a cair sobre o mapa da Europa".[16] O gabinete aprovou a proposta de Grey de uma intervenção de quatro potências e se dispersou para o fim de semana.

Quando a quarta semana de julho chegava ao fim, Grey começou a cobrar com mais insistência um esclarecimento das circunstâncias em que o governo poderia se preparar para intervir. Na segunda-feira, 27 de julho, quis saber se o gabinete apoiaria a intervenção caso a França fosse atacada pela Alemanha. Morley, Simon, Burns, Beauchamps e Harcourt, todos eles velhos adversários de Grey, ameaçaram renunciar de imediato se uma decisão daquele tipo fosse tomada. Numa reunião noturna em 29-30 de julho, quando um longo debate terminou sem resolução, Grey exigiu uma promessa de apoio à França. Apenas quatro colegas de gabinete (incluindo Asquith, Haldane e Churchill) foram a favor: o resto se opôs.

Parecia improvável que até mesmo a questão da Bélgica pudesse provocar uma intervenção. Era crença geral, com base tanto em informações de Inteligência militar fornecidas pelo Estado-Maior geral francês como por dedução militar, que os alemães chegariam à França através da Bélgica, violando o tratado internacional de 1839 que garantia a neutralidade belga. Mas o gabinete adotou a opinião de que, embora a Grã-Bretanha fosse sem dúvida signatária do tratado, a obrigação de fazê-lo respeitar era de todos os signatários coletivamente, e não de qualquer um deles individualmente. Concluíram que se a questão de fato surgisse, a resposta britânica seria "mais de política do que de obrigação".[17] Na verdade, é extraordinário o sangue-frio com que altas patentes militares e líderes políticos da Grã-Bretanha contemplavam uma violação alemã da neutralidade belga. Com base nas conversas anglo-francesas de 1911 em nível de Estado-Maior, Henry Wilson chegara à conclusão de que os alemães optariam por atravessar as Ardenas pela Bélgica meridional, confinando suas tropas a áreas ao sul dos rios Sambre e Meuse; essas inferências foram apresentadas na 114ª reunião do Comitê de Defesa Imperial.[18] A mesma hipótese foi discutida pelo gabinete em 29 de julho, quando Lloyd George mostrou, usando um mapa, por que era provável que os alemães atravessassem "apenas [...] o canto mais meridional" da Bélgica. Em vez de encarar essa possibilidade com indignação, os ministros aceitaram-na como estrategicamente necessária (do ponto de vista da Alemanha) e, portanto, a bem dizer, inevitável. As preocupações estratégicas britânicas concentravam-se basicamente na Antuérpia e na foz do rio Schelde, sempre consideradas cruciais para a segurança britânica. "Não vejo por que", comentou Churchill, "devamos nos envolver se eles entrarem só um pouco na Bélgica."[19] Lloyd George alegou posteriormente que não teria ido à guerra se a invasão alemã da Bélgica ficasse confinada à rota pelas Ardenas.[20] Os líderes britânicos partiram do pressuposto de que, de qualquer maneira, os próprios belgas não tomariam posição radical no sul, mas que, depois de oferecer uma resistência simbólica para mostrar que não permitiam a violação, recuariam para suas linhas de fortificação mais ao norte.[21] Não haveria, portanto, nada de automático na relação entre uma invasão alemã da Bélgica e uma intervenção britânica no conflito.

Seria um erro, porém, deduzir dessas indicações de relutância que Grey ou seus companheiros mais próximos tinham abandonado antigos compromissos com a entente. Ao contrário, Grey via a crise que se desenrolava na Europa quase inteiramente através das lentes da entente. A possibilidade de não honrar a obrigação moral com a França, que o parlamentar se esforçara tanto para criar e proteger, causava-lhe profunda ansiedade. Compartilhava o repúdio pessoal dos colegas à política aventureira de Belgrado e estava ciente dos massacres e das intimidações nas áreas recém-conquistadas. Certamente dispunha de informações suficientes para compreender a espécie de ameaça que a Sérvia representava para a monarquia austro-húngara. Manifestou repúdio à noção de que qualquer grande potência fosse "arrastada para a guerra pela Sérvia".[22] Mas não demonstrou interesse pelo tipo de intervenção que pudesse dar à Áustria outras opções além do ultimato. A mediação das quatro potências proposta na reunião de gabinete de 24 de julho não tinha a menor chance de funcionar.[23] Das quatro potências envolvidas (Grã-Bretanha, Alemanha, Itália e França), só uma provavelmente defenderia os interesses da Áustria-Hungria. Além disso, a Áustria-Hungria e o sistema internacional careciam de meios para garantir o cumprimento, quaisquer que fossem as condições acordadas. Por fim, a grande potência mais diretamente envolvida no patrocínio do irredentismo sérvio não se envolveria nas decisões do concerto nem se sentiria obrigada por elas. A confiança de Grey em sua capacidade de arranjar uma forma qualquer de mediação vinha em parte, sem dúvida, da boa fama que adquirira presidindo a conferência de embaixadores de 1913 em Londres. Mas disputas sobre faixas da fronteira albanesa e mediação de guerra e paz entre as grandes potências eram coisas muito diferentes.

Em suas reações à crise, Grey subordinava sua compreensão da disputa austro-sérvia aos imperativos maiores da entente, o que significava, a rigor, apoio tácito à política russa. Grey falou, a intervalos, da importância de "acalmar" a Rússia, e pediu a São Petersburgo que evitasse medidas desnecessárias de provocação, mas demonstrou saber extraordinariamente pouco, ou ter pouco interesse, sobre o que de fato acontecia na Rússia durante os dias cruciais que se seguiram à apresentação da nota austríaca. Essa ignorância não era inteiramente culpa sua, pois os russos ocultaram deliberadamente de Sir George Buchanan a amplitude de seus "preparativos clandestinos", dizendo-lhe em 26 de julho que as "medidas de proteção" em Moscou e São Petersburgo tinham sido adotadas simplesmente para fazer face à onda de greves que perturbava a indústria russa. Buchanan não ficou inteiramente convencido: num breve despacho para Grey em 26 de julho, notou que, tendo as greves "praticamente terminado", as medidas que observava "sem dúvida" estavam ligadas a uma "planejada mobilização".[24] Mas Grey não quis saber; não houve tentativa, da parte de Buchanan, de acompanhar esses indícios, e nenhuma instrução de Londres para que o fizesse. E sua atitude era característica da maneira como o Ministério das Relações Exteriores tratava suas comunicações com a Rússia. Em 26 de julho, dia em que Buchanan mandou o relatório, Nicolson teve um encontro com o conde Lichnowsky, que apareceu com um telegrama urgente de seu governo informando que a Rússia parecia estar convocando "classes de reservas", o que, na verdade, indicava mobilização. Nicolson respondeu que Londres "não tinha informações sobre uma mobilização geral, ou mesmo sobre qualquer mobilização de imediato". Mas acrescentou:

> Seria, porém, difícil e delicado para nós pedir a São Petersburgo que não se mobilize quando a Áustria toma uma medida dessa natureza; não seríamos ouvidos. O principal é impedir, se possível, operações militares ativas.[25]

Era uma interpretação curiosa da situação, para dizer o mínimo, pois implicava uma equivalência entre a mobilização austríaca e a mobilização russa, sem levar em conta o fato de que enquanto as medidas austríacas visavam exclusivamente à Sérvia, as russas tinham por alvo a Áustria (e a Alemanha, na medida em que o Regulamento de 2 de março de 1913 se aplicava a quase todos os distritos militares ocidentais da Rússia e tinha, de qualquer forma, sido ampliada para cobrir a mobilização da frota do Báltico). Os comentários de Grey também revelavam uma ignorância absoluta (e talvez em parte deliberada) do significado das medidas de mobilização numa era em que a velocidade de concentração e ataque era vista como fator crucial de êxito militar. Por fim, se Grey tivesse se interessado em adotar uma abordagem imparcial do problema reconhecidamente complicado de mediação e delimitação, talvez quisesse examinar mais atentamente as forças e fraquezas da causa austríaca contra a Sérvia, para impedir contramedidas russas que poderiam deflagrar um conflito mais amplo. Mas não fez nada disso.

Em seu encontro de 8 de julho com Benckendorff, e em vários momentos posteriores, Grey tinha, afinal, aquiescido à visão russa de que uma "guerra sérvia inevitavelmente significava uma guerra europeia".[26]

Grey estava a par, em termos gerais, do que havia transpirado durante a visita francesa a São Petersburgo. Num despacho de 24 de julho (depois da partida de Poincaré), o embaixador Buchanan informou que as reuniões na capital russa tinham revelado uma "perfeita comunhão de pontos de vista" entre a Rússia e a França sobre "a paz geral e o equilíbrio de poder na Europa" e que os dois países tinham feito "uma solene afirmação das obrigações impostas por sua aliança"; Sazonov pedira a Buchanan que transmitisse a Grey sua esperança de que o governo britânico "proclamasse solidariedade à França e à Rússia".[27] Comentando esse despacho, Eyre Crowe usou formulações mais mordazes do que Grey teria usado, mas capturou a lógica interna da posição que o secretário das Relações Exteriores adotaria:

> Seja o que for que pensemos dos méritos das acusações austríacas contra a Sérvia, a França e a Rússia julgam que elas são pretextos e que a causa maior da Tríplice Aliança contra a Tríplice Entente está definitivamente envolvida. Acho que seria pouco político, para não dizer perigoso, para a Inglaterra tentar contestar essa opinião, ou esforçar-se para obscurecer a questão evidente, mediante qualquer representação em São Petersburgo ou Paris. [...] Nossos interesses estão vinculados aos da França e da Rússia nessa luta, que não é pela posse da Sérvia, mas entre a Alemanha, que almeja a ditadura política na Europa, e as potências que desejam reter a liberdade individual.[28]

Grey assegurou a Lichnowsky que a Grã-Bretanha não tinha obrigações legais com seus parceiros de entente. Mas também advertiu o embaixador alemão em 29 de julho (sem autorização prévia específica do gabinete) de que se a Alemanha e a França fossem arrastadas para a guerra, a Grã-Bretanha talvez julgasse necessário tomar uma medida abrupta.[29] Quando Hollweg entrou em contato com Londres em 30 de julho para sugerir que a Alemanha se absteria das anexações de território francês se a Grã-Bretanha concordasse em permanecer neutra, Grey telegrafou para Goschen (o embaixador britânico em Berlim) para informá-lo de que a proposta "não pode ser levada em conta nem por um instante".[30]

As ações e omissões de Grey revelaram que o pensamento da entente estruturava profundamente sua visão da crise que se desenrolava. Tratava-se, a rigor, de uma repetição do cenário balcânico deflagrador que se tornara a lógica animadora da aliança franco-russa, e que Grey interiorizara em sua advertência ao embaixador alemão no começo de dezembro de 1912 (ver cap. 5). Haveria uma briga nos Bálcãs — na verdade, pouco importava quem a iniciaria. A Rússia entraria às pressas, atraindo a Alemanha, e a França "inevitavelmente" interviria do lado de sua aliada; nessa situação, a Grã-Bretanha não poderia ficar fora para ver a França esmagada pela Alemanha. Esse é precisamente o roteiro — não obstante as dúvidas e prevaricações de momento — que Grey seguiu em 1914. Não inspecionou ou avaliou a causa austríaca contra a Sérvia, a rigor não mostrou nenhum interesse nela, não porque acreditasse que o governo sérvio fosse inocente das acusações contra ele,[31] mas porque aceitou o ponto de vista franco-russo de que a ameaça austríaca à Sérvia constituía um "pretexto", como disse Eyre Crow, para ativar a aliança.

Uma característica central dessa hipótese era que a Grã-Bretanha aceitasse — ou pelo menos não contestasse — a legitimidade de um ataque russo contra a Áustria para resolver uma disputa austro-sérvia e a inevitabilidade do apoio francês à iniciativa russa. As circunstâncias precisas da disputa austro-sérvia e as questões de culpabilidade eram de interesse secundário; o que importava era a situação criada quando os russos (e os franceses) se envolvessem. E definir o problema dessa maneira naturalmente jogava o ônus sobre a Alemanha, cuja intervenção em defesa da Áustria provocaria a mobilização francesa e uma guerra continental.

POINCARÉ VOLTA PARA PARIS

Enquanto Grey propunha a ideia da mediação das quatro potências no fim da reunião de gabinete de 24 de julho, Poincaré e Viviani atravessavam o golfo da Finlândia a bordo do *France*, escoltados por barcos torpedeiros russos. Chegando à Suécia no dia seguinte, Poincaré explorou o acesso a ligações telegráficas seguras para garantir que o controle das formulações políticas continuasse em suas mãos e (nominalmente) nas de Viviani. Instruiu o premiê a distribuir uma declaração à imprensa francesa anunciando que Viviani estava em comunicação com todas as partes relevantes e tinha reassumido a direção dos negócios estrangeiros. "É importante", notou Poincaré, "que não tenham a impressão na França de que Bienvenu-Martin [o inexperiente ministro interino das Relações Exteriores em Paris] pode fazer o que bem entender."[32] Nas últimas 24 horas, fragmentos de informações sobre o desenrolar da crise austro-sérvia tinham alcançado a estação de rádio a bordo do *France*. À medida que um quadro mais completo aparecia, Poincaré atinha-se à posição que delineara em São Petersburgo: a démarche austríaca era ilegítima, as demandas de Viena eram "obviamente inaceitáveis para a Sérvia", a rigor constituíam uma "violação de direitos humanos". A responsabilidade de salvar a paz não estava mais com a Rússia, cujos preparativos militares eram inteiramente compatíveis com as posições afirmadas e acordadas durante a visita oficial francesa, mas com os alemães, que precisavam conter seu aliado austríaco. Se os alemães não o fizessem, Poincaré anotou em seu diário em 25 de julho, iam "se colocar numa posição muito equivocada, assumindo para si a responsabilidade pelos atos violentos da Áustria".[33]

A demonstração mais reveladora de como Poincaré via proativamente seu próprio papel nos acontecimentos está em sua reação à notícia, que o alcançou em Estocolmo, de que Sazonov recomendara aos sérvios que não oferecessem resistência aos austríacos na fronteira, mas retirassem suas tropas para o interior do país, a fim de denunciar à comunidade internacional que a Sérvia tinha sido invadida e fazer um apelo de arbitragem das potências. O objetivo de Sazonov com esse conselho era angariar a simpatia internacional pela causa sérvia, mas ao mesmo tempo atrair os austríacos tão profundamente quanto possível para os desdobramentos de efetivos do seu Plano B e com isso enfraquecer a disposição de tropas disponível para conter um ataque russo na Galícia. Poincaré leu mal a notícia, interpretando-a como indicação de que Sazonov perdera a coragem e estava recomendando uma "abdicação" das responsabilidades da Rússia para com o país balcânico. "Certamente não podemos nos mostrar *mais bravos* [ou seja, mais comprometidos com Belgrado] *do que os russos*", escreveu ele. "A Sérvia tem toda chance de ser humilhada."[34] Era, ou melhor, parecia um retorno àqueles dias do inverno de 1912-3 em que os líderes políticos franceses pressionaram os russos a adotar uma posição mais firme contra a Áustria nos Bálcãs. Naquela época, o adido militar russo em Paris reagira com perplexidade ao belicoso discurso dos militares franceses. Agora a situação era outra. A política tinha sido decidida em comum acordo, e o medo de Poincaré de que Sazonov estivesse novamente a ponto de vacilar era infundado.

Pode parecer estranho que Poincaré, em vista do agravamento da crise na Europa Central, não tenha simplesmente cancelado sua programada visita à Suécia na volta para casa. A escala em Estocolmo é por vezes citada como prova

33. Nicolau II e Poincaré.

da passividade essencial do líder francês diante da crise. Se a intenção de Poincaré era desempenhar um papel proativo nos acontecimentos, por que ele e Viviani se deram ao luxo de fazer turismo marítimo em seu retorno a Paris?[35] A resposta a essa pergunta é que a visita à Suécia não foi, de forma alguma, turística, mas parte crucial da estratégia da aliança reafirmada em São Petersburgo. Poincaré e o tsar tinham discutido a necessidade de assegurar a neutralidade sueca (em preparação, pode-se deduzir, para uma iminente guerra europeia). As relações sueco-russas tinham sido perturbadas recentemente pela agressiva atividade russa de espionagem e por temores, em Estocolmo, de um iminente ataque russo, fosse através da fronteira comum ou do Báltico.[36] Em seu último dia juntos em São Petersburgo, Nicolau II pedira pessoalmente a Poincaré que transmitisse ao rei Gustavo V suas intenções pacíficas com relação à Suécia. Poincaré deveria informar ao rei que o tsar não alimentava intenções agressivas contra seu vizinho báltico e que, não estando até o momento informado sobre nenhuma atividade de espionagem, mandaria, em todo caso, suspendê-la imediatamente.[37] Acima de tudo, era crucial impedir que a Suécia caísse nos braços dos alemães, com as severas complicações estratégicas que isso representaria. Em 25 de julho, durante uma tarde que passou com Gustavo V, Poincaré desempenhou com êxito sua missão e pôde informar que o rei retribuíra de coração o desejo do tsar de que a Suécia ficasse neutra.[38]

Era estranho, claro, ficar preso na Suécia entre vinhos e jantares enquanto a crise europeia se aprofundava, especialmente levando em conta que mais uma vez o pobre Viviani dava sinais de desgaste emocional. Mas a opinião pública francesa ainda estava calma — a atenção continuava voltada para o julgamento de Caillaux, que terminou em 28 de julho com a surpreendente absolvição de Madame Caillaux. Nessas circunstâncias, como Poincaré bem o sabia, uma volta antecipada serviria mais provavelmente para alarmar do que para acalmar a opinião francesa e europeia. Além disso, daria "a impressão de que a França pudesse se envolver no conflito".[39] Mas uma vez que se tornou sabido, em 27 de julho, que o cáiser voltara cedo a Berlim de sua viagem báltica no iate imperial, Poincaré, agora bombardeado por telegramas de ministros insistindo em sua volta imediata a Paris, não perdeu tempo para cancelar as visitas oficiais restantes à Dinamarca e à Noruega, de qualquer forma bem menos urgentes do ponto de vista estratégico, e instruir a tripulação do *France* a retornar diretamente para Dunquerque.[40]

A bem dizer nem tinham alterado seu trajeto, mas o *France* e sua escolta, o *dreadnought Jean Bart*, foram confrontados por um cruzador de batalha alemão cruzando a baía de Mecklenburg, na costa de Kiel, seguido por um torpedeiro alemão, que deu meia-volta e saiu de cena. O cruzador de batalha alemão fez a saudação de praxe, disparando todos os seus canhões, e o *Jean Bart* respondeu à altura — o *France* permaneceu em silêncio, como era costume em qualquer navio que transportasse um chefe de Estado. Minutos depois, a estação telegráfica do *France* interceptou uma transmissão radiofônica cifrada despachada pelo cruzador de batalha imediatamente depois da saudação — supostamente para alertar Berlim do fato de que o presidente francês estava voltando para Paris.[41]

Poincaré e Viviani se viram adotando pontos de vista cada vez mais divergentes sobre a situação internacional. Poincaré notou que o primeiro-ministro parecia "mais e mais perturbado e incomodado" e andava preocupado com "as mais contraditórias ideias".[42] Quando veio um telegrama em 27 de julho dando conta da afirmação de Edward Grey de que a Inglaterra não ficaria inativa se uma guerra começasse nos Bálcãs, Poincaré "fez dessa firmeza um exemplo para Viviani", a fim de animá-lo. O presidente passou grande parte daquele dia, como o fizera durante a viagem a São Petersburgo, explicando a Viviani "que a fraqueza é [...] sempre a mãe das complicações" e que a única opção sensata era mostrar uma "firmeza duradoura". Mas Viviani continuava "nervoso, agitado, pronunciando palavras ou frases perturbadoras que denotam uma visão sombria de questões de política externa". Pierre de Margerie (chefe do Departamento Político do Quai d'Orsay) também ficou perturbado com "o singular estado de espírito" de Viviani. Para consternação de Poincaré, o primeiro-ministro era incapaz de falar coerentemente de qualquer coisa que não fosse congressos partidários e alianças políticas em torno do líder socialista Jean Jaurès.[43]

Poincaré também já sentia o desgaste. Particularmente aflitiva foi a sequência de radiogramas confusos e quase ininteligíveis de 27 de julho relatando várias declarações de Sir Edward Grey. Tendo advertido o embaixador austríaco de que a Grã-Bretanha não ficaria fora de uma guerra de origem balcânica, Grey agora advertia o embaixador francês, Paul Cambon, de que a opinião pública britânica não apoiaria o envolvimento britânico numa guerra em torno da questão sérvia. Mas, enquanto Viviani temia uma corrida precipitada para a guerra, o que Poincaré mais receava era que não se confrontasse e rechaçasse uma démarche austríaca contra a Sérvia.

> [...] se a Áustria quer insistir na sua vitória [para ele, a suposta aceitação por Belgrado das demandas austríacas], se declara guerra ou entra em Belgrado, a Europa vai deixar? É só entre a Áustria e a Rússia que a Europa intervirá para dar um basta [em uma intensificação]? Isso significaria tomar o partido da Áustria e dar-lhe carta branca com relação à Sérvia. Mostrei detalhadamente todas essas objeções a Viviani [...].[44]

Em 28 de julho, quando entravam no mar do Norte e se aproximavam da costa francesa, Poincaré mandou o oficial telegrafista passar um rádio cancelando a recepção em Dunquerque — o trem do presidente deveria estar pronto para que o grupo pudesse sair diretamente do porto para Paris. O ar no mar do Norte estava mais frio e mais cinzento, a água estava agitada, e havia frequentes pancadas de chuva que tudo encharcavam. Os últimos radiogramas informaram que os britânicos apoiavam uma "démarche coletiva" das potências para desarmar a crise, notícia animadora para o presidente, pois significava que só se esperava que os russos relaxassem se os austríacos o fizessem. E por fim havia boas notícias de Paris: em resposta ao embaixador alemão Von Schoen, que insistira em afirmar que a disputa austro-sérvia era assunto para os dois países resolverem entre si, o ministro interino das Relações Exteriores Bienvenu-Martin declarara que a França nada faria para conter a Rússia se a Alemanha não contivesse a Áustria-Hungria. Satisfeito com essa resposta rápida e inesperadamente firme, Poincaré instruiu De Margerie a fazer Viviani telegrafar a Paris dando a sua — de Viviani — aprovação à resposta do ministro interino. É uma perfeita ilustração da cadeia de comando que impulsionava a política externa francesa nos últimos dias de julho de 1914.[45]

Ao chegar à França, Poincaré já estava convencido — embora ainda não houvesse sinais de contramedidas militares da Alemanha — de que já não seria possível evitar uma guerra europeia.[46] Encontrou os ministros num estado de ânimo calmo e resoluto, e sentiu alívio ao ver que sua atitude era mais enérgica do que a do medroso Viviani. Poincaré já tinha telegrafado para Bienvenu-Martin, instruindo-o a estabelecer ligação com seus colegas nos Ministérios da Guerra, da Marinha, do Interior e das Finanças, a fim de garantir que todas as "precauções necessárias" fossem tomadas, para o caso de um aumento de tensão; ficou feliz de saber que tinha havido grande progresso em todos os setores relevantes. Abel Ferry, o subsecretário de Estado das Relações Exteriores, e René Renoult, ministro de Obras Públicas, que foram a Dunquerque receber a comitiva presidencial, informaram a Poincaré que soldados de licença tinham sido chamados de volta, tropas em campos de treinamento tinham retornado para as guarnições, os prefeitos tinham sido postos em estado de alerta, os funcionários civis tinham sido instruídos a permanecer em seus postos, e suprimentos vitais tinham sido comprados por Paris; "em suma, foram tomadas medidas que, em caso de necessidade, permitiriam mobilização imediata".[47] Quando Renoult lhe perguntou no trem de Dunquerque para a capital se um arranjo político entre as grandes potências ainda seria possível, Poincaré respondeu: "Não, não pode haver acordo. Não pode haver arranjo".[48] Nada é mais revelador do que a descrição no diário de Poincaré sobre as multidões que se reuniram para aplaudi-lo no trajeto até Paris; sugere o estado de ânimo de um líder político já em guerra:

> Notamos imediatamente que o moral da população é excelente, especialmente o dos trabalhadores e doqueiros. Uma densa multidão acorreu dos desembarcadouros e cais para nos saudar com gritos repetidos de "*Vive la France! Vive Poincaré!*". Controlei minha emoção e troquei algumas palavras com o prefeito, com senadores e deputados. Todos eles me disseram, e o prefeito confirma, que podemos contar com a união e a determinação do país.[49]

O governo russo já tinha posto em prática medidas de mobilização de longo alcance. Paris estava bem informada disso, tanto por Paléologue, numa breve nota de 25 de julho, como, em mais detalhes no dia seguinte, pelo adido militar francês em São Petersburgo, o general Pierre de Laguiche.[50] Então chegou a notícia, trazida pelo embaixador Izvolsky na manhã de 29 de julho, de que uma mobilização parcial russa contra a Áustria-Hungria estava planejada para o mesmo dia. É difícil retraçar a resposta de Poincaré a isso, porque ele posteriormente (quando preparava suas memórias) removeu a última parte da anotação do dia 29 de julho do manuscrito do diário, uma página que aparentemente dizia respeito às medidas russas.[51] E não há minutas subsistentes da discussão no Conselho de Ministros que se reuniu naquele dia. Mas, de acordo com um relato confiado a Joseph Caillaux aquela noite por um ministro que estivera presente (o ministro do Interior Louis Malvy), o Conselho de Ministros aprovou expressamente as medidas russas.[52] Nem em 26-27 nem em 29 de julho Paris julgou apropriado recomendar contenção a seu parceiro de aliança.

Tudo aquilo estava de acordo com a hipótese balcânica deflagradora e com o pensamento estratégico francês, que atribuía grande peso à velocidade e eficácia da mobilização russa. Mas essa prioridade precisava ser equilibrada com a necessidade de assegurar a intervenção britânica. No fim de julho, o governo britânico continuava indeciso na questão de se, quando e de que maneira tomaria parte na iminente guerra europeia. Uma coisa estava clara: se a França fosse vista entrando numa guerra de agressão do lado de sua aliada, isso enfraqueceria completamente sua reivindicação moral de apoio britânico. Mas a segurança francesa em face de um ataque ocidental alemão exigia que Paris insistisse na resposta militar mais rápida possível de São Petersburgo. Era um paradoxo muito conhecido: a guerra que precisava ser travada defensivamente no oeste tinha que começar agressivamente no leste. Esses imperativos conflitantes exerciam imensa pressão sobre os líderes políticos em Paris. E a pressão ficou intensa de fato na noite de 29 de julho, quando os alemães advertiram São Petersburgo de que estavam pensando em mobilizar suas próprias forças, se a Rússia não suspendesse a mobilização.

No fim da noite de 29-30 de julho, um telegrama de Sazonov chegou à embaixada russa em Paris informando Izvolsky sobre a advertência alemã. Como a Rússia não podia recuar, escreveu Sazonov, era intenção do governo "acelerar nossas medidas de defesa e aceitar a provável inevitabilidade de uma guerra". Izvolsky foi instruído a agradecer ao governo francês, em nome de Sazonov, por sua generosa afirmação "de que podemos contar absolutamente com o apoio da França como aliada".[53] Já tendo os russos avisado à França sobre a decisão anterior de lançar uma mobilização *parcial* (apenas contra a Áustria), podia-se deduzir que a "aceleração" de Sazonov se referia a uma iminente mobilização *geral*, providência que de fato tornaria uma guerra continental praticamente inevitável.[54] Como era de esperar, essa mensagem provocou comoção em Paris. Izvolsky enviou seu secretário de legação no meio da noite ao Quai d'Orsay e foi, pessoalmente, mostrar a Viviani o telegrama de Sazonov. Logo depois, às quatro da madrugada de 30 de julho, Viviani se reuniu com o ministro da Guerra Adolphe Messimy e Poincaré no Palácio do Eliseu para discutir a notícia. O resultado foi uma resposta francesa cuidadosamente redigida, despachada de manhã:

> A França está decidida a cumprir as obrigações da aliança. Mas, no interesse da paz geral e levando em conta que ainda há discussões em andamento entre as potências menos interessadas, acredito que seria desejável que, nas medidas de precaução e defesa que a Rússia julga que deve dar prosseguimento, não tome de imediato nenhuma providência que possa dar à Alemanha um pretexto para uma mobilização total ou parcial de suas forças.[55]

Essa resposta costuma ser citada como prova de que o governo francês, apavorado com as medidas russas, estava disposto, por amor à paz, a pôr em risco os arranjos de segurança da aliança franco-russa.[56] Certamente foi o que pareceu a Viviani: num encontro aquela noite com o antigo ministro das Relações Exteriores Gabriel Hanotaux, ele reclamou de que os russos "estão nos apresentando fatos consumados e praticamente não nos consultam".[57] Mas o objetivo da nota era mais complexo. Ela visava convencer a Grã-Bretanha de que a França se esforçava para conter sua aliada — com esse objetivo em mente, uma cópia da mensagem foi despachada de imediato para Paul Cambon em Londres. O elo com a entente anglo-francesa fica explícito no diário de Poincaré, que registra que a mensagem de São Petersburgo foi formulada "em razão da atitude ambígua da Inglaterra".[58] Ao mesmo tempo, porém, De Margerie e Messimy foram instruídos por Poincaré — aparentemente sem conhecimento de Viviani — a esclarecer para Izvolsky a verdadeira natureza das intenções do governo francês. O relato feito por Izvolsky das conversas com o diplomata e o ministro atenua substancialmente o impacto do telegrama anterior recomendando contenção:

> Margerie, com quem acabo de falar, me disse que o governo francês não tem intenção de intervir em nossos preparativos militares, mas acredita ser extremamente desejável, no interesse da continuação das negociações para a preservação da paz, que esses preparativos evitem tanto quanto possível um caráter de provocação ostensivo. Desenvolvendo o mesmo pensamento, o ministro da Guerra também disse ao conde Ignatiev [o adido militar russo em Paris] que poderíamos fazer uma declaração no sentido de que desejamos, em nome dos interesses mais elevados da paz, desacelerar temporariamente nossas medidas de mobilização, *o que não nos impede necessariamente, por outro lado, de continuar nossos preparativos militares e até mesmo executá-los mais energicamente, desde que evitemos o transporte em massa de tropas.*[59]

Esses dois telegramas, ambos despachados em 30 de julho, capturam as triangulações complexas de uma política francesa que estava entre os duros imperativos da aliança franco-russa e a confusa lógica da entente anglo-francesa. Apelar para os "interesses mais elevados da paz" significava, em essência, oferecer ao adversário uma oportunidade de recuar — eventualidade que parecia cada vez mais improvável. Nesse ínterim, os preparativos da Rússia para a guerra continuavam, na forma de uma quase mobilização que faltava pouco para transformar numa concentração de massas de tropas na fronteira ocidental. Ao tomar notas no Conselho de Ministros na manhã de 30 de julho, o subsecretário de Estado no Quai d'Orsay, Abel Ferry, resumiu assim a política francesa: "*Não impedir a mobilização russa. Mobilizar, mas não concentrar*".[60] No diário de Poincaré, o trecho daquele dia que relata o envio do telegrama recomendando contenção a São Petersburgo é seguido pela frase: "Ao mesmo tempo, tomamos as providências necessárias para estabelecer nossas tropas de cobertura no leste".[61]

A RÚSSIA SE MOBILIZA

No começo da noite de 29 de julho, o chefe do Estado-Maior geral russo entregou a *ukaz* de mobilização geral para o general Serguei Dobrorolsky. Como diretor de mobilização, Dobrorolsky estava incumbido de coletar as assinaturas ministeriais sem as quais a proclamação não entraria em vigor. O general recordaria, posteriormente, suas visitas aos Ministérios da Guerra, da Marinha e do

Interior. O estado de ânimo era sombrio. Sukhomlinov, antes tão falastrão em sua beligerância, sossegara muito nos últimos dias. Talvez, imaginava Dobrorolsky, agora se arrependesse do artigo incendiário que plantara meses antes no *Birzheviia Vedomosti* declarando que a Rússia estava "pronta para a guerra".[62] O ministro da Marinha, almirante Grigorovich, ficou espantado ao ler a *ukaz*: "O quê? Guerra com a Alemanha? Nossa frota não está em condições de se bater com a frota alemã". Telefonou para Sukhomlinov a fim de confirmar e então assinou "com a alma pesada". No escritório do reacionário e ultramonarquista ministro do Interior, Nikolai Maklakov, Dobrorolsky deparou com "uma atmosfera de orações": grandes ícones em cima de uma mesa estreita brilhavam à luz de uma lâmpada de igreja. "Na Rússia", disse o ministro, "a guerra nunca será popular entre as profundas massas do povo. Ideias revolucionárias são mais do seu gosto do que uma vitória contra a Alemanha. Mas ninguém escapa ao seu destino..." Fazendo o sinal da cruz, Maklakov também assinou a ordem.[63]

Aproximadamente às nove da noite, com todas as assinaturas colhidas, Dobrorolsky se dirigiu à Agência Central de Telégrafos de São Petersburgo, onde o diretor-chefe dos Correios e Telégrafos fora avisado de antemão que se preparasse para uma transmissão "da maior importância". Com escrupuloso cuidado, o texto foi datilografado em múltiplas cópias, para ser enviado simultaneamente das máquinas no salão principal que ligava São Petersburgo aos principais centros do Império Russo. Desses centros, seria retransmitido para todas as cidades, em todos os distritos. Cumprindo o protocolo do despacho de ordens de mobilização, a agência telegráfica tinha encerrado todas as demais comunicações. Às nove e meia, pouco antes da transmissão, o telefone tocou: era Yanushkevich, chefe do Estado-Maior geral, ordenando a Dobrorolsky que não transmitisse o texto e aguardasse novas instruções. Poucos minutos depois um mensageiro, na forma do capitão de Estado-Maior Tugan-Baranowsky, chegou muito agitado. O tsar tinha mudado de ideia. Em vez da ordem de mobilização, uma ordem de mobilização *parcial* seria promulgada, de acordo com o decidido "em princípio" nas reuniões de 24 e 25 de julho. A nova ordem foi devidamente redigida e transmitida por volta da meia-noite de 29-30 de julho, deflagrando medidas de mobilização nos distritos de Kiev, Odessa, Moscou e Kazan.[64]

Essa súbita mudança produziu níveis quase cômicos de confusão na embaixada francesa. O general Laguiche, o adido militar, foi avisado da iminente mobilização pouco depois das dez da noite, mas com instruções para não informar ao embaixador Paléologue, a fim de que a indiscrição deste último não comprometesse o sigilo da decisão. Mas Paléologue foi informado uma hora depois por uma fonte diferente (ou seja, um russo indiscreto) e imediatamente mandou seu primeiro-secretário, Chambrun, ao Ministério das Relações Exteriores russo para avisar a Paris, por telegrama urgente, do fato de que uma mobilização secreta geral estava em andamento (a ligação telegráfica ministerial foi escolhida porque se temia que os códigos franceses não fossem seguros; ao mesmo tempo, Paléologue despachou um telegrama para o Quai d'Orsay em criptogramas franceses com o texto: "Por favor apanhem na embaixada russa como matéria de extrema urgência meu telegrama nº 304"). Chegando ao Ministério, Chambrun topou com Laguiche, que acabava de saber que o tsar rescindira a ordem de mobilização. Laguiche ordenou a Chambrun que apagasse a seção do seu telegrama relativa à decisão de "começar secretamente a mobilização". O telegrama despachado à embaixada russa em Paris agora anunciava simplesmente a mobilização russa contra a Áustria, de forma que Viviani e seus colegas continuaram sem saber o quanto São Petersburgo tinha chegado perto de uma mobilização geral. Na manhã seguinte, Paléologue estava extremamente furioso com os esforços do adido militar e de seu próprio primeiro-secretário para obstruir suas comunicações com Paris.

De qualquer maneira, a mobilização parcial anunciada em 29 de julho não era um arranjo sustentável. A mobilização parcial apresentava dificuldades insuperáveis para os planejadores do Estado-Maior russo, porque ameaçava estragar os arranjos para uma subsequente mobilização geral. A não ser que a ordem fosse rescindida ou substituída por uma ordem de mobilização geral dentro de 24 horas, haveria danos irreparáveis à prontidão russa para um ataque a oeste. No começo da manhã de 30 de julho Sazonov e Krivoshein conferenciaram por telefone — ambos estavam "muito perturbados com a suspensão da mobilização geral".[65] Sazonov propôs que Krivoshein pedisse uma audiência com o tsar a fim de convencê-lo da urgência da mobilização geral. Às onze da manhã, Sazonov e Yanushkevich se encontraram no gabinete deste último, e o chefe do Estado-Maior explicou mais uma vez as razões para prosseguir de imediato com a mobilização geral. No escritório do chefe do Estado-Maior, Sazonov mandou fazer uma ligação para o palácio Peterhof. Depois de penosos minutos de espera, Sazonov ouviu a voz, de início irreconhecível, de um homem "pouco acostumado a usar o telefone, que queria saber com quem estava falando".[66] O tsar concordou em receber Sazonov às três da tarde (recusou-se a receber Krivoshein na mesma hora, pois detestava que os ministros se juntassem para fazer lobby).

No Peterhof, Sazonov foi admitido imediatamente no estúdio do imperador, onde encontrou o soberano "cansado e preocupado". A pedido do tsar, a audiência foi realizada na presença do general Tatishchev, prestes a voltar para seu posto de adido militar russo junto ao imperador alemão. Sazonov falou durante cinquenta minutos, explicando minuciosamente as dificuldades técnicas, lembrando a Nicolau que os alemães tinham rejeitado "todas as nossas ofertas conciliatórias, que foram muito além do espírito de concessão que seria de esperar de uma grande potência cujas forças estão intactas" e concluindo que "não resta esperança alguma de salvar a paz". O tsar encerrou o encontro com uma decisão final: "O senhor está certo, nada nos resta senão nos prepararmos para um ataque. Transmita ao chefe do Estado-Maior geral minhas ordens de mobilização".[67]

Finalmente, com profundo alívio, Yanushkevich recebeu a chamada que esperava. "Dê suas ordens, general", disse-lhe Sazonov, "e depois — desapareça pelo resto do dia." Mas o medo de Sazonov de que houvesse outra contraordem mostrou-se infundado. Mais uma vez, coube ao general Dobrorolsky ir até a Agência Central de Telégrafos para transmitir o telegrama ordenando a mobilização geral. Agora, todo mundo sabia o que estava em jogo. Quando Dobrorolsky entrou no salão principal por volta das seis da tarde, "reinava um silêncio solene entre os telegrafistas, homens e mulheres". Cada um sentado à sua máquina aguardava a cópia do telegrama. Não houve mensageiro do tsar. Minutos depois das seis, embora os operadores humanos se mantivessem calados, as máquinas começaram a crepitar, enchendo o salão com um denso e resoluto murmúrio.[68]

A mobilização geral russa foi uma das decisões mais importantes da Crise de Julho. A primeira das mobilizações gerais veio num momento em que o governo alemão ainda não tinha sequer declarado o EPGI, equivalente alemão do Período Preparatório para a Guerra russo em vigor desde 26 de julho. A Áustria-Hungria, por sua parte, ainda estava presa a uma mobilização parcial destinada a derrotar a Sérvia. Posteriormente haveria certo desconforto entre políticos franceses e russos sobre essa sequência de acontecimentos. No Livro Laranja produzido depois do início da guerra pelo governo russo para justificar suas ações durante a crise, os editores anteciparam em três dias a data da ordem austríaca de mobilização geral, para que a medida russa parecesse uma simples reação a acontecimentos fora do país. Um telegrama datado de 29 de julho do embaixador Shebeko em Viena declarando que uma ordem de mobilização geral foi "antecipada" para o dia seguinte teve a data deslocada para 28 de julho e sua redação foi reformulada para dizer: "A ordem de mobilização foi assinada" — quando, na realidade, a ordem de mobilização geral austríaca só seria emitida em 31 de julho, para entrar em vigor no dia seguinte. O Livro Amarelo francês jogou ainda mais arriscadamente com os registros documentais, inserindo um comunicado fictício de Paléologue datado de 31 de julho declarando que a ordem russa tinha sido dada "como resultado da mobilização geral da Áustria" e das "providências para mobilização tomadas secreta mas continuamente pela Alemanha nos últimos seis dias". Na realidade, os alemães tinham permanecido, em termos militares, uma ilha de relativa calma durante toda a crise.[69]

Por que os russos tomaram essa medida? Para Sazonov, o fator decisivo foi sem dúvida a declaração austríaca de guerra à Sérvia em 28 de julho, à qual ele respondeu quase imediatamente com um telegrama às embaixadas em Londres, Paris, Viena, Berlim e Roma dizendo que a Rússia anunciaria no dia seguinte a mobilização (parcial) dos distritos militares contíguos à Áustria.[70] (Esse é o telegrama que foi discutido pelo Conselho de Ministros francês em 29 de julho.) Naquele momento, ainda era importante para Sazonov que os alemães recebessem garantias da "ausência da parte da Rússia de quaisquer intenções agressivas com relação à Alemanha" — optar por mobilização parcial, e não geral, era parte dessa política.[71] Por que, então, mudou tão rapidamente da mobilização parcial para a geral? Quatro razões vêm à mente. Já examinamos a primeira, ou seja, a impossibilidade técnica de combinar a mobilização parcial (para a qual não existia um plano adequado) com a opção de mobilização geral em seguida.

Outro fator era a convicção de Sazonov — alimentada desde o início da crise, mas cada vez mais indignada e dominante — de que a intransigência da Áustria era, na verdade, política da Alemanha. Era uma ideia profundamente arraigada na política russa para os Bálcãs, que por algum tempo deixou de levar a Áustria-Hungria a sério como fator autônomo nas questões europeias — como testemunha a advertência de Sazonov a Hollweg no Porto Báltico no verão de 1912 para que não incentivasse aventuras austríacas. Essa ideia era reforçada por relatos que sugeriam (corretamente) que a Alemanha continuava a apoiar a posição austríaca, em vez de convencer a aliada a recuar. Em suas memórias, Sazonov lembrou-se de ter recebido em 28 de julho, dia da declaração de guerra austríaca à Sérvia, um telegrama do embaixador Benckendorff em Londres informando que uma conversa com o conde Lichnowsky (o embaixador alemão) tinha "confirmado sua convicção" de que a Alemanha "apoiava a obstinação da Áustria". Era uma ideia de grande importância, porque permitia aos russos estabelecer Berlim como ponto de apoio moral da crise e o agente sobre o qual toda esperança de paz repousava. Como disse concisamente Benckendorff: "A chave da situação pode ser claramente encontrada em Berlim".[72]

Sazonov enunciou pessoalmente seu ponto de vista num breve telegrama despachado para as embaixadas em Londres e Paris em 28 de julho, no qual declarava que a julgar por uma conversa que teve com o embaixador alemão em São Petersburgo, o conde Pourtalès, a "Alemanha é a favor da atitude irreconciliável da Áustria".[73] A posição do ministro das Relações Exteriores russo endureceu consideravelmente no dia seguinte, quando Pourtalès o chamou à tarde para ler uma mensagem do chanceler alemão na qual se declarava que se a Rússia prosseguisse seus preparativos militares, a Alemanha também seria obrigada a mobilizar-se. A isso, Sazonov, que interpretou a advertência do chanceler como um ultimato, respondeu asperamente: "Agora não tenho mais dúvida sobre a causa da intransigência austríaca", o que fez Pourtalès levantar-se da cadeira e exclamar: "Protesto com toda a veemência, "*monsieur le ministre*, contra essa afirmação injuriosa".[74] O encontro foi encerrado com frieza. A questão, como o russo a via, era que se a Alemanha, apesar da quietude exterior, era, na realidade, a força motriz por trás da política austríaca, então a mobilização parcial não tinha sentido, dada a solidez do bloco germano-austríaco — por que não reconhecer a verdadeira natureza da ameaça e mobilizar-se completamente contra as duas potências? Finalmente, o apoio de Sazonov à mobilização geral foi reforçado pela promessa feita por Maurice Paléologue em 28 de julho, "por instrução do seu governo", de que os russos poderiam contar "em caso de necessidade", com "a completa disposição da França de cumprir suas obrigações de aliada".[75] Os russos talvez até se sentissem confiantes, nessa hora inicial, da ajuda britânica. "Hoje eles estão firmemente convencidos em São Petersburgo, na verdade até receberam a promessa", escreveu o adido militar belga Bernard de l'Escaille em 30 de julho, "de que a Inglaterra apoiará a França. Esse apoio tem um peso enorme e tem contribuído muito para dar a vantagem ao grupo da guerra".[76] A que "promessa" (se houve alguma) De l'Escaille se referia, e quando exatamente ela foi feita, não está claro, mas ele quase certamente tinha razão ao dizer que os líderes russos continuavam confiantes na intervenção britânica, pelo menos no longo prazo.

No entanto, mal o tsar recebeu e aceitou a decisão de mobilização geral, esta foi rescindida em favor da opção oficialmente combinada mas inviável de uma mobilização parcial contra a Áustria. A razão disso estava fundamentalmente no receio e no horror que o tsar tinha da guerra, agora que era sua tarefa torná-la realidade. Praticamente todos aqueles que o conheciam e registraram por escrito observações sobre a personalidade do soberano concordam em que ele combinava duas características em constante conflito uma com a outra. Uma era um horror bastante compreensível à possibilidade de guerra e aos estragos que podia causar ao seu país; a outra era uma suscetibilidade ao elevado tom dos políticos e da retórica nacionalistas, uma preferência por homens e medidas que incitavam emoções patrióticas. O que fez o tsar pender para o lado da cautela em 29 de julho foi a chegada, às nove da noite, justamente quando a ordem de mobilização geral estava prestes a ser despachada da Agência Central, de um telegrama do cáiser Guilherme II, no qual o primo alemão do tsar afirmava que seu governo ainda esperava promover um "entendimento direto" entre Viena e São Petersburgo, e encerrava com estas palavras:

> É claro que providências militares da parte da Rússia, que possam ser vistas pela Áustria como ameaçadoras, precipitariam uma calamidade que ambos gostaríamos de evitar, e poriam em risco minha posição de mediador, que aceitei prontamente atendendo a seu apelo à minha amizade e ajuda.[77]

Dizendo "não serei responsável por uma matança monstruosa", o tsar insistiu para que a ordem fosse cancelada. Yanushkevich pegou o telefone para segurar a mão de Dobrorolsky, e um mensageiro foi despachado correndo à Agência Central para explicar que uma ordem de mobilização parcial seria promulgada em substituição.

Vale a pena parar um pouco para refletir sobre o fato de que o impacto de um telegrama do primo em terceiro grau do imperador em Berlim fosse suficiente para suspender uma ordem de mobilização por quase 24 horas. Depois da revolução de fevereiro de 1917, Vladimir Burstev, publicista e flagelo do tsarismo, foi incumbido de cuidar dos documentos privados do tsar, entre os quais encontrou uma provisão de telegramas pessoais trocados pelos imperadores da Alemanha e da Rússia. Assinando "Willy" e "Nicky", os dois homens se comunicavam em inglês, adotando um tom informal, por vezes até íntimo. A descoberta desses documentos foi uma sensação. Em setembro de 1917, o jornalista Hermann Bernstein, que fazia reportagens sobre os acontecimentos revolucionários, publicou-os no *New York Herald* e eles foram relançados em forma de livro (com prefácio de Theodore Roosevelt) quatro meses depois.[78]

Os "telegramas Willy-Nicky", como ficaram conhecidos, têm exercido duradouro fascínio, em parte porque, lendo-os, tem-se a impressão de estar escutando atrás da porta uma conversa privada entre dois imperadores de uma Europa já desaparecida, e em parte porque nos permitem ter noção de como era um mundo em que os destinos dos países ainda estavam nas mãos de indivíduos extremamente poderosos. A rigor, ambas as impressões induzem a erros, pelo menos no que diz respeito aos famosos telegramas de 1914. Essas trocas durante a Crise de Julho não eram secretas — uma vez que sua existência era amplamente conhecida e discutida[79] — nem privadas. Tratava-se, na realidade, de telegramas diplomáticos disfarçados de correspondência pessoal. Nos dois lados da conversa, o conteúdo era cuidadosamente checado por funcionários do serviço exterior. Eram um exemplo dessas curiosas mensagens de monarca para monarca que foram uma das características do sistema europeu até o começo da guerra, embora, nesse caso, os monarcas fossem os transmissores, mais do que os geradores, das mensagens trocadas. Sua existência reflete a estrutura monárquica dos Executivos europeus, não o poder que tinham os monarcas de influenciar os rumos políticos. O telegrama de 29 de julho foi excepcional: chegou num momento muito especial, quando, para variar, tudo dependia da decisão do tsar, não porque ele fosse o ator dominante no processo de formulação política, mas porque sua permissão (e assinatura) era requisito necessário para uma ordem de mobilização geral. E isso era questão não de influência política, como tal, mas de absolutismo militar residual do sistema autocrático. Num momento em que o tsar achava aflitivamente difícil dar seu consentimento — compreensivelmente, em razão dos interesses envolvidos — o telegrama de "Willy" foi suficiente para fazer a balança pender contra a mobilização geral. Mas o efeito durou menos de um dia, porque ambos os monarcas estavam apenas enunciando as posições fundamentalmente opostas de seus Executivos. Na manhã de 30 de julho, quando o tsar recebeu um telegrama de Guilherme II reiterando a advertência feita pelo embaixador Pourtalès no dia anterior, Nicolau II abandonou qualquer esperança de que um acordo entre os primos pudesse salvar a paz, e retomou a opção de mobilização geral.[80]

Uma última reflexão sobre a decisão russa de mobilizar-se: quando Sazonov viu o tsar na tarde de 30 de julho, o imperador estava muito preocupado com a ameaça representada para a Rússia pela mobilização austríaca.

> Eles [os alemães] não querem reconhecer que a Áustria se mobilizou antes de nós. Agora exigem que nossa mobilização seja suspensa, sem mencionar a dos austríacos. [...] No momento, se eu aceitasse as demandas da Alemanha, ficaríamos desarmados contra a Áustria.[81]

Mas sabemos que os preparativos austríacos àquela altura se concentravam inteiramente na tarefa de assegurar a vitória contra a Sérvia, independentemente da crescente ameaça da resposta russa. A ansiedade do tsar não era expressão de uma paranoia individual; refletia, em vez disso, uma tendência mais ampla na análise da ameaça militar russa. Os serviços de inteligência militar russos consistentemente superestimavam a capacidade militar austríaca e, mais importante, presumiam uma formidável capacidade furtiva de prevenção, suposição essa fortalecida pela crise balcânica de 1912-3, quando os austríacos tinham conseguido aumentar o efetivo das tropas na Galícia sem chamar a atenção dos russos.[82] Essas tendências eram reforçadas, paradoxalmente, pelo próprio conhecimento minucioso que os russos tinham (graças ao já então defunto coronel Redl e outras fontes bem situadas) dos planos austríacos de desdobramento. Não era um problema novo: já em 1910, Sukhomlinov, recém-designado ministro da Guerra, gabava-se de ter visto planos austríacos específicos de desdobramento do Exército e da Marinha para a "conquista da Macedônia". Essas provas, dizia ele, revelavam a imensa escala da ameaça que o expansionismo austro-húngaro na península balcânica representava para os interesses russos e fazia parecerem bobagem todas as promessas e garantias diplomáticas. A possibilidade de que esses documentos — na verdade, antiquados e obsoletos — fossem planos de contingência, mais do que expressões da política austríaca, parece não ter ocorrido a Sukhomlinov, que pelo visto pretendia usá-los como argumento a favor de um aumento das verbas militares.[83] A tendência a uma interpretação paranoica de documentos sobre planejamento capturados pelos russos continuou a perseguir a política de segurança do país até 1914. Exatamente por estarem tão familiarizados com os cronogramas de mobilização austríacos, os russos se inclinavam, de um lado, a interpretar medidas individuais como parte de um todo coerente e, de outro, a ver como potencialmente ameaçador qualquer desvio da sequência esperada.

Em 1913, por exemplo, os russos souberam, por intermédio de suas fontes de Inteligência, que os austríacos tinham destinado nada menos que sete corpos de exército para a eventualidade de uma guerra com a Sérvia. Mas, em julho de 1914, relatos (de exatidão duvidosa) do embaixador Shebeko e do adido militar russo Vineken sugeriam que o número de corpos de exército em preparação naquele momento podia chegar a oito ou nove. A Inteligência russa viu nessa discrepância um sinal de que Conrad talvez estivesse mudando do seu Plano B, concentrado na Sérvia, para o Plano R, concentrado na Rússia; em outras palavras, iniciando uma "mudança sigilosa de mobilização austríaca total ou quase total".[84] Em retrospectiva, sabemos que as estimativas austríacas de eficácia sérvia de fato tinham aumentado, elevando os desdobramentos que eles próprios julgavam necessários para subjugar as Forças Armadas do país. E o curso do primeiro ano de guerra mostraria que mesmo essas estimativas austríacas revistas não foram suficientemente grandes para assegurar uma vitória decisiva contra os sérvios, que realmente "lutaram como leões", como o tsar tinha previsto. Foi um exemplo clássico dos equívocos de interpretação que podem surgir quando uma dose de inteligência de alto nível, texturizada, tenta o recebedor a fazer caberem os dados recebidos num padrão que é desprovido de contexto e pode estar desatualizado. Num ambiente saturado de paranoia, avaliações sóbrias de níveis de ameaça reais eram praticamente impossíveis. Mas o que mais nos importa nessas interpretações das providências austríacas é que eram levadas a sério pelo tsar, ávido leitor dos levantamentos diários de Inteligência do Estado-Maior geral. Isso, por sua vez, explica a tendência russa, desconcertante à primeira vista, de ver sua própria mobilização geral como equivalente das medidas austríacas, e por elas justificada. Como quase todos nessa crise, os russos podiam alegar que estavam contra a parede.

O SALTO NO ESCURO

Durante as semanas intermediárias de julho de 1914, os líderes alemães se aferraram como cracas a sua política de confinamento do conflito. Durante os primeiros dias, ainda era fácil imaginar um desfecho rápido da crise. Guilherme II

34. *Theobald von Bethmann Hollweg.*

disse ao imperador Francisco José em 6 de julho que "a situação estará resolvida dentro de uma semana, por causa do recuo da Sérvia", embora fosse possível, como observou o ministro da Guerra Erich von Falkenhayn, que o "período de tensão" durasse um pouco mais, talvez até "três semanas".[85] Mas mesmo na terceira semana de julho, quando a esperança de uma solução rápida já não parecia realista, os líderes políticos continuaram empenhados na delimitação. Em 17 de julho, o encarregado de negócios na legação saxônica em Berlim soube que "um confinamento do conflito é esperado, uma vez que a Inglaterra está absolutamente pacífica, e a França, assim como a Rússia, também não se sente inclinada à guerra".[86] Numa circular de 21 de julho aos embaixadores alemães em Roma, Londres e São Petersburgo, Hollweg declarou: "Desejamos urgentemente um confinamento do conflito; uma intervenção de qualquer outra potência terá, em vista dos divergentes compromissos de aliança, consequências incalculáveis".[87]

Uma condição para o confinamento bem-sucedido era que os alemães evitassem qualquer ação que pudesse provocar uma escalada. Foi em parte com isso em mente e em parte para garantir a autonomia e a liberdade de distração de que necessitava para administrar a crise que Hollweg incentivou o cáiser a sair de Berlim para fazer seu programado cruzeiro no Báltico. Pela mesma razão, os mais altos comandantes militares foram incentivados a sair, ou continuar, de férias. O chefe do Estado-Maior geral (Helmut von Moltke), o chefe do Departamento Naval Imperial (almirante Von Tirpitz) e o chefe do Estado-Maior do Almirantado (Hugo von Pohl) já estavam de férias; o diretor de Intendência (conde Waldersee) partiu de Berlim para algumas semanas de descanso na propriedade do sogro em Mecklenburg, como o fez o ministro da Guerra (Erich von Falkenhayn), que partiu para uma breve viagem de inspeção, a ser seguida por suas férias anuais.

Seria um erro dar muita importância a essas viagens. Os indivíduos envolvidos estavam cientes da gravidade da crise e confiantes no estado de prontidão das Forças Armadas alemãs; também compreendiam que uma escalada era improvável enquanto os austríacos tomassem algum tipo de medida com relação a Belgrado.[88] De outro lado, seria exagero falar numa elaborada simulação alemã para distrair a atenção do mundo dos preparativos para uma guerra continental que já tinha sido decidida e planejada de antemão. Os memorandos internos e a correspondência daqueles dias sugerem que tanto a cúpula política quanto os comandos militar e naval estavam seguros de que a estratégia de confinamento funcionaria. Não houve discussões de cúpula entre os principais comandantes alemães, e Helmut von Moltke só voltou na estação de chuvas de Carlsbad, na Boêmia, em 25 de julho. No dia 13, ele escreveu para o adido militar alemão em Viena para dizer que seria melhor para a Áustria se ela "derrotasse os sérvios e fizesse a paz rapidamente, exigindo uma aliança austro-sérvia como única condição, como a Prússia tinha feito com a Áustria em 1866" — a essa altura ele aparentemente ainda achava possível que a Áustria lançasse e concluísse um ataque à Sérvia sem provocar uma intervenção russa.[89]

Particularmente digna de nota é a falta de atividade da parte das redes de Inteligência das Forças Armadas. O major Walter Nicolai, chefe do Departamento IIIb do Estado-Maior geral, responsável por espionagem e contrainteligência, passava férias com a família nas montanhas Harz e não foi convocado. Os postos de Inteligência na fronteira oriental não receberam nenhuma instrução especiais depois das reuniões em Potsdam e aparentemente não tomaram nenhuma precaução especial. Só em 16 de julho ocorreu a alguém no Departamento de operações que talvez fosse "desejável observar os acontecimentos na Rússia mais de perto do que em tempos de completa calma política", mas até mesmo essa circular deixou claro que não havia ordem sobre "medidas especiais de espécie alguma".[90] Em vários distritos contíguos ao território russo, os oficiais locais de Inteligência tiveram permissão para continuar de licença, como Moltke, até 25 de julho.[91]

Para não comprometer o plano de confinamento, Hollweg e o Ministério das Relações Exteriores alemão recomendaram repetidas vezes aos austríacos que se apressassem e produzissem o tensamente aguardado fato consumado. Mas os líderes em Viena não puderam ou não quiseram obedecer. A desajeitada maquinaria do Estado dos Habsburgo não se prestava a medidas rápidas e decisivas. Em 11 de julho, Hollweg já começava a ficar irritado com a lentidão agonizante dos preparativos austríacos. Numa anotação de diário redigida na propriedade de Hollweg, Kurt Riezler resumiu o problema:

> Aparentemente, [os austríacos] precisam de bastante tempo para se mobilizar. Dezesseis dias, diz [Conrad von] Hoetzendorff. Isso é muito perigoso. Um rápido fato consumado, e então amistosos com a entente — é assim que o choque pode ser suportado.[92]

Ainda em 17 de julho, o secretário Stolberg na embaixada alemã em Viena avisou Hollweg de que "negociações" ainda estavam sendo realizadas entre Berchtold e Tisza.[93] Foi para atender a necessidade de rapidez e minimizar a probabilidade de complicações internacionais que Berchtold estabeleceu em apenas 48 horas o prazo para uma resposta à nota austríaca. Pela mesmíssima razão, Jagow pressionou os austríacos a antecipar a data projetada de sua declaração de guerra à Sérvia de 29 para 28 de julho.

Se a lentidão da resposta austríaca removia uma das précondições para o êxito da política de confinamento, por que os alemães se apegaram a ela com tanta persistência? Uma razão é que continuavam a acreditar que fatores estruturais mais profundos — como a incompletude do programa de armamentos russo — militavam contra uma intervenção armada. O governo francês era mais difícil de interpretar, tanto mais que o presidente, o primeiro-ministro e o chefe do departamento Político do Quai d'Orsay estavam todos na Rússia ou no mar durante a terceira e a quarta semanas de julho. Mas a confiança alemã na provável inação da entente foi reforçada pelo relatório de Humbert sobre a prontidão militar francesa.

Os alemães receberam com ceticismo as sensacionais revelações de Humbert sobre a suposta inadequação dos preparativos militares franceses, reconhecendo na linguagem imoderada de Humbert um ataque essencialmente político ao ministro da Guerra Adolphe Messimy e seu Estado-Maior. Especialistas militares alemães ressaltaram, de imediato, que os canhões de campanha franceses de tamanho menor eram na verdade superiores em qualidade a seus equivalentes alemães. Uma vez que o Exército francês tinha abandonado sua atitude defensiva inicial em troca de uma estratégia ofensiva, o relativo declínio das fortificações de fronteira era uma pista falsa.[94] Num memorando secreto que se seguiu às revelações de Humbert, porém, Moltke concluiu que os preparativos militares franceses na fronteira oriental eram de fato deficientes, especialmente nas áreas de artilharia pesada, morteiros e estocagem de munição à prova de bombas.[95] No mínimo, o relatório de Humbert sugeria que o governo francês, e em particular o comando militar francês, não tinha a menor disposição para pressionar a aliança franco-russa a uma guerra por causa da Sérvia; os russos, também, certamente estariam desencorajados.[96]

Outra razão para insistir no confinamento era a escassez — do ponto de vista alemão — de opções alternativas. Abandonar o aliado Habsburgo estava fora de cogitação, e não apenas por razões de reputação e de poder político, mas também porque os líderes políticos alemães acatavam a justiça da causa austríaca contra a Sérvia. Se o equilíbrio do poder de ataque militar estava se alterando em prejuízo da Alemanha, a situação ficaria incalculavelmente pior se a Alemanha fosse despojada da única grande potência que era sua aliada — os planejadores alemães já davam por perdida a Itália, pouco confiável demais para ser tida como recurso substancial.[97] A ambivalência italiana também comprometia a plausibilidade da proposta, apoiada por Grey, de as quatro potências menos envolvidas se juntarem para resolver a disputa. Se a Itália, como parecia muito provável, em razão de sua política balcânica antiaustríaca, se alinhasse com as duas potências da entente, Grã-Bretanha e França, que chance haveria de conseguir um desfecho justo para a Áustria-Hungria? Os alemães estavam dispostos a repassar as sugestões britânicas para Viena, mas Hollweg era de opinião que a Alemanha deveria apoiar uma intervenção multilateral apenas entre a Rússia e a Áustria, e não entre a Áustria e a Sérvia.[98]

Por trás do confinamento estratégico — e impedindo o aparecimento de alternativas — ainda havia a crença, tão importante para Hollweg, de que, se os russos decidissem, apesar de tudo, intervir em favor de seu cliente, a guerra resultante se tornaria algo que a Alemanha seria incapaz de controlar, como um destino imposto às potências centrais por uma Rússia agressiva e seus parceiros da entente. Encontramos essa linha de raciocínio numa carta de 12 de julho do secretário das Relações Exteriores Gottlieb von Jagow para o embaixador Lichnowsky em Londres:

> Precisamos cuidar de confinar o conflito entre a Áustria e a Sérvia. Se isso é possível, vai depender em primeiro lugar da Rússia e em segundo lugar da influência dos outros membros da entente. [...] Não desejo uma guerra preventiva, mas, se a oportunidade surgir, não devemos vacilar.[99]

Eis, mais uma vez, a tendência discernível no raciocínio de tantos atores da crise de se ver operando sob irresistíveis coações externas e ao mesmo tempo jogar a responsabilidade de decidir entre a paz e a guerra nos ombros do adversário.

Com seu apoio à Áustria-Hungria e sua jovial confiança na plausibilidade do confinamento do conflito, os líderes alemães deram sua própria contribuição para o desenrolar da crise. Apesar disso, nada em sua reação aos acontecimentos do verão de 1914 sugere que vissem a crise como uma boa oportunidade para pôr em prática um antigo plano seu de desencadear uma guerra preventiva contra os vizinhos da Alemanha. Ao contrário, Zimmermann, Jagow e Hollweg demoraram muito para apreender a escala do desastre que se desdobrava à sua volta. Em 13 de julho, Zimmermann ainda estava seguro de que não haveria um "grande conflito europeu". No dia 26, os funcionários do Ministério das Relações Exteriores ainda achavam que tanto a França como a Inglaterra iam ficar fora de qualquer conflito balcânico. Longe de controlar a situação, os líderes alemães pareciam lutar para se manter a par dos acontecimentos. Nos dias decisivos da crise, Jagow pareceu aos colegas "nervoso, irresoluto, temeroso" e "inadequado para as responsabilidades do cargo", e Hollweg fazia Tirpitz pensar num "homem que se afoga".[100]

Durante aquelas quentes semanas de julho, o cáiser fez seu cruzeiro escandinavo. Havia muito tempo que prolongadas viagens de navio, quase sempre no Báltico, eram parte imutável do calendário de verão de Guilherme II. Elas lhe permitiam fugir da tensão, da complexidade e do senso de impotência que o afligiam em Berlim. A bordo do iate real *Hohenzollern*, cercado por bajuladores agradáveis, que sempre podiam ser arrebanhados para as diversões imperiais, o cáiser era o senhor indiscutível de tudo e de todos, e podia dar livre vazão às impetuosas tendências de sua personalidade. Depois de alguns dias agradáveis na regata de Kiel, temperados por muita confraternização com oficiais da Marinha real, Guilherme seguiu para a cidade costeira de Balholm, na Noruega, onde ficou ancorado até 25 de julho. Dali é que, em 14 de julho, enviou uma primeira resposta pessoal à mensagem de Francisco José pedindo ajuda alemã. A carta reiterava uma garantia anterior de apoio e denunciava os "fanáticos desvairados" cuja "agitação pan-eslavista" ameaçava a monarquia dual, mas, curiosamente, não fazia referência a travar uma guerra. Guilherme declarava que embora devesse "abster-se de formar uma opinião sobre a questão das relações atuais entre Viena e Belgrado", considerava "um dever moral de todos os países civilizados" opor-se à "propaganda pela ação" dos antimonarquistas com "todos os instrumentos de poder disponíveis". Mas o resto da carta se referia exclusivamente a iniciativas *diplomáticas* na região balcânica para impedir o surgimento de uma "Liga Balcânica sob patrocínio russo" antiaustríaca. Terminava com votos para que o imperador se recuperasse rapidamente do luto.[101]

Os comentários do cáiser sobre documentos de Estado que recebeu no iate revelam que, como muitas das principais figuras políticas e militares em Berlim, ele estava impaciente para ouvir uma decisão de Viena.[102] Sua principal preocupação parece ter sido a de que uma grande demora desperdiçasse os benefícios da indignação internacional contra os assassinatos em Sarajevo, ou de que os austríacos perdessem a coragem. Gostou de saber, por volta de 15 de julho, que "uma enérgica decisão" era iminente. Seu único pesar era que mais tempo se passaria até que as demandas austríacas fossem entregues a Belgrado.[103]

Em 19 de julho, porém, Guilherme ficou chocado e entrou num estado de "alta ansiedade" por causa de um telegrama do secretário de Estado das Relações Exteriores, Jagow, para o Hohensollern. O telegrama não trazia nada de essencialmente novo, mas a advertência de que um ultimato estava planejado para 23 de julho, e que providências seriam tomadas para garantir que o cáiser pudesse ser alcançado "caso circunstâncias imprevistas tornassem decisões importantes [mobilização] necessárias" fez Guilherme compreender o alcance potencial da crise iminente.[104] Ele imediatamente deu ordem para que a frota de alto-mar cancelasse uma visita programada à Escandinávia e permanecesse unida, em estado de prontidão, para partida imediata. Sua ansiedade era compreensível, levando em conta que a Marinha britânica se achava, por coincidência, no meio de um ensaio de mobilização, estando, portanto, em alto nível de prontidão para combate. Mas Hollweg e Jagow achavam, corretamente, que isso serviria apenas para levantar suspeitas e exacerbar a crise, desencorajando uma desmobilização britânica; em 22 de julho, revogando a decisão de Guilherme, ordenaram que a estadia na Noruega prosseguisse como planejado. Àquela altura, as prioridades diplomáticas ainda pesavam mais do que as considerações estratégicas.[105]

Apesar da tensão crescente, Guilherme continuava achando que uma crise mais geral poderia ser evitada. Ao lhe apresentarem uma cópia do texto do ultimato a Belgrado, ele comentou: "Mas quem diria; afinal de contas é uma nota firme" — Guilherme evidentemente compartilhava da opinião generalizada dentro do seu grupo de que os austríacos na última hora evitariam o confronto com a Sérvia. Quando o almirante Müller sugeriu que o ultimato significava guerra iminente, o cáiser contestou com veemência. Insistiu em que os sérvios jamais se arriscariam a ir à guerra contra a Áustria. Müller interpretou essa declaração — corretamente, como se veria — como sinal de que o cáiser estava psicologicamente despreparado para complicações militares e cederia ao perceber que a guerra era uma possibilidade real.[106]

Guilherme voltou a Potsdam na tarde de 27 de julho. Era bem cedo, na manhã do dia seguinte, quando ele leu pela primeira vez o texto da resposta sérvia ao ultimato dado por Viena cinco dias antes. Sua reação foi inesperada, para dizer o mínimo. Escreveu na resposta sérvia estas palavras: "Excelente resultado para 48 horas. É mais do que eu poderia esperar! Mas isto afasta qualquer necessidade de guerra". Ficou espantado por saber que os austríacos já tinham baixado uma ordem de mobilização parcial: "*Eu* jamais teria ordenado uma mobilização com base nisso".[107] Às dez da manhã, o cáiser disparou uma carta para Jagow declarando que, como a Sérvia tinha oferecido uma "capitulação do tipo mais humilhante, qualquer razão para a guerra foi eliminada". Em vez de invadir o país de imediato, prosseguiu, eles deveriam pensar em ocupar temporariamente a cidade evacuada de Belgrado, para garantir a submissão sérvia. Mais importante, Guilherme mandou Jagow informar aos austríacos que essa era a sua vontade, que "todas as causas para a guerra desapareceram", e que o próprio Guilherme estava preparado para "mediar a paz com a Áustria". "Farei isto à minha maneira, e poupando o sentimento nacional da Áustria e a honra de suas armas tanto quanto possível."[108] Também informou a Moltke, por escrito, que se a Sérvia respeitasse seus compromissos com a Áustria-Hungria, os motivos de guerra deixariam de existir. Durante aquele dia, de acordo com o ministro da Guerra, ele fez "discursos confusos, que deixaram a clara impressão de que não queria mais a guerra e estava decidido a isso ainda que significasse deixar a Áustria-Hungria numa situação difícil".[109]

Historiadores viram esse súbito acesso de circunspeção como prova de falta de coragem. Em 6 de julho, ao encontrar-se com Gustav Krupp em Kiel, o cáiser tinha prometido repetidamente ao industrial: "Desta vez não vou perder a coragem". Krupp ficou impressionado com o aspecto patético daquelas pífias tentativas de demonstrar coragem.[110] Como bem o disse Luigi Albertini: "Guilherme era todo bravata quando o perigo estava longe, mas se calou quando viu aproximar-se a ameaça real de uma guerra".[111] Havia alguma coisa nisto: a disposição do imperador para se comprometer com a defesa dos interesses austríacos sempre foi proporcionalmente inversa à sua avaliação do risco de conflito. E em 28 de julho os riscos pareciam, de fato, muito grandes. Os últimos telegramas de Lichnowsky em Londres informavam que Sir Edward Grey tinha dito que a Sérvia dera satisfações num grau que "ele jamais imaginou possível" e advertido que uma grande conflagração era possível se a Áustria não moderasse sua posição.[112] Hipersensível como era ao ponto de vista britânico, Guilherme deve ter levado muito a sério essas advertências — na verdade elas devem até explicar sua interpretação da resposta sérvia, tão incompatível com os pontos de vista do chanceler e do Ministério das Relações Exteriores. Em certo sentido, porém, a nota de 28 de julho de Guilherme estava menos em desacordo com suas intervenções anteriores do que a ideia de uma súbita falta de coragem pode sugerir; seus comentários durante a crise sugerem que, diferentemente daquelas figuras de Viena e Berlim que viam o ultimato como mero pretexto para ação militar, ele o via como um autêntico instrumento diplomático, com uma função a desempenhar na solução da crise e que continuava apegado à noção de uma resolução política do problema báltico.

Um racha se abrira dentro da estrutura alemã de tomada de decisões. A opinião do soberano estava em desacordo com a da maior parte dos líderes políticos. Mas a fenda logo foi fechada. O que há de mais notável na carta de 28 de julho para Jagow é que ela não produziu nenhum efeito prático. Tivesse Guilherme II desfrutado do poder pleno que às vezes lhe é atribuído, essa intervenção poderia ter mudado o curso da crise e possivelmente da história mundial. Mas ele não estava a par do que acontecia em Berlim. Suas instruções a Jagow não tiveram influência no que Berlim disse a Viena. Hollweg não comunicou aos austríacos o ponto de vista de Guilherme a tempo de impedir que divulgassem sua declaração de guerra em 28 de julho. E o telegrama urgente do chanceler para Tschirschky, despachado apenas quinze minutos depois da carta do cáiser para Jagow, incorporava algumas propostas de Guilherme, mas omitia a insistência crucial em que não podia mais haver motivo para guerra. Em vez disso, Hollweg ateve-se à posição anterior, já então abandonada por Guilherme, de que os alemães deveriam "evitar muito cuidadosamente dar a impressão de que queremos conter os austríacos".[113]

É difícil saber por que Hollweg fez isso. A ideia de que já tinha atrelado sua diplomacia a uma política de guerra preventiva não tem apoio nos documentos. É mais provável que simplesmente já tivesse se decidido por uma estratégia alternativa concentrada em trabalhar com Viena para convencer os russos a não reagir exageradamente a medidas austríacas. No começo da noite de 28 de julho, Hollweg convenceu o cáiser a enviar um telegrama para Nicolau II assegurando-lhe que o governo alemão estava se esforçando ao máximo para conseguir um entendimento satisfatório entre Viena e São Petersburgo; não menos de 24 horas antes Guilherme rejeitara essa iniciativa, que julgava prematura.[114] O resultado foi a já mencionada nota a Nicky, suplicando-lhe que não comprometesse o papel de Willy como intermediário. Hollweg pensava em confinar o conflito, e não em evitá-lo, e estava decidido a proteger essa política contra intervenções de cima.

De 25 de julho em diante, aumentaram os indícios de movimento militar na Rússia. O oficial de Inteligência em Königsberg informou que uma fornada "inusitadamente grande" de transmissões codificadas fora interceptada entre a Torre Eiffel e a estação de rádio russa em Bobruysk.[115] Na manhã de domingo 26 de julho, o tenente-general Chelius, plenipotenciário militar alemão na corte de Nicolau II, informou que as autoridades pareciam ter iniciado "todos os preparativos para mobilização contra a Áustria".[116] A fim de obter um quadro mais completo do que acontecia do outro lado da fronteira, o major Nicolai, do Departamento IIIb, voltou para Berlim, interrompeu sua licença e baixou uma ordem para que "viajantes pensativos" fossem mobilizados. Tratava-se de voluntários de origens variadas cuja tarefa era, ao primeiro sinal de tensão internacional, entrar na Rússia ou na França disfarçados de turistas ou viajantes a serviço de empresas comerciais e registrar observações sigilosas para estabelecer, como disse o major Nicolai em seu resumo, "se havia preparativos de guerra na França e na Rússia".[117] Alguns atravessaram a fronteira diversas vezes em visitas rápidas e relataram pessoalmente suas observações, como o incansável sr. Henoumont, que conseguiu ir duas vezes a Varsóvia em três dias e ficou preso, por um tempo, na Rússia polonesa quando as fronteiras foram fechadas. Outros foram mais longe em suas viagens e enviaram telegramas levemente codificados pelo serviço telegráfico público. Ainda não havia nenhum sentido de pressa — os oficiais de Inteligência que cuidavam dos viajantes foram informados em 25 de julho que o período de tensão poderia ser bem prolongado. Se, de outro lado, a tensão cedesse, os viajantes que tiveram suas licenças canceladas poderiam voltar de férias.[118]

Os viajantes pensativos e outros agentes que operavam fora das estações de Inteligência na fronteira oriental logo começaram a gerar um quadro dos preparativos militares russos. Da estação de Königsberg chegaram relatos de trens de carga vazios seguindo para o leste, movimentos de tropas nos arredores de Kovno e alertas para unidades de guardas de fronteira. Às dez da noite de 26 de julho, o viajante pensativo Ventski informou de Vilna, usando o serviço de telegramas comerciais, que os preparativos para a guerra já estavam bem adiantados na cidade. Ao longo dos dias 27 e 28 um constante fluxo de detalhes fornecidos por viajantes pensativos e outros agentes chegou às mãos do recém-criado "Conselho de Avaliação de Inteligência" no Estado-Maior geral. Na tarde de 28 de julho, o Conselho produziu uma avaliação resumindo as últimas informações disponíveis:

> Rússia aparentemente em mobilização parcial. Dimensão ainda não discernível com exatidão. Distritos militares de Odessa e Kiev quase com certeza. Moscou ainda incerto. Relatos isolados a respeito da mobilização do distrito militar de Varsóvia ainda não conferidos. Apesar disso, é certo que a Rússia está tomando algumas providências militares também na fronteira alemã que devem ser vistas como preparativos para a guerra. Provavelmente proclamação do seu "Período preparatório para a guerra", proclamado para todo o Império. Guarda de fronteira em toda parte equipada para combate e pronta para marchar.[119]

Esse dramático agravamento da situação, reforçado ainda mais pelas notícias de mobilização parcial em 29 de julho, injetaram um elemento de pânico na diplomacia alemã: preocupado com mensagens de Londres e com o constante fluxo de dados sobre preparativos militares russos, Hollweg de repente mudou de rumo. Tendo minado os esforços de Guilherme para conter Viena em 28 de julho, ele passou a tentar fazer o mesmo, numa série de telegramas redigidos em regime de urgência para o embaixador Tschirschky no dia seguinte.[120] Mas seus esforços também se tornaram inúteis por causa da rapidez dos preparativos russos, que ameaçavam forçar os alemães a tomar contramedidas, antes que a mediação pudesse começar.

Depois da notícia da mobilização da Rússia em 30 de julho, era só uma questão de tempo para que Berlim respondesse com providências militares. Dois dias antes, o ministro da Guerra Erich von Falkenhayn tinha conseguido, após uma disputa com Hollweg, mandar as tropas em áreas de treinamento de volta para suas bases. As primeiras providências preparatórias ordenadas nessa época — comprar trigo na zona ocidental de ataque, colocar guardas especiais nas ferrovias e ordenar que as tropas fossem para guarnições — ainda podiam ser mantidas em segredo, e, pelo menos em tese, prosseguir paralelamente aos esforços diplomáticos para conter o conflito. Mas o mesmo não se aplicava ao Estado de Perigo de Guerra Iminente (EPGI, o último estágio de preparação antes da mobilização). A questão de saber se e quando a Alemanha adotaria essa medida, em vigor na Rússia desde 26 de julho, foi um dos principais objetos de contenção entre os líderes de Berlim nos últimos dias de paz.

Numa reunião em 29 de julho, o dia da mobilização parcial da Rússia, ainda houve desacordo entre os chefes militares: Falkenhayn, o ministro da Guerra, era a favor de declarar o EPGI, enquanto o chefe do Estado-Maior geral, Helmuth von Moltke, e o chanceler Hollweg propunham apenas que se estendessem turnos de vigilância em importantes estruturas de transporte. O cáiser parece ter oscilado entre as duas opções. Em Berlim, como em São Petersburgo, o foco cada vez maior dos líderes políticos em importantes e controvertidas decisões *soberanas* permitiu que o chefe de Estado voltasse a aparecer como participante central no processo de tomada de decisões políticas. O telegrama que recebeu aquela manhã do tsar ameaçando "extremas medidas [russas] que levariam à guerra" predispôs Guilherme, de início, a apoiar o ministro da Guerra. Mas sob pressão de Hollweg mudou de ideia, e foi decidido que o EPGI não seria declarado. Falkenhayn lamentou o desfecho, mas anotou em seu diário que entendia a motivação dele, "pois qualquer um que acredite na manutenção da paz, ou pelo menos a deseje, dificilmente apoiaria a declaração da 'ameaça de guerra'".[121]

Em 31 de julho, depois de mais indecisões sobre medidas militares, chegaram notícias do embaixador Pourtalès em Moscou de que os russos tinham ordenado mobilização total a partir da meia-noite da véspera. O cáiser agora ordenou por telefone que o EPGI fosse decretado, e Falkenhayn emitiu a ordem para as Forças Armadas à uma da madrugada de 31 de julho. A responsabilidade de mobilizar-se antes agora recaía inteiramente sobre os russos, questão de certo valor para os líderes de Berlim, para quem era importante, à luz das manifestações pacifistas ocorridas em algumas cidades alemãs, que não houvesse dúvida sobre o caráter defensivo da entrada da Alemanha na guerra. Motivo de preocupação particular era a cúpula dos social-democratas (SPD), partido que tinha obtido mais de um terço de todos os votos alemães nas últimas eleições para o Reichstag. Hollweg teve um encontro em 28 de julho com o líder da ala direita do SPD Albert Südekum, que lhe prometeu que o partido não faria oposição a um governo obrigado a defender-se de um ataque russo (o sentimento antirrusso era tão forte dentro do SPD como no movimento liberal britânico). Em 30 de julho, o chanceler pôde garantir a seus colegas que, em caso de guerra, não precisavam temer uma subversão interna da classe operária organizada.[122]

Em vista dos acontecimentos na Rússia, Guilherme dificilmente poderia continuar bloqueando a declaração de EPGI, mas é interessante notar que, de acordo com o testemunho do plenipotenciário militar bávaro Von Weininger, essa decisão teve de ser "arrancada dele" por Falkenhayn. À tarde o soberano já tinha recuperado o sangue-frio, principalmente porque se convencera de que agora agia sob coação externa, questão de grande significado para quase todos os atores da Crise de Julho. Durante uma reunião com a presença do ministro da Guerra Falkenhayn, Guilherme fez uma calorosa apresentação da situação, na qual toda a responsabilidade pelo conflito iminente foi atribuída à Rússia. "Seu porte e sua linguagem", anotou Falkenhayn em seu diário, "foram dignos de um imperador alemão, dignos de um rei prussiano" — palavras extraordinárias vindas de um soldado da linha de frente dos defensores de uma política agressiva, que tinham descascado o monarca por seu amor à paz e medo da guerra.[123] Quando o governo russo se recusou a rescindir a ordem de mobilização, a Alemanha declarou guerra à Rússia em 1º de agosto de 1914.

"DEVE HAVER ALGUM MAL-ENTENDIDO"

Nos últimos dias de julho, a atenção do cáiser alemão continuava concentrada na Grã-Bretanha. Isto acontecia em parte porque, como muitos alemães, ele via a Grã-Bretanha como a potência situada no ponto de apoio do sistema continental, do qual dependia a prevenção de uma guerra geral. Guilherme compartilhava a tendência mais ampla de superestimar o peso da Grã-Bretanha na diplomacia continental e de subestimar o comprometimento com uma trajetória específica já assumida por seus mais importantes estrategistas políticos (especialmente Grey). Mas havia também, com certeza, uma dimensão psicológica: a Inglaterra era o lugar onde Guilherme tinha desesperadamente buscado — mas só conseguido algumas vezes — aplauso, reconhecimento e afeição. O país representava muito daquilo que ele admirava — uma Marinha armada com os melhores canhões e equipamentos que a ciência moderna era capaz de produzir, riqueza, sofisticação, experiência e (pelo menos nos meios por onde circulava em suas visitas) uma espécie de comportamento aristocrático, desenvolto, que ele admirava mas achava impossível imitar. Era a terra de sua falecida avó, sobre a qual Guilherme diria mais tarde que, se ainda estivesse viva, jamais permitiria que Nicky e George conspirassem contra ele como o fizeram. Era o reino de seu invejado e detestado tio Eduardo VII, que tivera êxito em melhorar a reputação internacional de seu país (coisa que Guilherme não tinha conseguido). E, é claro, era a terra natal de sua mãe, morta treze anos antes, com quem mantivera uma relação difícil e mal resolvida. Guilherme sempre se via enredado num emaranhado de emoções e associações quando tentava interpretar a política britânica.

O cáiser foi imensamente incentivado por uma mensagem de seu irmão, o príncipe Henrique da Prússia em 28 de julho, sugerindo que George V pretendia manter a Grã-Bretanha fora da guerra. Na manhã do dia 26, bem cedo, Henrique, que passeava de iate em Cowes, foi ao Palácio de Buckingham para despedir-se do rei britânico antes de voltar para a Alemanha. Houve uma conversa entre os dois homens, na qual, segundo Henrique, George V tinha dito o seguinte: "Vamos fazer o possível para ficar fora disto e permanecer neutros".[124] Essas palavras foram telegrafadas para o cáiser logo que o príncipe chegou ao porto de Kiel em 28 de julho. Guilherme considerava essa declaração equivalente a uma garantia de neutralidade britânica. Quando Tirpitz contestou sua interpretação, Guilherme respondeu, com característica mistura de pompa e ingenuidade: "Tenho a palavra de um rei, e isto me basta".[125] Não está muito claro se o rei britânico de fato pronunciou essas palavras. Seu diário é, previsivelmente, muito pouco informativo sobre esse assunto — e declara simplesmente: "Henrique da Prússia veio ver-me hoje cedo; volta imediatamente para a Alemanha". Mas outro relato do

35. *Conde Lichnowsky.*

encontro, provavelmente redigido pelo monarca a pedido de Edward Grey, é mais minucioso. De acordo com essa fonte, quando Henrique da Prússia perguntou a George v o que a Inglaterra faria no caso de uma guerra europeia, o monarca britânico respondeu:

> Não sei o que faríamos, não temos contenda com ninguém, e espero que continuemos neutros. Mas se a Alemanha declarar guerra à Rússia, e a França se juntar à Rússia, então acho que seremos arrastados para dentro. Mas pode estar certo de que eu e meu governo faremos tudo para impedir uma guerra europeia![126]

Havia portanto uma forte dose de desejo de que as coisas fossem assim no relato de Henrique sobre o diálogo, embora não se possa eliminar definitivamente a possibilidade de que George v tenha ajustado sua versão do encontro às expectativas do secretário das Relações Exteriores, caso em que a verdade talvez esteja no meio do caminho. Seja como for, o telegrama de Henrique bastou para realimentar a confiança do cáiser em que a Grã-Bretanha ficaria fora, e seu otimismo parece ter nascido na relutância do governo britânico, e especificamente de Grey, em divulgar suas intenções.

Guilherme ficou chocado, portanto, ao saber, na manhã de 30 de julho, de uma conversa entre Grey e o embaixador alemão, o conde Lichnowsky, na qual Grey tinha advertido que a Grã-Bretanha, apesar de não se envolver se o conflito ficasse confinado à Áustria, à Sérvia e à Rússia (noção extravagante), interviria do lado da entente se a Alemanha e a França viessem a participar. O despacho do embaixador provocou uma torrente de anotações furiosas do monarca alemão: os ingleses eram "canalhas" e "negociantes mesquinhos" que queriam forçar a Alemanha a deixar a Áustria "numa situação difícil" e ousavam ameaçar a Alemanha com consequências terríveis, ao mesmo tempo que se recusavam a tirar seus aliados continentais da briga.[127] Quando chegou a notícia da mobilização geral russa no dia seguinte, Guilherme voltou a pensar na Grã-Bretanha. Em combinação com as advertências de Grey, a mobilização russa "provou" para Guilherme que a Inglaterra planejava usar o "pretexto" oferecido pela ampliação do conflito para "jogar a cartada de todos os países europeus a favor da Inglaterra contra nós!".[128]

Então, pouco depois das cinco da tarde de sábado, 1º de agosto, veio uma notícia sensacional. Minutos depois que Berlim emitiu a ordem de mobilização geral, chegou um telegrama de Lichnowsky em Londres descrevendo um encontro aquela manhã com o secretário das Relações Exteriores britânico. Parecia que Grey estava propondo não apenas ficar fora da guerra se a Alemanha evitasse atacar a França, mas se responsabilizar também pela neutralidade da França. Eis o texto do telegrama:

> Sir Edward Grey acabou de me mandar um recado por Sir W. Tyrrell dizendo que espera poder esta tarde, como resultado de um Conselho de Ministros que acaba de se realizar [Lichnowsky despachou o telegrama às 11h14], fazer-me uma declaração que talvez ajude a evitar uma grande catástrofe. A julgar pelo comentário de Sir W. Tyrrell, isso parece significar que, se não atacarmos a França, a Inglaterra também permanecerá neutra e garantirá a passividade da França. Devo ser informado dos detalhes esta tarde. Sir Edward Grey acabou de me chamar ao telefone e perguntar se acho que posso dar uma garantia de que, no caso de a França permanecer neutra numa guerra entre a Rússia e a Alemanha, não atacaríamos os franceses. Prometi--lhe que eu poderia assumir a responsabilidade por essa garantia e ele vai usá-la hoje na reunião do gabinete. Suplementarmente: Sir W. Tyrrell pediu-me que use urgen-

> temente minha influência para impedir que nossas tropas violem a fronteira francesa. Tudo depende disso. Ele disse que num caso em que tropas alemãs já tinham atravessado a fronteira, as tropas francesas recuaram.[129]

Atônitos com essa nova proposta, os líderes em Berlim correram para preparar uma resposta calorosamente positiva à nota. Mas o rascunho ainda estava incompleto quando chegou outro telegrama de Londres por volta das oito da noite: "Como aditamento [a meu telegrama anterior], Sir W. Tyrrell acaba de vir me ver e disse que Sir Edward Grey quer fazer esta tarde uma proposta sobre a neutralidade da Inglaterra, mesmo no caso de estarmos em guerra com a França e também com a Rússia. Estarei com Sir Edward Grey às 15h30 e mando informações imediatamente".[130]

As mensagens de Londres criaram o ambiente para uma violenta disputa entre o imperador e o chefe do Estado-Maior geral. A mobilização alemã começara, o que significava que a vasta maquinaria do Plano Schlieffen já estava em movimento. Depois de ver o primeiro telegrama de Lichnowsky, Guilherme opinou que embora a ordem de mobilização não pudesse ser revogada no momento, ele estava disposto a suspender qualquer ação contra a França em troca de uma promessa de neutralidade anglo-francesa. Com o apoio de Hollweg, Tirpitz e Jagow, ordenou que não era para haver mais nenhum movimento de tropas até a chegada de outra mensagem de Londres esclarecendo a natureza da proposta britânica. Mas, enquanto Guilherme e Hollweg queriam aproveitar a oportunidade para evitar guerra no oeste, Moltke achava que, uma vez lançada, a mobilização geral não poderia ser interrompida. "Isso provocou uma disputa extremamente agitada e dramática", lembrou um observador. "Moltke, muito nervoso, os lábios trêmulos, insistia em sua posição. O cáiser e o chanceler, e todos os demais, lhe faziam apelos inúteis."[131] Seria suicídio, afirmava Moltke, deixar a retaguarda da Alemanha exposta a uma França mobilizada; de qualquer maneira, as primeiras patrulhas já tinham entrado em Luxemburgo e a 16ª Divisão de Trier vinha logo atrás. Guilherme não se abateu. Mandou transmitir a Trier uma ordem para que a 16ª Divisão fizesse alto antes das fronteiras de Luxemburgo. Quando Moltke implorou ao cáiser que não atrapalhasse a ocupação de Luxemburgo, porque isso poria em risco o controle alemão de sua rota ferroviária, Guilherme respondeu: "Use outras rotas!". A discussão chegou a um impasse. Ao longo dela, Moltke tinha se tornado quase histérico. Num aparte ao ministro da Guerra Erich von Falkenhayn, o chefe do

Estado-Maior geral confidenciou, quase em lágrimas, "que era um homem completamente arruinado, porque essa decisão do cáiser lhe demonstrou que ainda tinha esperança na paz".[132]

Mesmo depois da chegada do último telegrama, Moltke continuou a afirmar que o plano de mobilização não poderia, tão tardiamente, ser alterado para excluir a França, mas Guilherme não quis ouvir: "Seu ilustre tio não me daria uma resposta dessas. Se eu a ordeno, tem de ser possível".[133] Guilherme mandou servir champanhe, enquanto Moltke saiu bufando e pisando duro, e disse à mulher que estava perfeitamente preparado para lutar contra o inimigo, mas não com "um cáiser como este aí". O estresse desse encontro foi tão grande que, segundo a mulher de Moltke, o chefe do Estado-Maior geral sofreu um leve derrame.[134]

Enquanto rolhas de champanhe voavam das garrafas, Hollweg e Jogow ainda redigiam a resposta ao primeiro telegrama de Londres. A Alemanha aceitaria a proposta, escreveram eles, "se a Inglaterra puder garantir com todo o seu efetivo armado a incondicional neutralidade da França no conflito alemão-russo". A mobilização continuaria, mas tropas alemãs não atravessariam a fronteira francesa até às sete da manhã de 3 de agosto, dependendo da finalização de um acordo. O cáiser reforçou a mensagem num telegrama de sua própria lavra para o rei George v, no qual aceitava calorosamente a proposta de "neutralidade da França com garantia da Grã-Bretanha" e manifestava a esperança de que a França não ficasse "nervosa". "As tropas em minha fronteira estão a ponto de ser impedidas, por telégrafo e telegrama, de adentrar a França."[135] Jagow também mandou um telegrama pedindo a Lichnowsky que agradecesse a Grey pela iniciativa.[136]

Logo depois, chegou novo despacho de Lichnowsky. O encontro com Grey às 15h30, tão ansiosamente aguardado, tinha se realizado nesse meio-tempo, mas, para surpresa do embaixador alemão, Grey não fizera uma proposta de neutralidade britânica ou francesa, nem parecia ter tocado no assunto com seus colegas no gabinete. Em vez disso, limitara-se a aventar a possibilidade de que os Exércitos alemão e francês pudessem, "no caso de uma guerra russa, ficar de frente um para o outro sem que nenhum dos lados ataque", e em seguida se concentrara nas ações alemãs que poderiam deflagrar uma intervenção britânica. Em particular, advertira Grey, "seria muito difícil conter o sentimento britânico com relação a qualquer violação da neutralidade belga por qualquer uma das duas [França ou Alemanha]". Lichnowsky respondeu com uma pergunta que virou a mesa, deixando o secretário das Relações Exteriores em desvantagem: Grey estaria preparado para lhe dar uma garantia de neutralidade da Grã-Bretanha se a Alemanha concordasse em não violar o território belga? Curiosamente, tal sondagem pegou Grey de surpresa — que foi obrigado a declarar que não poderia dar essa garantia, pois a Inglaterra precisava ter as mãos livres. Noutras palavras, ele pareceu recuar de sua proposta anterior. Ao mesmo tempo, revelou — talvez inadvertidamente — que fizera a proposta sem consultar a França. Em seu relato dessa conversa um tanto inconclusiva, Lichnowsky informou simplesmente que os britânicos não pareciam preparados para assumir nenhum compromisso que limitasse sua liberdade de ação, mas que Grey tinha concordado em indagar sobre a possibilidade de um impasse armado franco-alemão.[137] Em Berlim, esse despacho, que chegou no começo da noite, provocou confusão geral e nenhuma resposta foi dada.

Nesse ínterim, no entanto, o telegrama do cáiser para o rei George v, aceitando calorosamente a proposta de neutralidade francesa feita por seu governo, chegou ao destino, causando consternação em Londres. Ao que parece, ninguém estava inteirado das voltas e reviravoltas das operações de Grey aquele dia, e o secretário das Relações Exteriores foi convocado às pressas ao Palácio de Buckingham para dar uma explicação e preparar uma resposta. Por volta das nove da noite, ele escreveu a lápis o texto que se tornou a resposta de George v ao telegrama do cáiser Guilherme:

> Deve haver algum mal-entendido sobre uma sugestão feita numa conversa amigável entre o príncipe Lichnowsky e Sir Edward Grey esta tarde, quando discutiam como um confronto real entre os Exércitos alemão e francês poderia ser evitado enquanto ainda há chance de algum acordo entre a Áustria e a Rússia. Sir Edward Grey tomará providências para ver o príncipe Lichnowsky amanhã cedo a fim de verificar se há um mal-entendido de sua parte.[138]

Qualquer ambiguidade que ainda pudesse restar foi desfeita por outro telegrama do príncipe Lichnowsky, que tinha recebido de Jagow a "aceitação" da "proposta" britânica mais ou menos ao mesmo tempo que o rei George recebia o exuberante telegrama do primo. Com uma clareza impassível, Lichnowsky escreveu: "Como não existe proposta britânica de nenhuma espécie, seu telegrama é inoperante. Por isso não tomei nenhuma medida adicional".[139]

A essa altura, já passava das onze da noite em Berlim. O alívio estava chegando para Moltke, que na sede do Estado-Maior geral vertia lágrimas de desespero por causa da ordem do cáiser que mandava a 16ª Divisão fazer alto. Logo depois da meia-noite, Moltke recebeu ordem para voltar ao palácio e ouvir a notícia do último despacho. Ao chegar, Guilherme mostrou ao chefe do Estado-Maior outro telegrama que recebera resumindo a posição britânica (corrigida) e disse: "Agora vai poder fazer o que quer".[140]

O que é que Grey estava aprontando? Suas comunicações com Lichnowsky, Cambon e vários colegas britânicos no decorrer de 1º de agosto são tão difíceis de desenredar que o esforço para encontrar um sentido nelas produziu um subdebate dentro da literatura sobre as origens da guerra. Em 29 de julho, ele tinha advertido Lichnowsky de que a Grã-Bretanha poderia ver-se obrigada a tomar providências rápidas se a Alemanha e a França fossem envolvidas na guerra — essa advertência é que provocou as furiosas anotações do cáiser sobre "canalhas" e "negociantes mesquinhos".[141] Mas em 31 de julho ele também tinha advertido seu embaixador em Paris, Bertie, de que não se poderia contar com o apoio do público britânico à intervenção britânica numa disputa tão distante dos interesses do país.[142] Talvez Grey tivesse de fato apresentado a Lichnowsky a possibilidade de neutralidade britânica — e nesse caso Lichnowsky não teria entendido mal as intenções fundamentais de Grey.[143] Segundo essa interpretação, o "mal-entendido" foi o jeito de Grey escapar da confusão em que se metera. Ou talvez estivesse tentando tirar uma dúvida sobre se o gabinete britânico respaldaria sua política de apoio à França. Se não apoiasse, então a proposta de neutralidade pelo menos daria à Grã-Bretanha um poder de barganha para obter várias promessas alemãs (como a de abster-se de um ataque preventivo à França, por exemplo).[144] Ou talvez Grey não tivesse o menor interesse na neutralidade, mas se sentiu por um instante sob pressão de seu aliado liberal imperialista, o lorde chanceler Haldane, para descobrir uma forma de prevenir ou adiar o início de atos de guerra entre a França e a Alemanha, para que houvesse tempo de preparar e treinar melhor a Força Expedicionária britânica. É possível também que a angústia causada pela fragilidade cada vez maior dos mercados financeiros internacionais na última semana de julho o tenha feito parar para pensar.[145]

Fosse qual fosse o seu ponto de vista — e a discórdia entre os historiadores fala eloquentemente por si —, é claro que as ambiguidades de Grey estavam a ponto de se tornar contradições explícitas. Propor a neutralidade britânica, mesmo em face de uma guerra continental envolvendo a França, equivaleria a uma crassa inversão das posições que o secretário das Relações Exteriores assumira antes — tanto assim que é difícil acreditar que essa fosse de fato sua intenção. Já a proposta de que a

França e a Alemanha mantivessem um impasse armado tem base inequívoca em documentos. Num telegrama despachado para Bernie às 17h25 de 1º de agosto, Grey informou pessoalmente ter dito ao embaixador alemão que

> depois da mobilização na fronteira ocidental, os Exércitos franceses e alemães devem permanecer aí, nenhum deles atravessando a fronteira desde que o outro não o fizesse. Eu não saberia dizer se isto é compatível com as obrigações francesas para com a aliança.[146]

Mas até essa sugestão era bizarra, pois se baseava na suposição de que a França pudesse abandonar a aliança russa que Poincaré e seus colegas tinham se empenhado tanto nos últimos anos para reforçar. Ela indica, na melhor hipótese, uma compreensão muito frágil das realidades da situação política e militar mais ampla. De qualquer maneira, Grey logo foi posto na linha por Bertie, que manifestou sua frustração com as especulações do secretário das Relações Exteriores, numa resposta notável pela impertinência.

> Não consigo imaginar que, caso a Rússia estivesse em guerra com a Áustria e fosse atacada pela Alemanha, a França pudesse ficar quieta levando em conta as obrigações francesas com a Rússia. Se a França se comprometesse a permanecer assim, os alemães primeiro atacariam os russos e, caso os derrotassem, se voltariam contra os franceses. Preciso perguntar quais são, precisamente, as obrigações dos franceses nos termos da aliança franco-russa?[147]

Como se sabe, nada produziu essa curiosa opção política. O próprio Grey a abandonou antes mesmo que a acerba nota de Bertie chegasse à mesa do secretário das Relações Exteriores. De uma coisa temos certeza: durante aqueles dias, Grey trabalhava sob extrema pressão. Quase não tinha tempo para dormir. Não tinha como saber se e quando o gabinete apoiaria sua política pró-intervenção, e era pressionado em diferentes direções por vários colegas, incluindo os anti-intervencionistas do seu próprio governo (que ainda controlavam uma maioria no gabinete) e os pró-intervencionistas da oposição conservadora.

Uma fonte adicional de pressão, que pode ajudar a explicar as prevaricações de 1º de agosto, foi a ordem de mobilização russa de 30 de julho. No fim da noite de 31, a embaixada alemã informou Londres de que, em resposta à ordem russa,

Berlim tinha declarado EPGI e anunciado que se a Rússia não rescindisse imediatamente sua ordem de mobilização geral, a Alemanha seria obrigada a mobilizar suas próprias forças, o que, por sua vez, "significava guerra".[148] Essa notícia fez soar o alarme em Londres. À 1h30, o primeiro-ministro Herbert Asquith e o secretário particular de Grey, Sir William Tyrrell, correram de táxi ao Palácio de Buckingham para mandar acordar o rei a fim de que ele despachasse um telegrama com um apelo ao tsar para que suspendesse a mobilização russa. Asquith assim descreveria a cena posteriormente:

> O pobre rei foi arrastado da cama, e uma de minhas experiências mais estranhas (e como você sabe tive muitas assim) foi me sentar com ele — ele de roupão marrom por cima da camisa de dormir e com muitos indícios de ter sido acordado de seu "sono reparador" — enquanto eu lia a mensagem e a resposta sugerida. Tudo o que ele fez foi dizer que deveria ser mais pessoal e direta — com a inserção das palavras "meu caro Nicky" e o acréscimo, no fim, da assinatura "Georgie"![149]

A atividade diplomática intensificou-se a partir daquela madrugada.

Podemos avaliar o impacto da notícia de São Petersburgo à luz do que sabemos sobre a ambivalência do que o Ministério das Relações Exteriores pensava a respeito da Rússia nos últimos meses antes que a Crise de Julho começasse. Como vimos, Grey e Tyrrell vinham repensando a relação com a Rússia já havia algum tempo. À luz da contínua pressão sobre a Pérsia e outros territórios imperiais periféricos, falava-se em abandonar a entente anglo-russa em favor de uma política mais aberta, que não excluísse necessariamente uma reaproximação de alguma espécie com a Alemanha. Isso nunca se tornou política do Ministério das Relações Exteriores, mas a notícia de que a mobilização russa tinha acabado de provocar contramedidas alemãs pelo menos temporariamente trouxe para o primeiro plano o aspecto russo da crise que se agravava. Os líderes políticos britânicos não tinham nenhum interesse especial, ou nenhuma simpatia, pela Sérvia. Aquela era uma guerra do leste, estimulada por preocupações distantes do pensamento oficial de Whitehall. Terá isso provocado em Grey apreensões sobre a hipótese balcânica de deflagração?

Na manhã de 29 de julho, Grey lembrou a Cambon (para horror deste) que a França estava se deixando "arrastar para uma briga que não é dela, mas na qual, por causa da aliança, sua honra e seus interesses a obrigam a envolver-se"; já a Grã-Bretanha estava "livre de compromissos e teria que decidir o que os interesses britânicos exigem que o governo faça". "Nossa ideia", acrescentou Grey, "sempre foi evitar sermos arrastados para uma guerra sobre a questão balcânica."[150] Dois dias depois, quando veio a notícia da declaração de EPGI em Berlim, ele repetiu o argumento, insistindo, diferentemente do que afirmava Cambon, em que não havia comparação entre a crise atual e Agadir em 1911, quando a Grã-Bretanha saíra em apoio da França, porque "neste caso a França está sendo arrastada para uma briga que não é dela".[151] Quando Cambon manifestou seu grande desapontamento com essa resposta e perguntou se a Grã-Bretanha estaria disposta a ajudar a França se a Alemanha a atacasse, Grey foi ainda mais explícito: "A última notícia é que a Rússia ordenou uma mobilização completa de sua frota e de seu Exército. Isso, a meu ver, precipitaria uma crise e daria a impressão de que a mobilização alemã foi forçada pela Rússia".[152] Somente à luz dessa interpretação dos acontecimentos, poderia parecer que fazia sentido propor um impasse entre a Alemanha e a França enquanto a Rússia, abandonada por sua aliada, enfrentava sozinha a Alemanha e a Áustria no leste. "Se a França não pôde aproveitar essa oferta", disse Grey a Cambon na tarde de 1º de agosto, "foi porque estava comprometida por uma aliança da qual não fazíamos parte, e *cujos termos não conhecíamos*."[153] Quando escreveu essas palavras, Grey não estava apenas baixando a temperatura ao negar o seu apoio ou ganhando tempo para os preparativos militares; estava lutando contra o automatismo de uma compreensão específica da Tríplice Entente — uma compreensão que ele mesmo, em diversos momentos, compartilhara e enunciara. Assustava-o, sem dúvida, pelo menos naquela altura, o fato de que uma remota disputa no sudeste da Europa pudesse deflagrar uma guerra continental, muito embora nenhuma das três potências da entente sofresse um ataque direto ou uma ameaça de ataque. Grey, no fim das contas, permaneceu fiel à linha ententista que seguia desde 1912, mas esses momentos de circunspeção ressaltam uma característica complicadora da Crise de Julho — o fato de que a difícil escolha entre opções opostas dividia não apenas partidos e gabinetes, mas também a mente dos principais responsáveis pela tomada de decisões.

AS TRIBULAÇÕES DE PAUL CAMBON

Mas aqueles não foram os piores dias da vida de Paul Cambon. A partir do momento em que soube da nota austríaca para Belgrado, ele se convenceu de que uma guerra europeia era iminente. Embora por vezes tivesse criticado Poincaré por incentivar os compromissos balcânicos da Rússia, agora achava que a aliança franco-russa deveria se manter firme em face da ameaça austríaca contra a Sérvia. Na verdade, ele partiu de Londres na tarde de 25 de julho para repassar informações ao inexperiente ministro das Relações Exteriores interino Bienvenu-Martin; foi provavelmente por instigação de Cambon que o ministro interino deu a firme resposta ao embaixador alemão que tanto agradou a Poincaré, quando o presidente foi informado a respeito dela no mar em 28 de julho.[154]

Para Cambon, assim como para Guilherme, tudo dependia da Grã-Bretanha. "Se o governo britânico puser o pé nesse negócio hoje, a paz pode ser salva", disse ele ao jornalista André Géraud em 24 de julho.[155] Num encontro com Grey no começo de 28 de julho, ele desenvolveu o mesmo argumento: "Se partirem do princípio que a Grã-Bretanha ficará fora de uma guerra europeia, a chance de preservar a paz estará em grande perigo".[156] Mais uma vez vemos funcionar o desvio automático de responsabilidade, que jogava sobre ombros alheios o ônus de decidir entre a paz e a guerra. Desse ponto de vista, era a Grã-Bretanha que agora tinha a responsabilidade de preservar a paz acrescentando seu imenso poderio naval e comercial na balança contra Berlim, dissuadindo-o, com isso, de apoiar sua aliada. Cambon vinha dizendo havia anos a seus superiores políticos que podiam confiar absolutamente no apoio britânico.

Ele estava numa situação nada invejável. Aquela não era, afinal de contas, uma guerra defensiva, mas uma guerra para a qual a França tinha sido convocada a fim de dar apoio à intervenção da Rússia num conflito balcânico — obrigação sobre a qual ele mesmo anteriormente tinha manifestado preocupação. O governo francês fez o possível para compensar essa desvantagem evitando escrupulosamente adotar quaisquer medidas agressivas contra a Alemanha: na manhã de 30 de julho, o Conselho de Ministros em Paris decidiu que tropas de cobertura francesas tomariam posição ao longo da linha que ia dos Vosges até Luxemburgo, mas sem chegar a menos de dez quilômetros da fronteira. A ideia era evitar qualquer possibilidade de escaramuça de fronteira com patrulhas alemãs e convencer Londres da natureza pacífica da política francesa. Supunha-se que o efeito moral e o valor de propaganda da zona de exclusão superavam os riscos militares. Londres foi imediatamente notificada na nova política por intermédio de Cambon.[157] Mas isso não alterava o fato, como insistia Grey, de que a Grã-Bretanha não era parte da aliança que supostamente obrigava a França a intervir, nem fora oficialmente informada dos termos dessa aliança. Nem a Rússia nem a França tinham sido atacadas, ou estavam sob ameaça direta de ataque. Era aceitável portanto que Cambon insistisse com Grey que a França era "obrigada a ajudar a Rússia no caso de ser atacada", mas por enquanto não havia indício de que a Áustria ou a Alemanha pretendessem atacar a Rússia.[158] Nem parecia muito provável que uma declaração da intenção britânica de intervir dissuadisse as potências centrais de seguirem uma política que tinham adotado sem consultar a Grã-Bretanha.

Por trás dessa dificuldade havia uma divergência de perspectiva profundamente arraigada na história da entente anglo-francesa. Cambon sempre supusera, de maneira otimista, que a Grã-Bretanha, como a França, via a entente como um instrumento para contrabalançar e conter a Alemanha. Não conseguia ver que, para os líderes britânicos, a entente servia a objetivos mais complexos. Entre outras coisas, era um meio de se contrapor à ameaça representada, para os territórios dispersos do Império Britânico, pela potência mais bem situada para lhes causar problemas, ou seja, a Rússia. Uma causa provável do erro de julgamento de Cambon é que ele passou a depender excessivamente das promessas e dos conselhos do subsecretário permanente Sir Arthur Nicolson, apaixonadamente apegado à conexão russo-francesa e empenhado em ver os dois países consolidados numa aliança completa. Mas Nicolson, embora influente, não era o árbitro da política em Londres, e suas opiniões estavam cada vez mais fora de sintonia com o grupo que cercava Grey, cada vez mais desconfiado da Rússia e aberto a uma abordagem mais pró-alemã (ou menos antialemã).[159] Temos aqui um exemplo clássico da dificuldade que até mesmo os contemporâneos mais bem informados tinham para interpretar as intenções de aliados e inimigos.

Divergências de perspectiva geopolítica eram reforçadas pela profunda antipatia do establishment político britânico por qualquer forma de compromisso vinculante, uma antipatia agravada pela grande hostilidade contra a Rússia, especialmente entre os liberais radicais mais importantes. A Entente Cordiale veio, portanto, a representar duas coisas bem diferentes para os dois parceiros.[160] Durante toda a existência da aliança, o Ministério das Relações Exteriores "procurou minimizar a área coberta pela Entente, enquanto o Quai d'Orsay se esforçava em estendê-la ao máximo".[161] E todas essas dissonâncias eram amplificadas pelos dois indivíduos que personificavam a Entente em Londres — Edward Grey e Paul Cambon, o primeiro cauteloso, evasivo e totalmente ignorante da França e da Europa, o último exacerbadamente francês e completamente dedicado à Entente, que tinha sido e continuava a ser o coroamento não apenas de sua carreira política, mas de sua vida como patriota.

Grey também trabalhava sob fortes restrições. Não conseguira obter o apoio do gabinete para a intervenção em 27 de julho. Fracassou novamente dois dias depois, quando sua solicitação de uma promessa formal de ajuda à França só foi apoiada por quatro colegas (Asquith, Haldane, Churchill e Crowe). Naquela reunião o gabinete rejeitou a ideia de que o status da Grã-Bretanha como signatária do tratado de neutralidade belga de 1839 a obrigava a se opor a uma violação alemã com força militar. A obrigação de sustentar o tratado não recaía especificamente sobre a Grã-Bretanha, afirmavam os radicais, mas sobre todas as potências signatárias. Se a questão surgisse, o gabinete resolveu que a decisão seria "de obrigação política, mais que de obrigação legal".[162] Tanto os franceses como os russos insistiam em que somente uma inequívoca declaração de solidariedade britânica com a aliança anglo-francesa convenceria a Alemanha e a Áustria a "terem mais cuidado".[163] E Grey estava sob pressão de seus colegas mais próximos — Nicolson e Eyre Crowe insistiam com veemência numa declaração de solidariedade com os países da entente. Num memorando de 31 de julho, Crowe deu munição para Grey usar contra seus adversários no gabinete. Talvez não houvesse obrigação para com a França, escreveu ele, mas a obrigação "moral" da Grã-Bretanha para com sua "amiga" do outro lado do canal era certamente inegável:

> O argumento de que não existe fiança vinculando-os à França é estritamente correto. Não existe obrigação contratual. Mas a entente foi formada, fortalecida, submetida a teste e celebrada de um modo que justifica a crença de que ali se forjava um vínculo formal. A política da entente pode perder todo o significado se não quiser dizer que numa disputa justa a Inglaterra estará do lado dos amigos. Esta honrosa expectativa foi criada. Não a podemos repudiar sem expor nosso bom nome a críticas severas.[164]

Já Nicolson concentrava-se na Bélgica e na obrigação britânica de defender sua neutralidade. Mas as condições sob as quais o grupo de Grey tinha conduzido a política no passado já não existiam. O epicentro do processo de tomada de decisões transferira-se do Ministério das Relações Exteriores para o gabinete, deixando à margem o círculo de conselheiros ententistas de Grey.

Depois de uma reunião de gabinete na manhã de 1º de agosto, Grey explicou ao consternado Cambon que o gabinete simplesmente se opunha a qualquer intervenção. Cambon protestou, dizendo que não transmitiria essa mensagem a Paris; ia se limitar a declarar que nenhuma decisão fora tomada. Mas *houve* uma decisão, replicou Grey. O gabinete tinha decidido que os interesses britânicos não estavam implicados o suficiente para justificar o envio de uma força expedicionária ao continente. Desesperado, o embaixador francês mudou o assunto da discussão: lembrou a Grey que nos termos da convenção naval de 1912 a França tinha deixado seus portos setentrionais sem defesas navais, com isso confiando, na prática, a segurança do seu litoral à Marinha real. Mesmo na ausência de uma aliança formal, insistiu ele, "será que a Inglaterra não tem a obrigação moral de nos ajudar, de pelo menos nos dar a ajuda de sua frota, uma vez que foi por conselho de vocês que mandamos embora a nossa?". Não deixa de ser extraordinário que Grey precisasse ouvir isso de Cambon, mas o argumento fez efeito. O secretário das Relações Exteriores reconheceu que um ataque alemão à costa francesa ou uma violação alemã da neutralidade belga poderiam alterar o aspecto geral da opinião pública britânica. E, o mais importante de tudo, comprometeu-se a levantar a questão da costa francesa no gabinete no dia seguinte. Cambon saiu desse encontro mais branco do que uma folha de papel e à beira das lágrimas. Cambaleando até a sala dos embaixadores ao lado do gabinete de Grey, ele foi conduzido a uma cadeira por Nicolson, enquanto murmurava: "Eles vão nos abandonar. Eles vão nos abandonar".[165]

A GRÃ-BRETANHA INTERVÉM

Na verdade, a posição era menos calamitosa do que Cambon supunha. Na situação de crise dos primeiros dias de agosto de 1914, as emoções eram fortes. O medo de ser abandonado, para Cambon, e o medo, para Grey, de ser arrastado para terreno desconhecido antes de ter tempo de garantir apoio político produziram uma intensificação e uma polarização de declarações, que podem levar a uma interpretação equivocada das realidades fundamentais da situação. A avaliação da iniciativa a ser tomada já pendia, em graus imperceptíveis, em favor de uma intervenção continental britânica. Em 29 de julho, o gabinete tinha concordado, a pedido de Churchill como primeiro lorde, com uma mobilização preventiva da frota. E naquela noite Asquith conseguiu comunicar a Churchill, por meio de um "olhar duro" e uma "espécie de rosnado", seu consentimento tácito para um desdobramento da frota para estações de guerra. Em 1º de agosto, sem obter o acordo do gabinete (mas com a aprovação implícita do primeiro-ministro) Churchill mobilizou sua frota.

Ao mesmo tempo, a oposição conservadora começou a fazer lobby a sério pela intervenção. A imprensa tóri já vinha se manifestando a favor de uma intervenção britânica. Enquanto o *Manchester Guardian*, o *Daily News* e o *Standard*, todos eles órgãos liberais, se apegavam a uma política de neutralidade, o *Times* encabeçava os jornais conservadores na demanda de uma posição firme contra a Áustria e a Alemanha e da participação na guerra continental iminente. E, nos bastidores, o diretor de operações militares, Henry Wilson, defensor incondicional da intervenção, geralmente visto naqueles dias em disparada entre a embaixada francesa e o Ministério das Relações Exteriores, alertou os líderes conservadores de que a Grã-Bretanha corria o risco de abandonar a França.

Em 1º de agosto, logo depois da conversa de Cambon com Grey, o parlamentar conservador George Lloyd fez uma visita ao embaixador francês. Cambon ainda estava exasperado: o que tinha acontecido, perguntou ele, com os acordos navais anglo-franceses ou com as consultas de Estado-Maior geral, que pressupunham uma política de segurança interligada? E que era feito das muitas promessas de apoio britânico nos últimos anos? "Todos os nossos planos foram arranjados em comum", exclamou o embaixador. "Nossos Estados-Maiores gerais conferenciaram. Vocês viram todos os nossos planos e preparativos."[166] Deixando de lado a consternação, Cambon tratou seu interlocutor com habilidade. O Ministério das Relações Exteriores, disse ele, tinha jogado a culpa por sua inação na oposição conservadora, sugerindo que não se podia contar com o apoio dos tóris para qualquer iniciativa que pudesse levar à guerra. Lloyd negou vigorosamente que assim fosse, e saiu do encontro disposto a mobilizar um lobby conservador pró-intervenção. Uma reunião foi realizada no fim da noite, na casa de Austen Chamberlain, e às dez horas da manhã seguinte (2 de agosto), uma trupe de destacados conservadores, incluindo Lansdowne e Bonar Law, os líderes conservadores nas duas Câmaras do Parlamento, tinha sido conquistada para a causa da ação positiva. Foi enviada uma carta para Asquith, declarando que a oposição apoiaria a intervenção e advertindo que uma decisão pela neutralidade britânica não só causaria danos à reputação do país, mas também enfraqueceria sua segurança.[167]

Foi no gabinete, porém, que se travou a batalha crucial. Ali a opinião predominante ainda era decididamente favorável à não intervenção. A maioria suspeitava da entente com a França e era profundamente hostil à convenção com a Rússia.[168] "Todo mundo sonha em ficar fora", disse Asquith a Venetia Stanley em 31 de julho.[169] Pelo menos três quartos de seus membros, recordaria Churchill posteriormente, estavam decididos a não se deixar arrastar para uma "briga europeia", a não ser que a Grã-Bretanha fosse atacada, "o que parecia improvável".[170] E os anti-intervencionistas podiam afirmar, com alguma justiça, que tinham o apoio dos interesses bancários e comerciais de Londres — em 31 de julho, uma delegação de financistas da City visitou Arquith para recomendar que não deixasse a Grã-Bretanha ser arrastada para um conflito europeu.

A reunião de gabinete na manhã de 1º de agosto levou à polarização e à explicitação de pontos de vista. Morley e Simon encabeçavam o grupo anti-intervencionista, que defendia uma declaração, "agora e de uma vez por todas", dizendo que "em circunstância alguma" o governo britânico tomaria parte. Já Churchill foi "muito belicoso" e exigiu "mobilização imediata". Grey parecia disposto a renunciar se o gabinete optasse pela neutralidade. Haldane foi "difuso" e "nebuloso".[171] O gabinete decidiu-se contra o envio imediato da Força Expedicionária britânica para o continente — decisão à qual não se opuseram Grey nem outros imperialistas liberais (foi essa a decisão que deixou Paul Cambon desesperado). John Morley estava tão certo da não intervenção que alardeou a vitória do "partido da paz" para Churchill, dizendo: "No fim das contas, derrotamos vocês".[172]

E apesar disso, no fim do dia seguinte — domingo 2 de agosto —, o governo britânico já tinha tomado providências cruciais para intervir. Na primeira reunião do gabinete aquele dia, das onze da manhã às duas da tarde, Grey foi autorizado a informar ao embaixador francês que se a frota alemã cruzasse o mar do Norte ou entrasse no canal para perturbar o transporte marítimo francês ou atacar a costa francesa, a frota britânica daria sua total proteção. Walter Runciman, presidente do Conselho de Agricultura e Áreas de Pesca, descreveu posteriormente aquele como "o gabinete que decidiu que a guerra contra a Alemanha era inevitável".[173] Numa reunião posterior, realizada entre as seis e meia da tarde e as oito da noite, ficou decidido que uma "violação substancial" da neutralidade belga "levaria inevitavelmente à intervenção",[174] uma vez que os alemães tinham deixado claro ao governo britânico que pretendiam avançar para a França pela Bélgica. Reconhecendo que o fracasso dos proponentes não intervencionistas era certo, Burns anunciou sua aposentadoria depois da primeira reunião: no fim da segunda, o visconde John Morley também anunciou sua aposentadoria iminente. O "partido da paz" estava perdido.

Como foi possível uma reviravolta tão dramática? Para responder a essa pergunta, é importante notar, primeiro, a habilidade com que o grupo intervencionista impôs os termos do debate. O ministro de gabinete Herbert Samuel ajudou a estruturar a discussão preparando antes de ambas as reuniões duas fórmulas que identificavam, em primeiro lugar, um bombardeio alemão da costa francesa e, em segundo, uma "violação substancial" da neutralidade belga como gatilhos potenciais de uma resposta armada britânica. Parte do apelo dessas duas propostas devia-se ao fato de que elas se destinavam a assegurar que "uma ação da Alemanha, e não nossa" é que "causara o fracasso".[175] Grey declarou na reunião da manhã de 2 de agosto, com grande emoção, que a Grã-Bretanha tinha a obrigação moral de apoiar a França no conflito iminente, acrescentando: "Fizemos a França confiar em nós e, a não ser que a apoiemos em sua agonia, não posso continuar no Ministério das Relações Exteriores".[176] E, enquanto os intervencionistas cerraram fileiras em torno de Grey e do primeiro-ministro, o "grupo da paz" não conseguiu obter apoio pluripartidário ou extraparlamentar e foi incapaz de produzir um líder que desafiasse os imperialistas e seus aliados conservadores.

Qual foi a importância dos argumentos apresentados pelos imperialistas liberais? Uma vez que a declaração de guerra da Grã-Bretanha à Alemanha em 4 de agosto de fato veio depois da invasão alemã da Bélgica e que a entente rapidamente se consolidou numa aliança plena, cuja história seria reescrita posteriormente como um caso de duradoura amizade anglo-francesa, costuma-se supor que a Bélgica e a França foram os motivos que levaram o gabinete, o Parlamento e o povo britânico à guerra. Essa opinião não está errada: é impossível negar sua importância, tanto para a legitimação da política adotada como para a consolidação do casamento entre o gabinete, o Parlamento e a opinião pública, uma das características mais notáveis da Grã-Bretanha no começo da guerra.[177] Num discurso brilhantemente calculado perante a Câmara dos Comuns em 3 de agosto, Grey integrou a entente anglo-francesa no emergente consenso em favor da guerra. Os compromissos britânicos com a França, disse ele, sempre estiveram a um passo de "um arranjo formal para cooperar na guerra". Mas a própria cooperação naval entre os dois países por si já implicava uma obrigação moral:

> A frota francesa está agora no Mediterrâneo, e a costa setentrional e ocidental da França está absolutamente sem defesa. Estando a frota francesa concentrada no Mediterrâneo, a situação é muito diferente do que já foi, porque a amizade que se

desenvolveu entre os dois países lhes deu uma sensação de segurança, de que não há nada a temer vindo da nossa parte. A costa francesa está absolutamente indefesa. A frota francesa está no Mediterrâneo, e há alguns anos ali se concentra devido ao sentimento de confiança e amizade que existe entre os dois países.[178]

E a esse cálculo moral Grey anexou um argumento de interesse, sugerindo que se a França retirasse sua frota do Mediterrâneo oriental, a Itália poderia aproveitar a oportunidade para abandonar sua neutralidade e a Grã-Bretanha poderia, em algum momento futuro, ser obrigada a entrar na briga para defender as rotas comerciais mediterrâneas, "vitais para o país". Foi, na opinião geral, o mais bem-sucedido discurso da carreira política de Grey — ninguém que o leia hoje pode ficar indiferente à maneira como ele, no estilo encantadoramente hesitante, cavalheiresco, que era sua marca registrada, estabeleceu as credenciais morais da posição imperialista. Um dos tributos mais reveladores veio do ex-anti-intervencionista liberal Christopher Addison: "[O discurso de Grey] satisfez, acho, toda a Câmara, talvez com três ou quatro exceções, e nos sentimos compelidos a participar".[179] E uma vez tomada a decisão, o país respaldou-a com espantosa rapidez, criando um matrimônio britânico que incluía desde os unionistas de todas as matizes ao Partido Trabalhista e até mesmo aos nacionalistas irlandeses.[180] A confiança de Cambon no secretário das Relações Exteriores britânico estava, portanto, justificada. Houve momentos penosos, sem dúvida, mas o embaixador francês tinha razão no longo prazo, e o prazo, afinal, foi de apenas alguns dias.

Apesar disso, o fato de nem a Bélgica nem a França terem tido muito peso para o gabinete nos últimos dias de julho sugere que é preciso calibrar o argumento e distinguir entre os motivos das decisões e os argumentos escolhidos para divulgá-las e justificá-las. Outros fatores devem ter iniciado a transição de neutralidade para intervenção, especialmente entre os ministros hesitantes, cujo apoio era necessário para a aprovação de uma resolução de gabinete. Dentro desse conjunto mais circunscrito, ansiedades político-partidárias a respeito da sobrevivência do governo liberal depois da renúncia de Grey e Asquith certamente foram cruciais. Diante do apoio da oposição conservadora à intervenção (por sua vez impulsionada, em parte, por atitudes para com a questão irlandesa, pois era crença geral que a intervenção forçaria o adiamento indefinido do governo autônomo), o colapso do gabinete liberal teria resultado, simplesmente, numa adoção um pouco tardia da política de Grey. Para aqueles que continuavam indiferentes à neutralidade belga e ao acordo naval anglo-francês, tratava-se de poderoso argumento contra permitir que o debate sobre a intervenção derrubasse o governo.[181]

Por trás desses cálculos havia preocupações mais profundas com a ameaça representada à segurança britânica pelo conflito iminente. Desde 1900, aproximadamente, a necessidade de precaver-se contra ameaças russas tinha sido tema central da estratégia política britânica. Em 1902, a Grã-Bretanha usara a aliança anglo-japonesa para contrabalançar a Rússia no Extremo Oriente. A entente anglo-francesa de 1904 enfraqueceu ainda mais a Rússia, pelo menos como adversária da Grã-Bretanha, e a convenção de 1907 com a Rússia oferecia — pelo menos em tese — um meio de administrar a tensão numa periferia imperial que a Grã-Bretanha já não tinha condições de guarnecer com eficácia. A ameaça russa não tinha desaparecido em 1914; na verdade, vinha ressurgindo ao longo do ano que precedeu a guerra. Naquela época, o comportamento extremamente arbitrário e provocador dos russos na Pérsia e na Ásia Central levou alguns líderes políticos em Londres a acreditar que a entente anglo-russa talvez estivesse chegando ao fim, e outros a insistir, com veemência redobrada, numa aliança com São Petersburgo. Como disse Buchanan numa carta para Nicolson em abril de 1914:

> A Rússia está se tornando rapidamente tão poderosa que precisamos preservar sua amizade quase a qualquer custo. Caso venha a convencer-se de que somos pouco confiáveis e inúteis como amigos, qualquer dia poderá negociar um acordo com a Alemanha e recuperar sua liberdade de ação na Turquia e na Pérsia.[182]

Ou, na formulação mais explícita oferecida por Nicolson em 1912:

> seria muito mais desvantajoso ter uma França e uma Rússia inamistosas do que uma Alemanha inamistosa. A Alemanha pode nos causar muita irritação, mas não pode realmente ameaçar nenhum dos nossos interesses mais importantes, enquanto a Rússia, especialmente, poderia nos causar extrema dificuldade, ou mesmo perigo, no Oriente Médio e em nossa fronteira indiana, e seria muito lamentável se tivéssemos de voltar à situação existente antes de 1904 e 1907.[183]

Mas foi para conter a Alemanha, e não a Rússia, que a Grã-Bretanha entrou na guerra em 1914. Há controvérsia entre os historiadores sobre o respectivo impacto de dois paradigmas de segurança que parecem bem distintos — enquanto os estudos mais antigos (e alguns mais novos) insistem na centralidade do equilíbrio de poder continental para o pensamento e a política britânicos, relatos revisionistas recentes globalizaram o campo de visão, afirmando que a vulnerabilidade da Grã-Bretanha como potência mundial obrigou-a a concentrar-se na Rússia como a ameaça mais fundamental. É verdade que argumentos continentalistas ganharam mais peso no pensamento britânico depois das crises de 1905 e 1911.[184] Mas é um equívoco exagerar a tensão entre os dois pontos de vista, que com frequência se misturavam nos argumentos apresentados pelos líderes políticos. Bom exemplo disso é a minuta anexada por Eyre Crowe em 25 de julho a um telegrama do embaixador Buchanan em São Petersburgo. A opinião de Crowe era e sempre fora a de que o equilíbrio de poder continental deveria fundar-se na contenção da Alemanha. Mas ele também fez um apelo explícito à segurança imperial da Grã-Bretanha:

> Se a guerra vier, e a Inglaterra ficar fora, uma de duas coisas deve acontecer. Ou a Alemanha e a Áustria vencem, esmagam a França e humilham a Rússia. E qual será a posição de uma Inglaterra sem amigos? Ou a França e a Rússia vencem. Qual seria então a atitude das duas para com a Inglaterra? E como ficam a Índia e o Mediterrâneo?[185]

Em suma, os principais responsáveis pelas decisões britânicas não foram obrigados a escolher entre as opções continentalista e imperialista em 1914. Quer se identificasse a Rússia, quer se identificasse a Alemanha como principal ameaça, o resultado foi o mesmo, uma vez que a intervenção britânica do lado da entente ofereceu um meio tanto de aplacar e amarrar a Rússia como de opor-se à Alemanha e contê-la. Nas condições de 1914, as linhas de raciocínio da segurança global e da segurança continental convergiram na decisão britânica de apoiar as potências da entente contra a Alemanha e a Áustria.

BÉLGICA

A política francesa combinava uma postura ofensiva no teatro russo com uma postura defensiva no seu próprio. No caso da Alemanha, os polos eram invertidos. A necessidade de lutar em duas frentes obrigou os planejadores alemães a buscar uma vitória decisiva primeiro numa dela, depois na outra. Deram prioridade ao ataque a oeste porque era ali que os alemães esperavam encontrar a resistência mais determinada e eficaz. No front oriental, enquanto isso, apenas uma força de contenção foi destacada para confrontar o avanço russo. O equilíbrio entre os contingentes oriental e ocidental mudou nos últimos anos antes da guerra, com Moltke se esforçando para cuidar da ameaça representada pela expansão militar e pelas melhorias de infraestrutura russas, mas a lógica subjacente ao plano permaneceu imutável: a Alemanha atacaria primeiro, e mais decididamente, no oeste e destruiria seu oponente ocidental antes de voltar-se para encarar o inimigo no leste. Desde 1905, os planejadores alemães supunham que o êxito militar no oeste só seria possível se a Alemanha atacasse a França através de Luxemburgo e Bélgica, dois países neutros. O assalto passaria por dois corredores nas laterais da floresta de Ardennes, um através de Luxemburgo, outro espremendo-se em volta do braço de território holandês conhecido como saliente de Maastricht para atravessar o sul da Bélgica. Um ataque concêntrico amplo, de cinco exércitos, rumo ao norte da França, contornaria as praças-fortes nos arredores de Verdun, Nancy, Epinal e Belfort, para que os alemães pudessem ameaçar Paris pelo nordeste e, dessa maneira, alcançar uma rápida resolução do conflito no oeste.

Moltke e seus subordinados no Estado-Maior geral viam o plano de desdobramento como expressão pura de uma necessidade militar indiscutível. Não se desenvolveu nenhum plano alternativo que pudesse dar aos líderes civis a opção de examiná-lo. A única hipótese alternativa de desdobramento, o Plano de Campanha Oriental, que contemplava uma mobilização apenas contra a Rússia, foi arquivada em 1913. Os líderes militares demonstraram notável indiferença ao impacto político que a violação da neutralidade belga pudesse ter na liberdade de manobra diplomática da Alemanha durante a fase de crise crucial entre a paz e a guerra. Historiadores têm criticado com razão a rigidez do planejamento militar alemão, nele identificando os frutos de um sistema político em que o Exército ia atrás de seus próprios sonhos de "destruição absoluta", livre de controle ou supervisão civil.[186] Mas há também um raciocínio cuidadoso por trás desse estreitamento de opções: os arranjos de defesa cada vez mais interdependentes dentro da aliança franco-russa tornavam uma guerra num front único praticamente inconcebível — o que explica o abandono do Plano de Campanha Oriental. E as Forças Armadas alemãs (diferentemente das Forças Armadas francesas e dos líderes *civis* alemães) não atribuíam grande importância à questão da intervenção britânica, vista pela maioria dos planejadores alemães como irrelevante militarmente — outra falha de imaginação estratégica e política.

Quando se avizinhava o momento de mobilização alemã em 1º de agosto, os líderes políticos em Berlim cometeram dois erros crassos de proporções épicas. A execução do plano de desdobramento ocidental exigia a rápida e imediata invasão da Bélgica. Retardar a violação era impensável, dizia Moltke, porque a conclusão das medidas de defesa belgas dentro e nos arredores da fortificada Liège bloquearia o avanço alemão e custaria uma quantidade imensa de baixas. A insistência numa ação imediata era politicamente problemática. Houvesse a Alemanha esperado até que suas forças estivessem de fato concentradas e prontas para o ataque antes de atravessar a fronteira belga, os Exércitos belga e francês teriam precisado de mais tempo para consolidar seus arranjos defensivos. De outro lado, seria muito mais difícil (embora provavelmente não impossível) para Grey e seus colegas promover a causa da intervenção. Os oponentes de Grey poderiam ter mostrado que a Rússia e (por extensão) a França, não a Alemanha, estavam apressando o passo; os intervencionistas britânicos teriam ficado sem seu argumento mais eficaz. Reconhecendo isso, o almirante Tirpitz, navalista que entendia a importância do papel da Grã-Bretanha, posteriormente faria a pergunta furiosa: "Por que não esperamos?".[187]

A apresentação de um ultimato ao governo belga em 2 de agosto foi outro erro desastroso. Diante da decisão de violar a neutralidade belga e a urgente necessidade de rapidez, talvez tivesse sido melhor (do ponto de vista da Alemanha) simplesmente invadir e atravessar o território belga, pedindo desculpas ao longo do caminho, e resolvendo o assunto depois, como fato consumado, mediante o pagamento de indenização. Era isso, exatamente, o que o governo britânico esperava que os alemães fizessem. E os ministros do gabinete de Asquith — incluindo Churchill — tinham manifestado reiteradamente a opinião de que a Grã-Bretanha não deveria ver uma *passagem* alemã pela Bélgica como *casus belli*, desde que os alemães se mantivessem ao sul da linha Sambre-Meuse e ficassem longe, portanto, da região estrategicamente sensível em torno de Antuérpia e do estuário do Escalda.

Os líderes civis alemães, de outro lado, não viam alternativa para o ultimato, que lhes parecia a única maneira possível de chegar a algum tipo de acordo com Bruxelas e, com isso, manter a Grã-Bretanha fora da guerra. O ultimato, redigido por Moltke em 26 de julho e subsequentemente revisto pelo Ministério das Relações Exteriores em Berlim, foi projetado para que os belgas fizessem uma ponderada avaliação do interesse nacional à luz do imenso desequilíbrio das forças envolvidas. O texto começava declarando que os alemães acreditavam na iminência de um ataque francês através de território belga e que o governo alemão consideraria motivo do "mais profundo pesar se a Bélgica interpretasse como ato de guerra contra ela própria o fato de as medidas tomadas por adversários da Alemanha forçarem o país, para sua proteção, a entrar em território belga". Seguia-se uma série de pontos: a Alemanha garantiria todo o território e todas as possessões belgas (primeiro ponto), evacuaria o território belga logo que os atos de guerra estivessem concluídos (segundo ponto), e cobriria todos os custos e danos causados aos belgas com indenização em dinheiro (terceiro ponto). Se a Bélgica se opusesse às tropas alemãs, no entanto, "a Alemanha seria obrigada, para seu pesar, a considerar a Bélgica um inimigo" (quarto ponto). Mas se esse desfecho fosse evitado, os "laços de amizade que unem os dois países vizinhos [...] ficariam mais fortes e duradouros".[188]

Duas reveladoras mudanças de última hora foram feitas na nota. O prazo para a resposta belga foi reduzido de 24 para doze horas a pedido de Moltke, que queria ir em frente o mais depressa possível. E a cláusula sugerindo que os belgas, se mantivessem uma "atitude amistosa", poderiam esperar compensação territorial "à custa da França" foi apagada do texto, porque de repente ocorrera ao Ministério das Relações Exteriores que isso podia deixar os britânicos ainda mais furiosos do que a pretendida violação de território belga. Que Hollweg não tenha visto isso primeiro não lança uma luz muito lisonjeira sobre seu discernimento político no auge da crise.[189]

A partir do momento em que o ministro alemão Below Saleske entregou a nota a Davignon, o ministro belga dos Negócios Estrangeiros, tudo começou a dar horrivelmente errado para os alemães. Tivesse Moltke simplesmente irrompido pelo sul da Bélgica, talvez fosse possível formular a violação em termos de conveniência militar. Mas a nota forçou o governo belga a expressar um ponto de vista moral antes da ação anunciada. Essa tarefa coube ao rei belga e ao chefe de governo belga, o conde Charles de Broqueville. De Broqueville levou consigo uma tradução francesa do texto quando foi ver o rei no palácio às oito da noite. Não poderia haver dúvida sobre a resposta que os dois dariam. O rei belga era famoso por sua integridade e determinação e De Broqueville era um polido patriota belga à moda antiga. Viam a nota como uma afronta à honra belga — e como poderiam ter outra opinião? Uma hora depois, às nove da noite, o ultimato alemão foi discutido pelo Conselho de Ministros e depois por um Conselho da Coroa, no qual se juntaram aos ministros numerosos estadistas distintos, com títulos de titulares ministeriais. Não houve debate — estava claro desde o início que a

Bélgica resistiria. Durante as horas de escuridão o Ministério das Relações Exteriores redigiu uma resposta de dignidade e clareza impressionantes, culminando numa rejeição profundamente moral da oferta alemã: "O governo belga, se aceitasse a proposta que lhe foi submetida, sacrificaria a honra do país e trairia ao mesmo tempo seus deveres para com a Europa".[190]

Na manhã de 3 de agosto, os textos do ultimato e da resposta belga foram mostrados ao ministro francês em Bruxelas, Monsieur Klobukovski, que imediatamente transmitiu a notícia à agência Havas. Uma tempestade varreu a imprensa na Bélgica e nos países da entente, provocando indignação em toda parte. Na Bélgica, houve uma explosão de sentimento patriótico. Em Bruxelas e outras cidades importantes, a bandeira nacional tomou conta das ruas; todos os partidos, dos liberais anticlericais e socialistas até os católicos clericais, manifestaram sua determinação de defender a pátria e a honra nacional contra o invasor.[191] Na Câmara dos Deputados, onde o rei falou em 5 de agosto sobre a necessidade de união nacional em defesa da terra dos ancestrais e perguntou aos deputados reunidos: "Os senhores estão determinados, a qualquer custo, a manter a sagrada herança de nossos antepassados?", aplausos delirantes rebentaram de todos os lados.[192] O ultimato alemão acabou, portanto, sendo uma "terrível asneira psicológica".[193] Ressoou na propaganda de guerra, obscurecendo as complexidades das causas do conflito e dotando o esforço de guerra da entente de um inabalável senso de superioridade moral.

Muitos alemães ficaram chocados com a decisão belga de resistir ao ultraje. "Ah, os pobres idiotas", exclamou um diplomata da legação alemã em Bruxelas. "Por que não saem do caminho e deixam passar nosso rolo compressor? Não queremos machucá-los, mas se ficarem no caminho vão virar pó. Ah, os pobres idiotas!"[194] Foi talvez por reconhecerem isso que os alemães voltaram a fazer um apelo ao bom senso belga apenas seis dias depois, em 8 de agosto. A fortaleza de Liège, tão importante para Moltke, tinha nesse meio-tempo sido tomada, depois de uma resoluta resistência, a um custo considerável em vidas. Numa nota transmitida a Brand Whitlock, o ministro americano em Bruxelas, o governo de Berlim expressou seu pesar pelos "sangrentos encontros diante de Liège" e acrescentou:

> Agora que o Exército belga defendeu a honra de suas armas com sua heroica resistência a uma força muito superior, o governo alemão suplica ao rei dos belgas e ao governo belga que poupe a Bélgica de novos horrores da guerra. [...] A Alemanha

mais uma vez dá sua solene garantia de que não é sua intenção apropriar-se da Bélgica e de que essa intenção está longe de seu pensamento. A Alemanha ainda está pronta a evacuar a Bélgica logo que o Estado da guerra lhe permita fazê-lo.[195]

Essa oferta também foi rejeitada.

COTURNOS

Com a sequência de mobilizações gerais, ultimatos e declarações de guerra, a história que este livro quis contar chega ao fim. Durante o último encontro com Sazonov em São Petersburgo no sábado 1º de agosto, o embaixador Pourtalès murmurou "palavras incompreensíveis", rompeu em lágrimas, gaguejou "Quer dizer que este é o resultado da minha missão!" e saiu correndo da sala.[196] Quando o conde Lichnowsky procurou Asquith no dia 2, encontrou o primeiro-ministro "bem desesperado", com lágrimas "escorrendo pela face".[197] Em Bruxelas, os conselheiros da legação alemã, de partida, estavam sentados na beira da cadeira, numa sala escurecida, no meio de caixas e arquivos já prontos para a mudança, enxugando a testa e fumando um cigarro atrás do outro para controlar a agitação.[198]

A hora da diplomacia chegava ao fim, a hora dos soldados e marinheiros tinha começado. Quando o plenipotenciário militar bávaro em Berlim visitou o Ministério da Guerra da Alemanha depois que a ordem de mobilização foi dada, o que viu foi "em toda parte rostos radiantes, apertos de mão nos corredores; as pessoas se congratulam consigo mesmas por terem assumido o fardo".[199] Em Paris, em 30 de julho o coronel Ignatiev informou sobre a "alegria irreprimível" dos seus colegas franceses "por terem a chance de usar, como pensam os franceses, vantajosas circunstâncias estratégicas".[200] O primeiro lorde do mar Winston Churchill estava animado com a perspectiva de luta iminente. "Tudo tende à catástrofe e ao colapso", escreveu ele para a mulher em 28 de julho. "Estou interessado, preparado e feliz."[201] Em São Petersburgo, um jovial Alexander Krivoshein assegurou a uma delegação de deputados da Duma que a Alemanha logo seria esmagada e que a guerra era uma "dádiva" para a Rússia: "Depende de nós, senhores, e tudo será magnífico".[202]

Mansell Merry, vigário de St. Michael, Oxford, tinha viajado a São Petersburgo em meados de julho para ficar durante os meses de verão como capelão da

Igreja anglicana da cidade. Quando a ordem de mobilizar foi anunciada, tentou escapar de vapor para Estocolmo. Mas seu barco, o *Dobeln*, ficou preso no porto — os faróis tinham sido apagados ao longo de todo o golfo da Finlândia e os fortes de Kronstadt tinham recebido ordem para atirar em qualquer barco que tentasse passar pelo campo minado. Em 31 de julho, dia feio, cinzento, borrascoso em São Petersburgo, Merry se viu confinado a bordo com todos os outros pretensos viajantes, contemplando multidões de soldados e reservistas da Marinha que marchavam pesadamente pelo cais da Nikolaevskaya. Alguns marchavam às "alegres cadências" de uma fanfarra, mas a maioria

> andava com dificuldade, trouxa nas costas ou na mão, num silêncio carrancudo, as mulheres, muitas chorando como se o coração fosse arrebentar, esbaforindo-se para acompanhar os maridos, filhos ou amantes, enquanto companhias e mais companhias passavam.[203]

Logo depois da meia-noite de 1º para 2 de agosto, o Boulevard du Palais no centro de Paris encheu-se do mesmo estrépito de soldados marchando em longas colunas em direção ao norte, para a Gare de l'Est e a Gare du Nord. Não havia música, cantoria ou vivas, só o ruído de botas, a marcha de centenas de cavalos, o ronco de caminhões e a compressão de rodas de ferro nas pedras do calçamento quando as peças de artilharia passavam rolando sob as janelas escuras dos apartamentos, cujos ocupantes deviam estar acordados na cama, ou contemplando sonolentamente de suas janelas o espetáculo sombrio.[204]

A reação pública às notícias de guerra mostrou que era falsa a alegação, repetida com frequência pelos estadistas, de que os líderes tinham suas mãos coagidas pela opinião popular. Verdade que não houve resistência ao chamado para pegar em armas. Em quase toda parte, homens se dirigiam, mais ou menos voluntariamente, para seus pontos de concentração.[205] Por trás dessa disposição de servir, o que havia não era entusiasmo pela guerra como tal, mas um patriotismo defensivo, pois a etiologia desse conflito foi tão complexa e estranha que levava soldados e civis em todos os países beligerantes a acreditar que sua guerra era uma guerra de defesa, que seus países tinham sido atacados ou provocados por determinado inimigo e que seus respectivos governos tinham feito tudo o que era possível para preservar a paz.[206] Enquanto os grandes blocos de alianças se preparavam para a guerra, a intricada cadeia de acontecimentos que desencadeou a conflagração se perdeu de vista. "Ninguém parece lembrar", anotou em seu diário um diplomata americano em Bruxelas, em 2 de agosto, "que poucos dias atrás a Sérvia desempenhava papel de astro nessa questão. Ela parece ter desaparecido nos bastidores."[207]

Houve manifestações isoladas de entusiasmo chauvinista pela luta iminente, mas foram exceções. O mito de que os homens europeus agarraram a oportunidade para derrotar um inimigo odiado foi, compreensivelmente, deixado de lado.[208] Na maioria dos lugares e para a maior parte das pessoas, a notícia da mobilização foi um choque profundo, um "estrondo de trovão num céu sem nuvens". E, quanto mais longe dos centros urbanos, menos sentido fazia a notícia da mobilização para as pessoas que iam lutar, morrer ou ficar mutiladas ou de luto na guerra que se avizinhava. Nas aldeias do interior da Rússia, reinava um "silêncio atordoado", quebrado apenas pelo som de "homens, mulheres e crianças chorando".[209] Em Vatilieu, pequena comunidade na região de Ródano-Alpes no sudeste da França, o sinal de alarme levou operários e camponeses para a praça da aldeia. Alguns, que vieram correndo do campo, ainda carregavam seus forcados.

> "O que quer dizer isso? O que vai acontecer conosco?", perguntavam as mulheres. Esposas, filhos, maridos, todos foram dominados pela emoção. As mulheres se agarravam aos braços dos maridos. Os filhos, vendo as mães chorarem, choravam também. Tudo em volta de nós era tumulto e consternação. Que cena mais perturbadora.[210]

Um viajante inglês lembrava-se da reação no assentamento cossaco em Altai (Semipalatinsk), quando a "bandeira azul" ostentada por um cavaleiro e o barulho de cornetas soando o toque de alarme trouxeram a notícia da mobilização. O tsar tinha falado, e os cossacos, com sua inigualável vocação e tradição militar, "ansiaram por combater o inimigo". Mas quem *era* o inimigo? Ninguém sabia. O telegrama de mobilização não dava detalhes. Boatos fervilhavam. De início todo mundo achou que a guerra fosse contra a China — "A Rússia avançou demais na Mongólia e a China declarou guerra". Então outro boato passou a circular: "É com a Inglaterra, com a Inglaterra". Por algum tempo, essa opinião prevaleceu. "Só depois de quatro dias alguma coisa parecida com a verdade chegou até nós, mas então ninguém acreditou."[211]

Conclusão

"Jamais vou entender como aconteceu", comentou a escritora Rebecca West com o marido na sacada da prefeitura de Sarajevo em 1936. Não é que os fatos disponíveis fossem insuficientes, refletiu ela; o problema é que havia fatos demais.[1] A complexidade da crise de 1914 foi um dos argumentos centrais deste livro. Parte desse emaranhado vem de comportamentos que ainda compunham a nossa cena política. A última seção do livro foi escrita no auge da crise financeira de 2011-2 na Zona do Euro — acontecimento atual de desconcertante complexidade. Uma coisa notável era que os atores da crise da Zona do Euro, como os de 1914, tinham consciência de um possível desfecho catastrófico para todos (o fracasso da moeda). Os principais protagonistas esperavam que isso não acontecesse, mas, além desse interesse comum, cada um tinha seus próprios — e conflitantes — interesses especiais. Graças às relações recíprocas dentro do sistema, as consequências de qualquer ação dependiam de atos rápidos e positivos de outros, que eram difíceis de calcular com antecedência, devido à opacidade do processo decisório. E durante todo o tempo os atores políticos da crise da Zona do Euro exploravam a *possibilidad*e de uma catástrofe geral como alavanca para garantir suas próprias vantagens específicas.

Neste sentido, os homens de 1914 eram nossos contemporâneos. Mas as diferenças são tão significativas quando as semelhanças. Pelo menos os ministros de

36. *Pegadas de Gavrilo Princip, Sarajevo* (c. 1955).

governo incumbidos de resolver a crise da Zona do Euro concordavam, em termos gerais, sobre qual *era* o problema — já em 1914, diferentemente, uma profunda cisão de perspectivas éticas e políticas desgastava o consenso e corroía a confiança. As poderosas instituições supranacionais que hoje oferecem uma estrutura para definir tarefas, mediar conflitos e identificar remédios primavam conspicuamente pela ausência em 1914. Além disso, a complexidade da crise de 1914 vinha não da difusão de poderes e responsabilidades numa única estrutura político-financeira, mas das rápidas interações entre centros de poder autônomos e pesadamente armados que confrontavam ameaças diferentes e cambiantes, e que operavam em condições de alto risco e baixa confiança e transparência.

Cruciais para a complexidade dos acontecimentos de 1914 foram as rápidas mudanças ocorridas no sistema internacional: a súbita emergência de um Estado territorial albanês, a corrida armamentista naval turco-russa no mar Negro, para mencionar dois exemplos. Não foram transições históricas de longo prazo, mas realinhamentos de curto alcance. Suas consequências foram amplificadas pela fluidez das relações de poder entre os Executivos europeus: a luta de Grey para conter a ameaça representada pelos liberais radicais, a frágil ascendência de Poincaré e sua política de alianças, ou a campanha travada por Sukhomlinov contra Kokovtsov. Depois que Vladimir Kokovtsov perdeu o cargo em janeiro de 1914, de acordo com as memórias não publicadas de um observador político bem informado, o tsar Nicolau II ofereceu a vaga, em primeiro lugar, para o profundamente conservador Pyotr N. Durnovo, homem enérgico e determinado que se opunha tenazmente a comprometimentos balcânicos de qualquer tipo. Mas Durnovo recusou e o cargo acabou sendo ocupado por Goremykin, cuja fraqueza permitiu que Krivosen e o comando militar exercessem uma influência desproporcional nos conselhos de julho de 1914.[2] Seria um erro prender-se demais a esse detalhe; mas ele chama nossa atenção para o papel dos realinhamentos contingentes, de curto alcance, na criação das condições para o desdobramento da crise de 1914.

Isso, por sua vez, tornava o sistema inteiro mais opaco e imprevisível, fomentando um clima geral de desconfiança recíproca, mesmo dentro das alianças, situação perigosa para a paz. Os níveis de confiança entre os líderes russos e britânicos já eram relativamente baixos em 1914, e caíam cada vez mais, o que, no entanto, não diminuiu a disposição do Ministério das Relações Exteriores britânico para aceitar uma guerra europeia nos termos ditados pela Rússia; ao contrário, reforçou os argumentos pró-intervenção. O mesmo pode ser dito da aliança franco-russa: o efeito das dúvidas sobre seu futuro, dos dois lados, foi aumentar em vez de diminuir a disposição de ambos os lados para arriscar um conflito. Flutuações nas relações de poder dentro de cada governo — somadas a rápidas mudanças nas condições objetivas — produziram, por sua vez, as oscilações de política e as ambíguas trocas de mensagem que foram característica crucial da crise de antes da guerra. Na realidade, não está claro que o termo "política" seja sempre apropriado no contexto pré-1914, devido à frouxidão e a ambiguidade de muitos dos compromissos envolvidos. Se a Rússia ou a Alemanha tinham uma política balcânica nos anos de 1912-4, é coisa discutível — em vez disso, o que vemos é uma multiplicidade de iniciativas, hipóteses e atitudes, cuja tendência geral é por vezes difícil de discernir. Dentro dos respectivos Executivos estatais, a mutabilidade das relações de poder também significava que os encarregados das formulações políticas trabalhavam sob considerável pressão doméstica, não tanto da imprensa, da opinião pública ou de lobbies industriais ou financeiros, mas de adversários dentro de suas próprias elites e governos. E isso também aumentava o senso de urgência que acossava os tomadores de decisões no verão de 1914.

É preciso distinguir entre os fatores objetivos que atuavam sobre os tomadores de decisões e as histórias que eles contavam para si e entre si sobre o que julgavam estar fazendo e por que o faziam. Todos os atores principais da nossa história filtravam o mundo através de narrativas construídas com pedaços de experiência coladas por medos, projeções e interesses disfarçados de máximas. Na Áustria, a história de um país de jovens bandidos e regicidas provocando e importunando incessantemente um paciente vizinho mais idoso impediu a avaliação serena de como administrar as relações com Belgrado. Na Sérvia, fantasias de vitimização e opressão por um voraz e todo-poderoso Império Habsburgo fez o mesmo, com sinal invertido. Na Alemanha, uma visão sombria de futuras invasões e partições atormentou as tomadas de decisão no verão de 1914. E a saga russa de repetidas humilhações nas mãos das potências centrais teve impacto semelhante, ao mesmo tempo distorcendo o passado e clareando o presente. Mais importante de tudo foi a narrativa amplamente circulada do histórico declínio necessário da Áustria-Hungria, que, tendo aos poucos substituído um mais antigo conjunto de suposições sobre o papel da Áustria como ponto de apoio da estabilidade da Europa Central e Oriental, desinibiu os inimigos de Viena, enfraquecendo a noção de que a Áustria-Hungria, como todas as outras grandes potências, tinha interesses que era seu direito defender robustamente.

Que o cenário balcânico foi essencial para o início da guerra talvez pareça evidente, devido à localização dos assassinatos que provocaram a crise. Mas dois pontos em especial merecem ênfase. O primeiro é que as guerras balcânicas recalibraram as relações entre as potências maiores e menores de um jeito perigoso. Aos olhos dos líderes tanto da Áustria como da Rússia, a luta para controlar os acontecimentos na península balcânica adquiriu aspecto novo e mais ameaçador, especialmente durante a crise do inverno de 1912-3. Uma das consequências foi a balcanização da aliança franco-russa. A França e a Rússia, em ritmos diferentes e por diferentes razões, construíram um gatilho geopolítico ao longo da fronteira austro-sérvia. A hipótese balcânica deflagradora não foi uma política, ou um plano ou trama que amadureceu firmemente ao longo do tempo, nem havia nenhuma relação necessária ou linear entre as posições adotadas em 1912 e 1913 e a deflagração da guerra no ano seguinte. Não é que a hipótese balcânica deflagradora — a rigor uma hipótese sérvia deflagradora — tenha empurrado a Europa para a guerra que de fato ocorreu em 1914, mas exatamente o inverso: ela é que forneceu a estrutura conceitual dentro da qual a crise, uma vez surgida, foi interpretada. A Rússia e a França, como resultado disso, subjugaram o destino de duas das maiores potências do mundo, de uma forma altamente assimétrica, ao destino incerto de um país irrequieto e intermitentemente violento.

Para a Áustria-Hungria, cujos arranjos de segurança regional foram arruinados pelas guerras balcânicas, os assassinatos de Sarajevo não eram o pretexto para uma política preexistente de invasão e guerra. Eles foram acontecimentos transformadores, impregnados de ameaça real e simbólica. É fácil, da perspectiva do século XXI, dizer que Viena deveria ter resolvido as questões criadas pelos assassinatos por intermédio de calmas negociações bilaterais com Belgrado, mas no ambiente de 1914 essa não era uma opção realista. Como não era, por falar nisso, a tépida proposta de Sir Edward Grey de "mediação de quatro potências", fundada numa indiferença partidária às realidades de política de poder da situação da Áustria-Hungria. Não se tratava só do fato de que as autoridades sérvias em parte não quisessem e em parte não pudessem suprimir a atividade irredentista que propiciara os assassinatos em primeiro lugar; tratava-se também de que os amigos da Sérvia não concediam a Viena o direito de incorporar em suas demandas a Belgrado um meio de monitorar e assegurar a obediência. Eles rejeitaram essas demandas alegando que eram incompatíveis com a soberania sérvia. Aqui há paralelos com o debate de outubro de 2012 no Conselho de Segurança da Organização das Nações Unidas (ONU) sobre a proposta — defendida pelos países da Otan — de que era preciso impor sanções ao regime de Assad na Síria para impedir outros massacres de cidadãos dissidentes daquele país. Contra essa proposta, o representante russo argumentou que a ideia refletia uma inapropriada "abordagem confrontadora", típica das potências ocidentais, enquanto o representante chinês afirmava que as sanções eram inapropriadas por serem incompatíveis com a "soberania" síria.

E como fica a questão da culpabilidade? Ao afirmar que a Alemanha e seus aliados foram moralmente responsáveis pela guerra, o Artigo 231 do Tratado de Paz de Versalhes garantiu a permanência de questões de culpabilidade no centro, ou perto do centro, do debate sobre as origens da guerra. O jogo de culpas nunca perdeu o apelo. A enunciação mais influente dessa tradição é a "tese de Fischer" — nome que designa um amontoado de argumentos preparados nos anos 1960 por Fritz Fischer, Imanuel Geiss e duas dezenas de colegas alemães mais jovens, que identificou a Alemanha como a potência mais culpada pela deflagração da guerra. De acordo com esse ponto de vista (deixando de lado muitas variações dentro da escola de Fischer), os alemães não tropeçaram ou escorregaram para dentro da guerra. *Escolheram* a guerra — pior ainda, planejaram-na antecipadamente, na esperança de acabar com seu isolamento europeu e tornar-se uma potência mundial. Estudos recentes da controvérsia provocada por Fischer ressaltam as ligações desse debate com o ansioso processo pelo qual intelectuais alemães lidaram com a contaminadora herança moral da era nazista, e os argumentos de Fischer foram criticados em muitos pontos.[3] Apesar disso, uma versão diluída da tese dele ainda predomina em estudos da marcha da Alemanha para a guerra.

Será mesmo preciso nos decidirmos por um único país culpado, ou é melhor hierarquizá-los de acordo com suas respectivas parcelas de responsabilidade pela guerra? Num clássico estudo da literatura sobre as origens, Paul Kennedy observou que é "pífio" fugir da busca de um culpado distribuindo a culpa entre todos ou nenhum dos beligerantes.[4] Kennedy dá a entender que uma abordagem mais rigorosa não deve temer apontar o dedo. O problema do relato centrado na culpa não é que se pode acabar responsabilizando a turma errada. É que o relato estruturado em torno da culpabilidade já traz pressuposições embutidas. Tende, em primeiro lugar, a supor que nas interações conflitantes um protagonista tem que estar certo e o outro errado. Estavam os sérvios errados por querer unificar o mundo sérvio? Estavam os austríacos errados por insistir na independência da

Albânia? Uma dessas iniciativas era mais errada do que a outra? A pergunta não tem sentido. Outro defeito das narrativas acusatórias é que estreitam o campo de visão, concentrando-se no temperamento e nas iniciativas políticas de determinado país, e não nos processos multilaterais de interação. E há ainda o problema de que a busca do culpado predispõe o investigador a interpretar as ações dos líderes como planejadas e impulsionadas por uma intenção coerente. É preciso mostrar que alguém queria a guerra e a provocou. Em sua forma extrema, esse modo de proceder produz narrativas conspiratórias, nas quais uma camarilha de indivíduos poderosos, como os vilões de paletó de veludo de James Bond, controla os acontecimentos nos bastidores, seguindo um plano malévolo. Não há como negar a satisfação moral proporcionada por essas narrativas, e não é, está claro, logicamente impossível que a guerra tenha sido provocada dessa maneira no verão de 1914, mas o ponto de vista exposto neste livro é o de que esses argumentos não têm o apoio de provas.

A eclosão da guerra em 1914 não é um drama de Agatha Christie, no fim do qual vamos descobrir o culpado sobre um cadáver na estufa, com uma pistola fumegante. Não há armas fumegantes nesta história; ou melhor, há uma nas mãos de cada personagem importante. Vista sob essa luz, a eclosão da guerra foi uma tragédia, não um crime.[5] Reconhecê-lo não significa que devamos minimizar a beligerância e a paranoia imperialista dos líderes austríacos e alemães, que absorveram corretamente a atenção de Fritz Fischer e seus aliados historiográficos. Porém os alemães não eram os únicos imperialistas, nem foram os únicos a sucumbir à paranoia. A crise que trouxe a guerra em 1914 foi fruto de uma cultura política compartilhada. Mas ela foi também multipolar e genuinamente interativa — é isso que faz dela o acontecimento mais complexo dos tempos modernos e é por isso que o debate sobre as origens da Primeira Guerra Mundial continua, um século depois de Gavrilo Princip disparar aqueles dois tiros fatais na rua Francisco José.

Uma coisa é certa: nenhuma das recompensas que os políticos de 1914 disputavam valia o cataclismo que veio em seguida. Teriam os protagonistas compreendido que os riscos eram tão altos? Já foi moda pensar que os europeus endossaram a ilusória crença de que o próximo conflito continental seria uma breve e incisiva guerra de gabinete do tipo das guerras do século XVIII; os soldados estariam "em casa antes do Natal", como se dizia. Mais recentemente, a predominância da "ilusão da guerra rápida" tem sido questionada.[6] O Plano Schlieffen dos alemães baseava-se num espetacular ataque-relâmpago à França, mas mesmo dentro do próprio Estado-Maior de Schlieffen algumas vozes advertiram que a próxima guerra não traria vitórias rápidas e seria, em vez disso, um "tedioso e sangrento rastejar, avançando metro a metro".[7] Helmuth von Moltke esperava que uma guerra europeia, se viesse, seria resolvida rapidamente, mas também ele admitia que poderia se arrastar anos a fio, causando incomensurável ruína. O primeiro-ministro Herbert Asquith escreveu sobre a vinda do "Armagedom" na quarta semana de julho de 1914. Generais franceses e russos falavam de uma "guerra de extermínio" e da "extinção da civilização".

Eles sabiam, mas será que sentiam? Esta talvez seja uma das diferenças entre os anos pré-1914 e os anos pré-1945. Nas décadas de 1950 e 1960, os líderes políticos e o público em geral compreenderam de forma visceral o significado da guerra nuclear — imagens de nuvens em forma de cogumelo sobre Hiroshima e Nagasaki povoavam os pesadelos da gente comum. Em consequência disso, a maior corrida armamentista da história humana não culminou numa guerra nuclear entre as superpotências. Antes de 1914, foi diferente. Na cabeça de muitos estadistas, a esperança de uma guerra breve e o temor de uma guerra longa pareciam anular-se mutuamente, impedindo uma avaliação mais completa dos riscos. Em março de 1913, um jornalista do *Figaro* informou sobre uma série de palestras dadas recentemente em Paris pelos maiores luminares da medicina militar francesa. Um dos palestrantes era o professor Jacques-Ambroise Monprofit, que acabava de voltar de uma missão especial aos hospitais militares da Grécia e da Sérvia, onde ajudara a introduzir melhores padrões de cirurgia militar. Monprofit observou que "os ferimentos causados pelo canhão francês [vendido para os países balcânicos antes do começo da Primeira Guerra Balcânica] não eram apenas mais numerosos, mas também horrorosamente graves, com ossos esmagados, tecidos lacerados e tóraxes e crânios fraturados". Tão terrível era o sofrimento resultante que um importante especialista em cirurgia militar, o professor Antoine Depage, propôs um embargo internacional ao uso futuro dessas armas em batalha. "Compreendemos a generosidade de sua motivação", comentou o jornalista, "mas se é de esperar que um dia sejamos superados numericamente no campo de batalha, então é bom que nossos inimigos saibam que temos essas armas para nos defendermos, armas que devem ser temidas..." O artigo terminava declarando que a França devia estar muito satisfeita consigo mesma, tanto por causa da força terrível de suas armas como porque possuía "uma organização médica que pode ser descrita com segurança como maravilhosa".[8] Encontramos essas reflexões fáceis em qualquer lugar para onde olhemos na Europa antes da guerra. Nesse sentido, os protagonistas de 1914 eram sonâmbulos, despertos mas incapazes de enxergar, atormentados por sonhos, mas cegos para a realidade do horror que logo mais trariam para o mundo.

Notas

ABREVIATURAS

AMAE: Archive Ministère des Affaires Étrangères, Paris.

AN: Archives Nationales, Paris.

AS: Arkhiv Srbije, Belgrado.

AVPRI: Arkhiv Vneshnei Politiki Rossiiskoi Imperii (Arquivo da Política Externa do Império Russo), Moscou.

BD: G. P. Gooch e H. Temperley (orgs.), *British Documents on the Origins of the War: 1898-1914*, 11 v., Londres: [s.n.], 1926-38.

BNF: Bibliothèque Nationale de France, Paris.

DD: Karl Kautsky, Graf von Maximilian Maria Karl Desiderius e Walter Max Adrian Schücking (orgs.), *Deutsche Dokumente zum Kriegsausbruch*, 4 v., Berlim: Deutsche Verlagsgesellschaft für Politik un Geschichte, 1919.

DDF: Comission pour la publication des documents relatifs aux origines de la guerre de 1914 (org.), *Documents diplomatiques français relatifs aux origines de la guerra de 1914*, 41 v., Paris: Imprimerie Nationale, 1929-59.

DSP: Vladimir Dedijer e Života Anić (orgs.), *Dokumenti o Spoljnoj Politici Kraljevine Srbije*, 7 v., Belgrado: [s.n.], 1980.

GARF: Gosudarstvennyi Arkhiv Rossiiskoi Federatsii (Arquivo Estatal da Federação Russa), Moscou.

GP: Johannes Lepsius, Albrecht Mendelssohn-Barthody e Friedrich Whilhelm Thimme (orgs.), *Grosse Politik der europäischen Kabinette, 1871-1914*, 40 v., Berlim: [s.n.], 1922-7.

HHSTA: Haus-Hof-und Staatsarchiv, Viena.

HSA: Hauptstaatsarchiv, Stuttgart.

IBZI: Komission beim Zentralexekutivkomitee der Sowjetregierung under dem Vorsitz von M. N. Pokrowski (org.), *Die internationalen Beziehungen im Zeitalter des Imperialismus. Dokumente aus den Archiven der zarischen und der provisorischen Regierung*, 9 v., Berlim: Reimar Hobbing, 1931-9.

KA: *Krasnyi Arkhiv*, Moscou.

MAEB AD: Ministère des Affaires Étrangères Belgique, Archives Diplomatiques, Bruxelas.

MFA: Ministry of Foreign Affairs.

MID-PO: Ministerstvo Inostrannikh Del-Politicko Odelenje [Ministério Sérvio de Assuntos Estrangeiros, Departamento Político].

NA: Nationaal Archief, Haia.

NMM: National Maritime Museum, Greenwich.

ÖUAP: Ludwig Bittner e Hans Uebersberger (orgs.), Österreichs-Ungarns Aussenpolitik von der bosnischen Krise bis zum Kriegsausbrauch 1914.

PA-AA: Das Politische Archiv des Auswärtigen Amtes, Berlim.

PA-AP: Papiers d'Agents, Archives Privées.

RGIA: Rossiiskii Gosudarstvennyi Istoricheskii Arkhiv [Aquivo Histórico do Estado Russo].

RGVIA: Rossiiskii Gosudarstvennyi Voenno-istoricheskii Arkhiv [Arquivo da História Militar do Estado Russo], Moscou.

TNA: The National Archives, Kew.

INTRODUÇÃO [pp. 21-30]

1. Citado em David Fromkin, *Europe's Last Summer: Who Started the Great War in 1914?* Nova York: Knopf, 2004, p. 6.

2. O gabinete das Relações Exteriores alemão patrocinou as atividades da Arbeitsauschuss Deutscher Verbände dedicadas a coordenar a campanha contra a culpa de guerra e apoiou extraoficialmente uma Zentralstelle zur Erforshung der Kriegsursachen composta por acadêmicos; ver Ulrich Heinemann, *Die verdrängte Niederlage: politische Öffentlichkeit und Kriegsschuldfrage in der Weimarer Republik*. Göttingen: Vandenhoeck & Ruprecht, 1983, esp. pp. 95-117; Sacha Zala, *Geschichte unter der Schere politischer Zensur. Amtliche Altensammlung im internationalen Vergleich*. Munique: Oldenbourg, 2001, esp. pp. 57-77; Imanuel Geiss, "Die manipulierte Kriegsschuldfrage. Deutsche Reichspolitik in der Julikrise 1914 und deutsche Kriegsziele im Spiegel des Schuldreferats des Auswärtigen Amtes, 1919-1931", *Militärgeschichtliche Mitteilungen*, v. 34, pp. 31-60, 1983.

3. Barthou para Martin, carta de 3 maio 1934, citada em Keith Hamilton, "The Historical Diplomacy of the Third Republic". In: Keith M. Wilson (org.), *Forging the Collective Memory. Government and International Historians through Two World Wars*. Providence: Berghahn Books, 1996, pp. 29-62, aqui p. 45. Sobre críticas francesas à edição alemã, ver, por exemplo, Émile Bourgeois, "Les Archives d'État et l'enquête sur les origins de la guerre mondiale. À propos de la publication allemande: Die grosse Politik der europäischen Kabinette et de sa traduction française", *Revue Historique*, n. 155, pp. 39-56, maio/ago. 1927. Bourgeois acusou os editores alemães de estruturar a edição de forma a ocultar omissões táticas no registro documental. Para uma resposta do editor alemão, ver Friedrich

Wilhelm Karl Thimme, "Französische Kritiken zur deutschen Aktenpublikation", *Europäische Gespräche*, v. 8/9, pp. 461-79, ago./set. 1927.

4. Ulfried Burz, "Austria and the Great War. Official Publications in the 1920s and 1930s". In: Keith M. Wilson (org.), *Forging the Collective Memory*, op. cit., pp. 178-91, aqui p. 186.

5. Jean-Baptiste Duroselle, *La Grande Guerre des Français, 1914-1918: L'incompréhensible*. Paris: Perrin, 1994, pp. 23-33; John F. V. Keiger, *Raymond Poincaré*. Cambridge: Cambridge University Press, 1997, pp. 194-5.

6. Keith M. Wilson, "The Imbalance in British Documents on the Origins of the War, 1898--1914. Gooch, Temperley and the India Office". In: ______ (org.), op. cit., pp. 230-64, aqui p. 231; ver também no mesmo volume "Introduction. Governments, Historians and 'Historical Engineering'", pp. 1-28, esp. pp. 12-3.

7. Bernhard Schwertfeger, *Der Weltkrieg der Dokumente. Zehn Jahre Kriegsschuldforschung und ihr Ergebnis*. Berlim: Deutsche Verlags-Anstalt, 1929. Para uma abordagem mais geral para este problema, ver Sacha Zala, op. cit., esp. pp. 31-6, 47-91, 327-38.

8. Theobald von Hollweg, *Betrachtungen zum Weltkriege*. Berlim: R. Hobbing, 1919, esp. v. 1, pp. 113-84; Sergei Dmitrievich Sazonov, *Les Années fatales*. Paris: Payot, 1927; Raymond Poincaré, *Au Service de la France: Neuf années de souvenirs*. Paris: Plon, 1926-33, esp. v. 4: *L'Union sacrée*, pp. 163-431. Para uma discussão mais detalhada mas não necessariamente mais reveladora da crise provocada pelo ex-presidente, ver os depoimentos registrados em René Gerin e Raymond Poincaré, *Les Responsabilités de la guerre*. Paris: Payot, 1930.

9. Edward Viscount Grey of Fallodon, *Twenty-Five Years: 1892-1916*. Londres: Hodder and Stoughton, 1925.

10. Bernadotte Everly Schmitt, *Interviewing the Authors of the War*. Chicago: Chicago Literary Club, 1930.

11. Ibid., p. 11.

12. Luigi Albertini, *The Origins of the War of 1914*. Trad. de Isabella Massey. Oxford: Oxford University Press, 1953, v. 2, p. 40. Magrini estava trabalhando sob o comando do historiador italiano.

13. Derek Sping, "The Unfinished Collection. Russian Documents on the Origins of the First World War". In: Keith M. Wilson (org.), *Forging the Collective Memory*, op. cit., pp. 63-86.

14. John W. Langdon, *July 1914: The Long Debate, 1918-1990*. Oxford: Berg, 1991, p. 51.

15. Aqui não haveria sentido em fornecer uma amostra da literatura. Para discussões úteis do debate e de sua história, ver John Anthony Moses, *The Politics of Illusion: The Fischer Controversy in German Historiography* (Londres: University of Queensland Press, 1975); Annika Mombauer, *The Origins of the First World War: Controversies and Consensus*. Londres: Routledge, 2002.; Wolfgang Jäger, *Historische Forschung und politische Kultur in Deutschland. Die Debatte um den Ausbruch des Ersten Weltkrieg 1914-1980* Göttingen: Vandenhoeck & Ruprecht, 1984; John W. Langdon, *The Long Debate*, op. cit.; Id., "Emerging from Fischer's Shadow: Recent Examinations of the Crisis of July 1914", *The History Teacher*, v. 20, n. 1, pp. 63-86, nov. 1986; James Joll, "The 1914 Debate Continues: Fritz Fischer and His Critics", *Past & Present*, n. 34, pp. 100-13, jul. 1966; ver também a réplica em P. H. S. Hatton, "Britain and Germany in 1914: The July Crisis and War Aims", *Past & Present*, n. 36, pp. 138-43, abr. 1967; Konrad Hugo Jarausch, "Revising German History: Hollweg Revisited", *Central European History*, v. 21, n. 3, pp. 224-43, set. 1988; Samuel R. Williamson e Ernest R. May, "An Identity of Opinion. Historians and July 1914", *Journal of Modern History*, v. 79, n. 2, pp. 335-87, jun. 2007; Jay

Winter e Antoine Prost, *The Great War in History. Debates and Controversies, 1914 to the Present*. Cambridge: Cambridge University Press, 2005.

16. Sobre o "ornamentalismo", ver David Cannadine, *Ornamentalism. How the British Saw Their Empire* (Londres: Oxford University Press, 2002); para um excelente exame da aproximação do longínquo "mundo-que-era" ao mundo pré-guerra de 1914, ver Barbara W. Tuchman, *The Proud Tower: A Portrait of the World before the War, 1890-1914*. Londres: Hamish Hamilton, 1966; Id., *August 1914*. Londres: MacMillan, 1962.

17. Richard F. Hamilton e Holger H. Herwig, *Decisions for War 1914-1917*. Cambridge: Cambridge University Press, 2004, p. 46.

18. Svetoslav Budinov, *Balkanskite Voini (1912-1913): Istoricheski predstavi v sistemata na nauchno--obrezovatelnata komuniskatsia*. Sófia: University Publishers St. Kliment Ohridsky, 2005, p. 55.

19. Ver esp. Holger Afflerbach, "The Topos of Improbable War in Europe before 1914". In: Holger Afflerback e David Stevenson (orgs.). *An Improbable War? The Outbreak of World War I and European Political Culture before 1914*. Oxford: Berghahn Books, 2007, pp. 161-82; ver também a introdução dos organizadores para este mesmo volume, pp. 1-17.

1. FANTASMAS SÉRVIOS [pp. 33-93]

1. Sir George Bonham para o marquês de Lansdowne, telegrama (cópia), Belgrado, 12 jun. 1903, TNA, FO 105/157, p. 43.

2. Relatos conflitantes do regicídio circularam em Belgrado durante as semanas que se seguiram ao assassinato, na medida em que vários indivíduos procuravam ocultar os detalhes mais incriminadores para minimizar ou amplificar seus próprios papéis na trama. Para reportagens de primeira hora detalhadas e bem informadas sobre os acontecimentos de 10 e 11 de junho, ver *Neue Freie Presse*, 12 jun. 1903, pp. 1-3, e 13 jun. 1903, pp. 1-2; os relatos dos enviados britânicos são particularmente informativos quanto ao acúmulo invariável de fatos em meio aos boatos; estes podem ser consultados em TNA, FO 105/157, "Servia, Coup d'Etat. Extirpation of the Obrenovitch dynasty & Election of King Peter Karageorgević. Suspension of Diplomatic Relations with Servia June 1903"; também Wayne S. Vucinich, *Serbia Between East and West: The Events of 1903-1906*. Stanford, CA: Stanford University Publications, 1954, pp. 55-9; para relatos com autoridade competentes na literatura secundária, ver Slobodan Jovanović, *Vlada Aleksandra Obrenovica*. Belgrado: Kon, 1934-6, v. 3, pp. 359-62; Dragisa Vasić, *Devetsto trećca (majski prevrat) prilozi za istoriju Srbije od 8. Jula 1900. do. 17. januara 1907* (Belgrado: Štamparija "Tucović", 1925), pp. 75-112; Rebecca West, *Black Lamb and Grey Falcon: A Journey through Yugoslavia*. Londres: MacMillan, 1955, pp. 11-2, 560-4.

3. David MacKenzie, *Apis: The Congenial Conspirator. The Life of Colonel Dragutin T. Dimitrejević*. Boulder: East European Monographs, 1989, p. 26; Alex N. Dragnich, *Serbia, Nikola Pašić and Yugoslavia*. New Brunswick: Rutdgers University Press, 1974, p. 44.

4. David MacKenzie, op. cit., p. 29.

5. Ver, por exemplo, as passagens do diário de Vukasin Petrović que descrevem uma conversa com Alexandar Obrenović, transcritas em Vladan Georgevitch, *Das Ende der Obrenovitch. Beiträge zur Geschichte Serbiens 1897-1900*. Leipzig: Verlag von S. Hirzel, 1905, pp. 559-88.

6. Wayne S. Vucinich, op. cit., p. 9.

7. Ibid., p. 10.

8. Branislav Vranesević, "Die Aussenpolitischen Beziehungen zwischen Serbien und der Habsburgermonarchie". In: Adam Wandruszka e Peter Urbanitsch (orgs.), *Die Habsburgermonarchie 1848-1918*. Viena: Österreichische Akademie der Wissenschaften, 1973-2006, v. 6/2, pp. 319-86, aqui pp. 66-7.

9. Ver *The Times*, Londres, 7 abr., p. 3, n. 37048, col. B; 23 abr., n. 37062, col. A.

10. Wayne S. Vucinich, op. cit., p. 21; Gale Stokes, "The Social Role of the Serbian Army before World War I: A Synthesis". In: Stephen Fischer-Galati e Béla K. Király (orgs.). *War and Society in Central Europe, 1740-1920*. Boulder: East European Monographs, 1987, pp. 105-17.

11. Sobre "carisma de círculo social" ("*coterie charisma*"), ver Roger Eatwell, "The Concept and Theory of Charismatic Leadership", *Totalitarian Movements and Political Religions*, v. 7, n. 2, pp. 141-56, 2006, aqui pp. 144, 153-4; Id., "Hacia un nuevo modelo de liderazgo carismático de derecha". In: Miguel Ángel Simon Gomez (org.). *La extrema derecha en Europa desde 1945 a nuestros dias*. Madri: Tecnos, 2007, pp. 19-38.

12. Ambos os comentários citados em David MacKenzie, op. cit., p. 50.

13. Wayne S. Vucinich, op. cit., p. 47.

14. David MacKenzie, op. cit., p. 35; Wayne S. Vucinich, op. cit., p. 51; Vladimir Dedijer, *The Road to Sarajevo*. Londres: Simon & Schuster, 1967, p. 85.

15. *The Times*, Londres, 27 de abr., p. 6, n. 37065, col. B.

16. Slobodan Jovanović, op. cit., v. 3, p. 359.

17. Sir G. Bonham para o marquês de Lansdowne, telegrama decifrado, Belgrado, 19h45, 11 jun. 1903, TNA, FO 105/157, p. 11.

18. Sir G. Bonham para o marquês de Lansdowne, telegrama (cópia), Belgrado, 12 jun. 1903, TNA, FO 105/157, p. 43.

19. Sir F. Plunkett para o marquês de Lansdowne, Viena, 12 jun. 1903, ibid., p. 44.

20. Ver a proclamação de Petar de 25 de junho (OS) em Djurdje Jelenić, *Nova Srbija i Jugolavija. Istorija nacionalnog oslobedjenja i ujedinjenja Srba, Hrvata i Slovenaca, od Kočine krajine do vidovdanskog ustava (1788-1921)*. Belgrado: Državna štamparija, 1923, p. 225.

21. Para relatos retratando o golpe de 1903 como limiar para uma idade de ouro sérvia, ver Milivoje Popović, *Borba za parlamentarni režim u Srbiji*. Belgrado: Politika, 1938, esp. pp. 85-108, 110-1; Zivan Mitrović, *Srpske politicke stranke*. Belgrado: Politika, 1939, esp. pp. 95-114; Alex N. Dragnich, *The Development of Parliamentary Government in Serbia*. Boulder: East European Quaterly, 1978, pp. 95-8; Id., *Serbia, Nikola Pašić and Yugoslavia*, op. cit.

22. Comentários de M. Kalievíć, relatados em Bonham para o marquês de Lansdowne, Belgrado, 15 nov. 1905, TNA, FO 105/157, pp. 309-11, aqui p. 310; ver também Wayne S. Vucinich, op. cit., pp. 70-1.

23. Wilfred Thesiger para o marquês de Lansdowne, Belgrado, 15 nov. 1905, TNA, FO 105/158, 247-52, aqui p. 250 (Thesinger era pai do famoso explorador e escritor.)

24. Wilfred Thesiger para o marquês de Lasdowne, Belgrado, 5 dez. 1905, ibid., pp. 253-5, aqui pp. 254-5; Alex N. Dragnich, *Serbia, Nikola Pašić and Yugoslavia*, op. cit., pp. 73-4.

25. David MacKenzie, op. cit., p. 56.

26. Conde Mérey von Kapos-Mére para Aehrenthal, 27 nov. 1903, citado em Francis R. Bridge, *From Sadowa to Sarajevo. The Foreign Policy of Austria-Hungary, 1866-1914*. Londres: Routledge, 1972, p. 263; a avaliação de Mérey é corroborada em Kosztowits (cônsul da Holanda em Belgrado) para

Melviel van Lijnden, Belgrado, 4 set. 1903, NA, 2.05.36, doc. 10, Rapporten aan en briefwisseling met het Ministerie van Buitenlandse Zaken.

27. David MacKenzie, "Officer Conspirators and Nationalism in Serbia, 1901-1914". In: Stephen Fischer-Galati; Béla K. Király (orgs.). *Essays on War and Society in East Central Europe, 1720-1920*. Boulder: East European Quaterly, 1978, pp. 117-50, aqui p. 125; Dimitrije Djordjević, "The Role of the Military in the Balkans in the Nineteenth Century". In: Ralph Melville; Hans--Jürgen Schroeder (orgs.). *Der Berliner Kongress von 1878*. Wiesbaden: Franz Steiner, 1982, pp. 317--47, esp. pp. 343-5.

28. Dusan T. Bataković, "Nikola Pašić, les radicaux et la 'Main Noire'", *Balcanica*, v. 37, pp. 143-69, 2006, aqui p. 154; para um relato narrativo da "contraconspiração Niš", ver Dragisa Vasić, op. cit., pp. 131-84.

29. Para uma análise perspicaz da personalidade de Pašić, ver Djordje Stanković, *Nikola Pašić. Prilozi za biografiju*. Belgrado: Plato, 2006, p. 322, parte 2, cap. 8.

30. Slobodan Jovanović, "Nicholas Pašić: After Ten Years", *Slavonic and East European Review*, v. 15, pp. 368-76,1937, aqui p. 369.

31. Sobre a russofilia de Pašić, que era mais pragmática que ideológica, ver Čedomir Popov, "Nova Osvetljenja Rusko-Srpskih odnosa" (resenha de Latinka Petrović e Andrej Šemjakin (orgs.), *Nikola P. Pašić: Pisma članci i govori*. Belgrado: Službeni list, 1995), em *Zbornik Matice Srpske za Slavistiku*, v. 4809, pp. 278-83, 1995, aqui p. 278; Vasa Kazimirović, *Nikola Pašić I njegovo doba 1845-1926* (Belgrado: Nova Europa, 1990), pp. 54-5, 63. Para um relato que enfatiza a dimensão ideológica da russofilia de Pašić, ver Andrej Šemjakin, *Ideologia Nikole Pašića. Formiranje i evolucija (1868-1891)*. Moscou: [s.n.], 1998; sobre a missão a São Petersburgo, ver David MacKenzie, *Apis: The Congenial Conspirator*, op. cit., p. 27.

32. Ver as anedotas colecionadas em Nikac Djukanov, *Bajade: anegdote o Nikoli Pašiću*. Belgrado: Pro Bel Marketing, 1996, p. 35.

33. Djordje Stanković, Nikola Pašić, *Prilozi za biografiju*, op. cit., pp. 315-6.

34. Dusan T. Bataković, op. cit., pp. 150-1; Alex N. Dragnich, *Serbia, Nikola Pašić and Yugoslavia*, op. cit., pp. 3, 6, 7, 27-8; David MacKenzie, *Apis: The Congenial Conspirator*, op. cit., pp. 26-8.

35. Dusan T. Bataković, op. cit., p. 151; Alex N. Dragnich, *Serbia, Nikola Pašić and Yugoslavia*, op. cit., p. 76; David MacKenzie, *Apis: The Congenial Conspirator*, op. cit., p. 57; Constantin Dumba, *Memoirs of a Diplomat*. Trad. de Ian F. D. Morrow. Londres: George Allen & Unwin 1933, pp. 141-3.

36. Wayne S. Vucinich, op. cit., p. 102.

37. Para o texto de *Načertanije*, ver Dragoslav Stranjaković, "Kako je postalo Garašaninovo 'Načertanije'", *Spomenik Srpske Kraljevske Akademije*, v. 91, pp. 64-115, 1939, aqui p. 75, apud Wolf Dietrich Behschnitt, *Nationalismus bei Serben und Kroaten 1830-1914*. Munique: Oldenbourg, 1980, p. 55.

38. Dragoslav Stranjaković, op. cit., p. 78, apud Wolf Dietrich Behschnitt, op. cit., p. 57; ver também Horst Haselsteiner, "Nationale Expansionsvorstellungen bei Serben und Kroaten im 19. Jahrhundert", *Österreichische Osthefte*, v. 39, pp. 245-54, 1997, aqui pp. 247-8.

39. Para o texto de *Srbi svi i svuda*, ver Vuk Stefanović Karadžić, *Kovčežic za istoriju, jezik i običaje Srba sva tri zakona* [Um tesouro de história, língua e costumes populares dos sérvios de todas as três crenças]. Viena: [s.n.] 1859, pp. 1-27, aqui pp. 1, 7, 19, 22; sobre a intrigante recusa dos croatas em adotar o nome "sérvio", pp. 2-3; Horst Haselsteiner, op. cit., pp. 246-7.

40. Vuk Stefanović Karadžić, op. cit., pp. 2-3; Horst Haselsteiner, op. cit., p. 248.

41. Dragoslav Stranjaković, op. cit., p. 48, apud Wolf Dietrich Behschnitt, op. cit., p. 56; Horst Haselsteiner, op. cit., p. 249.

42. David MacKenzie, "Serbia as Piedmont and the Yugoslav Idea, 1804-1914", *East European Quaterly*, v. 28, pp. 153-82, 1994, aqui p. 160.

43. Leopold von Ranke, *The History of Servia and the Servian Revolution*. Trad. de Alexander Kerr. Londres: H. G. Bohn, 1853, p. 52.

44. Tim Judah, *The Serbs. History, Myth and the Destruction of Yugoslavia*. 2. ed. New Haven: Yale University Press, 2000, pp. 29-47.

45. Arthur J. Evans, *Through Bosnia and the Herzegovina on Foot during the Insurrection, August and September, 1875*. Londres: Longmans, Green, 1877, p. 139.

46. Barbara Jelavich, "Serbia in 1897: A Report of Sir Charles Eliot", *Journal of Central European Affairs*, v. 18, pp. 183-9, 1958, aqui p. 185.

47. Vladimir Dedijer, op. cit., pp. 250-60.

48. Os números exatos da população da "Antiga Sérvia" (compreendendo Kosovo, Metohija, Sandzak e Bujanovac) são desconhecidos. Ver Wolf Dietrich Behschnitt, op. cit., p. 39.

49. Ver Justin McCarthy, *Death and Exile. The Ethnic Cleansing of Ottoman Muslims, 1821-1922* (Princeton: Darvin Press, 1996), pp. 161-4, pass.

50. Para um excelente apanhado geral (com mapas) ver Andrew Rossos, *Macedonia and the Macedonians: A History* (Stanford: Hoover Institution Press, 2008), p. 4.

51. John Shea, "Macedonia in History: Myths and Constants", *Österreichische Osthefte*, v. 40, pp. 147-68, 1998; Loring M. Danforth, "Competing Claims to Macedonian Identity: The Macedonian Question and the Breakup of Yugoslavia", *Anthropology Today*, v. 9, n. 4, pp. 3-10, ago. 1993; Andrew Rossos, *Macedonia and the Macedonians*, op. cit., p. 5.

52. Barbara Jelavich, op. cit., p. 187.

53. Carnegie Foundation Endowment for International Peace, *Enquête dans les Balkans: Rapport présenté aux directeurs de la Dotation par les members de la commission d'enquête*. Paris: Centre Européen de la Dotation Carnegie,1914, pp. 448-9.

54. Citado em Djordje Stanković, *Nikola Pašić, saveznici i stvaranje Jugoslavije*. Zajecar: [s.n.], 1995, p. 29; sobre a crença de Pašić na unidade essencial de sérvios, croatas e eslovenos, ver também Id., *Nikola Pašić. Prilozi za biografiju*, esp. o primeiro capítulo, p. 40.

55. Citado em David MacKenzie, *Ilja Garašanin: Balkan Bismarck*. Boulder: East European Monographs, 1985, p. 99.

56. Wayne S. Vucinich, op. cit., p. 122.

57. Kosztowits para Melvil de Lijnden, Belgrado, 25 ago. 1903, NA, 2.05.36, doc. 10, Rapporten aan en briefwisseling met het Ministerie van Buitenlandse Zaken.

58. David MacKenzie, "Officer Conspirators and Nationalism in Serbia, 1901-1914", op. cit., pp. 128-9; Wayne S. Vucinich, op. cit., pp. 158-9.

59. Horst Haselsteiner, op. cit., p. 249.

60. Citado em Wayne S. Vucinich, op. cit., pp. 172, 174.

61. Francis R. Bridge, *From Sadowa to Sarajevo*, op. cit., pp. 122-3.

62. Vasa Kazimirović, op. cit., p. 607.

63. Sobre as questões do comércio e dos armamentos, ver Jovan Jovanović, *Borba za Narodno Ujedinjenje, 1903-1908*. Belgrado: Izdavačko i knjižarsko preduzeće G. Kon, [1938?], pp. 108-16.

64. Kosztowits para W. M. de Weede, Belgrado, 24 maio 1905, NA, 2.05.36, doc. 10, Rapporten aan en briefwisseling met het Ministerie van Buitenlandse Zaken.

65. M. B. Hayne, *The French Foreign Office and the Origins of the First World War 1898-1914*. Oxford: Clarendon Press, 1993, pp. 52, 150.

66. Herbert Feis, *Europe, the World's Banker 1870-1914. An Account of European Foreign Investment and the Connection of World Finance with Diplomacy before the War*. New Haven: Yale University Press, 1930, p. 264.

67. Čedomir Antić, "Crisis and Armament. Economic Relations between Great Britain and Serbia 1910-1912", *Balcanica*, v. 36, pp. 151-61, 2006.

68. J. B. Whitehead, "General Report on the Kingdom of Servia for the Year 1906". In: David Stevenson (org.), *British Documents on Foreign Affairs. Report and Papers from the Foreign Office Confidential Print*. Parte I: *From the Mid-Nineteenth Century to the First World War*, série F, *Europe, 1848-1914*. v. 16: Montenegro, Romania, Servia *1885-1914*, pp. 205-20, doc. 43, aqui p. 210.

69. Michael Palairet, *The Balkan Economies c. 1800-1914. Evolution without Development*. Cambridge: Cambridge University Press, 1997, p. 28.

70. Ibid., pp. 86-7.

71. Holger Sundhaussen, *Historische Statistik Serbiens. Mit europäischen Vergleichsdaten, 1834--1914*. Munique: Oldenbourg, 1989, pp. 26-8.

72. Michael Palairet, op. cit., p. 23.

73. Ibid., pp. 112-3, 168; John R. Lampe, "Varieties of Unsuccessful Industrialisation. The Balkan States Before 1914", *Journal of Economic History*, v. 35, n. 1, pp. 56-85, mar. 1975, aqui p. 59.

74. Michael Palairet, op. cit., p. 331.

75. Martin Mayer, "Grundschulen in Serbien während des 19. Jahrhunderts. Elementarbildung in einer 'Nachzüglergesellschaft'". In: Norbert Reiter e Holm Sundhaussen (orgs.). *Allgemeinbildung als Modernisierungsfaktor. Zur Geschichte der Elementarbildung in Südosteuropa von der Aufkläregung bis zum Zweiten Weltkrieg*. Berlim: Harrasowitz in Komission, 1994, pp. 77-102, aqui pp. 87-8, 91-2.

76. Andrei Sismić, *The Peasant Urbanites. A Study of Rural-Urban Mobility in Serbia*. Nova York: Seminar Press, 1973, pp. 28-59, 141-8.

77. Ver as reflexões de Mira Crouch sobre Belgrado no período entreguerras em "Jews, Other Jews and 'Others': Some Marginal Considerations Concerning the Limits of Tolerance". In: John Milfull (org.). *Why Germany? National Socialist Anti-Semitism abd the European Context*. Providence: Bloomsburry Academic, 1993, pp. 121-38, aqui p. 125.

78. J. B. Whitehead, op. cit., pp. 312-34, aqui p. 314.

79. Citado em Violeta Manojlović, *Defense of National Interest and Sovereignty: Serbian Government Policy in the Bosnian Crisis, 1906-1909*. Burnaby, BC: Simon Fraser University, 1997, p. 58. Dissertação.

80. Citado em ibid., pp. 68-9.

81. Ibid., p. 3.

82. Paul Miliukov, *Political Memoirs 1905-1917*. Trad. de Carl Goldberg. Ann Arbor: University of Michigan Press, 1967, p. 182.

83. J. B. Whitehead, op. cit., pp. 314-5.

84. Jovan Cvijić, *The Annexation of Bosnia and Herzegovina and the Serb Problem*. Londres: [s.n.], 1909, p. 14. Sobre a sua influência sobre Pašić, ver Vladimir Stojancević, "Pašićevi pogledi na resanvanje pitanja Stare Srbije I Makedonije do 1912. godine". In: Vasilije Krestic, *Nikola Pašić. Zivot I delo. Zbornik radova za Naucnog Skupa u Srpskoj Akademiji Nauka i Utmetnosti*. Belgrado: [s.n.], 1997, pp. 284-301, aqui p. 285.

85. Prince Stephan Lazar Eugene Lazarovich-Hrebelianovich, *The Servian People. Their Past Glory and their Destiny*. Nova York: Charles Scribner's Sons, 1910, p. 142.

86. Wolf Dietrich Behschnitt, op. cit., p. 108.

87. David MacKenzie, "Officer Conspirators and Nationalism in Serbia, 1901-1914", op. cit., pp. 130-1; Id., *Apis: The Congenial Conspirator*, op. cit., p. 63.

88. Citado em Milorad Radusinović, "Antanta i Aneksiona kriza", *Istorija 20. Veka*, v. 9, pp. 7-22, 1991, aqui p. 9.

89. Aleksandar Pavlović, *Liudi i dogadaji, ideje i ideali*. Belgrado: [s.n.], 2002, pp. 30-8. Pavlović foi um político social-democrata e membro da elite intelectual de Belgrado — esta edição de seu diário, cuja existência era desconhecida do público, foi publicada por suas filhas em 2002.

90. Violeta Manojlović, op. cit., p. 78.

91. Milorad Radusinović, op. cit., p. 18.

92. Citado em Milan St. Protić, *Radikali u Srbjii: Ideje i Pokret*. Belgrado: Balkanološki Institut SANU, 1990, p. 246.

93. Violeta Manojlović, op. cit., p. 109.

94. Milovije Buha, *Mlada Bosna: Sarajevski atentat. Zavod za udžbenike i nastavna sredstva*. Sarajevo: Zavod za udzbenike, 2006, p. 171.

95. Wolf Dietrich Behschnitt, op. cit., p. 117.

96. Para detalhes da fundação da Mão Negra, ver David MacKenzie, "Serbia as Piedmont and the Yugoslav Idea, 1804-1914", op. cit., pp. 153-82; Id., *Apis: The Congenial Conspirator*, op. cit., pp. 64-8; Dragoslav Ljubibratic, *Mlada Bosna i Sarajevski atentat*. Sarajevo: Muzej Grada Sarajeva, 1964, pp 35-7; Wolf Dietrich Behschnitt, op. cit., pp. 115-7.

97. Milovije Buha, op. cit., p. 170.

98. Pijemont, 12 nov. 1911, citado em Dusan T. Bataković, op. cit., pp. 143-69, aqui p. 158; a ligação com o protofascismo também é feita em Vladimir Dedijer e Branko Pavičević, "Dokazi za jednu tezu", *Nova Misao*, Belgrado, v. 8, jun. 1953.

99. Citado em Joachim Remak, *Sarajevo. The Story of a Political Murder* (Londres: [s.n.], 1959), p. 46; sobre autoria e envolvimento de Jovanović, ver David MacKenzie, "Ljuba Jovanović-Čupa and the Search for Yougoslav Unity", *The International History Review*, v. 1, n. 1, pp. 36-54, jan. 1979.

100. Vladimir Dedijer, *The Road to Sarajevo*, op. cit., p. 379.

101. Joachim Remak, *Sarajevo*, op. cit., p. 49.

102. Citado em David MacKenzie, *Apis: The Congenial Conspirator*, op. cit., p. 71.

103. Vojislav Vučković, "Unutrašnje krize Srbije i Prvi Svetski Rat", *Istorijski časopis*, Belgrado, v. 14/15, p. 179, 1965.

104. Dusan T. Bataković, op. cit., p. 160.

105. David MacKenzie, *Apis: The Congenial Conspirator*, op. cit., p. 73.

106. Ugron para Aehrenthal, Belgrado, 12 nov. 1911, HHSTA Vienna, PA Serbien XIX 62, n. 94a.

107. Milovije Buha, op. cit., pp. 143, 175.

108. Ver, por exemplo, *Politika*, Belgrado, 18 ago. 1910, que saúda Žerajić como um "nobre rebento de [sua] raça" cujo nome "é falado hoje entre o povo como algo sagrado". O artigo foi publicado em comemoração o aniversário do rei Petar Karadjordjević; é citado no Livro Vermelho austríaco, mas aqui foi extraído de fonte on-line: *Marian Varešanin von Vareš*. Disponível em: <http://www.oocities.org/veldes1/varesanin.html>. Acesso em: 30 jan. 2014.

109. Joachim Remak, *Sarajevo*, op. cit., pp. 36-7.

110. Vladimir Dedijer, *The Road to Sarajevo*, op. cit., p. 236; Jean-Jacques Becker, "L'Ombre du nationalisme serbe", *Vingtième Siècle*, v. 69, pp. 7-29, 2001, aqui p. 13.

111. Paget para Grey, Belgrado, 6 jun. 1913, TNA, FO 371/1748.

112. Crackanthorpe para Grey, Belgrado, 7 set. 1913, ibid., pp. 74-6.

113. Carnegie Foundation, *Enquête dans les Balkans*, op. cit., p. 144; Katrin Boeckh, *Von den Balkankriege zum Ersten Weltkrieg. Kleinstaatenpolitik und ethnische Selbstbestimmung auf dem Balkan*. Munique: Oldenbourg, 1966, pp. 125-6.

114. Katrin Boeckh, op. cit., p. 164.

115. Peckham para Crackanthorpe, Üsküb, 23 out. 1913; Crackanthorpe para Grey, Belgrado, 17 nov. 1913, TNA, FO 371/1748, pp. 147-8, 158.

116. Greig para Crackanthorpe, Monastir, 25 nov. 1913, ibid., p. 309.

117. Greig para Crackanthorpe, Monastir, 30 nov. 1913, ibid., pp. 341-50, aqui p. 341.

118. Greig para Crackanthorpe, Monastir, 16 dez. 1913, id., ibid., p. 364.

119. Greig para Crackanthorpe, Monastir, 24 dez. 1913, TNA, FO 371/2098, pp. 11-5, aqui pp. 13-4.

120. Nota na margem por RGV (Robert Gilbert Vansittart) em Circular do gabinete das Relações Internacionais, 9 dez. 1913, TNA, FO 371/1748, p. 327.

121. Ver comentários de Pašić, datados de 3 de abril de 1914, anexados em Djordjević para o Ministério das Relações Exteriores em Belgrado, Constantinopla, 1 abr. 1914, em *DSP*, v. 7/1, doc. 444, p. 586.

122. O auxílio foi recusado com o argumento de que o membro russo da equipe, Paul Miliukov, era "inimigo da Sérvia" porque discursara perante a Duma em apoio à autonomia da Macedônia; ver Katrin Boeckh, op. cit., p. 172.

123. Joachim Remak, *Sarajevo*, op. cit., p. 57.

124. Milovije Buha, op. cit., pp. 173-4.

125. Quanto ao efeito radicalizador das guerras sobre o Exército sérvio: Descos para Doumergue, Belgrado, 7 maio 1914, *DDF*, série 3, v. 10, pp. 333-5, doc. 207.

126. Não está claro e ainda se discute se Ápis tinha intenção de dar esse golpe, ver David MacKenzie, *Apis: The Congenial Conspirator*, op. cit., pp. 119-20; sobre as ligações entre a Mão Negra e a oposição parlamentar, ver Vojislav Vučković, op. cit., p. 187.

127. Vladimir Dedijer, *The Road to Sarajevo*, op. cit., p. 389.

128. Ápis alegou durante seu julgamento em Salonica, 1917, que havia confiado ao agente Rade Malobabić a organização de todos os detalhes do assassinato. Se a Mão Negra inteira estava

envolvida ou apenas um círculo de oficiais e agentes em torno de Ápis é tema de controvérsia. Ver David MacKenzie, *The "Black Hand" on Trial: Salonika, 1917*. Boulder: East European Monographs, 1995, pp. 45, 261-2; Fritz Würthle, *Die Sarajewoer Gerischtsakten*. Viena: [s.n.], 1975; Miloš Bogičević, *Le Procès de Salonique, Juin 1917*. Paris: A. Delpeuch, 1927, pp. 36, 63; David MacKenzie, *Apis: The Congenial Conspirator*, op. cit., pp. 258-9.

129. Miloš Bogičević, op. cit., pp. 78-80, 127.

130. Luigi Albertini, op. cit., v. 2, p. 73; David MacKenzie, *Apis: The Congenial Conspirator*, op. cit., p. 128.

131. Sessão de 12 out. 1914, transcrita em Albert Mousset, *Un Drame historique: l'Attentat de Sarajevo*. Paris: Payot,1930, p. 131.

132. Luigi Albertini, op. cit., v. 2, pp. 86-8.

133. Professor Pharos, *Der Prozess gegen die Attentäter von Sarajewo. Nach dem amtlichen Stenogramm der Gerichtsverhandlung aktenmässig dargestellt*. Intr. de Josef Kohler. Berlim: Decker, 1918, p. 44.

134. Joachim Remak, *Sarajevo*, op. cit., p. 63.

135. Professor Pharos, op. cit., p. 4.

136. Ibid., p. 23.

137. Sobre a constrangedora questão da condição econômica da Bósnia em relação à Sérvia, ver Evelyn Kolm, *Die Ambitionen Österreich-Ungarns im Zeitalter des Hochimperialismus*. Frankfurt am Main: Peter Lang, 2001, pp. 235-40; Robert J. Donia, *Islam under the Double Eagle. The Muslims of Bosnia and Herzegovina, 1878-1914*. Nova York: East European Quaterly, 1981, p. 8; Peter F. Sugar, *The Industrialization of Bosnia-Herzegovina, 1878-1918*. Seattle: University of Washington Press, 1963; Michael Palairet, op. cit., pp. 171, 231, 369; Robert A. Kann, "Trends Towards Colonialism in the Habsburg Empire, 1878-1918: The Case of Bosnia-Hercegovina 1878-1918". In: Don K. Rowney e G. Edward Orchard (orgs.). *Russian and Slavic History*. Columbus: Slavika Publishers, 1977, pp. 164-80; Kurt Wessely, "Die wirtschaftliche Entwicklung von Bosnien-Herzegowina". In: Adam Wandruszka e Peter Urbanitsch (orgs.), op. cit., v. 1, pp. 528-66.

138. *A grinalda da montanha* não fala estritamente sobre Miloš Obilić, mas seu nome, que ocorre vinte vezes no decorrer do texto, é repetidamente invocado como símbolo de tudo o que há de melhor na tradição sérvia de luta corajosa e de sacrifício. Para um texto completo em inglês, com um útil aparato crítico, ver Petar II Petrović Njegos, *The Mountain Wreath*. Trad. de Vasa D. Mihailovich. Disponível em: <http://www.rastko.rs/knjizevnost/njegos/njegos-mountain_wreath.html>. Acesso em: 30. jan.2014.

139. Testemunho de Gavrillo Princip em Professor Pharos, op. cit., p. 40.

140. Professor Pharos, op. cit., p. 41.

141. Ibid., pp. 30, 53.

142. Ibid., p. 5.

143. Ibid., p. 6.

144. Ibid., p. 6.

145. Ibid., p. 9.

146. Ibid., p. 24.

147. Ibid, pp. 137, 147.

148. Ibid, pp. 139, 145-6.

149. Sobre as brigas de Čubrilović com seus professores, ver Zdravko Antonić, "Svedočenje

Vase Čubrilovića o sarajevskom atentatu i svom tamnovanju 1914-1918", *Zbornik Matice srspke za istoriju*, v. 46, pp. 163-80, 1992, aqui pp. 165, 167.

150. Ljuba Jovanović, "Nach dem Veitstage des Jahres 1914", *Die Kriegsschuldfrage. Berliner Monatshefte für Internationale Aufklärung*, v. 3, n.1, pp. 68-82, 1952, aqui pp. 68-9; sobre a importância deste documento, ver Luigi Albertini, op. cit., v. 2, p. 90; mas esta versão dos acontecimentos não é universalmente aceita: ver, por exemplo, Milovije Buha, op. cit., p. 343, que argumenta (por falta de qualquer prova direta) que Pašić sabia dos rapazes, mas ignorava a natureza da missão; ver também Dusan T. Bataković, op. cit., p. 162; Djordje Stanković, op. cit., esp. p. 262.

151. A evidência do conhecimento de Pašić antes do fato é discutida em Luigi Albertini, op. cit., v. 2, pp. 90-7. Albertini concentra-se no testemunho de L. Jovanović, reforçado pela suposição de que Ciganović era agente de Pašić; o colaborador de Albertini, Luciano Magrini, acrescentou dois testemunhos de Pašić, registrados durante a guerra; ver Luciano Magrini, *Il dramma di Seraievo. Origini e responsabilità della guerra europea*. Milão: Edizioni Athena, 1929, pp. 106-8, 114-6. A informação disponível à época é judiciosamente avaliada em Sidney Bradshaw Fay, *The Origins of the First World War*. Nova York: MacMillan, 1929, v. 2, pp. 140-6; Hans Uebersberger, *Österreich zwischen Russland und Serbien. Zur südslawischen Frage und der Entstehung des Ersten Weltkrieges*. Colônia: Graz, 1958, pp. 264-5 suplementa essa evidência com um bilhete rabiscado à mão com a caligrafia de Pašić referindo-se a "garotos escolares", "bombas" e "revólveres" encontrado entre os papéis do ministro das Relações Exteriores da Sérvia. O relato extremamente detalhado mas não inteiramente confiável de Vladimir Dedijer sobre os antecedentes da conspiração, em *The Road to Sarajevo*, op. cit., reconhece que Pašić provavelmente conhecia o plano de antemão, mas propõe que o sabia apenas porque foi capaz de intuir sua existência a partir da informação incompleta que tinha em mãos. Os relatos mais recentes, inclusive o extremamente detalhado de Friedrich Würthle, *Die Spur führt nach Belgrad*. Viena: Fritz Molden, 1975, oferecem uma gama de interpretações, mas não acrescentam evidência nova a este corpus.

152. A evidência do papel de Ciganović como informante é indireta porém forte; ver Miloš Bogičević, op. cit., pp. 32, 131-2; Sidney Bradshaw Fay, *The Origins of the First World War*, op. cit., v. 2, pp. 146-8; e Luigi Albertini, op. cit., v. 2, p. 98. O sobrinho de Pašić também era membro da Mão Negra!

153. Ver chefe do distrito de Podrinje para Protić, Sabac, 4 jun. 1914; Protić para Pašić (com um resumo dos relatórios da fronteira), Belgrado, 15 jun. 1914; chefe do distrito de Podrinje para comandante da 5ª Guarda da Fronteira em Loznice, Sabac, 16 jun. 1914; comandante da Área Divisional de Drina, Valevo, para ministro da Guerra, 17 jun. 1914, *DSP*, v. 7, docs. 155, 206, 210, 212, pp. 290, 337-9, 344-5, 347.

154. Ministro do Interior para chefe do distrito de Podrinje em Sabac, 10 jun. 1914, ibid., resposta de Protić anexada ao doc. 155, p. 290.

155. Chefe do distrito de Podrinje para Protić, Sabac, "Ultrassecreto", 14 jun. 1914, ibid., doc. 198, p. 331.

156. Capitão do 4º Guardas da Fronteira para comandante da área de fronteira, 19 jun. 1914; comandante da 5ª Área de Fronteira, mesma data, ibid., ambos anexados ao doc. 209, p. 343; ver também Vladimir Dedijer, *The Road to Sarajevo*, op. cit., pp. 390-1; Milovije Buha, op. cit., p. 178.

157. O texto sérvio completo da deposição judicial de Ápis pode ser encontrado em Milan Z. Živanović, *Solunski process hiljadu devetsto sedamnaeste. Prilog za proucavanje politicke istorije Srbije od*

1903. do 1918. god. Belgrado: [s.n.], 1955, pp. 556-8; ver também David MacKenzie, *The "Black Hand" on Trial: Salonika, 1917*, op. cit., p. 46.

158. Departamento de Informação do Estado-Maior Real (Ápis) para Departamento de Operações do Estado-Maior, 21 jun. 1914, em *DSP*, v. 7/2, doc. 230, pp. 364-5.

159. Pašić para Stepanović, Belgrado, 24 jun. 1914, ibid., doc. 254, pp. 391-2.

160. Luigi Albertini, op. cit., v. 2, p. 99; Djordje Stanković, *Nikola Pašić, saveznici i stvaranje Jugoslavije*, op. cit., p. 40.

161. Ver "Die Warnungen des serbischen Gesandten", *Neue Freie Presse*, 3 jul. 1914, p. 4.

162. "Note to M. Abel Ferry", 1 jul. 1914, *DDF*, série 3, v. 10, doc. 466, pp. 670-1.

163. Testemunho de Lešanin, relatado em Luciano Magrini, op. cit., p. 115.

164. Carta de Jovanović para o *Neues Wiener Tageblatt*, 177, 28 jun. 1924, citado em Luigi Albertini, op. cit., v. 2, p. 105; Miloš Bogičević, op. cit., pp. 121-5; Luciano Magrini, op. cit., pp. 115-6; Sidney Bradshaw Fay, *The Origins of the First World War*, op. cit., v. 2, pp. 152-66.

165. Joachim Remak, *Sarajevo*, op. cit., p. 75.

166. Ibid., p. 74; Luigi Albertini, op. cit., v. 2, p. 102.

167. Vojislav Vučković, op. cit., p. 192.

168. Djordje Stanković, *Nikola Pašić. Prilozi za biografiju*, op. cit., p. 264.

169. Milorad Radusinović, op. cit., p. 18.

170. Djordje Stanković, *Nikola Pašić, saveznici i stvaranje Jugoslavije*, op. cit., pp. 30-2; Alex N. Dragnich, *Serbia, Nikola Pašić and Yugoslavia*, op. cit, p. 106.

171. Stanković, *Nikola Pašić, saveznivi i stvaranje Jugoslavia*, op. cit., p. 36.

172. Ibid., p. 41.

173. Sobre a compreensão de Pašić a respeito da política russa nos Bálcãs, ver Andrej Šemjakin, "Rusofilstvo Nikole Pašića", p. 28.

174. Wolf Dietrich Behschnitt, op. cit., p. 128.

175. Relatórios do adido militar sérvio em São Petersburgo estão resumidos em Protić para Pašić, Belgrado, 12 jun. 1914; há relatórios adicionais agitados sobre a prevenção militar russa na embaixada na Sérvia em: Belgrado (Spalaiković) para ministro das Relações Exteriores, São Petersburgo, 13 jun. 1914, *DSP*, v. 7, docs. 185, 189, pp. 317, 322.

176. Miloš Bogičević, op. cit., p. iii.

2. O IMPÉRIO SEM QUALIDADES [pp. 94-146]

1. Norman Stone, "Constitutional Crises in Hungary, 1903-1906", *Slavonic and East European Review*, v. 45, n. 104, pp. 163-82, jan. 1967; Peter F. Sugar, "An Underrated Event: The Hungarian Constitutional Crisis of 1905-6", *East European Quarterly*, v. 15, n. 3, pp. 281-306, 1981.

2. Anatol Murad, *Franz Joseph I of Austria and His Empire*. Nova York: [s.n.], 1968, p. 176; Andrew C. Janos, "The Decline of Oligarchy: Bureaucratic and Mass Politics in the Age of Dualism (1867-1918)". In: Andrew C. Janos e William B. Slottman (orgs.). *Revolution in Perspective: Essays on the Hungarian Soviet Republic of 1919*. Berkeley: University of California Press, 1971, pp. 1-60, aqui pp. 23-4.

3. Citado em Alan Sked, *The Decline and Fall of the Habsburg Empire 1815-1918*. Nova York: Routledge, 1991, p. 190.

4. Samuel R. Williamson, *Austria-Hungary and the Origins of the First World War*. Houndmills: MacMillan, 1991, p. 24; cifras para 1880 em Alan Sked, op. cit., pp. 278-9.

5. Alan Sked, op. cit., pp. 210-1; Andrew C. Janos, "The Decline of Oligarchy", op. cit., pp. 50-3.

6. Brigitte Hamann, *Hitlers Wien. Lehrjahren eines Diktators*. Munique: Piper, 1996, pp. 170-4.

7. Steven Beller, *Francis Joseph*. Londres: Longman 1996, p. 173; Arthur J. May, *The Hapsburg Monarchy, 1867-1914*. Cambridge, MA: Harvard University Press, 1951, p. 440; C. A. Macarteney, *The House of Austria. The Later Phase, 1790-1918*. Edimburgo: Edinburgh University Press, 1978, p. 240; Robert A. Kann, *A History of the Habsburg Empire, 1526-1918*. Berkeley: University of California Press, 1977, pp. 452-61; Robin Okey, *The Habsburg Monarchy, c. 1765-1918. From Enlightenment to Eclipse*. Londres: Macmillan, 2001, pp. 356-60.

8. Para uma reflexão interessante sobre esse problema, ver Arthur J. May, "R. W. Seton--Watson and British Anti-Hapsburg Sentiment", *American Slavic and East European Review*, v. 20, n. 1, pp. 40-54, fev. 1961.

9. Para uma análise breve e excelente, ver Lothar Höbelt, "Parliamentary Politics in a Multinational Setting: Late Imperial Austria", *CAS Working Papers in Austrian Studies Series*, Minneapolis, MN: University of Minnessota, Center for Austrian Studies, Working Paper 92-6, mar. 1992; seus argumentos são apresentados em maior detalhe em id., "Parteien und Fraktionen im Cisleithanischen Reichsrat". In: Adam Wandruszka e Peter Urbanitsch (orgs.), op. cit., v. 7/1, pp. 895-1006.

10. László Katus, "The Common Market of the Austro-Hungarian Monarchy". In: András Gerö (org.). *The Austro-Hungarian Monarchy Revisited*. Trad. de Thomas J. e Helen D. DeKornfeld. Nova York: East European Monographs, 2009, pp. 21-49, aqui p. 71.

11. István Deák, "The Fall of Austria-Hungary: Peace, Stability, and Legitimacy". In: Geir Lundestad (org.). *The Fall of Great Powers: Stability, Peace and Legitimacy*. Oxford: Oxford University Press, 1994, pp. 81-102, aqui pp. 86-7.

12. György Köver, "The Economic Achievements of the Austro-Hungarian Monarchy. Scales and Speed". In: András Gerö (org.), op. cit., pp. 51-83, aqui p. 79; Nachum T. Gross, "The Industrial Revolution in the Habsburg Monarchy 1750-1914". In: Carlo Maria Cipolla (org.). *The Emergence of Industrial Societies*. Nova York: Barnes & Noble, 1976, v. 4/1, pp. 228-78. David F. Good, "'Stagnation' and 'Take-Off' in Austria, 1873-1913", *The Economic History Review*, v. 27, n. 1, pp. 72-88, fev. 1974, argumenta que embora não tenha ocorrido nenhuma, estritamente falando, "arrancada" ['*take-off*'] na Áustria, o crescimento da monarquia na parte austríaca manteve-se robusto ao longo de todo o período pré-guerra. John Komlos, "Economic Growth and Industrialisation in Hungary 1830-1913", *Journal of European Economic History*, v. 10, pp. 5-46, 1981; Id., *The Habsburg Monarchy as a Customs Union. Economic Development in Austria-Hungary in the Nineteenth Century*. Princeton: Princeton University Press, 1983, esp. pp. 214-20. Para um relato que ressalte a vitalidade do crescimento do PIB per capita austríaco (em oposição ao húngaro), ver Max Stephan Schulze, "Patterns of Growth and Stagnation in the Late Nineteenth-Century Habsburg Economy", *European Review of Economic History*, v. 4, 2000, pp. 311-40.

13. Henry Wickham Steed, *The Hapsburg Monarchy*. Londres: Constable and Company, 1919, p. 77.

14. John Leslie, "The Antecedents of Austria-Hungary's War Aims. Policies and Policy-makers

in Vienna and Budapest before and during 1914". In: Elisabeth Springer e Leopold Kammerhofer (orgs.), *Archiv und Forschung. Das Haus-, Hof- und Staatsarchiv in seiner Bedeutung für die Geschichte Österreichs und Europas*. Viena: Oldenbourg, 1993, pp. 307-94, aqui p. 354.

15. Robert A. Kann, *A History of the Habsburg Empire, 1526-1918*, op. cit., p. 448; Arthur J. May, *The Hapsburg Monarchy, 1867-1914*, op. cit., pp. 442-3; Alan Sked, op. cit., p. 264; Sazanov para Nicolau II, 20 jan. 1914, GARF, fond 543, op. 1, del. 675.

16. Robin Okey, op. cit., pp. 303, 305.

17. Wolfgang Pav, *Die dalmatinischen Abgeordneten im österreichischen Reichsrat nach der Wahlrechtsreform von 1907*. Viena: Universidade de Viena, 2007, p. 144. Dissertação. Disponível em: <http://othes.univie.ac.at/342/1/11-29-2007_0202290.pdf>. Acesso em: 31 jan. 2014.

18. Sobre essa tendência, ver John Deak, "The Incomplete State in an Age of Total War, Or: The Habsburg Monarchy and the First World War as a Historiographical Problem", texto não publicado, Universidade de Notre-Dame, 2011. John Deak apresentou uma versão desse artigo no Seminário de História Moderna da Europa em Cambridge, em 2011; sou extremamente grato a ele por me permitir ler uma versão prévia do texto completo.

19. Maureen Healy, *Vienna and the Fall of the Habsburg Empire. Total War and Everyday Life in World War I*. Cambridge: Cambridge University Press, 2004, p. 24; John W. Boyer, "Some Reflections on the Problem of Austria, Germany and Mitteleuropa", *Central European History*, v. 22, n. 3/4, pp. 301-15, set./dez. 1989, aqui p. 311.

20. Sobre o crescimento do Estado nesses anos, ver John Deak, op. cit.

21. Gary B. Cohen, "Neither Absolutism nor Anarchy: New Narratives on Society and Government in Late Imperial Austria", *Austrian History Yearbook*, v. 29, pp. 37-61, jan. 1998, aqui p. 74.

22. Robert Musil, *Der Mann ohne Eigenschfaten*. Hamburgo: Rowohlt, 1978, pp. 32-3. [Ed. bras.: *O homem sem qualidades*. Trad. de Lya Luft e Carlos Abbenseth. São Paulo: Nova Fronteira, 1989.]

23. Barbara Jelavich, *History of the Balkans*. Cambridge: Cambridge University Press, 1983, v. 2, p. 68.

24. F. Palacky para o "Comitê dos Cinquenta" do Parlamento de Frankfurt, 11 abr. 1848, apud Hans Kohn, *Pan-Slavism. Its History and Ideology*. Notre Dame: University of Notre Dame Press, 1953, pp. 65-9.

25. Citado em Arthur J. May, *The Hapsburg Monarchy, 1867-1914*, op. cit., p. 199.

26. Laurence Cole, "Military Veterans and Popular Patriotism in Imperial Austria, 1870-1914". In: Laurence Cole e Daniel Unowsky (orgs.). *The Limits of Loyalty: Imperial Symbolism, Popular Allegiances and State Patriotism in the Late Habsburg Monarchy*. Nova York: Berghahn Books, 2007, pp. 36-81, aqui p. 55.

27. Sobre Francisco José como uma "não personalidade" e um "demônio de mediocridade", ver Karl Kraus, *The Last Days of Mankind. A Tragedy in Five Parts*. Trad. de Alexander Gode e Sue Ellen Wright. Nova York: F. Ungar, 1974, ato IV, cena 29, p. 154; ver também Hugh LeCaine Agnew, "The Flyspecks on Palivec's Portrait. Franz Joseph, the Symbols of Monarchy and Czech Popular Loyalty". In: Laurence Cole e Daniel Unowsky (orgs.); op. cit., pp. 86-112, aqui p. 107.

28. Lothar Höbelt, *Franz Joseph I. Der Kaiser und sein Reich. Eine politische Geshichte*. Viena: Böhlau, 2009; sobre o papel do imperador na elaboração de leis e Constituições, ver Lászlo Péter,

"Die Verfassungsentwicklung in Ungarn". In: Adam Wandruszka e Peter Urbanitsch (orgs.), op. cit., v. 7/1, pp. 239-540, esp. pp. 403-14.

29. Steven Beller, op. cit., p. 173.

30. Joseph Maria Baernreither, *Fragmente eines politischen Tagebuches. Die südslawische Frage und Österreich-Ungarn vor dem Weltkrieg*. Berlim: Verlag für Kulturpolitik, 1928, p. 210.

31. Sobre a lealdade ao imperador, ver Stephen Fischer-Galati, "Nationalism and Kaisertreue", *Slavic Review*, v. 22, n. 1, pp. 31-6, mar. 1963; Robert A. Kann, "The Dynasty and the Imperial Ideal", *Austrian History Yearbook*, v. 3, pp. 11-31 (1967); Laurence Cole e Daniel Unowski, "Introduction. Imperial Loyalty an Popular Allegiances in the Late Habsburg Monarchy". In: Laurence Cole e Daniel Unowsky (orgs.), op. cit., pp. 1-10; no mesmo volume, ver também os seguintes capítulos: Christiane Wolf, "Representing Constitutional Monarchy in Late Nineteenth-Century and Early Twentieth-Century Britain, Germany and Austria", pp. 199-222, esp. p. 214; Alice Freifeld, "Empress Elisabeth as Hungarian queen: The Uses of Celebrity Monarchy", pp. 138-61.

32. Joseph Roth, *The Radetzky March*. Trad. de Michael Hofmann. Londres: Granta, 2003, p. 75.

33. Francis R. Bridge, *From Sadowa to Sarajevo*, op. cit., pp. 71.

34. Noel Malcolm, *Bosnia. A Short History*. Londres: MacMillan, 1994, p. 140.

35. Michael Palairet, op. cit., pp. 171, 369; Peter F. Sugar, *The Industrialization of Bosnia--Herzegovina, 1878-1918*, op. cit.; uma análise menos entusiástica enfatizando o caráter instrumental, autointeressado do investimento austríaco é Kurt Wessely, op. cit.

36. Robert J. Donia, *Islam under the Double Eagle. The Muslims of Bosnia and Herzegovina, 1878--1914*. Nova York: East European Monographs, 1981, p. 8; Robert A. Kann, "Trends towards Colonialism in the Habsburg Empire, 1878-1918: The Case of Bosnia-Hercegovina 1878-1918", op. cit.

37. Martin Mayer, op. cit., p. 93.

38. Noel Malcolm, op. cit., p. 144.

39. Vladimir Dedijer, *The Road to Sarajevo*, op. cit., p. 278.

40. Comentário registrado pelo ex-ministro do Comércio austríaco Joseph Maria Baernreither, de Oskar Mitis (org.), *Der Verfall des Habsburgerreiches und die Deutschen. Fragmente eines politischen Tagebuches 1897-1917* (Viena: [s.n.], 1939), pp. 141-2.

41. William Eleroy Curtis, *The Turk and His Lost Provinces: Greece, Bulgaria, Servia, Bosnia*. 2. ed. Chicago: Fleming H. Revell, 1903, p. 275. O presidente Roosevelt pode muito bem ter lido Curtis, que também faz a ligação com as Filipinas.

42. Edvard Beneš, *Le Problème autrichien et la question tchèque* (Paris, 1908), p. 307 apud Joachim Remak, "The Ausgleich and After — How Doomed the Habsburg Empire?". In: Ludovík Holotík e Anton Vantuch (orgs.). *Der Österreich-Ungarische Ausgleich 1867*. Bratislava: Verlag der Slowakishchen, 1971, pp. 971-88, aqui p. 985.

43. Henry Wickham Steed, carta para o editor, *TLS*, 24 set. 1954; Id., *The Hapsburg Monarchy*, op. cit., p. xiii.

44. Thomas Garrigue Masaryk, *The Making of a State, Memories and Observations, 1914-1918*. Londres: [s.n.], 1927, p. 8 (a edição original em tcheco e a tradução para o alemão foram publicadas em 1925). Para uma discussão da opinião de Steed e dessa passagem, ver John Deak, op. cit.

45. Oszkár Jászi, *The Dissolution of the Habsburg Monarchy*. Chicago: University of Chicago Press, 1929, pp. 23, 451.

46. Id., "Danubia: Old and New", *Proceedings of the American Philosophical Society*, v. 93, n. 1, pp. 1-31, 18 abr. 1949, aqui p. 2.

47. Mihály Babits, *Keresztül-kasul az életemen*. Budapeste: Nyugat, 1939, apud Mihály Szegedy--Maszák, "The Re-evaluated Past: The Memory of the Dual Monarchy in Hungarian Literature". In: András Gerö (org.), op. cit., pp. 192-216, aqui p. 196.

48. Para uma compilação útil de estudos país a país, ver Marian Kent (org.), *The Great Powers and the End of the Ottoman Empire* (Londres: George Allen and Unwin, 1984).

49. Samuel R. Williamson, *Austria-Hungary and the Origins of the First World War*, op. cit., pp. 59-61; Francis R. Bridge, *From Sadowa to Sarajevo*, op. cit., pp. 211-309.

50. O texto do tratado da Liga dos Três Imperadores (versão de 1881) e o protocolo em separado podem ser consultados em Francis R. Bridge, *From Sadowa to Sarajevo*, op. cit., pp. 399-402.

51. Citado em ibid., p. 141. Mas ver também Ernst R. Rutkowski, "Gustav Graf Kálnoky. Eine biographische Skizze", *Mitteilungen des Österreichischen Staatsarchiv*, v. 14, pp. 330-43, 1961.

52. Memorando de Kálnoky para Taaffe, set. 1885, citado em Francis R. Bridge, *From Sadowa to Sarajevo*, op. cit., p. 149.

53. Edmund Glaise von Horstenau, *Franz Josephs Weggefährte: das Leben des Generalstabschefs, Grafen Beck nach seinen Aufzeichnungen und hinterlassenen Dokumenten*. Zurique: Almathea, 1930, p. 391.

54. Francis R. Bridge, *From Sadowa to Sarajevo*, op. cit., p. 263.

55. Kosztowits para Tets van Goudriaan, Belgrado, 22 jan. 1906, NA, 2.05.36, doc. 10, Rapporten aan en briefwisseling met het Ministerie van Buitenlandse Zaken.

56. Para uma discussão esclarecedora desses acordos, baseada nas memórias e nos diários do diplomata búlgaro Christophor Khesapchiev, ver Kiril Valtchev Merjanski, *The Secret Serbian--Bulgarian Treaty of Alliace of 1904 and the Russian Policy in the Balkans before the Bosnian Crisis*. Dayton, OH: Wright State University, 2007. Dissertação, pp. 30-1, 38-9, 41-2, 44, 50-1, 53-78. Ver também Constantin Dumba, op. cit., pp. 137-9; Miloš Bogičević, *Die auswärtige Politik Serbiens 1903-1914*. Berlim: Buckenverlag, 1928-1931, v. 3, p. 29.

57. Para uma discussão clássica desse problema, ver Solomon Wank, "Foreign Policy and the Nationalty Problem in Áustria-Hungary, 1867-1914", *Austrian History Yearbook*, v. 3, pp. 37-56, 1967.

58. Pomiankowski para Beck, Belgrado, 17 fev. 1906, citado em Günther Kronenbitter, *"Krieg im Frieden": Die Führung der k.u.k Armee und die Grossmachtpolitik Österreich-Ungarns 1906-1914*. Munique: Oldenbourg, 2003, p. 327.

59. "Konzept der Instruktion für Forgách anlässlich seines Amtsantrittes in Belgrad", Viena, 6 jul. 1907. In: Solomon Wank (org.). *Aus dem Nachlass Aehrenthal, Briefe und Dokumente zur österreichisch-ungarischen Innen- und Aussenpolitik 1885-1912*. Graz: Neugebauer, 1994, v. 2, doc. 377, pp. 517-20, aqui p. 518.

60. Solomon Wank, "Aeherenthal's Programme for the Constitutional Transformation of the Habsburg Monarchy: Three Secret Mémoires", *Slavonic and East European Review*, v. 42, pp. 513-36, 1963, aqui p. 515

61. Sobre os antecedentes da anexação, ver Bernadotte Everly Schmitt, *The Annexation of Bosnia 1908-1909*. Cambridge: Cambridge University Press, 1937, pp. 1-18.

62. Robin Okey, op. cit., p. 363.

63. Holger Afflerbach, *Der Dreibund. Europäische Grossmacht- und Allianzpolitik von dem Ersten Weltkrieg*. Viena: Böhlau, 2002, p. 629.

64. N. Shebeko, *Souvenirs: Essai historique sur les origines de la guerre de 1914*. Paris: Bibliothèque Diplomatique, 1936, p. 83.

65. Harold Nicolson, *Die Verschwörung der Diplomaten. Aus Sir Arthur Nicolson sons Leben 1849--1928*. Frankfurt am Main: Frankfurter Societäts-Druckerei, 1930, pp. 301-2; Samuel R. Williamson, *Austria-Hungary and the Origins of the First World War*, op. cit., pp. 68-9; Bernadotte Everly Schmitt, *The Annexation of Bosnia*, op. cit., pp. 49-60; um relato contemporâneo confirmando essa visão: Baron M. de Taube, *La Politique russe d'avant-guerre et la fin de l'empire des Tsars* (Paris: Leroux, 1928), pp. 186-7.

66. Theodor von Sosnosky, *Die Balkanpolitik Österreich-Ungarns seit 1866*. Berlim: Deutsche Verlags-Anstalt, 1914, pp. 170-1; Bernadotte Everly Schmitt, *The Annexation of Bosnia*, op. cit., pp. 43-4; Holger Afflerbach, *Der Dreibund. Europäische Grossmacht- und Allianzpolitik von dem Ersten Weltkrieg*, op. cit., pp. 750-4, 788-814; R. J. B. Bosworth, *Italy, the Least of the Great Powers: Italian Foreign Policy before the First World War*. Londres: Cambridge University Press, 1979, pp. 87-8, 223-4, 245.

67. W. M. Carlgren, *Iswolsky und Aehrenthal vor der bosnischen Annexionskrise. Russische und österreichisch-ungarische Balkanpolitik 1906-1908*. Uppsala: Almqvist & Wiksell, 1955, pp. 86-7.

68. David Stevenson, *Armaments and the Coming of War: Europe 1904-1915*. Oxford: Oxford Universtity Press, 1996, pp. 162-3.

69. Paul Miliukov, op. cit., p. 242; Vasilij N. Strandmann, *Balkanske Uspomene*. Trad. de Jovan Kachaki. Belgrado: Žagor, 2009, p. 238.

70. Günter Schödl, *Kroatische Nationalpolitik ind "Jugoslavenstvo". Studien zur nationalen Integration und regionaler Politik in Kroatien-Dalmatien am Beginn des 20. Jahrhunderts*. Munique: Oldenbourg, 1990, p. 289.

71. Ver Thomas Garrigue Masaryk, *Der Agramer Hochverratsprozess und die Annexion von Bosnien und Herzegowina*. Viena: C. Konegen, 1909, panfleto contendo boa parte dos principais argumentos de Mararyk sobre o escândalo do julgamento de Agram; ver também Theodor von Sosnosky, op. cit., pp. 221-4; Joseph Maria Baernreither, *Fragmente eines politischen Tagebuches. Die südslawische Frage und Österreich-Ungarn vor dem Weltkrieg*, op. cit., pp. 133-45.

72. Forgách para Macchio, Belgrado, 17 jan. 1910, *ÖUAP*, v. 3, p. 40, doc. 2296; Fórgach para Aehrenthal, Belgrado, 13 nov. 1910, ibid., doc. 2309, p. 49; Fórgach para Aerenthal, Belgrado 15 nov. 1910, ibid., doc. 2316, pp. 56-8; Fórgach para Aehrenthal, Belgrado, 22 nov. 1910, ibid., doc. 2323, pp. 64-6.

73. Forgách para Aehrenthal, Belgrado, 26 nov. 1910, ibid., doc. 2329, pp. 72-4.

74. Forgách para Macchio, Belgrado, 17 jan. 1911, ibid., doc. 2413, p. 146.

75. Forgách para Aehrenthal, Belgrado, 12 dez. 1910, ibid., doc. 2369, pp. 109-10.

76. Forgách para Aehrenthal, Belgrado, 1 abr. 1911, ibid., doc. 2490, p. 219.

77. Ver Miroslav Spalajković, *La Bosnie et l'Herzégovine. Étude d'histoire diplomatique et de droit international*. Paris: Arthur Rousseau, 1899, esp. pp. 256-79, 280-316.

78. Notas sobre uma conversa com Descos de Jean Doulcet. São Petersburgo, 8 dez. 1913, AMAE, Papiers Jean Doulcet, v. 23, Saint Petersbourg IV, Notes personnelles, 1912-7.

79. John Leslie, op. cit., p. 341; sobre a hostilidade entre Forgách e Spalajković, ver também Friedrich Würthle, op. cit., pp. 186-92.

80. Tchirschky para Hollweg, Viena, 13 fev. 1910, PA-AA, R 10984.

81. Notas sobre uma conversa com André Panafieu, São Petersburgo, 11 dez. 1912, AMAE, Papiers Jean Doulcet, v. 23.

82. Vasilij N. Strandmann, op. cit., p. 249.

83. Malenković para Pašić, Budapeste, 12 jul. 1914, AS, MID-PO, 416, p. 162.

84. Andrew Lamb, *Léhar's Die Lustige Witwe: Theatrical Fantasy or Political Reality*, 2004. Ed. rev. de um artigo para o programa de *The Merry Widow*, Royal Opera, Londres, 1997. Disponível em: <http://web.archive.org/web/20040605030555/www.josef-weinberger.com/mw/politics.html>. Acesso em: 1 fev. 2014.

85. Egon Erwin Kisch, *Mein Leben für dize Zeitung 1906-1925. Journalistische Texte I*. Berlim: Aufbau, 1983, pp. 140-2.

86. Polivanov para Neratov, São Petersburgo, 14 ago. 1911, *IBZI*, série 3, v. 1, parte 1, pp. 383-4, doc. 318.

87. Günther Kronenbitter, op. cit., p. 321; Christopher Seton Watson, *Italy From Liberalism to Fascism, 1870-1925*. Londres: Methuen, 1967, pp. 333-8.

88. Christopher Seton Watson, op. cit., p. 344.

89. O texto de Racconigi (em francês e russo) encontra-se em Narodnyĭ komissariat po inostrannym delam (org.), *Materialy po istorii franko-russkikh otnoshenii za 1910-1914 g.g. Sbornik sekretnykh diplomaticheskikh dokumentov byvshego Imperatorskogo rossiiskogo ministerstva inostrannykh del*. Moscou: [s.n.], 1922, p. 298; sobre o subsequente acordo entre Áustria-Hungria e Itália, ver Guido Donnini, *L'Accordo Italo-Russo di Racconigi*. Milão: Dott. A. Giuffrè, 1983, pp. 273-9.

90. Čedomir Antić, "Crisis and Armament. Economic Relations between Great Britain and Serbia 1910-1912", *Balcanica*, v. 36, pp. 158-9, 2006.

91. Aehrenthal para Szögyeńyi, Erlass nach Berlin, 29 dez. 1911, *ÖUAP*, v. 3, p. 733, doc. 3175; Radoslav Vesnić, *Dr. Milenko Vesnić: Gransenjer Srbske Diplomatije*. Belgrado: Prometej, 2008, pp. 275, 280.

92. Von Haymerle para MFA Vienna, Belgrado, 9 out. 1919, *ÖUAP*, v. 3, doc. 2266, pp. 13-4.

93. Ugron para Aehrentahl, Belgrado, 12 nov. 1911, *ÖUAP*, v. 3, p. 53, doc. 2911, 9; Ugron para Aehrentahl, Belgrado, 14 nov. 1911, ibid., doc. 2921, pp. 545-6; Gellinek para chefe do Estado-Maior, Belgrado, 15 nov. 1911, ibid., doc. 2929, pp. 549-50.

94. Gellinek para chefe do Estado-Maior, Belgrado, 22 nov. 1911, ibid., doc. 2966, p. 574; ver também Ugron para Aehrentahl, Belgrado, 29 jan. 1912, transcrito em Barbara Jelavich, "What the Habsburg Government Knew about the Black Hand", *Austrian History Yearbook*, v. 22, pp. 131-50, jan. 1991, aqui p. 141.

95. Gellinek para chefe do Estado-Maior, Belgrado, 15 nov. 1911, *ÖUAP*, p. 549, v. 3, doc. 2928; Gellinek para chefe do Estado-Maior, Belgrado, 15 nov. 1911, ibid., doc. 2929, pp. 549-50.

96. Gellinek para chefe do Estado-Maior, Belgrado, 3 dez. 1911, ibid., doc. 3041, p. 627; Gellinek para chefe do Estado-Maior, Belgrado, 2 fev. 1912, ibid., doc. 3264, pp. 806-7.

97. Ugron para MFA Vienna, Belgrado, 6 fev. 1912, ibid., pp. 812-4, doc. 3270.

98. Jelavich, "What the Habsburg Government Knew about the Black Hand", op. cit., p. 138.

99. Gellinek para chefe do Estado-Maior, Belgrado, 18 jan. 1914, transcrito em Jelavich, "What the Habsburg Government Knew about the Black Hand", op. cit., pp. 142-4, aqui p. 143.

100. Gellinek para chefe do Estado-Maior, Belgrado, 10 maio 1914, transcrito em ibid., pp. 145-7, aqui p. 145.

101. Gellinek para chefe do Estado-Maior, Belgrado, 21 maio 1914, transcrito em ibid., pp. 147-9, aqui pp. 147-8.

102. Gellinek para chefe do Estado-Maior, Belgrado, 21 jun. 1914, transcrito em ibid., pp. 149-50, aqui p. 150.

103. Hugo Hantsch, *Leopold Graf Berchtold. Grandseigneur und Staatsmann*. Graz: Styria, 1963, v. 2, p. 489.

104. Leon Biliński, *Wspomnienia I dokumenty*. Varsóvia: F. Hoesick, 1924, v. 1, pp. 260-2; para uma análise sutil desse encontro, ver também capítulo manuscrito inédito de Samuel R. Williamson intitulado "Serbia and Austria-Hungary: The Final Rehearsal, October 1913", pp. 13-5. Sou extremamente grato ao professor Williamson por me permitir ler este capítulo, que me ajudou a entender a evolução das relações austro-sérvias após a Segunda Guerra Balcânica.

105. Sobre a "*politesse exquise, mais peu sincère, léger, peu sûr de lui-même, et à cause de cela réservé et peu communicatif*" de Berchtold, ver N. Shebeko, op. cit., p. 167.

106. Barbara Jelavich, "What the Habsburg Government Knew about the Black Hand", op. cit., pp. 131-50.

107. Günther Kronenbitter, op. cit., p. 386.

108. Gellinek, Sumário do Exército sérvio após sua campanha contra a Bulgária no verão de 1913, ibid., pp. 434-5; sobre estimativas austríacas do poderio militar sérvio, ver também Rudolf Jerábek, *Potiorek. General im Schatten von Sarajevo*. Graz: Styria, 1991, p. 106.

109. Para uma brilhante análise das estruturas de tomada de decisões na Áustria-Hungria, ver John Leslie, op. cit., pass.

110. Gina Gräffin Conrad von Hötzendorf, *Mein Leben mit Conrad von Hötzendorf*. Leipzig: Grethlen, 1935, p. 12.

111. Lawrence Sondhaus, *Franz Conrad von Hötzendorf: Architect of the Apocalypse*. Boston: Brill, 2000, p. 111.

112. Holger H. Herwig, *The First World War: Germany and Austria-Hungary, 1914-1918*. Londres: Edward Arnold, 1997, p. 10.

113. Hans Jürgen Pantenius, *Der Angriffsgedanke gegen Italien bei Conrad von Hötzendorf. Ein Beitrag zur Koalitionskriegsführung im Ersten Weltkrieg*. Colônia: Böhlau, 1984, v. 1, pp. 350-7; Holger H. Herwig, *The First World War: Germany and Austria-Hungary, 1914-1918*, op. cit., pp. 9-10.

114. Roberto Segre, *Vienna e Belgrado 1876- 1914*. Milão: Corbaccio, [1935], p. 43.

115. Gina Gräffin Conrad von Hötzendorf, op. cit., p. 44.

116. Conrad, Memorando de 31 dez. 1907, citado em Günther Kronenbitter, op. cit., p. 330.

117. Gina Gräffin Conrad von Hötzendorf, op. cit., p. 101.

118. Holger H. Herwig, *The First World War: Germany and Austria-Hungary, 1914-1918*, op. cit., pp. 19-21.

119. A respeito da visão de Conrad sobre o conflito armado, ver Günther Kronenbitter, op. cit., pp. 135-7, 139-40; István Deák, *Beyond Nationalism: A Social and Political History of the Habsburg Officer Corps*. Nova York: Oxford University Press, 1990, p. 73; Hans Jürgen Pantenius, op. cit., pp. 231, 233-6.

120. Aehrentahl, memorando de 22 out. 1911, citado em Günther Kronenbitter, op. cit., pp. 363-5.

121. Graf Franz Conrad von Hötzendorf, *Aus meiner Dienstzeit, 1906-1918*. Viena: Rikola, 1921--5, v. 2, p. 282.

122. István Deák, *Beyond Nationalism: A Social and Political History of the Habsburg Officer Corps*, op. cit., p. 73.

123. Francis R. Bridge, *From Sadowa to Sarajevo*, op. cit., p. 336; Lawrence Sondhaus, op. cit., p. 106.

124. Rudolf Sieghart, *Die letzten Jahrzehnte einer Grossmacht*. Berlim: Ullstein, 1932, p. 52; Georg Franz, *Erzherzog Franz Ferdinand und die Pläne zur Reform der Habsburger Monarchie*. Brünn: R. M. Rohrer, 1943, p. 23.

125. Lawrence Sondhaus, *The Naval Policy of Austria-Hungary 1867-1918. Navalism, Industrial Development and the Politics of Dualism*. West Lafayette, IN: Purdue University Press, 1994, p. 176; foi Koeber, primeiro-ministro austríaco, quem usou a expressão "governo de sombras"; ver Georg Franz, op. cit., p. 25.

126. Citado em Günther Kronenbitter, op. cit., p. 66.

127. Lavender Cassels, *The Archduke and the Assassin: Sarajevo, June 28th 1914*. Londres: Frederick Muller, 1984, p. 23; Georg Franz, op. cit., p. 18.

128. Keith Hitchins (org.), *The Nationality Problem in Austria-Hungary: The Reports of Alexander Vaida to Archduke Franz Ferdinand's Chancellary*. Leiden: E. J. Brill, 1974, pp. x, 8-14, 176-9, pass.

129. Stephan Verosta, *Theorie und Realität von Bündnissen. Heinrich Lammasch, Karl Renner und der Zweibund, 1897-1914*. Viena: Europa Verlag, 1971, pp. 244, 258-9, 266.

130. Günther Kronenbitter, op. cit., pp. 74, 163; Lawrence Sondhaus, *Franz Conrad von Hötzendorf: Architect of the Apocalypse*, op. cit., p. 118.

131. Lawrence Sondhaus, *Franz Conrad von Hötzendorf: Architect of the Apocalypse*, op. cit., pp. 104-5.

132. Francisco Ferdinando para Aehrenthal, 6 ago. 1908, citado em Leopold von Chlumecky, *Erzherzog Franz Ferdinands Wirken und Wollen*. Berlim: Verlag für Kulturpolitik, 1929, p. 98.

133. Francisco Ferdinando para Aehrenthal, 20 out. 1908, citado em Günther Kronenbitter, op. cit., pp. 338-9.

134. Francisco Ferdinando para major Alexander Brosch von Aarenau, 20 out. 1908, citado em Chlumecky, op. cit., p. 99; Rudolf Kiszling, *Erzherzog Franz Ferdinand von Österreich-Este. Leben, Pläne und Wirken am Schicksalsweg der Donaumonarchie*. Graz: Böhlaus, 1953, pp. 127-30; Lawrence Sondhaus, *Franz Conrad von Hötzendorf: Architect of the Apocalypse*, op. cit., p. 102.

135. Sobre seus motivos para aceitar o posto, ver Berchtold, entrada no diário de 2 fev. 1908, citado em Hugo Hantsch, op. cit., v. 1, p. 88.

136. Ibid., p. 86.

137. Berchtold para Aehrenthal, São Petersburgo, 19 nov. 1908, ibid., pp. 132-4.

138. Ibid., p. 206; para as opiniões de Berchtold sobre o espírito filisteu da alta sociedade de São Petersburgo, ver ibid., p. 233.

139. John Leslie, op. cit., p. 377.

140. Francisco Fernando para Berchtold, Viena, 16 jan. 1913, citado em Francis R. Bridge, *From Sadowa to Sarajevo*, op. cit., p. 342.

141. Citado em Hugo Hantsch, op. cit., v. 1, p. 265.

142. Relatório do cônsul-geral Jehlitschka em Üsküb, 24 out. 1913, copiado como anexo para Griesinger para gabinete de Relações Exteriores Alemão, Belgrado, 30 out., PA-AA, R 14 276, citado em Katrin Boeckh, op. cit., p. 168.

143. Jovanović para Pašić, Viena, 6 maio 1914, AS, MID-PO, 415, p. 674.

144. Storck para Berchtold, Belgrado, 28 out. 1913, citado em Katrin Boeckh, op. cit., p. 171-2.

145. Giesl para MFA Vienna, Belgrado, 30 maio 1914, em *ÖUAP*, v. 8, pp. 96-7, doc. 9774.

146. Gellinek para MFA Vienna, ibid., doc. 9883, pp. 158-9.

147. Para um texto em inglês do memorando de Matscheko, ver Francis R. Bridge, *From Sadowa to Sarajevo*, op. cit., pp. 443-8, aqui p. 443.

148. Sobre a necessidade de auxílio externo, ver De Veer e Thomson (Missão Holandesa para a Albânia) para ministro da Guerra da Holanda, NA, 2.05.03, doc. 652, Algemeine Correspondentie over Albanië Ministerie van Buitenlandse Zaken.

149. Todas as citações do memorando de Matscheko são da transcrição em Francis R. Bridge, *From Sadowa to Sarajevo*, op. cit. Sobre a paranoia expressa pelo memorando e a "estridência" de seu tom, ver Samuel R. Williamson, *Austria-Hungary and the Origins of the First World War*, op. cit., pp. 165-70; sobre sua aparência irônica: Francis R. Bridge, *From Sadowa to Sarajevo*, op. cit., pp. 334-5; para uma visão diferente sugerindo que os objetivos estabelecidos no memorando (a saber, a cooptação da Romênia) não poderiam ter sido atingidos sem detonar uma crise, ver Paul Schroeder, "Romania and the Great Powers before 1914", *Revue Roumaine d'Histoire*, v. 14, n. 1, pp. 39-53.

150. Ver Günther Kronenbitter, op. cit., pp. 236-7; sobre o envolvimento de Hötzendorf Jr., ver Bruce W. Menning, "Russian Military Intelligence, July 1914. What St. Petersburg Perceived and Why It Mattered", texto inédito. Sou extremamente grato ao professor Menning por compartilhar esse artigo comigo antes de sua publicação pelo *Journal of Modern History* e por discutir comigo suas ideias acerca do lugar da inteligência na tomada de decisões russa. Para as memórias de Svechin, discutidas por Menning, ver Mikhail Svechin, *Zapiski starogo generala o bylom* (Nice: [s.n.], 1964), esp. p. 99.

151. Samuel R. Williamson, *Austria-Hungary and the Origins of the First World War*, op. cit., p. 146.

152. Citado em Lawrence Sondhaus, *Franz Conrad von Hötzendorf: Architect of the Apocalypse*, op. cit., p. 122.

153. Graf Franz Conrad Von Hötzendorf, op. cit., v. 3, p. 169; Karl Bardolff, *Soldat im altern Österreich*. Jena: Diederichs, 1938, p. 177; Rudolf Kiszling, op. cit., p. 196.

154. Citado em Günther Kronenbitter, op. cit., p. 71.

155. Vasilij N. Strandmann, op. cit., pp. 245-50; para queixas por parte de negociadores sérvios acerca de intervenções de Pašić, ver Mikhail Ilić para Pašić, Viena, 9 mar. 1914; o mesmo para, Viena, 10 mar. 1914, e esp. o mesmo para, 11 mar. 1914, onde Ilić pede a Vašić que desista de atrapalhar as negociações com "novidades", AS, MID-PO, 415, pp. 9-12, 14-27; sobre a presteza de ambas as partes para chegar a um acordo, ver Hartwig para Sazonov, Belgrado, 4 mar. 1914, *IBZI*, série 3, v. 1, doc. 379, p. 375.

3. A POLARIZAÇÃO DA EUROPA, 1887-1907 [pp. 149-95]

1. Para o texto do tratado, ver "The Franco Russian Alliance Millitary Convention, August 18, 1892". In: *The Avalon Project. Documents in Law, History and Diplomacy*. New Haven: Yale Law School,

2008. Disponível em: <http://avalon.law.yale.edu/19th_century/frrumil.asp>. Acesso em: 1 fev. 2014.

2. Claude Digeon, *La Crise allemande dans la pensée française 1870-1914*. Paris: PUF, 1959, pp. 535-42.

3. Klaus Hildebrand, *Das vergangene Reich. Deutsche Aussenpolitik von Bismarck bis Hitler 1871--1945*. Stuttgart: Deutsche Verlags-Anstalt, 1995, p. 18.

4. Para uma análise aguçada desse problema, ver Paul W. Schroeder, "The Lost Intermediaries: The Impact of 1870 on the European System", *International History Review*, v. 6, n. 1, pp. 1-27, fev. 1984.

5. J. B. Eustis, "The Franco-Russian Alliance", *The North American Review*, v. 165, pp. 11-8, 1897, aqui p. 117.

6. Ulrich Lappenküper, *Die Mission Radowitz. Untersuchungen zur Russlandpolitik Otto von Bismarcks (1871-1875)*. Göttingen: Vandenhoeck & Rupprecht, 1990, p. 226.

7. A citação é do famoso Memorando Bad Kissingen de 15 jun. 1877, que foi elaborado com um olho nos Bálcãs, mas capta muitos temas centrais da política do chanceler; o texto está em *GP*, 1922-7, v. 2, pp. 153-4.

8. Otto von Bismarck, discurso para o Reichstag de 5 dez. 1876, em Horst Kohl (org.), *Politische Reden. Historisch-kritische Gesamtausgabe*. Stuttgart: Scientia, 1892-1905, v. 6, p. 461.

9. Klaus Hildebrand, *Das vergangene Reich*, op. cit., pp.50-1; ver também Hermann Oncken, *Das Deutsche Reich und die Vorgeschichte des Weltkrieges*. Leipzig: Ambrosius Barth, 1933, v. 1, p. 215.

10. Para um bom resumo da crise búlgara, ver John Morris Roberts, *Europe, 1880-1945*. 3. ed. Harlow: Longman, 2001, pp. 75-8.

11. Herbert von Bismarck para seu irmão Wilhelm, 11 nov. 1887, em Walter Bussmann (org.), *Staatssekretär Graf Herbert von Bismarck: aus seiner politischen Privatkorrespondenz*. Göttingen: Vandenhoeck & Ruprecht, 1964, pp. 457-8.

12. Sobre a *fronde* de Bismarck, ver J. Alden Nicholls, *Germany After Bismarck: The Caprivi Era, 1890-1894*. Cambridge, MA: Harvard University Press, 1958, pp. 101-3, 132-4; Katharine Anne Lerman, *Bismarck. Profiles in Power*. Harlow: Longman, 2004, pp. 244-8; Konrad Canis, *Bimarcks Aussenpolitik 1870 bis 1890: Aufstieg und Gefährdung*. Paderborn: Schöningh, 2004, pp. 381-3; Ernst Engelberg, *Bismarck. Das Reich in der Mitte Europas*. Munique: DTV, 1993, pp. 309-13; Otto Pflanze, *Bismarck and the Development of Germany*. Princeton: Princeton University Press, 1990, v. 3: *The Period of Fortification 1880-898*, pp. 313-6.

13. William L. Langer, "The Franco-Russian Alliance (1890-1894)", *The Slavonic Review*, v. 3, n. 9, pp. 554-75, mar. 1925, aqui pp. 554-5.

14. Sobre o impacto da não renovação em São Petersburgo. Ver Peter Viggo Jakobs, *Das Werden des französisch-russischen Zweibundes 1890-1894*. Wiesbaden: O. Harrassowitz, 1968, pp. 56-8; George F. Kennan, *The Decline of Bismarck's European Order. Franco-Prussian Relations, 1875-1890*. Princeton: Princeton University Press, 1979, p. 398.

15. *Morning Post*, 1 jul. 1891 e *Standard*, 4 jul. 1891, ambos citados em Patricia A. Weitsman, *Dangerous Alliances, Proponents of Peace, Weapons of War*. Stanford: Stanford University Press, 2004, p. 109.

16. Antoine Laboulaye para Alexandre Ribot, 22 jun. 1890, ibid., p. 105

17. Giers para Mohrenheim, 10-21 ago. 1891, ibid., pp. 105-6.

18. George F. Kennan, *The Fateful Alliance: France, Russia and the Coming of the First World War*. Manchester: Pantheon Books, 1984, pp. 153-4.

19. Francis R. Bridge e Roger Bullen, *The Great Powers and the European States System 1815-1914* (Harlow: Longman, 1980), p. 259; sobre a orientação antibritânica da nova aliança (aos olhos da Rússia), ver também Peter Viggo Jakobs, op. cit., pp. 73-8.

20. George F. Kennan, *The Fateful Alliance*, op. cit., pass.

21. Patricia A. Weitsman, op. cit., p. 117.

22. Sobre a aliança e a cultura popular, ver I. S. Rybachenok, *Rossiia i Frantsiia: soiuz interesov i soiuz serdets, 1891-1897: russko-frantsuzskyi soiuz v diplomaticheskikh dokumentakh, fotografiiakh, risunkakh, karikaturakh, stikhakh, tostakh i meniu*. Moscou: Rosspen, 2004.

23. Thomas M. Liams, *Dreyfus, Diplomatists and the Dual Alliance: Gabriel Hanotaux at the Quai d'Orsay, 1894-1898*. Genebra: Librairie Droz, 1962, pp. 27-8.

24. Conversa entre Lamzdorf e Lobanov-Rostovsky registrada em 9 out. 1895, em Vladimir Nokolacevici Lamzdorf, *Dnevnik: 1894-1896*. Org. de Valerij Ivanovici Bovykin e Irina lekseevna Diakonova. Moscou: Meždunarodnye otnošeniâ, 1991, pp. 264-6; Dominic C. B. Lieven, *Nicholas II: Emperor of All the Russias*. Londres: John Murray, 1993, p. 93.

25. Sobre a visão de Hanotaux das colônias como cruciais para a restauração do prestígio perdido, ver Peter Grupp, *Theorie des Kolonialimperialismus und Methoden der imperialistischen Aussenpolitik bei Gabriel Hanotaux*. Berna: [s.n.] 1962), esp. p.p. 78-84, 122-7, 142-5; ver também Alf Andrew Heggoy, *The African Policies of Gabriel Hanotaux, 1894-1898*. Athens, GA: University of Georgia Press, 1972, esp. pp. 10-1; Christopher Andrew e A. S. Kanya-Forstner, "Gabriel Hanotaux, the Colonial Party and the Fashoda Strategy". In: Ernest Francis Penrose (org.). *European Imperalism and the Partition of Africa*. Londres: Frank Cass, 1975, pp. 55-104.

26. Citado em Christopher Andrew, *Théophile Delcassé and the Making of the Entente Cordiale: A Reappraisal of French Foreign Policy 1898-1905*. Londres: MacMillan, 1968, p. 19; M. B. Hayne, op. cit., p. 95.

27. G. N. Sanderson, *England, Europe and the Upper Nile, 1882-1889*. Edimburgo: Edinburgh University Press, 1965, pp. 140-61.

28. M. B. Hayne, op. cit., p. 97.

29. Christopher Andrew, *Théophile Delcassé and the Making of the Entente Cordiale*, op. cit., p. 168.

30. Ibid., p. 171.

31. Jules Clarétie, "Vingt-huit ans à la Comédie-Française: Journal (Mai 1899 Septembre 1900)", *Revue des Deux Mondes*, pp. 122-40, nov. 1949, aqui p. 129, entrada de 8 maio 1900.

32. Ibid., p. 129; Christopher Andrew, *Théophile Delcassé and the Making of the Entente Cordiale*, op. cit., pp. 307-8; M. B. Hayne, op. cit., p. 113.

33. Christopher Andrew, *Théophile Delcassé and the Making of the Entente Cordiale*, op. cit., p. 172. Sobre a reação francesa aos sinais da reaproximação anglo-germânica no fim da década de 1890, ver também P. J. V. Rolo, *Entente Cordiale. The Origins and Negotiations of the Anglo-French Agreements of 8 April 1904*. Londres: St. Martin's Press, 1969, p. 73.

34. P. J. V. Rolo, op. cit., p. 106.

35. Georges Maurice Paléologue, *Un Grand Tournant de la politique mondiale (1904-1906)*. Paris: Plon, 1934, p. 196.

36. M. B. Hayne, op. cit., p. 55.

37. Discurso de Disraeli para a Câmara dos Comuns, ver Benjamin Disraeli, "Address to Her Majesty on Her Most Gracious Speech". *Hansard 1803-2005*. Londres: 9 fev. 1871, v. 204, cc 53-116. Disponível em: <http://hansard.millbanksystems.com/commons/1871/feb/09/address-to-her--majesty-on-her-most>. Acesso em: 1 fev. 2014.

38. Editorial, *The Times*, Londres, 15 fev. 1871, p. 9, col. C.

39. "The Eastern Question: The Russian Repudiation of the Treaty of 1856, A New Sebastopol Wanted". *New York Times*, Nova York, 1 jan. 1871, p. 1.

40. Discurso de Disraeli para a Câmara dos Comuns, ver Benjamin Disraeli, "Address to Her Majesty on Her Most Gracious Speech", op. cit.

41. Keith Neilson, *Britain and the Last Tsar: British Policy and Russia 1894-1917*. Oxford: Oxford University Press, 1995, p. xiii.

42. Para a análise definitiva sobre a Questão Chinesa, ver Thomas G. Otte, *The China Question: Great Power Rivalry and British Isolation, 1894-1905*. Oxford: Oxford University Press, 2007.

43. Payson J. Treat, "The Cause of the Sino-Japanese War, 1894", *The Pacific Historical Review*, v. 8, n. 2, jun. 1939, pp. 149-57; Stewart Lone, *Japan's First Modern War: Army and Society in the Conflict with China, 1894-95*. Londres: MacMillan, 1994, p. 24.

44. Keith Neilson, "Britain, Russia and the Sino-Japanese War". In: Keith Neilson; John F. Berryman e Ian Hill Nish. *The Sino-Japanese War of 1894-5 in its International Dimension*. Londres: Suntory-Toyota International Centre for Economics and Related Disciplines, [1994], pp. 1-22.

45. P. J. V. Rolo, op. cit., pp. 64, 108.

46. David Gillard, *The Struggle for Asia, 1828-1914. A Study in British and Russian Imperialism*. Londres: Methuen, 1977, pp. 153-66.

47. Godley (subsecretário permanente, gabinete da Índia) para Curzon, 10 nov. 1899, citado em Keith Neilson, *Britain and the Last Tsar*, op. cit., p. 122.

48. Departamento de Inteligência, gabinete da Guerra, "Military Needs of the Empire in a War with France and Russia", 12 ago. 1901, ibid., p. 123.

49. Ibid., pp. 16-7.

50. Citado em Thomas G. Otte, *China Question*, op. cit., p. 71.

51. Citado de uma carta do adido militar britânico em Pequim para Kimberley, ibid., p. 71.

52. Sobre as reações britânicas às usurpações francesas da Indochina e a ligação entre a política da entente, ver J. D. Hargreaves, "Entente Manquée: Anglo-French Relations, 1895-1896", *Cambridge Historical Journal*, v. 11, jan. 1953, pp. 65-92; Thomas G. Otte, *The China Question*, op. cit., p. 330.

53. Keith Neilson, *Britain and the Last Tsar*, op. cit., p. xiv; P. J. V. Rolo, op. cit., p. 273; sobre Delcassé, Keith M. Wilson, *The Policy of the Entente: Essays on the Determinants of British Foreign Policy, 1904-1914* (Cambridge: Cambridge University Press, 1985), p. 71.

54. Citado em Keith M. Wilson, *The Policy of the Entente*, op. cit., p. 71

55. Citado em Keith Neilson, *Britain and the Last Tsar*, op. cit., p. 22.

56. Ibid., pp. 124-5.

57. Sobre a "pressa febril" dos preparativos miliares russos próximos à fronteira com a Índia, ver o relatório secreto do adido militar britânico H. D. Napier, São Petersburgo, 9 nov. 1904, anexo em Charles Hardinge para Lansdowne, 10 nov. 1904, Hardinge Papers, Biblioteca da Universidade de Cambridge, v. 46.

58. "Demands for Reinforcements by the Government of India", 20 fev. 1905, citado em Keith Neilson, *Britain and the Last Tsar*, op. cit., p. 131.

59. Stanley A. Wolpert, *Morley and India, 1906-1910*. Berkeley: University of California Press, 1967, p. 80.

60. Keith Neilson, *Britain and the Last Tsar*, op. cit., pp. 134-5; Keith M. Wilson, *The Policy of the Entente*, op. cit., p. 7.

61. Grey para Spring Rice, Londres, 22 dez. 1905, citado em Keith Neilson, *Britain and the Last Tsar*, op. cit., p. 12.

62. Thomas G. Otte, *The China Question*, op. cit., pp. 71, 90, 333.

63. Sobre a reivindicação germânica por Angra Pequeña, ver Klaus Hildebrand, *Das vergangene Reich*, op. cit., pp. 87-8; também Konrad Canis, *Bimarcks Aussenpolitik 1870 bis 1890*, op. cit., pp. 209-17.

64. Sobre os "quatro meses de arrogante silêncio" com que o governo de Salisbury recebeu a nota do presidente Cleveland de 20 jul. 1895 protestando contra as agressões britânicas na Venezuela, e a "condescendente" resposta do governo britânico aos comunicados subsequentes dos Estados Unidos, ver Bradford Perkins, *The Great Rapprochement: England and the United States 1895-1914*. Londres: Gollancz, 1969, pp. 13-6; ver também H. C. Allen, *Great Britain and the United States: A History of Anglo-American Relations (1783-1952)*. Londres: Odhams Press, 1954, pp. 532-41.

65. Comentário de Bimarck sobre a carta do conde Hatzfeldt para Bismarck, 24 maio 1884, *GP*, v. 4, p. 58.

66. Bülow para Eulenburg, 2 mar. 1890, citado em Peter Winzen, *Bülows Weltmachtkonzept. Untersuchungen zur Frühphase seiner Aussenpolitik 1897-1901*. Boppard am Rheim: Harald Boldt, 1977, p. 50.

67. Konrad Canis, *Von Bismarck zur Weltpolitik: Deutsche Aussempolitik, 1890 bis 1902*. Berlim: Akademia Verlag 1997, pp. 93-4.

68. Ibid., p. 124.

69. P. J. V. Rolo, op. cit., p. 116.

70. Gordon Martel, *Imperial Diplomacy: Rosebery and the Failure of Foreign Policy*. Londres: Mansell, 1986, p. 187.

71. Sobre as objeções germânicas ao tratado, ver Jacques Willequet, *Le Congo Belge et la Weltpolitik (1894-1914)*. Bruxelas: Presses universitaires de Bruxelles, 1962, pp. 14-21; Konrad Canis, *Von Bismarck zur Weltpolitik*, op. cit., pp. 134-5; cf. A. J. P. Taylor, "Prelude to Fashoda: The Question of the Upper Nile, 1894-5", *The English Historical Review*, v. 65, n. 254, jan. 1950, pp. 52-80.

72. Konrad Canis, *Von Bismarck zur Weltpolitik*, op. cit., pp. 142-3.

73. O texto completo do telegrama de Kruger está em *GP*, v. 11, pp. 31-2, doc. 2610.

74. Sobre o curso e as consequências da crise do Transvaal, ver Harald Rosenbach, *Das Deutsche Reich, Grossbritannien und der Transvall (1896-1902). Anfänge deutsch-britischer Entfremdung*. Göttingen: Vandenhoeck & Ruprecht, 1993.

75. Friedrich Kiessling, *Gegen den grossen Krieg? Entspannung in den internationalen Beziehungen 1911-1914*. Munique: Oldenbourg, 2002, p. 137.

76. Peter Winzen, "Zur Genesis von Weltmachtkonzept und Weltpolitik". In: John C. G. Röhl (org.), *Der Ort Kaiser Wilhelms in der deutschen Geschichte* Munique: Oldenbourg, 1991, pp. 189-222, aqui pp. 192-3.

77. Jan Rüger, *The Great Naval Game. Britain and Germany in the Age of Empire*. Cambridge: Cambridge University Press, 2007.

78. Gregor Schïllgen, *Imperalismus und Gleichgewicht. Deutschland, England und die orientalische Frage, 1871-1914*. Munique: Oldenbourg, 1984, p. 76; Christopher Clark, *Kaiser Wilhelm II: A Life in Power* (Londres: Penguin, 2008), p. 184.

79. Jonathan Steinberg, *Yesterday's Deterrent: Tirpitz and the Birth of the German Battle Fleet*. Londres: Macdonald [1965], pp. 71, 101-2, 109; Ivo Nikolai Lambi, *The Navy and German Power Politics, 1862-1914*. Boston: Allen & Unwin, 1984, pp. 68-86.

80. Jonathan Steinberg, *Yesterday's Deterrent*, op. cit., p. 201; também pp. 125-48.

81. Citado em Harald Rosenbach, op. cit., p. 70.

82. O texto desse memorando é dado em Jonathan Steinberg, *Yesterday's Deterrent*, op. cit., pp. 209-21. Ver também Volker Rolf Berghahn e Wilhem Deist (orgs.), *Rüstung im Zeichen der wilhelminischen Weltpolitik*. Düsseldorf: Droste, 1988, esp. docs. II/11, II/12 e VII/1.

83. Ver James Ainsworth, "Naval Strategic Thought in Britain and Germany 1890-1914". Cambridge: Universidade de Cambridge, 2011. Tese (doutorado). Sobre a persistência do temor britânico do poderio naval francês por volta de 1900 e a prioridade relativamente baixa atribuída à "ameaça germânica", ver Andreas Rose, *Zwischen Empire und Kontinent. Britische Aussenpolitik vor dem Ersten Weltkrieg*. Munique: Oldenbourg, 2011, pp. 209-11.

84. Até mesmo Lord Selborne, frequentemente citado como testemunha essencial para a tese de que o medo do poderio naval germânico transformou a estratégia britânica, estava tão preocupado com as esquadras russa e francesa quanto com a alemã, ver Dominik Geppert e Andreas Rose, "Machtpolitik und Flottenbau vor 1914. Zur Neueinterpretation britischer Aussenpolitik im Zeitalter des Hochimperialismus", *Historische Zeitschrift*, v. 293, pp. 401-37, 2011, aqui p. 409; Andreas Rose, *Zwischen Empire und Kontinent*, op. cit., pp. 223-6.

85. A literatura sobre a rivalidade anglo-germânica tem permanecido durante algum tempo em estado de fluxo. A visão mais antiga aderida em Arthur J. Marder, *From the Dreadnought to Scapa Flow. The Royal Navy in the Fischer Era, 1904-1919*. 5 v. Oxford: Oxford University Press, 1961-70, segundo a qual a ameaça germânica tenha dominado e transformado o pensamento naval britânico, tem sido questionada por numerosos estudos mais recentes; ver, por exemplo, Jon Tetsuro Sumida, "Sir John Fisher and the Dreadnought: The Sources of Naval Mythology", *The Journal of Military History*, v. 59, pp. 610-38, out. 1995; Charles H. Fairbanks Jr., "The Origins of the Dreadnought Revolution. A Historiographical Essay", *International History Review*, v. 13, n. 2, maio 1991, pp. 246-72; Nicholas A. Lambert, "Admiral Sir John Fischer and the concept of Flotilla Defence, 1904-1909", *The Journal of Military History*, v. 59, pp. 639-60, 1995. Atualmente, o estudo revisionista mais importante dessa tradição é Andreas Rose, *Zwischen Empire und Kontinent*, op. cit.

86. Citado em Niall Ferguson, *The Pity of War: Explaining World War I*. Londres: Basic Books, 1998, p. 71.

87. Hardinge, Wilson e Grey citado em Keith M. Wilson, *The Policy of the Entente*, op. cit., p. 106.

88. Andreas Rose, *Zwischen Empire und Kontinent*, op. cit., pp. 202-17 e 404-24. Sobre a "renúncia" de Tirpitz à corrida de armas, ver Hew Strachan, *The First World War*. Oxford: Oxford University Press, 2001, p. 33.

89. Hans Delbrück em *Preussische Jahrbücher*, v. 87, 1897, p. 402, apud Konrad Canis, *Von Bismarck zur Weltpolitik*, op. cit., p. 225.

90. Bernhard von Büllow, discurso para o Reichstag em 6 dez. 1897, em Johannes Penzler (org.), *Fürst Büllows Reden nebst urkundlichen Beiträgen zu seiner Politik. Mit Erlaubnis des Reichkanzlers gesammelt und herausgegeben*. Berlim: Reimer, 1907, v. 1, 1897-1903, p. 6.

91. Konrad Canis, *Von Bismarck zur Weltpolitik*, op. cit., pp. 255-6.

92. Waldersee, entrada do diário de 13 jul. 1900, em Heinrich Otto Meisner, *Denkwürdigkeiten des General-Feldmarschalls Alfred Grafen von Waldersee*. Stuttgart: Deutsche Verlags-Anstalt, 1922, v. 2, p. 449.

93. George C. Herring, *From Colony to Superpower: US Foreign Relations since 1776*. Nova York: Oxford University Press, 2009, p. 307. Niall Ferguson, *The Pity of War*, op. cit., pp. 54-5.

94. Citado em Paul Kennedy, *The Rise of the Anglo-German Antagonism, 1860-1914*. Londres: Allen & Unwin, 1980, pp. 365, 236.

95. Sobre *Weltpolitik* como instrumento "imperialista social" concebido para fins domésticos, ver acima de tudo o clássico de Hans-Ulrich Wehler, *Das Deutsche Kaiserreich, 1871-1918*. Göttingen: Vandenhoeck & Ruprecht, 1973, p. 178; Id., *Deutsche Gesellschaftsgeschichte*. Munique: C. H. Beck, 1987-2008, v. 3, p. 1139; uma visão semelhante é apresentada em Wolfgang J. Mommsen, *Grossmachtstellung und Weltpolitik: Die Aussenpolitik des Deutschen Reiches, 1870 bis 1914* (Frankfurt am Main: Propyläen-Studienausgabe, 1993, pp. 139-40; sobre a Marinha como instrumento de "administração de crise" doméstica, ver Volker Rolf Berghahn, *Der Tirpitz-Plan. Genesis und Verfall einer innenpolitischen Krisenstrategie under Wilhelm II*. Düsseldorf: Droste, 1971, pp. 11-20, 592-604, pass.

96. Guilherme II para Büllow, Siracusa, 19 abr. 1904, em *GP*, v. 20/1, pp. 22-3, doc. 6378.

97. Guilherme II para o tsar Nicolau II, 11 fev. 1904, em Walter Goetz (org.), *Briefe Kaiser Wilhelm II. An den Zaren, 18194-1914* .Berlim: Ullstein, 1920, pp. 337-8.

98. Guilherme II para Nicolau II, 6 jun. 1904, ibid., pp. 340-1.

99. Delcassé para Barrère, 28 fev. 1900, citado em Christopher Andrew, *Théophile Delcassé and the Making of the Entente Cordiale*, op. cit., p. 151.

100. Abel Combarieu, *Sept ans à l'Élysée avec le président Émile Loubet: de l'affaire Dreyfus à la conférence d'Algésiras, 1899-1906*. Paris: Hachette, 1932, pp. 183-4.

101. Citado em Christopher Andrew, *Théophile Delcassé and the Making of the Entente Cordiale*, op. cit., p. 271; Samuel R. Williamson, *The Politics of Grand Strategy. Britain and France Prepare for War, 1904-1914*. Cambridge, MA: Harvard University Press, 1969, p. 14; cf. John C. G. Röhl, *Wilhelm II. Der Weg in den Abgrund, 1900-1941*. Munique: C. H. Beck, 2008, p. 372.

102. Metternich (embaixador alemão em Londres) para gabinete das relações exteriores francês, Londres, 4 jun. 1904, *GP*, v. 20/1, pp. 29-30, doc. 6384.

103. Klaus Hildebrand, *Das vergangene Reich*, op. cit., pp. 222-3; Samuel R. Williamson, *The Politics of Grand Strategy*, op. cit., pp. 31-2.

104. "The German Emperor at Tangier", *The Times*, Londres, sábado, 1 abr. 1905, p. 5, col. A.

105. "The Morocco Question", *The Times*, Londres, 8 jan. 1906, p. 9, col. A.

106. Katharine Anne Lerman, *The Chancellor as Courtier: Bernhard von Büllow and the Governance of Germany, 1900-1909*. Cambridge: Cambridge University Press, 1990, pp. 147-8; sobre a "inutilidade" da Tríplice Aliança, ver Prince Max von Lichnowsky, *My Mission to London, 1912-1914*. Londres: [s.n.], 1929, p. 3.

107. Paul Kennedy, *The Rise of the Anglo-German Antagonism*, op. cit., p. 280.

108. Hardinge para Nicolson, Londres, 26 mar. 1909, citado em Zara S. Steiner, *The Foreign Office and Foreign Policy, 1898-1914*. Cambridge: Cambridge University Press, 1969, p. 95.

109. Marina Soroka, *Britain, Russia and the Road to the First World War. The Fateful Embassy of Count Aleksandr Benckendorff (1903-16)*. Londres: Ashgate, 2011, p. 146; Rogers Platt Churchill, *The Anglo-Russian Convention of 1907*. Cedar Rapids, IA: The Thorch Press, 1939, p. 340; David MacLaren McDonald, *United Government and Foreign Policy in Russia, 1900-1914*. Cambridge, MA: Harvard University Press, 1992, p. 110.

110. Para um relato fazendo justiça às pressões operando na diplomacia europeia a partir da periferia, ver Thomas G. Otte, *The China Question*, op. cit.; Id., *The Foreign Office Mind: The Making of British Foreign Policy, 1865-1914*. Cambridge: Cambridge University Press, 2011; Nils Petersson, *Imperialismus und Modernisierung. Siam, China und die europäischen Mächte, 1895-1914*. Munique: Oldenbourg, 2000; para uma crítica poderosa, com fundamentos teóricos e empíricos, da "visão consensual" de que os próprios poderes alemães "causaram" seu isolamento por meio de comportamento internacional notório, ver Paul W. Schroeder, "Embedded Counterfactuals and World War I as an Unavoidable War". Consultado on-line em link não mais disponível.

111. Fiona K. Tomazsewski, *A Great Russia: Russia and the Triple Entente*. Westport, CT: Praeger, 2002, p. 68.

112. Lansdowne para Bertie, Londres, 22 abr. 1905, *BD*, v. 3, pp. 72-3, doc. 90.

113. Registro de atividades da embaixada britânica em Paris, Paris, 24 abr. 1905, *DDF*, série 2, v. 6, pp. 414-5, doc. 347; sobre a ignorância de Delcassé de supostos desígnios germânicos no porto ocidental do Marrocos, ver nota 5 do mesmo.

114. Conversa entre Delcassé e Paléologue de 26 de abril, relatada em Georges Maurice Paléologue, *The Turning Point: Three Critical Years, 1904-1906*. Trad. de Appleby Holt. Londres: Hutchinson, 1935, p. 233.

115. Christopher Andrew, *Théophile Delcassé and the Making of the Entente Cordiale*, op. cit., pp. 283-5. Sobre o "antigermanismo" de Fisher, ver Hew Strachan, *The First World War*, op. cit., p. 18.

116. Zara S. Steiner, *The Foreign Office and Foreign Policy*, op. cit., pp. 100, 102.

117. Ver, por exemplo, as minutas anexadas por Grey, Crowe e Eduardo VII às várias cartas de Cartwright para Grey, Munique, 12 jan. 1907, 23 abr. 1907, 7 ago. 1907, 8 jan. 1908, *BD*, v. 6, pp. 11, 32, 42, 108, docs. 2, 16, 23 e as minutas do despacho de Cartwright a partir de Munique em 8 jan. 1908. Sidney Bradshaw Fay discute as reações de Londres aos despachos de Cartwright em sua resenha para esse volume de *BD* em *American Historial Review*, v. 36, 1930, pp. 151-5.

118. G. S. Spicer, minutas de Bertie a Grey, Paris, 12 set. 1907, *BD*, v. 6, pp. 35-8, doc. 35, aqui p. 56.

119. Edward Viscount Grey of Fallodon, op. cit., v. 1, p. 33.

120. Eyre Crowe, "Memorandum on the Present State of British Relations with France and Germany, 1 jan. 1907", *BD*, v. 3, pp. 397-420, apêndice ao doc. 445, aqui p. 406.

121. Edward Viscount Grey of Fallodon, op. cit., v. 2, p. 29; John Ashley Soames Grenville, *Lord Salisbury and Foreign Policy: The Close of the Nineteenth Century*. Londres: Athlone Press, 1970, p. 213.

122. Minuta de Hardinge, datada de 10 nov. 1909, para Goschen para Grey, Berlim, 4 nov. 1909, *BD*, v. 6, pp. 304-12, doc. 204, aqui p. 311; para uma discussão sugestiva e incisivamente

revisionista desta e de outras declarações, ver Keith M. Wilson, *The Policy of the Entente*, op. cit., p. 100.

123. Eyre Crowe, op. cit., 1 jan. 1907, *BD*, v. 3, pp. 397-420, apêndice ao doc. 445, aqui p. 432. Sobre a consolidação da "falange antigermânica" no ápice do gabinete das Relações Exteriores, ver Jürgen Angelow, *Der Weg in die Urkatastrophe. Der Zerfall des alten Europas 1900-1914* (Berlim: Be.bra, 2010), pp. 51-2.

124. Esses números são tirados de Hans-Ulrich Wehler, *Deutsche Gesellschaftsgeschichte: 1700--1815*. Munique: Beck H. C. 2008, v. 3: Vion der "deutschen Doppelrevolution" biszum Beginn des Ersten Weltkrieges, 1849-1914, pp. 610-2.

125. Clive Trebilcock, *The Industrialisation of the Continental Powers: 1780- 1914*. Londres: Longman, 1981, p. 22.

126. Keith Neilson, "Quot hominess, tot setentiae: Bertie, Haringe, Nicolson and British policy, 1906-1916" (manuscrito inédito). Sou extremamente grato ao professor Neilson por me permitir ler uma cópia desse texto antes de sua publicação.

127. Hardinge para Bertie, carta particular, 14 fev. 1904, Documentos Bertie, *TNA*, FO 800/176; Hardinge para Bertie, carta particular, 11 maio 1904, Documentos Bertie, ibid., FO 800/183, ambos citados em Keith Neilson, "Quot hominess, tot setentiae", op. cit.

128. Keith Neilson, "'My Beloved Russians': Sir Arthur Nicolson and Russia, 1906-1916", *The International History Review*, v. 9, n. 4, nov. 1987, pp. 521-54, aqui pp. 524-5.

129. "The Invention of Germany" é o título do sexto capítulo de Keith M. Wilson, *The Policy of the Entente*, op. cit., pp. 100-20.

130. Sobre as preocupações britânicas acerca da capacidade de defesa após a Guerra dos Bôeres, ver Aaron L. Friedberg, *The Weary Titan. Britain and the Experience of Relative Decline, 1895-1905*. Princeton: Princeton University Press, 1988, pp. 232-4, pass.; David Reynolds, *Britannia Overruled. British Policy and World Power en the Twentieth Century*. 2. ed. Harlow: Longman, 2000, pp. 63-7.

131. Sobre essa característica da política externa dos Estados Unidos, ver John A. Thompson, "The Exaggeration of American Vulnerability: The Anatomy of a Tradition", *Diplomatic History*, v. 16, n.1, pp. 23-43, 1992.

132. Para exemplos desse tipo de fantasia, ver A. Dekhnewallah (pseud.), *The Great Russian Invasion of India. A Sequel to the Afghanistan Campaign of 1879-9*. Londres: [s.n.], 1879; William Le Queux, *The Great War in England in 1897*. Londres: Tower, 1894 (prevê uma invasão franco-russa da Grã-Bretanha que é rechaçada por uma galante intervenção da Alemanha Imperial); para um apanhado geral excelente, ver Ignatius Frederick Clarke, *Voices Prophesying War, 1763-1984*. Londres: Panther, 1970.

133. Entrada de diário, 29 nov. 1906, em Georges Maurice Paléologue, *The Turning Point*, op. cit., p. 328.

134. David M. McDonald, *United Government and Foreign Policy in Russia 1900-1914*, op. cit., pp. 103-11.

135. E. W. Edwards, "The Franco-German Agreement on Morocco, 1909", *English Historical Review*, v. 78, n. 308, pp. 483-513, 1963, aqui p. 413; sobre a reação hostil britânica e russa, ver Paul Cambon para Jules Cambon, 9 dez. 1911, em Paul Cambon, *Correspondance 1870-1924*. Paris: Grasset, 1940-6, v. 2, pp. 354-5; Jean-Claude Allain, *Agadir, 1911. Une Crise impérialiste en Europe pour la conquête du Maroc*. Paris: Publications de la Sorbonne, 1976, pp. 232-46.

136. Klaus Hildebrand, *Das vergangene Reich*, op. cit., pp. 256-7; Uwe Liszkowski, *Zwischen Liberalismus und Imperialismus: Die zaritische Aussenpolitik von dem Ersten Weltkrieg im Urteil Miljukov und der Kadettenpartei 1905-1914*. Stuttgart: Ernst Klett, 1974, pp. 70, 156; sobre tendências "detentistas" em geral durante esse período, ver Friedrich Kiessling, op. cit., *Gegen den Grossen Krieg?*, pass.

4. AS MUITAS VOZES DA POLÍTICA EXTERNA EUROPEIA [pp. 196-269]

1. Johannes Paulmann, *Pomp und Politik: Monarchenbegegnungen in Europa zwischen Ancien Régime und Ersten Weltkrieg*. Paderborn: Schöningh, 2000, pp. 338-40.

2. Sobre a capacidade do cáiser para moldar a linguagem com a qual os alemães comuns captavam as relações exteriores, ver Michael A. Obst, *Einer nur ist Herr im Reiche: Wilhelm II als politischer Redner* (Paderborn: Schöning, 2010), pp. 406-7.

3. Christopher Hibbert, *Edward VII: A Portrait*. Londres: Allen Lane, 1976, p. 282.

4. Virginia Cowles, *Edward VII and His Circle*. Londres: Hamish Hamilton, [1956], p. 110.

5. Zara S. Steiner, *The Foreign Office and Foreign Policy*, op. cit., pp. 69-71.

6. Robert Tombs e Isabelle Tombs, *That Sweet Enemy. The French and British from the Sun King to the Present*. Londres: Heinemann, 2006, p. 438; Christopher Hibbert, *Edward VII*, op. cit., pp. 258-9; Roderick McLean, *Royalty and Diplomacy in Europe, 1890-1914*. Cambridge: Cambridge University Press, 2001, pp. 147-8.

7. Citado em Christopher Hibbert, *Edward VII*, op. cit., p. 262.

8. Harold Nicolson, *King George the Fifth: His Life and Reign*. Londres: Constable, 1952, p. 175.

9. Kenneth Rose, *George V*. Londres: Weidenfeld and Nicolson, 1983, p. 166.

10. Harold Nicolson, *King George the Fifth*, op. cit., p. 175.

11. Citado em Miranda Carter, *The Three Emperors. Three Cousins. Three Empires and the Road to World War One*. Londres: Penguin, 2009, p. 82.

12. Dominic C. B. Lieven, *Nicholas II*, op. cit., p. 117.

13. Citado em David M. McDonald, *United Government and Foreign Policy in Russia 1900-1914*, op. cit., p. 31.

14. Citado em Dominic C. B. Lieven, *Nicholas II*, op. cit., p. 97.

15. David M. McDonald, *United Government and Foreign Policy in Russia, 1900-1914*, op. cit., pp. 38-57.

16. Dominic C. B. Lieven, *Nicholas II*, op. cit., p. 100.

17. David M. McDonald, *United Government and Foreign Policy in Russia, 1900-1914*, op. cit., pp. 106

18. Ibid., pp. 168-98.

19. John C. G. Röhl, *Germany Without Bismarck. The Crisis of Government in the Second Reich, 1890-1900*. Londres: Batsford, 1967; Id., "The 'kingship mechanism' in the Kaiserrecih". In: ______. *The Kaiser and His Court. Wilhelm II and the Government of Germany*. Trad. de T. F. Cole. Cambridge: Cambridge University Press, 1994, pp. 107-30; Hans-Ulrich Wehler, *Das deutsche Kaiserreich*, op. cit., S. 60-69; Id., *Deutsche Gesellschaftsgeschichte*, op. cit., v. 3, pp. 1016-20.

20. Lamar Cecil, "Der diplomatische Dienst im kaiserlichen Deutscland". In: Klaus

Schwabe (org.), *Das diplomatische Korps, 1871-1945*. Boppard am Rheim: Harald Boldt, 1985, pp. 15-9, aqui p. 39.

21. Citado em John C. G. Röhl, "Kaiser Wilhelm II: A Suitable Case for Treatment?". In: ______. *The Kaiser and His Court*, op. cit., pp. 2-27, aqui p. 12.

22. John C. G. Röhl, "The Splendour and Impotence of the German Diplomatic Service". In: ______. *The Kaiser and His Court*, op. cit., pp. 150-61, aqui p. 159; Friedrich-Christian Sthal, "Preussiche Armee und Reichsheer, 1871-1914". In: Oswald Hauser, *Zur Problematik Preussens und das Reich*. Colonia: Böhlau, 1984, pp. 181-245, aqui p. 202; Johannes Paulmann, "'Dearest Nicky...': Monarchical Relations between Prussia, the German Empire and Russia during the Nineteenth Century". In: Roger Bartlet e Karen Schönwalder (orgs.), *The German Lands and Eastern Europe. Essays on the History of Their Social, cultural and Political Relations*. Londres: MacMillan, 1999, pp. 157-81.

23. O relato crítico de máxima autoridade é de John C. G. Röhl, *Wilhelm II: Der Weg in den Abgrund*, op. cit., p. 26.

24. O'Brien para Elihu Root, Berlim, 7 abr. 1906, citado em Alfred Vagts, *Deutschland und die Vereiningten Staaten in der Weltpolitik*. 2 v., Nova York: MacMillan, 1935, p. 1878, citado em John C. G. Röhl, *Wilhelm II: Der Weg in den Abgrund*, op. cit., p. 488.

25. Ragnhild Fiebig-von Hase, "Die Rolle Kaiser Wilhelms II. In den Deutschamerikanischen Beziehungen, 1890-1914". In: John C. G. Röhl (org.), *Der Ort Kaiser Wilhelms in der deutschen Geschichte*, op. cit., pp. 223-57, aqui p. 251; Id., *Wilhelm II: Der Weg in den Abgrund*, op. cit., p. 653.

26. John C. G. Röhl, *Wilhelm II: Der Weg in den Abgrund*, op. cit., pp. 253, 125, 109, 269.

27. Ver Holstein para Eulenburg, Berlim, 20 out. 1891, em John C. G. Röhl (org.), *Philipp Eulenburgs Politische Korrespondenz*. Boppard am Rheim: Harald Boldt, 1976-83, v. 1, p. 716.

28. John C. G. Röhl, *Wilhelm II: Der Weg in den Abgrund*, op. cit., pp. 82, 90.

29. Harald Rosenbach, op. cit., pp. 58-61; para confusão similar na política do cáiser para o Extremo Oriente, ver Gordon A. Craig, *Germany 1866-1945*. Oxford: Oxford University Press, 1981, p. 244.

30. John C. G. Röhl, *Wilhelm II: Der Weg in dem Abgrund*, op. cit., p. 375; Holger Afflerbach, *Falkenhayn: Politische Denken und Handeln im Kaiserreich*. Munique: Oldenbourg, 1994, pp. 58-9.

31. Esse episódio é discutido em John C. G. Röhl, *Wilhelm II: Der Weg in dem Abgrund*, op. cit., p. 348.

32. Klaus Hildebrand, *Das vergangene Reich*, op. cit., pp. 155-6; Rainer Lahme, *Deutsche Aussenpolitik 1890-1894: Von der Gleichgewichtspolitik Bismarcks zur Allianzstrattegie Caprivis*. Göttingen: Vandenhoeck & Ruprecht, 1994, p. 18; Norman Rich, Max Henry Fisher e Werner Frauendienst (orgs.), *Die geheimen Papiere Fredrich von Holsteins*. Frankfurt: Musterschmidt, 1957, v. 1, p. 130.

33. Wilhelm para Büllow, 11 ago. 1905, em *GP*, v. 19/2, pp. 496-8; ver também Katharine Anne Lerman, *The Chancellor as Courtier*, op. cit., pp. 129-30; Christopher Clark, *Kaiser Wilhelm II*, op. cit., pp. 99-100.

34. John C. G. Röhl, *Wilhelm II: Der Weg in den Abgrund*, op. cit., p. 543.

35. Ibid., pp. 366, 473; Holsten, nota sem data, Norman Rich, Max Henry Fisher e Werner Frauendienst (orgs.), op. cit., v. 4, p. 366.

36. Jules Cambon para Maurice Paléologue, Berlim, 10 maio 1912, AMAE PA-AP, 43 Jules Cambon, p. 204.

37. Jean-Paul Bled, *Franz Joseph*. Trad. de Theresa Bridgeman. Londres: Blackwell, 1994, pp. 200-3.

38. R. J. B. Bosworth, *Italy, the Least of the Great Powers*, op. cit., pp. 14-7.

39. Fortunato Minniti, "Gli Sati Maggiori e la politica estera italiana". In: R. J. B. Bosworth e Sergio Romano (orgs.), *La Politica estera italiana: 1860-1985*. Bolonha, Il Mulino, 1991, pp. 91-120, aqui p. 120; R. J. B. Bosworth, *Italy, the Least of the Great Powers*, op. cit., p. 219.

40. Dominic B. C. Lieven, *Nicholas II*, op. cit., p. 219.

41. Seus filhos, por exemplo, brincavam com os filhos de embaixadores amigos; ver Helene Izvolsky, "The Fateful Years: 1906-1911", *Russian Review*, v. 28, n. 2, abr. 1969, pp. 191-206.

42. David M. McDonald, *United Government and Foreign Policy in Russia, 1900-1914*, op. cit., pp. 84-5, 94-6.

43. Memorando de Edward Grey, 15 mar. 1907; Grey para Nicolson, Londres, 19 mar. 1907, *TNA* FO 418/38, pp. 79, 90-1.

44. Paul Miliukov, op. cit., p. 184.

45. David M. McDonald, *United Government and Foreign Policy in Russia, 1900-1914*, op. cit., pp. 153, 157-8; Andrew Rossos, *Russia and the Balkans: Inter-Balkan Rivalries and Russiam Foreign Policy 1908-1914*. Toronto: University of Toronto Press, 1981, p. 11; Ronald Bobroff, *Roads to Glory. Late Imperial Russia and the Turkish Straits*. Londres: Tauris, 2006, pp. 13-5.

46. Sobre os antecedentes do Acordo de Potsdam, ver I. I. Astaf'ev, *Russkogermanskie diplomaticheskie otnoscheniia, 1905-1911 g.g.* Moscou: [s.n.], 1972.

47. Sobre Hartwig, ver Andrew Rossos, *Russia and the Balkans*, op. cit., pp. 50-1; sobre a diplomacia de Charykov em 1911, Ronald Bobroff, *Roads to Glory*, op. cit., pp. 23-6.

48. David M. McDonald, *United Government and Foreign Policy in Russia, 1900-1914*, op. cit., p. 166.

49. Dominic B. C. Lieven, *Nicholas II*, op. cit., p. 82.

50. Andrew Rossos, *Russia and the Balkans*, op. cit., p. 9; Uwe Liszkowski, op. cit., pp. 173-4.

51. Sobre esse aspecto da política russa, ver Dietrich Geyer, *Russian Imperialism. The Interaction of Domestic and Foreign Policy 1860-1914*. Trad. de Bruce Little. Leamington: Berg, 1987, pp. 293-317, pass.

52. M. B. Hayne, op. cit., p. 34.

53. Ibid., p. 81.

54. "Un diplomat" (pseud.), *Paul Cambon, ambassadeur de France*. Paris: Plon, 1937, p. 234.

55. M. B. Hayne, op. cit., pp. 84, 103.

56. Ibid., p. 85.

57. Ibid., pp. 174, 200.

58. Sobre o Acordo de Marrocos de 8 fev. 1909, ver Paul Cambon para Henri Cambon, 7 fev. 1909, em Cambon, *Correspondance*, op. cit., v. 2, pp. 272-3.

59. M. B. Hayne, op. cit., pp. 199, 207.

60. Herbette, "Relations avec la France de 1902 à 1908. Notes de Maurice Herbette", AMAE, NS Allemagne 26, esp. pp. 3 verso, 25, 27, 34, 36, 37, 58, 87, 91, 113, 150, 160, 175, 182, 200, 212, 219, 249, 343; para uma discussão deste documento, ver M. B. Hayne, op. cit., p. 209.

61. Citado em Jean-Claude Allain, *Agadir, 1911*. op. cit., p. 284; ver também M. B. Hayne, op. cit., p. 212; para o modo como a França lidou com a Alemanha no Marrocos, ver também E. Onken,

Panthersprung nach Agadir. Die Deutsche Politik während der zweiten Marokkokrise 1911. Düsseldorf: Droste, 1981, pp. 98-109.

62. E. W. Edwards, "The Franco-Ferman Agreement on Morocco, 1909", *The English Historical Review*, v. 78, n. 308, pp. 483-513, jul. 1963.

63. Para uma análise sutil da transição para a "diplomacia aventureira" em Paris em 1910-1, ver Jean Claude Allain, *Agadir, 1911*, op. cit., pp. 279-97.

64. Klaus Hildebrand, *Das vergangene Reich*, op. cit., p. 161.

65. Wolfgang J. Mommsen, *Grossmachtstellung und Weltpolitik*, op. cit., p. 125.

66. Geof Eley, "The View from the Throne: The personal Rule of Kaiser Wilhelm II", *The Historical Journal*, v. 28, n. 2, pp. 469-85, jun. 1985.

67. Holstein para Eulenburg, Berlim, 3 fev. 1897; ver também Eulenburg para Holstein, Viena, 7 fev. 1897, em Norman Rich, Max Henry Fisher e Werner Frauendienst (orgs.), op. cit., v. 4, pp. 8, 12, docs. 599 e 601; ver também Hohenlohe para Eulenburg, Berlim, 4 fev. 1897, em C. Z. Hohenlohe-Schillingsfürst, *Denkwürdigkeiten der Reichskanzlerzeit*. Org. de Karl Alexander von Müller. Stuttgart: Deutsche Verlags-Anstalt, 1931, p. 297.

68. Katharine Anne Lerman, *The Chancellor as Courtier*, op. cit., p. 110.

69. Wilhelm para Büllow, 11 ago. 1905, em *GP*, v. 19/2, pp. 496-8; ver também Katharine Anne Lerman, *The Chancellor as Courtier*, op. cit., pp. 129-30.

70. Peter Winzen, *Reichskanzler Bernhard Fürst von Büllow: Weltmachstratege ohne Fortune, Wegbereiter der grossen Katastrophe*. Göttingen: Muster-Schmidt, 2003, pp. 134-46.

71. Katharine Anne Lerman, *The Chancellor as Courtier*, op. cit., p. 258.

72. Konrad Hugo Jarausch, *The Enigmatic Chancellor. Bethmann Hollweg and the Hubris of Imperial Germany*. New Haven: Yale University Press, 1973, pp. 72, 110.

73. Sir Edward e Lady Grey, *The Cottage Book. The Undiscovered Country Diary of an Edwardian Statesman*. Org. de Michael Waterhouse. Londres: Orion Publishing, 2001, p. 63. Sobre a declarada aversão de Grey à vida política, ver também ibid., p. 21.

74. Spring-Rice para Ferguson (Lorde Nova), 16 jul. 1898, em Stephen Gwynn (org.), *The Letters and Friendships of sir Cecil Spring-Rice*. Londres: Constable, 1929, pp. 252-3.

75. Arthur Ponsonby, citado em Zara S. Steiner, *The Foreign Office and Foreign Policy*, op. cit., p. 84.

76. Ibid., p. 92.

77. Ibid., p. 91.

78. Dominik Geppert, *Pressekriege: Öffentlichkeit und Diplomatie in den deutsch-britisch Beziehungen (1896-1912)*. Munique: Oldenbourg, 2007, pp. 412-8.

79. Sobre as relações da elite com a Alemanha, ver Thomas Weber, *"Our Friend 'The Enemy': Elite Education in Britain and Germany before World War I*. Stanford, Stanford University Press, 2008.

80. Discurso feito por Grey no Eighty Club, reportado em *The Times*, Londres, 1 jun. 1905, p. 12, col. B.

81. Jean-Claude Allain, *Joseph Caillaux*. 2 v. Paris: Imprimerie Nationale, 1978, v. 1, esp. pp. 327-3; W. Henry Cooke, "Joseph Caillaux. Statesman of the Third Republic", *Pacific Historical Review*, v. 13, n. 3, 1944, pp. 292-7.

82. Jean-Claude Allain, *Joseph Caillaux*, op. cit., v. 1, p. 388.

83. John F. V. Keiger, *France and the Origins of the First World War*. Londres: MacMillan, 1983, pp. 35, 42.

84. Jean-Claude Allain, *Agadir, 1911*, op. cit., p. 402.

85. Ralf Forsbach, *Alfred von Kiderlen-Wächter (1852-1912): Ein Diplomatenleben im Kaiserrecih*. Göttingen: Vandenhoeck & Ruprecht, 1997, v. 2, pp. 500-1.

86. Oscar Freiherr von der Lancken-Wakenitz para Langwerth von simmer, Paris, 21 ago. 1911, *GP*, v. 29, doc. 10717.

87. Sobre o fracasso de Kiderlen em manter Hollweg informado dos resultados, ver a entrada de 30 jul. 1911 no diário de Kurt Riezler, em Karl Dietrich Erdmann (org.), *Kurt Riezler. Tagebücher, Aufsätze, Dokumente*. Göttingen: Vandenhoeck & Ruprecht, 1972, pp. 178-9.

88. Relatório Schoen para gabinete das Relações Exteriores em Berlim, Paris, 7 maio 1911, *GP*, v. 29, doc. 10554, p. 113.

89. David Stevenson, *Armaments and the Coming of War*, op. cit., pp. 182-3; E. Onken, op. cit., pp. 136-44; sobre a missão *Panther* como manifestação da "prudência" e do desejo de evitar "complicações de caráter bélico" de Kinderlen, ver esp. Jean-Claude Allain, *Agadir, 1911*, op. cit., p. 333.

90. G. P. Gooch, "Kinderlen-Wächter", *Cambridge Historical Journal*, v. 5, n. 2, pp. 178-92, jan. 1936, aqui p. 187.

91. Ralf Forsbach, op. cit., pp. 469, 471, 474, 476-7.

92. Os comentários estão registrados em "Indications données à M. Stéphen Pichon à M. de Margerie", 18 out. 1918, em AMAE, NS Allemagne 51, p. 202, apud Stefan Schmidt, *Frankreichs Aussenpolitik in der Julikrise 1914: Ein Beitrag zur Geschichte des Ausbruchs der Ersten Weltkrieges*. Munique: Oldenbourg 2009, p. 228.

93. Grey para Bertie, 19 e 20 jul. 1911, Bertie para Grey, 21 jul. 1911, *BD*, v. 7, pp. 376, 382, docs. 397, 405, 408; ver também Samuel R. Williamson, *The Politics of Grand Strategy*, op. cit., pp. 146-7.

94. Keith M. Wilson, "The Agadir Crisis, the Mansion House Speech and the Double-edgeress of Agreements", *Historical Journal*, v. 15, n. 3, p. 517, set. 1972.

95. Bertie para Grey, Paris, 17 jul. 1911, *BD*, v. 7, pp. 170-1, doc. 391.

96. Grey para Goschen, Londres, 21 jul. 1911, *BD*, v. 7, p. 390, doc. 411.

97. David Lloyd George, First Earl, "Mr. Lloyd George on British Prestige", *The Times*, Londres, 22 jul. 1911, p. 7, col. A.

98. David Stevenson, *Armaments and the Coming of War*, op. cit., p. 186.

99. Timothy Boyle, "New Light on Lloyd George's Mansion House Speech", *The Historical Journal*, v. 23, n. 2, pp. 431-3, jun. 1980. Sobre a orientação antigermânica do discurso, ver Richard A. Crosgrove, "A Note on Lloyd George's Speech at the Mansion House, 21 July 1911", *The Historical Journal*, v. 12, n. 4, pp. 698-701, dez. 1969; sobre o planejamento liberal imperialista por trás do discurso, ver Keith M. Wilson, "The Agadir Crisis", op. cit., pp. 513-32; também Id., *The Policy of the Entente*, op. cit., p. 27; Samuel R. Williamson, *The Politics of Grand Strategy*, op. cit., pp. 153-5.

100. Citado em Keith M. Wilson, "The Agadir Crisis", op. cit., pp. 513-4.

101. Keith M. Wilson, *The Policy of the Entente*, op. cit., p. 27.

102. Zara S. Steiner, *British Foreign Office*, p. 125.

103. Sobre o local da "opção de guerra" na política de Grey, ver Jost Dülffer, Martin Kröger e Rolf-Harald Wippich, *Vermiedene Kriege. Deeskalation von Konflikten der Grossmächte zwischen Krimkrieg und Esrsten Weltkrieg 1856-1914*. Munique: Oldenbourg, 1997, p. 639.

104. Hollweg para Metternich, 22 nov. 1911, *GP*, v. 29, pp. 261-6, doc. 10657 (sobre a "ordem para preparar-se para a guerra" do governo britânico); Hollweg para Metternich, 22 nov. 1911, *GP*, v. 31, doc. 11321, pp. 31-3 (p. 32, sobre a "prontidão para atacar"). Sobre o papel da Grã-Bretanha na escalada da crise: Hew Strachan, *The First World War*, op. cit., p. 26.

105. Aehrenthal, audiência com o imperador Francisco José, Mendel, 3 ago. 1911, *ÖUAP*, v. 3, pp. 292-4, doc. 2579, aqui p. 294.

106. Conversa entre Kiderlen e Osten-Sacken, relatada em Osten-Sacken para Neratov, Berlim, 20 ago. 1911, *IBZI*, série 3, v. 1, parte 1, p. 344, doc. 238.

107. Friedrich Kiessling, *Gegen den grossen Krieg?*, op. cit., p. 59.

108. Keith M. Wilson, *Policy of the Entente*, op. cit., pp. 31-6.

109. Ibid., p. 29.

110. Samuel R. Williamson, *The Politics of Grand Strategy*, op. cit., p. 46; Christopher Andrew, *Théophile Delcassé and the Making of the Entente Cordiale*, op. cit., pp. 283-4; sobre o envolvimento de Haldane nesses eventos, ver Edward M. Spiers, *Haldane. An Army Reformer*. Edimburgo: Edinburgh University Press, 1980, p. 78.

111. Samuel R. Williamson, *The Politics of Grand Strategy*, op. cit., esp. cap. 7.

112. Keith M. Wilson, *Policy of the Entente*, op. cit., p. 123.

113. Stefan Schmidt, op. cit., pp. 156-71, 196.

114. Barão Guillaume para Davignon, 14 abr. 1913, MAEB AD, France 11, Correspondance politique-légations.

115. Edward Mandell House, *The Intimate Papers of Colonel House*. Org. de Charles Seymour. Londres: E. Benn, 1926. v. 1: Behind the Political Curtain, 1912-1915, pp. 254-5.

116. Devo essa novidade ao professor Laurence W. Martin, autor de *Peace Without Victory. Woodrow Wilson and the British Liberals*. Port Washington, NY: Kennikat Press, 1973.

117. Peter Gatrell, *Government, Industry and Rearmament in Russia, 1900-1914: The Last Argument of Tsarism*. Cambridge: Cambridge University Press, 1994, pp. 128-9; William C. Fuller Jr., *Strategy and Power in Russia, 1600-1914*. Nova York: The Free Press, 1992, p. 411; David Stevenson, *Armaments and the Coming of War*, op. cit., p. 156.

118. Peter Gatrell, op. cit., pp. 147-8.

119. Vladimir Aleksandrovich Sukhomlinov, *Erinnerungen*. Berlim: R. Hobbing, 1924, pp. 271--7; Vladimir Nikolaevich Kokovtsov, *Out of My Past: The Memoirs of Count Kokovtsov, Russian Minister of Finance, 1904-14, Chairman of the Council of Ministers, 1911-1914*. Org. de Harold H. Fisher. Trad. de Laura Matveev. Stanford: Stanford University Press, 1935, pp. 229, 313-5.

120. David Stevenson, *Armaments and the Coming of War*, op. cit., p. 178.

121. Peter-Christian Witt, *Die Finanzpolitik des Deutschen Reiches von 1903 bis 1913. Eine Studie zur Innenpolitik des wilhelminischen Deutschland*. Lübeck: Mathiesen Verlag, 1970, pp. 318-20, 323.

122. Stig Förster, *Der doppelte Militarismus: Die deutsche Heeresrüstungspolitik zwischen Status--Quo-Sicherung und Aggression, 1890-1913*. Stuttgart: Franz Steiner, 1985, pp. 112-6, 224.

123. Ver Terence Zuber, *Inventing the Schlieffen Plan*. Nova York: Oxford University Press, 2002, pass.

124. Sobre as restrições estruturais às despesas militares do Reich, ver Niall Ferguson, "Public Finance and National Security: The Domestic Origins of the First World War Revisited", *Past & Present*, n. 142, pp. 141-68, fev. 1994.

125. Karl von Einem para Bernhard von Büllow, 18 jun. 1906, citado em David G. Hermann, *The Arming of Europe and the Making of the First World War*. Princeton: Princeton University Press, 1996, p. 67.

126. Annika Mombauer, *Helmuth von Moltke and the Origins of the First World War*. Cambridge: Cambridge University Press, 2001, p. 88.

127. David G. Herrmann, *The Arming of Europe and the Making of the First World War*, op. cit., pp. 64-5.

128. Conrad em ibid., p. 98; David Stevenson, *Armaments and the Coming of War*, op. cit., p. 6; Norman Stone, "Army and Society in the Habsburg Monarchy 1900-1914", *Past & Present*, n. 33, pp. 95-111, abr. 1966; István Deák, "The Fall of Austria-Hungary: Peace, Stability, and the Legitimacy", op. cit., p. 89.

129. Sobre a luta por financiamentos, ver Joseph Joffre, *Mémoires du Maréchal Joffre (1910-1917)*. Paris: Plon, 1932, pp. 41-59, citação na p. 58; Gerd Krumeich, *Armaments and Politics in France on the Eve of the Frist World War: The Introduction of the Three-Year Conscription 1913-1914*. Trad. de Stephen Conn. Leamington: Berg, 1984; David Stevenson, *Armaments and the Coming of War*, op. cit., p. 218. Sobre o rearranjo de opiniões, ver Paul B. Miller, *From Revolutionaries to Citizens: Antimilitarism in France, 1870-1914*. Durham, NC: Duke University Press, 2002, pp. 173-200.

130. Gerd Krumeich, op. cit., p. 47.

131. Stig Förster, *Der doppelte Militarismus*, op. cit., pp. 216-20, 272; David G. Herrmann, *The Arming of Europe and the Making of the First World War*, op. cit., p. 190; Peter-Christian Witt, op. cit., pp. 356-7.

132. William C. Fuller Jr., *Civil-Military Conflict in Imperial Russia, 1881-1914*. Princeton: Princeton University Press, 1985, p. 225; citação: Vladimir Nikolaevich Kokovtsov, op. cit., p. 340.

133. Joseph Caillaux, *Mes Mémoires*. Paris: Plon, 1942-7. v. 2: Mes Audaces, Agadir, 1909-1912, pp. 211-5; Gerd Krumeich, op. cit., p. 24.

134. Dominic B. C. Lieven, *Nicholas II*, op. cit., p. 175. A referência a "atitudes civilizadas" é de Durnovo, ver id., *Russia's Rulers Under the Old Regime*. New Haven: Yale University Press, 1989, p. 218.

135. Bruce W. Menning, *Bayonets Before Bullets, The Imperial Russian Army, 1861-1914*. Bloomington, IN: Indiana University Press, 1992, pp. 221-37.

136. William C. Fuller Jr., *Strategy and Power in Russia*, op. cit., pp. 424-33.

137. Vladimir Nikolaevich Kokovtsov, op. cit., p. 348.

138. David M. McDonald, "A Lever without a Fulcrum: domestic Factors and Russian Foreign Policy, 1904-1914". In: Hugh Rasgdale (org.), *Imperial Russian Foreign Policy*. Cambridge: Cambridge University Press, 1993, pp. 268-314, aqui p. 302; sobre o apoio a Sukhomlinov no Conselho, Vladimir Nikolaevich Kokovtsov, op. cit., p. 349.

139. Ver, por exemplo, Peter Rassow, "Schlieffen und Holstein", *Historische Zeitschrift*, v. 173, pp. 297-313, dez. 1952.

140. Widenmann para Tirpitz, Londres, 28 out. 1911 e 30 out. 1911, *GP*, v. 31, pp. 11-7, docs. 11313, 11314.

141. Para uma análise esclarecedora dos relatos de Widenmann, à qual minha discussão está em dívida, ver Friedrich Kiessling, *Gegen den grossen Krieg?*, op. cit., pp. 73-4.

142. Hollweg para Metternich, Berlim, 31 out. 1911; Metternich para Hollweg, Londres, 1 nov. 1911, *GP*, v. 31, pp. 17-24, docs. 11315, 11316.

143. Friedrich Kiessling, *Gegen den grossen Krieg?*, op. cit., p. 74

144. "Der Kaiser machte eine, der Kanzler eine andere Politik, der Generalstab seine Antworthen für sich", Alfred von Waldersee para Jagow (secretário de Estado das Relações Exteriores), 6 maio 1919, citado em Dieter Hoffmann, *Der Sprung ins Dunkle: Oder wie der I. Weltkrieg entfesselt wurde*. Leipzig: Militzke, 2101, p. 137.

145. David B. Ralston, *The Army of the Republic: The Place of the Military in the Political Revolution of France, 1871-1914*. Cambridge, MA: Massaschussets Institute of Technology Press, 1967, pp. 339-40 observa que Moltke, ao contrário de Joffre, teve de discutir com um imperador que levava muito a sério seus deveres como "supremo senhor da guerra". Para crítica a esse ponto de vista, ver Douglas Porch, *The March to the Marne. The French Army, 1871-1914*. Cambridge: Cambridge University Press, 1981, pp. 171-2.

146. Entradas no diário de Wilson de 9 ago. 1911 e 16 nov. 1911, Imperial War Museum de Londres; terceira citação: Hew Strachan, *The Politics of the British Army*. Oxford: Oxford University Press, 1997, p. 114; sobre as opiniões políticas e constitucionais de Wilson ver ibid., pp. 114-5, 125-6.

147. Samuel R. Williamson e Russell Van Wyk, *July 1914, Soldiers, Statesmen and the Coming of the Great War: A Brief Documentary History*. Boston: Bedford / St. Martin's, 2003, p. 218.

148. Raymond Poincaré, "Entretien avec Kokowtsoff: Chemins de fer stratégiques", São Petersburgo, ago. 1912, AMAE, NS Russie, 41, p. 280.

149. Douglas Porch, op. cit., p. 175. Sobre o efeito constritor da aliança russa sobre os arranjos de segurança franceses, ver também comentários de 17 jun. 1914 feitos por Maurice Herbette relatados em Georges Louis, *Les Carnets de Georges Louis*. Paris: F. Rieder, 1926, v. 2, p. 114.

150. Gerd Krumeich, op. cit., p. 214.

151. Annika Mombauer, *Helmuth von Moltke and the Origins of the First World War*, op. cit., p. 45.

152. William C. Fuller Jr., *Civil-Military Conflict in Imperial Russia*, op. cit., p. 225.

153. Marc Trachtenberg, "The Coming of the First World War: A Reassessment". In: ______. *History and Strategy*. Princeton: Princeton University Press, 1991.

154. Pourtalès para Hollweg, São Petersburgo, 1 fev. 1913, relatando uma conversa com Sazonov, PA-AA, R 10896.

155. Ibid., 11 mar. 1914, PA-AA, R 10898.

156. Paul Miliukov, op. cit., p. 235.

157. Michael Ekstein, "Sir Edward Grey and Imperial Germany in 1914", *Journal of Contemporary History*, v. 6, n. 3, 1971, pp. 121-31.

158. Bernhard von Büllow, discurso para o Reichstag, 29 mar. 1909, citado em Berhard Rosenberger, *Zeitungen als Kriegstreiber? Die Rolle der Presse im Vorfeld der Ersten Weltkrieges*. Colônia: Böhlau, 1998, p. 33.

159. Sobre esse desenvolvimento e seu impacto na política alemã, ver Joachim Radkau, *Das Zeitalter der Nervosität. Deutschland zwischen Bismarck und Hitler*. Munique: Hanser, 1998; Wolfgang J. Mommsen, *Bürgerstolz und Weltmachtstreben: Deutschland unter Wilhelm II, 1890 bis 1918*. Berlim: Propyläen-Studienausgabe, 1995, p. 187; Hans-Ulrich Wehler, *Deutsche Gesellschaftsgeschichte*, op. cit., v. 3, p. 905; Jonathan Sperber, *The Kaiser's Voters: Electors and Elections in Imperial Germany*. Cambridge: Cambridge University Press, 1997; James N. Retallack, *Notables of the Right: The Conservative Party*

and Political Mobilization in Germany. Winchester, MA: Allen & Unwin, 1988; Geoff Eley, *Reshaping the German Right: Radical Nationalism and Political Change after Bismarck*. New Haven: Yale University Press, 1980; Thomas Nipperdey, *Die Organisation der deutschen Parteien vor 1918*. Düsseldorf: Droste, 1961; David Blackbourn, "The Politics of Demagogy in Imperial Germany". In: ______. *Populists and Patricians. Essays on Modern German History*. Londres: Allen & Unwin, 1987, pp. 217-45, aqui pp. 222 ss.

160. R. J. B. Bosworth, *Italy, the Least of the Great Powers*, op. cit., p. 44.

161. Sobre Corradini e sua influência, num contexto pan-europeu, ver Monique de Taeye--Henen, *Le Nationalisme d'Enrico Corradini et les origines du fascisme dans la revue florentine 'Il Regno', 1903-1906*. Paris: Didier, 1973; ver também a proveitosa introdução de Enrico Corradini, *Scritti e discorsi*. Org. de Lucia Strappini. Turim: Einaudi, 1980, pp. vii-lix.

162. William Mulligan, *The Origins of the First World War*. Cambridge: Cambridge University Press, 2010, p. 139.

163. David M. McDonald, *United Government and Foreign Policy in Russia, 1900-1914*, op. cit., p. 182; Louise McReynolds, *The News Under Russia's Old Regime. The Development of a Mass-Circulation Press*. Princeton: Princeton University Press, 1991, pp. 223-52.

164. Ver R. J. B. Bosworth, *Italy, the Least of the Great Powers*, op. cit., p. 17; Christopher Clark, *Kaiser Wilhelm II*, op. cit., pp. 218-55; Dominik Geppert, *Pressekriege*, op. cit., pass.

165. Dominic B. C. Lieven, *Nicholas II*, op. cit., p. 96.

166. Buisserer (ministro belga em São Petersburgo) para Davignon (ministro de Relações Exteriores da Bélgica), 17 jan. 1908, MAEB AD, Empire Russe, 34, 1914.

167. Hardinge para Nicolson, 28 out. 1908, citado em Keith Neilson, "'My Beloved Russians': Sir Arthur Nicolson and Russia, 1906-1916", op. cit., pp. 538-9.

168. Judith A. Head, "Public Opinions and Middle-Eastern Railways: The Russo-German Railway Negotiations of 1910-11", *International History Review*, v. 6, n. 1, pp. 28-47, fev. 1984, aqui pp. 46-7.

169. Theodore Roosevelt, *America and the World War*. Londres, 1915, p. 36.

170. Christopher Hibbert, *Edward VII*, op. cit., pp. 256-7; Robert Tombs e Isabele Tombs, op. cit., pp. 438-40.

171. Kosztowits para Tets van Goudrian, 7 mar. 1906, NA, 2.05.36, doc. 10, Rapporten aan en briefwisseling met het Ministerie van Buitenlandse Zaken.

172. David Stevenson, *Armaments and the Coming of War*, op. cit., p. 193; Jean-Claude Allain, *Agadir, 1911*, op. cit., pp. 370-82.

173. Descos (ministro francês em Belgrado) para Doumergue (ministro das Relações Exteriores da França), 23 mar. 1914, 22 abr. 1914, 9 jun. 1914 em *DDF*, série 3 (1911-4), v. 10, pp. 26-7, 252-5, 513-5, docs. 17, 145, 347.

174. William C. Fuller Jr., *Civil-Military Conflict in Imperial Russia*, op. cit., p. 210.

175. Kohlaas, memorando para Pourtalès, Moscou, 3 dez. 1912, PA-AA, R 10895.

176. Guillaume para Davignon, Paris, 5 maio 1913, MAEB AD, France 11, 1914.

177. Keith Robbins, "Public Opinion, the Press and Pressure Groups". In: Francis Harry Hinsley (org.). *British Foreign Policy under Sir Edward Grey*. Cambridge: Cambridge University Press, pp. 70-88, aqui p. 72; Dominik Geppert, *Pressekriege*, op. cit., pp. 59-69.

178. Denis Mack Smith, *Italy and Its Monarchy*. New Haven: Yale University Press, 1989, p. 191.

179. D. W. Spring, "Russia and the Coming of War". In: R. J. W. Evans e Harmut Pogge von Strandmann (orgs.). *The Coming of First World War*. Oxford: Clarendon Press, 1988, pp. 57-86, aqui pp. 59-60.

180. Reportagem de um jornalista alemão não identificado sobre o *Lokal-Anzeiger* de São Petersburgo, encaminhado em Pourtalès para Hollweg, São Petersburgo, 17 mar. 1911, PA-AA, R 10544.

181. M. B. Hayne, op. cit., pp. 43-4.

182. David M. McDonald, *United Government and Foreign Policy in Russia, 1900-1914*, op. cit., pp. 133-4, 191.

183. M. B. Hayne, op. cit., p. 47.

184. Gerd Krumeich, op. cit., pp. 46-7.

185. William C. Fuller Jr., *Strategy and Power in Russia*, op. cit., pp. 419-20.

186. Buisseret para Davignon, São Petersburgo, 17 jan. 1914, 27 mar. 1914, 9 jun. 1914, MAEB AD, Empire Russe 34, 1914.

187. Leopold Kammerhofer, *Diplomatie und Pressepolitik 1848-1918*. In: Adam Wandruszka e Peter Urbanitsch (orgs.), op. cit., v. 6/1: *Die Habsburger Monarchie im System der internationalen Beziehungen*, pp. 459-95, aqui pp. 489-90; Joseph Goricar e Lyman Beeccher Stowe, *The Inside Story of Austro-German Intrigue or How the World War Was Brought About*. Nova York: Doubleday, 1920.

188. M. B. Hayne, op. cit., p. 45.

189. Sobre subsídios para jornalistas em São Petersburgo: Pourtalès para Hollweg, São Petersburgo, 2 dez. 1911, PA-AA, R 10544. Sobre subsídios britânicos: William Mulligan, op. cit., p. 169.

190. Georges Louis para Departamento Político e Comercial, MFA, São Petersburgo, 24 fev. 1912, AMAE, NS Russie 41.

191. Günther Kronenbitter, op. cit., p. 450.

192. Conde Mirbach-Sorquitten para Hollweg, 3 jul. 1914, PA-AA, R 10544; Constantinopla: Sean McMeekin, *The Berlin-Baghdad Express: The Ottoman Empire and Germany's Bid for World Power 1898-1918*. Londres: Penguin, 2010, p. 69.

193. Jules Cambon para Maurice Paléologue, Berlim, 10 maio 1912, AMAE PA-AP, 43 Cambon Jules, 56, p. 204.

194. Jules Cambon para Raymond Poincaré, Berlim, 26 out. 1912, AMAE PA-AP, 43 Cambon Jules, 56, pp. 51-2.

195. Moltke para Hollweg, 2 dez. 1912, PA-AA Berlim, R 789.

196. Gerd Krumeich, op. cit., p. 48; Stefan Schmidt, op. cit., pp. 216-8, 227.

197. Citado em H. Temperley e L. Penson, *Foundations of British Foreign Policy from Pitt (1792) to Salisbury (1902)*. Cambridge: Cambridge University Press, 1938, pp. 519-20.

198. Justin de Selves para Georges Louis, 21 ago. 1911, *DDF*, série 2, v. 14, pp. 255-6, doc. 200; Louis para de Selves, 1 set. 1911, ibid., pp. 305-7, doc. 234.

199. Tschirschky para Hollweg, relatando uma conversa com Jovanović, 18 nov. 1912; Pourtalès para Hollweg, relatando uma conversa com Sazonov, São Petersburgo, 10 dez. 1912, PA-AA, R 10895.

200. Pourtalès Hollweg, São Petersburgo, 17 nov. 1912, ibid.; sobre essa prática na diplomacia russa, ver também Dietrich Geyer, op. cit., p. 315.

201. Ronald Bobroff, "Behind the Balkan Wars: Russian Policy toward Bulgaria and the Turkish Straits, 1912-13", *Russian Review*, v. 59, n. 1, pp. 76-95, jan. 2000, aqui p. 79.

202. Pourtalès para Büllow, São Petersburgo, 11 dez. 1908, *GP*, v. 26/1, pp. 387-8, doc. 9187; Guilherme II para Francisco José, Berlim, 26 jan. 1909, *GP*, v. 26/2, pp. 401-2, doc. 9193, Nicolau II para Guilherme II, São Petersburgo, 25 jan. 1909, *GP*, v. 26/2, pp. 402-4, doc. 9194.

203. Grey para Asquith, 13 set. 1911, citado em Friedrich Kiessling, *Gegen den grossen Krieg?*, op. cit., p. 40; Pourtalès para Hollweg, São Petersburgo, 12 fev. 1910, PA-AA, R 10 894.

204. David Stevenson, *Armaments and the Coming of War*, op. cit., p. 160.

205. Radolin para Hollweg, Paris, 10 fev. 1910, PA-AA, R 10 894.

206. Guillaume para Davignon, 5 jan. 1914, MAEB AD, France, 12, 1914.

207. Dominik Geppert, *Pressekriege*, op. cit., pp. 123, 230.

208. Dominic B. C. Lieven, *Nicholas II*, op. cit., p. 192.

209. Dominik Geppert, *Pressekriege*, op. cit., p. 358.

210. Tatishchev para Nicolau II, 27 fev. 1013, GARF, Fond 601, op. 1, del 746 (2).

211. Rosenberger, *Zeitungen*, pass.; Dominik Geppert, *Pressekriege*, op. cit., p. 27.

212. General Friedrich von Bernhardi, *Germany and the Next War*. Trad. de Allen H. Powles. Londres: Darling & Son, 1912, esp. cap. 1.

213. Friedrich Kiessling, *Gegen den Grossen Krieg?*, op. cit., pp. 70, 99.

214. James Joll, *1914: The Unspoken Assumptions. An Inaugural Lecture Delivered 25 April 1968*. Londres: Weidenfeld and Nicolson, 1968.

215. Sobre "patriotismo defensivo" como posição contumaz de todas as esferas públicas europeias, ver William Mulligan, op. cit., p. 159.

216. Reginald Baliol Brett Esher, "To-day and To-morrow". In: ______. *To-day and To-morrow and Other Essays*. Londres: John Murray, 1910, p. 13; Id., *Modern War and Peace: A Lecture Delivered to The Cambridge University War and Peace Society, December 2, 1912*. Cambridge: Bowes & Bowes, 1912, p. 19.

217. Citado em John Gooch, "Attitudes to War in Late Victorian and Edwardian England". In: ______. *The Prospect of War: Studies in British Defence Policy, 1847-1942*. Londres: Frank Cass, 1981, pp. 35-51.

218. Sobre "ideologia do sacrifício", ver Alexander Watson e Patrick Porter, "Bereaved and Aggrieved: Combat Motivation and the Ideology of Sacrifice in the First World War", *Historical Research*, v. 83, n. 219, pp. 146-64, fev. 2010. Sobre descrições positivas do conflito, ver Glenn R. Wilkinson, "'The Blessing of War': The Depiction of Military Force in Edwardian Newspapers", *Journal of Contemporary History*, v. 33, n. 1, pp. 97-115, jan. 1998.

219. Citado em Caroline Elisabeth Playne, *The Pre-War Mind in Britain: A Historical Review*. Londres: Allen & Unwin, 1928, p. 148.

220. Para um excelente relato desses assuntos, ver Zara S. Steiner, "Views of War: Britain Before the Great War — and After", *International Relations*, v. 17, pp. 7-33, mar. 2003.

221. William C. Fuller Jr., *Civil-Military Conflict in Imperial Russia*, op. cit, p. 197; Id., *Strategy and Power in Russia*, op. cit., p. 395.

222. Gerd Krumeich, op. cit., pp. 101-2; David G. Hermann, *The Arming of Europe and the Making of the First World War*, op. cit., p. 194.

223. David Stevenson, *Armaments and the Coming of War*, op. cit., p. 150; David G. Hermann, *The Arming of Europe and the Making of the First World War*, op. cit., pp. 113-4.

224. Caroline Elisabeth Playne, op. cit., pp. 147-8.

225. Brendan Simms, *The Impact of Napoleon: Prussian High Politics, Foreign Policy and the Crisis of the Executive, 1797-1806*. Cambridge: Cambridge University Press, 1997.

226. Andrew Preston, *The War Council: McGeorge Bundy, the NSC, and Vietnam*. Cambridge, MA: Harvard University Press, 2006.

227. Philip E. Mosely, "Russian Policy in 1911-12", *The Journal of Modern History*, v. 12, n. 1, pp. 69-86, mar. 1940, aqui p. 86.

5. COMPLICAÇÕES NOS BÁLCÃS [pp. 270-340]

1. George Frederick Abbott, *The Holy War in Tripoli*. Londres: E. Arnold, 1912, pp. 192-5.

2. Gustavo Ramaciotti, *Tripoli: A Narrative of the Principal Engagements of the Italian-Turkish War*. Londres: H. Rees, 1912, p. 117.

3. Ernst Nathaniel Bennett, *With the Turks in Tripoli. Being Some Experiences of the Turco-Italian War of 1911*. Londres: Methuen, 1912, pp. 24-5.

4. Ibid., p. 77.

5. George Young (org.), *Nationalism and War in the Near East*. Oxford: Clarendon Press, 1915.

6. "M. Miroslaw Spalaïkovitch", entrevista com Spalajković em *La Revue Diplomatique*, 31 jul. 1924, recorte arquivado em AS, Arquivos Pessoais Miroslav Spalajković, Fiche 101, p. 95.

7. William C. Askew, *Europe and Italy's Acquisition of Libya 1911-1912*. Durham, NC: Duke University Press, 1942, p. 19; sobre a incorporação de uma garantia líbia na segunda renovação da Tríplice Aliança em 1887, ver Holger Afflerbach, *Der Dreibund. Europäische Grossmacht- und Allianzpolitik von dem Ersten Weltkrieg*, op. cit., p. 691.

8. R. J. B. Bosworth, *Italy, the Least of the Great Powers*, op. cit., pp. 137-8.

9. Enrico Serra, "La burocrazia della politica estera italiana". In: In: R. J. B. Bosworth e Sergio Romano (orgs.), op. cit., pp. 69-90, aqui p. 80.

10. Miles Ignotus (pseud.), "Italian Nationalism and the War with Turkey", *Fortnightly Review*, v. 90, pp. 1084-96, dez. 1911, aqui pp. 1088-91; William C. Askew, op. cit., pp. 25, 27; Francesco Malgeri, *La Guerra Libica (1911-1912)*. Roma: Edizioni di Storia e Letteratura, 1970, pp. 37-96.

11. Sobre o chauvinismo socialista na época da invasào, ver Ernst Nathaniel Bennett, op. cit., p. 7.

12. R. J. B. Bosworth, *Italy, the Least of the Great Powers*, op. cit., p. 151.

13. Pietro di Scalea para San Giuliano, 13 ago. 1911, ibid., p. 158.

14. Assim Grey resumiu sua conversa com o embaixador numa carta subsequente a Sir Rendell Rodd; ver Grey para Rodd, 28 jul. 1911, TNA, p. 371 / 1250, p. 311.

15. R. J. B. Bosworth, *Italy, the Least of the Great Powers*, op. cit., pp. 152-3.

16. Grey para Nicolson, Londres, 19 set. 1911, *BD*, v. 9 / 11, p. 274, doc. 231.

17. R. J. B. Bosworth, *Italy, the Least of the Great Powers*, op. cit., p. 159; Holger Afflerbach, *Der Dreibund. Europäische Grossmacht- und Allianzpolitik von dem Ersten Weltkrieg*, op. cit., p. 693.

18. Citado em R. J. B. Bosworth, *Italy, the Least of the Great Powers*, op. cit., p. 160.

19. O embaixador era o ex-secretário de Estado das Relações Exteriores marechal Von Bieberstein, que se opunha fortemente à campanha italiana. Sobre a tensão na política alemã, ver W. David Wrigley, "Germany and the Turco-Italian War, 1911-1912", *International Journal of Middle East*

Studies, v. 11, n. 3, pp. 313-38, maio 1980, esp. pp. 315, 319-20; também Francesco Malgeri, op. cit., p. 138; Holger Afflerbach, *Der Dreibund. Europäische Grossmacht- und Allianzpolitik von dem Ersten Weltkrieg*, op. cit., pp. 693-4.

20. Francesco Malgeri, op. cit., p. 119.

21. Memorando de San Giuliano para Giolitti, Fiuggi, 28 jul. 1911, em Claudio Pavone (org.), *Dalle carte di Giovanni Giolitti: quarant'anni di politica italiana*. Milão: Feltrinelli, 1962, v. 3: *Dai prodomi della guerra al fascismo, 1910-1928*, pp. 52-6, doc. 49.

22. Timothy Winston Childs, *Italo-Turkish Diplomacy and the War Over Libya*. Leiden: E. J. Brill, 1990, pp. 44-5.

23. Relatório de San Giuliano para Giolitti, 28 jul. 1911, em Claudio Pavone, op. cit., pp. 52-6.

24. Timothy Winston Childs, op. cit., pp. 46-7.

25. Chevalier Tullio Irace, *With the Italians in Tripoli: The Authentic History of the Turco-Italian War*. Londres: J. Murray, 1912, pp. 11-2.

26. Para um bom relato sobre os combates nas redondezas de Trípoli em outubro e novembro de 1911, apesar de um forte viés pró-italiano, ver Wiliam Kidston McLure, *Italy in North Africa: An Account of the Tripoli Enterprise*. Londres: Constable, 1913, pp. 60-109. Para relatos internacionais das atrocidades italianas e resistência árabe mais genericamente, ver Franceso Malgeri, op. cit., pp. 195, 165-94.

27. Textos dos tratados e do *ferman* imperial concedendo autonomia em Timothy Winston Childs, op. cit., pp. 243-53.

28. Sergio Romano, *La Quarta Sponda: La Guerra di Libia, 1911-1912*. Milão: TEA, 1977, p. 14.

29. Francesco Malgeri, op. cit., pp. 303, 306-9.

30. Ibid., pp. 327-9.

31. Paul Cambon para Poincaré, 25 jan. 1912, *DDF*, série 3, v. 1, pp. 535-8, doc. 516, aqui p. 562.

32. Sobre o fracasso do "sistema de concerto" nos últimos anos antes da guerra, ver Richard Langhorne, *The Collapse of the Concert of Europe. International Politics, 1890-1914*. Nova York: St. Martin's, 1981, esp. pp. 97-107; Günther Kronenbitter, "Diplomatisches Scheitern: Die Julikrise 1914 und die Konzertdiplomatie der europäischen Grossmachte". In: Bernhard Chiari Chiari e Gerhard P. Gross (orgs.), *Am Rande Europas? Der Balkan: Raum und Bevölkerung als Wirkungsfelder militärischer Gewalt*. Munique: Oldenbourg, 2009, pp. 55-66; F. R. Bridge, Österreich (-Ungarn) unter der Grossmächten". In: Adam Wandruszka e Peter Urbanitsch (orgs.), op. cit., v. 6/1, pp. 196-373, aqui pp. 356-60.

33. Rainer Lahme, op. cit., pp. 316-37, 494.

34. Citado em William L. Langer, *The Franco-Russian Alliance, 1890-1894*. Cambridge, MA: Harvard University Press, 1929, p. 83.

35. John D. Treadway, *The Falcon and Eagle: Montenegro and Austria-Hungary, 1908-1914*. West Lafayette, IN: Purdue University Press, 1983, pp. 88-9.

36. Andrew Rossos, *Russia and the Balkans*, op. cit., p. 36.

37. Richard C. Hall, *The Balkan Wars, 1912-1913: Prelude to the First World War*. Londres: Routledge, 2000, p. 11.

38. Citado em Robert Elsie (org.), *Kosovo. In the Heart of the Balkan Powder Keg*. Boulder: East European Monographs, 1997, pp. 78-9.

39. Números calculados a partir de Richard C. Hall, *The Balkan Wars*, op. cit., p. 24.

40. Richard C. Hall, *Bulgaria's Road to the First World War*. Boulder: East European Monographs, 1997, pp. 78-9.

41. Alex N. Dragnich, *Serbia, Nikola Pašić and Yugoslavia*, op. cit., p. 101.

42. Rapaport (cônsul-geral da Holanda) para Vredenbuch (ministro da Holanda em Bucareste, formalmente responsável pela Sérvia), Belgrado, 23 mar. 1913, NA, 2.05.36, 9, Consulaat-Generaal Belgrado en Gezantschap Zuid-Slavië.

43. Andrew Rossos, *Russia and the Balkans*, op. cit., p. 161; Ivan T. Teodorov, *Balkanskite voini (1912-1913): Istorischeski, diplomaticheski i strategicheski ocherk*. Sófia: Khermes, 2007, p. 182.

44. Ivan T. Teodorov, op. cit., pp. 259, 261.

45. Kiril Valtchev Merjanski, op. cit., pp. 19, 27, 52, 79.

46. Andrew Rossos, *Russia and the Balkans*, op. cit., p. 175.

47. Rapaport para Vredenbuch, Belgrado, 27 maio 1913, NA, 2.05.36, 9 Consulaat-Generaal Belgrado en Gezantschap Zuid-Slavië, 1891-1940.

48. Philip E. Mosely, op. cit., pp. 73-4; Andrew Rossos, *Russia and the Balkans*, op. cit., pp. 12, 15.

49. Ronald Bobroff, *Roads to Glory*, op. cit., pp. 23-4.

50. Ver David Schimmelpenninck van der Oye, "Russian Foreign Policy: 1815-1917". In: Dominic C. B. Lieven (org.). *The Cambridge History of Russia*. Cambridge: Cambridge University Press, 2006). v. 2: Imperial Russia, 1689-1917, pp. 554-74, aqui p. 573.

51. Citado em Andrew Rossos, *Russia and the Balkans*, op. cit., p. 27.

52. Vasilij N. Strandmann, op. cit., pp. 238-9.

53. Hartwig para Neratov, Belgrado, 6 out. 1911, em *IBZI*, série 3, v. 1, parte 2, doc. 545.

54. Philip E. Mosely, op. cit., p. 74; para um relato desses acontecimentos, ver Edward C. Thaden, "Charykov and Russian Foreign Policy at Constantinople in 1911", *Journal of Central European Affairs*, v. 16, pp. 25-43, 1956; também Alan Bodger, "Russia and the End of the Ottoman Empire". In: Marian Kent, (org.), op. cit., pp. 76-110; Ronald Bobroff, *Roads to Glory*, op. cit., pp. 24-5.

55. Buchanan para Nicolson, São Petersburgo, 21 mar. 1912, *BD*, v. 9/1, pp. 561-2, doc. 563; Edward C. Thaden, *Russia and the Balkan Alliance of 1912*. University Park, PA: Pennsylvania University Press, 1965, pp. 56-7; "Charykov and Russian Foreign Policy at Constantinople". In: ______. *Interpreting History. Collective Essays on Russia's Relations with Europe*. Boulder: East European Monographs, 1990, pp. 99-119.

56. Ronald Bobroff, *Roads to Glory*, op. cit., pp. 26-7.

57. Ibid., pp. 30-1.

58. Sazonov para Izvolsky, São Petersburgo, 2 out. 1912, AVPRI, Fond 151 (PA), op. 482, d. 130, I. 5.

59. Sazonov, conversa com Nekliudov, Davos, out. 1911, citado em Edward C. Thaden, *Russia and the Balkan Alliance of 1912*, op. cit., p. 78.

60. Para a crença de Sazonov segundo a qual os austríacos teriam ocupado o Sanjak se os russos não tivessem "restringido" Viena com um acordo de status quo, ver Sazonov, Carta confidencial para os embaixadores russos em Paris, Londres, Berlim, Viena, Roma, Constantinopla, Sófia, Belgrado, Cetinje, Atenas, Bucareste e São Petersburgo, 18 out. 1912, AVPRI, Fond 151 (PA), op. 482, d. 130, II. 79-81.

61. Katrin Boeckh, op. cit., pp. 26-7; David Stevenson, *Armaments and the Coming of War*, op. cit., pp. 232-3.

62. Andrew Rossos, *Russia and the Balkans*, op. cit., p. 45.

63. Sobre os artigos secretos e a subsequente convenção militar de 12 maio 1912, ver, Katrin Boeckh, op. cit., pp. 25-7; Edward C. Thaden, *Russia and the Balkan Alliance of 1912*, op. cit., pp. 56, 101, 103; Ronald Bobroff, *Roads to Glory*, op. cit., pp. 43-4.

64. Sazonov para Benckendorff, 24 out. 1912, transcrito em "Pervaya Balkanskaya voina (okonchanie)", KA, 16 (1926), pp. 3-24, doc. 36, p. 9; ver também Benno von Siebert (org.), *Graf Beckendorffs diplomatischer Schriftwechsel*. Berlim: Grutyer, 1928, v. 2, pp. 462-3, doc. 698; David M. McDonald, *United Government and Foreign Policy in Russia 1900-1914*, op. cit., p. 180.

65. David M. McDonald, *United Government and Foreign Policy in Russia, 1900-1914*, op. cit., p. 181.

66. Radoslav Vesnić, op. cit., p. 296.

67. David Stevenson, *Armaments and the Coming of War*, op. cit., p. 234; Ernst Christian Helmreich, *The Diplomacy of the Balkan Wars, 1912-1913*, Cambridge, MA: Harvard University Press, 1938, p. 153; Edward C. Thaden, *Russia and the Balkan Alliance of 1912*, op. cit., p. 113.

68. Ernst Christian Helmreich, *The Diplomacy of Balkan Wars*, op. cit., pp. 156-7.

69. Conversa com Sazonov relatada em Buchanan para Grey, 18 set. 1912, *BD*, v. 9/1, pp. 693--5, doc. 722, aqui p. 694.

70. Sazonov para Nekliudov, São Petersburgo, 18 out. 1912, AVPRI Fond 151 (PA), op. 482, d. 130, II. 69-70.

71. Andrew Rossos, *Russia and the Balkans*, op. cit., pp. 87-8.

72. *Novoye Vremya*, citado em Buchanan para Grey, 30 out. 1012, *BD*, v. 9/2, pp. 63-6, doc. 78.

73. Sazonov para Izvolsky, Benckendorff, Sverbeev etc., 31 out. 1912, *KA*, v. 16, doc. 45, citado em Ronald Bobroff, *Roads to Glory*, op. cit., p. 48.

74. Buchanan para Grey, 30 out. 1912, *BD*, v. 9/2, pp. 63-6, doc. 78; Sazonov para Krupensky (embaixador russo em Roma), São Petersburgo, 8 nov. 1912; Sazonov para Hartwig, São Petersburgo, 11 nov. 1912, ambos em AVPRI, Fond 151, (PA), op. 482, d. 130, II. 110, II. 121-121 verso.

75. Sazonov para Hartwig, "telegrama secreto", São Petersburgo, 11 nov. 1912, AVPRI, Fond 151 (PA), op. 482, d. 130, II. 121-2; "Note de l'ambassade de Russie", 12 nov. 1912, *DDF*, série 3, v. 4, pp. 443-4, doc. 431; Andrew Rossos, *Russia and the Balkans*, op. cit., p. 97.

76. Pourtalès para Hollweg, São Petersburgo, 17 nov. 1912, PA-AA, R 10895.

77. Sazonov para Izvolsky, São Petersburgo, 14 nov. 1912, em Friedrich Stieve (org.), *Der diplomatische Schriftwechsel Iswolskis, 1911-1914*. Berlim: Deutsche Verlagsgesellschaft für Politik und Geschichte, 1925, v. 2: Der Tripoliskrieg und der Erste Balkankrieg, doc. 566, p. 345.

78. Relatório de Buchanan datado de 28 nov. 1912, citado em Leonardo Charles F. Turner, *Origins of the First World War*, Londres: Edward Arnold, 1973, p. 34; ver também comentário de apoio de Pourtalès em Pourtalès para Hollweg, São Petersburgo, 17 nov. 1912, PA-AA, R 10895.

79. Buchanan para Nicolson, São Petersburgo, 9 jan. 1913, *BD*, v. 9, p. 383, doc. 481.

80. Citado em Andrew Rossos, *Russia and the Balkans*, op. cit., p. 109; sobre a inabilidade da Rússia, mais genericamente, de "fixar e seguir sua própria agenda", ver Hew Strachan, *The First World War*, op. cit., p. 20.

81. David Stevenson, *Armaments and the Coming of War*, op. cit., p. 234; Ernst Andrew Rossos, *Russia and the Balkans*, op. cit., pp. 157-62.

82. Sazonov para Kokovtsov, "altamente confidencial", São Petersburgo, 23 out. 1912, AVPRI, Fond 151, (PA), op. 482, d. 130, II. 46-46 verso.

83. Ibid., II. 47-47 verso.

84. V. I. Bovykin, *Iz istorii vozniknoveniya pervoi mirovoi voiny: Otnosheniya Rossii i Frantsii v 1912-1914 gg*. Moscou: Izd-vo Moskovskogo universiteta, 1961, pp. 136-7.

85. Bruce W. Menning, "Russian Military Intelligence, July 1914. What St. Petersburg Perceived and Why It Mattered" (inédito).

86. Laguiche para Ministério da Guerra, São Petersburgo, 16 dez. 1912, citado em David Stevenson, *Armaments and the Coming of War*, op. cit., p. 237.

87. David M. McDonald, *United Government and Foreign Policy in Russia, 1900-1914*, op. cit., p. 185.

88. David Stevenson, *Armaments and the Coming of War*, op. cit., p. 260.

89. Bovykin, *Iz istorii vozniknoveniya pervoi mirovoi voiny: Otnosheniya Rossii i Frantsii v 1912--1914 gg*, op. cit., pp. 152-3.

90. Sobre a reação a essa abertura em Viena, ver Tschirschky para MFA Viena, 28 dez. 1912; Zimmermann para Tschirschky, Berlim, 3 jan. 1913, Tschirschky para Bethamnn Hollweg, Viena, 2 jan. 1913, *GP*, v. 34/1, pp. 91, 117-9, 120-1, docs. 12580, 12605, 12607.

91. Sobre as medidas militares russas, ver Grey para Buchanan, 2 jan. 1913; Buchanan para Grey, 30 dez. 1912, *BD*, 9/2, docs. 438, 419; sobre a "mobilização", ver Louis para Poincaré, 25 e 25 dez. 1912, *DDF*, série 3, v. 5, pp. 142-3, 153, docs. 122, 131.

92. Sobre a situação na Áustria, ver David Stevenson, *Armaments and the Coming of War*, op. cit., p. 262; sobre a Rússia: Pourtalès para Hollweg, São Petersburgo, 20 fev. 1913, PA-AA, R 10896.

93. Sobre a crise e a subsequente redução de intensidade, ver Lucius para ministro das Relações Exteriores, 23 dez. 1912, *GP*, 43/1, doc. 12570; Buchanan para Grey, 30 dez. 1912, Grey para Buchanan, 2 jan. 1913, *BD*, 9 (2), docs. 419, 438; Louis para Poincaré, 25 e 27 dez. 1912, *DDF*, série 3, v. 5, docs. 122, 131.

94. Sobre o impacto da crise de inverno nas relações austro-russas nos Bálcãs, ver Samuel R. Williamson, "Military Dimensions of Habsburg-Romanov Relations during the Era of the Balkan Wars". In: Béla K. Király e Dimitrije Djordjević (orgs.), *East Central European Society and the Balkan Wars*. Boulder: East European Monographs, 1987, pp. 317-37.

95. Buisseret para Davignon, São Petersburgo, 7 jan. 1913, MAEB AD, Russie 3, 1906-13.

96. V. I. Gurko, *Cherty i Siluety Proshlogo, Pravitel'stvo i Obshchestvennost'v Tsarstvovanie Nikolaya II v izobrazhenii Sovremennika*. Moscou: [s.n.], 2000, p. 241.

97. A. Yu Ariev (org.), *Sud'ba Veka, Krivosheiny*. São Petersburgo: [s.n.], 2002, p. 91.

98. S. E. Kryzhanovskii, *Vospominaniia*. Berlim: [s.n.], 1938, p. 20.

99. Em 1910, Krivoshein chegou a escrever para Stolypin solicitando o aumento das forças militares ao longo do vale do rio Amur na fronteira oriental do assentamento russo. Krivoshein para Stolypin, São Petersburgo, 30 abr. 1910, RGIA, F. 1276, op. 6, d. 690, L 129-130 ob.

100. A. Yu Ariev (org.), op. cit., p. 189.

101. Vladimir Nikolaevich Kokovtsov, op. cit., p. 349.

102. I. V. Bestuzhev, "Bor'ba v Rossii po Voprosam Vneshnei Politiki Nakanune Pervoi Mirovoi Voiny", *Istorischeskie Zapiski*, v. 75, 1965, aqui pp. 74, 162. Krivoshein também entrou em choque com Kokovtsov acerca de créditos subsidiados para agricultores, medida a qual Kokovtsov se opunha em nome do rigor fiscal. Sobre as tensões políticas geradas em ambos os lados pelas relações

comerciais russo-germânicas, ver Horst Linke, *Das Zarische Russland und der Erste Weltkrieg. Diplomatie und Kriegsziele 1914-1917*. Munique: Wilhelm Fink, 1982, pp. 23-4.

103. A. Yu Ariev (org.), op. cit., p. 189.

104. David M. McDonald, *United Government and Foreign Policy in Russia, 1900-1914*, op. cit., p. 185.

105. Paul Miliukov, op. cit., p. 177.

106. Sir George Buchanan, *My Mission to Russia and Other Diplomatic Memories*. Londres: Cassell, 1923), v. 1, p. 71.

107. Andrew Rossos, *Russia and the Balkans*, op. cit., p. 19.

108. Ibid., p. 28.

109. Ibid., p. 29.

110. Conselho de Sazonov a Sófia: Sazonov para Nekliudov, São Petersburgo, 31 out. 1912; suspeitas da França: Sazonov para Izvolsky, São Petersburgo, 8 nov. 1912, ambos citados em V. I. Bovykin, *Iz istorii vozniknoveniya pervoi mirovoi voiny: Otnosheniya Rossii i Frantsii v 1912-1914 gg*, op. cit., pp. 138, 142.

111. Tal o relato de Sazonov da visão do tsar, citado em Ivan T. Teodorov, op. cit., p. 192.

112. Sazonov para Bobchev, 12 jun. 1913, ibid., p. 233.

113. Andrew Rossos, *Russia and the Balkans*, op. cit., p. 192; Ivan T. Teodorov, op. cit., pp. 42, 212.

114. Carnegie Endowment for International Peace (org.), *Report of International Comission to Enquire into the Causes and Conduct of the Balkan Wars*. Washington: The Endowment, 1914, p. 264.

115. Richard C. Hall, *The Balkan Wars*, op. cit., p. 135.

116. Wolfgang-Uwe Friedrich, *Bulgarien und die Mächte 1913-1915: Eine Beitrag zur Weltkriegs- und Imperalismusgeschichte*. Stuttgart: Franz Steiner, 1985, pp. 21-6.

117. Panafieu para Pichon, Sófia, 20 jan. 1914, *DDF*, série 3, v. 9, pp. 139-41, doc. 118.

118. Savinsky para Sazonov, Sófia, 1 fev. 1914, *IBZI*, série 3, v. 1, 157, pp. 144-8, esp. p. 147.

119. Wolfgang-Uwe Friedrich, op. cit., p. 27.

120. Nota de departamento, condições para um empréstimo à Bulgária, Paris, 16 fev. 1914, *DDF*, série 3, v. 9, doc. 306, pp. 389-90.

121. Malenic para Pašić, Berlim, 30 jun. 1914, AS, MID-PO, 415, pp. 613-20.

122. Alexander Savinsky, *Recollections of a Russian Diplomat*. Londres: Hutchinson, 1917, pp. 215-23; Dard (ministro francês em Sófia) para Doumergue (ministro das Relações Exteriores francês), Sófia, 18 maio 1914, *DDF*, série 3, v. 10, pp. 379-82, doc. 246.

123. Wolfgang-Uwe Friedrich, op. cit., pp. 33-5; Doumergue para Izvolsky, Paris, 30 maio 1914, *DDF*, série 3, v. 10, p. 455, doc. 305.

124. Matthew A. Yokell, *Sold to the Highest Bidder. An Investigation of Diplomacy Regarding Bulgaria's Entry into World War I*. Richmond, VA: Richmond University, 2010. Dissertação (mestrado em História), pp. 33-5. Disponível em: <http://dspace.lasrworks.org/bitstream/handle/10349/911/10HIS-YokellMatthew.pdf?sequence=1>. Acesso em: 4 fev. 2014. Dard para Doumergue, Sófia, 29 maio 1914, *DDF*, série 3, v. 10, p. 452, doc. 302.

125. Alexander Savinsky, op. cit., pp. 223-4.

126. Samuel R. Williamson, "Vienna and July 1914: The origins of the Great War Once

More". In: Samuel R. Williamson e Peter Pastor (orgs.), *Essays on World War I: Origins and Prisoners of War*. Nova York: Brooklin College Press, 1983, pp. 9-13, esp. p. 19.

127. Czernin para Berchtold, Bucareste-Sinaia, 22 jun. 1914, *ÖUAP*, v. 8, pp. 173-6, doc. 9902, aqui p. 174.

128. A conversa entre Sazonov e Bratinanu é relatada em Sazonov, "Audience text for Nicholas II", 18 jun. 1914, em *IBZI*, série 1, v. 3, p. 296, doc. 339; ministro das Relações Exteriores da França, Departamento de Assuntos Políticos e Comerciais (Europa), "Note pour Le Président du Conseil", Paris, 11 jul. 1914, AMAE, NS Russie 46 (Politique étrangère. Autriche-Hungrie-Russie), pp. 312-4, aqui p. 314.

129. Buisseret para Davignon, São Petersburgo, 25 nov. 1913, MAEB AD, Russie 3, 1906-14.

130. Hartwig para Sazonov, Belgrado, 24 fev., *IBZI*, série 3, v. 1, 314, pp. 311-3.

131. Spalajković para Pašić, São Petersburgo, 8-21 jan. 1914, AS, MID-PO, 416, pp. 420-1.

132. Spalajković para Pašić, São Petersburgo, 14-27 mar. 1914, ibid., p. 451.

133. Spalajković para Pašić, São Petersburgo, 24 abr. / 7 maio 1914, ibid., p. 475.

134. Descos (ministro francês em Belgrado) para Doumergue (ministro das Relações Exteriores da França), Belgrado, 6 abr. 1914, *DDF*, série 3 (1911-4), v. 10, pp. 124-6, doc. 80.

135. Miloš Bogičević, *Die auswärtige Politik Serbiens 1903-1914*, op. cit., v. 1, p. 280; Friedrich Würthle, op. cit., p. 28.

136. Hartwig para Sazonov, Belgrado, 14 jan. 1914, *IBZI*, série 3, v. 1, pp. 5-6, doc. 7.

137. "Austrian Sympathies". *The Times*, Londres, p. 5, col. B, 18 out. 1912.

138. Katrin Boeckh, op. cit., pp. 26-7.

139. Francis R. Bridge, *From Sadowa to Sarajevo*, op. cit., p. 346; ver também "Servia and the Sea", *The Times*, Londres, p. 7, col. A, 9 nov. 1912.

140. [Henry Wickham Steed], "The Problem of Albania", *The Times*, Londres, p. 5, col. A, 18 nov. 1912. A imprensa russa paneslava e nacionalista adotava uma linha similar.

141. Samuel R. Williamson, *Austria-Hungary and the Origins of the First World War*, op. cit., pp. 127-8; Francis R. Bridge, *From Sadowa to Sarajevo*, p. 347; um ótimo estudo detalhado do caso Prochaska é de Robert A. Kann, *Die Prochaska-Affäre vom Herbst 1912. Zwischen kaltem und heissem Krieg*, Viena: Österreichische Akademie der Wissenschaften, 1977.

142. Citado em John D. Treadway, op. cit., p. 125.

143. Friedrich Kiessling, *Gegen den grossen Krieg?*, op. cit., p. 186.

144. Citado em John D. Treadway, op. cit., p. 137.

145. Rapaport para Vredenburch, Belgrado, 23 abr. 1913, NA, 2.05.36, 9, Consulaat-Generaal Belgrado en Gezantschap Zuid-Slavië 1891-1940.

146. Giers (enviado russo a Montenegro) para Nicolau II, Cetinje [início de janeiro] 1913 e 21 jan. 1913, GARF, Fond 601, op. 1, del. 785.

147. Buisseret para Davignon, São Petersburgo, 11 abr. 1913, MAEB AD, Russie 3.

148. Buchanan para Nicolson, 1 maio 1913, citado em John D. Treadway, op. cit., p. 148.

149. Para o texto dessa resolução, ver Robert Elsie, "1913: The Conference of London". Trad. de Robert Elsie. In: *Texts and Documents of Albanian History*. Disponível em: <http://www.albanianhistory.net/text20_1/AH1913_2.html>. Acesso em: 4 fev. 2014.

150. Essa narrativa segue a sequência configurada em um capítulo de manuscrito inédito de Samuel R. Williamson, "Serbia and Austria-Hungary: The Final Rehearsal, October 1913".

151. Declaração do ministro sérvio em Viena, Jovanović, para a *Neue Freie Presse*, na

reportagem "The Albanian Outbreak". *The Times*, Londres, p. 5, col. A, 27 set. 1913; "Return of M. Pashitch to Belgrade". *The Times*, Londres, p. 6, col. E, 1 out.

152. Samuel R. Williamson, "Serbia and Austria-Hungary: The Final Rehearsal, October 1913" (inédito), pp. 14-5.

153. "M. Pashitch in Vienna". *The Times*, Londres, p. 5, col. C, 4 out. 1913; Samuel R. Williamson, "Serbia and Austria-Hungary: The Final Rehearsal, October 1913" (inédito), p. 19.

154. Samuel R. Williamson, "Serbia and Austria-Hungary: The Final Rehearsal, October 1913" (inédito), p. 21.

155. "Servian Aggression in Albania", *The Times*, Londres, 16 out. 1913, p. 7, col. C.

156. Citado em Samuel R. Williamson, *Austria-Hungary and the Origins of the First World War*, op. cit., p. 153.

157. Relato sobre o comentário de Sazonov em O'Beirne (Chargé d'affaires britânico em São Petersburgo) para Grey, São Petersburgo, 28 out. 1913, em *BD*, v. 10 (i), p. 49, doc. 56.

158. Paul Schroeder, "Stealing Horses to Great Applause. Austria-Hungary's Decision in 1914 in Systemic Perspective". In: Holger Afflerbach e David Stevenson (orgs.). *An Improbable War?*, op. cit., pp. 17-42, esp. pp. 38-40.

159. Major von Fabeck para Estado-Maior, Berlim, 11 fev. 1913, anexo: rascunho de uma carta de Moltke para Conrad, Berlim, 10 fev. 1913, PA-AA, R 10896.

160. Guilherme II, comentário na margem de um telegrama do Wolffsches Telegraphenbureau para Guilherme II, Berlim, 4 nov. 1912, em *GP*, v. 33, pp. 176-7; Varnbüler para Weizsäcker, Berlim, 18 nov. 1912, HSA Stuttgart E50/03 206.

161. Guilherme II, comentário na margem de Kinderlen-Wächter para Guilherme, II, Berlim, 3 nov. 1912, em *GP*, v. 33, pp. 274-6, doc. 12320.

162. Guilherme II para gabinete das Relações Exteriores da Alemanha, Letzlingen, 9 nov. 1912, em ibid., v. 33, p. 302, doc. 12348.

163. Ernst Christian Helmreich, "An Unpublished Report on Austro-German Military Conversations of November 1912", *The Journal of Modern History*, v. 5, pp. 197-207, jun. 1933, aqui p. 206. Assim o arquiduque Francisco Fernando relatou o conteúdo da conversa; o embaixador austríaco Szögyenyi relatou uma postura mais agressiva, isto é, de que o cáiser expressara estar pronto para aceitar o risco de uma guerra com todas as três potências da entente.

164. David Stevenson, *Armaments and the Coming of War*, op. cit., pp. 250, 259; Ernest Christian Helmreich, "An Unpublished Report on Austro-German Military Conversations of November 1912", pp. 202-3.

165. Guilherme II para Francisco Fernando (rascunho), 24 fev. 1913, PA-AA, R 10896.

166. Szögyenyi para MFA Viena, Berlim, 28 out. 1913, *ÖUAP*, v. 7, p. 512, doc. 8934.

167. Velics para Berchtold, Munique, 16 dez. 1913, ibid., doc. 9096, p. 658.

168. "Szapáry para ministro das Relações Exteriores, São Petersburgo, 25 abr. 1914, ibid., doc. 9656, pp. 25-7.

169. Lawrence Sondhaus, *Franz Conrad von Hötzendorf: Architect of the Apocalypse*, op. cit., p. 120.

170. Samuel R. Williamson, "Serbia and Austria-Hungary: The Final Rehearsal, October 1913" (inédito), p. 23; Hugo Hantsch, op. cit., v. 2, pp. 499-500.

171. John D. Treadway, op. cit., pp. 143-5.

172. Ibid., pp. 150-6.

173. David Stevenson, *Armaments and the Coming of War*, op. cit., p. 271; ver também Samuel R. Williamson, *Austria-Hungary and the Origins of the First World War*, op. cit., pp. 155-6.

174. Samuel R. Williamson, *Austria-Hungary and the Origins of the First World War*, pp. 157-8.

175. Norman Stone, "Army and Society in the Habsburg Monarchy 1900-1914", *Past & Present*, v. 33, pp. 95-11, abr. 1966; sobre números de infantaria, ver Holger H. Herwig, *The First World War: Germany and Austria-Hungary, 1914-1918*, op. cit., p. 12.

176. Günther Kronenbitter, *"Krieg im Frieden"*, op. cit., pp. 146-7, 149, 154.

177. Ver o texto da convenção no apêndice de George F. Kennan, *The Fateful Alliance*, op. cit., p. 271.

178. Ibid., pp. 250-2.

179. Hanotaux para Montebello (embaixador francês em São Petersburgo), Paris, 10 abr. 1897, *DDF*, série 1, v. 13, doc. 193, pp. 340-6.

180. David Stevenson, *Armaments and the Coming of War*, op. cit., p. 125.

181. Para uma discussão sobre essas questões, com a qual meu próprio relato é substancialmente tributário, ver Stefan Schmidt, op. cit., pp. 246-50; ver também Murielle Avice-Hanoun, "L'Alliance franco-russe (1892-1914)". In: Ilja Mieck e Pierre Guillen (orgs.), *Deutschland, Frankreich, Russland: Begegnungen und Konfrontationen. La France e l'Allemagne face à la Russie,* Munique: Oldenbourg, 2000, pp. 109-24, aqui pp. 113-4.

182. Friedrich Stieve, *Iswolski und der Weltkrieg: auf Grund der neuen Dokumenten-Veröffentlichurg des Deutschen Auswartigen Amtes*. Berlim: Verlagsgesellschaft fur Politik und Geschichte, 1924, p. 45.

183. Sobre essa questão, ver Dominic C. B. Lieven, *Russia and the Origins of the First World War,* Londres: MacMillan, 1983, p. 48; Luigi Albertini, op. cit., v. 1, pp. 372-3; Edward C. Thaden, *Russia and the Balkan Alliance of 1912*, op. cit., pp. 115-8; para o relato apologético de Poincaré sobre essas conversas que ela nega terem tido qualquer significação política, ver Raymond Poincaré, *Au service de la France: Neuf années de souvenirs*, op. cit., v. 2, p. 202.

184. Poincaré para Izvolski, Paris, 16 nov. 1912, *DDF*, série 3, v. 4, doc. 468, pp. 480-1.

185. Gerd Krumeich, op. cit., p. 28.

186. Paul Cambon para Jules Cambon, Paris, 5 nov. 1912, AMAE PA-AP, 43, pp. 251-7, aqui p. 252.

187. Jules Cambon para Paul Cambon, Berlim, 14 dez. 1912, ibid., 100, pp. 178-80.

188. Douglas Porch, op. cit., pp. 69-70.

189. Ibid.

190. Izvolsky para Sazonov, Paris, 28 mar. 1912, *IBZI*, série 3, v. 2, parte 2, doc. 699.

191. Risto Ropponen, *Die Kraft Russlands. Wie beurteilte die politische und militärische Führung der europäischen Grossmächte in der Zeit von 1905 bis 1914 die Kraft Russlands?*. Helsinki: [s.n.], 1968, p. 235.

192. Gerd Krumeich, op. cit., p. 28; Philip E. Mosely, op. cit., p. 84; Sergei Dmitrievic Sazonov, *Les Années fatales*, op. cit., p. 57.

193. Raymond Poincaré, "Entretien avec M. Sazonoff", ago. 1912, AMAE, NS Russie, 41, pp. 270-2, 282-3. Para o relato de Sazonov do mesmo encontro, que nota o desprazer do ministro francês mas observa que logo descobriu boas razões para apreciar a "grande importância política" do tratado sérvio-búlgaro, ver Sergei Dmitrievic Sazonov, *Les Années fatales*, op. cit., p. 60.

194. Notas sobre várias conversas, São Petersburgo, 12 ago. 1913, AMAE, Papiers Jean Doulcet, v. 23, Saint Petersbourg IV, Notes personnelles, 1912-7, p. 312.

195. Risto Ropponen, *Die Kraft Russlands*, op. cit., p. 236.

196. Izvolsky para Sazonov, Paris, 12 set. 1912, em Friedrich Stieve (org.), *Der diplomatische Schriftwechsel Iswolskis*, op. cit., v. 2, pp. 249-52, doc. 429, aqui p. 251.

197. Izvolsky para Sazonov, Paris, 24 out. 1912, citado em V. I. Bovykin, *Iz istorii vozniknoveniya pervoi mirovoi voiny: Otnosheniya Rossii i Frantsii v 1912-1914 gg*, op. cit., p. 137.

198. Poincaré para Izvolskii, 4 nov. 1912, em Narodnyĭ komissariat po inostrannym delam diagrams komissariata po inostrannym delam (org.), op. cit., p. 297; ver também V. I. Bovykin, *Iz istorii vozniknoveniya pervoi mirovoi voiny: Otnosheniya Rossii i Frantsii v 1912-1914 gg*, op. cit., p. 142.

199. Izvolsky para Sazonov (carta), Paris, 7 nov. 1912, em ibid., pp. 295-7; Friedrich Stieve (org.), *Der diplomatische Schriftwechsel Iswolskis*, op. cit., v. 2, pp. 335-7, doc. 554, aqui p. 336, grifo meu.

200. Andrew Rossos, *Russia and the Balkans*, op. cit., p. 100.

201. Izvolsky para Sazonov, 17 nov. 1912, em Narodn Narodnyĭ komissariat po inostrannym delam diagrams komissariata po inostrannym delam (org.), op. cit., pp. 299-300, doc. 169. Sobre as garantias de Poincaré, ver Friedrich Stieve, *Iswolski und der Weltkrieg*, op. cit., pp. 99, 121; Id., *Der diplomatische Schriftwechsel Iswolskis*, op. cit., v. 2, p. 346, doc. 567; ver também V. I. Bovykin, *Iz istorii vozniknoveniya pervoi mirovoi voiny: Otnosheniya Rossii i Frantsii v 1912-1914 gg*, op. cit., p. 146.

202. Izvolsky para Sazonov, 20 nov. 1912, e Izvolsky para Sazonov, 20 nov., *IBZI*, série 3, v. 4, parte 1, docs. 298 e 300.

203. Raymond Poincaré, *Au service de la France: Neuf années de souvenirs*, op. cit., v. 2, pp. 199-206, em que o autor acusou Izvolsky de enfeitar suas conversas com o embaixador, transformando-as num "conto pitoresco e de cores um tanto exageradas".

204. Stefan Schmidt, op. cit., p. 256.

205. Alexander Ribot, nota de 31 out. 1912, AN, 563 AP5, citado em ibid., p. 257.

206. "Note de l État-Major de L'Armée", 2 set. 1912 e Paul para Jules Cambon, Dieppe, 3 set. 1912, *DDF*, série 3, v. 3, docs. 359, 366, pp. 439-40, 449-51.

207. Paul Cambon para Jules Cambon, Paris, 5 nov. 1912, AMAE, PA-AP, 43, Cambon Jules, Lettres de Paul à Jules 1882-1922, 101, pp. 251-7, aqui pp. 252-3.

208. Ignatiev para Zhilinsky (chefe do Estado-Maior russo), Paris, 19 dez. 1912, citado em V. I. Bovykin, *Iz istorii vozniknoveniya pervoi mirovoi voiny: Otnosheniya Rossii i Frantsii v 1912-1914 gg*, op. cit., p. 149.

209. Ibid., p. 149.

210. Sobre Millerand como ministro da Guerra de janeiro de 1912 a janeiro de 1913, ver Marjorie Milbank Farrar, "Politics Versus Patriotism: Alexandre Millerand as French Minister of War", *French Historical Studies*, v. 11, n. 4, pp. 577-609, outono 1980. Sobre a carreira anterior do ministro como socialista moderado, ver Leslie Derfler, *Alexandre Millerand. The Socialist Years*. Haia: Mouton, 1977; para uma visão geral equilibrada da transição ver Marjorie Milbank Farrar, *Principled Pragmatist: The Political Career of Alexandre Millerand*. Nova York: Berg, 1991; há reflexões interessantes sobre as tensões na carreira de Millerand em Antoine Prost, Marie-Louise Goorgen, Noelle Gérome e Danielle Tartakowsky, "Four French Historians Review English Research on the History of French Labour and socialism", *The Historical Journal*, v. 37, n. 3, pp. 709-15, 1994, esp. p. 714.

211. Ignatiev para Zhilinsky, Paris, 4 dez. 1912, citado em V. I. Bovykin, *Iz istorii vozniknoveniya pervoi mirovoi voiny: Otnosheniya Rossii i Frantsii v 1912-1914 gg*, op. cit., p. 150.

212. Lucius para Hollweg, São Petersburgo, 8 jan. 1913, relatando uma conversa com Sazonov, PA-AA, R 10896.

213. Raymond M. B. Poincaré, "Notes journalières", 29 jan. 1914, BNF (NAF 16026), Poincaré MSS; M. B. Hayne, op. cit., p. 239.

214. Gordon Wright, *The Reshaping of French Democracy. The Story of the Founding of the Fourth Republic*. Nova York: Reynal & Hitchcock, 1948, p. 10.

215. John F. V. Keiger, *France and the Origins of the First World War*, op. cit., p. 117.

216. Para suas relações com o ministro das Relações Exteriores Jonnart, ver entradas no diário de Paléologue em 22 jan. 1913 e 13 fev. 1913, em Maurice Paléologue, *Au Quai d'Orsay à la veille de la tourmente. Journal 1913-1914*. Paris: Plon, 1947, pp. 15, 42.

217. Citado em John F. V. Keiger, *France and the Origins of the First World War*, op. cit., p. 120.

218. William C. Fuller Jr., *Strategy and Power in Russia*, op. cit., pp. 440, 444.

219. David Stevenson, *Armaments and the Coming of War*, op. cit., p. 161.

220. William C. Fuller Jr., *Strategy and Power in Russia*, op. cit., p. 439.

221. "8ème Conférence. Procès-verbal de l'entretien du 13 juillet 1912 entre les Chefs d'État--Major des armées française et russe", AMAE, AE NS, Rússia, 41, pp. 131-7, aqui pp. 134-5.

222. État-Major de l'Armée, 3ème Bureau, "Note sur l'action militaire de la Russie en Europe", ibid., pp. 255-63.

223. David Stevenson, *Armaments and the Coming of War*, op. cit., p. 162.

224. Raymond Poincaré, "Entretien avec l'Empéreur: Chemins de fer stratégiques"; "Entretien avec M. Sazonoff: Mobilization", São Petersburgo, ago. 1912, AMAE, AE NS Rússia, 41, pp. 278-9, 288.

225. Raymond Poincaré, "Entretien avec Kokowtsoff: Chemins de fer stratégiques", São Petersburgo, ago. 1912, ibid., p. 280.

226. V. I. Bovykin, *Iz istorii vozniknoveniya pervoi mirovoi voiny: Otnosheniya Rossii i Frantsii v 1912-1914 gg*, op. cit., p. 147.

227. S. R. Williamson, "Joffre Reshapes French Strategy, 1911-1913". In: Paul Kennedy (org.). *The War Plans of the Great Powers, 1880-1914*. Londres: Allen & Unwin, 1979, pp. 133-54, aqui pp. 134-6.

228. Sobre a versão germânica do mesmo quebra-cabeça, ver Jonathan Steinberg, "A German Plan for the Invasion of Holland and Belgium, 1897", em Paul M. Kennedy (org.), *The War Plans of the Great Powers*, op. cit., pp. 155-70, aqui p. 162. Steinberg refere-se aqui ao pensamento estratégico alemão, mas o mesmo problema confrontava os responsáveis pelas decisões em Paris.

229. M. B. Hayne, op. cit., p. 266.

230. D. N. Collins, "The Franco-Russian Alliance and the Russian Railways, 1891-1914", *The Historical Journal*, v. 16, n. 4, pp. 777-88, nov. 1973, aqui p. 779.

231. Buisseret para Davignon, São Petersburgo, 25 fev. 1913, MAEB AD, Russie 3, 1906-13.

232. François Roth, "Raymond Poincaré et Theóphile Delcassé: Histoire d'une relation politique". In: Louis Claeys, Claudine Pailhès e Rémy Pech. *Delcassé et l'Europe à la veille de la Grande Guerre*. Foix: Archives départamentales de l'Ariège 2001, pp. 231-46, aqui p. 236.

233. V. I. Bovykin, *Iz istorii vozniknoveniya pervoi mirovoi voiny: Otnosheniya Rossii i Frantsii v 1912-1914 gg*, op. cit., p. 151.

234. Delcassé para Pichon, São Petersburgo, 24 mar. 1913, *DDF*, série 3, v. 6, pp. 81-2, doc. 59; sobre a mesma questão levantada com Sazonov, ver Delcassé para Jonnart, São Petersburgo, 21 mar. 1913, ibid., doc. 44, p. 66.

235. Relato de uma conversa com Delcassé de 18 jun. 1914 do general Laguiche, adido militar em São Petersburgo, em Georges Louis, op. cit., v. 2, p. 126.

236. B. V. Ananich, *Rossiya i mezhdunarodyi kapital 1897-1914. Ocherki istorii finansovykh otonoshenii*. Leningrado: [s.n.], 1970, pp. 270-1.

237. Sobre a Lei dos Três Anos e o papel de Poincaré em sua aprovação, ver J. F. V. Keiger, *Raymond Poincaré*, op. cit., pp. 152-3, 162-3; Gerd Krumeich, op. cit., pp. 112-3.

238. John F. V. Keiger, *France and the Origins of the First World War*, op. cit., p. 144.

239. Guillaume para Davignon, Paris, 17 abr. 1913, 12 jun. 1913, MAEB AD, France 11, Correspondance politique: légations.

240. Guillaume para Davignon, Paris, 16 jan. 1914, ibid.

241. Guillaume para Davignon, Paris, 28 maio 1914, ibid.

242. John F. V. Keiger, *France and the Origins of the First World War*, op. cit., pp. 136-7.

243. Entrada de diário de quinta-feira, 18 abr. 1913, em Maurice Paléologue, *Au Quai d'Orsay à la veille de la tourmente*, op. cit., p. 103.

244. John F. V. Keiger, *France and the Origins of the First World War*, op. cit., p. 136; sobre esses acontecimentos ver também entradas de diário 16 abr. a 5 maio 1913, em Maurice Paléologue, *Au Quai d'Orsay à la veille de la tourmente*, op. cit., pp. 100-24.

245. Gerd Krumeich, op. cit., pass.

246. Guillaume para Davignon, Paris, 9 jun. 1914, MAEB AD, France 12, Correspondance politique: légations.

247. Sobre a crescente oposição à Lei dos Três Anos, ver Guillaume para Davignon, Paris, 16 jan. 1914, ibid.

248. Sobre o colapso do governo Ribot no dia de sua primeira aparição no Parlamento, ver Guillaume para Davignon, Paris, 13 jun. 1914, ibid.

249. Relatório do capitão Parchement em "desenvolvimento" no distrito de Vilna em outubro de 1912, citado em Pertti Luntinem, *French Information on the Russian War Plans, 1880-1914*. Helsinki: Societashistorica Finlandiae, 1984, p. 175.

250. Verleuil para [Pichon], Brolles, 7 jul. 1913, AMAE NS Russie 42, pp. 58-60, aqui p. 59.

251. Citado em Stefan Schmidt, op. cit., pp. 256, 271-3.

252. Charles Rivet, "Lettre de Russie: L'Effort militaire russe", *Le Temps*, 13 nov. 1913, recorte em Buisseret para Davignon, São Petersburgo, 15 nov. 1913, MAEB AD, Russie 3, 1906-14.

253. Ibid., p. 275.

254. Laguiche para Dupont, 14 fev. 1914, citado em ibid., p. 279.

255. Paul Kennedy, "The First World War and the International Power System". In: Steven E. Miller, Sean M. Lynn-Jones e Stephan van Evera (orgs.). *Military Strategy and the Origins of the First World War*. Princeton: Princeton University Press, 1985, pp. 7-40, aqui p. 28.

6. ÚLTIMAS CHANCES: DÉTENTE E PERIGO, 1912-4 [pp. 341-92]

1. Zara S. Steiner, *The Foreign Office and Foreign Policy*, op. cit., p. 153.

2. Sobre as reuniões no porto Báltico de 4-6 de julho de 1912, ver Vladimir Nikolaevich Kokovtsov, op. cit., p. 322.

3. Anotações de Hollweg sobre conversas com Sazonov, 6 jul. 1912, *GP*, v. 31, pp. 430-44, doc. 11542.

4. Vladimir Nikolaevich Kokovtsov, op. cit., p. 320.

5. Notas de Pourtalès, 29 jun. 1912, *GP*, v. 31, pp. 433-6, doc. 11537.

6. Sergei Dmitrievic Sazonov, *Les Années fatales*, op. cit., pp. 48-9.

7. Vladimir Nikolaevich Kokovtsov, op. cit., pp. 320-1.

8. Hollweg para gabinete das Relações Exteriores, porto Báltico, a bordo do *Hohenzollern*, 6 jul. 1912, *GP*, v. 31, pp. 437-8, doc. 11540.

9. Sobre a détente como um potencial do sistema internacional antes de 1914, ver Friedrich Kiessling, *Gegen den grossen Krieg?*, op. cit., pp. 77-148.

10. Hollweg para gabinete das Relações Exteriores, porto Báltico, a bordo do *Hohenzollern*, 6 jul. 1912, *GP*, v. 31, pp. 437-8, doc. 11540.

11. Klaus Hildebrand, *Das vergangene Reich*, op. cit., pp. 269-76.

12. Cf. Volker Berghahn, *Germany and the Approach of War in 1914*. Basingstoke: MacMillan, 1993, pp. 120-2; Imanuel Geiss, "The German Version of Imperialism: Weltpolitik". In: Gregor Schöllgen (org.). *Escape into War? The Foreign Policy of Imperial Germany*. Oxford: Berg, 1990, pp. 105-20; aqui p. 118.

13. Tal é o "esboço de uma proposta concebível" de Hollweg para as negociações anglo-germânicas, citado em Richard Langhorne, "Great Britain and Germany, 1911-1914". In: Francis Harry Hinsley (org.), op. cit., pp. 288-314, aqui pp. 293-4.

14. Niall Ferguson, *The Pity of War*, op. cit., p. 72; Richard Langhorne, "Great Britain and Germany", op. cit., pp. 294-5.

15. Richard Langhorne, "The Naval Question in Anglo-German Relations, 1912-1914", *The Historical Journal*, v. 14, n. 2, pp. 359-70, jun. 1971, aqui p. 369; cf. Fritz Fischer, *War of Illusions. German Policies from 1911 to 1914*. Trad. de Marian Jackson. Londres: Norton, 1975, pp. 123-31.

16. R. J. Crampton, *Hollow Détente. Anglo-German Relations in the Balkans, 1911-1914*. Londres: Humanities Press, 1980, pp. 56-8, 72-3; Friedrich Kiessling, *Gegen den grossen Krieg?*, op. cit., p. 103.

17. Sobre os objetivos da missão e a "desautorização" de Haldane por parte do governo britânico, ver Bernhard Daniel Ernst Kraft, *Lord Haldane's Zending naar Berlijn in 1912. De duitsch-engelsche onderhandelingen over de vlootquaestie*. Utrecht: Kemik En Zoon, 1931, pp. 209-11, 214-21; rascunho de nota para o governo alemão, mar. de 1912, citado em Gregor Schöllgen, *Imperialismus und Gleichgewicht. Deutschland, England und die orientalische Frage, 1871-1914*. Munique: Oldenbourg, 1984, p. 330.

18. Bernhard Daniel Ernst Kraft, op. cit., p. 246.

19. Samuel R. Williamson, *The Politics of Grand Strategy*, op. cit., p. 258.

20. Nicolson para Bertie, 8 fev. 1912, JNA FO 800/171, citado em Zara S. Steiner, *The Foreign Office and Foreign Policy*, op. cit., p. 127.

21. Bertie para Nicolson, 11 fev. 1912, citado em Thomas G. Otte, *The Foreign Office Mind*, op.

cit., p. 364; sobre o envolvimento e compromisso de Nicolson com a Convenção Anglo-Russa, ver Keith Neilson, "'My Beloved Russians': Sir Arthur Nicolson and Russia, 1906-1916", op. cit.

22. Jonathan Steinberg, "Diplomatie als Wille und Vorstellung: die Berliner Mission Lord Haldanes im Februar 1912". In: Herbert Schottelius e Wilhelm Deist (orgs.). *Marine und Marinepolitik im kaiserlichen Deutschland, 1871-1914*. Düsseldorf: Droste, 1972, pp. 263-82, aqui p. 264. Sobre a missão e seu fracasso, ver também Michael Epkenhans, *Die wilhelminische Flottenrüstung. Weltmachtstreben, industrieller Fortschritt, soziale Integration*. Munique: Oldenbourg, 1991, pp. 113-37; David Stevenson, *Armaments and the Coming of War*, op. cit., pp. 205-7.

23. Goschen para Nicolson, Berlim, 20 abr. 1912, TNA, FO 800/355, pp. 20-2.

24. "Foreign Affairs. The Morocco Crisis. Sir E. Grey's Speech", *The Times*, Londres, 28 nov. 1911, p. 13, col. B.

25. Kühlmann para Bethamnn, Londres, 14 out. 1912, *GP*, v. 33, doc. 12284, p. 228; ver também a discussão em Jost Dülffer, Martin Kröger e Rolf-Harald Wipplich, op. cit., p. 650.

26. R. J. Crampton, op. cit.

27. Friedrich Kiessling, *Gegen den grossen Krieg?*, op. cit., pp. 89, 122; Paul W. Schroeder, "Embedded Counterfactuals and World War I as an Unavoidable War", op. cit., pp. 28-9.

28. Ronald Bobroff, *Roads to Glory*, op. cit.; sobre as preocupações francesas acerca de George V: Guillaume para Davignon, Paris, 11 abr. 1913, MAEB AD, France 11, Correspondance politique: légations.

29. Ira Klein, "The Anglo-Russian Convention and the Problem of Central Asia, 1907-1914", *Journal of British Studies*, v. 11, n. 1, pp. 126-47, nov. 1971, aqui p. 128.

30. Ibid., p. 141.

31. Grey para Buchanan, Londres, 11 fev. 1914, Grey para Buchanan, Londres, 18 mar. 1914, TNA, Documentos Grey, FO 800/74, citado em Thomas McCall, *The Influence of British Military Attachés on Foreign Policy Towards Russia, 1904-1917*. Cambridge: Cambridge University, 2011. Dissertação (mestrado em História Europeia moderna), p. 53.

32. Prince Max von Lichnowsky, *My Mission to London*, op. cit., p. 29.

33. Zara S. Steiner, *The Foreign Office and Foreign Policy*, op. cit., pp. 121-40, 49; Thomas G. Otte, *The Foreign Office Mind*, op. cit., p. 380.

34. Thomas McCall, op. cit., pp. 33-75.

35. Hamilton para Haldane, 1 set. 1909, ibid., p. 60.

36. Notas de H. A. Gwynne, editor do *Morning Post*, sobre uma entrevista confidencial na FO, provavelmente com Sir William Tyrell, citadas e analisadas em Keith M. Wilson, "The British Démarche of 3 and 4 December 1912: H. A. Gwynne's Notes on Britain, Russia and the First Balkan War", *Slavonic and East European Review*, v. 60, n. 4, pp. 552-9, out. 1984, aqui p. 556.

37. Nicolson para Goschen, Londres, 15 abr. 1912, *BD*, p. 747, v. 6, doc. 575

38. Nicolson para Goschen, Londres, 25 maio 1914, TNA, FO, pp. 162-4, aqui p. 163. 800/374.

39. Friedrich Kiessling, *Gegen den grossen Krieg?*, op. cit., pp. 82-3; V. I. Bovykin, *Iz istorii vozniknoveniya pervoi mirovoi voiny: Otnosheniya Rossii i Frantsii v 1912-1914 gg*, op. cit., p. 180.

40. Citado em Steiner, *British Foreign Office*, p. 134; sobre as opiniões de Nicolson mais genericamente, ver pp. 128-9, 131, 133-4, 136-7; Thomas G. Otte, *The Foreign Office Mind*, op. cit., p. 384.

41. Guillaume para Davignon, Paris, 14 abr. 1914, MAEB AD, France 11, Correspondance politique: légations.

42. Thomas G. Otte, *The Foreign Office Mind*, op. cit., pp. 358-9, 387-8.

43. Nicolson para Bunsen, Londres, 30 mar. 1914, TNA, FO 800/373, pp. 80-3, aqui p. 83.

44. Esses aspectos do sistema internacional são explorados em Kiessling, *Gegen den grossen Krieg?*, op. cit., pass.; Holger Afflerbach e David Stevenson (orgs.), op. cit., pass.

45. Jules Cambon para Poincaré, Berlim, 28 jul. 1912, AMAE, PA-AP, 43, Cambon Jules 56, p. 45.

46. Annika Mombauer, *Helmuth von Moltke and the Origins of the First World War*, op. cit., pp. 145, 211, 281.

47. David Stevenson, *Armaments and the Coming of War*, op. cit., pp. 159-63.

48. Ibid., p. 247.

49. Para leituras alemãs das atitudes entre os comandantes russos seniores, ver, por exemplo, Pourtalès para Hollweg, São Petersburgo, 20 nov. 1912; Griesinger (ministro alemão em Belgrado) para Hollweg, 5 fev. 1913; a citação é de Romberg (ministro alemão em Berna) para Hollweg, 1 fev. 1913, relatando uma conversa entre o adido militar russo na cidade e um membro da legação austro-húngara, tudo em PA-AA, R 10895.

50. *The Times*, Londres, dez. 1912, p. 6, col. B 3.

51. Ibid.

52. Citado em Lamar Cecil, *Wilhelm II*. Chapel Hill: University of North Carolina Press, 1996, v. 2: *Emperor and Exile, 1900-1941*, p. 186; sobre o discurso de Hollweg e sua importância, ver Jost Dülffer, Martin Kröger e Rolf-Harald Wippich, op. cit., pp. 652-4.

53. Para uma reconstituição completa da reunião e uma discussão sobre seu significado, ver John C. G. Röhl, "Dress Rehearsal in December: Military Decision-making in Germany on the Eve of the First World War". In: ______. *The Kaiser and His Court*, op. cit., pp. 162-89, aqui pp. 162-3.

54. John C. G. Röhl, "Dress Rehearsal in December: Military Decision-making in Germany on the Eve of the First World War", op. cit., pass.; também id., "Admiral von Müller and the Approach of War, 1911-1914", *The Historical Journal*, v. 12, pp. 651-73, dez. 1969. A leitura que Röhl faz do "Conselho de Guerra" de dezembro de 1912 como o momento no qual foi iniciada a contagem regressiva para uma guerra planejada antecipadamente pela Alemanha é um ponto de vista minoritário. Numa conferência em Londres, em out. 2011 ("The Fisher Controversy 50 Years On", German Historical Institute London, 13-15 out. 2011), Röhl radicalizou o argumento, sugerindo que o Conselho de Guerra foi o momento em que os alemães decidiram não travar a guerra imediatamente, mas "adiá-la" até o verão de 1914, um argumento exposto anteriormente por Fritz Fischer, *War of Illusions*, op. cit., pp. 164, 169. A tese do adiamento também é central para o argumento apresentado no terceiro volume da biografia do cáiser da autoria de Röhl; ver John C. G. Röhl, *Wilhelm II*, op. cit.

55. John C. G. Röhl, "Dress Rehearsal in December: Military Decision-making in Germany on the Eve of the First World War", op. cit.; David Stevenson, *Armaments and the Coming of War*, op. cit., pp. 288-9; F. Fischer, "The Foreign Policy of Imperial Germany and the Outbreak of the First World War". In: Gregor Schöllgen (org.), *Escape into War?*, op. cit., pp. 19-40, aqui p. 22; Marylin Shevin Coetzee, *The German Army League: Popular Nationalisme in Wilhermine Germany*.

Nova York: Oxford University Press, 1990, pp. 36-7; Wolfgang J. Mommsen, "Domestic Factors in German Foreign Policy before 1914", *Central European History*, v. 6, n. 1, pp. 3-43, 1973, aqui pp. 12-4.

56. Erwin Hölzle, *Die Selbstentmachtung Europas. Das Experiment des Friedens vor und im Ersten Weltkrieg*. Göttingen: Musterschmidt, 1975, pp. 180-3; Klaus Hildebrand, *Das vergangene Reich*, op. cit., p. 289.

57. Jagow para Lichnowsky, Berlim, 26 abr. 1913; Jagow para Flotow, Berlim, 28 abr. 1913, *GP*, 34/2, pp. 737-8, 752; sobre construção de submarinos e outras medidas navais, ver Holger H. Herwig, *"Luxury" Fleet. The Imperial German Navy, 1888-1918*. Londres: Allen & Unwin, 1980, pp. 87-9; Gary E. Weir, "Tirpitz, Technology and Building U-boats 1897-1916", *The International History Review*, v. 6, n. 2, pp. 174-90, maio 1984; Hew Strachan, *The First World War*, op. cit., pp. 53-5.

58. Moltke para Hollweg e Heeringen, 21 dez. 1912, citado em David Stevenson, *Armaments and the Coming of War*, op. cit., pp. 291-2.

59. David Stevenson, "War by Timetable? The Railway Race Before 1914", *Past & Present*, n. 162, pp. 163-94, fev. 1999, aqui p. 175.

60. Peter Gattrel, op. cit., pp. 133-4.

61. Fritz Fischer, *Griff nach der Weltmacht. Die Kriegszielpolitik des kaiserlichen Deutschland 1914-18*. Düsseldorf: Droste, 1961, p. 48.

62. Ver David Stevenson, *Armaments and the Coming of War*, op. cit., pp. 298, 314; I. V. Bestuzhev, "Russia Foreign Policy, February-June 1914", *Journal of Contemporary History*, v. 1, n. 3, pp. 93-112, jul. 1966, aqui p. 96.

63. Paul Kennedy, "The First World War and the International Power System", op. cit., p. 29.

64. Militär-Bericht Nt. 28, São Petersburgo, 8-21 maio 1914 (cópia para o Almirantado do Reich), BA-MA Freiburg, RM 5/1439. Sou grato a Oliver Griffin por enviar-me uma fotocópia desse documento. As considerações de Moltke (de 15 de dezembro de 1913 e 11 de julho de 1914) são citados em David Stevenson, "War By Timetable?", op. cit., p. 186.

65. Matthew S. Seligmann e Roderick R. McLean, *Germany from Reich to Republic*. Londres: MacMillan, 2000, pp. 142-4.

66. Nial Ferguson, "Public Finance and National Security", op. cit. Sobre as conclamações de Moltke para uma guerra preventiva em 1908-9, ver Fritz Fischer, *Griff nach der Weltmacht*, op. cit., pp. 49-50; Id., *War of Illusions*, op. cit., p. 88; Nornam Stone, "Moltke-Conrad: Relations Between the German and austro-Hungarian General Staffs", *The Historical Journal*, v. 9, n. 2, pp. 201-28, jan. 1966; Isabel V. Hull, "Kaiser Wilhelm II and the 'Liebenberg Circle'". In: John C. G. Röhl e N. Sombart (orgs.). *Kaiser Wilhelm II: New Interpretations*. Cambridge, 1982, pp. 193-220, esp. p. 212; Holger H. Helwig, "Germany", em Richard F. Hamilton e Holger H. Helwig (orgs.), *The Origins of World War I*. Cambridge: Cambridge University Press, 2003, pp. 150-87, esp. p. 166.

67. Dieter Hoffmann, op. cit., ver esp. a tabela nas pp. 325-30.

68. Citado em Stefan Schmidt, op. cit., p. 276.

69. Henry Wilson, comentário na margem de um sumário de comando do último despacho do coronel Knox em São Petersburgo, 23 mar. 1914, TNA, 106/1039.

70. Kevin Kramer: "A World of Enemies: New Perspectives on German Military Culture and the Origins of the First World War", *Central European History*, v. 39, n. 2, pp. 270-98, jun. 2006, aqui

p. 272; sobre a relação entre o medo da guerra e a prontidão para ela, ver também Kiessling, *Gegen den grossen Krieg?*, op. cit., p. 57.

71. Hollweg para Eisendecher, 26 dez. 1911 e 23 mar. 1913, ambos citados em Konrad Hugo Jarausch, "The Illusion of a Limited War: Chancellor Hollweg's Calculated Risk, July 1914", *Central European History*, v. 2, n. 1, pp. 48-76, mar. 1969.

72. Cecil, *Wilhelm II*, op. cit., v. 2, p. 195.

73. Falkenhayn para Hanneken, 29 jan. 1913, citado em Afflerbach, *Falkenhayn*, op. cit., p. 102. Falkenhayn viria a se tornar ministro da Guerra em 7 de junho de 1913.

74. Ibid., p. 76.

75. Sobre a primazia de líderes civis na Europa de 1914, ver Marc Trachtenberg, "The Coming of the First World War: A Reassessment", op. cit., pp. 47-99.

76. Anôn., *Deutsche Weltpolitik und kein Krieg!* Berlim: Puttkammer & Mühlbrecht, 1913.

77. Klaus Hildebrand, *Das vergangene Reich*, op. cit., p. 278.

78. Hew Strachan, *The First World War*, op. cit., p. 33.

79. Sobre as opções da política alemã, ver Klaus Hildebrand, *Das vergangene Reich*, op. cit., pp. 277-82.

80. Mehmer Yerçil, *A History of the Anatolian Railway, 1871-1914*. Cambridge: Cambridge University, 2010. Tese (doutorado em História).

81. Marechal von Biberstein para Hollweg, Constantinopla, 4 dez. 1911, *GP*, v. 30, doc. 10987.

82. Carl Mühlmann, *Deutschland und die Türkei 1913-1914. Die Berufung der deutschen Militärmission nach der Türkei 913, das deutsch-türkische Bündnis 1914 und der Eintritt der Türkei in den Weltkrieg*. Berlim: W. Rothschild, 1929, p. 5.

83. Mehmer Yerçil, op. cit., p. 9

84. Ibid., pp. 95-120.

85. Helmut Mejcher, "Oil and British Policy Towards Mesopotamia", *Middle Eastern Studies*, v. 8, n. 3, pp. 377-91, out. 1972, esp. pp. 377-8.

86. Citado em J. C. G. Röhl, *Wilhelm II. The Kaiser's Personal Monarchy, 1888-1900*. Trad. de Sheila de Bellaigue. Cambridge: Cambridge University Press, 2004, p. 953.

87. Sobre o interesse germânico no pan-islamismo como instrumento de política externa, ver Sean McMeekin, *The Berlin-Baghdad Express*, op. cit., pp. 7-53.

88. Fritz Fischer, *Griff nach der Weltmacht*, op. cit., p. 54.

89. Herbert Feis, op. cit., p. 53; Ulrich Trumpener, *Germany and the Ottoman Empire 1914-1918*. Princeton: Princeton University Press, 1968, pp. 3-11; Harry N. Howard, *The Partition of Turkey, 1913-1923*. Norman, University of Oklahoma Press, 1931, pp. 49-50.

90. Klaus Hildebrand, *Das vergangene Reich*, op. cit., pp. 281-2.

91. Sobre "Goltz Paxá" e outros conselheiros militares alemães em Constantinopla antes de Liman, ver Bernd F. Schulte, *Vor dem Kriegsausbruch 1914. Deutschland, die Türkei und der Balkan*. Düsseldorf: Droste, 1980, pp. 17-38.

92. Carl Mühlmann, op. cit., pp. 10-1; Klaus Hildebrand, *Das vergangene Reich*, op. cit., p. 297.

93. Theobald von Hollweg, op. cit., v. 1, pp. 88-9.

94. Sobre a campanha na imprensa de inspiração oficial no *Novoye Vremya*, ver David M. McDonald, *United Government and Foreign Policy in Russia, 1900-1914*, op. cit., p. 191; sobre a determinação das autoridades otomanas em usar a missão alemã para melhorar suas Forças Armadas e

assim guardar-se contra outras anexações, ver Sverbeyev (embaixador russo em Berlim) para Sazonov, 16 jan. 1914, *IBZI*, série 3, v. 1, pp. 22-3, doc. 21.

95. Tatishchev para Nicolau II, Berlim, 6 nov. 1913, GARF, Fond 601, op. 1, del 746 (2).

96. Citado a partir do relatório de Bazarov, 16 dez. 1913, em Fritz Fischer, *War of Illusions*, op. cit., p. 334. Não está claro como Bazarov ficou sabendo do conteúdo dessa fala.

97. Pourtalès para gabinete das Relações Exteriores alemão, 28 nov. 1913 e 5 dez. 1913, *GP*, v. 38, docs. 15457, 15466; Carl Mühlmann, op. cit., p. 12.

98. Citado em Prince Max von Lichnowsky, *My Mission to London*, op. cit., p. 14.

99. V. I. Bovykin, *Iz istorii vozniknoveniya pervoi mirovoi voiny: Otnosheniya Rossii i Frantsii v 1912-1914 gg*, op. cit., pp. 125-6; Fritz Fischer, *War of Illusions*, op. cit., pp. 147-8.

100. Sazonov para Demiov (ministro russo em Atenas), São Petersburgo, 16 out. 1912, com cópias para Constantinopla, Paris e Londres; Sazonov para Girs, São Petersburgo, 18 out. 1912; Sazonov para embaixadores russos em Paris, Londres, Berlim, Viena e Roma, 5 out. 1912, tudo em AVPRI, Fond 151 (PA), op. 482, d. 330, II. 14, 20, 22.

101. Sukhomlinov para Neratov, 11 ago. 1911, *IBZI*, série 3, v. 1, pp. 375-8, doc. 310, aqui p. 376.

102. Sazonov para Izvolsky, 4 nov. 1912 (cópias para Londres e Constantinopla); Sazonov para Girs (embaixador em Constantinopla), "telegrama secreto", São Petersburgo, 2 nov. 1912, ambos em AVPRI, Fond 151 (PA), op. 482. D. 130, II. 96, 87.

103. Ronald Bobroff, *Roads to Glory*, op. cit., pp. 52-3.

104. Sazonov para Kokovtsov e chefes do serviço, 12 nov. 1912, ibid., p. 55.

105. Sazonov para Nicolau II, 23 nov. 1912, citado em V. I. Bovykin, *Iz istorii vozniknoveniya pervoi mirovoi voiny: Otnosheniya Rossii i Frantsii v 1912-1914 gg*, op. cit., p. 126.

106. Ia. Zakher, "Konstantinopoli i prolivy", KA, 6 (1924), pp. 48-76, aqui p. 55 (1924), pp. 32-54.

107. Ronald Bobroff, *Roads to Glory*, op. cit., pp. 76-95.

108. Sazonov para encarregado de assuntos russo, Londres, 7 dez. 1913, em Benno von Siebert (org.), op. cit., v. 3, pp. 208-9, doc. 982.

109. Dominic C. B. Lieven, *Russia and the Origins of the First World War*, op. cit., p. 47; Etter (encarregado de assuntos russo, Londres) para Sazonov, Londres, 14 jan. 1914, *IBZI*, série 3, v. 1, doc. 3, pp. 2-3.

110. Louis Mallet para Edward Grey, Londres, 23 mar. 1914, TNA, FO 800/80; Great Britain, *House of Commons Debates*, v. 59, cols. 2169-70, 1914, ambos citados em William I. Shorrock, "The Origin of the French Mandate in Syria and Lebanon: The Railroad Question, 1901-1914", *International Journal of Middle East Studies*, v. 1, n. 2, pp. 133-53, abr. 1970, aqui p. 153; ver também Stuart Cohen, "Mesopotamia in British Strategy, 1903-1914", *International Journal of Middle East Studies*, v. 9, n. 2, pp. 171-81, esp. pp. 174-7.

111. Nota de entendimento entre Khourshid Pasha, ministro da Marinha, em nome do governo otomano e do almirante Limpus, 25 maio 1912, *Limpus Papers*, Biblioteca Caird, NMM, LIM/12; sobre a indicação de Limpus, ver também Paul G. Halpern, *The Mediterranean Naval Situation, 1908-1914*. Cambridge, MA: Harvard University Press, 1971, p. 321.

112. Ver "Instructions for Hallifax Bey", 11 maio 1914, ibid., LIM/9.

113. Limpus para Almirantado otomano, 5 jun. 1912, ibid., LIM 8/1 (livro de cartas), pp. 63-7.

114. Limpus para Almirantado otomano, 5 jun. 1912, ibid., LIM 8/1 (livro de cartas), pp. 68-9.

115. Delcassé para ministro das Relações Exteriores, 29 jan. 1914, AMAE, NS Russie 42, pp. 223--4; ver também Izvolsky para Sazonov, Paris, 15 jan. 1914, *IBZI*, série 3, v. 1, pp. 12-4, doc. 12, informando a oposição francesa a um boicote financeiro russo do Império Otomano.

116. Izvolsky para Sazonov, Paris, 18 dez. 1913, em Friedrich Stieve (org.), *Der diplomatische Schriftwechsel Iswolskis*, op. cit., v. 3, pp. 425, 428-31, docs. 1179, 1181; Jost Dülffer, Martin Kröger e Rolf-Harald Wippich, op. cit., pp. 663-4.

117. Sazonov para Benckendorff, São Petersburgo, 11 dez. 1913, em Benno Siebert (org.), op. cit., v. 3, p. 217, doc. 991.

118. Sobre esse relatório, ver David M. McDonald, *United Government and Foreign Policy in Russia, 1900-1914*, op. cit., p. 193; sobre o efeito de "focar" do caso Liman, ver Hew Strachan, *The First World War*, p. 61.

119. Mikhail Nikolaevich Pokrowski, *Drei Konferenzen. Zur Vorgeschichte des Krieges*. Berlim: Arbeiterbuchhandlung, 1920, pp. 34, 38.

120. Ibid., p. 42.

121. Klaus Hildebrand, *Das vergangene Reich*, op. cit., p. 298.

122. Mikhail Nikolaevich Pokrowski, *Drei Konferenzen*, op. cit., pp. 39, 41; sobre o papel de Sazonov nessas discussões, ver Horst Linke, op. cit., p. 22.

123. Buchanan para Grey, 3 abr. 1914, citado em Dominic C. B. Lieven, *Russia and the Origins of the First World War*, op. cit., p. 197.

124. Comentário conclusivo na margem em Pourtalès para Bethamann, São Petersburgo, 25 fev. 1914, *GP*, v. 39, p. 545, doc. 15 841; ver também a discussão em Jost Dülffer, Martin Kröger e Rolf-Harald Wippich, op. cit., p. 670.

125. Citado em David M. McDonald, *United Government and Foreign Policy in Russia, 1900-1914*, op. cit., p. 193.

126. Sergei Dmitrievich Sazonov, *Fateful Years, 1909-1916: The Reminiscences of Serge Sazonov*. Trad. de N. A. Duddington. Londres: J. Cape, 1928, p. 80.

127. Uwe Liszkowski, op. cit., pp. 224-5.

128. Mallet para Grey (n. 400), 2 jun. 1914, e minutas por Russell e Crowe, 9 jun. 1914 e 14 jun. 1914, citado em Thomas G. Otte, *The Foreign Office Mind*, op. cit., pp. 378-9.

129. Dominic C. B. Lieven, *Russia and the Origins of the First World War*, op. cit., pp. 42-6; ver também V. I. Bovykin, *Iz istorii vozniknoveniya pervoi mirovoi voiny: Otnosheniya Rossii i Frantsii v 1912-1914 gg*, op. cit., p. 129.

130. Bobroff, *Roads to Glory*, op. cit., p. 151; id., "Behind the Balkan Wars", op. cit, p. 78.

131. "Journal der Sonderkonferenz, 8 Februar 1914", em Mikhail Nikolaevich Pokrowski, *Drei Konferenzen*, op. cit., pp. 47, 52.

132. Ibid., pp. 52-3.

133. V. I. Bovykin, *Iz istorii vozniknoveniya pervoi mirovoi voiny: Otnosheniya Rossii i Frantsii v 1912-1914 gg*, op. cit., p. 128.

134. Stephen Schöder, *Die englisch-russische Marinekonvention*. Göttingen: Vandenhoeck & Ruprecht, 2006, pp. 97-101; Horst Linke, op. cit., pp. 28-30.

135. Citado em Stephen Schöder, op. cit., p. 128.

136. William A. Renzi, "Great Britain, Russia and the Straits, 1914-1915", *Journal of Modern*

History, v. 42, n. 1, pp. 1-20, mar. 1970, aqui pp. 12-3; Mustafa Aksakal, *The Ottoman Road to the War in 1914. The Ottoman Empire and the First World War*. Cambridge: Cambridge University Press, 2008, p. 46.

137. Sazonov para Hartwig, citado em Friedrich Stieve, *Iswolski und der Weltkrieg*, op. cit., p. 178.

138. Guillaume para Davignon, Paris, 14 abr. 1914, MAEB AD, France 11, Correspondance politique: légations.

139. Sobre a posição central dessa ideia no pensamento de Sazonov, ver Ronald Bobroff, *Roads to Glory*, op. cit., pp. 151-6.

140. John H. Herz, "Idealist Onternationalism and the Security Dilemma", *World Politics*, v. 2, n. 2, pp. 157-80, jan. 1950, aqui p. 157; sobre a relevância desse problema para a crise de 1914, ver Jack L. Snyder, "Perceptions of the Security Dilemma in 1914". In: Robert Jervis, Richard Ned Lebow e, Janice Gross Stein (orgs.), *Psychology and Deterrence*. Baltimore: John Hopkins University Press, 1989, pp. 153-79; Klaus Hildebrand, "Julikrise 1914: Das europäische Sicherheitsdilemma. Betrachtungen über den Ausbruch der Ersten Weltkrieges", *Geschichte in Wissenchaft und Unterricht*, v. 36, pp. 469--502, 1985; Gian Enrico Rusconi, *Rischio 1914: Come si decide una guerra*. Bolonha: Il Mulino, 1987, pp. 171-87.

141. Nicolson para Cartwright, Londres, 18 mar. 1912, TNA, FO, 800/354, pp. 253-4.

142. Sergei Dmitrievic Sazonov, *Les Années fatales*, op. cit., p. 63.

143. Bertie para Grey, Paris, 26 nov. 1912, em *BD*, v. 9/2, p. 206, doc. 280.

144. Príncipe Max von Lichnowsky, *Heading for the Abyss: Reminiscences*. Nova York: Payson & Clarke, 1928, pp. 167-8, grifo no original.

145. Ibid., pp. 167-8, grifo no original.

146. Cambon para Poincaré, Londres, 4 dez. 1912, *DDF*, série 3, v. 4, pp. 642-3, doc. 622; ver também Wilson, "The British Démarche of 3 and 4 December 1912", op. cit., p. 555.

147. Schroeder, "Embedded Conterfactuals and World War I as an Unavoidable War", op. cit., p. 37.

148. Relatório de uma conversa com Witte feito por um agente especial da Hamburg-Amerika Line, encaminhado por Müller para Hollweg, Hamburgo, 21 fev. 1913, PA-AA, R 10137, Allgemeine Angelegenheiten Russlands, 1 jan. 1907-31 dez. 1915; para outro relatório argumentando que a guerra era popular apenas para uma pequena parte da elite russa, ver Kohlhaas (cônsul-geral alemão em Moscou), memorando, Moscou, 3 dez. 1912, PA-AA, R 10895.

149. Sobre essa tendência na política britânica, Ver Christopher John Bartlett, *British Foreign Policy in the Twentieth Century*. Londres: MacMillan, 1989, p. 20; Paul W. Schroeder, "Alliances, 1815--1914: Weapons of Power and Tools of Management. In: Klaus Knorr (org.). *Historical Dimensions of National Security Problems*. Lawrence, KS: University Press of Kansas, 1976, pp. 227-62, aqui p. 248; Christel Gade, *Gleichgewichtspolitik oder Bündnispfleger? Maximen britischer Aussenpolitik (1909-1914)*. Göttingen: Vandenhoeck & Ruprecht, 1997, p. 22; sobre o abandono da França de uma política de "equilíbrio de poder", ver V. I. Bovykin, *Iz istorii vozniknoveniya pervoi mirovoi voiny: Otnosheniya Rossii i Frantsii v 1912-1914 gg*, op. cit., p. 133.

150. Grey para Bertie, Londres, 4 dez. 1912, *BD*, v. 9/2, p. 244, doc. 328; Grey diz muito do mesmo ao embaixador Buchanan em São Petersburgo, ver Grey para Buchanan, 17 fev. 1913, ibid., p. 506, doc. 626.

151. Sobre a suspeita britânica dos desígnios austríacos, a premissa de que Viena fosse um satélite de Berlim e a disfuncionalidade do sistema austro-húngaro, ver Friedrich Kiessling, *Gegen den grossen Krieg?*, op. cit., pp. 127-9; Hew Strachan, *The First World War*, op. cit., p. 81.

152. Katrin Boeckh, op. cit., pp. 121, 131; Vasilij N. Strandmann, op. cit., p. 244; Pašić para Sazonov, 2 fev. 1914, *IBZI*, série 3, v. 1, pp. 149-50, doc. 161. Sobre esses envios, que levaram algum tempo para abrir caminho pela sistema russo: Sukhomlinov, 30 mar. 1914, São Petersburgo, 14 abr. 1914; Hartwig para Sazonov, 28 abr. 1914 — todos em *IBZI*, série 1, v. 1, pp. 149-50, doc. 161; ibid., série 1, v. 2, docs. 124, 186, 218, 316, pp. 124, 198, 227-8 e 309.

153. Miranda Vickers, *The Albanians: A Modern History*. Londres: Tauris, 1999, p. 70.

154. Mark Mazower, *The Balkans: A Short History*. Londres: Modern Library, 2000, pp. 105-6.

155. Notas de Jean Doulcet, secretário na embaixada francesa em São Petersburgo, sobre conversa com André Panafieu, São Petersburgo, 11 dez. [1912], AMAE, Papiers Jean Doulcet, v. 23, Notes personelles, 1912-7; Vasilij N. Strandmann, op. cit., p. 239.

156. Nicolson para Hardinge, Londres, 1 fev. 1912, citado em Richard Langhorne, "Anglo-German Negotiations Concerning the Future of the Portuguese Colonies, 1911-1914", *The Historical Journal*, v. 16, n. 2, pp. 361-87, jun. 1973, aqui p. 371.

157. Scheon para Hollweg, Paris, 22 mar. 1912, *GP*, v. 31, pp. 396-401, doc. 11 520, aqui pp. 400-1.

158. Sergei Dmitrievic Sazonov, *Les Années fatales*, op. cit., p. 61.

159. Hollweg, *Betrachtungen zum Weltkrieg*, v. 2, p. 133.

160. Sobre o "endurecimento" da masculinidade de oficiais antes de 1914, ver Markus Funck, "Ready for War? Conceptions of Military Manliness in the Prusso-German Officer Corps before First World War". In: Karen Hagemann e Stephanie Schüler-Srpingorum (orgs.). *Home/Front. The Military, War and Gender in Twentieth-Century Germany*. Nova York: Berg, 2002, pp. 43-68.

161. Rosa Mayreder, "Von der Mënnlichkeit". In: ______. *Zur Kritik der Weiblichkeit: Essays*. Org. de Hana Schnedl. Munique: Frauenoffensive, 1981, pp. 80-97, aqui p. 92.

162. Christopher E. Forth, *The Dreyfus Affair and the Crisis in French Masculinity*. Baltimore: John Hopkins University Press, 2004; ver também os ensaios em Karen Hagemann e Stephanie Schüler-Springorum (orgs.), op. cit., esp. Karen Hageman, "Home/Front. The Military, Violence and Gender Relations in the Age of the World Wars", pp. 1-42. Sobre masculinidades da elite em comparação anglo-germânica, ver Sonja Levsen, "Constructing Elite Identities. University Students, Military Masculinity and the Consequences of the Great War in Britain and Germany", *Past & Present*, n. 198, pp. 147-83, fev. 2008. Sobre tensões dentro dos modelos hegemônicos de masculinidade, Mark Connellan, "From Manliness to Masculinities", *Sporting Traditions*, v. 17, n. 2, pp. 46-63, 2001.

163. Samuel R. Williamson, "Vienna and July: The Origins of the Great War Once More", op. cit., pp. 9-36, esp. pp. 13-4.

164. Vasilij N. Strandmann, op. cit., p. 241.

165. Hugo Hantsch, op. cit., v. 2, pp. 374, 455, 475 n. 14, 500, 520.

166. Vasilij N. Strandmann, op. cit., p. 244.

167. Joachim Radkau, op. cit., pp. 396-7.

168. Georg Jellineck, *System der subjektiven Öffentlichen Rechte*. Freiburg: Mohr, 1892, pp. 8-17,

21-8. Sobre a "normative Kraft des Faktischen" de Jellineck, ver Oliver Lepsius, *Besitz und Schherrschaft im öffentlichen Recht*. Tübingen: Mohr, 2002, pp. 176-9.

169. Denis Diderot, "Composition in Painting", *Encyclopédie*, v. 3 (1753), apud Beatrix Tollemache (org.), *Diderot's Thoughts on Art and Style*. Nova York: Rivingtons, 1893-1971, pp. 25-34.

170. Tatishchev para Nicolau II, Berlim, 28 fev. 1914 e 13 mar. 1914, GARF, Fond 601, op. 1, del 746 (2).

7. ASSASSINATO EM SARAJEVO [pp. 395-429]

1. *Pijemont*, 28 jun. 1924, citado em Dietrich Behschnitt, op. cit., p. 132.

2. Leon Biliński, op. cit., v. 1, p. 282.

3. Citado em Vladimir Dedijer, *The Road to Sarajevo*, op. cit., p. 10.

4. Citado em Joachim Remak, *Sarajevo*, op. cit., p. 10.

5. Depoimento de Veljko Čubrilović, em Professor Pharos, op. cit., p. 72.

6. Depoimento de Cvijetko Popović, ibid., p. 77.

7. Depoimento de Gavrillo Princip, ibid., p. 30.

8. Igelstroem (cônsul-geral russo em Sarajevo) para Shebeko, Sarajevo, 7 jul. 1914, *IBZI*, série 3, v. 4, doc. 120, p. 123.

9. Rebecca West, op. cit., p. 332.

10. Citado em Remak, *Sarajevo*, op. cit., p. 131.

11. Ibid., p. 134.

12. As recordações são do chefe do bureau iugoslavo de turismo de Sarajevo, conforme registradas por Rebecca West quando visitou a cidade entre 1936 e 1937; ver Rebecca West, op. cit., pp. 333, 350.

13. Depoimento de Oskar Potiorek, em Professor Pharos, op. cit., pp. 156-7.

14. Citado em Dedijer, *Road to Sarajevo*, p. 15; Rudolf Jerábek, op. cit., pp. 82-6.

15. Professor Pharos, op. cit., p. 30.

16. Depoimento de Oskar Potiorek, ibid., p. 157.

17. Depoimento de Franz von Harrach, ibid., p. 159.

18. Stefan Zweig, *Die Welt von gestern. Erinnerungen eines Europäers*. 2. ed. Frankfurt am Main: Fischer Taschenbuch, 1982, p. 251.

19. R. J. W. Evans, "The Habsburg Monarchy and the Coming of War". In: R. J. W. Evans e Harmut Pogge von Strandmann (orgs.), op. cit., pp. 33-57.

20. Entrada de diário 17 set. 1914 em Rosa Mayreder, *Tagebücher 1873-1936*. Org. de Harriet Anderson. Frankfurt am Main: Insel, 1988, p. 145.

21. Prince Alfons Clary-Aldringen. *A European Past: Memoirs*. Trad. de Ewald Osers. Londres: Weidenfeld & Nicolson, 1978, p. 153.

22. Entrada de diário 1 jun. 1914 em Arthur Schnitzler, *Tagebücher 1913- 1916*. Org. de Werner Welzig et al. Viena: Österreichischen Akademie der Wissenschaften, 1983, p. 117.

23. Leon Biliński, op. cit., v. 1, p. 276.

24. Shebeko para Sazonov, 1 jul. 1914, *IBZI*, série 3, v. 4, p. 52, doc. 46.

25. Jaroslav Hasek, *The Good Soldier Svejk*. Trad. de Cecil Parrot. Londres: Penguin, 1974; reimp. 2000, p. 4.

26. Joseph Roth, op. cit., p. 327.

27. Robert A. Kann, "Gross-Österreich". In: ______. *Erzherzog Franz Ferdinand Studien*. Munique: Verlag für Geschichte und Politik, 1976, pp. 26-46, aqui p. 31.

28. Count Ottokar Czernin, *In the World War*. Londres: Harper & Brothers, 1919, p. 36.

29. Rudolf Kiszling, op. cit., pp. 49-50.

30. Robert Hoffmann, *Erzherzog Franz Ferdinand und der Fortschritt. Altstadterhaltung und bürgerliche Modernisierungswille in Salzburg*. Viena: Böhlau, 1994, pp. 94-5.

31. Entradas de diário 28 junho 1914 e 24 set. 1914, em Arthur Schnitzler, op. cit., pp. 123, 138.

32. Ver Bernd Sösemann, "Die Bereitschaft zum Krieg. Sarajevo 1914", em Alexander Demandt (org.), *Das Attentat in der Geschichte*. Colônia: Böhlau, 1996, pp. 295-320.

33. Djordjević para Pašić, Constantinopla, 30 jun. 1914, AS, MID-PO, 411, pp. 744-8, aqui pp. 744-5.

34. Shebeko para Sazonov, 1 jul. 1914, *IBZI*, série, p. 53, v. 4, doc. 47.

35. Ver, por exemplo, "Die Ermordung des Thronfolgerpaares", em *Prager Tagblatt*, Praga, 29 jun. 1914, 2te Extra-Ausgabe, p. 1; "Ermordung des Thronfolgerpaares", *Innsbrucker Nachrichten*, 29 jun. 1914, p. 2; "Die erste Nachricht", "Das erste Attentat", "Das tödliche Attentat", *Pester Lloyd*, Budapeste, 29 jun. 1914, p. 2; "Die letzten Worte des Erzherzogs", *Vorarlberger Volksblatt*, 1 jul. 1914, p. 2.

36. "Franz Ferdinand über Seine Ehe", *Die Reichspost*, 30 jun. 1914, edição vespertina, p. 4.

37. Karl Kraus, "Franz Ferdinand und die Talente", *Die Fackel*, 10 jul. 1914, pp. 1-4.

38. Ver, por exemplo, "Nichtamtlicher Teil", *Wiener Zeitung*, Viena, 29 jun. 1914, p. 2.

39. "Ermordung des Thronfolgerpaares", *Innsbrucker Nachrichten*, 29 jun. 1914, p. 1; "Die Ermordung des Thronfolgers und seiner Gemahlin", *Die Reichpost*, 29 jun. 1914, p. 1; sobre o arquiduque como portador do futuro dos Habsburgo, ver também, "Erzherzog Franz Ferdinand. Das Standrecht in Sarajevo", *Neue Freie Presse*, 30 jun. 1914, p. 1.

40. Józef Galántai, *Hungary in the First World War*. Budapeste: Kiadó, 1989, pp. 26-7.

41. Franz Kafka, *Tagebücher*. Org. de Hans-Gerhard Koch, Michael Müller e Malcolm Pasley. Frankfurt am Main: S. Fisher, 1990, p. 543.

42. Citado em Joachim Remak, *Sarajevo*, op. cit., p. 183.

43. Ibid., p. 186.

44. Potiorek para Biliński, Sarajevo, 20 jun. 1914, *ÖUAP*, v. 8, pp. 213-4, doc. 9947, aqui p. 214.

45. Luigi Albertini, op. cit., v. 2, pp. 55, 97-8.

46. Joachim Remak, *Sarajevo*, op. cit., pp. 194-6, 198.

47. Potiorek para Biliński, Sarajevo, 28 jun. 1914; Potiorek para Biliński, Sarajevo, 28 jun. 1914; Potiorek para Biliński, Sarajevo, 29 jun. 1914, *ÖUAP*, pp. 208-9, 213-4, v. 8, docs. 9939, 9940 e 9947; sobre a necessidade de Potiorek de aplacar seus sentimentos de culpa possivelmente inconscientes em relação aos assassinatos ordenando a prisão de todos os sérvios supostamente suspeitos na Bósnia, ver Rudolf Jerábek, op. cit., p. 88.

48. Wilhelm Ritter von Storck para MFA Viena, Belgrado, 29 jun. 1914; Wilhelm Ritter von Storck para MFA Viena, Belgrado, 29 jun. 1914, *ÖUAP*, v. 8, pp. 209-12, docs. 9941, 9943.

49. Potiorek para Krobatin, Sarajevo, 29 jun. 1914, ibid., doc. 9948, p. 214; sobre a insistência de Potiorek na cumplicidade de Belgrado no crime, ver também Roberto Segre, op. cit., p. 48.

50. Wilhelm Ritter von Storck para MFA Viena, Belgrado, 29 jun. 1914, *ÖUAP*, pp. 210-2, v. 8, doc. 9943.

51. Storck para MFA Viena, Belgrado, 29 jun. 1914, ibid., doc. 9943, pp. 210-2.

52. Heinrich Jehlitschka para MFA Viena, telegrama, Üsküb, 1 jul. 1914, ibid., pp. 237-40, doc. 9972, aqui p. 239.

53. Storck para MFA Viena, Belgrado, 30 jun. 1914, ibid., pp. 218-9, doc. 9951. Relatórios similares foram enviados de outras partes da Sérvia. Ver, por exemplo, Relatório do gerente de consulado Josef Umlauf em Mitrovica, 5 jul. 1914, ibid., pp. 311-2, doc. 10064.

54. Anexos a Storck para MFA Viena, Belgrado, 1 jul. 1914, ibid., pp. 232-4, doc. 9964; panfleto publicado por Straza em 30 de junho, HHSTA, PA I, Liasse Krieg, 810, p. 78.

55. Na verdade a "advertência" estava expressa em generalidades vagas; nenhum detalhe da trama foi fornecido, e Jovanović falou com Beliński, não com Berchtold; transcrito de *Stampa*, 30 jun. 1914, ibid., p. 24.

56. Jovanović (ministro sérvio em Viena) para Pašić, Viena, 1 jul. 1914; ver também mesmo para mesmo, Viena, 6 jul. 1914, AS, MID-PO, 411, pp. 659, 775.

57. Djordjević (ministro sérvio em Constantinopla) para Pašić, Constantinopla, 29 jun. 1914. Djordjević relatou que o ministro romeno em Constantinopla havia advertido que a imprensa sérvia deveria se acautelar em "não celebrar este ato, mas condená-lo"; Djordjević discordava e instou Pašić a buscar um tom de "reserva digna"; Venić para Pašić, Paris, 1 jul. 1914, ibid., 411, pp. 662, 710.

58. Mark Cornwall, "Serbia". In: Keith M. Wilson (org.). *Decisions for War, 1914*. Londres: Routledge, 1995, pp. 55-96, aqui p. 62.

59. Sobre a negativa de Pašić, ver Luigi Albertini, op. cit., v. 2, p. 99; Djordje Stanković, *Nikola Pašić, saveznivi i stavaranje Jugoslavije*, op. cit., p. 40.

60. Ver relatório de Czernin (ministro austro-húngaro em São Petersburgo) para MFA Viena, São Petersburgo. 3 jul. 1914, *ÖUAP*, v. 8, doc. 10017, pp. 282-3; transcrição completa do artigo em *Vecherneye Vremya*, 29 jun. 1914, ibid., pp. 283-4, doc. 10017.

61. Szápáry para MFA Viena, São Petersburgo, 21 jul. 1914, ibid., pp. 567-8, doc. 10461.

62. Cônsul-geral Heinrich Jehlitshka para MFA Viena, telegrama, Üsküb, 1 jul. 1914, ibid., doc. 9972, pp. 237-40, aqui p. 239.

63. Pašić para todas as legações sérvias, Belgrado, 1 jul. 1914; Pašić para todas as legações sérvias, Belgrado, 14 jul. 1914, *DSP*, v. 7/1, docs. 299, 415.

64. Storck para MFA Viena, Belgrado, 3 jul. 1914; Storck para MFA Viena, Belgrado, 3 jul. 1914, *ÖUAP*, v. 8, pp. 274, 276, docs. 10000, 10004.

65. Storck para MFA Viena, Belgrado, 30 jun. 1914, ibid., p. 218, doc. 9950.

66. *Neue Freie Presse*, 7 jul. 1914 (n. 17911), p. 4, col. 1.

67. Mark Cornwall, "Serbia", op. cit.

68. Sobre a política de altivo silêncio oficial, ver, por exemplo, Hartwig para Sazonov, 9 jul. 1914, *IBZI*, série 3, v. 4, p. 147, doc. 148.

69. Storck para MFA Viena, Belgrado, 30 jun. 1914, *ÖUAP*, v. 8, pp. 218-9, doc. 9951.

70. Hugo Hantsch, op. cit., v. 2, p. 557.

71. Ibid., p. 558.

72. Ibid., p. 559.

73. Leon Biliński, op. cit., v. 1, p. 238.

74. Ver, por exemplo, Biliński para Potiorek, Viena, 30 jun. 1914 e 3 jul. 1914, *ÖUAP*, v. 8, pp. 227-31, 289-91, docs. 9962, 10029.

75. Ver o relato da reunião de 13 de outubro de 1913 em Graf Franz Conrad von Hötzendorf, op. cit., v. 3, pp. 464-6.

76. John Leslie, op. cit., pp. 366-7.

77. Leon Biliński, op. cit., v. 1, p. 277.

78. N. Shebeko, op. cit., p. 185.

79. Tschirschky para Bethamnn Hollweg, Viena, 30 jun., *DD*, v. 1, pp. 10-1, doc. 7.

80. Sobre as motivações de Musulin, ver memorial composto pelo conde Alexander Hoyos e transcrito em Fritz Fellner, "Die 'Mission Hoyos'". In: ______. *Vom Dreibund zum Völkerbund. Studien zur Geschichte der Internationalen Beziehungen 1882-1919*. Org. de Heidrun Maschl e Brigitte Mazohl-Wallnig. Viena: Verlag für Geschichte und Politik, 1994, pp. 112-41, aqui p. 135.

81. John Leslie, op. cit., p. 378 (citação: Szápary para Berchtold, 19 nov. 1912).

82. Joseph Redlich, entrada de diário 24 jul. 1914, em Fritz Fellner (org.), *Schicksalsjahre Österreichs, 1908-1919: Das politische Tagebuch Josef Redlichs*. Graz: Böhlau, 1954, v. 1, p. 239.

83. Berchtold, "Die ersten Tage nach dem Attentat vom 28. Juni", citado em Hugo Hantsch, op. cit., v. 2, p. 552.

84. Embaixador Mérey (Roma) para seu pai, 5 maio 1914, citado em Fritz Fellner, "Die 'Mission Hoyos'", op. cit., p. 119.

85. Ver R. A. Kann, *Kaiser Franz Joseph und der Ausbruch des Weltkrieges*. Viena: Böhlau, 1971, p. 11, citando uma entrevista de jornal com Biliński; William Jannen, "The Austro-Hungarian Decision for War in July 1914". In: Samuel R. Williamson e Peter Pastor (orgs.), op. cit., pp. 55-81, esp. p. 72.

86. Esse comentário foi supostamente relatado a Margutti pelo auxiliar de campo do imperador, general conde Paar, ver [Albert Alexander Vinzenz] Baron von Margutti, *The Emperor Francis Joseph and His Times* (Londres: Hutchinson, [1921]), pp. 138-9.

87. Memórias de Berchtold, citadas em Hugo Hantsch, op. cit., v. 2, pp. 559-60.

88. Tisza, memorando para o imperador Francisco José, Budapeste, 1 jul. 1914, *ÖUAP*, v. 8, pp. 248-9, doc. 9978.

89. Günther Kronenbitter, *"Krieg im Frieden"*, op. cit., pp. 465-6; Roberto Segre, op. cit., p. 49; Sydney Bradshaw Fay, *The Origins of the First World War*, op. cit., v. 2, pp. 224-36.

90. Memórias de Berchtold, citadas em Hugo Hantsch, op. cit., v. 2, pp. 560-1.

91. Graf Franz Conrad von Hötzendorf, op. cit., v. 4, p. 34; Samuel R. Williamson, *Austria-Hungary and the Origins of the First World War*, op. cit., pp. 199-200.

92. Anotações de Hoyos sobre conversa com Naumann, 1 jul. 1914, *ÖUAP*, v. 8, pp. 235-6, doc. 9966; também Luigi Albertini, op. cit., v. 2, pp. 129-30; Dieter Hoffmann, op. cit., pp. 181-2; Fritz Fischer, *War of Illusions*, op. cit., p. 473.

93. Luigi Albertini, op. cit., v. 2, p. 138.

94. Szögyenyi para Berchtold, Berlim, 4 jul. 1914, *ÖUAP*, v. 8, p. 295, doc. 10039.

95. Ibid.; cf. também Fritz Fischer, *War of Illusions*, op. cit., p. 418.

96. Tisza, memorando para o imperador Francisco José, Budapeste, 1 jul. 1914, *ÖUAP*, v. 8, pp. 248-9, doc. 9978.

97. Ibid., pp. 253-61, apêndice ao doc. 9984.

98. Francisco José ao cáiser Guilherme II, 2 jul. 1914, ibid., pp. 250-2, doc. 9984.

99. Relatório de Szögyenyi sobre Hoyos (1908) citado em Verena Moritz, "'Wir sind also fähig, zu wollen!' Alexander Hoyos und die Entfesselung des Ersten Weltkrieges". In: Verena Moritz e Hannes Leidinger (orgs.). *Die Nacht des Kirpitschnikow: Eine andere Geschichte des Ersten Weltkrieges.* Viena: Deuticke, 2006, pp. 66-96, aqui pp. 82-3.

100. Fritz Fellner, "Die Mission 'Hoyos'", op. cit., pp. 119, 125, 115-6.

101. Para uma discussão sagaz das intenções de Berchtold, da qual o precedente é tributário, ver Samuel R. Williamson, *Austria-Hungary and the Origins of the First World War*, op. cit., pp. 195-6; sobre a missão Hoyos, ver também Manfred Rauchensteiner, *Der Tod des Doppeladlers, Österreich--Ungarn und der Erste Weltkrieg*. Graz: Styrya, 1994, pp. 70-3; Hugo Hantsch, op. cit., v. 2, pp. 567-73.

102. Berchtold, relato sobre uma conversa com o embaixador alemão, Viena, 3 jul.1914, *ÖUAP*, v. 8, pp. 277-8, doc. 10006.

103. Conversa com Brătianu relatada em Czernin para MFA Viena, Sinaia, 24 jul. 1914, HHSTA, PA I, Liasse Krieg 812, pp. 699-708.

8. O CÍRCULO SE AMPLIA [pp. 430-58]

1. Citado em David Fromkin, op. cit., p. 138.

2. Rumbold para Grey, Berlim, 3 jul. 1914, *BD*, v. 11, p. 18, doc. 26.

3. Friedrich Meinecke, *Erlebtes, 1862-1919*. Stuttgart: Koehler, 1964, p. 245.

4. Akers-Douglas para Grey, Bucareste, 30 jun. 1914, *BD*, v. 11, p. 23, doc. 30.

5. Poklewski-Koziell para Sazonov, 4 jul. 1914, *IBZI*, v. 4, p. 87, doc. 81; Hristić para Pašić, Bucareste, 30 jun. 1914, AS, MID-PO, 411, p. 689.

6. Crackanthorpe para Grey, Belgrado, 2 jul. 1914, *BD*, v. 11, pp. 19-20, doc. 27.

7. Möllwald para MFA Viena, Cetinje, 29 jun. 1914, HHSTA, PA I, Liasse Krieg, 810, p. 22.

8. Nota do Ministério da Guerra (assin. Krobatin), Viena, 2 jul. 1914; Berchtold para Möllwald, *ÖUAP*, v. 8, pp. 270-1, 295-6, docs. 9996, 10040.

9. Spalajković para Pašić, São Petersburgo, 9 jul. 1914, AS, MID-PO, 412, p. 28.

10. Rodd para Grey, Roma, 7 jul. 1914, *BD*, v. 11, p. 28, doc. 36; Mérey para Berchtold, Roma, 2 jul. 1914, *ÖUAP*, v. 8, p. 263, doc. 9988; Mikhailović para Pašić, Roma, 1 jul. 1914, AS, MID-PO, 411, pp. 762-5.

11. Sverbeyev para Sazonov, carta privada, Roma, 30 jun. 1914, *IBZI*, série 3, v. 4, p. 37, doc. 29; Mikhailović para Pašić, Roma, 1 jul. 1914, AS, MID-PO, 411, pp. 762-5.

12. John F. V. Keiger, *France and the Origins of the First World War*, op. cit., pp. 139, 145.

13. Szécsen para Berchtold, Paris, 1 jul. 1914, *ÖUAP*, v. 8, p. 237, doc. 9970.

14. Bosković para Pašić, Londres, 18 jul. 1914, AS, MID-PO, 411, p. 684.

15. Mensdorff para MFA Viena, Londres, 16 jul. 1914, HHSTA, PA I, Liasse Krieg, 812, p. 478.

16. Czernin para MFA Viena, Bucareste, 10 jul. 1914, ibid., pp. 105-6.

17. Jovanović para Pašić, Berlim, 13 jul. 1914, AS, MID-PO, 412, pp. 63-4; Spalajković para Pašić. São Petersburgo, 12 jul. 1914, ibid., pp. 105-6.

18. Shebeko para Sazonov, Viena, 30 jun. 1914; Viena, 1 jul. 1914, *IBZI*, série 3, v. 8, pp. 39, 53-4, docs. 32, 46-7.

19. Hartwig para Sazonov, Belgrado, 30 jun. 1914, ibid., v. 4, p. 43, doc. 35; sobre a importância de Friedjung como pretexto para rejeitar como descabido o caso austríaco contra a Sérvia, ver também Manfred Rauchensteiner, op. cit., p. 77.

20. Bronewsky para Sazonov, Sofia, 8 jul. 1914, *IBZI*, série 3, v. 4, p. 143, doc. 136.

21. Sverbeyev (embaixador em Berlim) para Sazonov, 2 jul. 1914, ibid., p. 68, doc. 62.

22. Beckendorff para Sazonov, Londres, 30 jun. 1914, ibid., p. 32, doc. 26.

23. Bunsen (enviado britânico em Viena) para Grey, 5 jul. 1914, *BD*, v. 11, pp. 31-2, doc. 40.

24. Carlotti para San Giuliano, São Petersburgo, 8 jul. 1914, *IBZI*, série 3, v. 4, p. 128, doc. 128. A publicação russa dessa comunicação ressalta que não existem documentos relativos a essa conversa nos registros do Ministério das Relações Exteriores russo, e o relato de Czernin do mesmo encontro descreve a conversa, mas não menciona esse assunto. O motivo pode ser que Czernin adquiriu informação privilegiada de um contato em Viena, mas desejou ocultar o fato de ter divulgado as intenções austríacas para Sazonov. A concordância estreita entre a revelação de Czernin e o pensamento oficial de Viena na época sugere, no entanto, que o comentário tenha sido efetivamente feito e que o contato era autêntico.

25. Szapáry para Berchtold, 18 jul. 1914, *ÖUAP*, v. 8, p. 495, doc. 10365.

26. Assim Schebeko verbalmente a Berchtold em 30 de julho em Viena, ver N. Shebeko, op. cit., p. 258.

27. Szécsen para Berchtold, 4 jul. 1914, *ÖUAP*, v. 8, p. 299, doc. 10047.

28. Grey para Buchanan, Londres, 8 jul. 1914, *BD*, v. 11, p. 31, doc. 39.

29. Bunsen para Grey, 5 jul. 1914, ibid., doc. 41, pp. 31-2.

30. Bernadotte Everly Schmitt, *Interviewing the Authors of the War*, op. cit., p. 10. Enquanto Schmitt aceitou o repúdio de Artamonov, Albertini foi mais cético; ver Luigi Albertini, op. cit., v. 2, pp. 81-6.

31. Guilherme II, comentário na margem de Tschirschky para Hollweg, Viena, 30 jul. 1914. In: Imanuel Geiss (org.), *Julikrise und Kriegsausbruch 1914: Eine Dokumentensammlung* Hanover: Verlag für Literatur und Zeitgeschehen, 1963, aqui v. 1, doc. 2, p. 59.

32. Relato de Berchtold de uma conversa com Tschirschky, 3 jul. 1914, *ÖUAP*, v. 8, p. 277, doc. 10006; Hugo Hantsch, op. cit., v. 2, pp. 566-8.

33. Szgögyényi para Berchtold, Berlim, 5 jul. 1914, *ÖUAP*, v. 8, pp. 306-7, doc. 10058.

34. Memória de Hoyos em Fritz Fellner, "Die 'Mission Hoyos'", op. cit., p. 137.

35. Afflerbach, *Falkenhayn*, op. cit., p. 151; Luigi Albertini, op. cit., v. 2, p. 152; Annika Mombauer, *Helmuth von Moltke and the Origins of the First World War*, op. cit., p. 190; Imanuel Geiss (org.), *Julikrise und Kriegsausbruch 1914*, op. cit., v. 1, p. 79.

36. Szgögyényi para Berchtold, Berlim, 6 jul. 1914, *ÖUAP*, v. 8, p. 320, doc. 10076.

37. Imanuel Geiss, *July 1914. The Outbreak of the First World War. Selected Documents*. Nova York: Norton, 1974, p. 72; Luigi Albertini, op. cit., v. 2, pp. 137-40.

38. Luigi Albertini, op. cit., v. 2, p. 147; Hugo Hantsch, op. cit., v. 2, pp. 571-2.

39. Luigi Albertini, op. cit., v. 2, pp. 159, 137-8; Holger Afflerbach, *Falkenhayn*, op. cit., p. 151; David Stevenson, *Armaments and the Coming of War*, op. cit., pp. 372, 375.

40. Imanuel Geiss, *July 1914*, op. cit., p. 72; David Stevenson, *Armaments and the Coming of War*, op. cit., p. 372; Szögyenyi para Bertchtold, Berlim, 28 out. 1913, *ÖUAP*, v. 7, pp. 513-5, doc. 8934.

41. Sobre as preocupações britânicas na primavera e no verão de 1914 com a fidedignidade dos russos, ver Thomas G. Otte, *The Foreign Office Mind*, op. cit., pp. 376-8. Sobre a preocupação francesa com Sergei Witte: Stefan Schmidt, op. cit., pp. 266-8.

42. Konrad Hugo Jarausch. "The Illusion of a Limited War: Chancellor Hollweg's Calculated Risk, July 1914", *Central European History*, 2/1, pp. 48-76, 1969; Gian Enrico Rusconi, op. cit., pp. 95-115.

43. Konrad Hugo Jarausch. "Hollweg's Calculated Risk", p. 48.

44. Dieter Hoffmann, op. cit., pp. 159-62; *Le Matin*, 4 jan. 1914; ver também Ignatiev para Danilov (intendente geral russo), Paris, 22 jan. 1914, *IBZI*, série 3, v. 1, 77, pp. 65-8, aqui p. 66. Izvolsky desconfiou que o artigo fosse inspirado por um funcionário de médio escalão do Quai d'Orsay, ver ibid., p. 66, n. 1.

45. Citado em Hermann von Kuhl, *Der deutsche Generalstab in Vorbereitung und Durchführung des Weltkrieges*. Berlim: E. S. Mittler, 1920, p. 72.

46. Pourtalès para Hollweg, 13 jun. 1914, *DD*, v. 1, doc. 1, p. 1.

47. Guilherme II, anotações na margem da tradução do mesmo artigo, ibid., p. 3, doc. 2.

48. Bethamnnpara lichnowsky, Berlim, 6 jun. 1914, *GP*, v. 39, pp. 628-30, doc. 15883, esp. p. 628.

49. I. V. Bestuzhev, "Rússia Foreign Policy, op. cit., p. 96.

50. Memorando do Estado-Maior, Berlim, 27 nov. 1913 e 7 jul. 1914, PA-AA, R 11011.

51. Zara S. Steiner, *Britain and the Origins of the First World War*. Londres: MacMillan, 1977, pp. 120-4; Wolfgang J. Mommsen, "Domestic Factors in German Foreign Policy before 1914", op. cit., pp. 3-43, aqui pp. 36-9.

52. Karl Dietrich Erdmann (org.), op. cit., entrada de diário 7 jul. 1914, pp. 182-3. Essa publicação dos diários disparou um debate longo e muitas vezes acrimonioso, tanto sobre a extensão da responsabilidade alemã pela deflagração da guerra (a "Controvérsia Fischer" ainda estava no ar) quanto sobre a autenticidade dos diários (especialmente as seções pré-guerra. Bernd Sösemann em particular acusou Erdmann de descrever erroneamente o manuscrito, que consistia de folhas soltas, parcialmente trucadas e pesadamente editadas em combinação com o que parecem ser as entradas originais do diário e interpolações posteriores, como um "diário" que fornecia ao leitor uma janela contemporânea dos eventos. Ver Bernd Sösemann, "Die Erforderlichkeit des Unmöglichen, Kritische Bemerkungen zu der Edition: Kurt Riezler, Tagebücher, Aufsätze, Dokumente", *Blätter für deutsche Landesgechichte*, v. 110, 1974; id., "Die Tagebücher Kurt Riezlers. Untersuchungen zu ihrer Echteit und Edition", *Historische Zeitschrift*, v. 236, n. 2, pp. 371-402, abr. 1983. Sobre o valor duradouro da edição e das notas de Riezler, ver a introdução de Holger Afflerbach para a reimpressão da edição organizada por Erdmann (publicada pela Göttingen em 2008).

53. Karld Dietrich Erdmann, op. cit., entrada de diário 7 jul. 1914, p. 182.

54. Ibid., entrada de diário 8 jul. 1914, p. 184. Sobre a importância desse argumento para a política alemã, ver também Jargen Angelav, *Der Weg in die Urkatastrophe. Der Zerfall des alten Europas 1900-1914*. Berlim: Be.bra, 2010, pp. 25-6.

55. Graf Alexander Hoyos, "Meine Mission nach Berlin". In: Fritz Fellner, "Die 'Mission Hoyos'", op. cit., p. 137.

56. "Protocol of the Ministerial Council for Joint Affairs convened on 7 july 1915", *ÖUAP*, v. 8, pp. 343-51, doc. 10 118, aqui pp. 343-5.

57. Ibid., p. 349.

58. Gunther E. Rothenberg, *The Army of Francis Joseph*. Lafayette: Purdue University Press, 1976, pp. 177-9; Manfred Rauchensteiner, op. cit., pp. 74-5; Roberto Segre, op. cit., p. 61.

59. Samuel R. Williamson, *Austria-Hungary and the Origins of the First World War*, op. cit., p. 199.

60. Graf Franz Conrad von Hötzendorf, op. cit., v. 4, p. 33.

61. Berchtold, relatório para o imperador, 14 jul. 1914, *ÖUAP*, v. 8, pp. 447-8, doc. 10272.

62. Conrad para Berchtold, Viena, 10 jul. 1914, ibid., pp. 414-5, doc. 10226.

63. N. Shebeko, op. cit., p. 214; Sydney Bradshaw Fay, *The Origins of the First World War*, op. cit., v. 2, pp. 243-8.

64. O embaixador austríaco conde Mérey informou Viena das indiscrições alemãs num telegrama exasperado de 18 de julho. Em sua resposta, Berchtold indicava que ficara sabendo por meio de "fontes secretas seguras" — uma referência em código a informações providas de interceptações — das instruções de Roma para os enviados em Bucareste e São Petersburgo; ver Mérey para Berchtold, Roma, 18 jul. 1914 e Berchtold para Mérey, Viena, 20 jul. 1914, *ÖUAP*, v. 8, pp. 494, 538, docs. 10364, 10418. Sobre as implicações da brecha no sigilo, ver Samuel R. Williamson, *Austria-Hungary and the Origins of the First World War*, op. cit., p. 201; id., "Confrontation with Serbia: The Consequences of Vienna's Failure to Achieve Surpirse in July 1914", *Mitteilungen des Österreichischen Staatsarchiv*, v. 43, 1993, pp. 168-77; id., "The Origins of the First World War", *Journal of Interdisciplinary History*, v. 18, pp. 795-818, primavera 1988, aqui pp. 811-2. Ver também: San Giuliano para Berlim, São Petersburgo, Viena e Belgrado, 16 jul. 1914, em Ministério das Relações Exteriores (org.), *I Documenti Diplomatici Italiani*. Roma: Libreria dello Stato, 1964, série 4, 1908-14, v. 12, doc. 272; R. J. B. Bosworth, *Italy, the Least of the Great Powers*, op. cit., pp. 380-6.

65. Ver N. Shebeko, op. cit., p. 213.

66. Crackanthorpe para Grey, Belgrado, 17 jul. 1914, *BD*, v. 11, p. 41, doc. 53.

67. Pašić para legações sérvias, Belgrado, 19 jul. 1914, AS, MID-PO, 412, p. 138.

68. Luigi Albertini, op. cit., v. 2, pp. 254-7, com mais detalhes.

69. Robin Okey, op. cit., p. 377.

70. William Jannen, op. cit., esp. pp. 58-60.

71. Sobre a confiança de Viena no impedimento, ver Roberto Segre, op. cit., p. 69.

72. Memorando redigido entre 28 jun. 1914 e 7 jul. 1914 por Berthold Molden, jornalista e freelancer para o Departamento de Imprensa do Ministério das Relações Exteriores em Viena, citado em Solomon Wank, "Desperate Counsel in Vienna in July 1914: Berthold Molden's Unpublished Memorandum", *Central European History*, v. 26, n. 3, pp. 281-310, 1993, aqui p. 292.

73. Memorando Molden, ibid., p. 293.

74. Edna Ullmann-Margalit, "Big Decisions: Opting, Converting, Drifting". *Center for the Study of Rationality*, The Hebrew University of Jerusalem, nov. 2005, Artigo de Discussão n. 409. Disponível em: <http://ratio.huji.ac.il/sites/default/files/publications/dp409.pdf>. Acesso em: 5 fev. 2014. Ver também: Edna Ullmann-Margalit e Sidney Morgenbesser, "Picking and Choosing", *Social*

Research, v. 44, n. 4, pp. 758-85, inverno 1977. Sou grato a Ira Katznelson por chamar a minha atenção para esses artigos.

75. Edna Ullmann-Margalit, "Big Decisions", op. cit., p. 11.

76. Storck para MFA Viena, Belgrado, telegrama 6 jul. 1914, HHSTA, PA I, Liasse Krieg, 810, p. 223. Segundo esse relato, o enviado britânico Crackanthorpe havia confidenciado a Storck que achava o comportamento de seus "colegas da Tríplice Entente mais do que estranho".

77. Daí a suspeita do ministro italiano Cora, que estivera presente em várias ocasiões (inclusive na famosa festa de bridge) nas quais Hartwig ridicularizara o arquiduque morto. Ver Storck para Berchtold, Belgrado, 13 jul. 1914, ibid., p. 422.

78. Giesl para Bechtold, Belgrado, 11 jul. 1914, *ÖUAP*, v. 8, pp. 396-8, doc. 10193. Há também um relatório completo da morte do enviado em Strandmann para Sazonov, Belgrado, 11 jul. 1914, *IBZI*, série 1, v. 4, p. 163, doc. 164.

79. Citado em Luigi Albertini, op. cit., v. 2, p. 277.

80. Sazonov para Strandmann, São Petersburgo, 13 jul. 1914, *IBZI*, série 1, v. 4, p. 179, doc. 192.

81. Descos para Viviani, Belgrado, 11 jul. 1914, *DDF*, série 3, v. 10, pp. 719-21, doc. 499, aqui p. 721.

9. OS FRANCESES EM SÃO PETERSBURGO [pp. 459-76]

1. Louis de Robien, "Arrivée en Russie". Louis de Robien MSS, AN 427, AP 1, v. 2, pp. 1-2.

2. Ibid., pp. 3-4.

3. Ibid., pp. 6-7.

4. Ibid., pp. 8-9.

5. Ibid., p. 13.

6. Ibid., p. 12.

7. M. B. Hayne, op. cit., pp. 117-8.

8. Maurice Paléologue, *Cavour*. Trad. de Ian Fitzherbert Despard e Muriel M. Morrow. Londres: Harper, 1927, p. 69.

9. Daeschner para Doulcet, Paris, 25 maio 1914, AMAE, PA-AP, 240 Doulcet, v. 21.

10. Izvolski para Sazonov, Paris, 15 jan. 1914, *IBZI*, série 3, v. 1, pp. 14-6, doc. 13; Bertie para Grey, Paris, 26 jan. e 15 jun. 1912; Ver Bertie para Nicolson, 26 jan. 1912, TNA FO 800/165, pp. 133-4.

11. Louis De Robien, "Arrivée en Russie", op. cit., p. 10.

12. Bertie para Nicolson, 26 jan. 1912, TNA FO 800/165, pp. 133-4. Gérard, embaixador no Japão, comentários de 18 jun. 1914, relatados em Georges Louis, op. cit., v. 2, p. 125.

13. Crowe, comentário na margem sobre Bertie para Grey, Paris, 26 jan. 1912, citado em John F. V. Keiger, *France and the Origins of the First World War*, op. cit., p. 5.

14. Ibid., p. 51.

15. M. B. Hayne, op. cit., pp. 253-4, 133.

16. Izvolski para Sazonov, Paris, 15 jan. 1914, *IBZI*, série 3, v. 1, pp. 14-6, doc. 13.

17. Relatório sobre conversa com Paléologue, início de janeiro de 1914, em Vasilij N. Strandmann, op. cit., p. 240.

18. Sobre a reputação de lealdade de Margerie ao Poincaré, ver Sevastopulo (encarregado de

Assuntos russo, Paris) para Sazonov, Paris, 15 jan. 1914, *IBZI*, série 3, v. 1, p. 19, doc. 16; sobre Margerie, ver Bernard Auffray, *Pierre de Margerie (1861-1942) et la vie diplomatique dans son temps*. Paris: C. Klincksieck, 1976, pp. 243-4; John F. V. Keiger, *France and the Origins of the First World War*, op. cit., p. 51.

19. "The French Army", *The Times*, Londres, 14 jul. 1914, p. 8, col. D; "French Military Deficiencies", "No Cause for Alarm", *The Times*, Londres, 15 jul. 1914, p. 7, col. A; Gerd Krumeich, op. cit., p. 214; John F. V. Keiger, *France and the Origins of the First World War*, op. cit., p. 149.

20. Poincaré, entrada de diário 15 jul. 1914, ibid.

21. Poincaré, entrada de diário 11 jun. 1914, ibid.

22. Ibid.

23. Poincaré, entrada de diário 16 jun. 1914, ibid.

24. Poincaré, entrada de diário 20 jun. 1914, ibid.

25. Maurice Paléologue, *An Ambassador's Memoirs 1914-1917*. Trad. de Frederick A. Holt (Londres: Hutchinson, 1973, p. 5.

26. Luigi Albertini, op. cit., v. 2, p. 189.

27. Maurice Paléologue, *An Ambassador's Memoirs*, op. cit., p. 4.

28. Ibid., p. 5.

29. Poincaré, entrada de diário 20 jun. 1914, Notes journalières, BNF 16027.

30. Poincaré, entrada de diário 21 jun. 1914, ibid.

31. Maurice Paléologue, *An Ambassador's Memoirs*, op. cit., p. 10. Szapáry também relatou uma "referência indireta ao 'Caso Prochaska'"; ver Szapáry para Berchtold, São Petersburgo, 21 jul. 1914, *ÖUAP*, v. 8, pp. 567-8, doc. 10461; Friedrich Würthle, op. cit., pp. 207, 330-1.

32. Poincaré, entrada de diário 21 jun. 1914, Notes journalières, BNF 16027.

33. Maurice Paléologue, *An Ambassador's Memoirs*, op. cit, p. 10.

34. Louis de Robien, "Voyage de Poincaré", AN 427 AP 1, v. 2, p. 54. Robien não estava presente quando as palavras foram ditas, mas ficou sabendo seu efeito por testemunhas russas.

35. Szapáry para Berchtold, São Petersburgo, 21 jul. 1914, *ÖUAP*, v. 8, p. 568, doc. 10461; cf. para uma visão diferente dessa conversa, John F. V. Keiger, *France and the Origins of the First World War*, op. cit., p. 151, que argumenta que Szapáry estava errado em ver uma ameaça nas palavras do presidente.

36. Poincaré, entrada de diário 21 jun. 1914, Notes journalières, BNF 16027.

37. Louis de Robien, "Voyage de Poincaré", op. cit., p. 55.

38. Ibid., p. 57.

39. Poincaré, entrada de diário 21 jun. 1914, Notes journalières, BNF 16027.

40. Poincaré, entrada de diário 22 jun. 1914, ibid.

41. Christopher Andrew, "Governments and Secret Services: A Historical Perspective", *International Journal*, v. 34, n. 2, pp. 167-86, primavera 1979, aqui p. 174.

42. Louis de Robien, "Voyage de Poincaré", op. cit., pp. 56-8.

43. Maurice Paléologue, *An Ambassador's Memoirs*, op. cit., p. 15.

44. Essa anedota é relatada numa carta de Laguiche para o embaixador francês em São Petersburgo (na época Georges Louis) e o ministro da Guerra francês, datada de 25 de novembro de 1912. O documento pode ser consultado em Service Historique de la Défence, Château de Vincennes, Carton 7 N 1478. Sou grato ao professor Paul Robinson da Graduate School of Public and

International Affairs da Universidade de Otawa por chamar minha atenção para esse documento e me fornecer a referência.

45. Maurice Paléologue, *An Ambassador's Memoirs*, op. cit., p. 15.

46. Poincaré, entrada de diário 22 jun. 1914, Notes journalières, BNF 16027.

47. Poincaré, entrada de diário 21 jun. 1914, ibid.

48. Maurice Paléologue, *An Ambassador's Memoirs*, op. cit., pp. 16-7.

49. Louis de Robien, "Voyage de Poincaré", p. 62.

50. Ibid., pp. 62-3.

51. Maurice Paléologue, *Cavour*, op. cit., p. 70.

10. O ULTIMATO [pp. 477-96]

1. "Protocols of the Ministerial Council held in Vienna on 19 July 1914", *ÖUAP*, v. 8, pp. 511-4, doc. 10393; Graf Franz Conrad von Hötzendorf, op. cit., v. 4, pp. 87-92.

2. Essa questão é levantada em Czernin para Berchtold, Sinaia, 27 jul. 1914, HHSTA, PA I, Liasse Krieg 812, pp. 193-8.

3. Szögyenyi para MFA Viena, Berlim, 14 jul. 1914, ibid., p. 446.

4. Ibid., p. 512.

5. Samuel R. Williamson, *Austria-Hungary and the Origins of the First World War*, op. cit., p. 203.

6. Lewis Bernstein Namier, *In the Margin of History*. Londres: MacMillan, 1939, p. 247.

7. Manfred Rauchensteiner, op. cit., p. 78.

8. Ver o texto da nota e ultimato austríaco em *ÖUAP*, v. 8, pp. 515-7, doc. 10395.

9. Wiesner para Berchtold (dois telegramas), Sarajevo, 13 jul. 1914, *ÖUAP*, v. 8, pp. 436-7, docs. 10252, 10253; sobre o impacto do relatório Wiesner, ver Sydney Bradshaw Fay, *The Origins of the First World War*, op. cit., v. 2, pp. 236-9.

10. Bernadotte Everly Schmitt, *Interviewing the Authors of the War*, op. cit., p. 22.

11. Luigi Albertini, op. cit., v. 2, pp. 90-7.

12. Musulin fez um rascunho do ponto 6; este foi revisto por Berchtold e revisado novamente por Musulin, e então reformulado por Forgać, ibid., v. 2, pp. 255-6.

13. Grey para Bunsen (embaixador em Viena), relatando sua conversa com Lichnowsky, *BD*, v. 11, pp. 73-4, doc. 91; Churchill citado em David Fromkin, op. cit., p. 184.

14. *Rambouillet Agreement. Interim Agreement for Peace and Self-Government in Kosovo*. Rambouillet, 23 fev. 1999. Disponível em: <http://www.differentia-nis.org/pdf/ksvo_rambouillet_text.html>. Acesso em: 5 fev. 2014.

15. Ian Bancroft, "Serbia's Anniversary is a Timely Reminder", *Guardian Unlimited*, 24 mar. 2009, Comment is Free. Disponível em: <http://www.theguardian.com/commentisfree/2009/mar/24/serbia-kosovo>. Acesso em: 5 fev. 2014.

16. Crackanthorpe para Grey, Belgrado, 18 jul. 1914, *BD*, v. 11, pp. 64-5.

17. Legação Real da Sérvia, Londres para Holanda, MFA 18 out. 1912, NA 2.05.3, Ministerie van Buitenlandsa Zaken, doc. 648. Correspondentie over de Balkanoorlog.

18. Giesl para Berchtold, Belgrado, 23 jul. 1914, *ÖUAP*, v. 8, p. 596, doc. 10526.

19. Luigi Albertini, op. cit., v. 2, p. 285.

20. Recordação de Ljuba Jovanović, ibid., v. 2, p. 347.

21. Estes detalhes foram relembrados por Gruić, ibid.

22. Berchtold para Giesl, *ÖUAP*, v. 8, p. 594, doc. 10519.

23. Strandmann para Sazonov, 24 jul. 1914, *IBZI*, série 3, v. 5, p. 38, doc. 35.

24. Tal é a recordação do coronel Pavlović divulgada em conversas com Luciano Magrini em outubro de 1915, durante o recuo sérvio. Ver Luciano Magrini, op. cit., pp. 203-5.

25. Pašić para Spalajković, Belgrado, 24 jul. 1914, *DSP*, v. 7/2, doc. 501; príncipe regente Alexander para o tsar Nicolau II, transcrito em Strandmann para Sazonov, 24 jul. 1914, *IBZI*, série 3, v. 5, p. 39, doc. 37.

26. Luciano Magrini, op. cit., pp. 205-6.

27. N. Pašić para legações sérvias no estrangeiro, Belgrado, 25 jul. 1914, Great Britain Foreign Office (org.), *Collected Diplomatic Documents Relating to the Outbreak of the European War*. Londres: H. M. Stationery Office, 1915, pp. 389-90.

28. Crackanthorpe para Grey, Belgrado, 12h30, 25 jul. 1914, *BD*, v. 11, pp. 87-8, doc. 114.

29. Spalajković para Pašić, São Petersburgo, 22 jul. 1914, 18h15, *DSP*, v. 7/2, doc. 484.

30. Luigi Albertini, op. cit., v. 2, p. 354.

31. Spalajković para Pašić, São Petersburgo, enviado em 24 jul. 1914, meia-noite, *DSP*, v. 7/2, doc. 527.

32. Gale Stokes, "The Serbian Documents from 1914: A Preview", *Journal of Modern History*, v. 48, n. 3, pp. 69-84, set. 1976, aqui p. 72. Spalajković para Pašić, São Petersburgo, 25 jul. 1914 (erroneamente informado pelos organizadores como 24 de julho), 1h40, *DSP*, v. 7/2, doc. 503.

33. Spalajković para Pašić, São Petersburgo, 25 jul. 1914, 20h, *DSP*, v. 7/2, doc. 556.

34. Spalajković para Pašić, São Petersburgo, 25 jul. 1914, 15h22, mesmo para mesmo, 26 jul. 1914, 14h55, ibid., docs. 559, 566.

35. Sobre o impacto dos telegramas da Rússia, ver Luigi Albertini, op. cit., v. 2, pp. 354-6; e especificamente sobre rejeição de Sazonov dos quinto e sexto pontos do ultimato, ver Luciano Magrini, op. cit., p. 206; Gale Stokes, "The Serbian Documents from 1914", op. cit.; cf. Mark Cornwall, "Serbia", op. cit., pp. 79-80. Cornwall, cuja análise dos acontecimentos em Belgrado é sem igual, argumenta que os termos dos telegramas de São Petersburgo eram vagos demais para satisfazer Pašić, além de qualquer dúvida de que os russos pretendiam vir em auxílio da Sérvia. É verdade que Sazonov foi vago — como de fato era propenso a ser — em relação aos detalhes do que a Rússia faria e quando, mas a minha opinião é que o constante crescendo de indícios nos telegramas de Spalajković deve ter bastado para reassegurar à liderança sérvia de que a Rússia estava a caminho de intervir. Mas deve-se reconhecer que a determinação da Sérvia era forte desde o início, como fica implícito na forma como Belgrado lidou com a crise desde o começo.

36. Sobre os horários de trânsito e chegada dos telegramas, ver a nota dos editores em Spalajković para Pašić, São Petersburgo, 24 jul. 1914, meia-noite, *DSP*, v. 7/2, doc. 527. Ver também Gale Stokes, "The Serbian Documents from 1914", op. cit.

37. Recordação de Gruić citada em Luigi Albertini, op. cit., v. 2, pp. 363-4.

38. Alexander Musulin von Gomirje, *Das Haus am Ballhausplatz. Erinnerungen eines österreich--ungarischen Diplomaten*. Munique: Verlag für Kulturpolitik, 1924, p. 241.

39. Texto da resposta (em francês) em "Note der serbischen Regierung und die Belgrader Gesandtschaft", Belgrado, sem data [25 jul. 1914], *ÖUAP*, v. 8, pp. 660-3, doc. 10648.

40. Miloš Bogičević, *Le Procès de Salonique*, op. cit., p. 132; Joachim Remak, *Sarajevo*, op. cit., p. 207.

41. Texto da resposta (em francês) em "Note der serbischen Regierung und die Belgrader Gesandtschaft", Belgrado, sem data [25 jul. 1914], *ÖUAP*, v. 8, pp. 660-6, doc. 10648.

42. Roberto Segre, op. cit., p. 78; ver também James Joll, *The Origins of the First World War*. Londres: Longman, 1984, p. 13; Joachim Remak, "1914: The Third Balkan War: Origins Reconsidered", *Journal of Modern History*, v. 43, n. 3, pp. 353-66, set. 1971.

43. Ver "Monarchiefeindliche Bilder im Belgrader Kriegsministerium", nota inclusa no dossiê que circulou pelas legações austro-húngaras após o recebimento da resposta sérvia, *ÖUAP*, v. 8, pp. 665-74, doc. 10654, aqui p. 704.

44. Adido militar em Belgrado para chefe do Estado-Maior, Belgrado, 25 jul. 1914, Kriegsarchiv Wien, AOL Evidenzbureau, 3506, 1914, Resumés d. vertraulichen Nachrichten — Italien, Russland, Balkan, "B" [Balkan]; N. Shebeko, op. cit., p. 231.

45. Meu relato da partida de Giesl tem grande dívida com Luigi Albertini, op. cit., v. 2, p. 373.

46. Berchtold para Mensdorff, 24 jul. 1914, *ÖUAP*, v. 8, p. 636, doc. 10599.

47. Macchio para Berchtold, Viena, 25 jul. 1914; Berchtold para Macchio, Lambach, 25 jul. 1914, ibid., v. 8, pp. 731-2, docs. 10703, 10704.

48. Luigi Albertini, op. cit., v. 2, pp. 376-80.

49. Spalajković para MFA sérvio em Niš, São Petersburgo, 26 jul. 1914, 4h10, *DSP*, v. 7/2, doc. 584.

50. Franz Joseph, "The Imperial Rescript and Manifesto", 28 jul. 1914, apud "Austria-Hungary Version of the War", *New York Times Current History of the European War*, v. 1, n. 2, pp. 223-6, aqui p. 223.

51. Rapaport para Vredenburch, Belgrado, 28 jul. 1914, NA, 2.05.36, 9, Consulaat-General Belgrado en Gezandschap Zuid-Slavië.

52. Ernest Jones, *The Life and Work of Sigmund Freud*. Londres: Basic Books, 1953-7, v. 2, p. 192.

11. TIROS DE ADVERTÊNCIA [pp. 497-513]

1. Maurice Paléologue, diário 24 jul. 1914, *An Ambassador's Memoirs*, op. cit., p. 21.

2. Louis de Robien, "Copie des notes prises par Chambrun du 23 juillet au 3 août 1914", AN 427, AP 1, Louis de Robien MSS, v. 2, p. 2 oposta. Essa interessante fonte consiste numa quantidade de notas apensadas por Louis de Robien à cópia carbono de um relato datilografado redigido por Chambrun a pedido de Viviani, listando em detalhe as atividades do embaixador durante os últimos dias antes da eclosão da guerra.

3. Buchanan para Grey, 24 jul. 1914, *BD*, v. 11, p. 81, doc. 101.

4. Maurice Paléologue, entrada de diário 24 jul. 1914, *An Ambassador's Memoirs*, op. cit., p. 22.

5. Louis de Robien, "Copie des notes prises par Chambrun par Chambrun du 23 juillet au 3 août 1914", op. cit., p. 2 oposta.

6. Szapáry para Berchtold, São Petersburgo, 24 jul. 1914, *ÖUAP*, v. 8, pp. 6645-8, docs. 10616-7, 10619.

7. Foi desse modo que Yanushkevich relatou a conversa ao general Dobrorolsky, chefe do Departamento de Mobilização do Exército russo; ver S. K. Dobrorolsky, "La Mobilisation de

l'armée russe en 1914", *Revue d'Histoire de la Guerre Mondiale*, v. 1, pp. 53-69, 144-59, 1923, aqui p. 64; sobre o comunicado, ver Maurice Paléologue, entrada de diário 25 jul. 1914, *An Ambassador's Memoirs*, op. cit., p. 25.

8. Estas citações, baseadas nas memórias não publicadas do ministro das Finanças, Peter Bark, são extraídas das transcrições em D. C. B. Lieven, *Russia and the Origins of the First World War*, op. cit., p. 142.

9. A. Yu Ariev (org.), op. cit., p. 76; ver também cartas de Menshikov, um dos principais colunistas do *Novoye Vremya*, para Krivoshein em RGIA esp. F. 1571, op. 1, d. 181, II. 2-3.

10. Vladimir Nikolaevich Kokovtsov, op. cit., p. 349.

11. Ver sua carta para Krivoshein em RGIA, esp. F. 1571, op. 1, d. 289, II. 3, 7.

12. Do relato de Bark sobre a reunião citado em Dominic C. B. Lieven, *Russia and the Origins of the First World War*, op. cit., pp. 142-3.

13. Ibid., pp. 143-4.

14. Sonderjournal des russischen Ministerrats, 24 jul. 1914, *IBZI*, série 3, v. 5, pp. 25-6, doc. 19.

15. Leonard Turner, "Russian Mobilisation in 1914", *Journal of Contemporary History*, v. 3, n. 1, pp. 75-6, 1968.

16. Dominic C. B. Lieven, *Russia and the Origins of the First World War*, op. cit., pp. 59-61. Sobre a importância da decisão russa de 24 e 25 de julho, ver também Jürgen Angelow, op. cit., p. 145.

17. Bruce W. Menning, "Russian Military Intelligence, July 1914. What St. Petersburg Perceived and Why It Mattered", texto inédito, p. 20; Dobrorolsky, "La Mobilisation de l'armée russe en 1914", op. cit., pp. 64-7.

18. Dobrorolsky, "La Mobilisation de l'armée russe en 1914", op. cit., pass.; Sydney Bradshaw Fay, *The Origins of the First World War*, op. cit., v. 2, pp. 286-300.

19. Leonard Turner, "Russian Mobilisation in 1914", op. cit., pp. 65-88, aqui p. 75; Sir Alfred Knox, *With the Russian Army, 1914-1917*. Nova York: Dutton, 1921, v. 1, p. 42.

20. Luigi Albertini, op. cit., v. 2, p. 558; Leornard Turner, "Russian Mobilisation in 1914", op. cit.

21. Dominic C. B. Lieven, *Russia and the Origins of the First World War*, op. cit., pp. 144-5; Dobrorolsky, "La Mobilisation de l'armée russe en 1914", op. cit., p. 68; Turner, "Russian Mobilisation in 1914", op. cit., p. 76.

22. Regulamento referente ao Período Preparatório da Guerra de 2 de março de 1913, transcrito em Sydney Bradshaw Fay, *The Origins of the First World War*, op. cit., v. 2, pp. 316-8.

23. De l'Escaille para Davignon, São Petersburgo, 26-27 jul. 1914; ver também Buisseret para Davignon, São Petersburgo, 26 jul. 1914, MAEB AD, Empire Russe, 34.

24. Szechenyi para MFA Viena, Copenhague, 26 jul. 1914, HHSTA, PA, I, Liasse Krieg, 812, p. 63.

25. Hein para MFA Viena, Kiev, 27 jul. 1914, ibid., p. 226.

26. Andrian para MFA Viena, 27 jul. 1914, Szczakowa, 27 jul. 1914, ibid., p. 237.

27. Von Haydin para MFA Viena, Moscou, 28 jul. 1914, ibid., p. 3.

28. Stürghk (mencionando excertos de relatório do Statthalter Galicia) para MFA, Viena, 28 jul. 1914, ibid., p. 26.

29. Corossacz para MFA Viena, Tiflis, 28 jul. 1914, ibid., p. 69.

30. Sobre esses relatórios, ver Sean McMeekin, *The Russian Origins of the First World War*.

Cambridge, MA: Harvard University Press, 2011, p. 62. Sobre concentração alarmante de cavalos, Dobrorolsky, "La Mobilisation de l'armée russe en 1914", op. cit., pp. 68-9.

31. Maurice Paléologue, entrada de diário 24 jul. 1914, *An Ambassador's Memoirs*, op. cit., p. 25.

32. Buchanan para Grey, São Petersburgo, 18 jul. 1914, *BD*, v. 11, p. 47, doc. 60.

33. Vladimir Nikolaevich Kokovtsov, op. cit., pp. 346-7.

34. Ibid., p 347.

35. Ignatiev para Estado-Maior, Paris, 30 jul. 1914, RGVIA, Fond 15 304: Upravlenie Voennogo Agenta vo Frantsii, op. 2, d. 16, Relatórios e comunicação feitos com cadernos especiais, I. 38.

36. Guillaume para Davignon, Paris, 30 jul. 1914, MAEB AD, France 12, Correspondance politique: légations.

37. Paléologue para Quai d'Orsay, 24 jul. 1914, 18h30; 24 jul. 1914, 23h00; 25 jul. 1914, 16h45, todos em rascunho, AMAE, PA-AP, Maurice Paléologue, Correspondance politique 1, pp. 30-2; esse documento é discutido em M. B. Hayne, op. cit., p. 298.

38. Laguiche para Estado-Maior francês, trecho citado em Paléologue para MFA Paris, São Petersburgo, 26 jul. 1914, citado em Sean McMeekin, *The Russian Origins of the First World War*, op. cit., p. 69.

39. Assim Sazonov relatou a conversa para Paléologue; ver Paléologue para Quai d'Orsay, 26 jul. 1914, 19h30, AMAE, PA-AP, Maurice Paléologue, Correspondance politique 1, p. 35; o relatório de Szapáry sobre este encontro enfatiza o tom morno e amistoso do ministro, mas ligada com a sugestão de que uma preparação militar russa já estava em andamento, essa abertura era meramente uma tentativa de ganhar tempo, *ÖUAP*, v. 8, doc. 10 835, pp. 804-6.

40. Em 8 de novembro de 1912, uma comissão militar secreta russa adotou novas diretrizes relativas às medidas precedendo a mobilização plena; ver Sydney Bradshaw Fay, *The Origins of the First World War*, op. cit., v. 2, p. 308.

41. Paléologue para Quai d'Orsay, 25 jul. 1914, 16h45, em rascunho, AMAE, PA-AP, Maurice Paléologue, Correspondance politique 1, p. 32 verso.

42. Paléologue para Quai d'Orsay, 24 jul. 1914, 23h30, em rascunho, ibid., p. 31 verso.

43. Sean McMeekin, *Russian Origins of the First World War*, op. cit., p. 34.

44. Ronald Bobroff, *Roads to Glory*, op. cit., pp. 52-3.

45. Mustafa Aksakal, op. cit., p. 43. Sobre a corrida naval grego-turca, ver Paul G. Halpern, op. cit., pp. 314-54.

46. Grigorovich para Sazonov, 19 jan. 1914, *IBZI*, série 3, v. 1, pp. 45-7, doc. 50.

47. Sazonov para Benckendorff, São Petersburgo, 8 maio 1914, ibid., v. 2, doc 384, pp. 381-2, aqui p. 382; Mustafa Aksakal, op. cit., p. 46.

48. Sazonov para Benckendorff, São Petersburgo, 30 jul. 1914, *IBZI*, série 3, v. 5, p. 195, doc. 281.

49. Sobre os estreitos como tema para a política externa russa, ver Ronald Bobroff, *Roads to Glory*, op. cit., pass.; para uma exposição da opinião de que o controle sobre o Bósforo era o fator motivador crucial na política russa durante a Crise de Julho, ver Sean McMeekin, *The Russian Origins of the First World War*, op. cit., pp. 6-40, 98-114, no qual McMeekin esclarece a crescente importância dos estreitos após a eclosão da guerra.

50. Dominic C. B. Lieven, *Russia and the Origins of the First World War*, op. cit., pp. 45-7, 99-101.

51. Dobrorolsky, "La Mobilisation de l'armée russe en 1914", op. cit., p. 68.

12. ÚLTIMOS DIAS [pp. 514-80]

1. O relato clássico é A. T. Q. Stewart, *The Ulster Crisis*. Londres: Faber and Faber, 1969.

2. Ver Ian Frederick W. Beckett, *The Army and the Curragh Incident 1914*. Londres: Army Records Society, 1986; Sir James Fergusson of Kilkerran, *The Curragh Incident*. Londres: Faber and Faber, 1964.

3. Zara S. Steiner, *Britain and the Origins of the First World War*, op. cit., p. 215; Keith Jeffery, *Field Marshal Sir Henry Wilson. A Political Soldier*. Oxford: Oxford University Press, 2006, p. 126.

4. Asquith para Venetia Stanley, 30 jun. 1914, em Michael Brock e Eleanor Brock (orgs.), *H. H. Asquith: Letters to Venetia Stanley*. Oxford: Oxford University Press, 1985, p. 93.

5. Asquith para Venetia Stanley, 24 jul. 1914, em ibid., p. 122.

6. Grey para Bertie, 8 jul. 1914, Imanuel Geiss (org.), *Julikrise und Kriegsausbrauch 1914*, op. cit., v. 1, doc. 5, p. 133; *BD*, v. 11, p. 30, doc. 38.

7. Grey para Buchanan, Londres, 8 jul. 1914, Imanuel Geiss (org.), *Julikrise und Kriegsausbruch 1914*, op. cit., v. 1, doc. 56, pp. 133-5; *BD*, v. 11, pp. 30-1, doc. 39.

8. Conversas reportadas em Lichnowsky para Hollweg, Londres, 9 jul. 1914, Imanuel Geiss (org.), *Julikrise und Kriegsausbruch 1914*, op. cit., v. 1, doc. 60, pp. 136-7.

9. Mensdorff para MFA Viena, Londres, 17 jul. 1914, *ÖUAP*, v. 8, pp. 480-1, doc. 10337.

10. Mensdorff para MFA Viena, Londres, 24 jul. 1914, ibid., v. 8, p. 636, doc. 10660.

11. Zara S. Steiner, *Britain and the Origins of the First World War*, op. cit., p. 222.

12. Citado em Harold Dwight Lasswell, *Propaganda Technique in the World War*. Nova York: Peter Smith, 1927, p. 49.

13. Adrian Gregory, "A Clash of Cultures: The British Press and the Opening of the Great War". In: Troy E. Paddock (org.). *A Call to Arms. Propaganda, Public Opinion and Newspapers in the Great War*. Westport: Praeger, 2004, pp. 15-50, aqui p. 20.

14. *John Bull*, 11 jul. 1914, p. 6; Niall Ferguson, *The Pity of War*, op. cit., p. 219; Adrian Gregory, "A Clash of Cultures", op. cit., pp. 20-1.

15. Bosković para Pašić, Londres, 12 jul. 1914, AS, MID-PO 412, p. 36. O artigo ofensivo está em *John Bull*, 11 jul. 1914, p. 6.

16. Winston S. Churchill, *The World Crisis*. reimp. Londres: New English Library, 1968, v. 1, p. 114.

17. Zara S. Steiner, *Britain and the Origins of the First World War*, op. cit., pp. 224-5.

18. A apresentação de Wilson para o Comitê de Defesa Imperial em 23 ago. 1911 é citada em exertos em *BD*, pp. 381-2, v. 8, doc. 314.

19. Citado em Michael Brock, "Britain Enters the War". In: R. J. W. Evans e Harmut Pogge von Strandmann (orgs.), op. cit., pp. 145-78, aqui pp. 150-1.

20. Ver Trevor Wilson (org.), *The Political Diaries of C. P. Scott 1911-1928*. Londres: Collins, 1970, pp. 96-7, 104.

21. Michael Brock, "Britain Enters the War", op. cit., pp. 153-4.

22. Grey para Rumbold, Londres, 20 jul. 1914, *BD*, v. 11, p. 54, doc. 68.

23. Sobre a incoerência e a impraticabilidade da proposta de "concerto" de Grey, ver Sydney Bradshaw Fay, *The Origins of the First World War*, op. cit., v. 2, pp. 360-2.

24. Buchanan para Grey, São Petersburgo, 26 jul. 1914, *BD*, v. 11, p. 107, doc. 155.

25. Nicolson para Grey, reportando "Comunicado por parte do embaixador Alemão", 26 jul. 1914, *BD*, v. 11, doc. 146, p. 155.

26. O longo relato de Benckendorff sobre a conversa com Grey em 8 de julho confirma que o secretário das Relações Exteriores britânico não contestou a visão russa da situação sérvia, mas encarava a crise exclusivamente em termos de relação entre os dois grupos de alianças. Benckendorff para Sazonov, Londres, 9 jul. 1914, *IBZI*, série 3, v. 4, pp. 141-4, doc. 146.

27. Buchanan para Grey, São Petersburgo, 24 jul. 1914, *BD*, v. 11, doc. 101, pp. 80-2 (inclusive minutas).

28. Crowe, minuta datada de 25 de julho sobre Buchanan para Grey, São Petersburgo, 24 jul. 1914, *BD*, v. 11, p. 81, doc. 101.

29. Lichnowsky para Jagow, 29 jul. 1914, *DD*, v. 1, pp. 86-9, doc. 368, aqui p. 87.

30. Grey para Goschen, Londres, 30 jul. 1914, *BD*, v. 11, doc. 303, pp. 193-4.

31. Sobre a aceitação de Grey do caso austríaco contra a Sérvia, ver Zara S. Steiner, *Britain and the Origins of the First World War*, op. cit., pp. 220-3.

32. Poincaré, entrada de diário 25 jul. 1914, Notes journalières, BNF 16027.

33. Ibid.

34. Ibid., grifo meu.

35. Jean-Jacques Becker, *1914, Comment les Français sont entrés dans la guerre. Contribution à l'étude de l'opinion publique printemps-eté 1914*. Paris: Presses de la Fondation Nationale des Sciences Politiques, 1977, p. 140. Sobre a passividade francesa, John F. V. Keiger, *France and the Origins of the First World War*, op. cit., pp. 166-7; também id., "France". In: Keith M. Wilson (org.). *Decisions for War*, op. cit., pp. 121-49, esp. pp. 122-3.

36. Sobre a opinião pública sueca, de quem se dizia "viver temendo a Rússia", ver Buisseret para Davignon, São Petersburgo, 28 nov. 1913, MAEB AD, Russie 3, 1906-14.

37. A conversa é relatada em Poincaré, entrada de diário 23 jul. 1914, Notes journalières, BNF 16027.

38. Poincaré, entrada de diário 25 jul. 1914, ibid.

39. Ibid.

40. Poincaré, entrada de diário 27 jul. 1914, ibid. O *France* já estava navegando rumo a Copenhague quando foi tomada a decisão de retornar a Paris.

41. Ibid.

42. Ibid.

43. Ibid.

44. Ibid.

45. Poincaré, entrada de diário 28 jul. 1914, Notes journalières, BNF 16027.

46. John F. V. Keiger, "France", op. cit., p. 123; Stefan Schmidt, op. cit., p. 313.

47. Poincaré, entrada de diário 29 jul. 1914, Notes journalières, BNF 16027.

48. Joseph Caillaux, *Mes Mémoires*, op. cit., v. 3: *Clairvoyance et force d'âme dans mes épreuves, 1912-1930*, pp. 169-70.

49. Poincaré, entrada de diário 29 jul. 1914, Notes journalières, BNF 16027.

50. Laguiche para Messimy, São Petersburgo, 26 jul. 1914, *DDF*, série 3, v. 11, pp. 77-8, doc. 89.

51. A página está faltando no manuscrito da Bibliothèque Nationale, ver Poincaré, entrada de diário 29 jul. 1914, Notes journalières, BNF 16027, p. 124. O último parágrafo registra que os

britânicos pediram a opinião de Sazonov sobre a ideia de convocar uma conferência dos embaixadores das quatro potências em Londres para resolver a questão austro-sérvia e encerra assustadoramente como o fragmento: "Sazonoff a malhereusement" [Infelizmente, Sazanoff.].

52. Joseph Caillaux, *Mes Mémoires*, op. cit., v. 3, pp. 170-1.

53. Sazonov para Izvolsky, São Petersburgo, 29 jul. 1914, *IBZI*, série 3, v. 5, pp. 159-60, doc. 221. Ver também Note de l'Ambassade de Russie, Communication d'un télégramme de M. Sazonoff, 30 jul. 1914, *DDF*, série 3, v. 11. doc. 301, pp. 257-8.

54. Stefan Schmidt, op. cit., p. 321.

55. Excertos em Viviani para Paléologue e Paul Cambon, Paris, 30 jul. 1914, *DDF*, série 3, v. 11, pp. 261-3, doc. 305. Minha interpretação desse documento segue Stefan Schmidt, op. cit., pp. 317-20.

56. Ver John F. V. Keiger, "France", op. cit., pp. 121-49, aqui p. 147.

57. Gabriel Hanatoux, *Carnets 1907-1925*. Org. de Georges Dethan, Georges-Henry Soutou e Marie-Renée Mouton. Paris: A. Pedone, 1982, pp. 103-4.

58. Poincaré, entrada de diário 30 jul. 1914, Notes journalières, BNF 16027; sobre essa ligação ver Stefan Schmidt, op. cit., p. 322.

59. Izvolsky para Sazonov, Paris, 30 jul. 1914, *IBZI*, série 3, v. 5, pp. 201-2, doc. 291, ênfase minha. Ver também as discussões em John F. V. Keiger, "France", op. cit., p. 127; Stefan Schmidt, op. cit., pp. 323-4.

60. Citado em Stefan Schmidt, op. cit., p. 326. Schmidt argumenta que a mobilização sem concentração foi provavelmente o que Messimy quis dizer quando se referiu a uma aceleração sem "transporte maciço de tropas".

61. Poincaré, entrada de diário 30 jul. 1914, Notes journalières, BNF 16027.

62. Dobrorolsky, "La Mobilisation de l'armée russe en 1914", op. cit., p. 147; o artigo "Rossiya khochet mira, no gotova voine", apareceu em *Birzheviia Vedomosti* e foi republicado no órgão nacionalista *Rech* em 13 de março de 1914.

63. Dobrorolsky, "La Mobilisation de l'armée russe en 1914", op. cit., pp. 64-7.

64. Ibid., pp. 148-9.

65. Baron M. F. Schilling (org.), *How the War Began in 1914. Being the Diary of the Russian Foreign Office from the 3rd to the 20th (Old Style) of July, 1914*. Trad. W. Cyprian Bridge. Londres: Allen & Unwin, 1925, p. 62.

66. Sergei Dmitrievich Sazonov, *Les Années fatales*, op. cit., p. 216.

67. Ibid., pp. 217-20. Há um excelente relato desses acontecimentos em Sydney Bradshaw Fay, *The Origins of the First World War*, op. cit., v. 2, pp. 450-81.

68. Dobrorolsky, "La Mobilisation de l'armée russe en 1914", op. cit., p. 151.

69. Essas discrepâncias são discutidas em Bruce W. Menning, "Russian Military Intelligence, July 1914. What St. Petersburg Perceived and Why It Mattered" (inédito), p. 23. Ver também Ministère des Affaires Étrangères (org.), *Documents diplomatiques, 1914. La guerre européenne. Pièces relatives aux négotiations qui ont precede la declaration de guerre de l'Allemagne à la Russie et à la France*. Paris: Hachette, 1914, p. 116, doc. 118. Sobre outras omissões e supressões, ver também Konrad G. W. Romberg, *The Falsifications of the Russian Orange Book*. Trad. de W. Cyprian Bridge. Londres: Allen & Unwin, [1923].

70. Telegrama n. 1538 para Londres, Paris, Viena, Berlim e Roma, 28 jul. 1914, citado em Baron M. F. Schilling (org.), op. cit., p. 44.

71. Telegrama n. 1539 para Londres, Paris, Viena, Berlim e Roma, 28 jul. 1914, ibid.

72. Telegrama de Benckendorff para Sazonov, citado em Sergei Dmitrievich Sazonov, *Les Années fatales*, op. cit., pp. 200-1.

73. Citado em Baron M. F. Schilling (org.), op. cit., p. 43.

74. Quanto à visão de Sazonov sobre a advertência de Hollweg, ver Luigi Albertini, op. cit., v. 2, p. 491; Horst Linke, op. cit., p. 33. Sobre a correspondência com Pourtalès, ver "16/29 July", Baron M. F. Schilling (org.), op. cit., pp. 48-9.

75. Baron M. F. Schilling (org.), "15/28 July", ibid., p. 43.

76. De l'Escaille para Davignon, São Petersburgo, 30 jul. 1914, MAEB AD, Empire Russe 34, 1914. Esse telegrama, que foi interceptado pelos alemães e publicado durante a guerra, tornou-se um conhecido artefato no debate sobre culpa do pós-guerra. Ver, por exemplo, Ministère des Affaires Étrangères (org.), *Belgische Aktenstucke, 1905-1914* (Berlim: E. S. Mittler und Sohn, [1917]); Hollweg, op. cit., v. 1, p. 124.

77. Telegrama do cáiser Guilherme para o tsar, Berlim, 29 jul. 1914, citado em Baron M. F. Schilling (org.), op. cit., p. 55.

78. Ver, por exemplo, Herman Bernstein, "Kaiser Unmasked as Cunning Trickster Who Plotted for War While He Prated for Peace. 'Nicky' Telegrams Reveal Czar as No Better, Falling Readily into Snares that 'Willy' Set", *Washington Post*, 18 set. 1917, recorte em AMAE, NS Russie 45 Allemagne-Russie; Herman Bernstein, *The Willy-Nicky Correspondence. Being the Secret and Intimate Telegrams Exchanged Between the Kaiser and the Tsar*. Nova York: Knopf, 1918; Sidney Bradshaw Fay, "The Kaiser's Secret Negotiations with the Tsar, 1904-5", *The American Historical Review*, v. 24, n. 1, pp. 48-72, out. 1918; Isaac Don Levine (org.), *The Kaiser's Letters to the Tsar. Copied from Government Archives in Petrograd and Brought from Russia by Isaac Don Levine*. Londres: Hodder and Stoughton, 1920. Essas primeiras edições não incluem a sequência de telegramas trocados pelos dois soberanos em 1914, provavelmente porque não eram telegramas pessoais, mas diplomáticos, e portanto arquivados separadamente da correspondência pessoal do monarca — devo essa percepção a John Röhl, a quem agradeço calorosamente.

79. Michael S. Neiberg, *Dance of the Furies, Europe and the Outbreak of World War I*. Cambridge, MA: Harvard University Press, 2011, p. 116.

80. Sergei Dmitrievich Sazonov, *Les Années fatales*, op. cit., p. 218.

81. Ibid., pp. 218-9.

82. Bruce W. Menning, "Russian Military Intelligence July, 1914. What St. Petersburg Perceived and Why It Mattered" (inédito), pp. 13-8; D. C. B. Lieven, *Russia and the Origins of the First World War*, op. cit., pp. 148-9.

83. Tschirschky para Hollweg, Viena, 2 jul. 1914, relatando uma conversa entre Kulakovsky e Sukhomlinov, PA-AA, R 10894.

84. Bruce R. Menning, "Russian Military Intelligence, July 1914. What St. Petersburg Perceived and Why It Mattered" (inédito), pp. 30-1.

85. Citado em Volker Rolf Berghahn e Wilhem Deist (orgs.), "Kaiserliche Marine und Kriegsausbruch 1914", *Militärgeshcichtliche Mitteilungen*, v. 7, n. 1, pp. 37-58, 1970; Albert Hopman (oficial sênior no Gabinete Naval Imperial), entradas de diário 6 e 7 de julho de 1914, em Michael Epkenhans (org.), *Albert Hopman. Das ereignisreiche Leben eines "Wilhelminers". Tagebücher, Briefe, Aufzeichnungen, 1901 bis 1920*. Munique: Oldenbourg, 2004, pp. 383, 385.

86. Biedermann (plenipotenciário saxão em Berlim) para Vitzthum (ministro das Relações Exteriores da Saxônia), Berlim, 17 jul. 1914, em Imanuel Geiss (org.), *Julikrise und Kriegsausbruch 1914*, op. cit., v. 1, doc. 125, pp. 199-200.

87. Hollweg para embaixadores em São Petersburgo, Paris e Londres, Berlim, 21 jul. 1914, ibid., doc. 188, pp. 264-6, aqui p. 265.

88. Annika Mombauer, *Helmuth von Moltke and the Origins of the First World War*, op. cit., pp. 190-3, 196.

89. Citado em Leonardo Charles F. Turner, *Origins of the First World War*, op. cit., p. 86.

90. Citado em Ulrich Trumpener, "War Premeditated? German Intelligence Operations in July 1914", *Central European History*, v. 9, n. 1, pp. 58-85, mar. 1976, aqui p. 64.

91. Ibid.

92. Riezler, entrada de diário 11 jul. 1914, em Karl Dietrich Erdmann, op. cit., p. 185.

93. Imanuel Geiss (org.), *Julikrise und Kriegsausbruch 1914*, op. cit., v. 1, p. 198, doc. 123.

94. "German View of French Disclosures", *The Times*, Londres, 17 jul. 1914, p. 7, col. C; "Attitude to Germany", ibid., 25 jul. 1914, p. 10, col. C.

95. Annika Mombauer, *Helmuth von Moltke and the Origins of the First World War*, op. cit., pp. 194-5, n. 44.

96. Tal é a inferência do conde Kageneck, adido militar alemão em Viena, ver ibid., p. 194. Sobre o impacto das revelações de Humbert acerca do pensamento alemão durante a crise, ver também Theodor Wolff (editor-chefe no *Berliner Tageblatt*), entrada de diário 24 jul. 1914, reportando o ceticismo oficial sobre a prontidão francesa, em Bernd Sösemann (org.), *Tagebücher 1914-1919: der Erste Weltkrieg und die Entstehung der Weimarer Republik in Tagebüchern, Leitartikeln und Briefen des Chefredakteurs am "Berliner Tageblatt" und Mitbegründers der 'Deutschen Demokratischen Partei' Theodor Wolff*. Boppard: Harald Boldt, 1984, pp. 64-5; Hopman, entrada de diário 14 jul. 1914, em Michael Epkenhans (org.), *Albert Hopman. Das ereignisreiche Leben eines "Wilhelminers"*, op. cit., p. 389.

97. Risto Ropponen, *Italien als Verbündeter. Die Einstellung der politischen und militärischen Führung Deutschlands und Österreich-Ungarn zu Italien on der Niederlage von Adua, 1896 bis zum Ausbruch des Weltkrieges 1914*. Helsinque: Suomen Historiallinen Seura, 1986, pp. 141-2, 209-10.

98. Hollweg para Schoen e Hollweg para Lichnowsky, ambos Berlim 27 jul. 1914, em Imanuel Geiss (org.), *Julikrise und Kriegsausbruch 1914*, op. cit., v. 2, p. 103, docs. 491, 492.

99. Jagow para Lichnowsky (carta privada), Berlim, 18 jul. 1914, *DD*, v. 1, pp. 99-101, doc. 72, aqui p. 100.

100. Sobre a confiança alemã na "localização", ver Hopman, entradas de diário 8, 13, 24, 26 jul. 1914 em Michael Epkenhans (org.), *Albert Hopman. Das ereignisreiche Leben eines "Wilhelminers"*, op. cit., pp. 386, 388, 394-5, 397-8. Sobre a ansiedade de Jagow, ibid., 21 jul. 1914, pp. 391-2. Sobre Hollweg como "homem afogando-se", ver Alfred von Tirpitz, *Erinnerungen*. Leipzig: F. Koehler, 1920, p. 242. Sobre essas características da crise, ver também Samuel R. Williamson e Ernest R. May, "An Identity of Opinion", op. cit., esp. n. 107, p. 353.

101. Guilherme II para Francisco José, Balholm, 14 jul. 1914, *ÖUAP*, v. 8, pp. 422-3, doc. 10262.

102. Ver esp. bilhetes de Guilherme sobre Tschirschky para Jagow, Viena, 10 jul. 1914, em Imanuel Geiss, *July 1914*, op. cit., pp. 106-7, doc. 16.

103. Guilherme II, comentários sobre Tschirschky para Hollweg, Viena, 14 jul. 1914, ibid., pp. 114-5, doc. 21.

104. Lamar Cecil, op. cit., v. 2: *Emperor and Exile, 1900-1941*, p. 202; Jagow para Wedel (séquito imperial), Berlim, 18 jul. 1914, em Imanuel Geiss, *July 1914*, op. cit., p. 121, doc. 29.

105. David Stevenson, *Armaments and the Coming of War*, op. cit., p. 376.

106. Ver G. A. von Müller, *Regierte der Kaiser? Aus den Kriegstagebüchern des Chefs des Marinekabinettes im Ersten Welkkrieg Admiral Georg Alexander com Müller*. Göttingen: Musterschmidt, 1959; Holger Afflerbach, *Kaiser Wilhelm II, als Oberster Kriegsherr im Ersten Weltkrieg. Quellen aus der militärischen Umgebung des Kaisers*. Munique: Oldenbourg, 2005, p. 11.

107. Holger Afflerbach, *Falkenhayn*, op. cit., p. 153.

108. Guilherme para Jagow, Neues Palais, 28 jul. 1914, em Imanuel Geiss, *July 1914*, op. cit., p. 256, doc. 112; Holger Afflerbach, *Falkenhayn*, op. cit., p. 153.

109. Citado em Holger Afflerbach, *Falkenhayn*, op. cit., p. 154.

110. Citado em Volker Rolf Berghahn, *Germany and the Approach of War in 1914*, op. cit., pp. 202-3.

111. Luigi Albertini, op. cit., v. 2, p. 467; Imanuel Geiss, *July 1914*, op. cit., p. 222.

112. Lichnowsky para Jagow, Londres, 27 jul. 1914, Imanuel Geiss, *July 1914*, op. cit., pp. 238-9, doc. 97.

113. Hollweg para Tschirschky, Berlim, 28 jul. 1914, 10h15, Imanuel Geiss, *July 1914*, op. cit., p. 259, doc. 115; David Stevenson, *Armaments and the Coming of War*, op. cit., pp. 401-2. Sobre a divergência entre os pontos de vista de Hollweg e Guilherme nesse dia, ver Imanuel Geiss (org.), *Julikrise und Kriegsausbruch 1914*, op. cit., v. 2, pp. 164-5 (comentário de Geiss).

114. Hollweg para Guilherme II, Berlim, 28 jul. 1914, 22h15, em Imanuel Geiss, *July 1914*, op. cit., pp. 258, 261, docs. 114, 127.

115. Ulrich Trumpener, "War Premeditated? German Intelligence Operations in July 1914", op. cit., pp. 66-7.

116. Chelius para Guilherme II, São Petersburgo, 26 jul. 1914, em Imanuel Geiss (org.), *Julikrise und Kriegsausbruch 1914*, op. cit., v. 2, pp. 47-9, doc. 441, aqui p. 48.

117. Citado em Ulrich Trumpener, "War Premeditated? German Intelligence Operations in July 1914", op. cit., p. 66.

118. Ibid.

119. Estado-Maior, reportado pela Comissão de Avaliação da Inteligência, 28 jul. 1914, ibid., p. 72.

120. Ver, por exemplo, Hollweg para Tschirschky, Berlim, 29 jul. 1914 e mesmo para mesmo duas vezes em 30 jul. 1914, em Imanuel Geiss (org.), *Julikrise und Kriegsausbruch 1914*, op. cit., v. 2, pp. 287-90, docs. 690, 695-6.

121. Diário de Falkenhayn, 29 jul. 1914, citado em Holger Afflerbach, *Falkenhayn*, op. cit., p. 155.

122. Volker Rolf Berghahn, *Germany and the Approach of War*, op. cit., p. 215.

123. Diário de Falkenhayn, 31 jul. 1914, citado em Holger Afflerbach, *Falkenhayn*, op. cit., p. 160.

124. George V, relatado pelo príncipe Henrique da Prússia, Henrique para Guilherme II, 28 jul. 1914, em *DD*, v. 1, pp. 32-89.

125. Harold Nicolson, *King George the Fifth*, op. cit., p. 245; Volker Rolf Berghahn, *Germany and the Approach of War in 1914*, op. cit., p. 219.

126. Harold Nicolson, *King George the Fifth*, op. cit., p. 246.

127. Lichnowsky para Jagow, Londres, 29 jul. 1914, em Imanuel Geiss, *July 1914*, op. cit., pp. 288-90, doc. 130.

128. Bilhetes de Guilherme II sobre Pourtalès para Jagow, São Petersburgo, 30 jul. 1914, Imanuel Geiss, *July 1914*, op. cit., pp. 293-5, doc. 135.

129. Lichnowsky para Jagow, Londres, 1 ago. 1914, *DD*, v. 3, p. 66, doc. 562.

130. Lichnowsky para Jagow, Londres, 1 ago. 1914, ibid., doc. 570, p. 70.

131. Citado Holger Afflerbach, *Falkenhayn*, op. cit., p. 164.

132. Diário de Falkenhayn, 1 ago. 1914, ibid., pp. 165-6. A versão de Falkenhayn dessa troca de palavras foi amplamente sustentada por Moltke, mas pode não ter sido inteiramente fidedigna. Segundo as memórias do auxiliar de campo e testemunha ocular Max von Mutius, o cáiser pediu um conselhor a Moltke sobre a possibilidade de impedir uma fratura das fronteiras no oeste — especificamente a entrada da 16ª Divisão em Luxemburgo. Moltke respondeu que não sabia, e foi um subordinado do Departamento de Operações do Estado-Maior, o tenente-coronel Tappen, quem afirmou ainda ser possível. Segundo esse relato, o cáiser não afastou Moltke imediatamente, mas manteve-se dentro dos limites convencionais de sua posição. Em todo caso, os relatos vigentes concordam acerca do efeito traumático desse episódio sobre o chefe do Estado-Maior, o qual ele obsessivamente retomava. Ver Holger Afflerbach, *Kaiser Wilhelm II*, op. cit., p. 13.

133. Lamar Cecil, *Wilhelm II*, op. cit., v. 2, p. 107.

134. Annika Mombauer, *Helmuth von Moltke and the Origins of the First World War*, op. cit., p. 222.

135. Guilherme II para Jorge V, Berlim, 1 ago. 1914, ibid., v. 3, p. 74, doc. 575.

136. Hollweg para Lichnowsky, Berlim, 1 ago. 1914, ibid., v. 3, p. 76, doc. 578; Guilherme II para Jorge V, Berlim, 1 ago. 1914, ibid., v. 3, p. 74, doc. 575.

137. Lichnowsky para Jagow, Londres, 1 ago. 1914, ibid., v. 3, pp. 89-91, doc. 596.

138. Jorge V para Guilherme II, Londres, 1 ago. 1914, ibid., v. 3, pp. 103-4, doc. 612.

139. Lichnowsky para Jagow, Londres, 1 ago. 1914, ibid., v. 3, p. 95, doc. 603.

140. Citado Holger Afflerbach, *Falkenhayn*, op. cit., p. 167.

141. Lichnowsky para Jagow, Londres, 29 jul. 1914, *DD*, v. 1, pp. 86-9, doc. 368.

142. Grey para Bertie, Londres, 31 jul. 1914, *BD*, v. 11, p. 220, doc. 352.

143. Harry F. Young, "The Misunderstanding of August 1, 1914", *Journal of Modern History*, v. 48, n. 4, 1976, pp. 644-65.

144. Stephen J. Valon, "'There Must Be Some Misunderstanding': Sir Edward Grey's Diplomacy of August 1, 1914", *Journal of British Studies*, v. 27, n. 4, pp. 405-24, out. 1988.

145. Keith M. Wilson, "Understanding the 'Misunderstanding' of 1 August 1914", *The Historical Journal*, v. 37, n. 4, pp. 885-9, dez. 1994. Sobre o impacto da instabilidade financeira internacional sobre o pensamento britânico, ver Nicholas A. Lambert, *Planning Armageddon, British Economic Warfare and the First World War*. Cambridge, MA: Harvard University Press, 2012, pp. 185-231. Para uma discussão das opiniões de Lambert, ver Samuel R. Williamson, "July 1914: Revisited and Revised", pp. 17-8; sou grato a Sam Williamson por chamar minha atenção para essa linha na argumentação de Lambert.

146. Grey para Bertie, Londres, 1 ago. 1914, *BD*, v. 11, p. 250, doc. 419.

147. Bertie para Grey, Paris, 2 ago. 1914, ibid., p. 263, doc. 453; sobre a "impertinência" dessa

resposta, ver Keith M. Wilson, "Understanding the 'Misunderstanding' of 1 August 1914", op. cit., p. 888.

148. Comunicado da embaixada alemã, Londres, 31 jul. 1914, *BD*, v. 11, p. 217, doc. 344. A advertência foi repetida no dia seguinte; ver comunicado da embaixada alemã, Londres, 1º ago. 1914, ibid., p. 241, doc. 397.

149. Asquith para Venetia Stanley, Londres, 1 ago. 1913, Michael Brock e Eleanor Brock (orgs.), op. cit., p. 140.

150. Grey para Bertie, Londres, 29 jul. 1914, *BD*, v. 11, p. 180, doc. 283.

151. Grey para Bertie, Londres, 31 jul. 1914, ibid., p. 220, doc. 352.

152. Grey para Bertie, Londres, 31 jul. 1914, ibid., pp. 226-7, doc. 367.

153. Grey para Bertie, Londres, 1 ago. 1914, 20h20, ibid., doc. 426, p. 426. Notar o horário do envio: esse foi um telegrama posterior ao citado anteriormente para esse dia; nele são fornecidos mais detalhes ao embaixador sobre a conversa com Cambon.

154. Keith Eubank, *Paul Cambon: Master Diplomatist*. Norman: University of Oklahoma Press, 1960, pp. 170-1.

155. Conversa com Cambon em 24 de julho relembrada em André Géraud, "Diplomacy, the Old and the New", *Foreign Affairs*, v. 23, n. 2, pp. 256-70, jan. 1945, aqui p. 260.

156. Grey para Bertie, Londres, 28 jul. 1914, *BD*, v. 11, p. 156, doc. 238.

157. John F. V. Keiger, "France", op. cit., p. 133.

158. Cambon para Viviani, Londres, 29 jul. 1914, *DDF*, série 3, v. 11, pp. 228-9, doc. 281.

159. Zara S. Steiner, *Britain and the Origins of the First World War*, op. cit., pp. 181-6.

160. Sobre esse aspecto da entente, ver John Keiger, "The First World War Why Allies: Necessity or Folly?". In: *Forgetful Allies: Truth, Myth and Memory in the Two World Wars and After*. Cambridge: University of Cambridge, Faculty of History, 26-27 set. 2011. Sou grato a John Keiger por me permitir ler uma cópia desse artigo antes de sua publicação.

161. Géneviève Tabouis, *Perfidious Albion: Entente Cordiale*. Londres: T. Butterworth, 1938, p. 109

162. Citado em Zara S. Steiner, *Britain and the Origins of the First World War*, op. cit., p. 225.

163. Asquith para Stanley, Londres, 29 jul. 1914, em Michael Brock e Eleanor Brock (orgs.), op. cit., p. 132.

164. Eyre Crowe, memorando de 31 jul. 1914, *BD*, v. 11, p. 228-9, doc. 369.

165. Sobre a crescente importância do gabinete: Zara S. Steiner, *Britain and the Origins of the First World War*, op. cit., p. 228. Cambon é citado em John Keiger, "How the Entente Cordiale Began". In: Richard Mayne, Douglas Johnson e Robert Tombs (orgs.), *Cross Channel Currents: 100 Years of the Entente Cordiale*. Londres: Routledge, 2005.

166. Austen Chamberlain, *Down the Years*. Londres: Cassel, 1935, p. 94.

167. Colin Gurdon Forbes Adams, *Life of Lord Lloyd*. Londres: MacMillan, 1948, pp. 59-60; Austen Chamberlain, *Down the Years*, op. cit., pp. 94-101; Ian Duncan Colvin, *The Life of Lord Carson*. Londres: V. Gollancz, 1932-6, v. 3, pp. 14-20. Sobre a conversa de Cambon com Lloyd, ibid., v. 3, esp. pp. 14-5; Leopold Stenett Amery, *My Political Life*. Londres: Hutchison, [1953-5], v. 2, pp. 17-9.

168. Keith M. Wilson, *The Policy of the Entente*, op. cit., p. 135.

169. Asquith para Stanley, Londres, 31 jul. 1914, em Michael Brock e Eleanor Brock (orgs.), op. cit., p. 138.

170. Winston S. Churchill, op. cit., p. 114.

171. Asquith para Stanley, Londres, 1 ago. 1914, em Brock e Brock (orgs.), op. cit., p. 140.

172. John Morley, *Memorandum on Resignation, August 1914*. Londres: MacMillan, 1928, p. 5.

173. Citado em Keith M. Wilson, *The Policy of the Entente*, op. cit., p. 137.

174. Lord Crewe para Jorge v, relatando reunião do gabinete de 2 ago. 1914, 18h30, em J. A. Spender e Cyril Asquith, *Life of Herbert Henry Asquith*. Londres: Hutchinson, 1932, v. 2, p. 82; John Morley, op. cit., p. 21.

175. Sobre a responsabilidade de Samuel por essas fórmulas e seu sucesso em arregimentar apoio para elas entre seus colegas, ver Keith M. Wilson, *The Policy of the Entente*, op. cit., p. 142; também Herbert Samuel para sua esposa, Beatrice, 2 ago. 1914, em Cedric James Lowe e Michael L. Dockrill, *The Mirage of Power*. Londres: Routledge, 1972, v. 1, pp. 150-1; Cameron Hazlehurst, *Politicians at War, July 1914 to May 1915: A Prologue to the Triumph of Lloyd George*. Londres: Knopf, 1971, pp. 93-8.

176. Sobre as palavras de Grey e sua "emoção", ver George Allardice Riddell (proprietário de *News of the World*), *Lord Riddell's War Diary, 1914-1918*. Londres: Ivor Nicholson & Watson, 1933, p. 6.

177. Sobre o lugar da Bélgica na opinião pró-guerra britânica, ver John F. V. Keiger, "Britain's 'Union Sacre' em 1914". In: Jean-Jacques Becker (org.), *Les Societés européennes et la guerre de 1914--1918*. Paris: Université de Nanterre, 1990, pp. 39-52, esp. pp. 48-9.

178. Citado em Hermann Lutz, *Lord Grey and the World War*. Trad. de E. W. Dickes. Londres: Allen & Unwin, 1928, p. 101.

179. Christopher Addison, *Four and a Half Years: A Personal Diary from June 1914 to January 1919*. Londres: Hutchinson, 1934, v. 1, p. 32, citado em Michael Brock, "Britain Enters the War", op. cit., p. 161.

180. John F. V. Keiger, "Britain's 'Union Sacre' em 1914", In: Jean-Jacques Becker (org.), op. cit., pp. 39-52; Samuel R. Williamson, *The Politics of Grand Strategy*, op. cit., pp. 357-60.

181. Esse é o argumento apresentado em Keith M. Wilson, "The British Cabinet's Decision for War, 2 August 1914", *British Journal of International Studies*, pp. 148-59, jul. 1975; reimpresso como capítulo 8 em id., *The Policy of the Entente*, op. cit.

182. Buchanan para Nicolson, São Petersburgo, 16 abr. 1914, *BD*, v. 10/2, pp. 784-5, doc. 538.

183. Nicolson para Goschen, 15 abr. 1912, ibid., v. 6, doc. 575, p. 747; Zara S. Steiner, *The Foreign Office and Foreign Policy*, op. cit., p. 131; ver também Keith M. Wilson, *The Policy of the Entente*, op. cit., p. 78; Zara S. Steiner, "The Foreign Office under Sir Edward Grey". In: Francis Harry Hinsley (org.), op. cit., pp. 22-69, aqui p. 45.

184. Samuel R. Williamson, *The Politics of Grand Strategy*, op. cit., pp. 108-14, 167-204.

185. Eyre Crowe para Buchanan para Grey, São Petersburgo, 24 jul. 1914, *BD*, v. 11, doc. 101, pp. 80-2, aqui p. 82.

186. Isabel V. Hull, *Absolute Destruction. Military Culture and the Practices of War in Imperial Germany*. Ithaca, NY: Cornell University Press, 2005, pp. 160-81; Annika Mombauer, *Helmuth von Moltke and the Origins of the First World War*, op. cit., pp. 102, 105, 164-7, 225.

187. Alfred von Tirpitz, *Erinnerungen*, op. cit., pp. 241-2.

188. Nota apresentada em 2 de agosto, às 19h por M. Below Saleske para M. Davignon, ministro [belga] dos Assunstos Externos, recortado do "Livro Grey" belga em TNA, FO 371/1910 (2 ago. 1914). Consultado em "German Ultimatum to Belgium", *The National Archives*, UK. Disponível em:

<http://www.nationalarchives.gov.uk/pathways/firstworldwar/first_world_war/p_ultimatum.htm>. Acesso em: 6 fev. 2014.

189. Jean Stengers, "Belgium". In: Keith M. Wilson (org.). *Decisions for War*, op. cit., pp. 151--74.

190. Ibid.; resposta do governo belga para ultimato alemão, 3 ago. 1914, 7h, em Hugh Gibson, *A Journal from Our Legation in Belgium*. Nova York: Doubleday, 1917, p. 19.

191. Jean Stengers, "Belgium", op. cit., pp. 161, 162.

192. Hugh Gibson, op. cit., p. 15.

193. Jean Stengers, op. cit, p. 163.

194. Hugh Gibson, op. cit., p. 22.

195. Citado em Jean Stengers, op. cit., p. 164.

196. Maurice Paléologue, diário, 1 ago. 1914, *An Ambassador's Memoirs*, op. cit., pp. 38-9.

197. Prince Max von Lichnowsky, *My Mission to London*, op. cit., p. 28.

198. Hugh Gibson, op. cit., p. 21.

199. Bernd F. Schulte, "Neue Dokumente zu Kriegsausbruch und Kriegsverlauf 1914", *Militärgeschichtliche Mitteilungen*, v. 25, n.1, pp. 123-85, 1979, aqui p. 140.

200. Relatório do coronel Ignatiev, 30 jul. 1914, RGVIA, doc. 15304, Upravlenie Voennogo Agenta vo Frantsii, op. 2, d. 16, Relatórios e comunicados feitos com cadernos especiais, I. 38.

201. Citado em Hew Strachan, *The First World War*, op. cit., p. 103.

202. V. I. Gurko, *Cherty i Siluety Proshlogo, Pravitel'stvo i Obshchestvennost'v Tsarstvovanie Nikolaya II v izobrazhenii Sovremennika*, op. cit., p. 651.

203. Walter Mansell Merry, *Two Months in Russia: July-September 1914*. Oxford: Blackwell, 1916, pp. 76-7.

204. Esse é o resumo de Richard Cobb das impressões registradas em Roger Martin du Gard, *L'Été 1914*. 4 v. Paris: Gallimard, 1936-40, apud Richard Cobb, "France and the Coming of the War". In: R. J. W. Evans e Harmut Pogge von Strandmann (orgs.), op. cit., pp. 125-44, aqui p. 137.

205. Hew Strachan, *The First World War*, op. cit., pp. 103-62, esp. p. 153; sobre tumultos em recrutamento na Rússia, ver Joshua Sanborn, "The Mobilization of 1914 and the Questiono of the Russian Nation: A Reexamination", *Slavic Review*, v. 59, n. 2, pp. 267-89, verão 2000.

206. Michael S. Neiberg, op. cit., p. 128

207. Hugh Gibson, op. cit., p. 8, entrada de diário 2 ago.

208. Ver Adrian Gregory, *The Last Great War: British Society and the First World War*. Cambridge: Cambridge University Press, 2008, esp. pp. 9-39; id., "British War Enthusiasm: A Reassessment". In: Gail Braybon (org.). *Evidence, History and the Great War. Historians and the Impact of 1914-18*. Oxford: Berghahn Books, 2003, pp. 67-85; para um relato extraordinariamente elaborado sobre as reações à notícia da guerra na França provincial, ver Becker, *1914: Comment les Français sont entrés dans la guerre*, op. cit., pp. 277-309; id., *L'Anée 14*. Paris: Armand Colin, 2004, pp. 149-53; Stéphane Audoin--Rouzeau e Annette Becker, *1914-1918: Understanding the Great War*. Trad. de Catherine Temerson. Londres: Profile Books, 2002, p. 95; sobre o "choque, tristeza e consternação" com que a maioria das pessoas recebeu a notícia da guerra, ver Leonard V. Smith, Stéphane Audoin-Rouzeau e Annette Becker, *France and the Great War*. Cambridge: Cambridge University Press, 2003, pp. 27-9; Patrick James Flood, *France 1914-1918: Public Opinion and the War Effort*. Basingstoke: MacMillan, 1990,

pp. 5-33; Jeffrey Verhey, *The Spirit of 1914. Militarism, Myth and Mobilization in Germany*. Cambridge: Cambridge University Press, 2000, pp. 231-6.

209. Joshua Sanborn, op. cit., p. 272.

210. Esse é o relato fornecido pelo *"instituteur"* da aldeia, citado em Patrick James Flood, op. cit., p. 7.

211. Stephen Graham, *Russia and the World*. Nova York: MacMillan, 1915, pp. 2-3, apud Leonid Heretz, *Russia on the Eve of Modernity. Popular Religion and Traditional Culture under the Last Tsars*. Cambridge: Cambridge University Press, 2008, p. 159. Muitas memórias russas registram confusão acerca da identidade do inimigo; ver Bertram Wolfe, "War Comes to Russia", *Russian Review*, v. 22, n. 2, pp. 123-38, abr. 1963, esp. pp. 126-9.

CONCLUSÃO [pp. 581-9]

1. Rebecca West, op. cit., p. 350.

2. A memória é do príncipe B. a. Vasil'chiko, discutida em Dominic C. B. Lieven, "Bureaucratic Authoritarianism in Late Imperial Russia: The Personality, Career and Opinions of P. N. Durnovo", *The Historical Journal*, v. 26, n. 2, pp. 391-402, jun. 1983.

3. Ver, por exemplo, Mark Hewitson, *Germany and the Causes of the First World War*. Oxford: Berg, 2006, pp. 3-4. Sobre a tese de Fischer como uma forma de engajamento pessoal com o legado contaminador do nazismo, ver Klaus Grosse Kracht, "Fritz Fischer und der Deutsche Protestantismus", *Zeitschrift für neuere Theologiegeschichte*, v. 10, n. 2, pp. 224-52, nov. 2003; Rainere Nicolaysen, "Rebell wider Willen? Fritz Fischer und die Geschichte eines nationalen Tabubruchs". In: Rainer Nicolaysen e Axel Schildt (orgs.). *100 Jahre Geschichtswissenschaft in Hamburg*. Berlim: Dietrich Reimer, 2011, pp. 197-236.

4. Paul Kennedy, *The Rise of the Anglo-German Antagonism*, op. cit., p. 467.

5. Ver Paul W. Schroeder, "Embedded Counterfactuals and World War I as an Unavoidable War", op. cit., p. 42; para uma análise vigorosa que interpreta a guerra como o resultado não intencional de erros cometidos por uma elite política que considerava uma guerra geral como resultado catastrófico, ver Gian Enrico Rusconi, op. cit.

6. Gerhard Ritter, *Der Schlieffenplan. Kritik eines Mythos*. Munique: Oldenbourg, 1965; Lancelot Farrar, *The Short War Illusion. German Policy, Strategy and Domestic Affairs, August-December 1914*. Santa Barbara, CA: ABC Clio, 1973; Stephen Van Evera, "The Cult of the Offensive and the Origins of the First World War", *International Security*, v. 9, n. 1, pp. 397- 419, verão 1984; crítica: Stig Förster, "Der deutsche Generalstab und die Illusion des kurzen Krieges, 1871-1914: Metakritik eines Mythos", *Militärgeschichtliche Mitteilungen*, v. 54, pp. 61-95, 1995; excelente comentário sobre o debate: Holger H. Herwig, "Germany and the 'Short-War' Illusion: Toward a New Interpretation?", *Journal of Military History*, v. 66, n. 3, pp. 681-93, jul. 2002.

7. Citado em Holger H. Herwig, "Germany and the 'Short-War' Illusion", op. cit., p. 686.

8. Horace Blanchon (pseud.), "Académie de Médicine", *Le Figaro*, 5 mar. 1913, recorte em NA Archief, 2.05.03, doc. 648, Correspondentie over de Balknoorlog.

Índice remissivo

1ª EDIÇÃO [2014] 1 reimpressão

ESTA OBRA FOI COMPOSTA PELA SPRESS EM DANTE E IMPRESSA EM OFSETE
PELA GRÁFICA RR DONNELLEY SOBRE PAPEL PÓLEN SOFT DA SUZANO PAPEL E CELULOSE
PARA A EDITORA SCHWARCZ EM AGOSTO DE 2014